普通高等教育"十二五"规划教材

桥梁工程

主　编　吴鑫淼　宇云飞
副主编　孟庆芳　白润波　周海龙
　　　　张天宇　崔宇峰

中国水利水电出版社
www.waterpub.com.cn

内 容 提 要

本书是以土木工程专业教学指导委员会颁发的专业培养目标为依据，按照普通高等院校培养应用型人才的需要而编写的。本书全部采用最新桥梁相关规范，共分为十章。重点介绍了钢筋混凝土和预应力混凝土梁式桥、拱式桥等常用中小型桥梁的上部结构及其墩台的构造原理、设计计算方法和施工方法。对斜拉桥、悬索桥、刚架桥的构造、计算理论和施工要点也做了简单介绍。

本书可作为土木工程、道路桥梁与渡河工程、交通工程类学生的专业课教材，也可作为从事桥梁工程设计、管理和施工的工程技术人员的自学参考书。

图书在版编目（CIP）数据

桥梁工程 / 吴鑫淼，宇云飞主编. -- 北京 : 中国水利水电出版社，2013.5
普通高等教育“十二五”规划教材
ISBN 978-7-5170-0850-7

Ⅰ. ①桥… Ⅱ. ①吴… ②宇… Ⅲ. ①桥梁工程－高等学校－教材 Ⅳ. ①U44

中国版本图书馆CIP数据核字(2013)第123372号

书　　名	普通高等教育“十二五”规划教材 **桥梁工程**
作　　者	主　编　吴鑫淼　宇云飞 副主编　孟庆芳　白润波　周海龙　张天宇　崔宇峰
出版发行	中国水利水电出版社 （北京市海淀区玉渊潭南路1号D座　100038） 网址：www.waterpub.com.cn E-mail：sales@waterpub.com.cn 电话：(010) 68367658（发行部）
经　　售	北京科水图书销售中心（零售） 电话：(010) 88383994、63202643、68545874 全国各地新华书店和相关出版物销售网点
排　　版	中国水利水电出版社微机排版中心
印　　刷	北京纪元彩艺印刷有限公司
规　　格	184mm×260mm　16开本　21.25印张　544千字
版　　次	2013年5月第1版　2013年5月第1次印刷
印　　数	0001—3000册
定　　价	**42.00**元

前言

“桥梁工程”是土木工程专业的一门专业课程。本书根据高等学校土木工程专业指导委员会制定的土木工程专业本科培养目标、培养方案和教学大纲的要求编写，全部采用新规范（JTGD 60—2004《公路桥涵设计通用规范》、JTG 1361—2005《公路圬工桥涵设计规范》、JTGD 62—2004《公路钢筋混凝土及预应力混凝土桥涵设计规范》等）。可作为高等院校土木工程专业教学用书，也可供从事桥梁设计、科研、施工及管理的人员学习参考。

本课程的先修课程包括“桥涵水文”、“结构力学”、“混凝土结构设计原理”及“基础工程”等专业基础课。在此基础上，通过本课程的学习，使学生深入理解桥梁工程的专业知识及技能，掌握中、小型桥梁的构造原理及设计计算方法，熟悉有关的桥梁施工技术，并了解大跨度桥梁的构造、设计计算和施工特点。本书共分为十章：

第一章　绪论，主要介绍桥梁的组成和分类以及国内外桥梁成展的成就与桥梁工程发展的趋势。使学生对桥梁工程有一个总体的概念。

第二章　桥梁的总体规划与设计要点，简述桥梁设计应遵循的基本原则，桥梁平面设计、纵断面设计和横断面设计的基本要求，介绍桥梁设计与建设的程序，并对桥梁方案比选的方法和步骤做了简单介绍。

第三章　桥梁的设计作用，介绍了学生应该掌握的作用的分类及各类作用的计算方法、作用效应的组合方法。

第四章　桥面布置与构造，介绍桥面铺装、防水与排水设施、桥梁伸缩缝及人行道、栏杆等桥面附属设施的类型和构造。

第五章　混凝土梁式桥，本章是全书的主体部分。重点介绍混凝土简支梁桥的构造与设计计算，包括行车道板的计算、荷载横向分布计算原理及各种常用的横向分布计算方法、主梁内力计算方法以及挠度和预拱度的计算。简要介绍了悬臂和连续体系梁桥的类型、构造及计算要点。

第六章　混凝土梁桥的施工，分别针对混凝土简支梁桥和悬臂与连续体系梁桥介绍了相应的施工工艺和常用的施工方法。

第七章　梁式桥的支座，主要介绍支座的类型和构造以及橡胶支座的选用与计算方法。

第八章　混凝土拱桥，主要介绍拱桥的特点与使用范围，各类常见拱桥的构造特点和设计要点，重点介绍了悬链线无铰拱的计算方法。最后对拱桥的施工技术做了专门的介绍。

第九章　其他体系桥梁，重点介绍斜拉桥和悬索桥的构造组成特点、计算理论及施工方法，简要介绍刚构桥的构造特点及适用范围。

第十章　桥梁墩台，主要介绍了梁式桥和拱式桥重力式墩台及轻型墩台的构造特点，以及常用墩台的设计计算方法。

本教材由河北农业大学吴鑫淼、宇云飞主编，山西交通技师学院孟庆芳、山东农业大学白润波、内蒙古农业大学周海龙、内蒙古大学张天宇、山西交通技师学院崔宇峰任副主编。编写分工如下：第一章由河北农业大学宇云飞编写；第二章、第三章、第十章由山西交通技师学院孟庆芳编写；第四章及第五章第一节、第二节由河北农业吴鑫淼编写；第五章第三节由山东农业大学白润波编写；第五章第四节、第七章、第八章第一节和第二节由内蒙古农业大学周海龙编写；第六章、第八章第三节、第四节由山西交通技师学院崔宇峰编写；第九章由内蒙古大学张天宇编写。

由于编者水平有限，书中难免有疏漏之处，敬请读者批评指正。

编者

2012 年 11 月

目录

第一章　绪　论

第一节　国内外桥梁建设的成就与发展趋势

一、我国桥梁建设成就

我国是一个文明古国，有着悠久的文化历史，在世界桥梁史上写下了许多不朽的篇章。

桥梁构造的演变，总是和当时当地的物质条件和生产发展相适应的。我国山多河多，自然条件错综复杂，古代桥梁不但数量惊人，而且类型也丰富多彩，几乎包含了所有近代桥梁中的最主要型式。

根据史料记载，在距今约3000年的周文王时，我国就已在宽阔的渭河上架设过大型浮桥。鉴于浮桥的架设具有简便快速的特点，常被用于军事。汉唐以后，浮桥的运用日趋普遍。东汉光武帝（公元35年），在今宜昌和宜都之间，出现了架设在长江上的第一座浮桥，之后，因战事等需要，在黄河、长江上曾架设过浮桥不下数十余次。

现代桥梁中广为修建的多孔桩柱式桥梁，据历史考证，我国在春秋战国时期（公元前332年）已遍布于黄河流域和其他地区，不同的只是古桥多以木桩为墩柱，上置木梁、石梁，而现代采用的是钢筋混凝土材料。

近代的大跨径吊桥和斜拉桥也是由古代的藤、竹吊桥发展而来的。几乎在大部分有关桥梁的历史书上，都承认我国是最早有吊桥的国家，至少迄今有3000年左右的历史。据记载，最晚到唐朝中期，我国就从藤索、竹索发展到用铁链建造吊桥，而西方在16世纪才开始建造铁链吊桥，比我国晚了近千年。至今尚保留下来的古代吊桥有四川泸定县的大渡河铁索桥（1706年）以及灌县的安澜竹索桥（1803年）等。泸定铁索桥跨长约100m，宽约28m，由13条锚固于两岸的铁链组成，1935年中国工农红军长征途中曾强渡此桥，由此更加闻名。安澜桥是世界上最著名的竹索桥，全长340余米，分8孔，最大跨径约61m，全桥用由细竹篾编成的粗五寸的24根竹索组成，其中桥面索和扶栏索各半。

天然石料是大自然赋予人类最早的、强度高又经久耐用的建筑材料，在秦汉时期我国已广泛修建石梁桥，几千年来修建的古代桥梁也以石桥居多。下面介绍几座闻名中外的我国古代石桥。

福建泉州的万安桥，又称洛阳桥，建于1053～1059年。该桥全长800多米，共47孔，是世界上尚存的最长和工程最艰巨的石梁桥。万安桥位于洛阳江的入海口处，桥下江底以磐石铺遍，并且独具匠心地用养殖海生牡蛎的方法胶固桥基形成整体，不仅世界上绝无仅有，千年风雨已经证明此法的奇妙和可贵。

1240年建造的福建漳州虎渡桥，也是最令人称奇的一座梁式石桥。此桥总长约335m，某些石梁长达23.7m，沿宽度用三根石梁组成，每根宽1.7m，高1.9m，重达200多吨，该桥一直保存至今。历史记载，这些巨大石梁桥是利用潮水涨落浮运架设的，足见我国古代加工和安装桥梁的技术何等高超。

我国在东汉中期已建有拱桥。富于民族风格的古代石拱桥技术，无论是结构的精心巧思，还是艺术造型的丰富多彩，长期以来一直驰名中外，河北赵县的赵州桥（图 1-1），就是我国古代石拱桥的杰出代表。赵州桥又称安济桥，为隋大业初年（约 605 年）李春所建。赵州桥是一座空腹式圆弧形石拱桥，净跨 37.02m，宽 9m，矢高 7.23m，在拱背上设有 4 个跨度不等的腹拱，这样做既减轻了桥身自重，又便于排洪，并且增加了美观。

著名的古代石拱桥还有北京永定河上的卢沟桥、颐和园内的玉带桥和十七孔桥（图 1-2）以及苏州的枫桥等。

图 1-1 赵州桥

图 1-2 十七孔桥

在我国古桥建筑中尚值得一提的是广东潮安县横跨韩江的湘子桥（又名广济桥）。此桥始建于 1169 年，全桥长 517.95m，总共 20 墩 19 孔，上部结构有石拱、木梁、石梁等多种型式，还有用 18 条浮船组成的长达 97.30m 的开合式浮桥。设置浮桥的目的，一方面适应大型商船和上游木排的通过，并且也避免了过多的桥墩阻塞河道，以致加剧桥基冲刷而造成水害。这座世界上最早的开合式桥，其石桥之长、石墩之大、桥型之多以及施工条件之困难、工程历时之久，都是古代建桥史上所罕见。此桥自清代修复后，至今一二百年，历经天灾人祸，始终安如磐石，屹立于惊涛骇浪之中。

但是，封建社会的长期统治严重束缚了生产力的发展。到了 19 世纪，西方资本主义国家纷纷进入了工业化的快速发展阶段，而我国却仍然闭关锁国，延续着腐朽的封建制度，导致中国在综合国力、科学技术等方面，远远落后于西方列强。在桥梁建筑方面，大部分是外国投资、外国人设计、外商承包。至中华人民共和国成立前，公路桥梁绝大多数为木桥。且年久失修、破烂不堪。

中华人民共和国成立以后，随着我国国力迅速增强，交通事业的快速发展，尤其是 20 世纪 90 年代以来国家对高等级公路的大力投入，使得我国的桥梁事业得到了空前的大发展，取得了举世瞩目的成就。目前我国在桥梁建设方面，已经跻身世界先进行列。

（一）梁桥

1957 年，第一座长江大桥——武汉长江大桥的胜利建成，结束了我国万里长江无桥的状况，从此，“一桥飞架南北，天堑变通途”。大桥的正桥为三联 3m×128m 的连续钢桁梁。双线铁路，上层公路桥面宽 18m，两侧各设 3.25m 人行道，包括引桥在内全桥总长 1670.4m。大型钢梁的制造和架设、深水管柱基础的施工等，对发展我国现代桥梁技术开创了新的道路。

在我国建桥事业中需要特别指出的是：1969年又胜利建成了举世瞩目的南京长江大桥（见图1-3）。这是我国自行设计、制造、施工，并使用国产高强钢材的现代化大型桥梁。正桥除北岸第一孔为128m简支钢桁梁外，其余为9孔3联、每联为3m×160m的连续钢桁梁。上层为公路桥面，下层为双线铁路。包括引桥在内，铁路部分全长6772m，公路部分为4589m。桥址处水深流急，河床地质极为复杂，大桥桥墩基础的施工非常困难。南京长江大桥的建成，显示出我国的建桥事业已达到了世界先进水平，也是我国桥梁史上又一个重要标志。

20世纪80年代，对称平衡悬臂法施工的大跨度预应力混凝土箱形截面连续梁桥得到了迅速的发展。1991年建成的云南六库怒江大桥（见图1-4），主桥跨径为85m+154m+85m预应力混凝土连续梁，2001年7月建成通车的南京长江第二大桥北汊桥，其主桥路径为90m+3×165m+90m，是我国目前跨度最大的预应力混凝土连续梁桥。

图1-3　南京长江大桥

图1-4　云南六库怒江大桥

连续刚构的特点是梁体保持连续，墩梁固结。这样既保持了连续梁无伸缩缝、行车平顺的优点，又保持了T形刚构不设支座的优点，同时避免了连续梁和刚构的缺点，因而连续刚构桥在我国发展很快。1997年建成的广东虎门大桥辅航道桥（见图1-5）是我国第一大跨径连续刚构桥，桥孔径布置为150m+270m+150m，主跨跨径为世界第四，单幅桥箱梁为单箱单室截面，箱梁顶面宽15m，箱宽7m，顶板悬臂宽度4m，主梁根部梁高为14.8m，在跨中位置梁高5m，其间梁高按抛物线变化。

图1-5　虎门大桥辅航道桥

（二）拱桥

拱桥造型优美，跨越能力大，长期以来一直是大跨桥梁的主要形式之一，中华人民共和国成立以来我国在圬工拱桥和钢筋混凝土拱桥方面也有很大发展。20世纪60年代无支架施工方法的应用与发展使得混凝土拱桥竞争力大大提高。

我国著名的石拱桥，有1991年建成的湖南凤凰县乌巢河桥，跨径120m，其拱圈由两条宽2.5m的石板拱组成，板间用钢筋混凝土横梁联系。

1999年建成的山西晋城——河南焦作高速公路上的新丹河大桥，跨径146m，拱圈用80

号大料石砌成。

图 1－6　广东南海三山西大桥

1990 年兴起的钢管混凝土拱桥，使得大跨径拱桥的建造能力得到了进一步的提高。先合龙自重轻、强度高的钢管拱圈，并将其用作施工拱架，再往管内压注高强度混凝土，使之进一步硬化形成主拱圈。用此法分别于 1995 年建成了广东南海三山西大桥，跨径为 200m。2000 年建成了广西三岸邕江大桥，主跨为 270m。2000 年建成主跨达 360m 广州丫髻沙大桥（见图 1－6～图 1－8），全桥总长 1084m，主桥跨径组合为 76m＋360m＋76m，为连续自锚中承式钢管混凝土拱桥。

图 1－7　广西三岸邕江大桥

图 1－8　广州丫髻沙大桥

以钢管混凝土作为劲性骨架，再外包混凝土形成箱形拱，是修建大跨径拱桥十分好的构思，除了施工方便外，还解决了钢管防护问题，另外，这种分期形成的截面由于钢管混凝土最先受力，从而充分利用了钢管混凝土承载潜力大的优势，从理论上说，在荷载作用下，这种结构的后期徐变变形相对也是比较小的。用此方法我国已建成广西邕宁邕江大桥（l＝312m，1996 年）和重庆万县长江大桥（l＝420m，1997 年，见图 1－9、图 1－10），前者为目前世界上跨径最大的钢筋混凝土肋拱桥，后者跨径为钢筋混凝土拱桥的世界之最。

图 1－9　广西邕宁邕江大桥

图 1－10　重庆万县长江大桥

此外，我国用悬臂施工法建成了多座桁式组合拱桥，跨度最大的是贵州江界河桥（图1-11），建于1995年，跨度达到330m，居同类桥型的世界之最。

图1-11　贵州江界河桥

图1-12　重庆朝天门大桥

2003年建成通车的上海卢浦大桥，曾是世界上跨度最大的钢拱桥，为中承式系杆拱桥，主跨跨径为550m，这一纪录被2009年建成的重庆朝天门大桥（见图1-12）打破，后者跨径达到了前所未有的552m。

（三）斜拉桥

我国的斜拉桥起步稍晚，1975年建成的跨径76m的四川云阳桥是国内第一座斜拉桥，20世纪90年代以后，因跨越大江大河的需要，斜拉桥得到了快速的发展，修建了一系列特大跨度的斜拉桥。据不完全统计，我国建成的斜拉桥已超过100座，其中跨度超过400m的斜拉桥已达20多座，居世界首位。

1991年建成的上海南浦大桥，跨径423m；1993年建成的上海杨浦大桥，跨径602m；1998年建成的香港汀九桥，跨径448m+475m；2001年建成的福建青州闽江桥，跨径605m，均为钢　混凝土组合梁斜拉桥，其中青州闽江桥保持着组合梁斜拉桥跨径世界纪录。1993年建成的勋阳汉江大桥，跨径414m；1995年建成的安徽铜陵长江大桥，跨径432m；1996年建成的重庆长江二桥，跨径444m；2001年建成的重庆大佛寺长江大桥，跨径450m，为混凝土主梁斜拉桥。2001年建成的主跨460m的武汉军山长江大桥、2005年建成的主跨648m的南京长江三桥为钢主梁斜拉桥。

目前我国已建成的跨度超千米的斜拉桥有两座，分别是2009年建成的江苏苏通长江公路大桥（主跨1088m，见图1-13）和香港昂船洲大桥（主跨1018m，见图1-14）。这两座桥分别为世界第一、第二大跨斜拉桥。

图1-13　江苏苏通长江公路大桥

图1-14　香港昂船洲大桥

（四）悬索桥

我国的现代悬索桥建设起步较晚，特别是在特大跨度悬索桥方面。但是在 20 世纪 90 年代中期以后，这一局面得到了彻底的改变。1995 年建成的广东汕头海湾大桥，开创了我国现代公路悬索桥的先河；紧接着又建成西陵长江大桥（l=900m，1996 年）、虎门大桥（l=888m，1997 年）、香港青马大桥（l=1377m，1997 年）、江阴长江大桥（l=1385m，1999 年），江苏润扬长江大桥（l=1490m，2005 年，见图 1－15）。我国目前跨径最大的悬索桥是 2009 年建成的舟山西堠门大桥（见图 1－16），主跨达到了 1650m，该跨径也是同类桥型的世界第二大跨径。

图 1－15 江苏润扬长江大桥

图 1－16 舟山西堠门大桥

二、国外桥梁发展概况

拱桥方面，圬工拱桥在国外已有一百多年的历史，1855 年起法国建造了第一批应用水泥砂浆砌筑的石拱桥。大约在 1870 年时，德国建造了第一批采用硅酸盐水泥的混凝土拱桥。1946 年在瑞典建成的绥依纳松特桥，是一座混凝土圬工拱桥，跨度达 155m。由于石料开采和加工砌筑费工巨大，国外已很少修建大跨度石拱桥。

钢筋混凝土拱桥从 20 世纪初到 50 年代间，得到了很大的发展，后因支架问题，应用受到一定的限制，直到 1979 年，前南斯拉夫用无支架悬臂施工法建成跨度达 390m 的克尔克大桥（见图 1－17），该桥跨径保持了 18 年的世界纪录。无支架悬臂施工法目前在大跨度拱桥施工中被广泛采用。

著名的悉尼港湾大桥（见图 1－18），是一座中承式桁架钢拱桥，跨径 503m，建于 1932 年。

图 1－17 克尔克大桥

图 1－18 悉尼港湾大桥

梁式桥方面，由于梁式桥的力学特征是以受弯为主，而钢筋混凝土结构抵抗弯拉的能力较弱，普通钢筋混凝土梁式桥的跨径一直较小。预应力技术的成熟，促进了预应力混凝土梁式桥的迅速发展。1977 年奥地利建成了跨径达 76m 的阿尔姆桥，该桥通过在梁的下缘张拉钢筋和在上缘顶压预应力（称为双预应力）的技术，将梁高降至 2.5m，高跨比仅 1/30。

目前世界上跨度最大的预应力混凝土连续梁桥是挪威的伐罗德桥（l=260m，1994 年），跨度最大的连续刚构桥是挪威的斯托尔马桥（l=301m，1998 年）。跨径最大的斜腿刚架桥是法国的搏诺姆桥（l=186.3m，1974 年）。跨径最大的钢悬臂桁梁桥是 1917 年通车的加拿大魁北克桥，中跨跨度为 549m。

斜拉桥方面，世界上第一座具有钢筋混凝土主梁的斜拉桥是 1925 年在西班牙修建的跨越坦博尔河的水道桥；世界上第一座现代化斜拉桥是 1955 年瑞典建成的斯特罗姆海峡桥，其主跨 182.6m。1978 年，美国建成 P—K 轿，跨径 299m，是世界上第一座密索体系的预应力混凝土斜拉桥。日本于 1999 年建成了跨径达 890m 的多多罗桥（见图 1-19），建成时为世界第一大跨斜拉桥。

悬索桥方面，1883 年建成美国纽约布鲁克林悬索桥（见图 1-20），跨径达 483m，开创了现代悬索桥的先河。1937 年建成的美国旧金山金门大桥（见图 1-21），主跨达 1280m，保持了 27 年的世界纪录，至今金门大桥仍是举世闻名的桥梁经典之作。目前，世界上跨度最大的悬索桥是日本的明石海峡公铁两用桥（见图 1-22），跨径 1991m。

图 1-19　日本多多罗桥

图 1-20　美国纽约布鲁克林悬索桥

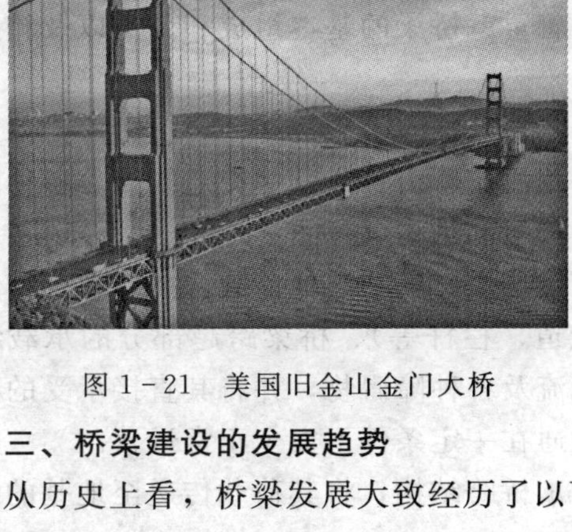

图 1-21　美国旧金山金门大桥

图 1-22　日本明石海峡公铁两用桥

三、桥梁建设的发展趋势

从历史上看，桥梁发展大致经历了以下三次飞跃：

(1) 19世纪中叶钢材的出现，随后又出现高强度钢材，使桥梁工程的发展获得了第一次飞跃，跨度不断加大。

(2) 20世纪初，钢筋混凝土的应用，以及30年代兴起的预应力混凝土技术，使桥梁建设获得了廉价、耐久，且刚度和承载力均很大的建筑材料，从而推动桥梁的发展产生第二次飞跃。

(3) 20世纪50年代以后，随着计算机技术和有限元技术的迅速发展，使得人们能够方便地完成过去不可能完成的大规模结构计算，这使桥梁工程的发展获得了第三次飞跃。

未来桥梁的发展趋势体现在以下几个方面：

(1) 桥梁向更长、更大的方向发展。研究大跨径桥梁在气动、地震和行车荷载动力作用下结构的安全和稳定性，将截面做成适应气动要求的各种流线型加劲梁，增大特大跨径桥梁的刚度；采用以斜揽为主的空间网状承重体系；采用悬索加斜拉的混合体系；采用轻质高强材料制作加劲梁和主缆以适应大跨径的需要。

(2) 新材料的开发和应用。新材料应具有高强、高弹模、自重轻的特点。研究超高强硅类和聚合物混凝土、高强双相钢丝纤维增强混凝土、纤维塑料等一系列材料取代目前桥梁用的钢材和混凝土。

(3) 在设计阶段采用高度发展的计算机辅助手段，进行有效的快速优化和仿真分析，运用智能化制造系统在工厂生产部件，利用GPS和遥感技术控制桥梁施工。

(4) 大型深水基础工程。目前世界桥梁基础尚未超过100m，下一步需进行100～300m深海基础的实践。

(5) 桥梁建成交付使用后，将通过自动监测和管理系统保证桥梁的安全和正常运行，一旦发生故障或损伤，将自动报告损伤部位和养护对策。

(6) 重视桥梁美学及环境保护。桥梁是人类最杰出的建筑之一，很多著名大桥都是宝贵的空间艺术品，成为陆地、江河、海洋和天空的景观，成为城市标志性建筑。因此21世纪的桥梁结构必将更加重视建筑艺术造型，重视桥梁美学和景观设计，重视环境保护，达到人文景观同自然景观的完美结合。

第二节　桥梁基本组成与分类

桥梁是由能够满足其功能要求的各种不同结构物组成的，它有许多类型。不同类型的桥梁其组成有所不同，但其基本组成大体一致。下面着重就桥梁的基本组成和分类以及相关的专业术语给予说明。

一、桥梁基本组成

桥梁是供铁路、道路、渠道、管线、行人等跨越河流、山谷或其他交通线路等各种障碍物时所使用的承载结构物，通常可划分为上部结构和下部结构（见图1-23）。

上部结构（也称桥跨结构）是指桥梁结构中直接承受车辆和其他荷载，并跨越各种障碍物的结构部分，一般包括桥面构造（行车道、人行道、栏杆等）、桥梁跨越部分的承载结构和桥梁支座。桥跨结构的主要作用是跨越山谷、河流及各种障碍物，并将其直接承受的各种荷载传递到指定的下部结构上去，同时保证桥上交通在一定条件下安全正常运营。

下部结构是指桥梁结构中设置在地基上用以支承桥跨结构，将其荷载传递至地基的结构

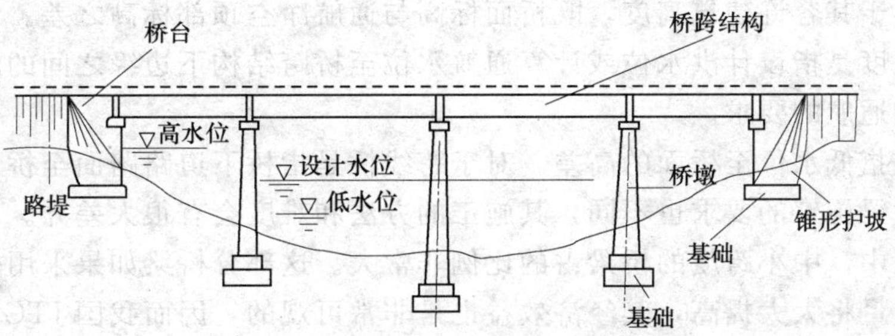

图 1-23　桥梁的基本组成

部分，一般包括桥墩、桥台及墩台基础。下部结构是桥梁结构中极为重要的组成部分，其主要作用是支承桥跨结构，并将桥跨结构所承受的荷载传递到地基中去，确保上部结构的安全使用。

通常把多跨桥梁中处于相邻桥跨之间并支承上部结构的构造物称为桥墩，而把位于桥梁两端与路基相连并支承上部结构的构造物称为桥台。因此桥墩两侧均为桥跨结构，而桥台一侧为桥跨结构，另一侧为路堤，桥台除支承桥跨结构外，还起到衔接桥梁与路堤的作用，并抵御路堤的土压力，防止其滑坡坍落。

桥台两侧通常设置石砌锥形护坡或护岸，以阻止水流对路堤边坡和桥台的冲刷，保证其稳定性。桥梁墩台底部与地基相接触的结构部分称为墩台基础，墩台基础是桥梁结构的根基，对桥梁结构的安全使用起着举足轻重的作用，这部分结构是桥梁施工中最复杂、难度最大的部分，大量事实证明，许多桥梁的毁坏都是由于墩台基础的强度或稳定性出现问题所至。

在桥梁规划设计中，设计洪水位、桥长、桥梁净跨径、计算跨径、桥梁建筑高度等均为重要的桥梁设计技术指标，以下将简要说明有关技术术语。

在跨河桥梁的设计中，设计洪水位是关键的技术指标。一般河流在枯水季节的最低水位称为低水位，而在洪峰季节的最高水位称为高水位。在跨河桥梁设计时，按规定的设计洪水频率所计算确定的高水位称为设计洪水位。如果该河流属通航河流，满足正常通航要求的最高和最低水位称为通航水位。对于有流冰的河流，在流冰季节河流所达到的最高水位称为最高流冰水位。

桥长是衡量桥梁大小的最简单的技术指标。一般把桥梁两端桥台的侧墙或八字墙后端点之间的距离称为桥梁全长，简称桥长。无桥台时，桥梁全长为桥跨结构的行车系全长距离。桥梁规范中根据桥梁跨径总长 L 和单孔跨径 L_k 划分桥梁的规模大小。桥梁的跨径总长是指桥梁两端桥台台背前缘间的距离。

桥梁的净跨径 l_0 和总跨径 $\sum l_0$ 是反映桥梁宣泄洪水能力的指标。对于梁式桥净跨径是指设计洪水位上相邻两个桥墩（或桥台）之间的净距，而拱式桥是指每孔拱跨拱脚截面下缘之间的距离。总跨径是多孔桥梁中各孔净跨径的总和，也称桥梁孔径。通常桥梁孔径应满足宣泄设计洪水流量的要求。

桥跨结构的力学计算常常使用计算跨径，对于梁式桥，是指桥跨两端相邻支座中心之间的距离。对于拱式桥，是指拱轴线两端点之间的距离，通常用 l 表示。

桥梁建筑高度 H 是指桥上行车路面（或轨顶）与桥跨结构下边缘之间的高差。通常桥梁建筑高度应小于其容许建筑高度，既桥面标高与通航净空顶部标高之差。

桥下净空高度是指设计洪水位或计算通航水位至桥跨结构下边缘之间的距离。该距离应满足安全排洪和通航的要求。

桥梁高度是指低水位至桥面的高差。对于跨线桥是指桥下道路路面至桥面的高差。桥梁高度不同，对桥梁施工的要求也不同，其施工的方法和难度会有很大差异。

在桥梁工程中，中小跨度的桥梁占的比例非常大。这部分桥梁如果采用标准设计，其工程设计和施工质量将大大提高，其经济效益也是非常可观的，因而我国 JTG B01—2003《公路工程技术标准》中规定，标准设计或新建桥涵跨径在 50m 以下时，均应采用标准跨径（l_k）。对于梁式桥，标准跨径是指两相邻桥墩中线间的距离，或桥墩中线与桥台台背前缘间的距离；而对拱式桥，是指其净跨径。公路桥涵的标准跨径从 0.75～60m，共计 22 种跨径。

二、桥梁主要类型

桥梁有许多分类方式，人们通常根据桥梁的结构形式、所用材料、所跨越的障碍以及其用途、跨径大小等对桥梁进行分类。

（一）桥梁的基本体系

在桥梁结构设计中，一般按桥梁的结构形式（也称结构体系）将其分为四个基本类型以及这些基本类型的组合形式。这一分类方式以力学计算模式为基础，以受力方式明显差异为特征，广泛用于桥梁的结构计算分析和设计中。其四种基本结构类型是：梁式桥、拱式桥、刚架桥、悬索桥。其组合形式有多种多样，如斜拉桥、系杆拱桥等。各种结构形式其受力特点、适应范围都有很大差异。以下简要说明各种结构形式的特点。

1. 梁式桥

梁式桥（见图 1-24）的特点是其桥跨的承载结构由梁组成，在竖向荷载作用下主梁的支承处仅产生竖向反力，而无水平反力（推力），梁的内力以弯矩和剪力为主。荷载作用方向通常与梁的轴线相垂直，梁主要通过抗弯来承受荷载，并通过支座将其传递至下部结构。梁式桥可分为简支梁桥、连续梁桥、悬臂梁桥。简支梁桥的计算跨径小于 25m 时，通常采用钢筋混凝土材料。当计算跨径大于 25m 时，更多采用预应力混凝土材料。目前预应力混凝土简支梁桥的最大跨径已达到 76m，但其经济跨径在 40～50m。连续梁桥和悬臂梁桥由于其跨间支座处负弯矩使其各跨跨中的弯矩减小，由此提高了其跨越能力。预应力混凝土连续梁桥常用的跨径为 40～200m，其最大跨径已达 260m。而预应力混凝土悬臂梁桥常用跨径为 40～100m，其最大跨径已达 150m。

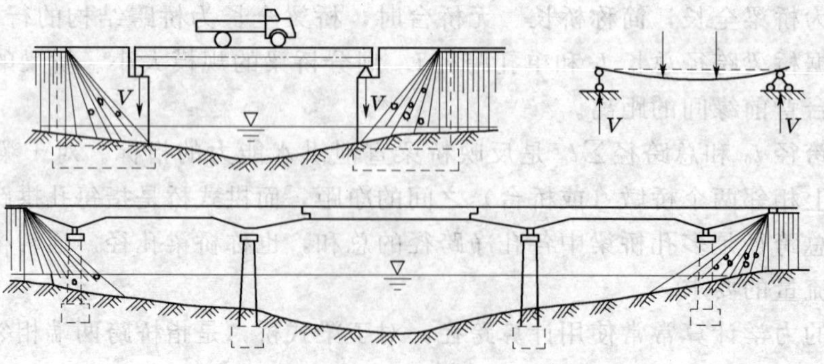

图 1-24 梁式桥

2. 拱式桥

拱式桥（见图 1-25）的特点是其桥跨的承载结构以拱圈或拱肋为主。在竖向荷载作用下，两拱脚处不仅产生竖向反力，还产生水平反力（推力）。由于水平推力的作用使拱圈的弯矩和剪力大大地降低。设计合理的拱主要承受拱轴压力，拱截面内弯矩和剪力均较小，因此可充分利用石料或混凝土等抗压能力强而抗拉能力差的圬工材料。由此可见，拱式桥是钢筋混凝土桥和圬工桥最合理的结构形式之一，拱式桥的基本结构体系可分为有铰拱和无铰拱。由于拱铰结构复杂、施工困难，维护费用很高，因而工程中较多采用无铰拱。拱式桥良好的受力状态使其具有很大的跨越能力。目前钢筋混凝土箱形拱桥的最大跨径已达 420m，钢桁架拱桥的最大跨径已达 552m，钢管混凝土拱桥的最大跨径已达 492m。拱式桥是有推力结构，其墩台基础必须承受强大的拱脚推力，因此拱式桥对地基要求很高，适用于地质和地基条件良好的桥址。石拱桥构造简单，承载能力大，造型优美，是桥梁工程中广泛采用的桥型之一。

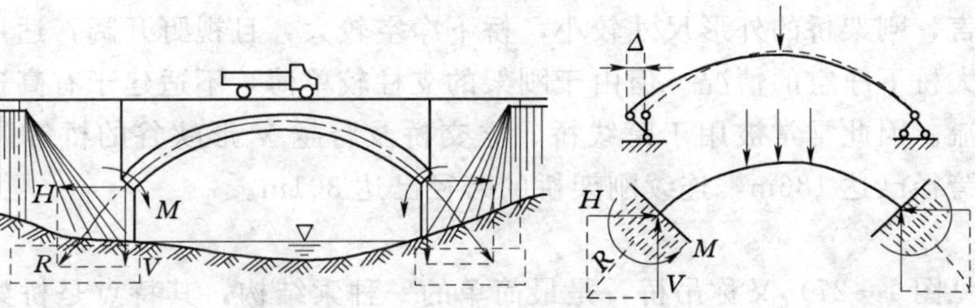

图 1-25　拱式桥

3. 刚架桥

刚架桥（见图 1-26）是由桥跨结构（主梁）和墩台（支柱、板墙）整体相连而形成的结构体系，其梁柱结点为刚结。刚架桥的特点是在竖向荷载作用下，其柱支承处不仅产生竖向反力，也产生水平反力，使其基础承受较大推力，因此要求其桥址有较好的地基条件或采用深基础，或采用其他特殊措施承受推力。在荷载作用下，其结构中梁和柱（支柱、板墙）的截面均作用有弯矩、剪力和轴力。由于梁和柱的结点为刚结，梁端部承受负弯矩，使梁跨中弯矩减小，跨中截面的尺寸也相应减小，与一般墩台不同，刚架桥的支柱（桥墩、台）不仅承受压力，还承受较大弯矩，通常采用截面较小的钢筋混凝土或预应力混凝土构件。由于刚架桥大多采用超静定的结构型式，故混凝土收缩、温度变化、墩台不均匀沉陷和预加应力等因素会在结构中产生附加内力（次内力），施工过程中，若发生结构体系转换、徐变也会引起附加内力，这些附加内力有时可占到整个内力的相当大的比例，设计时必须加以考虑。

刚架桥由于无须设置大型桥梁支座，适合于采用悬臂施工技术，特大跨度预应力刚架桥近年来发展迅速。特别是斜腿刚架桥和连续刚架桥。值得说明的是 T 形刚架桥属于无推力结构，与其他刚架桥的受力特点根本不同。它是由单独支柱与主梁连接成整体，各 T 形刚架之间以剪力铰或挂梁相连，在竖向荷载作用下，无水平推力产生。T 形刚架桥的悬臂部分主要承受负弯矩，其受力特征与悬臂梁式桥相似，预应力筋通常布置在桥面，与悬臂施工方法实现高度协调一致。T 形刚架桥的悬臂一般为对称设置，使支柱在恒载作用下没有弯矩作用。

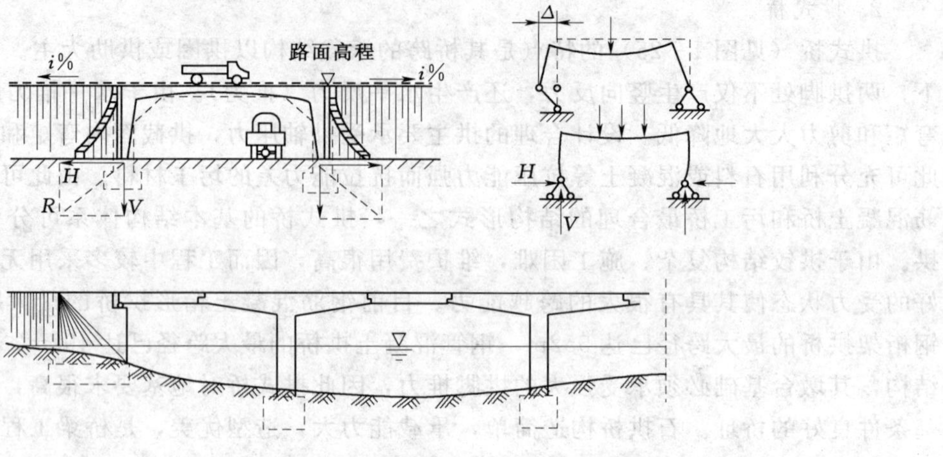

图 1-26　刚架桥

相比较而言，刚架桥的外形尺寸较小，桥下净空较大，且视野开阔，适用于建筑高度受限、又需要较大桥下净空的情况。但由于刚架的支柱较单薄，不适建于有高速流冰或漂浮物撞击危险的河流。因此常常被用于跨线桥、立交桥及跨越 V 形峡谷的桥等。预应力混凝土斜腿刚架桥的跨径已达 186m，连续刚架桥的跨径已达 301m。

4. 悬索桥

悬索桥（见图 1-27）又称吊桥，是最简单的一种索结构，其特点是桥梁的主要承载结构由桥塔和悬挂在塔顶的高强度柔性缆索及吊索、加劲梁和锚锭结构组成。桥跨上的荷载由加劲梁承受，并通过吊索将其传至主缆索。主缆索是主要承重结构，但其仅承受拉力。缆索本身是几何可变体系，但可通过与桥塔、锚锭结构及作用的荷载相组合，在空间形成有一定几何形状的平衡受力结构体系。主缆索的拉力通过对桥塔的压力和锚锭结构的拉力传至基础和地基。这种桥型充分发挥了高强钢缆的抗拉性能，使其结构自重较轻，能以较小的建筑高度跨越其他任何桥型无法比拟的特大跨度。这一桥型的最大跨度已达到 1991m。一般认为其经济跨径超过 500m，最大跨径可达 4000m 以上。由于其跨度大，结构比较纤细，结构刚度相对较差，对动荷载和风荷载以及由此产生的振动和变形比较敏感。历史上就曾发生过在 19m/s 的风速下，由于悬索桥空气动力失稳而导致桥毁。因此悬索桥在设计计算时，除需考虑其结构的静力特性外，还必须考虑其结构的动力特性，尤其他的抗风稳定性，此外计算还常采用有限变形理论。

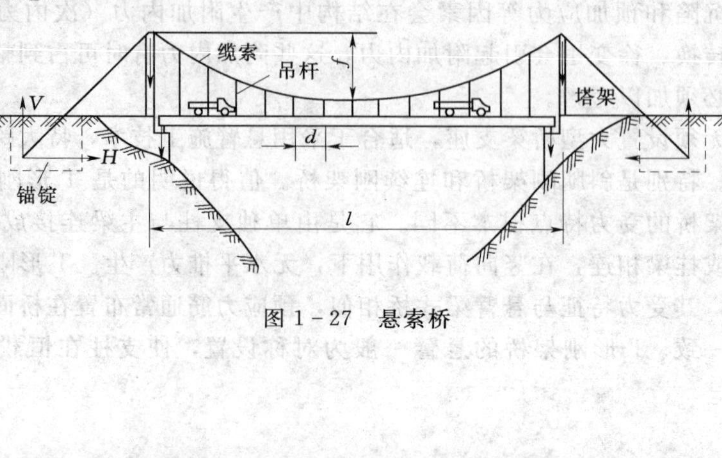

图 1-27　悬索桥

5. 组合式桥

组合式桥是由几个不同的基本类型结构所组成的桥。各种各样的组合式桥根据其所组合的基本类型不同，其受力特点也不同，往往是所组合的基本类型结构的受力特点的综合表现。常见的这类桥型有梁与拱组合式桥，如系杆拱、桁架拱及多跨拱梁结构等；悬索结构与梁式结构的组合式桥，如斜拉桥等。

系杆拱（图1-28）是典型的梁和拱组合的无推力组合结构体系，其梁和拱协同工作，在结构体系中，拱承受由外荷载引起的拱轴压力，梁直接承受桥面处荷载引起的弯矩和剪力，并通过吊杆将荷载传至拱肋，同时承受拱脚推力引起的轴向拉力。这一桥型的实用跨径为30～100m，最大跨径已达150m。

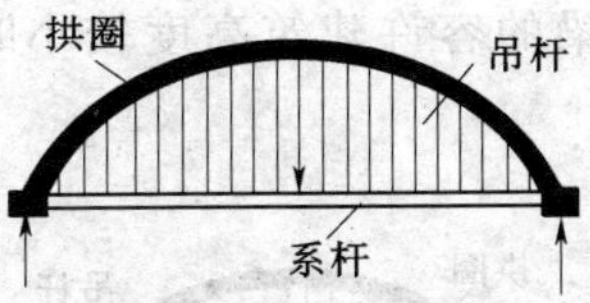

图1-28　系杆拱

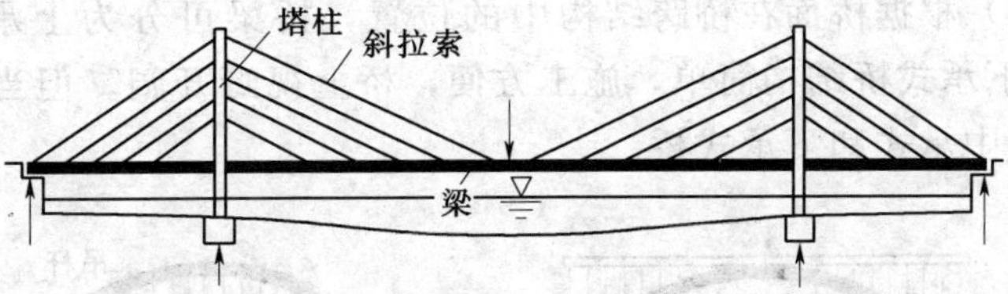

图1-29　斜拉桥

斜拉桥（图1-29）则是典型的悬索结构和梁式结构组合的结构体系。这一结构体系由主梁、拉索和索塔组成，充分利用了悬索结构和梁结构的特点，其组合达到相当合理的程度。在结构体系中，梁结构直接承受桥面处荷载引起的弯矩和剪力，桥塔两侧的斜拉索为梁结构提供弹性支承，同时承受由此传来的由荷载引起的拉力，其拉力的竖向分量通过对桥塔的压力传至基础和地基；斜拉索中荷载所引起拉力的水平分量，使梁结构承受轴向压力，相当于对梁结构施加预应力。此外通过调整斜拉索间距可改变弹性支承的间距，使梁内力分布更加均匀合理，因而减小了主梁的建筑高度，提高了其跨越能力。与悬索桥相比，斜拉桥的斜拉索直接作用于主梁结构，使结构体系的抗弯、抗扭的刚度大大增强，抗风稳定性也明显改善。由于斜拉索拉力的水平分量由梁结构承担，因而不再需要巨大的锚锭结构。与梁式桥相比，由于斜拉索不仅在梁结构中建立起预压应力而且提供了更合理的弹性支承，使斜拉桥中主梁结构的内力分布比在梁式桥中更为均匀合理。这一桥形的实用跨径为150～1000m，最大跨径已达1088m。

（二）桥梁的其他分类简述

（1）根据桥梁主跨结构所用材料，桥梁可划分为木桥、圬工桥（包括砖、石、混凝土桥）、钢筋混凝土桥、预应力混凝土桥和钢桥。在现代桥梁工程中较少采用木材。其原因是木材资源有限，且易腐烂。目前仅少数临时性桥梁使用木材建造。现代桥梁大部分采用钢筋混凝土、预应力混凝土材料和钢材建造。在我国，钢筋混凝土、预应力混凝土桥梁占大多数。

（2）根据桥梁所跨越的障碍物，桥梁可划分为跨河桥、跨海峡桥、立交桥（包括跨线桥）、高架桥等。

（3）根据桥梁的用途，可将其划分为公路桥、铁路桥、公铁两用桥、人行桥、运水桥、农桥以及管道桥等。

（4）根据桥梁跨径总长L和单孔跨径L_k的不同，桥梁可分为特大桥、大桥、中桥、小桥、涵洞，见表1-1。

表1-1　桥梁涵洞分类

桥涵分类	多孔跨径总长 L (m)	单孔跨径 L_k (m)
特大桥	$L>1000$	$L_k>150$
大桥	$100\leqslant L\leqslant 1000$	$40\leqslant L_k\leqslant 150$
中桥	$30\leqslant L\leqslant 100$	$20\leqslant L_k\leqslant 40$
小桥	$8\leqslant L\leqslant 30$	$5\leqslant L_k\leqslant 20$
涵洞		$L_k<5$

(5) 根据桥面在桥跨结构中的位置，桥梁可分为上承式、中承式和下承式桥（图1-30）。下承式桥结构简单，施工方便，桥上视野开阔。但当桥梁的容许建筑高度较小时，常常采用中承式和下承式桥。

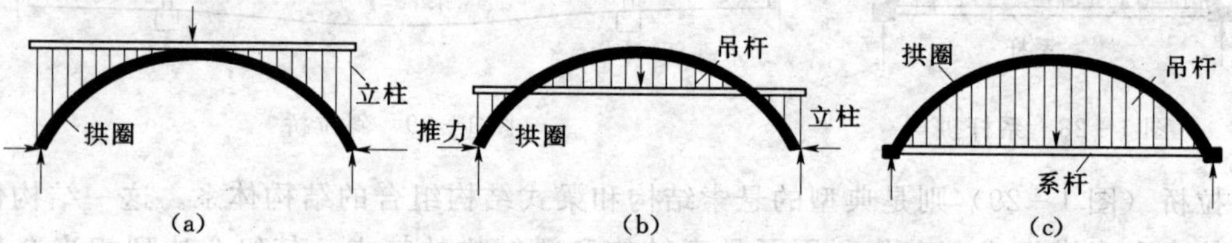

图1-30　上承式、中承式和下承式桥

(a) 上承式桥；(b) 中承式桥；(c) 下承式桥

第二章 桥梁的总体规划与设计要点

一座桥的总体规划设计涉及的因素很多，必须进行一系列的勘测和调查，从客观实际出发，分析该桥的具体情况，才能得出合理的设计建议。对于小桥的设计，除满足线路走向外，同时考虑桥下泄洪、通航或通车的要求，小桥尽可能采用标准设计，以提高效率和规避风险；对于大、中桥，特别是跨度大或技术复杂的桥梁设计，为了能在错综复杂的客观条件基础上，遴选出经济适用又美观的设计方案，就需要按照国家基本建设程序的要求，循序渐进，逐步深入地开展工作。

第一节 桥梁设计与建设程序

桥梁建设之前，必须首先进行桥梁的设计。在我国，基本建设工作可分为前期工作和正式设计两个部分。前期工作包括编制工程预可行性研究（简称“预可”）阶段和工程可行性研究（简称“工可”）阶段。设计工作分为初步设计、技术设计和施工图设计。各设计阶段与建设程序的关系，如图 2-1 所示。

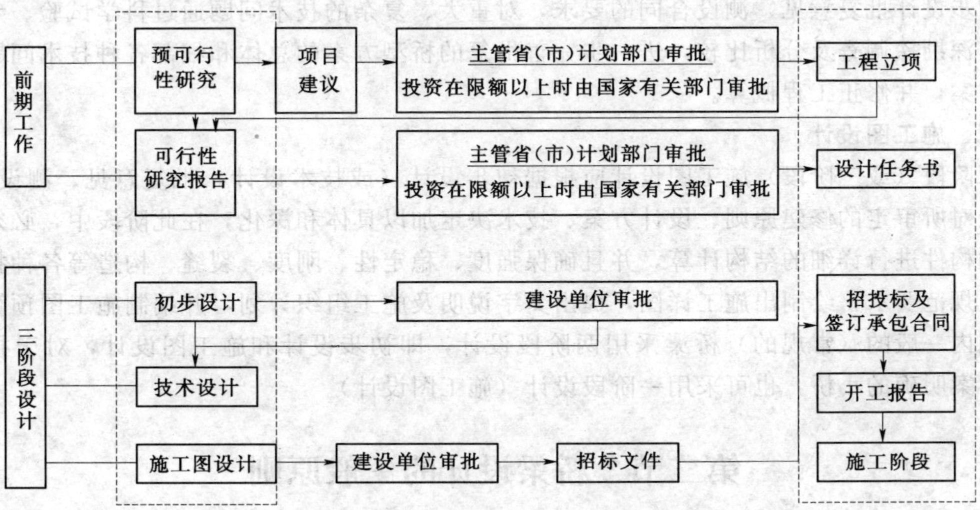

图 2-1 设计阶段与建设程序关系图

下面介绍桥梁设计与建设程序的主要内容和要求。

一、“预可”阶段

“预可”阶段着重研究建桥的必要性以及宏观经济上的合理性。在“预可”阶段形成的“预工程可行性研究报告书”（简称“预可报告”）中，应从经济、政治、国防等方面，详细阐明建桥理由和工程建设的必要性和重要性，同时初步探讨技术上的可行性。对于区域性线路上的桥梁，应以建桥地点的车流量调查（涉及国民经济逐年增长）为立论依据。

“预可”阶段的主要工作目标是解决建设项目的上报立项问题，因而，在“预可报告”中，应编制几个可能的桥型方案，并对工程造价、资金来源、投资回报等问题也应有初步估算和设想。设计方将“预可报告”交业主后，由业主据此编制“项目建议书”报上级主管审批。

二、“工可”阶段

在“项目建议书”被审批确认后，即着手“工可”阶段的工作，在这一阶段，着重研究和制订桥梁的技术标准，包括：设计荷载标准、桥面宽度、通航标准、设计车速、桥面纵坡、桥面平曲线和竖曲线半径等，还要与航运部门协商确定航运标准。

“工可”阶段，应提出多个桥型方案，并按交通部《公路基本建设工程投资估算编制办法》估算造价，对资金来源和投资回报等问题应基本予以落实。

三、初步设计

初步设计应根据批复的可行性研究报告、测设合同和初测、初勘或定测、详勘资料编制。

初步设计的目的是确定设计方案，应通过多个桥型方案的比选，推荐最优方案，报上级审批。在编制各个桥型方案时，应提供平、纵、横布置图，标明主要尺寸，并估算工程数量和主要材料数量，提出施工方案的意见，编制设计概算，提供文字说明和图表资料，初步设计经批复后，则成为施工准备、编制施工图设计文件和控制建设项目投资等的依据。

四、技术设计

对于技术上复杂的特大桥、互通式立交或新型桥梁结构，需进行技术设计。技术设计应根据初步设计批复意见、测设合同的要求，对重大、复杂的技术问题通过科学试验、专题研究、加深勘探调查及分析比较，进一步完善批复的桥型方案的总体和细部各种技术问题以及施工方案，并修正工程概算。

五、施工图设计

两阶段（或三阶段）施工图设计应根据初步设计（或技术设计）批复意见、测设合同，进一步对所审定的修建原则、设计方案、技术决定加以具体和深化，在此阶段中，必须对桥梁各种构件进行详细的结构计算，并且确保强度、稳定性、刚度、裂缝、构造等各种技术指标满足规范要求，绘制出施工详图，提出文字说明及施工组织计划，并编制施工图预算。

国内一般的（常规的）桥梁采用两阶段设计，即初步设计和施工图设计，对于技术简单、方案明确的小桥，也可采用一阶段设计（施工图设计）。

第二节　桥梁设计的一般原则

桥梁设计必须遵照“安全、适用、经济、美观和有利环保”的基本原则，同时还要考虑建造技术的先进性以及可持续发展的要求。现分析如下。

1. 桥梁必须保证安全

整个桥梁结构及其各部分构件，在制造、运输、安装和使用过程中应具有规定的强度、刚度、稳定性和耐久性。强度要求桥梁的全部构件及其连接构造的材料抗力或承载能力应具有足够的安全储备。刚度要求桥梁在荷载作用下的变形不超过规定的容许值。稳定性是要求桥梁结构在各种因素影响下，具有能保持原来的形状和位置的能力。耐久性是要求桥梁在正常养护维修条件下，具有足够的耐久性能，能够使用到预期的耐久年限。另外，在地震区修建桥梁时，在结构上还要满足抵御地震破坏力的要求。

2. 桥梁必须适用

桥梁要保证行车和行人的畅通、舒适和安全，既满足当前的需要，又要考虑到今后的发展；既满足交通运输本身的需要也要考虑到支援农业，满足农田排灌的需要；通航河流上的桥梁，应满足航运的要求；靠近城市、村镇、铁路及水利设施的桥梁还应结合各有关方面的要求，考虑综合利用。

安全是设计的目的，适用是设计的功能需求。在满足安全和适用的前提下，应根据具体情况考虑经济、美观和环保的要求。

3. 桥梁设计应体现经济上的合理性

桥梁设计应遵循因地制宜、就地取材、方便施工的原则，一切设计必须经过详细周密的技术经济比较，使桥梁的总造价和材料的消耗为最小，在使用期间养护维修费用最省。此外，桥梁设计还应满足快速施工的要求。缩短工期不仅能降低施工费用，而且提早通车，在运输上会带来很大的经济效益。因此，选择的结构形式要便于施工和制造，能够采用先进的施工技术和施工机械，以便于加快施工速度，保证工程质量和施工安全。

4. 桥梁美观要求

桥梁应具有优美的外形，应与周围的景观相协调。城市桥梁和游览区的桥梁，可较多地考虑建筑艺术上的要求。公路上的特殊大桥宜进行景观设计；上跨高速公路、一级公路的桥梁应与自然环境和景观相协调。

5. 桥梁设计应有利环保

在国家经济实力不断增长的时期，公路工程设计应符合环保要求，保持公路的可持续发展，如生态、水、噪声等方面，应从桥位选择、施工方法、施工组织设计等多方面考虑环境要求，采取必要的工程控制措施，并建立环境监测保护体系，将不利影响降至最低。

第三节　桥梁纵、横断面设计和平面布置

一、桥梁纵断面设计

桥梁纵断面设计主要内容有：桥梁总跨径的拟定、对桥梁进行分孔、确定桥面标高与桥下净空、桥上与桥头引道纵坡的设置等。

（一）桥梁总跨径的确定

对于跨河桥，桥梁总跨径往往参考桥涵水文的计算结果确定。但由于桥墩、桥台和台前锥形护坡以及桥头路堤的建造，使得桥下过水断面减少了许多，水的流速加大，会引起河床冲刷。所以确定的桥梁总跨径必须保证桥下有足够的泄洪面积，使河床不产生较大的冲刷。桥梁总跨径增大，造价就高了，流速小了，可能造成河床淤积。因此，桥梁总跨径不能单一地由桥涵水文的计算结果确定，需要根据具体情况分别对待。例如，桥梁的基础埋深较浅时，总跨径应大些，从而避免较大冲刷引起墩台基础的破坏；对于深埋基础，允许有较大的冲刷，总跨径就可以减小些，桥梁的造价就可以降低。山区河流一般河床流速已经很大，应尽可能减少压缩或不压缩河床；而对于平原区宽滩河流则允许有较大压缩，但必须注意壅水对河滩、路堤以及附近农田和建筑物带来的危害。

（二）桥梁的分孔

总跨度确定后，还需进一步对桥梁进行分孔。桥梁的跨径越大，孔数越少，上部结构的造价就越高，而下部结构的造价就相对减少；桥梁的跨径越小，孔数越多，上部结构的造价就越少，而下部结构的造价就相对的高。最经济的分孔方式是使上、下部结构的总造价最低。一般情况下，对于桥墩较高或地质不良、水深、流速大的河床，桥的跨径可选大些；当桥墩较矮或地基较好时，桥的跨径可选小些。有通航要求的河流，分孔时必须满足桥下通航要求。通航孔要设置在航行最方便的河域处。对于变迁性河流，为了方便轮船的航行，依桥位处河床具体情况，可多设几个通航孔。

在水深流急的江河上以及山区深谷上建桥时，为了避免修建过多的桥墩带来桥梁总造价的提高，就应该加大跨径。如果条件许可时，可以采用特大跨径的单孔桥梁。

当新设计的桥梁跨径在 50m 以下时，一般均应采用标准跨径，而且采用等跨布置较好。为了避开不利的地质区段（如岩石破碎带、裂隙、溶洞等），要将桥基移开，可适当加大跨径。

对于采用连续体系的多孔桥梁，为了使结构的受力合理，使边跨与中跨的梁高和配筋接近协调一致，连续梁桥各孔跨径的划分，通常按照边跨与中跨跨中最大弯矩趋近于相等的原则来确定，因此也要布置成对称于中央孔的不等跨径。其中三跨连续梁用得最为广泛，其边跨与中间跨的跨径比值对于 T 形桥梁常为 0.8∶1.0；对于五跨连续梁桥，常取 0.65∶0.9∶1.0；当采用箱形截面三跨连续梁时，边孔跨径甚至可减少至中孔的 0.5～0.7；对于多跨连续梁，为了充分发挥材料的作用，常按照使连续梁间支座处的负弯矩的绝对值与各跨跨间的最大弯矩相等来分孔。而从美学的角度来讲，三跨连续梁其边跨与中间跨的跨径比值为 0.618∶1.0，这被认为是永恒美的比例。

总之，对于大、中型桥梁的分孔是一个非常复杂的问题，必须根据桥梁的使用要求，桥位处的地形、地质、水文及环境等具体情况，通过技术经济比较，方能做出比较完美的设计方案。

（三）桥面标高的确定

由设计洪水位、桥下通航需要的净空如图 2－2 所示，合理地确定桥面标高。

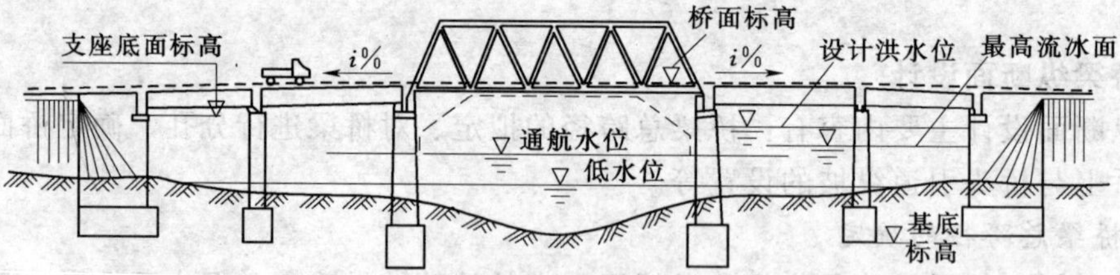

图 2－2　桥梁纵断面

1. 流水净空要求

对于跨河桥梁，桥面的标高应保证桥下排洪和通航的需要，在平原区建桥时，桥面标高的抬高往往伴随桥头引道路堤土方量的显著增加。在修建城市桥梁时，桥高了使两端引道延伸会影响市容，或者需要设置立体交叉或高架栈桥，这导致提高造价。因此必须根据设计水位、桥下通航（或通车）净空等需要，结合桥型、跨径等一起考虑，以确定合理的桥面标高。

我国《公路桥涵设计通用规范》（JTG D60—2004）有如下规定：桥下净空应根据计算

水位（设计水位计入壅水、浪高等）或最高流冰水位加安全高度确定。当河流有形成流冰阻塞的危险或有漂浮物通过时，应按实际调查的数据，在计算水位的基础上，结合当地具体情况酌留一定富余量，作为确定桥下净空的依据。对于有淤积的河流，桥下净空应适当增加。

在不通航或无流放木筏的河流上或通航河流的不通航孔内，桥下净空不应小于表 2-1 的规定。

表 2-1　　非通航河流桥下最小净空

桥梁的部位		高出计算水位（m）	高出最高流冰面（m）
梁底	洪水期无大漂流物	0.50	0.75
	洪水期有大漂流物	1.50	—
	有泥石流	1.00	—
支承垫石顶面		0.25	0.50
拱脚		0.25	0.25

无铰拱的拱脚允许被设计洪水淹没，但不宜超过拱圈高度的 2/3，且拱顶底面至计算水位的净高不得小于 1.0m。

在不通航和无流筏的水库区域内，梁底面或拱顶底面离开水面的高度不应小于计算浪高的 0.75 倍加上 0.25m。

2. 通航净空要求

在通航或流放木筏的河流上，必须设置保证桥下安全通航的通航孔。在此情况下，桥下净高应大于自设计最高通航水位算起的净空高度；桥下净宽应大于设计最低通航水位时墩台间的净空宽度。通航河流的桥下净空应符合通航标准的规定，并应充分考虑河床演变和不同通航水位航迹线的变化。

3. 立体交叉跨线桥桥下净空

（1）公路与公路立体交叉的跨线桥，桥下净空及布孔除应符合桥涵净空的规定外，还应满足桥下公路的视距和前方信息识别的要求，其结构形式应与周围环境相协调。

（2）铁路从公路上跨越通过时，其跨线桥桥下净空及布孔除应符合桥涵净空的规定外，还应满足桥下公路的视距和前方信息识别的要求。

（3）农村道路与公路立体交叉的跨线桥桥下净空应满足如下规定：当农村道路从公路上面跨越时，跨线桥桥下净空应符合建筑限界的规定；当农村道路从公路下面穿过时，其净空可根据当地通行的车辆和交叉情况而定，人行通道的净高应大于或等于 2.2m，净宽应大于或等于 4.0m；畜力车及拖拉机通道的净高应大于或等于 2.7m，净宽应大于或等于 4.0m；农用汽车通道的净高应大于或等于 3.2m，并根据交通量和通行农业机械的类型选用净宽，但应大于或等于 4m；汽车通道的净高应大于或等于 3.5m，净宽应大于或等于 6.0m。

（四）桥上和桥头引道纵断面线形

桥上与桥头引道的线形应与路线布设相互协调，各项技术指标应符合路线布设的规定。一般中、小桥，通常做成平坡桥。对于大桥，为了利于桥面排水和降低引道路堤高度，往往设置从中间向两端倾斜的双向纵坡。桥上纵坡不宜大于 4%，桥头引道纵坡不宜大于 5%。位于市镇混合交通繁忙处，桥上纵坡和桥头引道纵坡均不得大于 3%。桥头两端引道线形应与桥上线形相配合。

二、桥梁横断面设计

桥梁横断面的设计，主要是决定桥面的宽度和桥跨结构横截面的布置。桥面宽度取决于行车和行人的交通需要。我国公路桥面每条行车道的净宽标准与设计行车速度有关，当设计行车速度在 80km/h 或以上时车道净宽为 3.75m，设计行车速度在 60～20km/h 时车道净宽为 3.5～3.0m。

桥上人行道和自行车道的设置应根据实际需要而定。人行道的宽度为 0.75m 或 1m。大于 1m 时按 0.5m 的级差增加。一条自行车道的宽度为 1m，当单独设置自行车道时，一般不应少于两条自行车道的宽度。高速公路上的桥梁，应设检修道，不宜设人行道。与路基同宽的小桥和涵洞可仅设缘石或栏杆，漫水桥不设人行道，但可设置护栏。

城市桥梁以及位于大、中城市近郊的公路桥梁的桥面净空尺寸，应结合城市实际交通量和今后发展的要求来确定。

与行车道平设的人行道，两者间应有安全隔离设施，不然人行道和路缘石最好应高出行车道面 0.25～0.35m，以确保行人和行车的安全。

如图 2－3 所示为对于相同桥面净宽的上承式桥和下承式桥的横断面布置。显然，由于结构布置上的需要，下承式桥承重结构的宽度 B 要比上承式桥的大，而其建筑高 h 却比上承式桥的小。

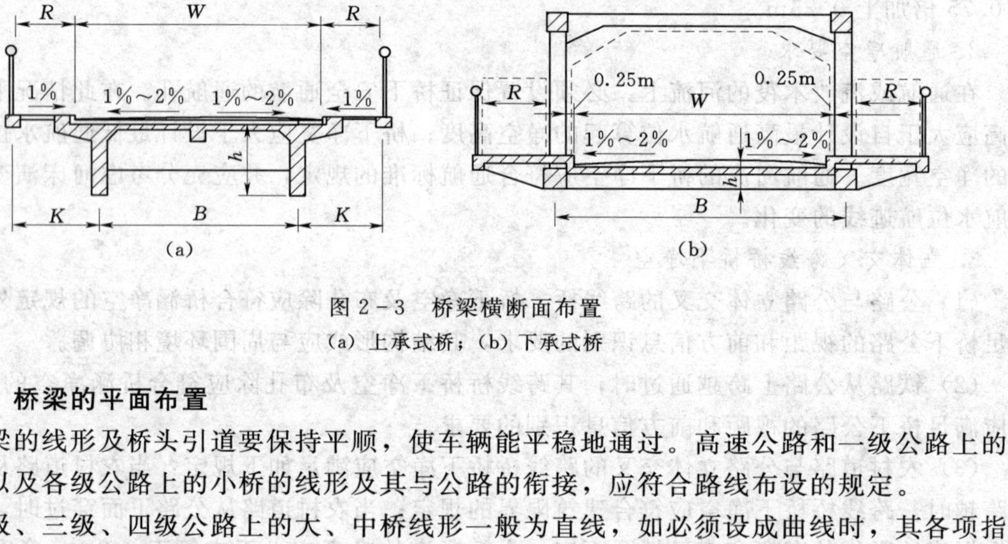

图 2－3　桥梁横断面布置

(a) 上承式桥；(b) 下承式桥

三、桥梁的平面布置

桥梁的线形及桥头引道要保持平顺，使车辆能平稳地通过。高速公路和一级公路上的大中桥，以及各级公路上的小桥的线形及其与公路的衔接，应符合路线布设的规定。

二级、三级、四级公路上的大、中桥线形一般为直线，如必须设成曲线时，其各项指标应符合路线布设规定。

从桥梁本身的经济性和施工方便来说，应尽可能避免桥梁与河流或桥下路线斜交，但对于一般小桥，为了改善路线线形，或受城市桥梁受原有街道的制约时，也允许修建斜交桥，斜度通常不宜大于 45°。在通航河流上斜交不能避免时，交角不宜大于 5°；当交角大于 5°时，宜增加通航孔净宽。

第四节　桥梁设计方案比选

在初步设计阶段，为了获得经济、适用和美观的桥型设计方案，设计者需要运用丰富的桥梁建筑理论和实践经验，在了解国内外新技术、新材料、新工艺的基础上，根据各种自然情况和技术条件，对所拟定的各种桥梁方案在使用、经济、构造、施工、美观等各方面进行深入细致的分析研究工作。通过各方面的综合比较得到科学合理的最优设计方案。

桥梁设计方案的比选和确定可按下列步骤进行。

（一）明确各种标高的要求

在桥位纵断面图上，首先按比例绘出设计水位、通航水位、堤顶标高、桥面标高、通航净空、堤顶行车净空位置图。

（二）桥梁分孔和初拟桥型方案图式

在上述确定了各种标高的纵断面图上，根据泄洪总跨径的要求，拟定出一系列各具特点而可能实现的桥型图式。拟定图式思路要宽广，不要遗漏可能的桥型和布置，并且把每一图式均按大致相同的比例，画在同样大小的桥址河床断面及地质剖面图上。

（三）方案初筛

对各方案作技术和经济上的初步分析和判断，筛去在经济上明显相形见绌的弱势方案，从中选出 2～4 个构思好、各具优点的方案作进一步详细研究和比较。

（四）详绘桥型方案

根据不同桥型、不同跨度、宽度和施工方法，拟定主要尺寸并尽可能细致地绘制各个桥型方案的尺寸详图。对于新结构，应作初步的力学分析，以准确拟定各方案的主要尺寸。

（五）编制估算或概算

根据已经编制好的方案详图，可以计算出上、下部结构的主要工程数量，然后依据各省、市或行业的“估算定额”或“概算定额”，编制出各方案的主要材料（钢、木、混凝土等）用量、劳动力数量，并估算全桥的总造价。

（六）方案选定和文件汇总

设计方案的评价和比较是要全面考虑上述各项指标，综合分析每一方案的优缺点，最后选定一个最佳的推荐方案。在深入比较过程中，应当及时发现并调整方案中的不尽合理之处，确保最后选定的方案是强中选强的方案。

一般说来，造价低、材料省、劳动力少和桥型美观的应是优秀方案，但实际上并不尽然，因为有时当其他技术因素或使用要求上升成为设计的主要矛盾时，就不得不放弃较为经济的方案。所以在比较时必须从任务书提出的要求、所给的原始资料以及施工等条件中，找出所面临问题的关键所在，分清主次，才能探索出适合于各种具体情况的最佳方案。

在方案比较中，除编制方案外还应编写比较方案说明书。说明书中应阐明编制方案的依据和标准、拟定图式和从中选出比较方案的理由、方案比较的综合性评价。对于推荐方案应作较详细的说明，如拟定结构主要尺寸所作的各种计算资料、估算主要材料指标和造价等所依据的文字名称（如概算定额、各种费率标准）等，均应作为附件载入。

2009 年建成通车的重庆朝天门长江大桥是重庆市城市总体规划中主城区规划的 16 座跨江特大桥之一。所选桥型除满足通航及交通功能外，还要求结构新颖、外形美观，与城市环境相协调，能够适应今后的轨道交通过江需求，构想建成后可以成为新重庆的第一座标志性景观工程。在设计中选择了中承式无推力钢箱系杆拱桥、三跨连续钢桁架悬索桥及中承式无推力钢桁架系杆拱桥三个桥型方案进行比选（如图 2-4 所示），经专家论证，结合重庆市的发展及朝天门大桥所处的特殊位置，推荐第三方案为首选方案。

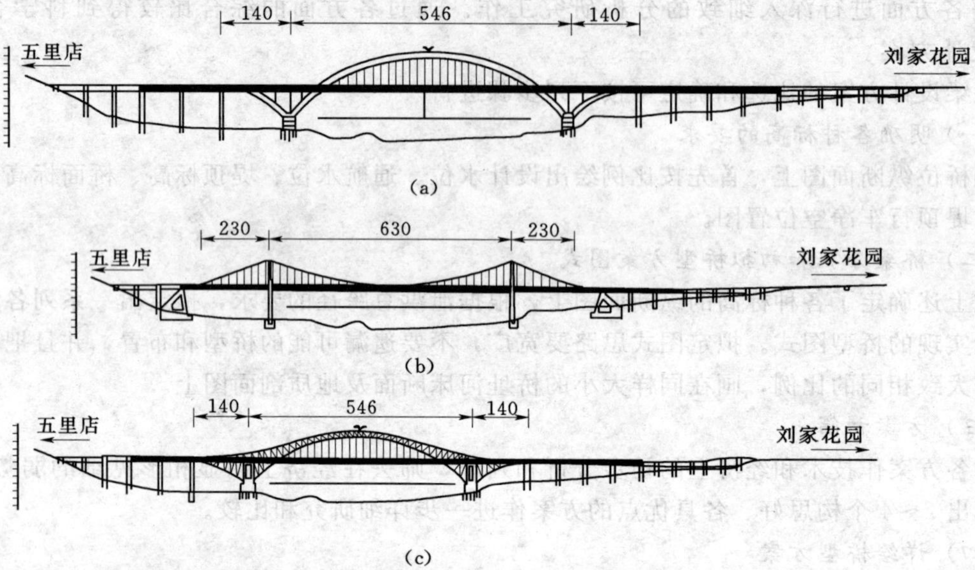

图 2-4　重庆朝天门大桥桥型方案比选图（尺寸单位：m）

（a）方案一（主跨 546m 钢箱拱）；（b）方案二（主跨 630m 钢箱拱）；

（c）方案三（主跨 546m 钢桁拱）

第三章 桥梁的设计作用

作用是指施加在结构上的一组集中力（或分布力），或引起结构外加变形或约束变形的原因。前者称为直接作用也称荷载，后者称为间接作用。长期以来，一般习惯地称所有引起结构反应的原因为“荷载”，这种提法实际上并不科学。引起结构反应的原因可以按其作用的性质分为截然不同的两类：一类是施加于结构上的外力，如车辆、人群、结构自重等，它们是直接施加于结构上的，可用“荷载”这一术语来概括。另一类不以外力形式施加于结构，它们产生的效应与结构本身的特性、结构所处环境等有关，如地震、基础变位、混凝土收缩和徐变、温度变化等，它们是间接作用于结构的，如果也称“荷载”，容易引起人们的误解。因此，目前国际上普遍将所有引起结构反应的原因统称为“作用”，而“荷载”仅限于表达施加于结构上的直接作用。

第一节 规范中有关设计作用的规定

我国《公路桥涵设计通用规范》（JTG D60—2004）将公路桥梁上的各种作用按其随时间的变异性分为永久作用、可变作用和偶然作用，如表 3－1 所示。这种分类是结构上作用的基本分类。永久作用是经常的、其数值不随时间变化或变化微小的作用；可变作用的数值是随时间变化的；偶然作用的时间短暂，且发生的几率很小。

表 3－1 作用分类

编号	作用分类	作用名称	编号	作用分类	作用名称
1		结构重力（包括结构附加重力）	12		人群荷载
2		预加力	13		汽车制动力
3		土的重力	14		风荷载
4	永久作用	土侧压力	15	可变作用	流水压力
5		混凝土收缩及徐变作用	16		冰压力
6		水的浮力	17		温度（均匀温度和梯度温度）作用
7		基础变位作用	18		支座摩阻力
8		汽车荷载	19		地震作用
9	可变作用	汽车冲击力	20	偶然作用	船舶或漂流物的撞击作用
10		汽车离心力	21		汽车撞击作用
11		汽车引起的土侧压力			

下面介绍和桥梁设计作用有关的几个名词：

代表值：结构或结构构件设计时，针对不同设计目的所采用的各种作用规定值，它包括作用标准值、准永久值和频遇值等。

作用标准值：结构或结构构件设计时，采用的各种作用的基本代表值，其值可根据作用在设计基准期内最大值概率分布的某一分位值确定。

设计基准期：在进行结构可靠性分析时，考虑持久设计状况下各项基本变量与时间关系所采用的基准时间参数。公路桥涵结构的设计基准期为100年。

作用频遇值：结构或构件按正常使用极限状态短期效应组合设计时，采用的一种可变作用代表值，其值可根据在足够长观测期内作用任意时点概率分布的0.95分位值确定。

作用准永久值：结构或构件按正常使用极限状态长期效应组合设计时，采用的另一种可变作用代表值，其值可根据在足够长观测期内作用任意时点概率分布的0.5（或略高于0.5）分位值确定。

作用效应：结构对所作用的反应，如弯矩、扭矩、位移等。

作用效应设计值：作用标准值与作用分项系数的乘积。

分项系数：为保证所设计的结构具有规定的可靠度而在设计表达式中采用的系数，分作用分项系数和抗力分项系数两类。

三种设计作用在规范中的规定如下。

一、永久作用

永久作用（如恒载）被近似地认为在设计基准期内是不变的，它的代表值只有一个，即标准值。永久作用的标准值，对结构自重及桥面铺装、附属设备等附加重力均属结构重力，结构重力标准值可按表3-2所列常用材料的重力密度计算。

表3-2　**常用材料的重力密度**

材料种类	重力密度（kN/m^3）	材料种类	重力密度（kN/m^3）
钢、铸钢	78.5	浆砌片石	23.0
铸钢	72.5	干砌块石或片石	21.0
锌	70.5	沥青混凝土	23.0～24.0
铅	114.0	沥青碎石	22.0
黄铜	81.1	碎（砾石）	21.0
青铜	87.4	填土	17.0～18.0
钢筋混凝土或预应力混凝土	25.0～26.0	填石	119.0～20.0
混凝土或片石混凝土	24.0	石灰三合土、石灰土	17.5
浆砌片石或料石	24.0～25.0		

预加力在结构进行正常使用极限状态设计和使用阶段构件应力计算时，应作为永久作用计算其主效应和次效应，并计入相应阶段的预应力损失，但不计由于预加力偏心距增大引起的附加效应。在结构进行承载能力极限状态设计时，预加力不作为作用，而将预应力钢筋作为结构抗力的一部分，但在连续梁等超静定结构中，仍需考虑预加力引起的次效应。

作用于墩台的土压力、土侧压力按《公路桥涵设计通用规范》（JTG D60—2004）中的有关规定计算。

水的浮力按下列规定采用：

（1）基础底面位于透水性地基上的桥梁墩台，当验算稳定时，应考虑设计水位的浮力；

当验算地基应力时，可仅考虑低水位的浮力或不考虑水的浮力。

（2）基础嵌入不透水性地基的桥梁墩台不考虑水的浮力。

（3）作用在桩基承台底面的浮力，应考虑全部底面积。对桩嵌入不透水地基并灌注混凝土封闭者，不应考虑桩的浮力，在计算承台底面浮力时应扣除桩的截面面积。

（4）当不能确定地基是否透水时，应以透水或不透水两种情况与其他作用组合，取其最不利者。

混凝土收缩及徐变作用可按下述规定取用。

（1）外部超静定的混凝土结构、钢和混凝土的组合结构等应考虑混凝土收缩及徐变的作用。

（2）混凝土的收缩应变和徐变系数可按《公路钢筋混凝土及预应力混凝土桥涵设计规范》（JTG D62—2004）的规定计算。

（3）作混凝土徐变的计算，可假定徐变与混凝土应力呈线性关系。

（4）计算圬工拱圈的收缩作用效应时，如考虑徐变影响，作用效应可乘以0.45折减系数。

对于超静定结构，当考虑由于地基压密等引起的长期变形影响时，应根据最终位移量计算构件的效应。

其他永久作用均按《公路钢筋混凝土及预应力混凝土桥涵设计规范》（JTG D62—2004）规定计算。

二、可变作用

可变作用是指在结构使用期间，其量值随时间而变化，且其变化值与平均值相比较不能忽略的作用。桥梁设计中考虑的可变作用有汽车荷载和人群荷载。同时，对于汽车荷载应计及其冲击力、制动力和离心力。对于所有车辆荷载尚应计算其所引起的土侧压力。

此外可变作用尚包括支座摩擦力、温度作用、风荷载、流水压力和冰压力等。

公路桥涵设计时，汽车荷载的计算图式、荷载等级及其标准值、加载方法和纵横向折减等应符合下列规定。

（一）汽车荷载

（1）汽车荷载分为公路—Ⅰ级和公路—Ⅱ级两个等级。

（2）汽车荷载由车道荷载和车辆荷载组成。车道荷载由均布荷载和集中荷载组成。桥梁结构的整体计算采用车道荷载；桥梁结构的局部加载、涵洞、桥台和挡土墙土压力等的计算采用车辆荷载。车辆荷载与车道荷载的作用不得叠加。

（3）各级公路桥涵设计的汽车荷载等级应符合表3-3的规定。

表3-3　各级公路桥涵的汽车荷载等级

公路等级	高速公路	一级公路	二级公路	三级公路	四级公路
汽车荷载等级	公路—Ⅰ级	公路—Ⅰ级	公路—Ⅱ级	公路—Ⅱ级	公路—Ⅱ级

二级公路为干线公路且重型车辆多时，其桥涵的设计可采用公路—Ⅰ级汽车荷载。四级公路上重型车辆少时，其桥涵设计所采用的公路—Ⅱ级车道荷载的效应可乘以0.8的折减系数，车辆荷载的效应可乘以0.7的折减系数。

（4）车道荷载的计算图式，如图3-1所示。

1）公路—Ⅰ级车道荷载的均布荷载标准值为 q_k＝10.5kN/m；集中荷载标准值按以下规定选取：桥梁计算跨径小于或等于 5m 时，P_K＝180kN；桥梁计算跨径等于或大于 50m 时，P_K＝360kN；桥梁计算跨径在 5～50m 之间时，P_K 值采用直线内插求得。计算剪力效应时，上述集中荷载标准值 P_K 应乘以 1.2 的系数。

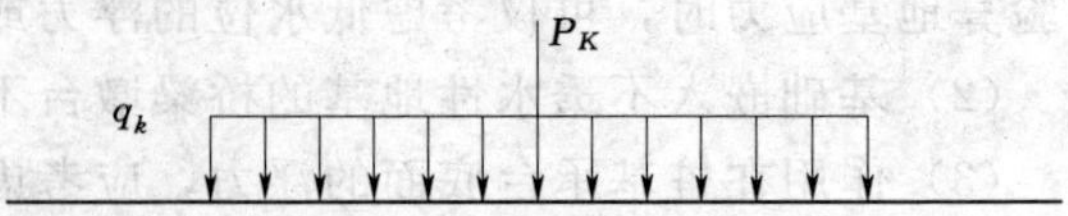

图 3－1　车道荷载

2）公路—Ⅱ级车道荷载的均布荷载标准值 q_k 和集中荷载标准值 P_K 采用公路—Ⅰ级车道荷载的 0.75。

3）车道荷载的均布荷载标准值应满布于使结构产生最不利效应的同号影响线上；集中荷载标准值只作用于相应影响线中一个最大影响线峰值处。

（5）车辆荷载的立面、平面尺寸如图 3－2 所示，主要技术指标规定如表 3－4 所示。公路—Ⅰ级和公路—Ⅱ级汽车荷载采用相同的车辆荷载标准值。

表 3－4　　车辆荷载主要技术指标

项　目	技术指标	项　目	技术指标
车辆重力标准值（kN）	550	轮距（m）	1.8
前轴重力标准值（kN）	30	前轮着地宽度和长度（m）	0.3×0.2
中轴重力标准值（kN）	2×120	中后轮着地宽度和长度（m）	0.6×0.2
后轴重力标准值（kN）	2×140	车辆外形尺寸（长×宽）（m）	15×2.5
轴距（m）	3＋1.4＋7＋1.4		

（6）车道荷载横向分布系数应按设计车道数如图 3－3 所示布置车辆荷载进行计算。

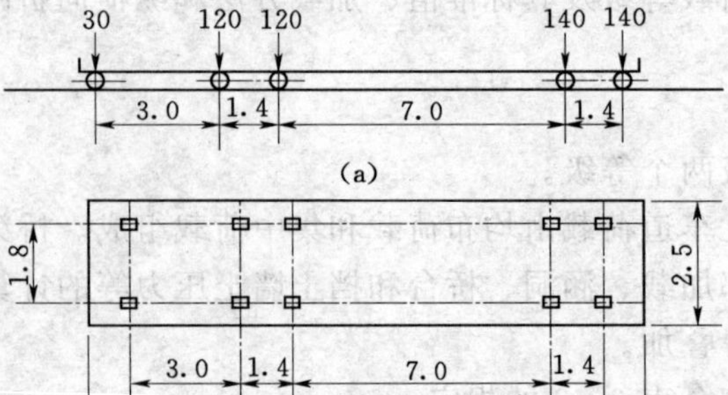

图 3－2　车辆荷载的立面、平面布置图
（轴重力单位：kN；尺寸单位：m）
(a) 立面；(b) 平面

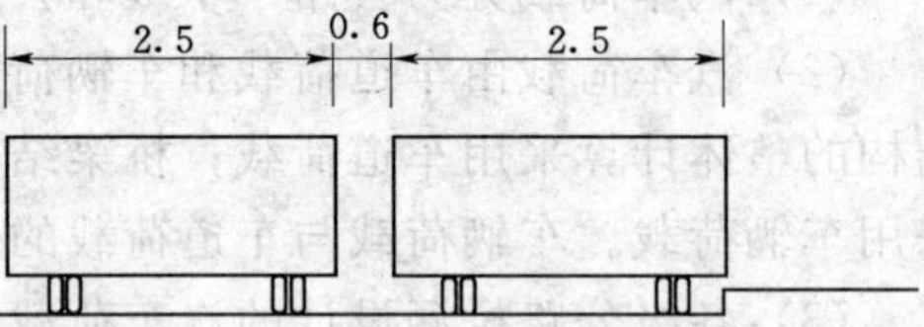

图 3－3　车辆荷载横向布置

（7）桥涵设计车道数应符合表 3－5 的规定。多车道桥梁上的汽车荷载应考虑多车道折减。当桥涵设计车道数等于式大于 2 时，由汽车荷载产生的效应应按表 3－6 规定进行横向折减。

表 3-5 桥涵设计车道数

桥面宽度 W（m）		桥涵设计车道数
车辆单向行驶时	车辆双向行驶时	
$W<7.0$	$6.0\leqslant W<14.0$	1
$7.0\leqslant W<10.5$		2
$10.5\leqslant W<14.0$	$14.0\leqslant W<21.0$	3
$14.0\leqslant W<17.5$		4
$17.5\leqslant W<21.0$	$21.0\leqslant W<28.0$	5
$21.0\leqslant W<24.5$		6
$24.5\leqslant W<28.0$	$28.0\leqslant W<35.0$	7
$28.0\leqslant W<31.5$		8

表 3-6 横向折减系数

横向布置设计车道数（条）	2	3	4	5	6	7	8
横向折减系数	1.00	0.78	0.67	0.60	0.55	0.52	0.50

(8) 大跨径桥梁上的汽车荷载应考虑纵向折减。

当桥梁计算跨径大于 150m 时，应按表 3-7 规定的纵向折减系数进行折减。当为多跨连续结构时，整个结构应按最大的计算跨径考虑汽车荷载效应的纵向折减。

表 3-7 纵向折减系数

计算跨径 L_0(m)	纵向折减系数	计算跨径 L_0(m)	纵向折减系数
$150<L_0<400$	0.97	$800\leqslant L_0<1000$	0.94
$400\leqslant L_0<600$	0.96	$L_0\geqslant 1000$	0.93
$600\leqslant L_0<800$	0.95		

（二）汽车荷载冲击力

汽车在不平整的桥面铺装上高速行驶会使桥梁受到冲击力作用。《公路桥涵设计通用规范》(JTG D60—2004) 中指出，汽车荷载冲击力应按下列规定计算：

(1) 钢桥、钢筋混凝土及预应力混凝土桥、圬工拱桥等上部构造和钢支座、板式橡胶支座、盆式橡胶支座及钢筋混凝土柱式墩台，应计算汽车的冲击作用。

(2) 填料厚度（包括路面厚度）等于或大于 0.5m 的拱桥、涵洞以及重力式墩台不计冲击力。

(3) 支座的冲击力，按相应的桥梁取用。

(4) 汽车荷载的冲击力标准值为汽车荷载标准值乘以冲击系数 μ。

(5) 冲击系数 μ 可按下式计算：

当 $f<1.5\text{Hz}$ 时，$\mu=0.05$

当 $1.5\text{Hz}\leqslant f<14\text{Hz}$ 时，$\mu=0.1767\ln f-0.0157$

当 $f\geqslant 14\text{Hz}$ 时，$\mu=0.45$

式中 f——结构基频，Hz。

(6) 汽车荷载的局部加载及在T梁、箱梁悬臂板上的冲击系数采用1.3。

(三) 汽车荷载离心力

汽车荷载离心力可按下列规定计算。

(1) 当弯道桥的曲线半径等于或小于250m时，应计算汽车荷载引起的离心力。汽车荷载离心力标准值为车辆荷载（不计冲击力）标准值乘以离心力系数C计算。离心力系数按下式计算：

$$C=\frac{V^2}{127R} \tag{3-1}$$

式中　V——设计速度，km/h，应按桥梁所在路线设计速度采用；

R——平曲线半径，m。

(2) 计算多车道桥梁的汽车荷载离心力时，车辆荷载标准值应乘以表3-6规定的横向折减系数。离心力的着力点在桥面以上1.2m处（为计算简便也可移至桥面上，不计由此引起的作用效应）。

(四) 汽车荷载引起的土侧压力

车辆荷载在桥台或挡土墙后填土的破坏棱体上引起的土侧压力，可按下式换算成等代均布土层厚度h(m)计算：

$$h=\frac{\sum G}{Bl_0\gamma} \tag{3-2}$$

式中　γ——土的重力密度，kN/m³；

$\sum G$——布置在$B\times l_0$面积内的车轮的总重力，kN；

l_0——桥台或挡土墙后填土的破坏棱体长度，m，对于墙顶以上有填土的路堤式挡土墙，l_0为破坏棱体范围内的路基宽度部分；

B——桥台横向全宽或挡土墙的计算长度，m。

挡土墙的计算长度可按下列公式计算，但不应超过挡土墙分段长度：

$$B=13+H\tan 30° \tag{3-3}$$

式中　H——挡土墙高度，m，对墙顶以上有填土的挡土墙，为两倍墙顶填土厚度加墙高。

当挡土墙分段长度小于13m时，B取分段长度，并在该长度内按不利情况布置轮重。

(五) 人群荷载

人群荷载标准值按下列规定采用。

(1) 当桥梁计算跨径小于或等于50m时，人群荷载标准值为3.0kN/m²；当桥梁计算跨径等于或大于150m时，人群荷载标准值为2.5kN/m²；桥涵计算跨径大于50～150m之间时，可由线性内插得到人群荷载标准值。对于跨径不等的连续结构，以最大计算跨径为准。城镇郊区行人密集地区的公路桥梁，人群荷载标准值为上述标准值的1.15倍。专用人行桥梁，人群荷载标准值为3.5kN/m²。

(2) 人群荷载的横向布置应在人行道的净宽度内，纵向应施加于使结构产生最不利荷载效应的区段内。

(3) 人行道板（局部构件）可以一块板为单元，按标准值4.0kN/m²的均布荷载计算。

(4) 计算人行道栏杆时，作用在栏杆立柱顶上的水平推力标准值取0.75kN/m；作用在栏杆扶手上的竖向力标准值取1.0kN/m。

（六）汽车荷载制动力

汽车制动力是车辆在刹车时为克服车辆的惯性力而在路面与车辆之间发生的滑动摩擦力。汽车荷载制动力可按下列规定计算和分配。

（1）汽车荷载制动力按同向行驶的汽车荷载（不计冲击力）计算，并应按表 3－7 以使桥梁墩台产生最不利纵向力的加载长度进行纵向折减。

一个设计车道上由汽车荷载产生的制动力标准值按车道荷载标准值在加载长度上计算的总重力的 10%计算，但公路—Ⅰ级汽车荷载的制动力标准值不得小于 165kN；公路—Ⅱ级汽车荷载的制动力标准值不得小于 90kN。同向行驶双车道的汽车荷载制动力标准值为一个设计车道制动力标准值的两倍；同向行驶三车道为一个设计车道的 2.34 倍；同向行驶四车道为一个设计车道的 2.68 倍。

（2）制动力的着力点在桥面以上 1.2m 处，计算墩台时，可移至支座铰中心或支座底座面上。计算刚构桥、拱桥时，制动力的着力点可移至桥面上，但不计由此而产生的竖向力和力矩。

三、偶然作用

偶然作用包括地震力作用和漂浮物的撞击作用。这种荷载在结构使用期间出现的概率虽小，但一旦出现，其值很大且持续的时间很短。

现行《公路工程抗震设计规范》对公路工程包括桥涵工程的抗震设计作出明确规定，根据《中国地震动参数区划图》（GB 18306—2001），不再采用地震基本烈度，取而代之为地震动峰值加速度系数。地震基本烈度与地震动峰值加速度系数之间的关系，如表 3－8 所示。

表 3－8　　地震基本烈度与地震动峰值加速度系数的对应关系

地震动峰值加速度系数 g	<0.05	0.05	0.10	0.15	0.20	0.30	≥0.40
地震基本烈度	<Ⅵ	Ⅵ	Ⅶ	Ⅶ	Ⅷ	Ⅷ	≥Ⅸ

公路桥梁地震作用的计算及结构的设计，应符合现行《公路工程抗震设计规范》的规定。地震动峰值加速度等于 0.1g、0.15 g、0.20g、0.30g 地区的公路桥涵，应进行抗震设计。地震动峰值加速度大于或等于 0.40g 地区的公路桥涵，必须进行专门的抗震研究和设计。地震动峰值加速度小于或等于 0.05g 地区的公路桥涵，除有特殊要求外，可采用简易设防。做过地震小区划的地区，应按主管部门审批后的地震动参数进行抗震设计。

位于通航河流或有漂流物的河流中的桥梁墩台，设计时应考虑船舶或漂流物的撞击作用。撞击作用的数值一般可根据实测资料或与有关部门研究确定。当无资料作为依据时，可参考《桥通规》中有关规定计算。

桥梁结构必要时可考虑汽车的撞击作用。汽车撞击力标准值在车辆行驶方向取 1000kN，在车辆行驶垂直方向取 500kN，两个方向的撞击力不同时考虑，撞击力作用于行车道以上 1.2m 处，直接分布于撞击涉及的构件上。对于设有防撞设施的结构构件，可视防撞设施的防撞能力，对汽车撞击力标准值予以折减，但折减后的汽车撞击力标准值不应低于上述规定值的 1/6。

除了上述规定三种作用以外，在桥梁设计中，还必须注意结构物在预制、运输、架设安装及各施工阶段可能遇到的各种临时荷载，如起重机具的重力，可总称其为施工荷载。桥梁设计中因为对施工荷载的取值不当或验算上的疏忽，造成毁桥事故并不少见。

第二节　桥梁作用效应组合

上节中简述了各种可能出现的荷载和外力，显然这些荷载并非都同时作用于桥梁上。因此，在设计中应分清哪些荷载和外力是恒久存在的、经常出现的，哪些是偶尔出现的或者只在特殊情况下才发生。根据各种荷载重要性的不同和同时作用的可能性，JTGD 60—2004《桥通规》规定了按承载能力极限状态和正常使用极限状态进行作用效应组合，并取其最不利效应组合进行设计。

一、按承载能力极限状态设计时作用效应的组合

（一）基本组合

永久作用的设计值效应与可变作用设计值效应相组合，其效应组合表达式为

$$\gamma_0 S_{ud} = \gamma_0 \left(\sum_{i=1}^{m} \gamma_{Gi} S_{Gik} + \gamma_{Q1} S_{Q1k} + \psi_c \sum_{j=2}^{n} \gamma_{Qj} S_{Qjk} \right) \tag{3-4}$$

或

$$\gamma_0 S_{ud} = \gamma_0 \left(\sum_{i=1}^{m} S_{Gid} + S_{Q1d} + \psi_c \sum_{j=2}^{n} S_{Qjd} \right) \tag{3-5}$$

上两式中　S_{ud}——承载能力极限状态下作用基本组合的效应组合设计值；

γ_0——结构重要性系数，应按表 3-9 规定采用；

γ_{Gi}——第 i 个永久作用效应的分项系数，应按表 3-10 的规定采用；

S_{Gik}、S_{Gid}——第 i 个永久作用效应的标准值和设计值；

γ_{Q1}——汽车荷载效应（含汽车冲击力、离心力）的分项系数，取 $\gamma_{Q1}=1.4$。当某个可变作用在效应组合中其值超过汽车荷载效应时，则该作用取代汽车荷载，其分项系数应采用汽车荷载的分项系数；对专为承受某作用而设置的结构或装置，设计时该作用的分项系数取与汽车荷载同值；计算人行道板和人行道栏杆的局部荷载，其分项系数也与汽车荷载取同值；

S_{Q1k}、S_{Q1d}——汽车荷载效应（含汽车冲击力、离心力）的标准值和设计值；

γ_{Qj}——在作用效应组合中除汽车荷载效应（含汽车冲击力、离心力）、风荷载外的其他第 j 个可变作用效应的分项系数，取 $\gamma_{Qj}=1.4$，但风荷载的分项系数取 $\gamma_{Qj}=1.1$；

S_{Qjk}、S_{Qjd}——在作用效应组合中除汽车荷载效应（含汽车冲击力、离心力）外的其他第 j 个可变作用效应的标准值和设计值；

ψ_c——在作用效应组合中除汽车荷载效应（含汽车冲击力、离心力）外的其他可变作用效应的组合系数，当永久作用与汽车荷载和人群荷载（或其他一种可变作用）组合时，人群荷载（或其他一种可变作用）的组合系数取 $\psi_c=0.80$；当除汽车荷载（含汽车冲击力、离心力）外尚有两种其他可变作用参与组合时，其组合系数取 $\psi_c=0.70$；尚有三种可变作用参与组合时，其组合系数取 $\psi_c=0.60$；尚有四种及多于四种的可变作用参与组合时，取 $\psi_c=0.50$。

表 3-9　公路桥涵结构的设计安全等级

设计安全等级	桥涵结构	结构重要性系数
一级	特大桥、重要大桥	1.1
二级	大桥、中桥、重要小桥	1.0
三级	小桥、涵洞	0.9

表 3-10　永久作用效应的分项系数

编号	作用类别		永久作用效应分项系数	
			对结构承载能力不利时	对结构的承载能力有利时
1	混凝土和圬工结构重力（包括结构附加重力）		1.2	1.0
	钢结构重力（包括结构附加重力）		1.1 或 1.2	
2	预加力		1.2	1.0
3	土的重力		1.2	1.0
4	混凝土的收缩及徐变作用		1.0	1.0
5	土侧压力		1.4	1.0
6	水的浮力		1.0	1.0
7	基础变位作用	混凝土和圬工结构	0.5	0.5
		钢结构	1.0	1.0

注　本表编号 1 中，当钢桥采用钢桥面板时，永久作用效应分项系数取 1.1；当采用混凝土桥面板时，取 1.2。

设计弯桥时，当离心力与制动力同时参与组合时，制动力标准值或设计值按 70%取用。

（二）偶然组合

作用效应的偶然组合是指永久作用标准值、可变作用代表值和一种偶然作用标准值的效应组合，视具体情况，也可不考虑可变作用效应参与组合。作用效应偶然组合用于结构在特殊情况下的设计，故不是所有公路桥涵结构都要采用的，一般结构也可采取构造或其他预防措施来解决。偶然作用的效应分项系数取 1.0；与偶然作用同时出现的可变作用，可根据观测资料和工程经验取用适当的代表值。地震作用标准值及其表达式按现行《公路工程抗震设计规范》规定采用。

二、按正常使用极限状态设计时作用效应的组合

（一）作用短期效应组合

永久作用标准值效应与可变作用频遇值效应相组合，其效应组合表达式如下：

$$S_{sd} = \sum_{i=1}^{m} S_{Gik} + \sum_{j=1}^{n} \psi_{1j} S_{Qjk} \tag{3-6}$$

式中　S_{sd}——作用短期效应组合设计值；

ψ_{1j}——第 j 个可变作用效应的频遇值系数，汽车荷载（不计冲击力）$\psi_1=0.7$，人群荷载 $\psi_1=1.0$，风荷载 $\psi_1=0.75$，温度梯度作用 $\psi_1=0.8$，其他作用 $\psi_1=1.0$；

$\psi_{1j}S_{Qjk}$——第 j 个可变作用效应的频遇值。

（二）作用长期效应组合

永久作用标准值效应与可变作用准永久值效应相组合，其效应组合表达式为：

$$S_{ld} = \sum_{i=1}^{m} S_{Gik} + \sum_{j=1}^{n} \psi_{2j} S_{Qjk} \tag{3-7}$$

式中　S_{ld}——作用长期效应组合设计值；

ψ_{2j}——第 j 个可变作用效应的准永久值系数，汽车荷载（不计冲击力）$\psi_2=0.4$，人群荷载 $\psi_2=0.4$，风荷载 $\psi_2=0.75$，温度梯度作用 $\psi_2=0.8$，其他作用 $\psi_2=1.0$；

S_{Qjk}——第 j 个可变作用效应的准永久值。

结构构件当需要进行弹性阶段截面应力计算时，除特别指明外，各作用效应的分项系数及组合系数均取为 1.0，各项应力限值按各设计规范规定采用。验算结构的抗倾覆、滑动稳定时，稳定系数、各作用的分项系数及摩擦系数，应根据不同结构按各有关桥涵设计规范的规定确定。

构件在吊装、运输时，构件重力应乘以动力系数 1.2 或 0.85，并可视构件具体情况做适当增减。

第四章 桥面布置与构造

桥梁的桥面部分主要由桥面铺装、防水排水设施、伸缩缝、人行道（或安全带）、缘石、栏杆和灯柱等部分组成（图 4-1）。桥面布置与构造直接与车辆、行人接触，它对桥梁结构起保护作用，使桥梁能够正常发挥功能，同时也对行车安全和桥梁美观起着重要作用。桥面布置应在桥梁的总体设计中考虑，它根据道路等级、桥梁的宽度、行车的要求等条件确定。

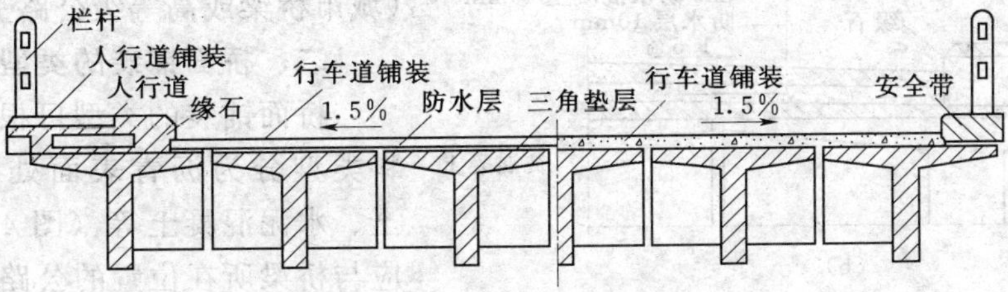

图 4-1 桥面的一般构造

第一节 桥 面 铺 装

公路桥梁桥面铺装，又称行车道铺装，它是车轮直接作用的部分。桥面铺装功用主要表现在三个方面：一是防止车辆轮胎或履带直接磨耗行车道板；二是保护主梁免受雨水侵蚀；三是分布车辆轮重等集中荷载，使主梁受力均匀。桥面铺装部分在桥梁恒重中占有较大比重，特别是在中小跨径的桥梁中显得尤为突出，故在设计中应尽可能地减轻桥面铺装的重量。如果设计时考虑了铺装层参与桥面板的受力，还要确保铺装层与桥面板紧密结合成整体。

一、桥面横坡的设置

为了迅速排除桥面雨水，通常桥梁除设有纵向坡度外，还应将桥面铺装沿横向设置双向的桥面横坡。目前通常将桥面横坡设置为抛物线形或直线形，坡度为 1.5%～3.0%。常用桥面横坡有三种设置形式：

(1) 通过墩台顶部做成倾斜或调整支座垫石的高度形成横坡［图 4-2 (a)］。这种设置方法可采用等厚度的铺装层，既能节省铺装材料又能减轻恒载重量，一般适用于板桥或就地浇筑的肋梁桥。

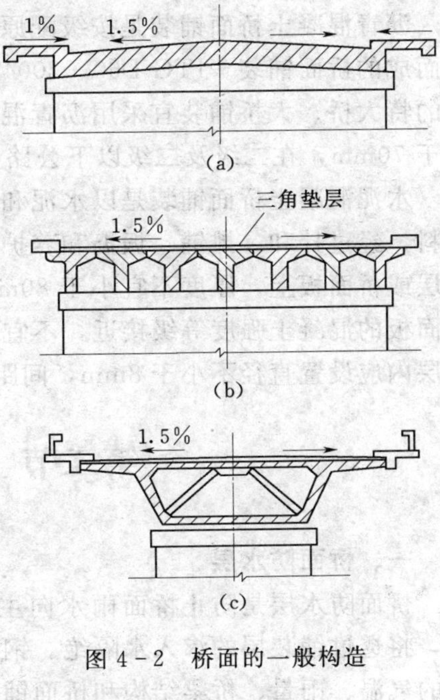

图 4-2 桥面的一般构造

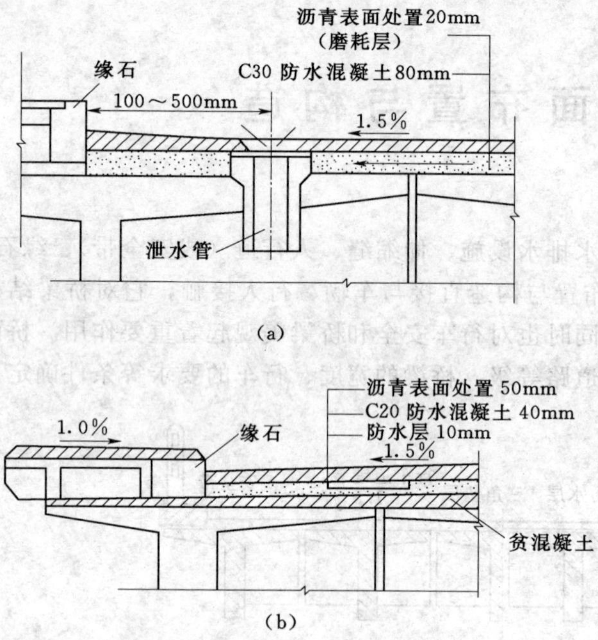

图 4-3　桥面铺装构造

(2) 通过不等厚的铺装层形成横坡[图 4-2 (b)]。一般先铺设一层厚度变化的混凝土三角垫层形成双向倾斜，再铺设等厚的路面铺装层。此种设置方法混凝土用量较多并增加了桥梁的恒重，一般适用于桥面较窄的装配式肋梁桥。

(3) 通过将行车道板做成双向倾斜形成横坡 [图 4-2 (c)]。这种设置方法能减轻铺装重量，但增加主梁构造和施工的复杂性，一般适用于较宽的桥梁（城市桥梁或高等级公路上的桥梁）。

二、桥面铺装的类型

桥面铺装的类型可根据所采用的材料类型分为沥青表面处置、沥青混凝土、水泥混凝土等（图 4-3），选用时应与桥梁所在位置的公路路面的材料类型相协调。沥青表面处置桥面铺装耐久性差，仅在中级或低级公路桥梁上使用。沥青混凝土和水泥混凝土桥面铺装应用较广，能满足各项要求。水泥混凝土桥面铺装的耐磨性能好，适合重载交通，但养护期长，以后修补较麻烦。沥青混凝土维修养护方便，但易老化变形。

沥青表面处置桥面铺装是用沥青和集料按层铺法或拌和法铺筑而成的厚度不超过 30mm 的沥青面层，供车轮磨耗之用。

沥青混凝土桥面铺装是按级配原理选配原料，加入适量的沥青均匀拌和，并经摊铺与压实而成的桥面铺装。JTG D60—2004《公路桥涵设计通用规范》规定：高速公路和一级公路上的特大桥、大桥铺装宜采用沥青混凝土桥面铺装，在高速公路、一级公路上铺装厚度不宜小于 70mm，在二级及二级以下公路上铺装厚度不宜小于 50mm。

水泥混凝土桥面铺装是以水泥和水合成的水泥浆为结合料，碎（砾）石为集料，砂为碎集料，经过拌和、摊铺、振捣和养护所修筑的桥面铺装。水泥混凝土桥面铺装直接铺设在防水层或桥面板上，厚度不宜小于 80mm（不含整平层和垫层），其混凝土强度等级应尽量与桥面板的混凝土强度等级接近，不宜低于 C40，铺装时应避免两次成形。水泥混凝土桥面铺装层内应设置直径不小于 8mm，间距不大于 100mm 的钢筋网。

第二节　桥面防水及排水设施

一、桥面防水层

桥面防水层是防止桥面雨水向主梁渗透的隔水设施。一般设在桥面铺装层和桥面板之间，将透过铺装层的渗入水隔绝。钢筋混凝土桥面板与铺装层之间是否要设防水层，应视当地的气温、雨量、桥梁结构和桥面铺装的形式等具体情况而定。桥面伸缩缝处应连续铺设，不可切断；桥面纵向应铺过桥台背墙；桥面横向两侧则应伸过缘石底面从人行道与缘石砌缝里向上叠起100mm。如无须设置防水层，但考虑桥面铺装长期磨损，如桥面排水不良等仍可能漏水，故桥面在主梁受负弯矩作用处应设置柔性防水层。

防水层有三种类型：

(1) 沥青涂胶下封层和地沥青砂胶防水层。前者是首先洒布薄层沥青或改性沥青，其上再撒布一层砂子，然后经反复碾压形成。后者的沥青厚度为4～20mm，铺成一层或两层后，在上面撒砂，以增加与面层的黏附性能。地沥青砂胶的填料含量一般为30%～50%，黏结料含量为13%～18%。

(2) 高分子聚合物涂胶，如聚氨酯胶泥、环氧树脂、阳离子乳化沥青、聚丁胶乳等。高分子聚合物涂料不但具有优异的弹塑性、耐热性和黏结性，而且具有与石油沥青制品良好的亲和性，能适应沥青混凝土在高温条件下施工。另外，高分子聚合物涂料施工简单方便，安全无污染，近年来得到广泛的使用，已成为各类大中型桥梁桥面防水施工的专用涂料。

(3) 铺装沥青或改性沥青防水卷材，以及浸渍沥青的无纺土工布等。沥青防水卷材用作防水层，造价高，施工麻烦费时。而且，由于削弱了行车道板和铺装层之间的连接，如果施工处理不当，将使桥面铺装层似有一弹性垫层，在车轮荷载作用下，铺装层容易起壳开裂。此时，为了增强桥面铺装的抗裂性，可在防水层之上的混凝土铺装层或垫层内铺设$\phi 3$～$\phi 6$的钢筋网，网格尺寸为150mm×150mm～200mm×200mm。

近年来，随着桥面铺装材料应用技术的进步，桥面防水形式逐渐多样化。根据建桥地区不同，可以直接采用C50以上防水纤维混凝土或4～8mm改性沥青混凝土进行桥面铺装，8cm沥青混凝土+10cm钢筋网混凝土组合桥面铺装等。

二、桥面排水设施

为防止雨水滞积于桥面并渗入梁体而影响桥梁的耐久性，除在桥面铺装内设置防水层外应引导桥上的雨水迅速排出桥外。桥面排水系统主要由桥面纵坡、横坡及一定数量的泄水管等组成。泄水管的设置应依据设计径流量计算确定，但最大间距不宜超过20m。通常当桥面纵坡大于2%，而桥长小于50m时，一般雨水可流至桥头从引道上排除，桥上就可以不设专门的泄水管。此时，可在桥头引道的两侧设置流水槽，以免雨水冲刷引道路基。当桥面纵坡大于2%，而桥长超过50m时，为防止雨水积滞于桥面，宜每隔12～15m设置一个泄水管。当桥面纵坡小于2%时，一般应每隔6～8m设置一个泄水管。在高速公路和一级公路上，泄水管的间距为4～5m。此外，在桥梁伸缩缝的上游方向应增设泄水管，在凹曲线的最低点及其前后3～5m处也应各设置一个泄水管。

泄水管的具体布置形式有以下三种。

1. 竖向泄水管

竖向泄水管常用于肋板式梁桥、箱形梁桥、肋拱桥及刚架拱桥、桁架拱桥等轻型拱桥上。泄水管可以沿行车道两侧左右对称排列，也可交错排列，其离缘石的距离为20～50cm[图4-3(a)]。泄水管也可布置在人行道下面（图4-4），为此需要在人行道块件（或缘石部分）上留出横向进水孔。泄水管下端应伸出行车道板底面以下至少15～20cm，以防止雨水浸润桥面板。如果桥面铺装层内设有防水层，则应让管道与防水层紧密结合，以便防水层上的渗水能通过泄水管道排出桥外。

2. 横向泄水管

对于不设人行道的小跨径板桥或实腹式拱桥，可以在行车道两侧的安全带或护栏下方预留横向孔道，将桥面积水沿横向直接排出桥外。泄水管口要伸出桥外20～30mm（图4-5），以便于滴水。这种做法构造简单、安装方便，但因孔道坡度较缓，往往易于阻塞。

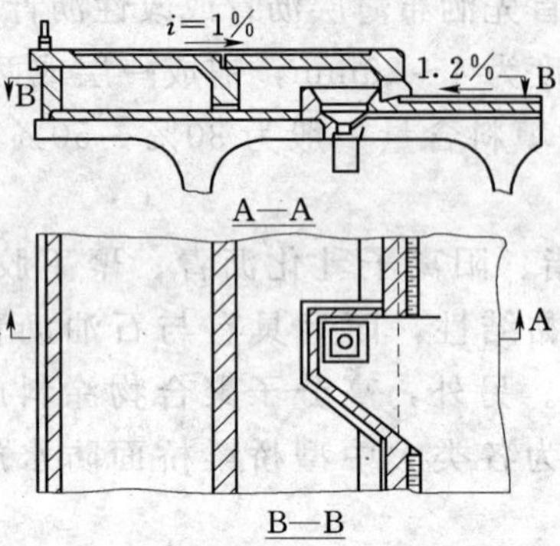

图4-4　泄水管布置在人行道下的图示

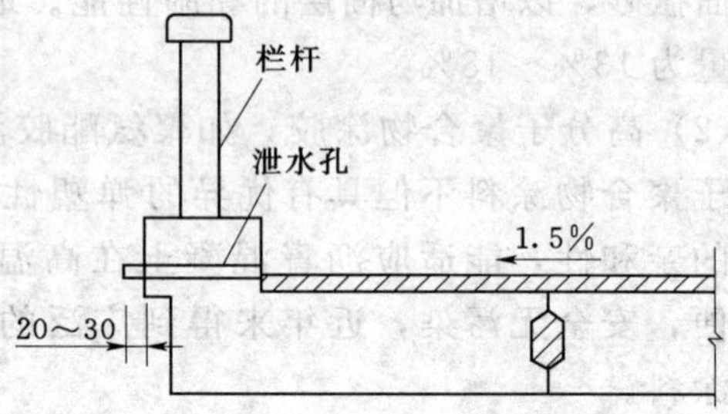

图4-5　横向泄水管构造（单位：mm）

3. 封闭式泄水管

对于跨越公路、铁路、通航河流的桥梁以及城市桥梁，为保证桥下行车行人安全及公共卫生的需要，应像房屋建筑那样设置封闭式的排水系统，将流人泄水管中的雨水汇集到纵向排水管（或排水槽）内，并通过设在墩台处的竖向排水管（落水管）流入地面排水系统或河流中（图4-6）。当桥长较短时，纵向排水管的出水口可以设在桥梁两端的桥台处；对于长大桥，除了在桥台处设置出水口外，还需在某些桥墩处布置出水口，并利用竖向管道将水引到地面。为了不影响桥梁立面的美观，纵向排水管道一般可设在箱梁中或梁肋内侧。竖向排水管道应尽可能布置在墩台壁的预留槽中，或者布置在墩台内部预留的孔道中。

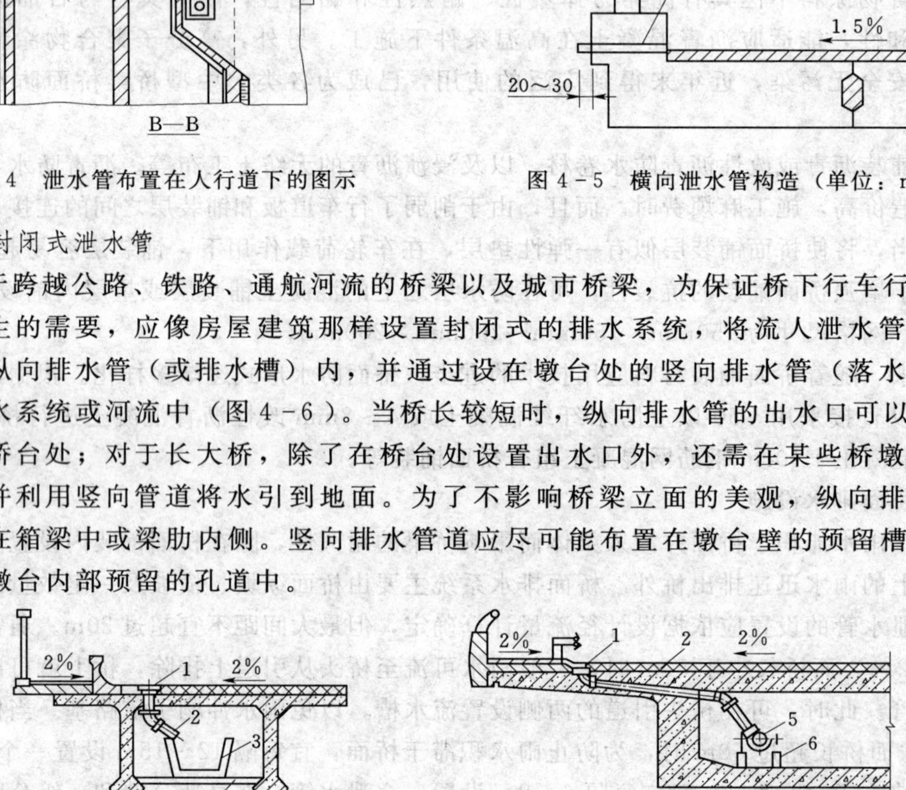

图4-6　城市桥梁桥面排水设施

1—泄水漏斗；2—泄水管；3—钢筋混凝土斜槽；4—横梁；5—纵向排水管

6—支撑结构；7—悬吊结构；8—支柱；9—弧形箍；10—吊杆

第三节 桥 面 伸 缩 缝

一、伸缩缝的作用与要求

为了保证桥跨结构在气温变化、活载作用、混凝土收缩、徐变等因素的作用下变形的需要，一般应在两梁端之间以及在梁端与桥台背墙之间设置横向的伸缩缝（也称变形缝）。

桥面伸缩缝装置的构造应满足下列要求：

（1）在平行、垂直于桥梁轴线的两个方向均能自由伸缩变形。

（2）施工和安装方便，其部件要有足够的强度，且应与桥梁结构连为整体，牢固可靠。

（3）车辆行驶应平顺，无突跳与噪声。

（4）具有能够安全排水和防水的构造，能防止雨水和垃圾泥土等杂物渗入阻塞。

（5）养护、检查、修理、清除污物都要简易方便。

在设置伸缩缝处，栏杆或护栏以及人行道也应断开，以便相应地自由变形。伸缩缝的伸缩量计算比较复杂，除了考虑温度变化、混凝土收缩与徐变引起的主要变位外，还要考虑荷载、墩台位移、地震、纵坡、斜交和曲线桥等因素引起的变位，同时应计入梁的制造和安装的误差。因此伸缩量的大小，要根据具体情况计算确定，并要留有一定的安全富裕量。

二、伸缩缝的类型

我国公路和城市桥梁中使用的伸缩缝种类较多，工程中可依据对变形量大小的要求加以选择。目前常用的形式有无缝式（暗缝式）伸缩缝、U形锌铁皮式伸缩缝、钢板式伸缩缝、橡胶伸缩缝及组合式（模数式）伸缩缝等。

1. 无缝式（暗缝式）伸缩缝

无缝式伸缩缝是在伸缩间隙中填入弹性材料，该处的桥面铺装也采用弹性较好的材料，并且使之与其他桥面铺装形成一个整体，实质上是通过接缝处弹性材料的变形实现伸缩的一种构造。简支梁桥中经常采用的桥面连续构造即属于暗缝式伸缩缝。

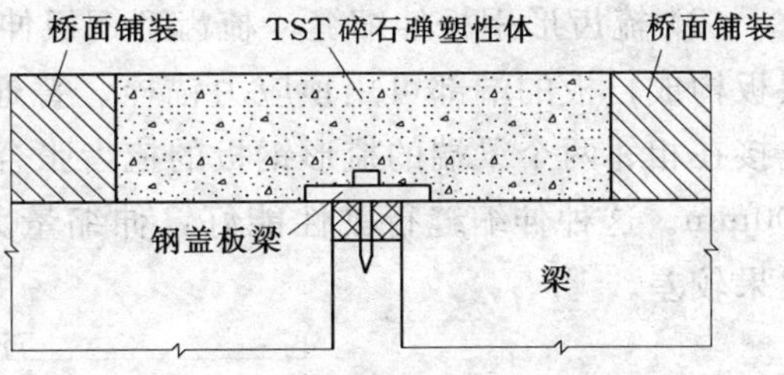

图 4-7　TST碎石弹性伸缩缝

TST碎石弹性伸缩缝是近年来开发应用的一种无缝式桥梁伸缩缝，它适用于伸缩量不超过50mm的中、小跨径桥梁，其构造如图4-7所示。在现场将特制的弹塑性复合材料TST加热熔融后，灌入经过清洗加热的碎石中，即形成了TST碎石弹性伸缩缝。TST碎石弹性伸缩缝具有构造简单、施工方便快捷、易于维修更换等优点，但由于是在路面铺装完成后再用切割器切割路面，并在其槽口内注入嵌缝材料而成的构造，故仅适用于较小的接缝部位。

2. U形锌铁皮式伸缩缝

对于中、小跨径的桥梁，当变形量在20～40mm以内时，常采用以锌铁皮为跨缝材料的伸缩缝构造，如图4-8所示。弯成U形断面的长条锌铁皮，分上下两层，上层的弯曲部分开凿了孔径为0.6cm，孔距为3cm的梅花眼，其上设置石棉纤维垫绳，然后用沥青胶填塞。这样，当桥面伸缩时锌铁皮可随之变形。下层U形锌铁皮可将渗下的雨水沿横向排至桥外。对于人行道部分的伸缩缝构造，通常就用一层U形锌铁皮跨搭，其上再填充沥青膏即可。

U 形锌铁皮伸缩缝的优点是构造简单、施工方便、价格低，缺点是耐久性差，所能适应的变形量在 20～40mm 以内，一般仅用于中、小跨径的桥梁。

3. 钢板式伸缩缝

(1) 跨搭钢板式伸缩缝。跨搭钢板式伸缩缝是一种最简单的钢板伸缩缝，它是以钢板作为跨缝材料（图 4-9）。伸缩量在 10～70mm 以内，常用于中、小跨径桥梁。它是用一块厚约 10mm 的钢板搭在梁端断缝上。钢板的一侧焊在锚固于铺装层混凝土内的角钢 1 上，另一侧可沿着对面的角钢 2 自由滑动而满足主梁的伸缩变形。这种伸缩缝构造简单，能直接承受车辆的荷载，但在反复荷载作用下，以及受到冲击、振动影响时，钢板的焊缝极易破坏。同时，当车辆驶过时往往由于梁端转动或挠度变形引起的拍击作用，而使结构损坏或脱落。为此，可借助螺杆弹簧来固定滑动钢板，以消除不利的拍击作用，并减小车辆荷载的冲击影响。

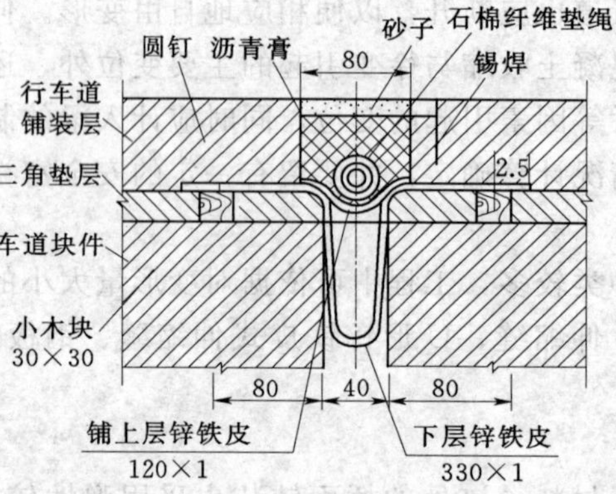

图 4-8　U 形锌铁皮式伸缩缝

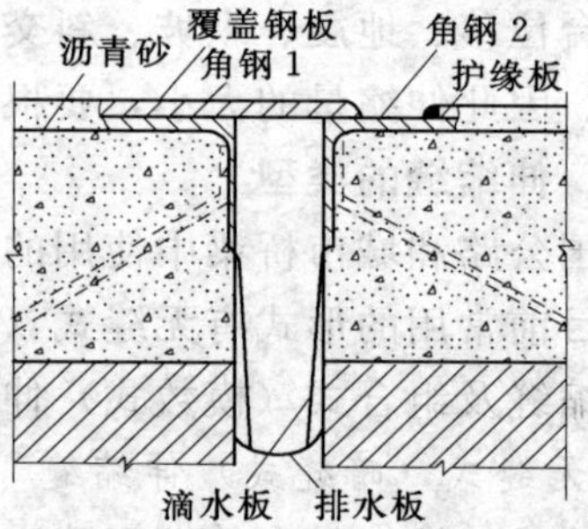

图 4-9　搭板式钢板伸缩缝

(2) 梳齿形钢板伸缩缝。梳齿型钢板伸缩缝是由两块设置成三角齿或梳齿构造的金属面层板构成，板的端部可用顶应力锚栓、普通锚栓或螺栓与梁体相连（图 4-10）。它是利用连接在相邻两个梁端的梳形钢板的梳齿张合来满足桥面伸缩要求，其伸缩变形量可达 200～400mm。这种伸缩缝行驶性能好，伸缩量大，适应性好，但造价较高，制造难度大，防水效果较差。

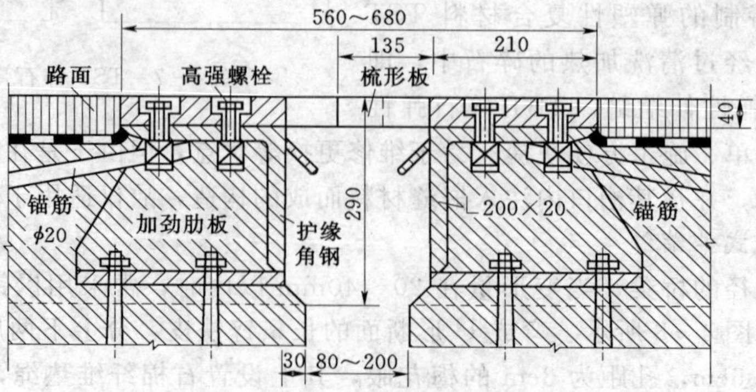

图 4-10　梳齿形钢板伸缩缝（单位：mm）

4. 橡胶伸缩缝

橡胶伸缩缝采用各种不同断面形状的橡胶带（或板）作为嵌缝材料。由于橡胶既富有弹性，又易于粘贴，并且能满足变形要求和具备防水功能，施工及养护维修也很方便，目前在国内外桥梁工程中得到广泛应用。

橡胶伸缩缝根据橡胶带（或板）传力和变形机理可分为嵌固对接式和剪切式两类。

(1) 嵌固对接式橡胶伸缩缝。嵌固对接式橡胶伸缩缝装置是利用不同形状的钢构件将不同形状的橡胶条（带）嵌牢固定，并以橡胶条（带）的抗压变形来吸收梁体的变形。橡胶带的断面有三节形［图 4-11 (a)］、两孔形［图 4-11 (b)］、倒 U 形等多种形式［图 4-11 (c)］。该类伸缩缝用于伸缩量不大于 80mm 的桥梁工程上。由于橡胶带伸缩缝的橡胶带容易弹跳出来，目前已较少采用。

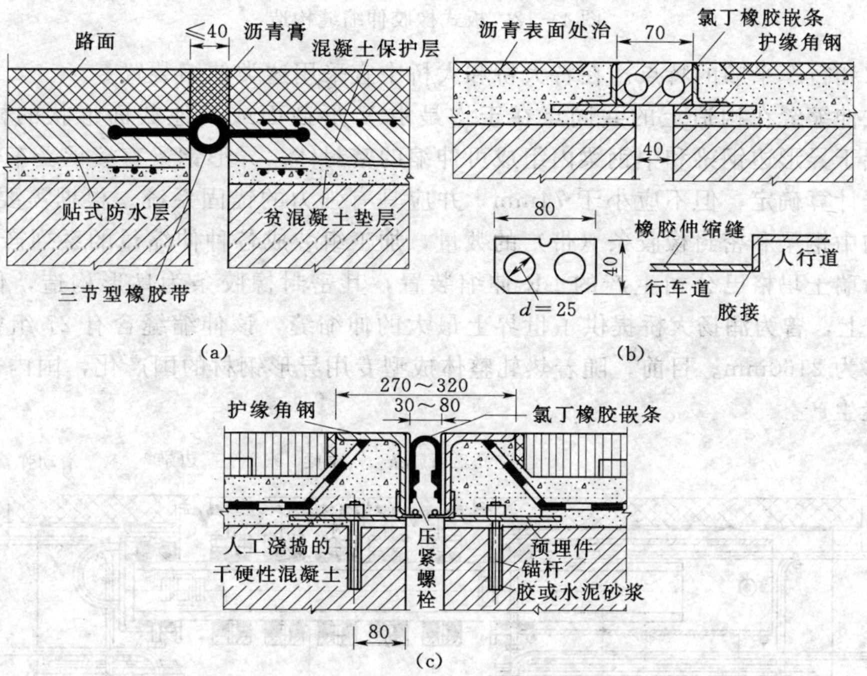

图 4-11　橡胶带伸缩缝构造（单位：mm）

(2) 剪切式橡胶伸缩缝。如图 4-12 所示是一种板式橡胶伸缩缝，它是利用橡胶伸缩体上下凹槽之间的剪切与拉压变形来适应梁体结构的相对位移，因此也称为剪切式橡胶伸缩缝。通过在板内埋设加强钢板或在橡胶体下设置梳齿形托板跨越梁端间隙，承受车辆荷载。橡胶板两侧预埋两块锚固钢板，并设有预留锚栓孔，通过锚栓与梁端连成整体。板式橡胶伸缩缝是一种刚柔结合的装置，具有一定的竖向刚度，跨越间隙的能力大（变形范围可达30～300mm），连接牢固可靠，行车平稳舒适，并有良好的吸振作用。结合各地的实际情况，我国已生产出各种形式的板式橡胶伸缩装置，并投放到国内桥梁工程中应用，到目前为止，国内生产的具有代表性的产品有 BF 型、SKJ 型、UG 型、BSL 型和 CD 型。

(3) 模数式伸缩缝。模数式伸缩缝是利用吸振缓冲性能好的橡胶材料与强度高、刚性好的型钢组合而成的伸缩装置，故又称为组合式伸缩缝。模数式伸缩缝有多种形式，构造也较复杂，但它保留了橡胶和钢制伸缩缝的优点，既可以满足大位移量的要求，承受车辆荷载，

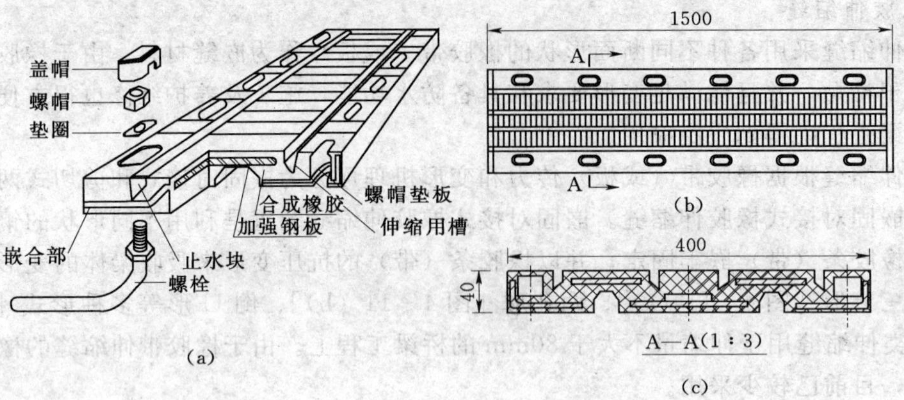

图 4-12　板式橡胶伸缩缝构造

又具有防水和行车平顺的特点。在特大桥和大桥中宜采用这类伸缩装置。

模数式伸缩缝在构造上的共同点在于均是由 V 形截面或其他截面形状的橡胶密封条（带），嵌接于异形边钢梁和中钢梁内组成可伸缩的密封体。异形钢梁直接承受车辆荷载，其高度应根据计算确定，但不应小于 74mm，并应具有强力的锚固系统。根据需要的伸缩量，可随意增加中钢梁和密封橡胶条（带）的数量，加工组装成各种伸缩量的系列产品。如图 4-13 所示为瑞士玛格巴公司生产的 LR 伸缩装置，其密封橡胶条为鸟形构造，伸缩量可达 2000mm 以上，曾为润扬大桥提供了世界上最大的伸缩缝，该伸缩缝含有 27 组密封件，最大纵向位移为 2160mm。目前，随着热轧整体成型专用异形钢材的国产化，国内也有相应类型的伸缩缝生产。

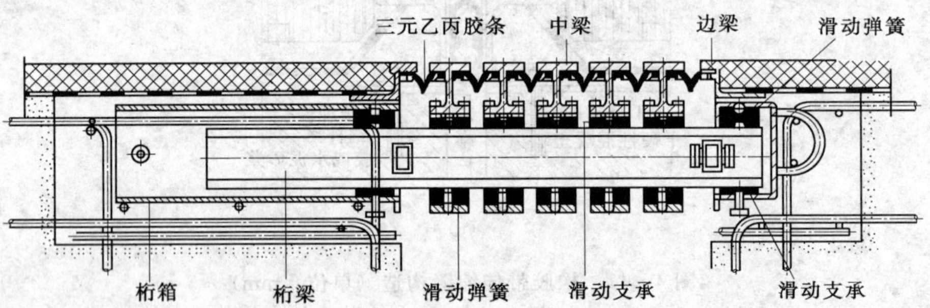

图 4-13　模数式伸缩缝构造

三、桥面连续构造

桥梁运营的实践经验表明，桥面上的伸缩缝在使用中很容易破坏，因此对于多跨简支梁桥，为了提高行车的舒适性，减轻桥梁的养护工作和延长桥梁的使用寿命，应尽量减少伸缩缝的数量。常用的做法是采用桥面连续，使得多孔简支梁桥在竖直荷载作用下作为简支体系，而在纵向水平力作用下成为具有一定连续功能的结构。特别是高速公路、一级公路上的多孔简支梁（板）桥宜采用连续桥面结构。视桥梁跨径的大小，一般可采用 3～7 跨一联。桥面连续构造的做法较多，如图 4-14 所示为我国常用的一种桥面连续形式。

采用桥面连续构造时，连续部分的桥面易于开裂。为改善桥梁结构受力状态，也可采用简支—连续构造，使多跨简支梁在一期恒载作用下处于简支体系受力，然后将相邻两梁端作

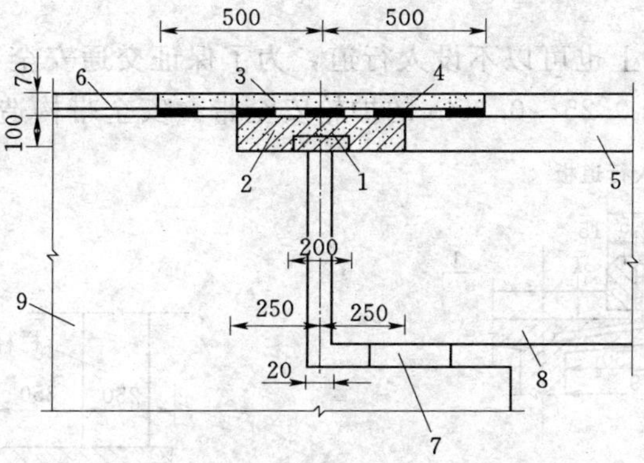

图 4-14　GP 型桥面连续构造（单位：mm）

1—钢板；2—Ⅰ型改性沥青混凝土；3—Ⅱ型改性沥青混凝土；4—编织布；5—桥面现浇混凝土层；6—沥青混凝土铺装；7—板式橡胶支座；8—预制板；9—背墙

完全固结处理，在二期恒载和活载作用下处于连续体系受力，避免了简易桥面连续易开裂的缺点，并使结构呈现出连续梁桥的特性，适合于地基良好的场合。

第四节　人行道、栏杆（护栏）与灯柱

一、人行道和安全带

（一）人行道

位于城镇和近郊的桥梁均应设置人行道，其宽度和高度应根据行人的交通流量和周围环境来确定。人行道的宽度为 0.75m 或 1m，当宽度要求大于 1m 时，按 0.5m 的倍数增加。人行道顶面应做成倾向桥面 1%～1.5%的排水横坡。人行道一般构造如图 4-15 所示。如图 4-16 所示为分段预制、悬臂安装的人行道构造。由人行道板、人行道梁、支撑梁及缘石组成。

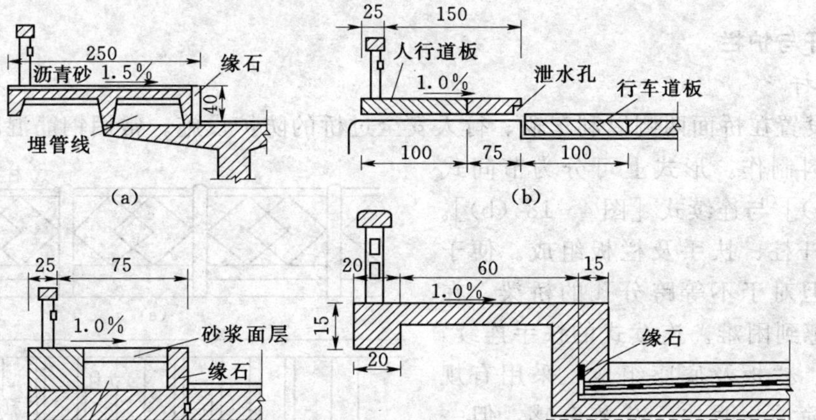

图 4-15　人行道一般构造（单位：mm）

（二）安全带

行人稀少地区的桥梁上也可以不设人行道，为了保证交通安全，应在行车道两侧设置宽度不小于 0.25m，高度为 0.25～0.35m 的护轮安全带。安全带构造如图 4－17 所示。

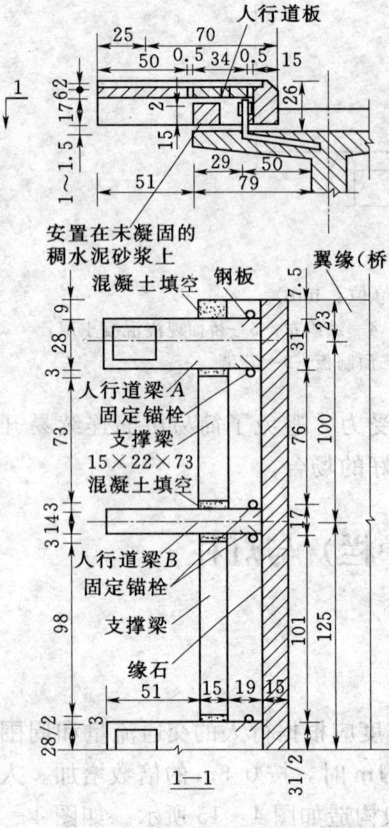

图 4－16　分段预制的人行道构造

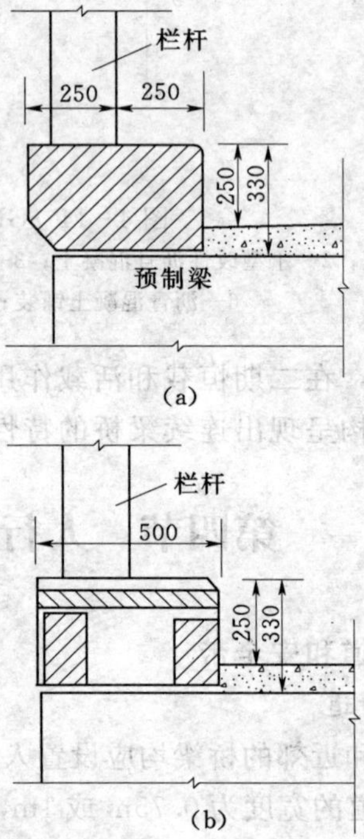

图 4－17　矩形和板肋式安全带（单位：mm）
（a）矩形截面；（b）肋板式截面

二、栏杆与护栏

（一）栏杆

栏杆是设置在桥面两侧以利车辆、行人安全过桥的防护设施。常用钢筋混凝土、钢、铸铁或圬工材料制作。形式上可分为节间式［图 4－18（a）］与连续式［图 4－18（b）］。节间式由栏杆柱、扶手及栏板组成。便于预制安装，但对于不等跨分孔的桥梁，在节间划分上感到困难。连续式的扶手连续，一般由扶手、栏板及底座组成，采用有规律的栏板，简洁、明快、有节奏感，但一般自重较大。

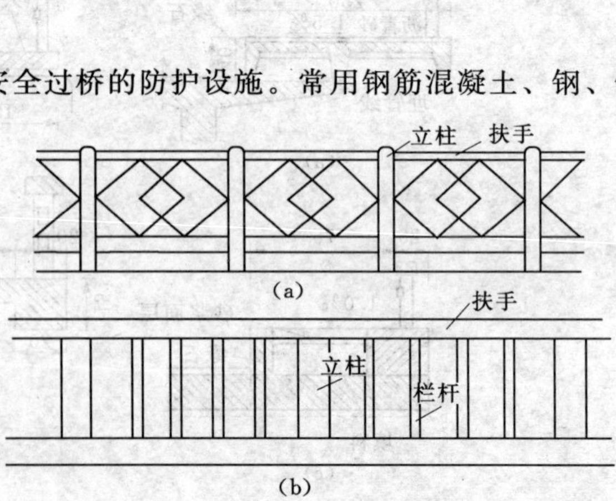

图 4－18　栏杆的形式
（a）节间式；（b）连续式

（二）护栏

二级、三级、四级公路上的特大、大、中桥可设置栏杆和安全带，也可采用将栏杆和安全带有机结合的安全护栏。高速公路、一级公路上的桥梁必须设置护栏。不设人行道的漫水桥和过水路面应设护栏或栏杆。护栏的主要作用在于封闭沿线两侧，不使人畜与非机动车辆闯入公路；并能诱导视线，起到一些轮廓标的作用，使车辆尽量在路幅之内行驶，给驾驶员以安全感；同时还具有吸收碰撞能量、迫使失控车辆改变方向并使其恢复到原有行驶方向，防止其越出路外或跌落桥下的作用。

桥梁护栏按设置部位可分为桥侧护栏、桥梁中央分隔带护栏和人行、车行道分界处护栏。按构造特征可分为钢筋混凝土墙式护栏（图 4－19）、梁柱式护栏（图 4－20）、组合式护栏（图 4－21）和缆索护栏等。缆索护栏是一种以数根施加初张力的缆索固定于立柱上而组成的结构，按防撞性能有刚性护栏、半刚性护栏和柔性护栏之分。材料上可采用钢筋混凝土或金属（钢、铝合金）。如图 4－22 所示为金属制护栏构造图。

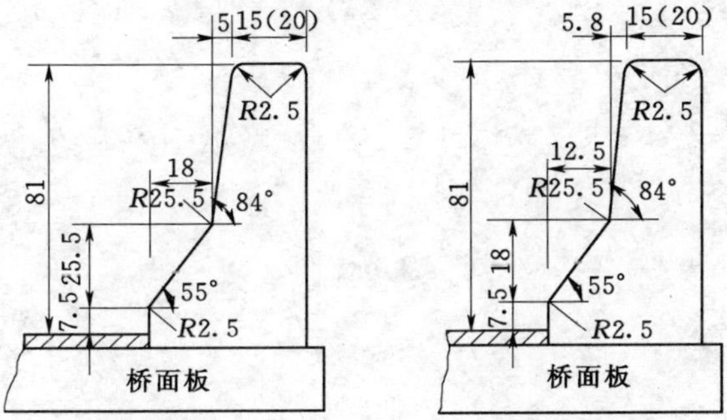

基本型(NJ 型)　　改进型(F 型)

图 4－19　钢筋混凝土墙式护栏

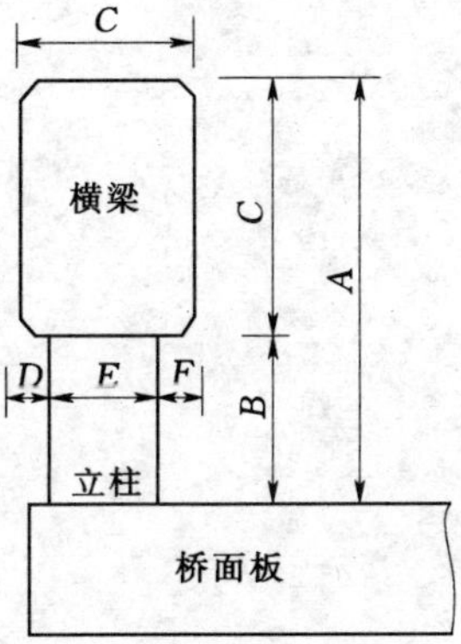

图 4－20　钢筋混凝土梁柱式护栏

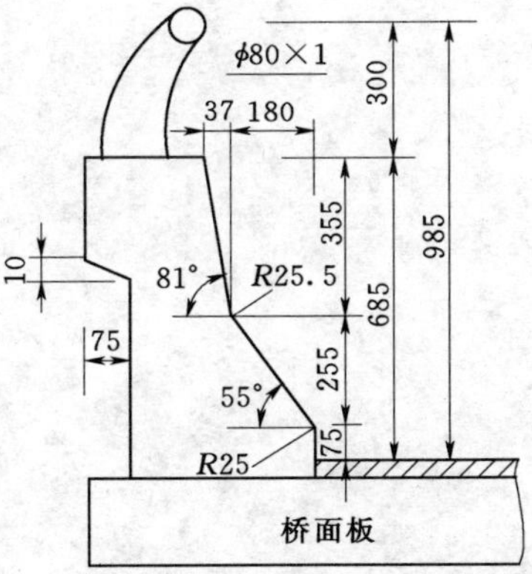

Cm—PL_2(PL_3)—R 型

图 4－21　组合式护栏（单位：mm）

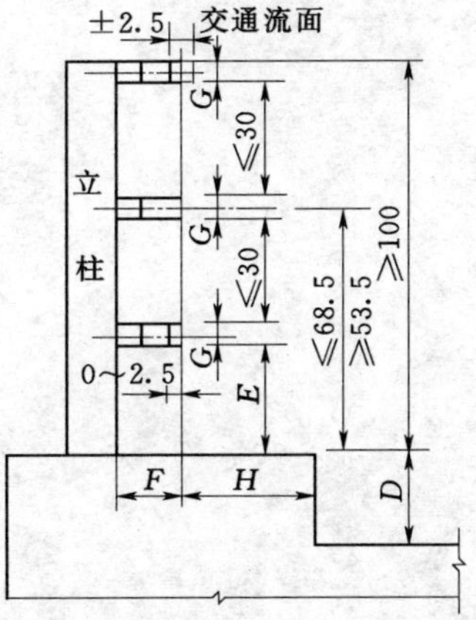

图 4－22　金属制护栏（单位：cm）

桥梁护栏的形式选择，首先应满足其防撞等级的要求，避免在相应设计条件下的失控车辆跃出，同时还应综合考虑公路等级、桥梁护栏外侧危险物的特征、美观、经济性，以及养护维修等因素。

三、灯柱

在城市桥上及城郊行人和车辆较多的公路桥上，均应设置照明设施，一般采用灯柱在桥面上照明（立交桥上也有采用高杆照明的）。照明灯柱可以利用栏杆柱，也可单独设在人行道内侧，在较宽的人行道上还可设在靠近缘石处。照明用灯一般高出车道5m左右。柱灯的设计要满足照明的使用要求，力求经济合理，同时也要使全桥在立面上具有统一协调的艺术造型。近年来，在公路桥上也有采用低照明和用发光建筑材料涂层标记，设计时也可考虑选用。

第五章 混凝土梁式桥

第一节 概 述

混凝土梁桥按承重结构的静力体系可划分为简支梁桥、连续梁桥和悬臂梁桥。

简支梁桥是静定结构，各跨单独受力，结构受力比较单纯，不受支座变位等影响，适用于各种地质情况，构造也较简单，容易做成标准化、装配式构件，制造、安装均较方便，是一种采用最广泛的梁式桥。因此，它是目前我国公路桥梁中最常用的结构形式［图 5－1（a）］。钢筋混凝土简支梁桥经济合理的常用跨径在 20m 以下，大于 20m 时一般采用预应力混凝土结构。我国预应力混凝土简支梁桥的标准设计跨径在 40m 以内，已建成的最大跨径达到 62m。世界上预应力混凝土简支梁桥最大跨径达 76m。一般来讲，跨径超过 50m 后就不太经济了。

连续梁桥是上部结构由连续跨过三个以上支座的梁作为主要承重结构的桥梁，在恒载作用下，由于支点负弯矩的卸载作用，跨中最大正弯矩显著减小，因此用在较大跨径时将较简支梁经济。连续梁在每个墩台上沿桥纵向只需设一排支座，桥墩宽度小，节省材料；而且梁连续通过支座，接缝少，行车平顺。但连续梁为超静定结构，支座变位将引起结构内力的变化，适用于地质良好的桥位处［图 5－1（b）］。

悬臂梁桥是主梁长度超出一跨径的悬臂结构。仅一端悬出者称为单悬臂梁，两端均悬出者称为双悬臂梁。对于较长的桥，还可以借助简支的挂梁与悬臂梁一起组合成多孔桥。在力学性能上，悬臂根部产生的负弯矩减小了跨中正弯矩，所以悬臂梁也与连续梁相仿，可以节省材料用量。悬臂梁桥属于静定结构，墩台的不均匀沉陷不会在梁内引起附加内力［图 5－1（c）］。

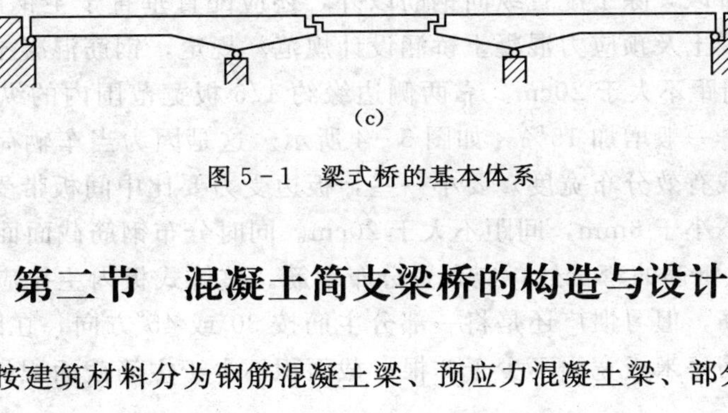

图 5－1 梁式桥的基本体系

第二节 混凝土简支梁桥的构造与设计

混凝土简支梁按建筑材料分为钢筋混凝土梁、预应力混凝土梁、部分预应力混凝土梁等几类。钢筋混凝土简支梁桥一般适用于跨径为 16m 以下的公路桥梁，预应力混凝土简支梁桥的跨越能力大一些，一般适用于 50m 以下的公路桥梁。

混凝土简支梁按施工工艺分为整体式和装配式两大类。整体式简支梁横向刚度大，稳定性好。由于受运梁条件及架梁设备起吊能力的限制，整体式梁一般适用于就地浇筑，而装配式简支梁则是目前广泛采用的桥梁类型。

混凝土简支梁按承重结构的横截面形式，可分为板桥、肋梁桥和箱形梁桥。

一、混凝土简支板桥

（一）整体式简支板桥

1. 总体构造

整体式板是采用现场整体浇注一次成型方法施工的钢筋混凝土板桥，其整体性能好，横向刚度较大，施工也较简便，但需要消耗一定数量的模板和支架材料，通常用于跨径为 4～8m 的小桥。整体式板桥的板厚与跨径之比一般为 1/16～1/23，随跨径增大取用较小的比值。

整体式板桥横截面一般设计成等厚度的矩形实体截面［图 5-2（a)］，为减轻自重，也可将受拉区稍加挖空做成矮肋式板桥［图 5-2（b)］。现代城市高架板桥，也常采用如图 5-3 所示的异形板截面形式，它在外形上保持了板的轻巧，且适用于较大的跨径，并尽可能减轻了截面的自重。它与柱形桥墩相配合，能获得较大的桥下净空，造型也美观，但现场浇筑施工较为复杂。

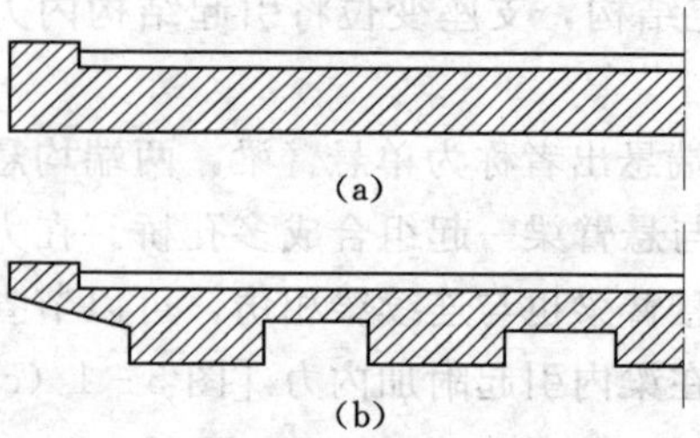

图 5-2　整体式板桥横截面

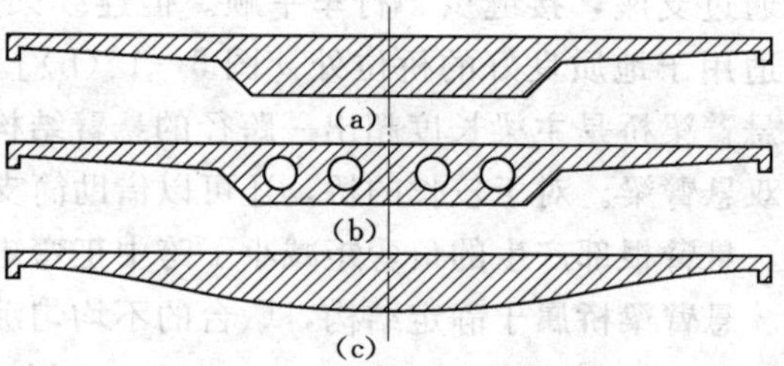

图 5-3　异形板截面

对于较宽的板桥，为了防止因温度变化及混凝土收缩引起的纵向开裂、并减小由于汽车荷载等所产生的横向负弯矩，也可以沿桥中线将板断开，而做成并列的两座桥。

2. 钢筋构造

整体式板桥的跨径与板宽相比通常相差不大（比值不大于 2），在荷载作用下，实际上呈双向受力状态。所以，除了配置纵向钢筋以外，还应配置垂直于主钢筋的横向分布钢筋。根据《公路钢筋混凝土及预应力混凝土桥涵设计规范》规定，钢筋混凝土板的主筋直径不应小于 10mm，主筋间距不大于 20cm。靠两侧边缘约 1/6 板宽范围内的纵向主筋通常要比中间板带部分密一些，一般增加 15%，如图 5-4 所示。这是因为当车辆荷载偏近板边时，参与受力的板宽（荷载有效分布宽度）要小一些，板边受力要比中间板带受力不利一些。对于分布钢筋，直径应不小于 8mm，间距不大于 20cm。同时分布钢筋截面面积不宜小于板的截面积的 0.1%。在主钢筋的弯折处，应布置分布钢筋。整体式板内主拉应力较小，按计算不需设置弯起的斜钢筋，但习惯广还是将一部分主筋按 30°或 45°方向，在跨径 1/6～1/4 处弯起。通过支点的主筋每米板宽内不少于 3 根，截面积不少于主筋截面积的 1/4。

如图 5－4 所示整体式简支板桥的构造图。标准跨径 6m，桥面净宽 8.5 m（与路基同宽）。两边有 0.25m 的安全带，计算跨径为 5.69m，板厚 320mm，约为跨径的 1/18。纵向主筋采用 $\phi20$，在跨径两端 1/4～1/6 的范围内呈 30°弯起；分布钢筋采用 $\phi10$，按单位板宽上主筋面积的 15％配置。

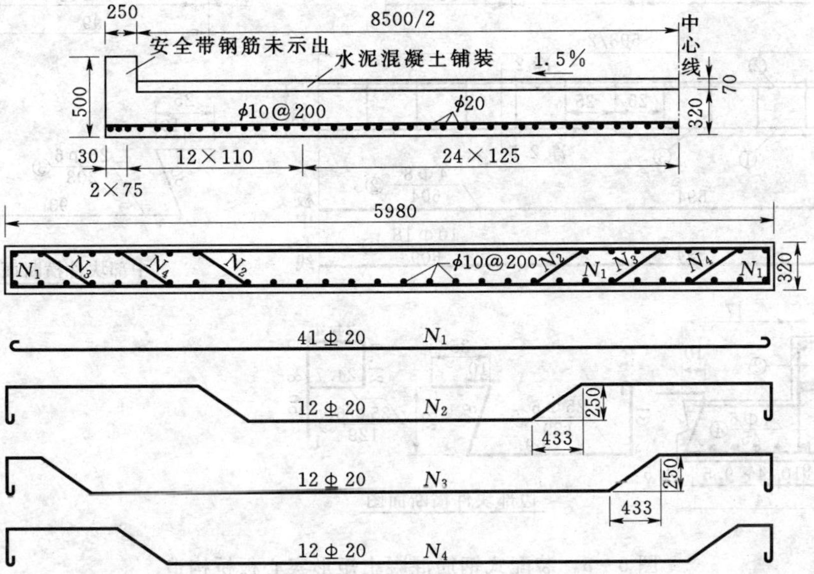

图 5－4　整体式板桥构造示例（单位：mm）

（二）装配式简支板桥的构造

我国常用的装配式板桥，按其横截面形式主要有实心板和空心板两种。

1. 矩形实心板桥

实体矩形板桥具有形状简单、施工方便、建筑高度小等优点，因而最易推广普及。简支的装配式实心矩形板桥通常仅用于跨径不超过 8m 的桥梁，跨径更大时，这种板就显得笨重而不经济。

图 5－5 为一座装配式钢筋混凝土矩形板桥标准图中的一个设计实例。标准跨径为 6m，桥面净宽为净—7。全桥由 6 块宽度为 99cm 的中部块件和 2 块宽度为 74cm 的边部块件所组成。

2. 矩形空心板桥

钢筋混凝土空心板桥目前适用范围在 6～13m，预应力混凝土空心板桥在 8～20m。空心板能减轻自重，而且能充分合理地利用材料。空心板的主要开孔形式有矩形、圆形、圆端形、菱形等，如图 5－6 所示。其中图 5－6（a）和图 5－6（b）为单孔，挖空率大，质量轻，但顶板需配置横向受力钢筋。如图 5－6（c）所示挖成两个圆孔，采用无缝钢管作芯模施工较方便，但挖空率较小，自重较大。如图 5－6（d）所示的芯模由两个半圆和两块侧模板组成。当板的厚度改变时，只需更换两块侧模板，挖空率较大，适应性也较好。空心板横截面的最薄处不得小于 8cm，以保证施工质量和承载的需要。

如图 5－7 所示为标准跨径 8m 的装配式钢筋混凝土空心板的中板截面和钢筋布置图，板全长 7.96m。计算跨径 7.70m，板厚 400mm，横截面采用双圆孔，半径 180mm，采用

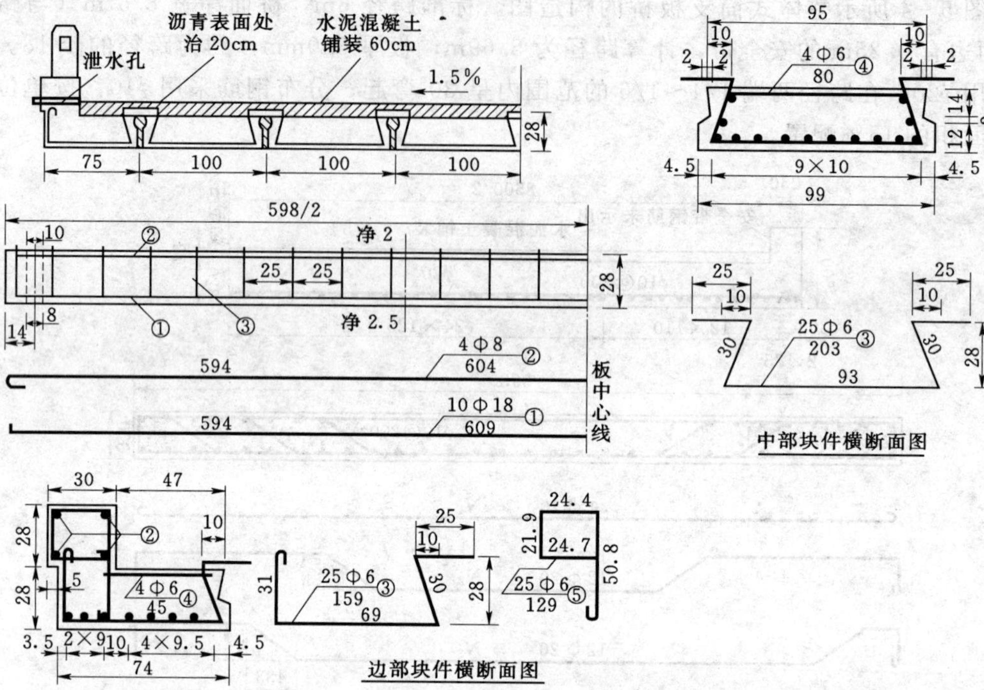

图 5-5 装配式钢筋混凝土矩形实心板桥构造

(单位：cm，钢筋直径：mm)

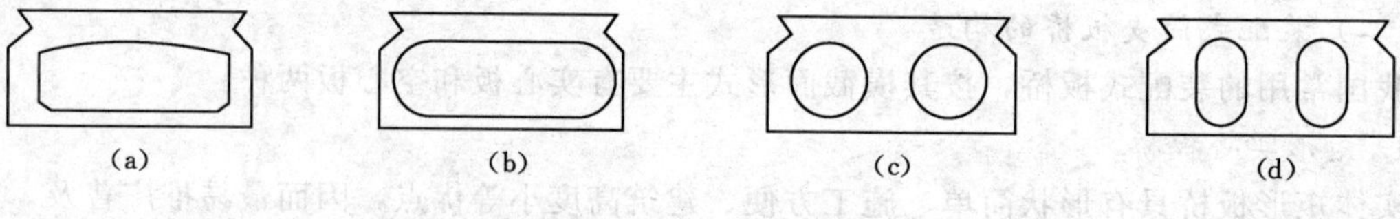

图 5-6 空心板横截面形式

C40 混凝土预制。每块板底层配 8 根 Φ25 主筋，板顶面配置 3 根 Φ8 钢筋，用以承担剪力的箍筋 N_5 和 N_6 做成开口式，待立好芯模后，再与其上的横向钢筋 N_4 相绑扎组成封闭式的箍筋。

3. 板间横向连接构造

装配式板桥板块之间必须采用横向连接构造，以保证板块共同承受汽车荷载。常用的横向连接方式有企口混凝土铰连接和钢板焊接连接。

(1) 企口混凝土铰连接。企口式混凝土铰连接如图 5-8 (a)、(b)、(c) 所示，有圆形、棱形、漏斗形三种形式。铰缝内用 C25～C40 以上的细骨料混凝土填实。实践证明，一般的混凝土铰连接就能保证传递横向剪力使各块板共同受力。铰接板顶面一般应铺设厚度不小于 80mm 的现浇混凝土层。为保证现浇层或铺装层共同参与受力，可以将预制板中的钢筋伸出，与相邻板的同样钢筋绑扎，再浇筑到现浇层或铺装层内，如图 5-8 (d) 所示。

(2) 钢板焊接连接。由于企口混凝土铰连接需要现场浇筑混凝土，并需经过一定的养护时间，待混凝土达到设计强度后才能通车。为了加快工程进度，保证提前通车，也可以采用

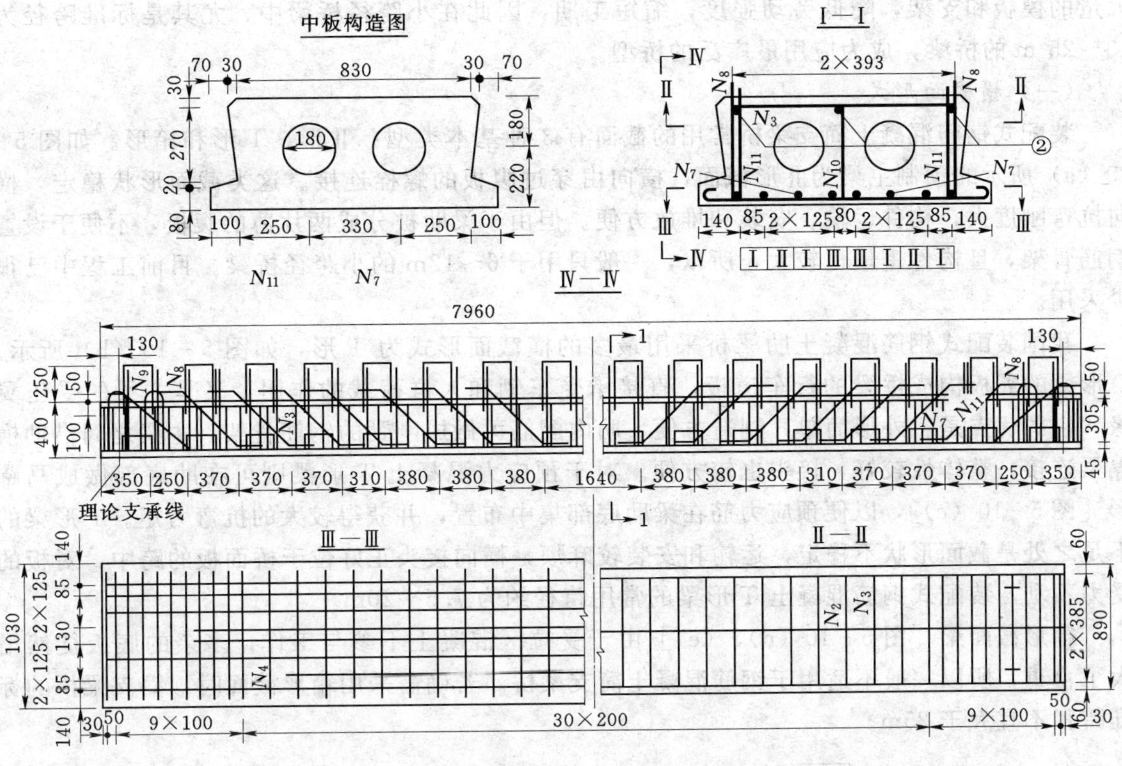

图 5-7　标准跨径 8m 的装配式钢筋混凝土空心板构造（尺寸单位：mm）

钢板连接的形式（图 5-9）。具体做法是：首先在板顶部预埋钢板 N_2，板块安装就位后，再在相邻两构件的预埋钢板上焊接一块钢盖板 N_1，连接钢板的纵向中距通常为 80～150mm，根据受力特点，在跨中部分布置较密，向两端支点处逐渐减疏。钢板连接比较松散，效果远不如企口混凝土铰连接，所以工程中较少采用。

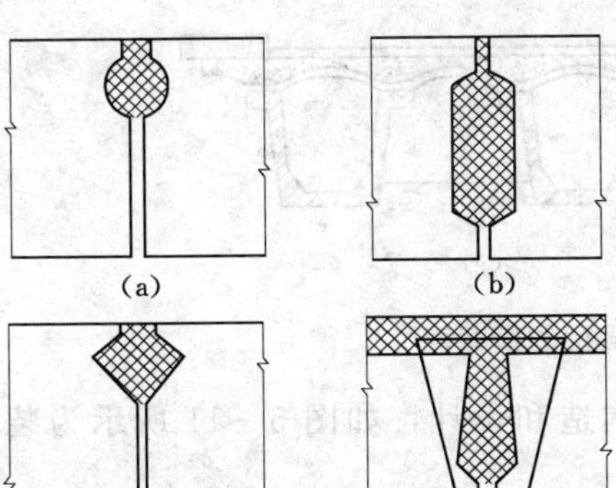

图 5-8　企口式混凝土铰连接

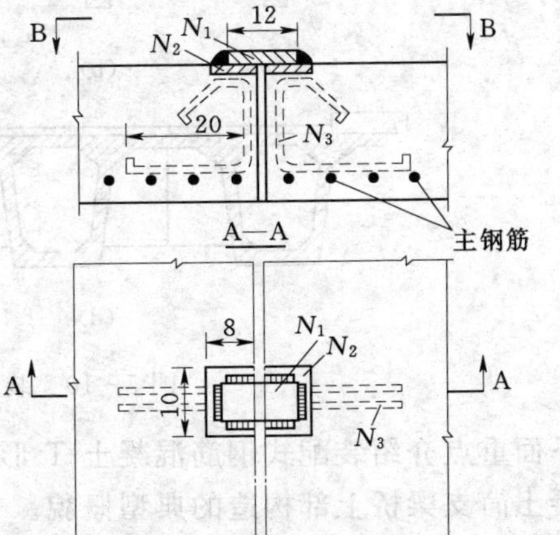

图 5-9　钢板连接构造（单位：cm）

二、装配式钢筋混凝土简支梁桥

装配式钢筋混凝土简支梁桥受力明确，构造简单，施工方便，便于工业化生产，可节省大量的模板和支架，降低劳动强度，缩短工期，因此在小跨径桥梁中，尤其是标准跨径为 13～25 m 的桥梁，成为应用最广泛的桥型。

（一）横截面形式

装配式钢筋混凝土简支梁桥常用的截面有 3 种基本类型：Ⅱ形、T 形和箱形。如图 5-10（a）所示的预制主梁为Ⅱ形截面，横向由穿过腹板的螺栓连接。这类截面形状稳定，横向抗弯刚度大，构件运输、安装和堆放方便。但由于梁肋被分成两片薄的腹板，不便于设置钢筋骨架，且构件重量也较大，所以，一般只用于 6～12m 的小跨径桥梁。目前工程中已很少采用。

我国装配式钢筋混凝土肋梁桥采用最多的横截面形式为 T 形，如图 5-10（b）所示。T 形梁的翼板构成桥梁的行车道板，直接承受车辆和人群荷载的作用，又是主梁的受压翼缘，它的优点是：外形简单，制造方便，肋内配筋可做成刚劲的钢筋骨架，主梁之间借助横隔梁连接，整体性较好，接头也较方便。对于预应力混凝土 T 形梁则可在肋底部做成马蹄形［图 5-10（c）］，以便预应力筋在梁肋底部集中布置，并获得较大的抗弯力矩。T 形梁的不足之处是截面形状不稳定，运输和安装较麻烦，横向接头正好位于桥面板的跨中，对板的受力不利。装配式钢筋混凝土 T 形梁的常用跨径约为 7.5～20m。

箱形截面梁［图 5-10（d）、（e）］由于受拉区混凝土不参与工作，多余的底板徒然增大了自重，所以一般不适用于钢筋混凝土简支梁桥。若确需采用箱形截面时，简支梁桥的标准跨径不宜大于 25m。

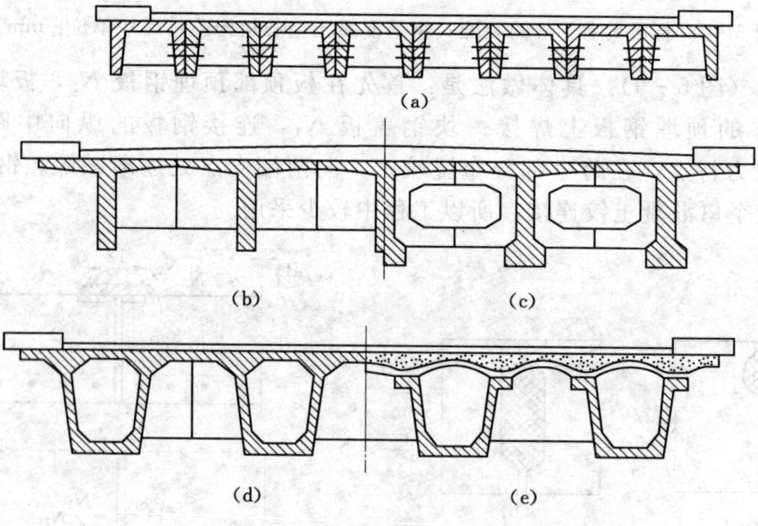

图 5-10 装配式简支梁桥的横截面

下面重点介绍装配式钢筋混凝土 T 形梁桥的构造和设计，如图 5-11 所示为装配式钢筋混凝土简支梁桥上部构造的典型概貌。

（二）构造布置

1. 主梁布置

对于一定跨径和桥面宽度（包括行车道和人行道）的桥梁，确定出适当的主梁间距（或片数）是构造布置中首先需要解决的问题。应从材料用量经济，尽可能减少预制工作量，考虑构件的吊装重量及保证翼板的刚度等方面综合考虑确定。显然，主梁间距越大，主梁的片

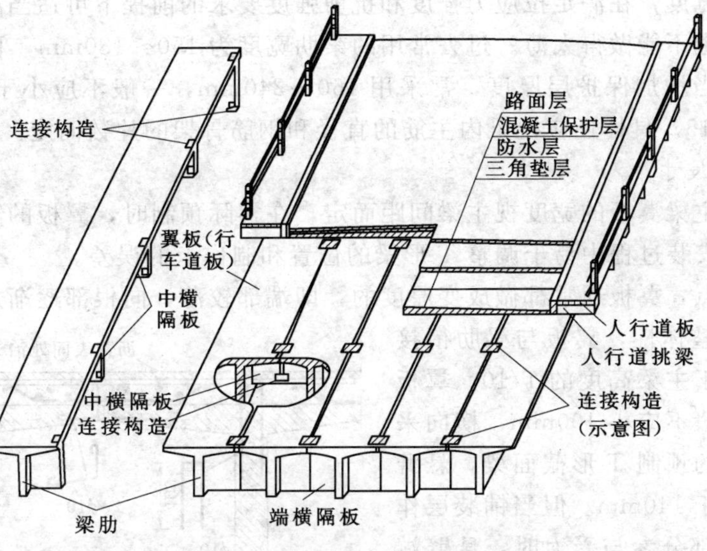

图 5－11　装配式 T 形简支梁桥概貌

数就越少，预制工作量就少，对跨径较大的桥梁，如果建筑高度不受限制，钢筋混凝土的用量会少些，比较经济；但构件的吊装重量增大，使运输和架设工作趋于复杂，同时桥面板的跨径增大，悬臂翼缘板端部较大的挠度对引起桥面接缝处纵向裂缝的可能性也增大。

根据建桥经验，装配式钢筋混凝土 T 形简支梁桥的主梁间距一般为 1.5～2.3m。过去较多采用 1.6m。当运输和起吊能力允许时，最好采用 1.8～2.2m。《公路桥涵设计图》(JT/G QS 025—1984) 中所采用的主梁间距为 2.2m，预制宽度为 1.6m，吊装后现浇接缝宽度为 0.6m，当前采用较多。

2. 横隔梁布置

横隔梁在装配式 T 形梁桥中起着保证各根主梁相互连接成整体的作用，它的刚度越大，桥梁的整体性越好，各主梁就能更好地共同工作。然而，设置横隔梁使主梁模板制作稍趋复杂，横隔梁的焊接接头又往往要在设于桥下的专门工作架上进行，给施工带来了麻烦。

为了简化 T 形梁的预制施工和接头集整工作，国内外曾试建过一些无横隔梁的装配式 T 形梁桥。此时，主梁间的横向联系主要依靠加强的桥面板来实现。实践表明，不设横隔梁虽属可行，但翼板接缝处较易出现纵向裂缝，主梁梁肋的裂缝也比有横隔梁的 T 形梁多。

因此，对于 T 形简支梁桥端横隔梁必须设置，它不但有利于制造、运输和安装阶段构件的稳定性，而且能显著加强全桥的整体性。有中横隔梁的梁桥，荷载横向分布比较均匀，且可以减轻翼板接缝处的纵向开裂现象。故当 T 形梁的跨径较大时（一般在 13m 以上时），宜根据跨度、荷载、行车道板构造等情况，在跨径内增设适当数量的中横隔梁。一般当梁横向刚性连接时，横隔梁的间距不应大于 10m，当为铰接时，其间距不应大于 5m。

（三）截面尺寸拟定

1. 主梁梁肋尺寸

主梁的合理高度与主梁的跨径、活载的大小等有关。经济分析表明，梁高与跨径之比（高跨比）的经济范围约为 1/11～1/18，跨径大的取用偏小的比值。主梁高度受限制时，高跨比就要适当减小，致使钢筋用量增加，增加造价。

主梁梁肋的宽度，在满足拉应力强度和抗剪强度要求的前提下可适当减薄，以减小构件的重量，但梁肋也不能做得太薄。过去常用的梁肋宽度为150～180mm，目前，为了提高结构的耐久性，适当增加保护层厚度，常采用160～240mm，一般不应小于140mm，且不小于梁肋高度的1/15。具体还应视梁内主筋的直径和钢筋骨架的片数而定。

2. 主梁翼板尺寸

一般装配式主梁翼板的宽度视主梁间距而定，在实际预制时，翼板的宽度应比主梁间距小2cm，以便在安装过程中易于调整T形梁的位置和制作上的误差。

根据受力特点，翼板通常都做成变厚度的，即端部较薄，向根部逐渐加厚。为了保证翼板与梁肋连接的整体性，翼板与梁肋衔接处的厚度应不小于主梁高度的1/10。翼板悬臂端的厚度一般不应小100mm，横向采用整体现浇连接的预制T形截面梁，悬臂端的厚度不应小于140mm。但当铺装层作为承重结构的一部分参与受力时，悬臂端部的厚度也可在此基础上减少20mm左右（图5－12）。

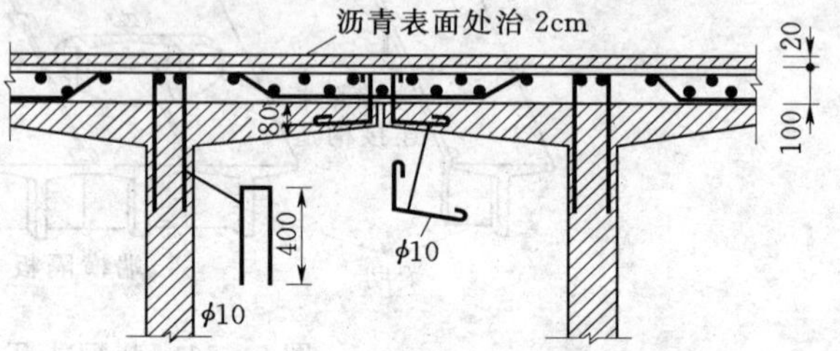

图5－12 钢筋混凝土铺装层构造

3. 横隔梁尺寸

跨中横隔梁的高度应保证具有足够的抗弯刚度，通常可取为主梁高度的3/4左右。从运输和安装阶段的稳定性考虑，端横隔梁应做成与主梁同高，但如果端横隔梁底部与主梁底缘之间留有一定的空隙，或做成与中横隔梁同高，对安装和检查支座有利。具体可视工地施工的情况而定。横隔梁的宽度一般取为15～18cm，且宜做成上宽下窄和内宽外窄的楔形，以便于脱模。

（四）钢筋构造

1. 主梁配筋

各主筋之间的横向净距和层与层之间的竖向净距要满足以下要求：当钢筋为三层及以下时，不小于30mm，并不小于1d。当钢筋为三层以上时，不应小于40mm，并不小于1.25d。

架立钢筋布置在梁肋的上缘，主要起固定箍筋和斜筋并使梁内全部钢筋形成骨架。

简支梁靠近支点截面的剪力较大，需设置斜钢筋以增强梁体的抗剪强度。斜钢筋可由主钢筋弯起而成（称弯起钢筋），当弯起的主钢筋数量不足时，需加配专门焊接于主筋和架立筋上的斜钢筋。斜钢筋与梁轴线的夹角一般取45°。

箍筋的主要作用也是增强主梁的抗剪强度，其直径不小于8mm，且不小于1/4主钢筋直径。箍筋的间距应不大于梁高的1/2和400mm，在支座中心向跨径方向长度相当于不小于一倍梁高范围内，箍筋间距不大于100mm。近梁端第一根箍筋应设置在距端面一个混凝土保护层距离处。

T形梁腹板两侧还应设置直径6～8mm的纵向分布钢筋，以防止因混凝土收缩等原因产生裂缝。每个梁肋内分布钢筋的截面面积应为（0.001～0.002）bh，b为梁肋宽度，h为梁的高度。当梁跨较大、梁肋较薄时取用较大值。靠近下缘的受拉区应布置得密些，在上部受压区则可疏些。

在装配式钢筋混凝土T形梁中，钢筋数量众多，为了尽可能地减小梁肋尺寸，通常将主筋叠置，并与斜筋、架立筋一起通过侧面焊缝焊接成钢筋骨架（图 5－13）。试验表明，焊接钢筋骨架整体性好，刚度大，能有效减小梁肋尺寸，钢筋的重心位置较低，还可避免大量的绑扎工作。

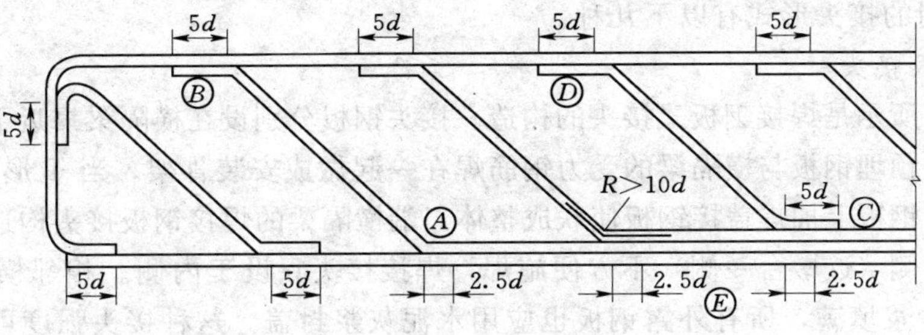

图 5－13　焊接钢筋骨架

2. 翼缘板配筋

T 形梁的翼缘板构成桥梁的行车道板，直接承受车辆和人群荷载的作用。根据主梁间横向联系方式的不同，翼缘板可能成为悬臂板（图 5－14）或铰接悬臂板，也可能成为连续板。受力主钢筋沿横向布置在板的受拉区，以承受板内的弯矩作用。

板内主钢筋的直径不小于 10mm，间距不应大于 200mm。在垂直于主钢筋方向，还应设置适量的分布钢筋。分布钢筋设置在主钢筋的内侧，其直径不小于 8mm，间距不大于 200mm，截面面积不小于板的截面面积的 0.1%。在有横隔梁的部位分布钢筋的截面面积应增加一倍，以承受集中轮载作用下的局部负弯矩，所增加的分布筋每侧应从横隔梁轴线伸出 $l/4$（l 为板的跨径）的长度。

3. 横隔梁配筋

如图 5－15 所示为常用的中主梁横隔梁的配筋情况。对装配式钢筋混凝土 T 形梁桥而言，其横隔梁近似于弹性支承于各根主梁上的连续梁，承受正、负弯矩作用。因此，靠近下缘布置有四根承受正弯矩的钢筋（N_1），上缘配有两根承受负弯矩的钢筋（N_1）。当采用焊接钢板连接时，受力钢筋焊接钢板及锚固钢筋（N_2、N_3）焊在一起做成钢筋骨架。横隔梁中一般不需配置斜钢筋，剪力由箍筋承受。

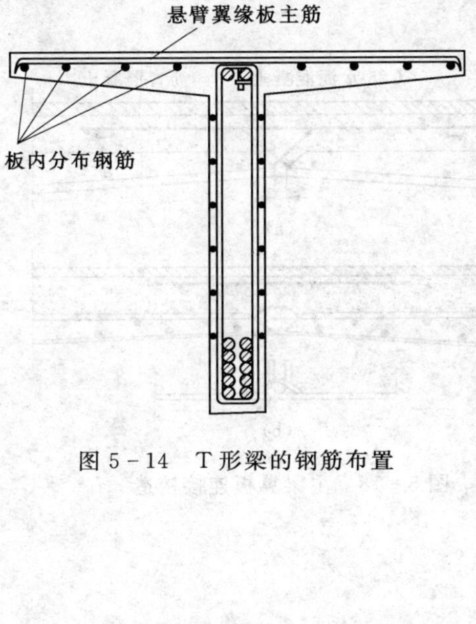

图 5－14　T 形梁的钢筋布置

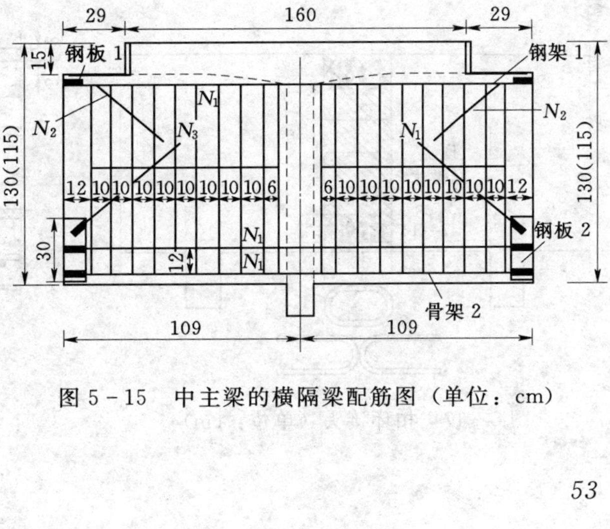

图 5－15　中主梁的横隔梁配筋图（单位：cm）

（五）主梁的横向连接

装配式T形梁桥通常均借助横隔梁和桥面板的接头使所有主梁连接成整体。接头要有足够的强度，以保证结构的整体性，并使其在运营过程中不致因荷载反复作用和冲击作用而发生松动。常用的接头形式有以下几种。

1. 焊接钢板接头

如图5-16所示是焊接钢板式接头的构造。接头钢板分别设在横隔梁靠近下缘的两侧和T形梁翼缘板上，预埋钢板与横隔梁的受力钢筋焊在一起做成安装骨架。当T形梁安装就位后，即可在预埋焊接钢板上加焊盖接钢板使联成整体。端横隔梁的焊接钢板接头构造与中横隔梁相同，但由于其外侧（近墩台一侧）不方便施焊，焊接接头只设于内侧。相邻横隔梁之间的缝隙最好用水泥砂浆填满，所有外露钢板也应用水泥灰浆封盖。这种接头强度可靠，焊接后立即就能承受荷载，但现场要有焊接设备，而且有时需要在桥下进行仰焊，施工较困难。

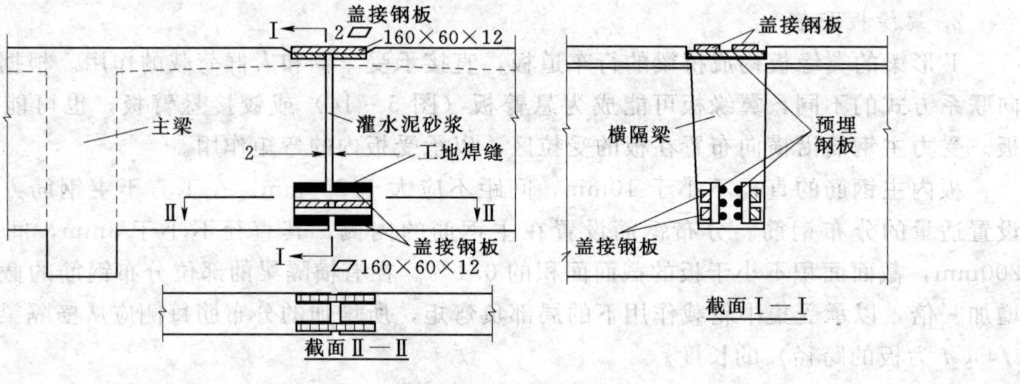

图5-16　焊接钢板式接头（单位：cm）

2. 扣环接头

横隔梁扣环接头的构造如图5-17所示。预制时横隔梁在接缝处伸出钢筋扣环A，安装构件的扣环两侧安上接头扣环B，再在形成的圆环内插入短分布筋，就地浇筑接缝混凝土连成整体。这种做法也往往用于主梁间距较大而需要缩减预制构件尺寸和重量的场合，接缝宽度约为0.20～0.60m。这种接头形式与焊接钢板接头相比，施工较复杂，接头施工后也不能立即承受荷载，但强度可靠，整体性及耐久性好。

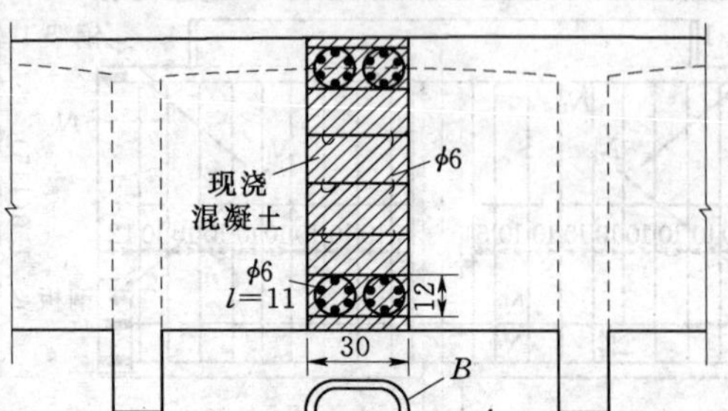

图5-17　扣环接头（单位：cm）

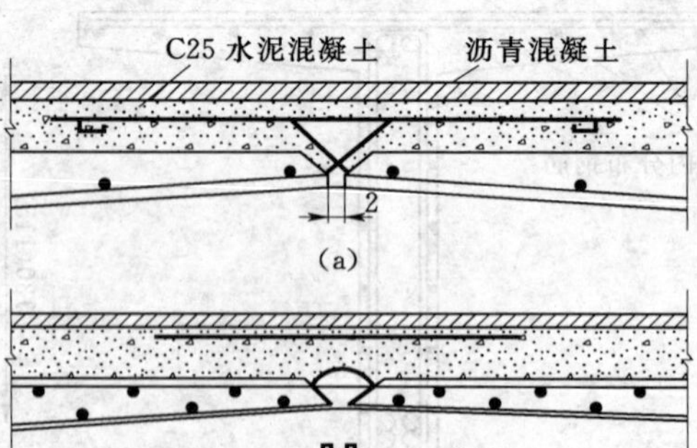

图5-18　主梁翼板连接构造

3. 桥面板的企口铰连接

对未采用扣环节头连接的桥面板，翼缘板应作为自由悬臂板处理。为了改善挑出翼板的受力状态，可以将悬臂板也连接起来，通常做成企口铰接的形式。如图 5－18（a）所示为主梁翼板内伸出连接钢筋，交叉弯制后在接缝处再放置局部的钢筋网，并浇筑在铺装层内。或者将翼板的顶层钢筋伸出，并弯转套在一根长的钢筋上，形成纵向铰，如图 5－18（b）所示。

（六）装配式钢筋混凝土简支梁桥构造实例

如图 5－19 所示为标准跨径为 20m 的装配式 T 形梁钢筋构造。主梁全长为 19. 96m，梁高 1.5m，设有 5 道横隔梁。每根梁内总共配置 14 根Φ 32 纵向受力钢筋（编号：N_1～N_6），其中位于梁底的 4 根 N_1（占主筋截面积的 20％以上）通过梁端支承中心，其余 10 根则按梁的弯矩图形在不同位置弯起。设于梁顶部的架立钢筋 N_7（Φ 22）在梁端向下弯折并与伸出支承中心的主筋 N_1 相焊接。箍筋 N_{11} 和 N_{12} 采用 R235 钢筋。跨中为双肢箍筋，在支座附近，采用四肢箍筋。腹板两侧设置 ϕ8 的防裂分布钢筋 ϕ13。附加斜筋 N_8、N_9、N_{10}，采用 ϕ16 钢筋，它们是根据梁内抗剪要求布置的。

三、装配式预应力混凝土简支梁桥

装配式钢筋混凝土简支梁桥，常用的经济合理跨径在 20m 以下。跨径增大时，不但钢材耗量大，而且混凝土开裂现象也往往比较严重，影响结构的耐久性。为了提高简支梁的跨越能力，可采用预应力混凝土结构。目前，世界上预应力混凝土简支梁的最大跨径已达 76m。但是，根据建桥实践，当跨径超过 50m 后，不但结构笨重，施工困难，经济性也较差。因此，我国桥规明确指出：预应力混凝土简支梁桥的标准跨径不宜大于 50m。

（一）横截面形式

装配式预应力混凝土简支梁桥的横截面类型基本上与钢筋混凝土梁桥类似，通常也做成 T 形、I 形，但为了方便布置预应力束筋和满足锚头布置的需要，梁肋的下部一般都设有马蹄或加宽的下缘［图 5－10（c）］。有时为了提高单梁的抗扭刚度并减小截面尺寸，也采用箱形［图 5－10（d）、（e）］。由于采用预应力筋施加预压力，可以提供方便的接头形式。为了使装配式梁的预制块件进一步减小尺寸和重量，还可做成横向也分段预制的串联梁（图 5－20）。但由于串联梁施工麻烦，构件预制精度要求高，在国内使用较少。

（二）构造布置

经济分析表明，对于跨径较大的预应力混凝土简支梁桥，当吊装重量不受限制时，适当增加主梁的间距，加大翼缘宽度，可以提高截面效率指标 ρ（通常希望在 0.45～0.5 以上），比较经济合理。然而，为了防止桥面和翼缘开裂，取值也不宜过大。一般可采用 1.8～2.5m。如果桥面板中施加了横向预应力，主梁间距则可以适当加大。

预应力混凝土简支 T 形梁的梁肋下部通常加宽做成马蹄形。为了配合预应力筋的起弯，在梁端能布置锚具和安放张拉千斤顶，在靠近支点附近马蹄部分应逐渐加高，腹板也应加厚至与马蹄同宽，加宽的范围最好达到一倍梁高（离锚固端）左右，从而形成了沿纵向腹板厚度和马蹄高度都变化的变截面 T 形梁。标准设计中，一般采用自第一道内横隔梁向梁端逐渐变化的形式。

沿纵向的横隔梁布置基本上与钢筋混凝土梁桥相同。但中横隔梁应延伸至马蹄的加宽处，当主梁跨度大、梁较高的情况下，为了减小重量而往往将横隔梁的中部挖空［见图 5－10（c）］。

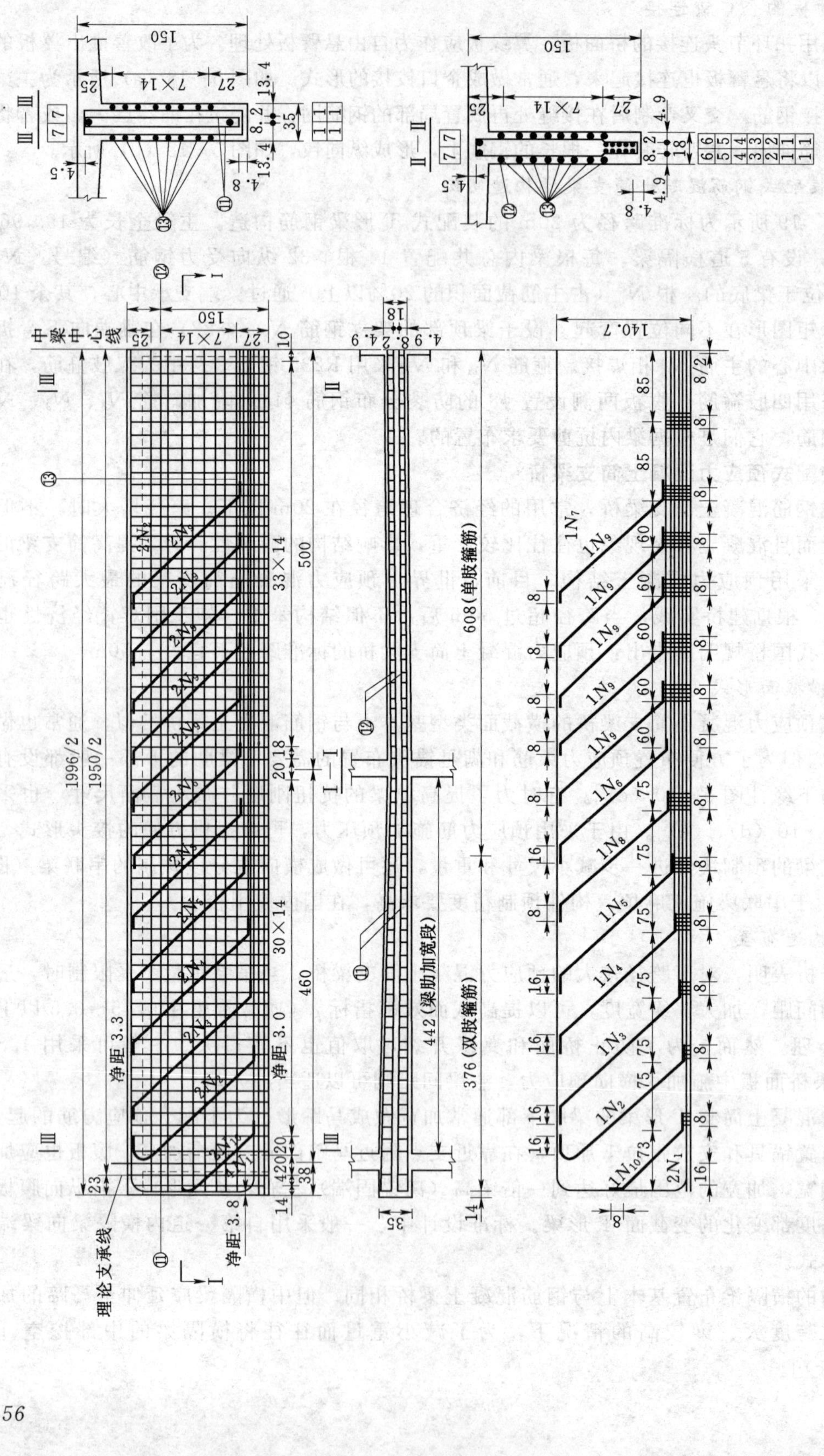

图 5-19 装配式钢筋混凝土简支梁配筋(尺寸单位:cm,钢筋直径:mm)

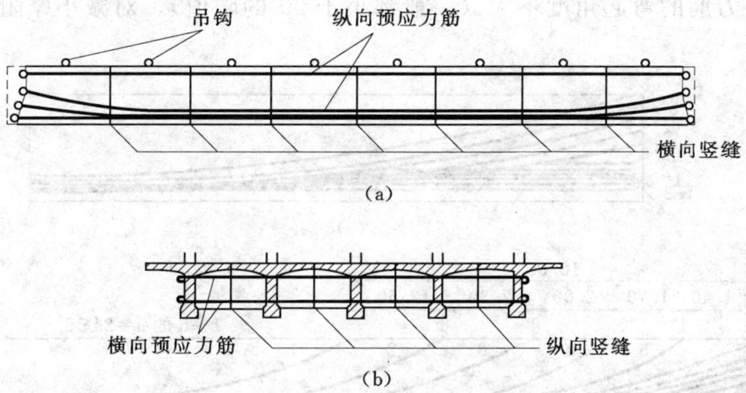

图 5-20 横向分段装配式梁

（三）截面尺寸拟定

预应力混凝土简支梁桥的主梁高度取决于采用的汽车荷载等级、主梁间距及建筑高度等因素，可在较大范围内变化。对于常用的等截面简支梁，其高跨比的取值范围在 1/15～1/25，对预应力混凝土 T 形梁一般可取 1/16～1/18 左右。通常，随跨径增大而取较小值，随梁数减少而取较大值。当桥梁建筑高度不受限制时，采用较大的梁高显然是较经济的，因为加高腹板使混凝土用量增加不多，而节省预应力筋数量较多。

在预应力混凝土梁中，由于混凝土所受预应力和预应力束筋弯起，能抵消荷载剪力的作用，肋中的主拉应力较小，肋宽一般都由构造和施工要求决定。从截面效率指标 ρ 来分析，肋板越薄，ρ 值也越大。国外要求装配式梁的腹板厚度不能小于 165mm，国内标准要求偏低，规定不小于 160mm，标准设计中为 140～160mm。当腹板宽度有变化时（如梁两端区段内），其过渡长度不宜小于 12 倍腹板宽度差。T 形梁上翼缘的厚度按钢筋混凝土梁桥同样的原则来确定。为了减小翼板和梁肋连接处的局部应力集中和便于脱模，在该处一般还设置折线形承托或圆角，此时承托的加厚部分应计算在内。

T 形梁下缘的马蹄尺寸应满足预加力阶段的强度要求，实践经验指出，为了防止在施工和运营中马蹄部分（尤其是马蹄的斜坡部分）出现纵向裂缝，其面积不宜小于截面总面积的 10%～20%。马蹄宽度约为肋宽的 2～4 倍，并注意马蹄部分（特别是斜坡区）的管道保护层不宜小于 60mm。马蹄全宽部分的高度加 1/2 斜坡区高度约为梁高的 0.15～0.20 倍，斜坡宜陡于 45°。但是，马蹄部分也不宜过高、过大，否则会降低截面形心，减小偏心距。并导致降低抵消自重的能力。从截面效率指标 ρ 分析，马蹄应当是越宽而矮越经济。马蹄的具体形状要根据预应力束筋的数量和排列方式确定，同时还应考虑施工方便和力筋弯起的要求。

（四）配筋构造

1. 纵向预应力筋的布置

预应力混凝土简支 T 形梁桥，通常采用后张法施工。根据简支梁的受力特点，一般采用将预应力筋逐渐弯起的曲线配筋形式，其常用的布置方式有如图 5-21 中所示的两种。全部主筋直线布置的形式，仅适用于先张法施工的小跨径梁。

预应力筋一般采用如图 5-21（a）所示全部弯至梁端锚固的形式，这样布置可使张拉操作简便，预应力筋的弯起角度不大（一般都小于 20°的限值），对减小摩阻损失有利。

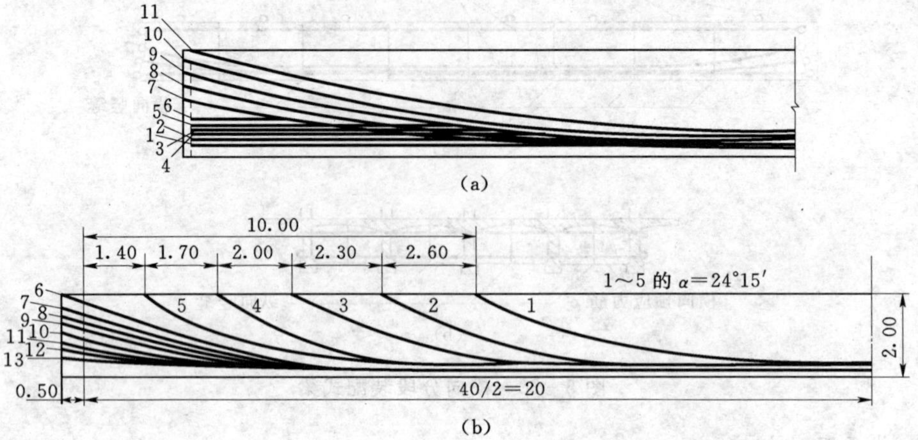

图 5-21　预应力混凝土简支梁纵向预应力筋的布置（单位：m）

对于预应力混凝土梁跨径较大、钢束根数较多或当梁高受到限制，以致梁端不能锚固全部钢束时，可将一部分预应力筋弯出梁顶［图 5-21（b）］。这样的布置方式使张拉操作稍趋繁琐，使预应力筋的弯起角度增大（达 25°～30°），摩阻引起的预应力损失也随之增大。实际工程中，应采取适当的减摩措施来减小这一损失。另外，这种锚头布置将影响到桥面板的钢筋布置，其弊病较多。但是，预应力筋提前弯出梁顶，能够缩短力筋的长度，节约钢材，对提高梁的抗剪能力也更有利。特别是对于跨径较大的 T 形梁，为减小吊装重量而采用较宽的现浇接头时，梁预制部分的自重比成桥后的恒载小得多，如果在张拉阶段张拉全部预应力筋，梁的上翼缘可能开裂而破坏，因此必须将一部分束筋的锚固端布置在梁顶上，当梁拼装完成后，再在桥面上进行二次张拉。

预应力筋在跨中横截面内的布置，应在保证梁底保护层和位于索界内的前提下，尽量使其重心靠下，以增大预应力的偏心距，节省高强钢材。预应力筋在满足构造要求的同时，尽量相互靠拢，以减小下马蹄的尺寸，减小梁体自重。直线管道的净距不应小于 44mrn，并不小于管道直径的 0.6 倍。此外还应将适当数量的预应力筋布置在腹板中线处，以便于弯起。

横截面内预应力筋的布置如图 5-22 所示，d 为管道的内直径，应比预应力筋直径至少大 10mm。对曲线形管道，由于曲线平面内侧受曲线预应力钢筋的挤压，混凝土保护层在曲线平面内和平面外均受剪，梁底面保护层和侧面保护层均需加厚，具体应依据 JTG DG2—2004《公路钢筋混凝土及预应力混凝土桥涵设计规范》计算确定。

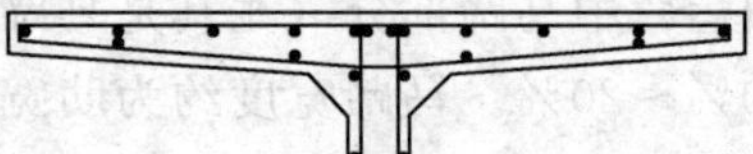

图 5-22　横截面内钢筋布置
（单位：cm）

2. 其他钢筋的布置

预应力混凝土梁与钢筋混凝土梁一样，要按规定的构造要求布置箍筋、架立钢筋和纵向水平分布钢筋等。根据实际情况，预应力混凝土梁还要适当设置非预应力纵向受力钢筋。由于弯起的预应力筋对梁肋混凝土提供了预剪力，主拉应力较小，一般可不设斜筋。

（1）箍筋的设置。预应力混凝土 T 形梁的腹板内应设置直径不小于 10mm 的箍筋，且采用带肋钢筋，间距不大于 250mm，自支座中心起长度不小于一倍梁高范围内采用闭合式箍筋。纵向预应力筋集中布置在下缘的马蹄部分，该部分的混凝土承受很大的压应力，因此，必须另外设置直径不小于 8mm 的闭合式加强箍筋，其间距不大于 200mm（图 5－22）。此外，马蹄内尚应设置直径不小于 12mm 的定位钢筋。

（2）非预应力纵向受力钢筋。在预应力混凝土简支梁中，将非预应力的钢筋与预应力筋协同配置，有时可达到补充局部梁段内强度不足，满足极限强度要求，或更好地分布裂缝和提高梁体韧性等效果，使简支梁的设计更加经济合理。

先张法施工的小跨径梁，如果采用直线布筋形式，张拉阶段支点附近无法平衡的负弯矩会在梁顶引起过高的拉应力，为了防止因此可能产生的开裂，可适当布置如图 5－23（a）所示的局部受拉钢筋。对于预制部分的自重比恒载与活载小得多的梁，在预加力阶段跨中部分的上缘可能会开裂而破坏，因而也可在跨中部分的顶部加设非预应力的纵向受力钢筋［图 5－23（b）］。这种钢筋在运营阶段还能加强混凝土的抗压能力，在破坏阶段则可提高梁的安全度。图 5－23（c）所示为在跨中部分下翼缘内设置的钢筋，对全预应力梁可加强混凝土承受预加压力的能力。在下翼缘内通长设置的非预应力钢筋，对部分预应力混凝土梁可补足极限强度的需要［图 5－23（d）］，对于配置不粘结预应力筋的梁能起分布裂缝的作用。

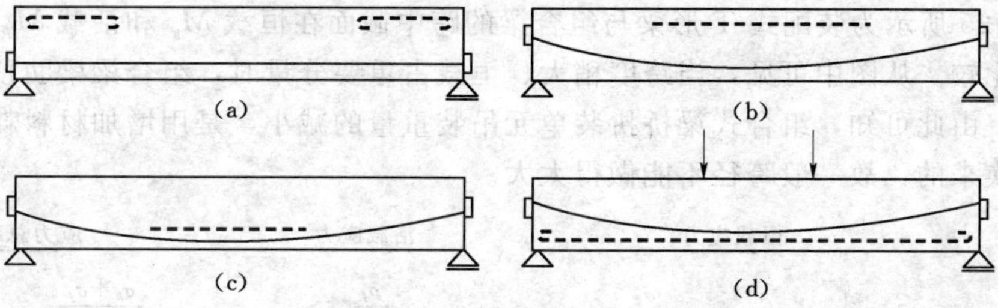

图 5－23　无预应力纵向受力钢筋（虚线）的布置

四、组合梁桥

组合梁桥也是一种装配式的桥跨结构，它是首先利用纵向水平缝将桥梁的梁肋部分与桥面板（翼板）分割开来，桥面板再借纵横向的竖缝划分成平面内呈矩形的预制板，这样就使单梁的整体截面变成板与肋的组合截面。施工时先架设梁肋，再安装预制板（有时采用微弯板以节省钢筋），最后在接缝内或连同在板上现浇一部分混凝土使结构连成整体。目前，国内外常用的组合式梁桥有两种形式：I 形组合梁桥和箱形组合梁桥，其横截面如图 5－24 所示。前者适用于钢筋混凝土和预应力混凝土简支梁桥，后者只适用于预应力混凝土梁桥。

组合梁桥的优点在于可以显著减小预制构件的重量和尺寸，减小预制构件占用的场地，便于运输和吊装，施工时不需另设支架和模板。但由于组合梁桥的截面将主要承重构件划分为两部分，因此在受力性能方面存在不足。设计时必须注意以下两方面问题：

（1）结合面处于截面弯曲切应力较大的部位，为保证组合梁上下部分结合成一整体受弯构件，必须加强结合面的强度。因此，应适当加大 I 形梁上缘的宽度，并保证现浇混凝土层与预制梁结合处的可靠性。JTG D62—2004《公路钢筋混凝土及预应力混凝土桥梁设计规范》规定，与预制梁结合处的现浇混凝土层的厚度不小于 150mm，预制梁顶面还应做成凹

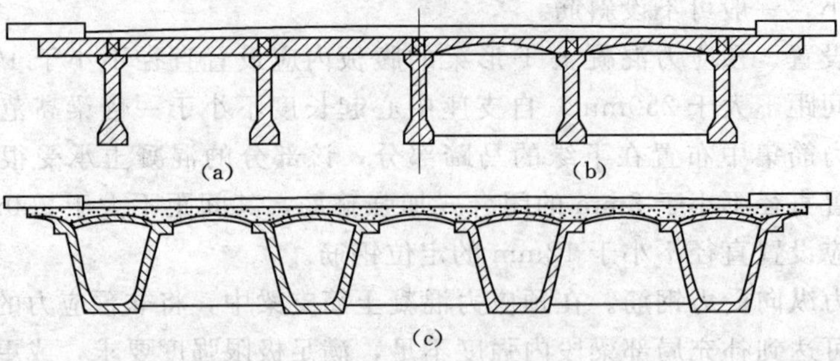

图 5-24　组合式梁桥横截面

凸不小于 6mm 的粗糙面。预制梁的箍筋应伸入现浇桥面板，其伸入长度应不小于箍筋直径的 10 倍。

(2) 组合梁的装配顺序决定了它是分阶段受力的。在第一阶段，梁肋架设后，所有事后安装的预制板和现浇桥面混凝土及横隔梁的重量，连同梁肋本身的自重，均由尺寸较小的预制 I 形梁肋来承受。第二阶段即运营阶段，车辆荷载的作用则由组合梁全截面来承受。这与整体预制的 T 形梁由主梁全截面承受全部结构重力不同，不带翼板的肋部的抗弯惯矩比整体的 T 形梁小得多，这就必然大大增加了梁肋承受全部结构重力的负担，因而组合梁梁肋的上下缘应力远大于 T 形梁上下缘的应力。

如图 5-25 所示为装配式 T 形梁与组合梁的跨中截面在恒载 M_g 和活载 M_p 两阶段受力的应力图形比较。从图中可见，当跨度稍大、恒载占重要分量时，组合梁梁肋顶缘的压应力起控制作用。由此可知，组合式梁桥拼装单元吊装重量的减小，是用增加材料耗费和施工复杂性的代价换来的，故一般跨径不能做得太大。

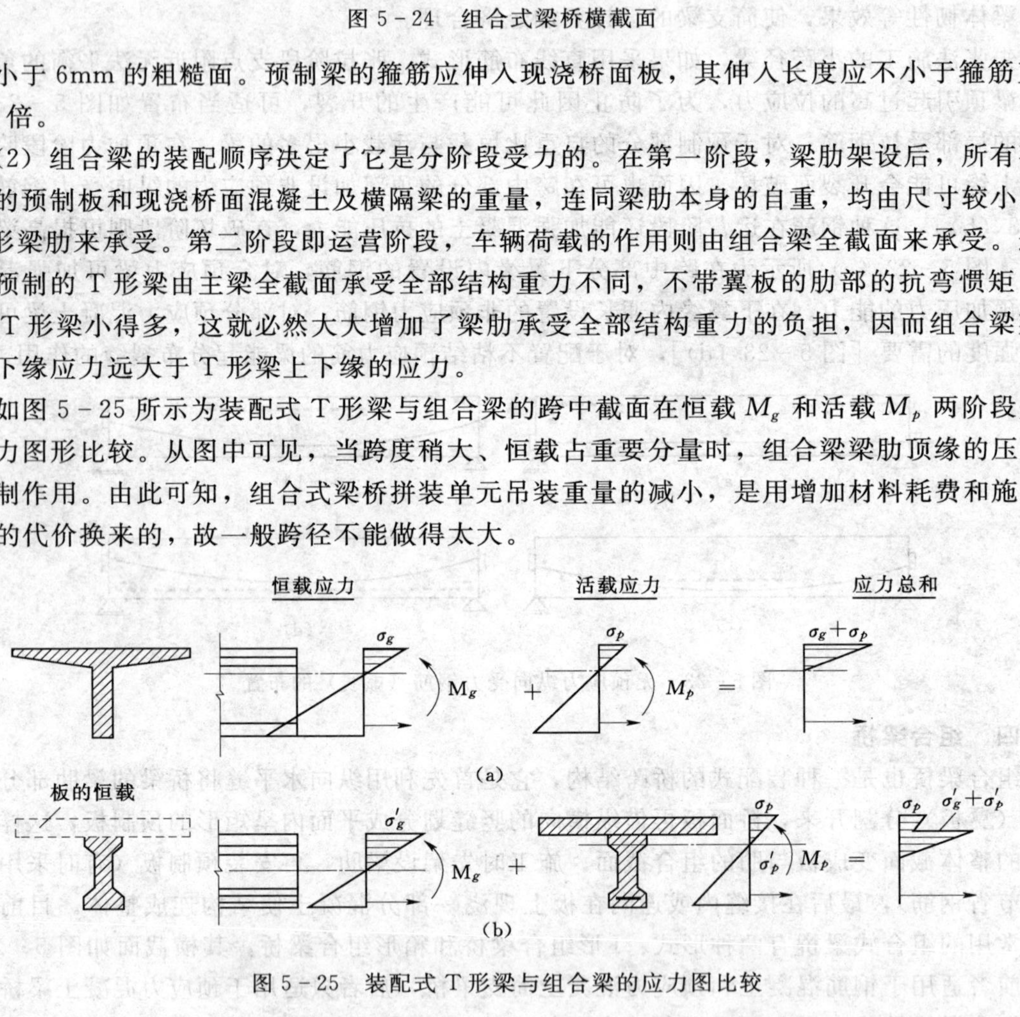

图 5-25　装配式 T 形梁与组合梁的应力图比较

组合梁的全截面一般要比装配式的整体 T 形梁大，混凝土和钢筋用量就随之增加，梁肋混凝土用量的增加又导致了不利地加大恒载。预应力混凝土组合梁还应注意，在预应力张拉阶段，不带翼板的梁肋其中性轴较低，自重及惯性矩较小，受力是极为不利的，往往要在梁肋上缘段，不带翼板的梁肋其中性轴较低，自重及惯性矩较小，受力是极为不利的，往往要在梁肋上缘布置临时预应力束，给施工带来了麻烦。此外，组合梁增加了现浇混凝土数量，施工工序相对复杂，延长了施工工期。

第三节　混凝土简支梁桥的计算

一、概述

一座桥梁的设计，通常是首先根据其使用要求、跨径大小、桥面宽度、荷载等级、施工条件等基本资料，运用对桥梁的构造知识并参考已有桥梁的设计经验来拟定各构件的截面形式和细部尺寸；然后根据作用在结构上的荷载，用数学、力学方法计算各主要构件可能产生的最不利作用效应，并进行作用效应组合，据此对结构进行配筋设计，并进行强度、刚度、稳定性及挠度和裂缝宽度的验算。如果不符合要求时，就需要对原来所拟定的尺寸进行修正，再进行验算，直至满意为止。

混凝土简支梁桥上部结构需设计计算的项目主要有主梁、横隔梁和桥面板（也称行车道板）等。主梁是主要的承重构件，桥上的所有荷载都是由主梁承受，然后通过支座传递给桥墩或桥台。横隔梁主要是加强主梁间的联结，增强桥梁的横向刚度来提高桥梁的整体作用，因此它是传递与分配荷载的一般承重构件。桥面板直接承受车辆的集中荷载，通常又是主梁的一部分，作为主梁的受压翼缘。桥面板的工作状态不但影响到行车质量，而且直接影响主梁的受力性能。具体设计时，习惯上常从土梁丌始，其次再设计桥面板和横隔梁。但考虑到桥面板属于主梁截面的一部分，如果先进行桥面板的设计，则可避免主梁设计验算满足要求之后，由于桥面板本身设计强度的不足需要修改尺寸，而给主梁带来的重复计算的麻烦。所以，也有从上而下，采用先进行桥面板设计，再主梁，再横隔梁设计的顺序。

设计计算中关于钢筋混凝土构件截面设计和验算的内容已在《结构设计原理》课程中作了介绍，本章主要阐述主梁、横隔梁、桥面板的受力特点、最不利作用效应及作用效应组合的计算方法，并简要介绍主梁挠度及预拱度的计算。

二、桥面板的计算

桥梁的桥面板是直接承受车辆轮压荷载，并传递荷载的一般承重构件。混凝土肋梁桥的桥面板在构造上通常与主梁梁肋和横隔梁连接在一起，构成桥梁空间结构。这样既保证了梁的整体作用，又能将车辆荷载传给主梁，并参与主梁受力。

（一）桥面板的分类

对于整体现浇的肋梁桥，梁肋和横隔梁之间的桥面板，属于矩形的周边支承板［图 5-26 (a)］。通常其横梁间距 l_a 比主梁间距 l_b 大得多。当荷载作用于板上时，由于板沿 l_a 和 l_b 跨径的相对刚度不同，则向两个方向传递的荷载也不相等。根据弹性薄板理论，对于四边支承的板，当板的长边与短边之比 $l_a/l_b \geqslant 2$ 时，荷载的绝大部分会沿短跨方向传递，沿长跨方向传递的荷载将不足 6%。l_a/l_b 之比值越大，向 l_a 跨度方向传递的荷载就越少。为了简明起见，只要应用一般的力学原理对如图 5-27 所示十字形梁在荷载 P 作用下进行简单的受力分析，即求出 P_a 和 P_b，就不难领会这一基本道理。

因此，通常将长边与短边之比 $l_a/l_b \geqslant 2$ 的周边支承板看作仅由短跨承受荷载的单向受力板（简称单向板）来设计，而在长跨方向只要适当配置一些分布钢筋。对于长边与短边之比 $l_a/l_b < 2$ 的板，则称为双向板，需按两个方向的内力分别配置受力钢筋。由于桥梁的主梁间距远比横隔梁的间距小，因此整体式桥梁的桥面板大多为单向板。一般来说，双向桥面板的

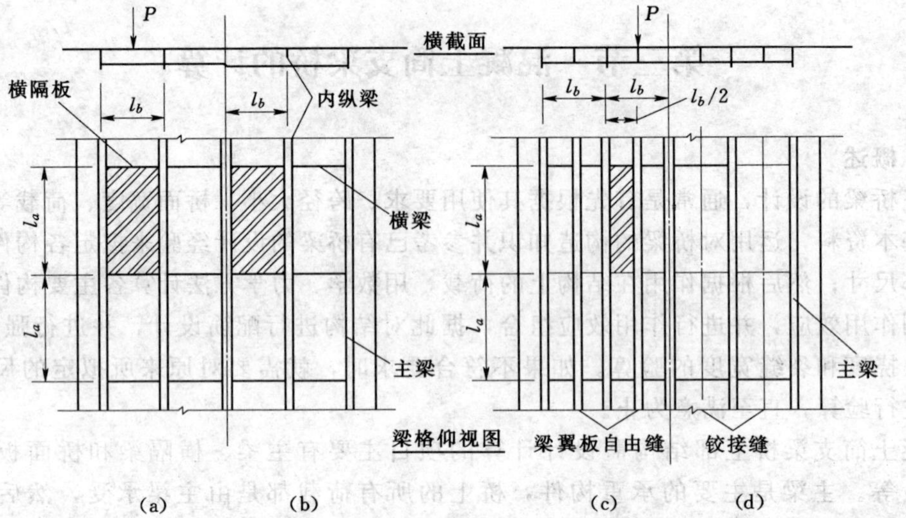

图 5-26 梁格构造和行车道板支承形式

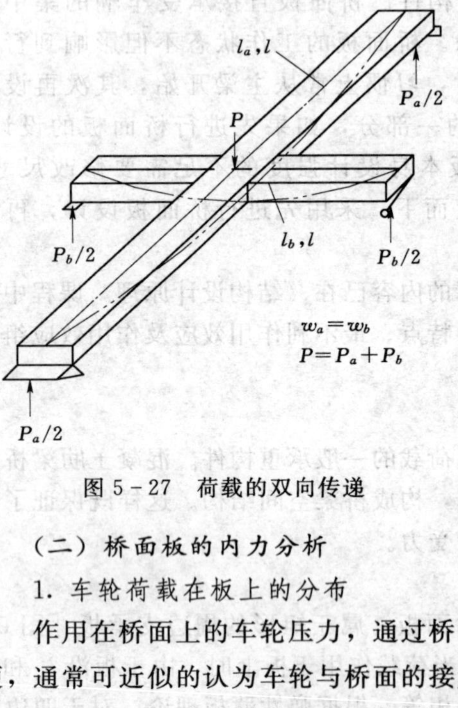

图 5-27 荷载的双向传递

用钢量较大，构造也较复杂，宜尽量少用。

对于常见的 $l_a/l_b \geqslant 2$ 的装配式 T 形梁桥，有两种情况：一种是翼缘板的端部为自由边时［图 5-26 (c)］，则桥面板实际是三边支承、一边自由的板，与边梁外侧的翼缘板一样，由于力是沿短跨方向传递的，可作为一端嵌固、另一端自由的悬臂板来分析；另一种是相邻翼缘板在端部互相做成铰接缝的构造［图 5-26 (d)］，此时桥面板应按一端嵌固、一端铰接的铰接悬臂板进行计算。综上所述，在实践中可能遇到的桥面板受力图式为：单向板、悬臂板、铰接悬臂板和双向板等几种。下面将分别阐明它们的计算方法。

（二）桥面板的内力分析

1. 车轮荷载在板上的分布

作用在桥面上的车轮压力，通过桥面铺装层扩散分布在钢筋混凝土板面上，为了计算方便，通常可近似的认为车轮与桥面的接触面是 $a_2 \times b_2$ 的矩形面，此处 a_2 是车轮沿行车方向的着地长度，b_2 为车轮的宽度，如图 5-28 所示。根据试验研究，对于混凝土或沥青铺装面层，荷载可以偏安全地假定呈 45°角扩散分布于混凝土板面上。因此，最后作用于混凝土桥面板顶面的矩形荷载压力面的边长为：

沿行车方向
沿横向

$$\left.\begin{aligned} a_1 &= a_2 + 2H \\ b_1 &= b_2 + 2H \end{aligned}\right\} \qquad (5-1)$$

式中 H——铺装层的厚度。

a_2 和 b_2 值可从《公路桥涵设计通用规范》(JTG D60—2004) 中查得。因此，当有一个车轮作用于桥面板上时，作用于板面上的局部分布荷载为：

$$p=\frac{P}{2a_1b_1}$$

式中　P——汽车的轴载。

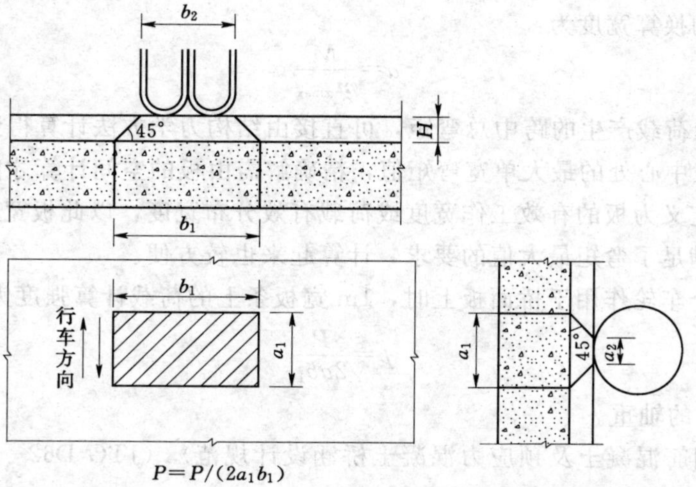

图 5-28　车辆荷载在板面上的分布

2. 板的有效工作宽度

板在局部分布荷载 p 的作用下，不仅直接承压部分（例如宽度为 a_1）的板带参加工作，与其相邻的板带也会分担一部分荷载共同参加工作。因此，在桥面板的计算中就有一个如何确定板的有效工作宽度（或称荷载有效分布宽度）的问题。

(1) 板的有效工作宽度的定义。当荷载以 $a_1\times b_1$ 的分布面积作用在板上时，板除了沿计算跨径 x 方向产生挠曲变形 W_x 外，沿垂直于计算跨径的 y 方向也发生挠曲变形 W_y［图 5-29 (b)］。

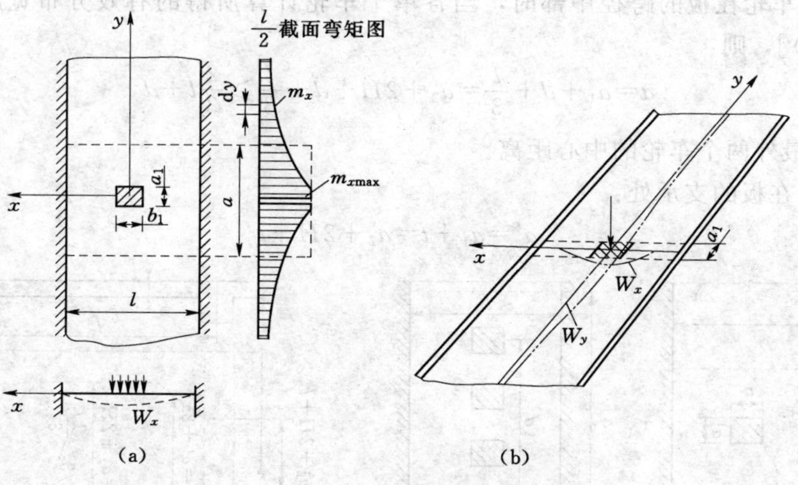

图 5-29　行车道板的受力状态

那么在计算中究竟以多大的板宽来承受车轮荷载产生的总弯矩呢？从［图 5-29 (a)］中可见，跨中弯矩 m_x 的实际图形是呈曲线形分布的，在荷载中心处达到最大值 $m_{x\max}$，离得越远的板条所承受的弯矩越小，为了计算方便，设想以板宽 a 来均匀承受车轮荷载产生的总弯矩［图 5－29（a）］，即：

$$a \times m_{x\max} = \int m_x d_y = M$$

则求得弯矩图形的换算宽度为：

$$a = \frac{M}{m_{x\max}} \tag{5-2}$$

式中 M——车轮荷载产生的跨中总弯矩，可直接由结构力学方法计算得到；

$m_{x\max}$——荷载中心处的最大单宽弯矩值，精确解需由板的空间计算才能得到。

上式的 a 就定义为板的有效工作宽度或荷载有效分布宽度，以此板宽来承受车轮荷载产生的总弯矩，既满足了弯矩最大值的要求，计算起来也较方便。

这样，当一个车轮作用于桥面板上时，1m 宽板条上的荷载计算强度为：

$$p = \frac{P}{2ab_1} \tag{5-3}$$

式中 P——汽车的轴重。

（2）《公路钢筋混凝土及预应力混凝土桥涵设计规范》（JTG D62—2004）（以下简称《混凝土桥规》）中对 a 的有关规定。

1）单向板的荷载有效分布宽度。

（a）荷载在跨径中间

对于单独一个荷载［图 5－30（a）］：

$$a = a_1 + \frac{l}{3} = a_2 + 2H + \frac{l}{3} \geqslant \frac{2}{3} l \tag{5-4}$$

式中 l——板的计算跨径。

《混凝土桥规》规定，计算弯矩时，$l = l_0 + t$，但不大于 $l_0 + b$；计算剪力时，$l = l_0$，其中 l_0 为板的净跨径，t 为板的厚度，b 为梁肋宽度。

多个相同车轮在板的跨径中部时，当各单个车轮计算所得的有效分布宽度发生重叠时［图 5－30（b）］，则：

$$a = a_1 + d + \frac{l}{3} = a_2 + 2H + d + \frac{l}{3} \geqslant \frac{2}{3} l + d \tag{5-5}$$

式中 d——最外两个车轮的中心距离。

（b）车轮在板的支承处：

$$a' = a_1 + t = a_2 + 2H + t \tag{5-6}$$

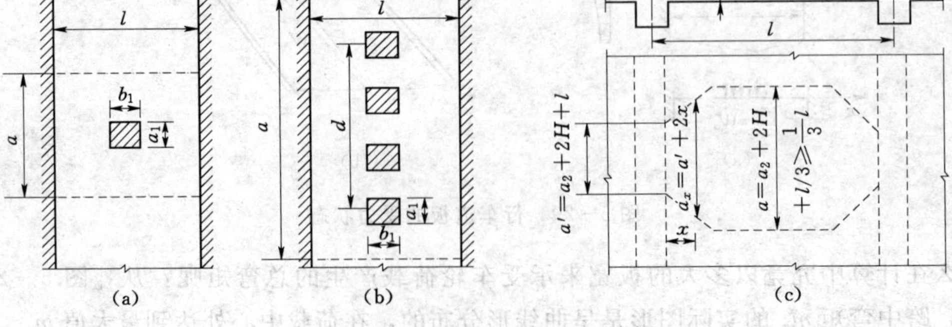

图 5－30 单向板的荷载有效分布宽度

但不大于车轮在板的跨径中部的分布宽度。

(c) 车轮在板的支承附近，距支点的距离为 x 时：

$$a=(a_2+2H)+t+2x \tag{5-7}$$

式中　x——荷载离支承边缘的距离。

根据以上所述，对于不同荷载位置时单向板的有效分布宽度图形如图 5-30（c）所示。应注意，以上计算所得的所有分布宽度，均不得大于板的全宽度。

2）悬臂板的荷载有效分布宽度 a（图 5-31）：

$$a=a_2+2H+2b'=a_1+2b' \tag{5-8}$$

式中　b'——平行于悬臂板跨径的车轮着地尺寸的外缘，通过铺装层 45°分布线的外边线至腹板外边缘的距离。

对于分布荷载靠近板边的最不利情况，b' 就等于悬臂板的净跨径 l_0，于是：

$$a=a_1+2l_0 \tag{5-9}$$

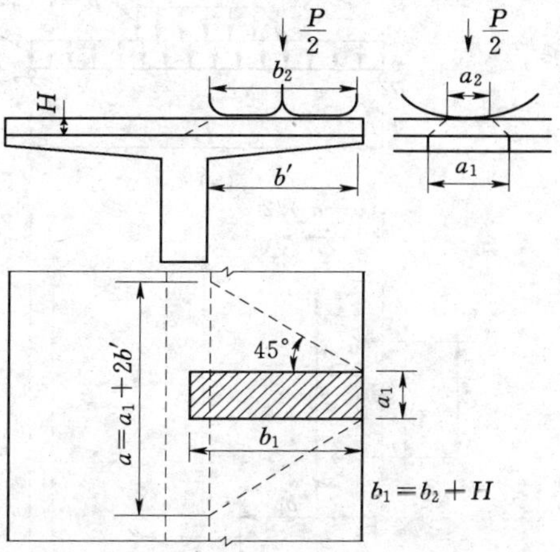

图 5-31　悬臂板的有效分布宽度

（三）行车道板的内力计算

1. 多跨连续单向板的内力

常见的桥面板，实质上是一个支承在一系列弹性支承的多跨连续板，另外，板与梁肋系整体相连。因此，各根主梁的不均匀弹性下沉和梁肋本身的扭转刚度会影响到桥面板的内力，所以，桥面板的实际受力情况相当复杂。目前，《混凝土桥规》采用较简便的近似方法进行。

(1) 跨中最大弯矩计算：当 $t/h<1/4$ 时（即主梁抗扭能力大者）：

$$\left.\begin{aligned}&\text{跨中弯矩}\quad M_{中}=+0.5M_0\\&\text{支点弯矩}\quad M_{支}=-0.7M_0\end{aligned}\right\} \tag{5-10}$$

当 $t/h\geqslant1/4$ 时（即主梁抗扭能力小者）：

$$\left.\begin{aligned}&\text{跨中弯矩}\quad M_{中}=+0.7M_0\\&\text{支点弯矩}\quad M_{支}=-0.7M_0\end{aligned}\right\} \tag{5-11}$$

式中　h——肋高，如图 5-32 所示；

t——板厚；

M_0——与计算跨径相同的简支板跨中设计弯矩，它是 M_{op} 和 M_{og} 两部分的内力组合。

M_{op}——1m 宽简支板条的跨中可变作用弯矩［图 5-32（a）］，对于汽车荷载有：

$$M_{op}=(1+\mu)\frac{P}{8a}\left(l-\frac{b_1}{2}\right) \tag{5-12}$$

P——轴载（后轴重力）；

a——板的有效工作宽度；

l——板的计算跨径；

μ——冲击系数。

M_{og} 为跨中永久作用弯矩，可由下式计算：

$$M_{og}=\frac{1}{8}gl^2 \tag{5-13}$$

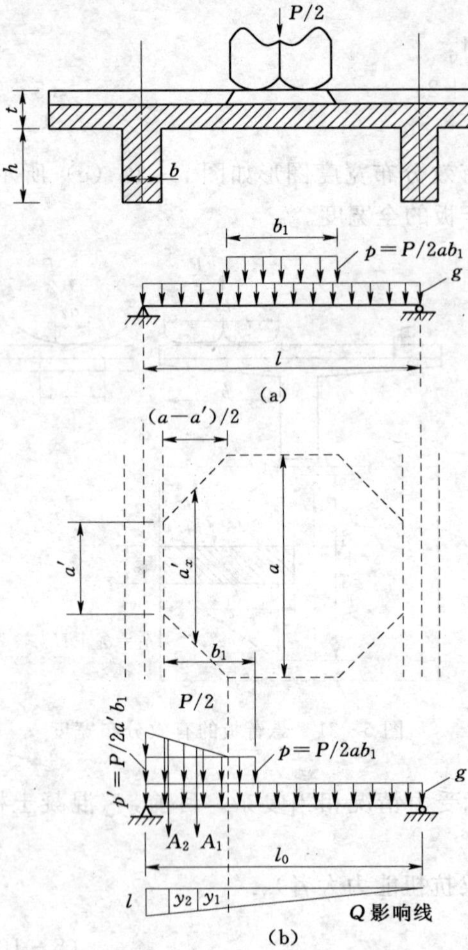

图 5-32 单向板内力计算图示

式中 g——1m 宽板条每延米的永久作用效应。

(2) 支点剪力计算。计算支点剪力时的计算跨径取两肋间的净距，剪力按计算跨径的简支板计算。

对于跨径内只有一个汽车车轮荷载的情况，考虑了相应的有效工作宽度后，每米板宽承受的分布荷载如图 5-32 (b) 所示。则汽车引起的支点剪力为：

$$Q_{支p}=(1+\mu)(A_1y_1+A_2y_2) \tag{5-14}$$

其中，矩形部分荷载的合力为（以 $p=\frac{P}{2ab_1}$代入）：

$$A_1=pb_1=\frac{P}{2a}$$

三角形部分荷载的合力为（以 $p'=\frac{P}{2a'b_1}$代入）：

$$A_2=\frac{1}{2}(p'-p)\times\frac{1}{2}(a-a')$$

$$=\frac{P}{8aa'b_1}(a-a')^2$$

式中 p、p'——对应于有效工作宽度 a 和 a'处的荷载强度；

y_1、y_2——对应于荷载合力 A_1 和 A_2 的支点剪力影响线量值。

如跨径内不只一个车轮进入时，尚应计及其他车轮的影响。

2. 铰接悬臂板的内力

T 形梁的翼缘板作为行车道板往往用铰接的方式连接，最大弯矩在悬臂根部。计算可变作用弯矩 M_{sp}时，最不利的加载位置是车轮荷载对中布置在铰接处，这时铰内的剪力为零，两相邻悬臂板各承受半个车轮荷载，即 $P/4$，如图 5-33 (a) 所示。因此每米宽悬臂板的可变作用弯矩 M_{sp} 为：

$$M_{sp}=-(1+\mu)\frac{P}{4a}\left(l_0-\frac{b_1}{4}\right) \tag{5-15}$$

每米板宽的永久作用弯矩为：

$$M_{sg}=-\frac{1}{2}gl_0^2 \tag{5-16}$$

式中 l_0——铰接双悬臂板的净跨径。

悬臂根部 1m 板宽的总弯矩是 M_{sp} 和 M_{sg} 两部分的内力组合。

悬臂根部的剪力可以偏安全地按一般悬臂板的图式来计算（略）。

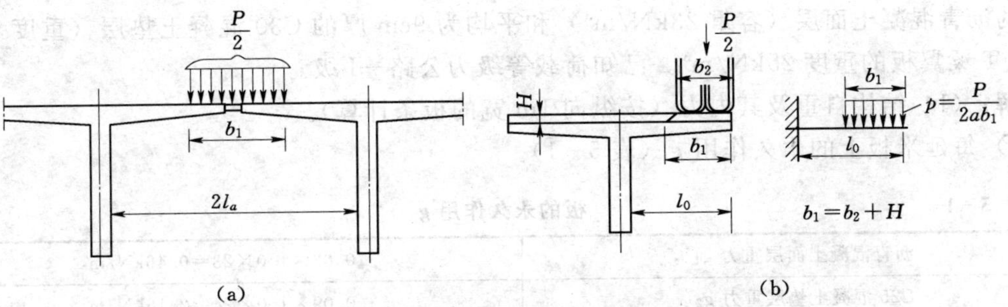

图 5-33 铰接悬臂板和悬臂板计算图式

3. 悬臂板的内力

对于沿纵缝不相连接的悬臂板，计算根部最大弯矩时，应将车轮荷载靠板的边缘布置，此时 $b_1=b_2+H$，如图 5-33（b）所示，则永久作用和可变作用弯矩值可由以下公式求得：

可变作用弯矩：

$$M_{sp}=-(1+\mu)\frac{1}{2}pl_0^2=-(1+\mu)\frac{P}{4ab_1}l_0^2 \quad (b_1\geqslant l_0\text{ 时}) \tag{5-17}$$

或

$$M_{sp}=-(1+\mu)pb_1(l_0-\frac{b_1}{2})=-(1+\mu)\frac{P}{2a}(l_0-\frac{b_1}{2}) \quad (b_1<l_0\text{ 时}) \tag{5-18}$$

式中 P——汽车荷载作用在每米宽板条上的每延米荷载强度，其值为 $p=\frac{P}{2ab_1}$；

l_0——悬臂板的长度。

永久作用弯矩为：

$$M_{sg}=-\frac{1}{2}gl_0^2 \tag{5-19}$$

需要注意的是，以上所有可变作用内力的计算公式都是对于轮重为 $P/2$ 的汽车荷载推得的。

（四）作用效应组合

计算出永久作用和可变作用内力后，进行板的承载能力验算时，1m 宽板条的最大组合内力为：

$$\gamma_0 S_d=\gamma_0(1.2S_g+1.4S_Q) \tag{5-20}$$

【例 5-1】 计算如图 5-34 所示 T 梁翼板所构成铰接悬臂板的设计内力。桥面铺装为

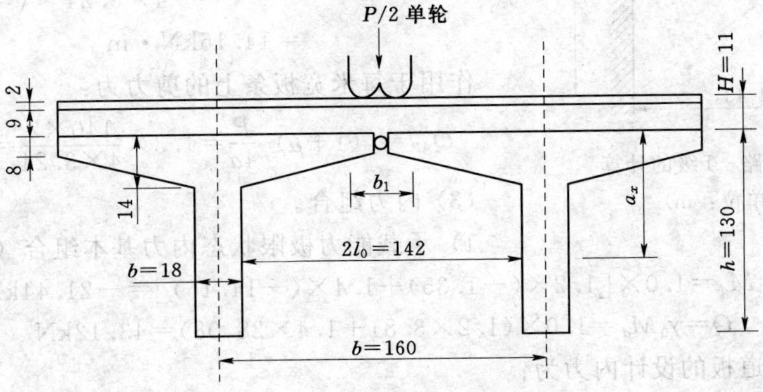

图 5-34 T 梁横截面图（单位：cm）

2cm 的沥青混凝土面层（容重 23kN/m³）和平均为 9cm 厚的 C30 混凝土垫层（重度 24kN/m³），T 梁翼板的重度 25kN/m³。已知荷载等级为公路—I 级。

解：(1) 结构自重及其内力（按纵向 1m 宽的板条计算）。

1) 每延米板上的永久作用 g（表 5-1）。

表 5-1　板的永久作用 g

沥青混凝土面层重力 g_1	$0.02\times1.0\times23=0.46$kN/m
C25 混凝土垫层重力 g_2	$0.09\times1.0\times24=2.16$kN/m
T 梁翼板自重力 g_3	$(0.008+0.14)/2\times1.0\times25=2.75$kN/m
合计	$g=\sum g_i=5.37$kN/m

2) 每米宽板条的永久作用内力：

$$M_{sg}=-\frac{1}{2}gl_0=-\frac{1}{2}\times5.37\times0.71^2=-1.35\text{kN}\cdot\text{m}$$

$$Q_{sg}=gl_0=5.37\times0.71=3.81\text{kN}$$

(2) 公路—I 级荷载产生的内力。将加重车后轮作用于铰缝轴线上（图 5-34），后轴作用力 $P=140$kN，轮压分布宽度如图 5-35 所示。汽车后轮着地长度为 $a_2=0.20$m，宽度为 $b_2=0.60$m，则有：

$$a_1=a_2+2H=0.20+2\times0.11=0.42\text{m}$$

$$a_1=a_2+2H=0.60+2\times0.11=0.82\text{m}$$

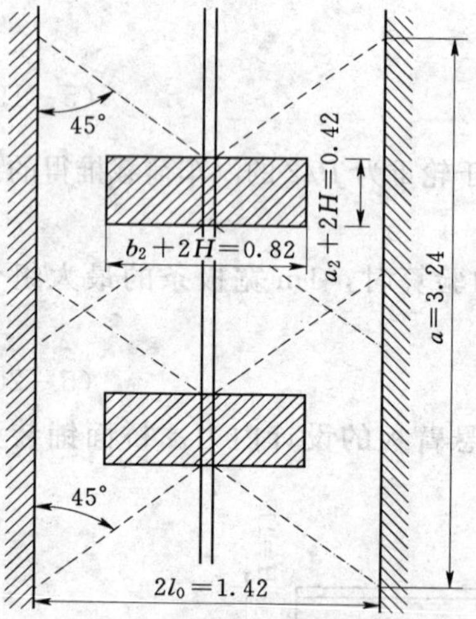

图 5-35　公路—I 级的计算图式（单位：m）

荷载对于悬臂根部的有效分布宽度为：

$$a=a_1+d+2\times l_0=0.42+1.4+2\times0.71=3.24\text{m}$$

下面计算冲击系数 $1+\mu$：

在 T 梁悬臂板中上，考虑局部加载时，可取 $1+\mu=1.3$。

作用于每米宽板条上的弯矩为：

$$M_{sp}=-(1+\mu)\times\frac{P}{4a}\left(l_0-\frac{b_1}{2}\right)$$

$$=-1.3\times\frac{140\times2}{4\times3.24}\times\left(0.71-\frac{0.82}{4}\right)$$

$$=14.16\text{kN}\cdot\text{m}$$

作用于每米宽板条上的剪力为：

$$Q_{AP}=(1+\mu)\ \frac{P}{4a}=1.3\times\frac{140\times2}{4\times3.24}=28.08\text{kN}$$

(3) 内力组合。

1) 承载能力极限状态内力基本组合（用于验算强度）

$$M=\gamma_0M_d=1.0\times[1.2\times(-1.35)+1.4\times(-14.16)]=-21.44\text{kN}\cdot\text{m}$$

$$Q=\gamma_0M_d=1.0\times(1.2\times3.81+1.4\times28.08)=43.12\text{kN}$$

所以，行车道板的设计内力为：

$M=-21.44$kN·m　　即 $M=-21$kN·m

$Q=43.12$kN　　即 $Q=43$kN

2) 正常使用极限状态内力组合（用于验算应力和裂缝）：

(a) 短期效应组合：

$$M_{sd}=-1.35+0.7\times\frac{-14.16}{1.3}=-8.97\text{kN}\cdot\text{m/m}$$

$$Q_{sd}=3.81+0.7\times\frac{28.08}{1.3}=18.93\text{kN/m}$$

(b) 长期效应组合：

$$M_{ld}=-1.35+0.4\times\frac{-14.16}{1.3}=5.71\text{kN}\cdot\text{m/m}$$

$$Q_{ld}=3.81+0.4\times\frac{28.08}{1.3}=12.45\text{kN/m}$$

对于不同的内力组合，应力和裂缝验算的规定限值是不同的，具体可参阅《混凝土桥规》。

三、荷载横向分布计算

简支梁桥的上部结构由承重结构（主梁）及传力结构（横梁、桥面板等）两大部分组成。多片主梁依靠横梁和桥面板联成空间整体结构。该空间结构所承受的主要作用有恒载（主要是自重）和活载（主要是汽车荷载和人群荷载）。其中，恒载作用的计算比较简单，除了考虑结构自重外，桥面铺装、人行道、栏杆等的重量通常可以近似地平均分摊给各根主梁来承担。为了精确起见，必要时也可以采用本节介绍的活载横向分布的方法进行计算。

而活载作用时的结构内力计算相对复杂。当桥上作用汽车荷载或人群荷载时，由于结构的空间整体性，必然会使各主梁不同程度地共同参与工作，形成了各片主梁之间的内力分布，同时每片主梁分布到的内力大小，又随荷载在横向作用位置变化而改变。求解梁桥结构内力应采用空间计算理论，精确求解相当复杂。

本节将介绍工程中常采用的实用空间计算理论——荷载横向分布计算，着重介绍其基本原理和各种计算荷载横向分布系数的方法。

（一）荷载横向分布计算的基本原理

首先以熟知的单片梁内力计算为例，来阐述一座梁式桥在荷载作用下的内力计算特点。

如图 5－36 (a) 所示的单梁，如以 $\eta_1(x)$ 表示梁上某一截面的内力影响线，按结构力学方法，则可方便地计算该截面的内力值 $S=P\eta_1(x)$。此处，$\eta_1(x)$ 是一个单值函数，因此单片梁的内力计算属于简单的平面问题。

对于一座梁式板桥或由多片主梁和横隔梁组成的梁桥［图 5－36 (b)］来说，情况则较为复杂。当桥上作用荷载 P 时，由于结构的整体性必然会使荷载沿 x 和 y 两个方向同时传递，使各主梁都不同程度地参与工作，所以按结构力学方法，如以 $\eta(x, y)$ 表

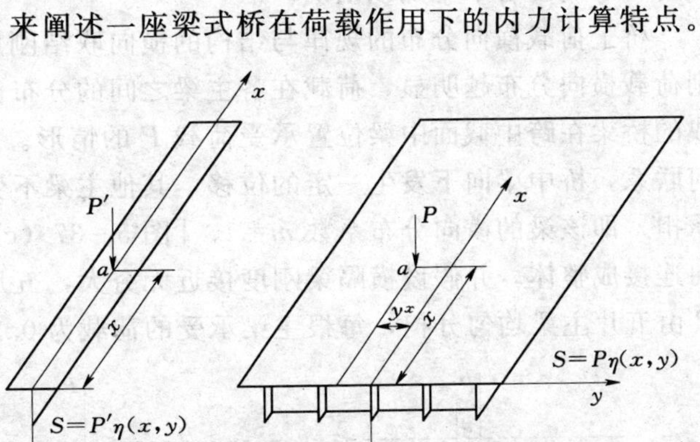

图 5－36　荷载作用的内力计算
(a) 在单片梁上；(b) 在梁式桥上

示结构某点的内力影响面（双值函数），则该点的内力值可以表示为 $S=P\eta(x,y)$。但是精确的内力影响面坐标的计算比较繁复，尤其当主梁、横梁片数较多时求解更为困难。

荷载横向分布计算方法就是将上述复杂的空间问题，通过将影响面 $\eta(x,y)$ 分离成两个单值函数的乘积 $\eta_1(x)\ \eta_2(y)$，而简化成平面问题的近似计算方法。因此，对于某片主梁某一截面的内力值就可以表示为

$$S=P(x,y)\approx P\eta_1(x)\eta_2(y)=P'\eta_1(x) \tag{5-21}$$

式中　S——某根主梁某一截面的内力值；

$\eta_1(x)$——梁沿 x 轴方向某一截面的内力影响线；

$\eta_2(y)$——梁的荷载横向分布影响线，为单位荷载沿桥横向（y 轴方向）作用在不同位置时，梁所分配的荷载比值变化曲线；

$P\eta_2(y)$——当 P 作用于 $a(x,y)$ 点时沿横向分配给某片梁的荷载［图 5-36（b）］，暂以 P' 表示，即 $P'=P\eta_2(y)$。

这样，梁式桥某片梁截面内力值的计算就由空间问题转化为平面问题，变为求作用荷载为 P' 的单梁的截面内力值。因此，这种借助荷载横向分布来计算桥梁空间问题的理论就称为荷载横向分布理论，其实质应是“内力”横向分布，而非“荷载”横向分布，只是内力影响面变量分离后在内力值计算形式上成了“荷载横向分布”。

采用荷载横向分布计算内力的步骤是：先用荷载横向分布影响线求桥上荷载 P 分配到某片梁的荷载 $P'=P\eta_2(y)$；若按照横向最不利位置布载，就可求得其所分配的最大荷载 P'_{max}。然后用某片梁的截面内力影响线计算在 P' 作用下该截面的内力值。

为方便计算，定义 $P'=mP$，此处 P 为车辆的轴重，m 为荷载横向分布系数，它是反映荷载横向分布程度的参数，表示某根主梁所承担的最大荷载是各个轴重的倍数（通常小于 1）。

显然，同一座桥梁内各根梁的荷载横向分布系数 m 是不相同的，不同类型的荷载（如汽车、人群荷载等）其 m 值也各异，而且荷载在梁上沿纵向的位置对 m 也有影响，这些问题将在以后的各节中加以阐明。

桥上荷载横向分布的规律与结构的横向联结刚度有着密切的关系，横向联结刚度越大，则荷载横向分布越明显，荷载在各主梁之间的分布也越均匀。如图 5-37 所示为五根主梁组成的桥梁在跨中截面中梁位置承受荷载 P 的情形。［图 5-37（a）］表示各主梁之间没有任何联系，桥中梁向下发生一定的位移，其他主梁不变形，可见，此时桥上的荷载全部由中梁承担，即该梁的横向分布系数 $m=1$。［图 5-37（c）］表示各主梁通过横隔板及桥面板在横向连接成整体，并假设横隔梁刚度接近无穷大，五片主梁向下发生了相同的位移，说明荷载 P 由五片主梁均匀分担，每根主梁承受的荷载为 $0.2P$，即各梁的横向分布系数 $m=0.2$。

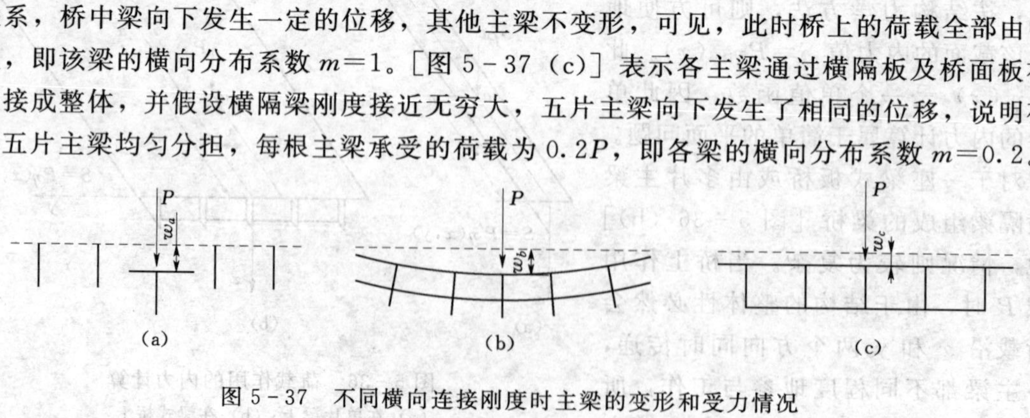

图 5-37　不同横向连接刚度时主梁的变形和受力情况

（a）中梁承受荷载为 P（$m=1$）；（b）中梁承受荷载 M_p；（c）各梁承受荷载 $P/5$（$m=1/5$）

然而，实际的钢筋混凝土梁桥或预应力混凝土梁桥中，各根主梁虽通过横向结构连成整体，但其横向结构的刚度并非无穷大，因此，在相同的荷载 P 作用下，桥梁在横向发生挠曲变形［图 5-37 (b)］，此时中梁的挠度 w_b 必然小于 w_a 而大于 w_c，其横向分布系数 m 也必然介于 1 和 0.2 之间。可见，荷载横向分布规律与结构的横向连接刚度有着密切的关系，横向连接刚度越大，荷载横向分布整体作用越显著，各主梁分担的荷载也越趋均匀。

如前所述，钢筋混凝土和预应力混凝土梁式桥由于施工方法和构造设计的不同，横向连接有多种类型，这就需要按不同的横向连接特点拟定出相应的荷载横向分布计算方法。目前常用的荷载横向分布计算方法有：

(1) 杠杆原理法。把横向结构（桥面板和横隔梁）视作在主梁上断开而两端简支在主梁上的简支梁或悬臂梁。

(2) 偏心压力法。把横隔梁视作刚性极大的梁，当计及主梁抗扭刚度影响时，此法又称为修正的偏心压力法。

(3) 铰接板（梁）法。把相邻主梁之间视为铰接，只传递剪力。

(4) 刚接梁法。把相邻主梁之间视为刚性连接，即传递剪力和弯矩。

(5) 比拟正交异性板法（G-M 法）。将主梁和横隔梁的刚度换算成纵横两向刚度不同的比拟弹性平板来求解。

其中，前四种方法均采用梁格系模型，G-M 法为平板模型。它们的共同特点是：从分析荷载在桥上的横向挠度规律出发，得到各梁的荷载横向分布影响线；通过横向布载来计算某片梁可能承担的最不利荷载，并获得荷载横向分布系数 m；最后，即可按熟知的结构力学方法求得主梁的截面设计内力值。

下面分别介绍各种计算荷载横向分布系数方法的基本原理并举例说明。

（二）杠杆原理法

1. 计算原理和适用场合

按杠杆原理法进行荷载横向分布计算的基本假定是忽略主梁之间横向结构的联系作用，即假设桥面板和横隔梁在主梁梁肋处断开，而当作沿横向支承在主梁上的简支梁或悬臂梁来考虑，如图 5-38 所示。

根据以上假定利用结构力学知识就可作出主梁反力影响线，也就是荷载横向分布影响线。例如，作图 5-38 中①号、②号主梁荷载横向分布影响线时，将移动的单位荷载 $P=1$ 沿桥横向移动，当 $P=1$ 作用在计算梁上时，该梁承担的荷载为 1，当 $P=1$ 作用于相邻梁或其他梁上时，计算梁承担的荷载为零，计算梁与相邻梁之间按线性变化，即为①号、②号主梁荷载横向分布影响线，如图 5-39 所示。

有了各根主梁的荷载横向分布影响线，就可以将荷载在影响线上按横向最不利位置布载，得到每根主梁的荷载横向分布系数。

如图 5-39 所示，假定荷载横向分布影响线的竖标为 η，车辆荷载轴重为 P，轮重为 $P/2$，将车辆荷载按最不利情况加载，则分布到某主梁的最大荷载为

$$P'_{\max}=\sum\frac{p}{2}\eta=\left(\frac{1}{2}\sum\eta\right)P \tag{5-22}$$

根据荷载横向分布系数的定义可知，上式中的 $1/2\sum\eta$ 即为车辆荷载横向分布系数。

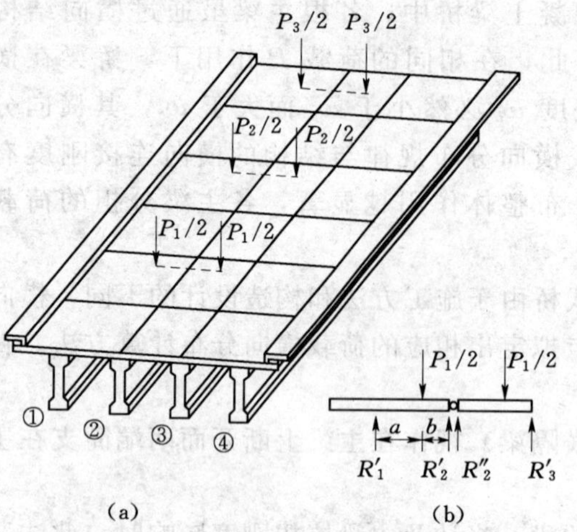

图 5-38　杠杆原理法受力图式

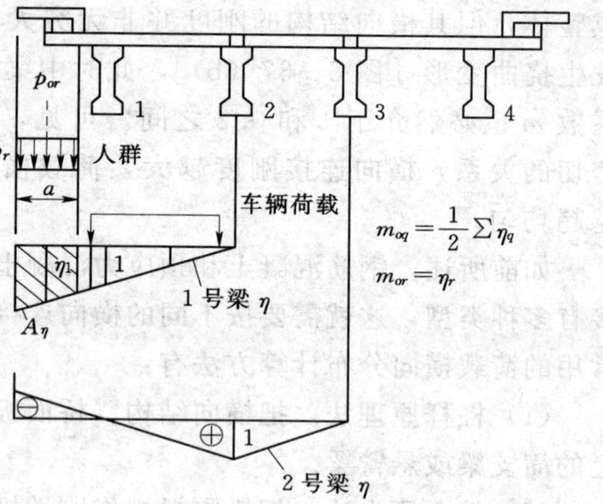

图 5-39　按杠杆原理计算荷载横向分布系数

《公路桥涵设计通用规范》(JTG D60—2004)(以下简称《桥通规》)规定，桥梁结构的整体计算采用车道荷载，车道荷载横向分布系数按设计车道数布置车辆荷载进行计算。因此，两者可统称为汽车荷载横向分布系数，其值为

$$m_{oq}=\frac{1}{2}\sum\eta_q \tag{5-23}$$

同理可得人群荷载横向分布系数为

$$m_{or}=\eta_r \tag{5-24}$$

式中，m_o 表示按杠杆原理法计算的荷载横向分布系数，拼音字母的脚标 q 和 r 相应表示汽车和人群荷载，η_q 和 η_r，分别为汽车车轮和每延米人群荷载集度对应的荷载横向分布影响线竖标值。图中 $p_{or}=p_r a$，它表示每延米人群荷载的集度，p_r 为人群荷载，a 为人行道宽度。

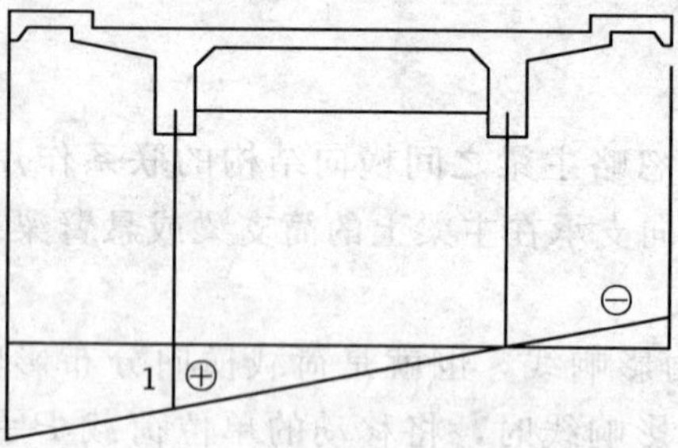

图 5-40　杠杆原理法计算双主梁桥横向分布系数

杠杆原理法适用于计算荷载位于靠近主梁支点的荷载横向分布系数，此时主梁的支承刚度远大于主梁间横向联系的刚度，受力特性与杠杆原理法接近。此外，该方法也可用于双主梁桥(图 5-40)，还可近似用于横向联系很弱的无中间横隔梁的桥梁，但是这样计算的荷载横向分布系数通常对于中间主梁会偏大些，而对于边梁会偏小些。

采用杠杆原理法计算时，应当计算几根主梁的横向分布系数，然后取 m_o 最大的这根梁按常规方法来计算截面内力，这在以后还要详细阐明。

2. 计算示例

【例 5-2】　如图 5-41 所示，桥面净空为净—7m+2×0.75m 人行道的五梁式钢筋混凝土 T 形梁桥，试求荷载位于支点处时 1 号梁和 2 号梁相应于汽车荷载和人群荷载的横向分布系数 m_{oq} 和 m_{or}。

解：当荷载位于支点时，应按杠杆原理法计算荷载横向分布系数。

(1) 按杠杆原理法绘制 1 号、2 号梁的荷载横向分布影响线，如图 5-41 (b)、(c) 所示。

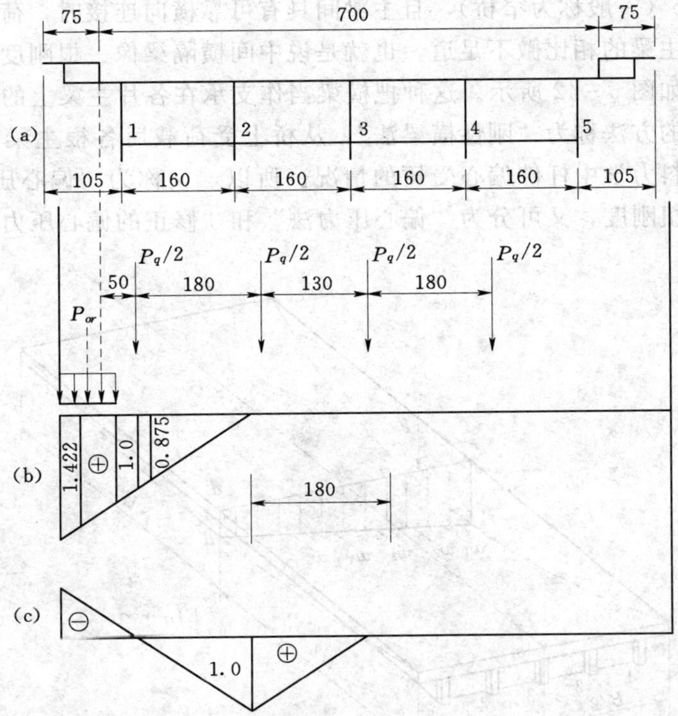

图 5-41 杠杆原理法计算横向分布系数（单位：cm）

(a) 桥梁横截面；(b) 1 号梁横向分布影响线；(c) 2 号梁横向分布影响线

(2) 对横向影响线布置荷载，确定荷载的横向最不利位置。按《桥通规》规定，车辆荷载横向轮距为 1.80m，两列汽车车轮的横向最小间距为 1.30m，车轮距离人行道缘石最少为 0.50m。按上述要求在横向影响线上确定出荷载沿横向最不利的布置位置，如图 5-41 (b)、(c) 所示。

(3) 计算主梁在汽车荷载和人群荷载作用下的横向分布系数。求出相应于荷载位置的影响线竖标后，就可得到各梁的荷载横向分布系数。

1 号梁：

汽车荷载 $$m_{oq}=\frac{1}{2}\sum\eta_q=\frac{1}{2}\times 0.875=0.438$$

人群荷载 $$m_{or}=\eta_r=1.422$$

2 号梁：

汽车荷载 $$m_{oq}=\frac{1}{2}\sum\eta_q=\frac{1}{2}\times 1.0=0.5$$

人群荷载 $$m_{or}=\eta_r=0$$

对于 2 号梁，在人行道上没有布载，这是因为人行道荷载引起 2 号梁产生负反力，这在考虑荷载组合时反而会减小 2 号梁的受力。

(三) 偏心压力法

1. 计算原理和适用场合

在钢筋混凝土或预应力混凝土梁桥上，通常在桥的两端和中间设置有多道横隔梁，从而显著增加了桥梁结构的整体性和横向刚度。根据试验观测结果和理论分析，当桥的宽跨比 B/l 小于或接近 0.5（一般称为窄桥），且主梁间具有可靠横向连接时，荷载作用下中间横梁的弹性挠曲变形同主梁的相比微不足道，也就是说中间横隔梁像一根刚度无穷大的刚性梁一样保持直线形状，如图 5-42 所示。这种把横梁当作支承在各片主梁上的连续刚性体来计算荷载横向分布系数的方法称为“刚性横梁法”，从桥上受荷载后各根主梁的变形规律看，它完全类似于一般材料力学中杆件偏心受压的情况。所以，又称为“偏心压力法”。按计算中是否考虑主梁的抗扭刚度，又可分为“偏心压力法”和“修正的偏心压力法”两种。

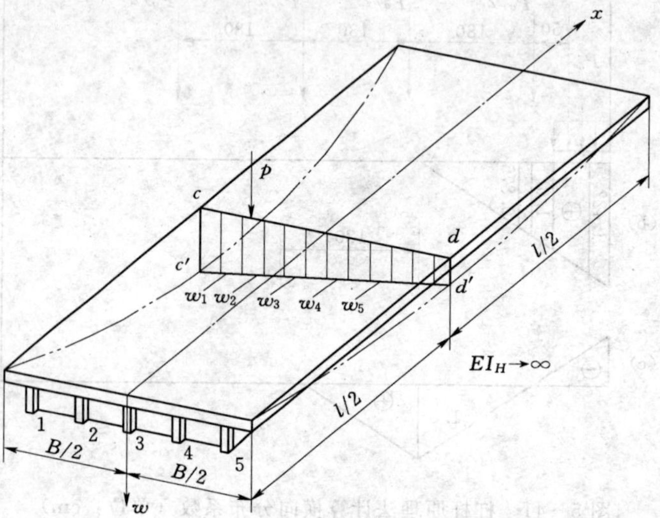

图 5-42　梁桥挠曲变形（偏心压力法）

偏心压力法适用于具有可靠横向连接，且宽跨比 B/l 小于或接近于 0.5 的桥梁（一般称为窄桥）。

下面根据上述假定来分析荷载对各主梁的横向分布：

如图 5-43（a）所示为一座五片主梁组成的梁桥的跨中截面。各片主梁的抗弯惯矩 I_i，主梁的间距 a_i 各不相等，集中荷载 P 作用在离截面扭转中心（o）距离为 e 处，下面分析荷载 $P=1$ 在各片主梁上的横向分布情况。

由于假定横梁为刚体，所以可以按照刚体力学关于力的平移原理将荷载 P 移到 o 点，用一个作用在扭转中心 o 上的竖向力 $P=1$ 和一个作用于刚体上的偏心力矩 $M=1e$ 代替［图 5-43（b）］。偏心荷载 P 的作用应为 P 和 M 作用的叠加。

（1）中心荷载 $P=1$ 的作用［图 5-43（c）］基于中间横梁为刚性的假定，在中心荷载 P 作用下，横截面只作下挠的刚体平移，各片主梁的跨中挠度相等，即

$$w_1'=w_2'=\cdots=w_n' \tag{5-25}$$

根据材料力学，作用于简支梁的荷载（即主梁所分担的荷载）与挠度的关系式为

$$w_i'=\frac{R_i'l^3}{48EI_i} \quad 或 \quad R_i'=\frac{48E}{l^3}I_iw_i'=\alpha I_iw_i' \tag{5-26}$$

式中　$\alpha=\dfrac{48E}{l^3}=$ 常数，（E 为梁体材料的弹性模量）。

由静力平衡条件

$$\sum_{i=1}^{n} R'_i = 1 \tag{5-27}$$

将式（5-26）代入式（5-27）得

$$\sum_{i=1}^{n} R'_i = \alpha w'_i \sum_{i=1}^{n} I_i = 1$$

故

$$\alpha w'_i = \frac{1}{\sum_{i=1}^{n} I_i} \tag{5-28}$$

将式（5-28）再代入式（5-26），即得中心荷载 $P=1$ 在主梁间的荷载分布为

$$R'_i = \frac{I_i}{\sum_{i=1}^{n} I_i} \tag{5-29}$$

(2) 偏心力矩 $M=1e$ 的作用。在偏心力矩 $M=1e$ 作用下，横梁绕扭转中心 o 转动一微小的角度 φ［图 5-43（d）］，因此各片主梁产生的竖向挠度 w''_i 可表示为

$$w''_i = a_i \tan\varphi \tag{5-30}$$

由式（5-26），主梁所受荷载与挠度的关系为

$$R''_i = \alpha I_i w''_i \tag{5-31}$$

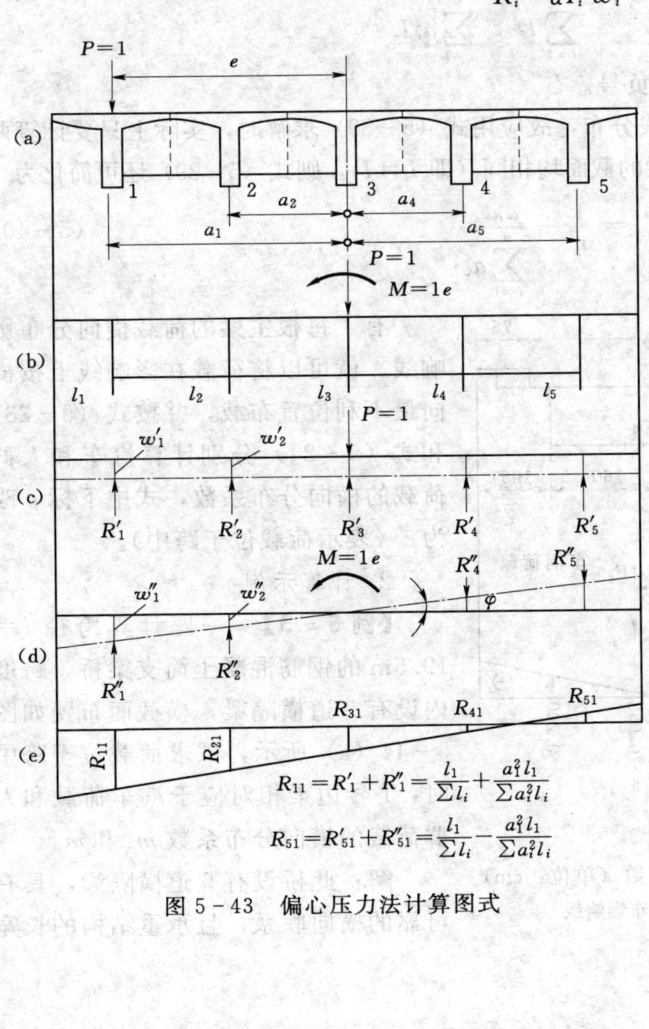

$$R_{11} = R'_1 + R''_1 = \frac{l_1}{\sum l_i} + \frac{a_1^2 l_1}{\sum a_i^2 l_i}$$

$$R_{51} = R'_{51} + R''_{51} = \frac{l_1}{\sum l_i} - \frac{a_1^2 l_1}{\sum a_i^2 l_i}$$

图 5-43　偏心压力法计算图式

将式（5-30）代入上式即得

$$R''_i = \alpha I_i w''_i = \alpha I_i a_i \tan\varphi \tag{5-32}$$

由力矩的平衡条件可知

$$\sum_{i=1}^{n} R''_i a_i = 1e \tag{5-33}$$

将式（5-32）代入上式得

$$\sum_{i=1}^{n} R''_i a_i = \alpha \tan\varphi \sum_{i=1}^{n} I_i a_i^2 = 1e \tag{5-34}$$

故

$$\alpha \tan\varphi = \frac{e}{\sum_{i=1}^{n} a_i^2 I_i} \tag{5-35}$$

将式（5-35）再代入式（5-32），即得偏心矩 $M=1$ 作用下各主梁所分配的荷载为

$$R''_i = \frac{e a_i I_i}{\sum_{i=1}^{n} a_i^2 I_i} \tag{5-36}$$

注意：上式中的荷载位置 e 和梁位 a_i 是以截面中心原点 o 为坐标取值的，应当计入正、负号。

(3) 偏心荷载 $P=1$ 对各梁的总作用。将上述 (1) 和 (2) 两种情况叠加，并假设偏心荷载 $P=1$ 作用于 k 号梁轴上 ($e=a_k$)，则任意 i 号梁所分配到的荷载为

$$R_{ik}=R'_i+R''_i=\frac{I_i}{\sum_{i=1}^{n} I_i}+\frac{a_k a_i I_i}{\sum_{i=1}^{n} a_i^2 I_i} \tag{5-37}$$

式中，R_{ik}的第一个脚标表示荷载引起反力的梁号，第二个脚标表示荷载作用的位置（梁号）。

由式 (5-37) 得到各梁所受的荷载 R_{ik}，就可绘出 $P=1$ 作用于 k 号梁上时各主梁的荷载分布图式。如 $k=1$ 时，各梁的荷载分布情况如图 5-43 (e) 所示。由于各梁的挠度呈直线规律变化，所以荷载分布线必定为直线。

(4) 利用荷载横向影响线求主梁的荷载横向分布系数。为了作出主梁荷载横向分布影响线，需要寻求 $P=1$ 作用在任意梁轴线上时分布到 k 号梁的荷载 R_{ki}。为此，由式 (5-37) 不难得到关系式

$$R_{ki}=R_{ik}\frac{I_k}{I_i} \tag{5-38}$$

R_{ki}就是 k 号主梁的荷载横向分布影响线在各梁位处的竖标值，习惯上以 η_{ik} ($i=1$, 2, …, n) 表示，根据式 (5-37) 可以写为如下形式

$$\eta_{ki}=R_{ki}=\frac{I_k}{\sum_{i=1}^{n} I_i}+\frac{a_i a_k I_k}{\sum_{i=1}^{n} a_i^2 I_i} \tag{5-39}$$

式中，荷载位置 a_k 和梁位 a_i 计入正、负号。

由于荷载横向分布影响线图形呈直线分布，故应用式 (5-39) 求解时，实际上只要计算两个影响线竖标值即可。另外，如果各主梁的截面均相同（即 $I_i=I$），则式 (5-39) 还可简化为

$$\eta_{ki}=\frac{1}{n}+\frac{a_i a_k}{\sum_{i=1}^{n} a_i^2} \tag{5-40}$$

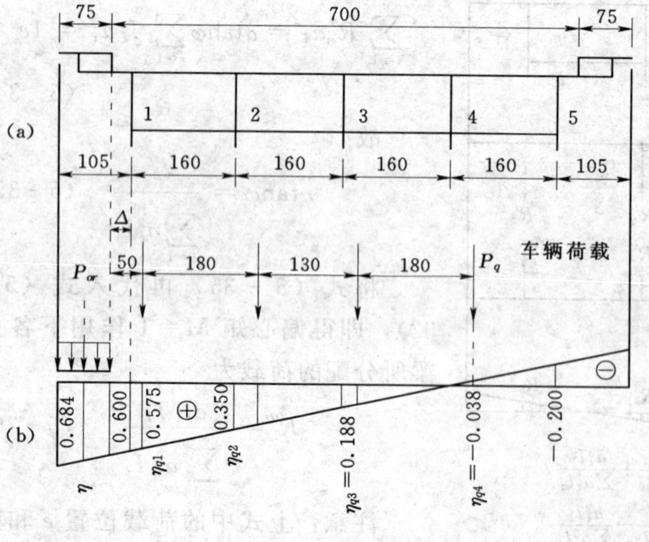

图 5-44 偏心压力法计算荷载横向分布系数（单位：cm）
(a) 桥梁横截面；(b) 1号梁荷载横向分布影响线

有了每根主梁的荷载横向分布影响线，就可以将荷载在影响线上按横向最不利位置布载，并按式 (5-23) 和式 (5-24) 分别计算汽车和人群荷载的横向分布系数，式中下标 o 改为 c（表示荷载位于跨中）。

2. 计算示例

【例 5-3】 一座计算跨径 $l=19.5$m 的钢筋混凝土简支梁桥，跨度内设有 5 道横隔梁，横截面布置如图 5-44 (a) 所示，试求荷载位于跨中时，1 号边梁相对应于汽车荷载和人群荷载的横向分布系数 m_{cq} 和 m_{cr}。

解： 此桥设有 5 道横隔梁，具有可靠的横向联系，且承重结构的长宽

比为

$$\frac{l}{B}=\frac{19.5}{5\times1.6}=2.4>2(\text{窄桥})$$

故当荷载位于跨中时，可按偏心压力法来绘制横向影响线，并计算荷载横向分布系数 m_c。

(1) 绘制 1 号梁荷载横向分布影响线。本桥各根主梁的横截面均相等，梁数 $n=5$，梁间距为 1.6m，则

$$\sum_{i=1}^{5}a_i^2=a_1^2+a_2^2+a_3^2+a_4^2+a_5^2$$

$$=[(2\times1.6)^2+1.6^2+0+(-1.6)^2+(-2\times1.6)^2]\ \text{m}^2=25.60\text{m}^2$$

由式 (5-40)，计算 1 号梁横向影响线的两个竖标值为

$$\eta_{11}=\frac{1}{\sum_{i=1}^{n}I_i}+\frac{a_1^2}{\sum_{i=1}^{n}a_i^2I_i}=\frac{1}{5}+\frac{3.2^2}{25.6}=0.2+0.4=0.6$$

$$\eta_{15}=\frac{1}{\sum_{i=1}^{n}I_i}+\frac{a_1a_5}{\sum_{i=1}^{n}a_i^2I_i}=\frac{1}{5}+\frac{3.2\times(-3.2)}{25.6}=0.2-0.4=-0.2$$

由 η_{11}，η_{15} 绘制 1 号梁荷载横向分布影响线如图 5-44 (b) 所示。

(2) 求荷载横向分布系数。按《桥通规》规定，将汽车荷载和人群荷载在 1 号梁荷载横向分布影响线上按横向最不利位置布载，如图 5-44 (b) 所示。

设荷载横向分布影响线的零点到 1 号梁位的距离为 x，由图中几何关系可得

$$\frac{x}{0.6}=\frac{4\times1.6m-x}{0.2}$$

解得

$$x=4.8\text{m}$$

人行道缘石至 1 号梁轴线的距离 Δ 为 $\Delta=(1.05-0.75)\text{m}=0.3\text{m}$。

用直线内插法计算出荷载作用点对应的 1 号梁荷载横向分布影响线上的竖标值，如图 5-44 (b)所示。

(3) 计算 1 号梁荷载横向分布系数 m_c。汽车荷载

$$m_{cq}=\frac{1}{2}\sum\eta_q=\frac{1}{2}(\eta_{q1}+\eta_{q2}+\eta_{q3}+\eta_{q4})=\frac{1}{2}\times(0.575+0.35+0.188-0.038)$$

$$=0.538$$

人群荷载

$$m_{cr}=\eta_r=0.684$$

求得 1 号主梁的各种荷载横向分布系数后，就可得到各类荷载分布至该梁的最大荷载值。

(四) 修正偏心压力法

在前面所介绍的偏心压力法计算中，由于作了横隔梁近似绝对刚性和忽略主梁抗扭刚度的两项假定，这就导致了边梁受力偏大的计算结果。因此，以往在实用计算中也有将按偏心压力法求得的边梁最大横向分布系数乘以 0.9 加以近似折减的方法。

为了弥补偏心压力法的不足，国内外也广泛地采用考虑主梁抗扭刚度的修正偏心压

力法。

1. 计算原理

已知用偏心压力法计算荷载横向影响线坐标的公式为

$$\eta_{ki}=\frac{I_k}{\sum_{i=1}^{n}I_i}+\frac{a_i a_k I_k}{\sum_{i=1}^{n}a_i^2 I_i}$$

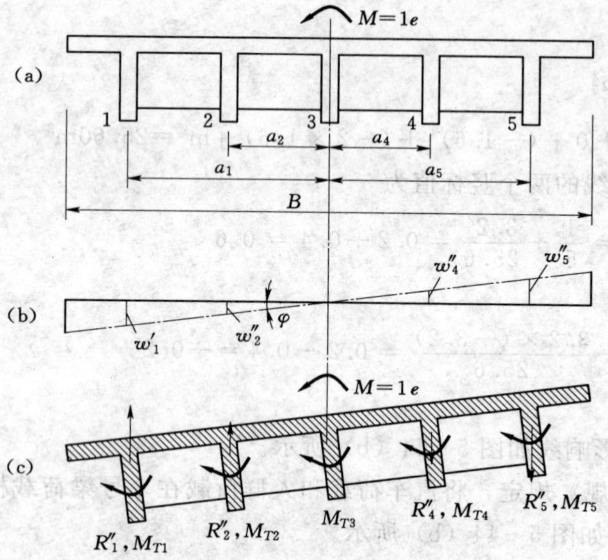

图 5-45　考虑主梁抗扭的计算图式

上式中等号右边第一项是由中心荷载 $P=1$ 所引起，此时各主梁只发生挠度而无转动［见图 5-43（c）］，与主梁的抗扭无关。第二项则是由偏心力矩 $M=1e$ 的作用引起的，没有计入主梁的抗扭作用。而实际上由于截面的转动，各主梁不仅会发生竖向挠度，而且还必然同时引起扭转，这就要计入主梁抗扭影响。所以只需对等式第二项给予修正。

下面来研究外力矩 $M=1e$ 作用下桥梁的变形和受力情况。

如图 5-45 所示，仍取跨中截面来分析，在外力矩 $M=1e$ 作用下，每根主梁除产生不同的挠度 w_i''外，同时会产生一个相同的转动 φ 角［图 5-45（b）］。若设各根主梁对横隔梁的反作用为竖向力 R_i''和抗扭矩 M_{Ti}［图 5-45（c）］。

根据平衡条件

$$\sum_{i=1}^{n}R''_i a_i+\sum_{i=1}^{n}M_{Ti}=1e \tag{5-41}$$

由材料力学可知，简支梁考虑自由扭转时，跨中截面扭矩与扭角以及竖向力与挠度间的关系为

$$\varphi=\frac{M_{Ti}l}{4GI_{Ti}}\quad 和\quad w_i''=\frac{R_i''l^3}{48EI_i} \tag{5-42}$$

式中　l——简支梁的计算跨径；

I_{Ti}——梁的抗扭惯矩；

G——材料的切变模量；

其余符号意义同前。

由几何关系［图 5-45（b）］有

$$\varphi\approx\tan\varphi=\frac{w_i''}{a_i} \tag{5-43}$$

将式（5-42）代入上式，并整理有

$$M_{Ti}=R_i''\frac{l^2}{12a_i}\frac{GI_{Ti}}{EI_i} \tag{5-44}$$

为了计算任意 k 号梁的荷载，利用式（5－42）和式（5－43），可得

$$\frac{w''_i}{w''_k}=\frac{a_i}{a_k}=\frac{R''_i/I_i}{R''_k/I_k}$$

则

$$R''_i=R''_k\frac{a_i\,I_i}{a_k\,I_k} \tag{5-45}$$

将上式代入式（5－42），得

$$\sum_{i=1}^{n}R''_k\times\frac{a_i^2\,I_i}{a_k\,I_k}+\sum_{i=1}^{n}R''_k\times\frac{a_i\,I_i}{a_k\,I_k}\times\frac{l^2\,GI_{Ti}}{12a_i\,EI_i}=1e$$

整理后得

$$R''_k=\frac{ea_k\,I_k}{\sum\limits_{i=1}^{n}a_i^2\,I_i+\frac{Gl^2}{12E}\sum\limits_{i=1}^{n}I_{Ti}}=\frac{ea_k\,I_k}{\sum\limits_{i=1}^{n}a_i^2\,I_i}\frac{1}{1+\frac{Gl^2}{12E}\frac{\sum\limits_{i=1}^{n}I_{Ti}}{\sum\limits_{i=1}^{n}a_i^2\,I_i}}=\beta\frac{ea_k\,I_k}{\sum\limits_{i=1}^{n}a_i^2\,I_i} \tag{5-46}$$

最后可得考虑主梁抗扭刚度后任意 k 号梁的荷载横向分布影响线竖标，并假设偏心荷载 $P=1$ 作用于各梁轴线上（$e=a_i$），则

$$\eta_{ki}=\frac{I_k}{\sum\limits_{i=1}^{n}I_i}+\beta\frac{a_ia_kI_k}{\sum\limits_{i=1}^{n}a_i^2I_i} \tag{5-47}$$

式中系数

$$\beta=\frac{1}{1+\frac{Gl^2}{12E}\frac{\sum I_{Ti}}{\sum a_i^2I_i}}<1 \tag{5-48}$$

β 称为抗扭修正系数，它与梁号无关，完全取决于结构的几何尺寸和材料特性。

由此可见，式（5－47）与偏心压力法公式不同点仅在于第二项上乘了小于 1 的抗扭修正系数 β，所以此法称为“修正偏心压力法”。

对于简支梁桥，若主梁的截面均相同，即 $I_i=I$，$I_{Ti}=I_i$，则

$$\eta_{ki}=\frac{1}{n}+\beta\frac{a_ka_i}{\sum\limits_{i=1}^{n}a_i^2} \tag{5-49}$$

此处

$$\beta=\frac{1}{1+\frac{nl^2GI_T}{12EI\sum a_i^2}} \tag{5-50}$$

由式（5－50）可以看出，当桥梁宽度一定时，随着跨度增大，抗扭刚度对横向分布系数影响增大。式（5－50）中，G 为混凝土的剪切模量，可取 $G=0.4E$。

2. 主梁抗扭惯性矩的计算

要计算 β，需先计算抗弯惯矩 I 和抗扭惯矩 I_T。前者的计算可以采用材料力学方法，相对简单，不再赘述。后者随主梁截面构造和形状的不同，计算相对复杂。后述的铰接板（梁）法、刚接梁法及 G－M 法计算中，也都涉及到该参数。此处，针对各种类型桥梁截面的抗扭刚度计算作一简单介绍。

一般地，梁式桥常用的截面形式可分为：实体截面、开口薄壁截面、薄壁闭合截面和厚壁闭合截面几类。

(1) 实体截面。对于直径为 d 的实心圆形截面，其抗扭惯性矩 I_T 就等于它的极惯性矩 I_p

$$I_T = I_p = \frac{\pi d^4}{32} \tag{5-51}$$

对于一般的矩形截面，其抗扭惯性矩 I_T 可由弹性力学的方法推出如下公式

$$I_T = cbt^3 \tag{5-52}$$

式中　b——矩形长边；

t——矩形短边；

c——矩形截面抗扭刚度系数，可按下式计算，也可按下式制成表格直接查看，见表 5-2。

$$c = \frac{1}{3}\left[1 - 0.63\frac{t}{b} + 0.052\left(\frac{t}{b}\right)^5\right] \tag{5-53}$$

表 5-2　　矩形截面抗扭刚度系数

t/b	1	0.9	0.8	0.7	0.6	0.5	0.4	0.3	0.2	0.1	<0.1
c	0.141	0.155	0.171	0.189	0.209	0.229	0.250	0.270	0.291	0.312	1/3

当 $t/b < 0.1$ 时，令 $c = \frac{1}{3}$ 已经有足够的精度。

(2) 开口薄壁截面。对于狭长矩形截面组成的开口薄壁截面，如 T 形、工字形等，其截面可看成是由若干个实体矩形截面组成的组合截面，它的抗扭惯性矩等于各个矩形截面的抗扭惯性矩之和

$$I_T = \sum_{i=1}^{m} c_i b_i t_i^3 \tag{5-54}$$

式中　m——梁截面划分成单个矩形截面的块数；

b_i、t_i、c_i——同式 (5-52) 中 b、t、c，如图 5-46 所示。

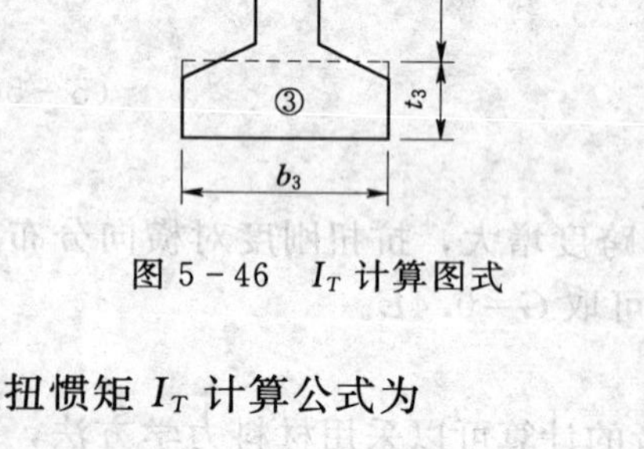

图 5-46　I_T 计算图式

(3) 薄壁闭合截面。截面的壁厚中线是一条封闭的折线或曲线时，称为闭合截面，如环形截面和箱形截面。如果孔室高度大于等于截面高度的 0.6 倍，就称为薄壁闭合截面。

闭口截面的抗扭切应力的分布规律与非闭合截面存在本质的不同（图 5-47），利用剪切应变能等于扭矩所作之功的原理可推导出任意形状封闭薄壁截面的抗扭惯矩 I_T 计算公式为

$$I_T = \frac{4\Omega^2}{\oint \frac{ds}{t}} \tag{5-55}$$

式中　Ω——薄壁中线所围的面积。

对于如图 5－48 所示的空心板可近似看做薄壁矩形闭合截面，根据式（5－55），其抗扭惯性矩表达式为

$$I_T=4b^2h^2\frac{1}{\dfrac{2h}{t}+\dfrac{b}{t_1}+\dfrac{b}{t_2}} \tag{5-56}$$

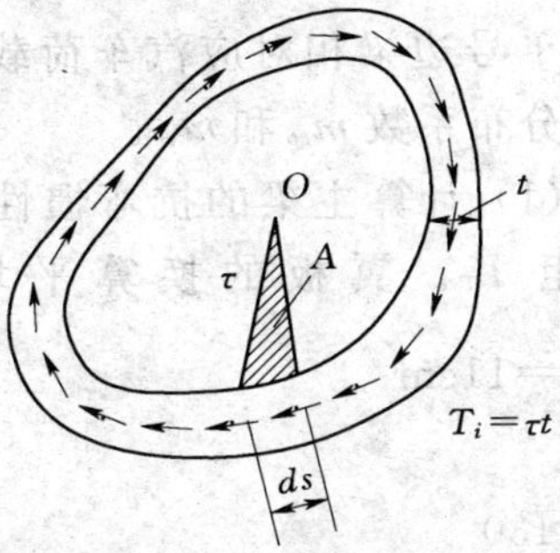

图 5－47　空心板截面

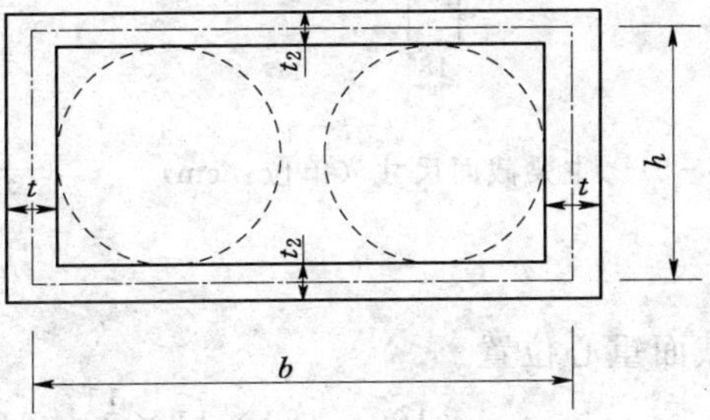

图 5－48　空心板截面

对于带有“翅翼”的封闭薄壁截面（图 5－49），其 I_T 计算分为开口部分和闭口薄壁部分，则其总的抗扭惯性矩可将两部分近似地叠加得到

$$I_T=\frac{4\Omega^2}{\oint\dfrac{ds}{t}}+\sum_{i=1}^{n}c_ib_it_i^3 \tag{5-57}$$

对于如图 5－50 所示的单箱单室薄壁箱形截面，按式（5－57），其抗扭惯矩表达式为

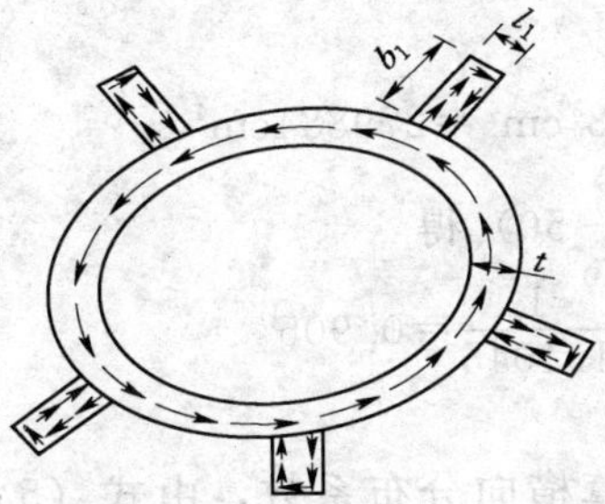

图 5－49　带有“翅翼”的封闭截面

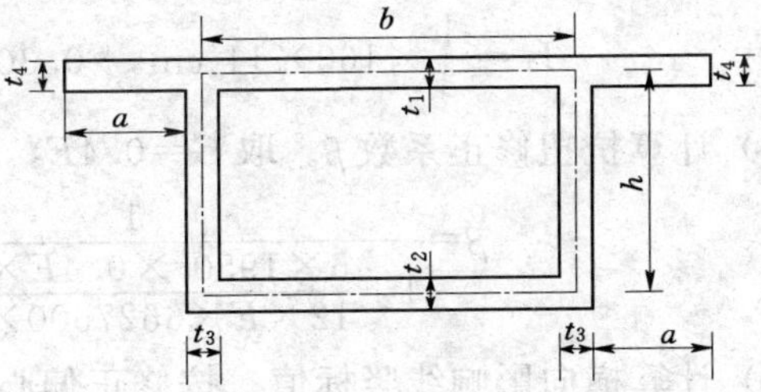

图 5－50　箱型截面

$$\Omega=bh$$

$$\oint\frac{ds}{t}=\frac{b}{t_1}+\frac{b}{t_2}+\frac{2h}{t_3}$$

$$I_T=\frac{4\Omega^2}{\oint\dfrac{ds}{t}}+\sum_{i=1}^{n}c_ib_it_i^3=\frac{4b^2h^2}{\dfrac{b}{t_1}+\dfrac{b}{t_2}+\dfrac{2h}{t_3}}+2cat_4^3 \tag{5-58}$$

式中，c 可由 $\dfrac{t_4}{a}$ 之值查表 5－2 求得。

对于由 n 个箱拼连成的截面，其抗扭惯矩可近似地按各个单箱截面抗扭惯矩之和计算。

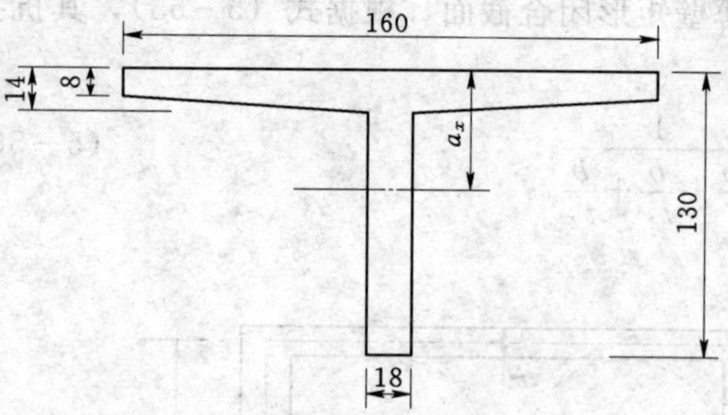

图 5-51 主梁截面尺寸（单位：cm）

3. 计算示例

【例 5-4】 桥梁总体布置与［例 5-3］相同，计算跨径 $l=19.5$m，横截面布置如图 5-44 所示，各主梁截面相同，尺寸如图 5-51 所示，试按修正偏心压力法计算荷载位于跨中时 1 号边梁相对应汽车荷载和人群荷载的横向分布系数 m_{cp} 和 m_{cr}。

解：(1) 计算主梁的抗弯惯性矩 I 和抗扭惯性矩 I_T。翼板的换算平均高度为 $h=\dfrac{8+14}{2}=11\text{cm}$

主梁截面重心位置

$$a_x=\frac{(160-18)\times11\times\dfrac{11}{2}+130\times18\times\dfrac{130}{2}}{(160-18)\times11+(130\times18)}\text{cm}=41.2\text{cm}$$

主梁抗弯惯矩为

$$I=\frac{1}{12}\times(160-18)\times11^3\text{cm}^4+(160-18)\times11\times\left(41.2-\frac{11}{2}\right)^2\text{cm}^4+\frac{1}{12}\times18$$
$$\times130^3\text{cm}^4+18\times130\times\left(\frac{130}{2}-41.2\right)^2\text{cm}^4=6627500\text{cm}^4$$

主梁抗扭惯矩按式（5-54），查表 5-2 计算。

翼板 $t_1/b_1=0.11/1.60=0.0687<0.1$，查表得 $c_1=1/3$。

梁肋 $t_2/b_2=0.18/1.19=0.151$，查表得 $c_2=0.301$。

则

$$I_T=\frac{1}{3}\times160\times11^3\text{cm}^4+0.301\times119\times18^3\text{cm}^4=279884\text{cm}^4$$

(2) 计算抗扭修正系数 β。取 $G=0.4E$，代入式（5-50）得

$$\beta=\frac{1}{1+\dfrac{5\times1950^2\times0.4E\times279884}{12\times E\times6627500\times256000}}=\frac{1}{1.1045}=0.905$$

(3) 计算横向影响线竖标值。按修正偏心压力法计算横向分布系数，由式（5-49）计算 1 号梁的横向影响线，需两个竖标值

$$\eta'_{11}=\frac{1}{n}+\beta\frac{a_1^2}{\sum\limits_{i-1}^{n}a_i^2}=0.2+0.905\times0.40=0.562$$

$$\eta'_{15}=\frac{1}{n}+\beta\frac{a_1\ a_5}{\sum\limits_{i-1}^{n}a_i^2}=0.2-0.905\times0.40=-0.162$$

设影响线零点离 1 号梁轴线的距离为 x'，则

$$\frac{x'}{0.562}=\frac{4\times1.60m-x'}{0.162}$$

解得

$$x'=4.97\text{m}$$

(4) 计算荷载横向分布系数。绘制 1 号边梁的横向分布影响线，并在其上按横向最不利布载，如图 5-52 所示，则

1 号梁的横向分布系数为：

汽车荷载　　$m'_{cq}=\frac{1}{2}\sum\eta'_q=\frac{1}{2}\frac{\eta'_{11}}{x'}(x'_{q1}+x'_{q2}+x'_{q3}+x'_{q4})$

$=\frac{1}{2}\times\frac{0.562}{4.97}\times(4.77+2.97+1.67-0.13)=0.525$

人群荷载　　$m'_{cr}=\eta'_r=\frac{0.562}{4.97}\times\left(4.97+0.30+\frac{0.75}{2}\right)=0.638$

将本例计算结果与［例 5-3］相比，可以看到计及抗扭影响后 1 号边梁的横向分布系数 m'_{cq} 和 m'_{cr} 比不计抗扭影响的 m_{cp} 和 m_{cr} 分别降低 2.4% 和 6.7%。

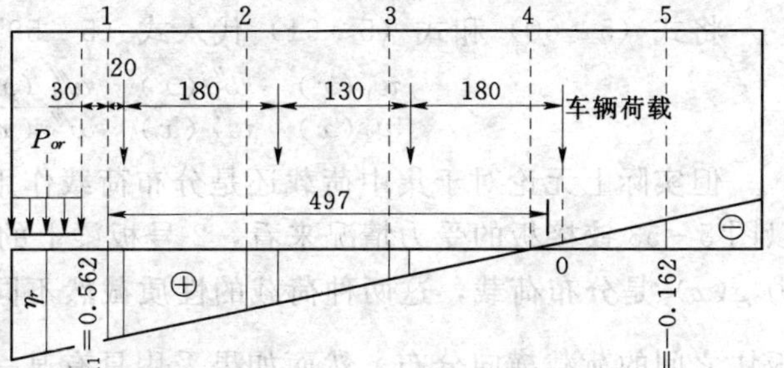

图 5-52　修正偏压法 m_c 计算图式（单位：cm）

（五）铰接板（梁）法

对于用现浇混凝土纵向企口缝连接的装配式板桥以及仅在翼板间用焊接钢板或伸出交叉钢筋连接的无中间横隔梁的装配式梁桥，由于块件间横向具有一定的连接构造，但其连接刚性又很薄弱，可以近似视作横向铰接。它们的跨中荷载横向分布计算，前述的“杠杆原理法”和“偏心压力法”均不适用。可以采用本节介绍的铰接板（梁）法。

1. 铰接板法

(1) 基本假定。为了简化计算，铰接板法和铰接梁法均采用以下两条基本假定。

1) 在竖向荷载作用下，铰接只传递剪力。如图 5-53 所示的用混凝土企口缝连接的装配式板桥，当有荷载 P 作用时，结构在纵横向均发生挠曲变形。接合缝处将产生竖向剪力 $g(x)$、纵向剪力 $t(x)$、法向力 $n(x)$ 及横向弯矩 $m(x)$［图 5-53 (b)］。然而桥上主要作用的是竖向车轮荷载，$t(x)$ 和 $n(x)$ 与 $g(x)$ 相比，影响极小。同时，由于接合缝的高度不大，刚性极弱，传递的 $m(x)$ 极小，可以忽略。因此为了简化计算，就假定竖向荷载作用下接合缝只传递竖向剪力 $g(x)$，如图 5-53 (c) 所示。

2) 采用半波正弦荷载来分析跨中荷载横向分布规律。不难理解，要想借助横向挠度分布规律来确定荷载横向分布的原理，把一个空间问题简化为一个平面问题来处理，严格来说应当满足下述关系式（以 1、2 号板梁为例）

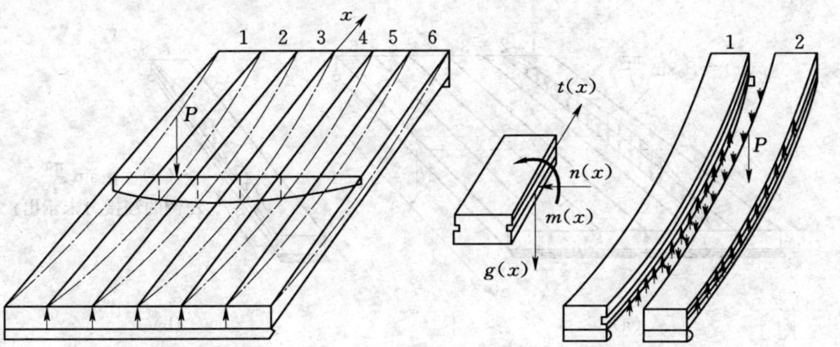

图 5-53　铰接板桥受力示意图

$$\frac{w_1(x)}{w_2(x)}=\frac{M_1(x)}{M_2(x)}=\frac{Q_1(x)}{Q_2(x)}=\frac{P_1(x)}{P_2(x)}=\text{常数} \tag{5-59}$$

上式说明，在桥上荷载作用下，任意两根板梁所分配到的荷载比值及截面内力的比值应该相同。

根据梁的挠曲理论，每根板梁的弯矩 $M(x)$ 和剪力 $Q(x)$ 与其挠度间有如下关系

$$M(x)=-EIw''(x) \tag{5-60}$$

$$Q(x)=-EIw'''(x) \tag{5-61}$$

将式（5-60）和式（5-61）代入式（5-59）中，并设 EI 为常量，则

$$\frac{w_1(x)}{w_2(x)}=\frac{w_1''(x)}{w_2''(x)}=\frac{w_1'''(x)}{w_2'''(x)}=\frac{P_1(x)}{P_2(x)}=\text{常数} \tag{5-62}$$

但实际上无论对于集中荷载还是分布荷载作用的情况，都不能满足式（5-62）的条件。以图 5-53 铰接板的受力情况来看，2 号板梁上的荷载为集中荷载 P，而铰缝传递的竖向剪力 $g(x)$ 是分布荷载，这两种荷载的性质截然不同，这就难以借助横向挠度分布规律来确定板块之间的荷载横向分布。然而如果采用具有某一峰值 p 的半波正弦荷载 $p(x)=p\sin\frac{\pi x}{l}$，式（5-62）就能得到满足。对于研究荷载横向分布，还可以方便地取 $p_0=1$ 而直接采用单位正弦荷载来分析。此时各根板梁的挠曲线将是半波正弦曲线，它们所分配到的荷载也是具有不同峰值的半波正弦荷载。这样，就使荷载、挠度和内力三者的变化规律趋于协调统一。为此，可将跨中的集中荷载 P 按三角正弦级数展开，取其中第一项，即用半波正弦荷载 $p(x)=\frac{2P}{l}\sin\frac{\pi x}{l}$ 代替原集中荷载 P。

由上述分析可见，严格来说，荷载横向分布的处理方法理论上仅对常截面的简支梁桥作用半波正弦荷载时才属正确。鉴于用正弦荷载代替跨中的集中荷载，在计算各梁跨中挠度时的误差很小，而且，计算内力时虽有稍大的误差，但考虑到实际计算时有许多车轮沿桥跨分布，这样又进一步使误差减小，故在铰接板（梁）法中，作为另一个基本假定，也就是采用半波正弦荷载来分析荷载横向分布的规律。

（2）铰接板桥的荷载横向分布。根据以上分析，铰接板梁法的受力图式如图 5-54 所示，此时，在正弦荷载 $p(x)=P_0\sin\frac{\pi x}{l}$ 作用下，各条接合缝内也产生正弦分布的竖向剪力 $g_i(x)=g_i\sin\frac{\pi x}{l}$［图 5-54（b）］。鉴于荷载、铰接力和挠度三者之间的协调，为了研究各

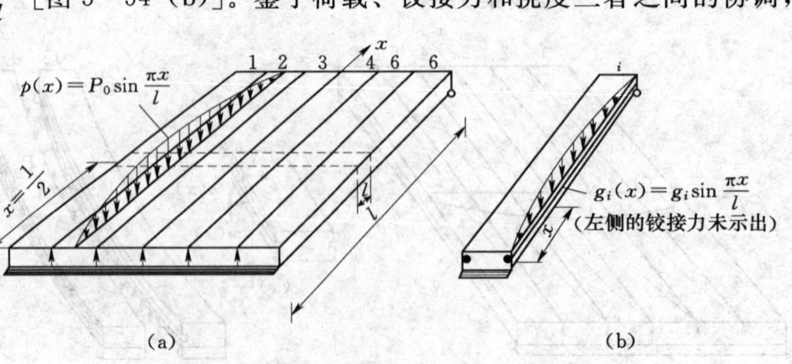

图 5-54　铰接板桥在正弦荷载作用下受力分析

条板梁的荷载横向分布规律，可以截取跨中单位长度的板段来进行分析，此时各板条间铰接力可用正弦分布铰接力的峰值 g_i 来表示。

图 5-55（a）表示一座横向铰接板桥的横截面图，单位正弦荷载作用在 1 号板轴线上时，荷载在各板梁内的横向分布力学计算图式如图 5-55（b）所示。

一般来说，对于具有 n 条板梁组成的桥梁，必然具有（$n-1$）条铰缝。在板梁间沿铰缝切开，则每一铰缝内作用着一对大小相等方向相反的半波正弦分布铰接力，因此对于 n 条板梁就有（$n-1$）个欲求的未知铰接力峰值 g_i，如果求得了所有的 g_i，根据力的平衡原理，可得到分配到各板块的竖向荷载的峰值 p_a。如图 5-55（b）所示得到五块板为例，即

$$
\left.\begin{aligned}
&1\text{号板}\quad p_{11}=1-g_1\\
&2\text{号板}\quad p_{21}=g_1-g_2\\
&3\text{号板}\quad p_{31}=g_2-g_3\\
&4\text{号板}\quad p_{41}=g_3-g_4\\
&5\text{号板}\quad p_{51}=g_4
\end{aligned}\right\}\tag{5-63}
$$

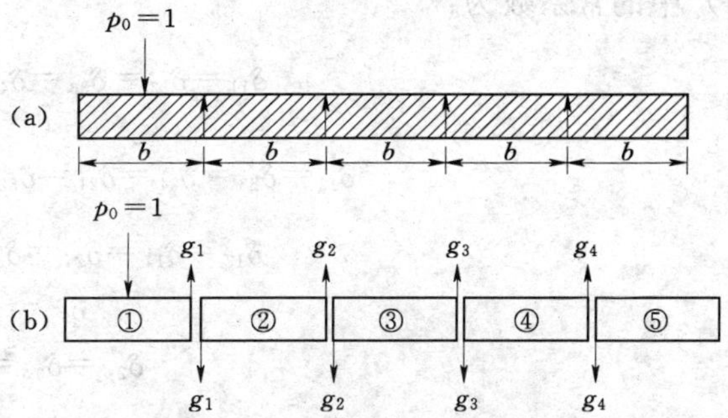

图 5-55　铰接板桥计算图式

采用结构力学中熟知的力法原理不难求解出正弦分布铰接力的峰值 g_i。对于图 5-55（b）的基本体系，利用两相邻板块在铰接缝处的竖向相对位移为零的变形协调条件，就可列出 4 个正则方程如下：

$$
\left.\begin{aligned}
\delta_{11}g_1+\delta_{12}g_2+\delta_{13}g_3+\delta_{14}g_4+\delta_{1p}=0\\
\delta_{21}g_1+\delta_{22}g_2+\delta_{23}g_3+\delta_{24}g_4+\delta_{2p}=0\\
\delta_{31}g_1+\delta_{32}g_2+\delta_{33}g_3+\delta_{34}g_4+\delta_{3p}=0\\
\delta_{41}g_1+\delta_{42}g_2+\delta_{43}g_3+\delta_{44}g_4+\delta_{4p}=0
\end{aligned}\right\}\tag{5-64}
$$

式中　δ_{ik}——铰接缝 k 内作用单位正弦铰接力，在铰缝 i 处引起的竖向相对位移；

δ_{ip}——外荷载 p 在铰缝 i 处引起的竖向相对位移。

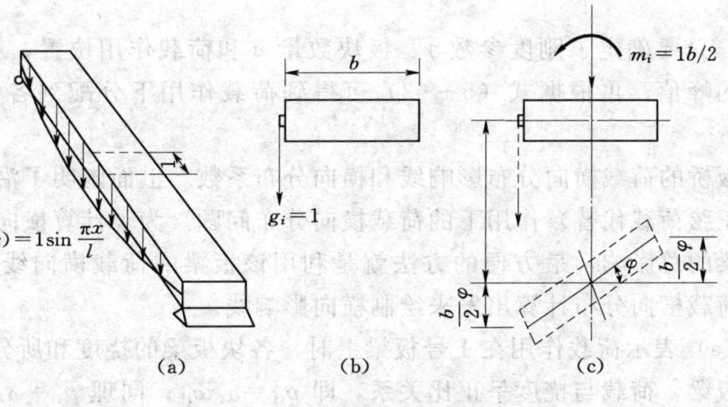

图 5-56　板梁的典型受力图式

为了确定正则方程中的常系数 δ_{ik} 和 δ_{ip}，考察如图 5-56（a）所示任意板梁在左边铰缝内作用单位正弦铰接力的典型情况。如图 5-56（b）所示为跨中单位长度截割段的示意图。对于横向近乎刚性的板块，不考虑板块本身的横向弯曲，则偏心的单位正弦铰接力可以用一

个中心作用的荷载和一个正弦分布的扭矩来代替，图 5-56（c）中表示出了作用在跨中段上的相应峰值 $g_i=1$ 和 $m_i=b/2$。设上述中心作用荷载在板跨中央产生的挠度为 w，因此在板块左侧产生的总挠度为 $w+\frac{b}{2}\varphi$，在板块右侧则为 $w-\frac{b}{2}\varphi$。掌握了这一典型的变形规律，参照图 5-55（b）所示的基本体系，就不难确定以 w 和 φ 表示的全部 δ_{ik} 和 δ_{ip}。计算中应遵循下述符号规定：当 δ_{ik} 与 g_i 的方向一致时取正号，也就是说使某一铰缝增大相对位移的挠度取正号，反之取负号。至此，依据［图 5-55（b）］的基本体系，就可写出正则方程（5-64）中的常系数为：

$$\delta_{11}=\delta_{22}=\delta_{33}=\delta_{44}=2\left(w+\frac{b}{2}\varphi\right)$$

$$\delta_{12}=\delta_{23}=\delta_{34}=\delta_{21}=\delta_{32}=\delta_{43}=-\left(w-\frac{b}{2}\varphi\right)$$

$$\delta_{13}=\delta_{14}=\delta_{24}=\delta_{31}=\delta_{41}=\delta_{42}=0$$

$$\delta_{1p}=-w$$

$$\delta_{2p}=\delta_{3p}=\delta_{4p}=0$$

将上述的系数代入式（5-64），使全式除以 w，并设刚度参数 $\gamma=\frac{b}{2}\frac{\varphi}{w}$，则得正则方程化简形式：

$$\left.\begin{aligned}2(1+\gamma)g_1-(1-\gamma)g_2&=1\\-(1-\gamma)g_1+2(1+\gamma)g_2-(1-\gamma)g_3&=0\\-(1-\gamma)g_2+2(1+\gamma)g_3-(1-\gamma)g_4&=0\\-(1-\gamma)g_3+2(1+\gamma)g_4&=0\end{aligned}\right\}\tag{5-65}$$

一般来说，n 块板就有（$n-1$）个联立方程，其主系数 $\frac{1}{w}\delta_{ii}$ 都是 $2(1+\gamma)$，副系数 $\frac{1}{w}\delta_{ik}$（$k=i\pm1$）都为－（$1-\gamma$），其余都为零。荷载项系数 $\frac{1}{w}\delta_{ip}$ 除了受荷的 1 号板块处为－1 以外，其余均为零。

由此可见，只要确定了刚度参数 γ、板块数量 n 和荷载作用位置，就可解出所有 $n-1$ 个未知铰接力的峰值；再根据式（5-63）可得到荷载作用下分配到各板块的竖向荷载的峰值。

（3）铰接板桥的荷载横向分布影响线和横向分布系数。上面阐明了沿桥的横向只有一个荷载（用单位正弦荷载代替）作用下的荷载横向分布问题。为了计算横向可移动的一排车轮荷载对某根板梁的总影响，最方便的方法就是利用该板梁的荷载横向线来计算横向分布系数。下面将从荷载横向分布计算出发来绘制横向影响线。

图 5-57（a）表示荷载作用在 1 号板梁上时，各块板梁的挠度和所分配的荷载图式。

对于弹性板梁，荷载与挠度呈正比关系，即 $p_{i1}=\alpha_1 w_{i1}$；同理 $p_{1i}=\alpha_2 w_{1i}$。

由变位互等定理 $w_{i1}=w_{1i}$，且每块板梁的截面相同（比例常数 $\alpha_1=\alpha_2$），得 $p_{1i}=p_{i1}$。

上式表明，单位荷载作用在 1 号板梁轴线上时任一板梁所分配的荷载，就等于单位荷载作用在任意板梁轴线上时 1 号板梁所分配到的荷载，这就是 1 号板梁荷载横向影响线的竖标值，通常以 η_{1i} 来表示。最后，利用式（5-63），就得到 1 号板梁荷载横向影响线的各竖标值为：

$$\left.\begin{aligned}\eta_{11}&=p_{11}=1-g_1\\\eta_{12}&=p_{21}=g_1-g_2\\\eta_{13}&=p_{31}=g_2-g_3\\\eta_{14}&=p_{41}=g_3-g_4\\\eta_{15}&=p_{51}=g_4\end{aligned}\right\}\quad(5-66)$$

把各个 η_{1i} 按比例描绘在板梁的轴线位置，用光滑的曲线（或近似的用折线）连接这些竖标点，就得1号板梁的横向影响线，如图5－57（b）所示。如果将单位正弦荷载作用在2号板梁轴线上，就可得 p_{i2}，从而可得 η_{2i}，如图5－57（c）所示。

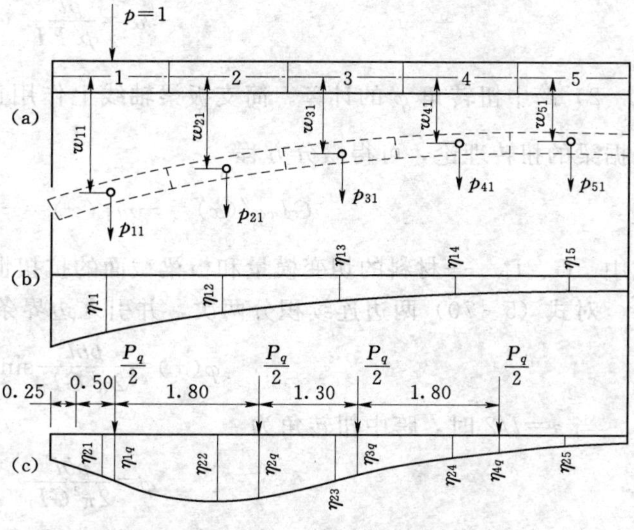

图5－57　1、2号板梁跨中荷载横向影响线

在实际设计时，可以利用所编制的各号板的横向线竖标计算表格（见附录Ⅰ），也可以用算法语言编制成计算机程序进行计算，从而绘出各块板的跨中荷载横向分布影响线。有了跨中荷载横向分布影响线，就可以按前述方法计算各类荷载的跨中横向分布系数 m_c。

（4）刚度参数 γ 的计算。为了计算刚度参数 $\gamma=\dfrac{b}{2}\dfrac{\varphi}{w}$，首先要确定在偏心的正弦荷载作用下，所产生的简直板梁跨中竖向挠度 w 和扭角 φ，如图5－58所示。

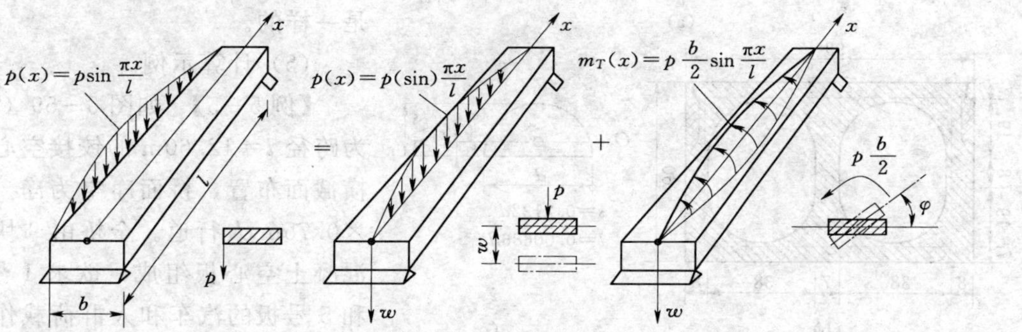

图5－58　γ 值的计算图式

1）跨中挠度 w 的计算。简支板梁轴线上作用正弦荷载 $p(x)=p\sin\dfrac{px}{l}$ 时，根据梁的挠曲理论可得微分方程

$$EIw''''(x)=p\sin\frac{\pi x}{l}\qquad(5-67)$$

将式（5－67）逐次积分，并引入边界条件，可得挠度方程为

$$w(x)=\frac{pl^4}{p^4EI}\sin\frac{px}{l}\qquad(5-68)$$

当 $x=l/2$ 时，简支板跨中挠度为

$$w=\frac{pl^4}{p^4EI} \tag{5-69}$$

2）跨中扭转角 φ 的计算。简支板梁轴线上作用正弦分布的扭矩 $m_T(x)=p\frac{b}{2}\sin\frac{\pi x}{l}$，根据梁的扭转理论，可得微分方程

$$GI_T\varphi''(x)=-m_T(x)=-\frac{b}{2}p\sin\frac{\pi x}{l} \tag{5-70}$$

式中　G、I_T——材料的切变模量和板梁截面的抗扭惯矩。

对式（5－70）两边连续积分两次，并引入边界条件，得到扭转角方程为

$$\varphi(x)=\frac{pbl^2}{2\pi^2GI_T}\sin\frac{\pi x}{l} \tag{5-71}$$

当 $x=l/2$ 时，跨中扭转角为

$$\varphi=\frac{pbl^2}{2\pi^2GI_T} \tag{5-72}$$

3）刚度参数 γ 值的计算。利用式（5－68）和式（5－72）即得

$$\gamma=\frac{b}{2}\frac{\varphi}{\omega}=\frac{b}{2}\frac{\dfrac{pbl^2}{2\pi^2GI_T}}{\dfrac{pl^4}{\pi^4EI}}=\frac{\pi^2EI}{4GI_T}\left(\frac{b}{l}\right)^2\approx5.8\frac{I}{I_T}\left(\frac{b}{l}\right)^2 \tag{5-73}$$

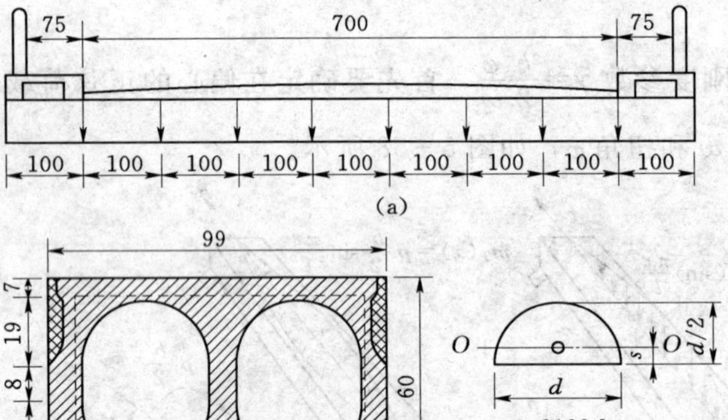

图 5－59　空心板桥横截面（单位：cm）

式（5－73）中，对于混凝土取用 $G=0.425E$。

可见，由偏心正弦荷载算得的 γ 值，与单位正弦荷载作用的计算结果是一样的。

（5）计算示例。

【例 5－5】 如图 5－59（a）所示为跨径 $l=12.60$m 的铰接空心板桥的横截面布置，桥面净空为净－7m＋2×0.75m 人行道。全桥由 9 块预应力混凝土空心板组成，欲求 1 号、3 号和 5 号板的汽车和人群荷载作用的跨中荷载横向分布系数。

解：（1）计算空心板截面的抗弯惯矩 I：

$$I=\frac{99\times60^3}{12}\text{cm}^4-2\times\frac{38\times8^3}{12}\text{cm}^4-4\times\left[0.00686\times38^4+\frac{1}{2}\times\frac{\pi\times38^2}{4}\left(\frac{8}{2}+0.2122\times38\right)^2\right]\text{cm}^4$$

$$=(1782000-3243-4\times96828)\text{cm}^4=1391\times10^3\text{cm}^4$$

（2）计算空心板截面的抗弯惯矩 I_T。空心板截面可简化为图 5－59（b）中虚线所示的薄壁矩形闭合截面来计算 I_T，由式（5－56）得

$$I_T=\frac{4\times(99-8)^2\times(60-7)^2}{(99-8)\times\left(\dfrac{1}{7}+\dfrac{1}{7}\right)+\dfrac{2\times(60-7)}{8}}=\frac{93045000}{13.25+26}\text{cm}^4$$

$=2.37\times10^{6}\,cm^{4}$

(3) 计算刚度参数 γ。$\gamma=5.8\dfrac{I}{I_T}\left(\dfrac{b}{l}\right)^2=5.8\times\dfrac{1391\times10^3}{2370\times10^3}\times\left(\dfrac{100}{1260}\right)^2=0.0214$

(4) 绘制跨中荷载横向分布影响线。从铰接荷载横向分布影响线计算用表（附录Ⅰ），在 $\gamma=0.02$ 与 $\gamma=0.04$ 之间按直线内插法求的 $\gamma=0.0214$ 的影响线竖坐标值 η_{1i}、η_{3i} 和 η_{5i}。计算见表 5－3（表中的数值为实际 η_{ki} 的小数点后三位数字）。

表 5－3　荷载横向分布影响线竖标计算表

板号	γ	单位荷载作用位置（i 号板中心）								$\sum\eta_{ki}$
		1	2	3	4	5	6	7	8	
1	0.02	236	194	147	113	088	070	057	049	≈1000
	0.04	306	232	155	104	070	048	035	026	
	0.0214	241	197	148	112	187	068	055	047	
3	0.02	147	160	164	141	110	087	072	062	≈1000
	0.04	155	181	195	159	108	074	053	040	
	0.0214	148	161	166	142	110	086	071	060	
5	0.02	088	095	110	131	148	134	110	095	≈1000
	0.04	070	082	108	151	178	151	108	082	
	0.0214	087	094	110	135	150	135	110	094	

将表中 η_{1i}、η_{3i} 和 η_{5i} 之值按一定比例绘于各板号的曲线下方，连接成光滑曲线后，就得到 1 号、3 号和 5 号板的荷载横向分布影响线，如图 5－60（b）、（c）和（d）所示。

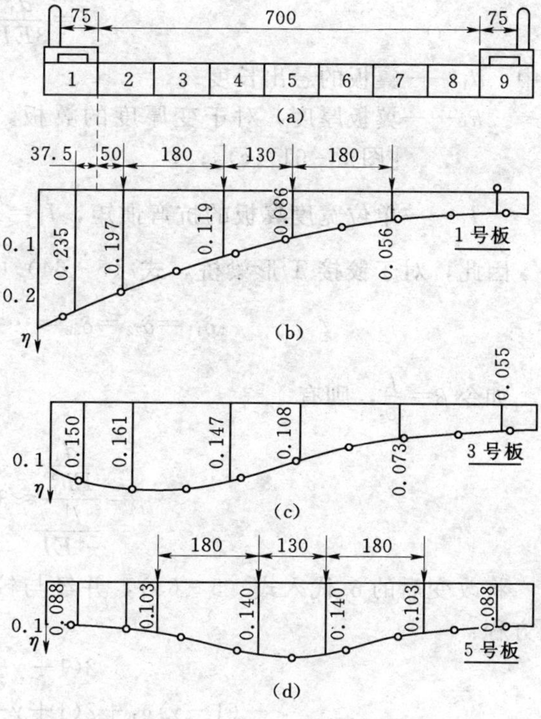

图 5－60　1 号、3 号和 5 号板的荷载横向分布影响线（单位：cm）

(5) 计算荷载横向分布系数。按《桥通规》规定沿横向确定最不利荷载位置后，就可以计算跨中荷载横向分布系数如下：

对于 1 号板：

汽车荷载

$m_{cq}=\dfrac{1}{2}\times(0.197+0.119+0.086+0.056)$

$=0.229$

人群荷载 $m_{cr}=0.235+0.044=0.279$

对于 3 号板：

汽车荷载

$m_{cq}=\dfrac{1}{2}\times(0.161+0.147+0.108+0.073)$

$=0.245$

人群荷载 $m_{cr}=0.150+0.055=0.205$

对于5号板：

汽车荷载 $m_{cq}=\frac{1}{2}\times(0.013+0.140+0.140+0.103)=0.243$

人群荷载 $m_{cr}=0.088+0.088=0.176$

综上所得，汽车荷载横向分布系数的最大值为 $m_{cq}=0.245$，人群荷载的为 $m_{cr}=0.279$。在设计中通常偏安全地取这些最大值来计算内力。

2. 铰接T形梁桥的计算特点

小跨径的钢筋混凝土T形梁桥，为了便于预制施工，往往不设中间横隔梁，仅对翼板的板边适当连接，或者仅由现浇的桥面板使各梁连接在一起。这种梁桥的横向连接刚度很弱，其受力特点就像横向铰接的结构。此外，对于无隔梁的组合式梁桥，也因横向连接刚度小而可以近似作为横向铰接来计算。

图5-61(a)、(b)表示一座铰接T形梁在单位正弦荷载作用下沿跨中单位长度截割段的铰接力计算图式。如果将它们与前面铰接板桥计算图5-55(a)和图5-55(b)相比较，可见两者对于荷载横向分配的表达式(5-63)是完全一样的。唯一不同之点是利用式(5-64)的正则方程求铰接力 g_i 时，在所有主系数 δ_{ii} 中除了考虑 w 和 φ 的影响外，还应计入T形梁板悬臂端的弹性挠度 f [图5-61(d)]。

鉴于翼缘板边缘有单位正弦荷载作用时，翼板可视为在梁肋处固定的悬臂板，其板端挠度接近于正弦分布，即 $f(x)=f\sin\frac{\pi x}{l}$（$f$ 为挠度峰值），如图5-61(c)所示，则由材料力学不难求出

$$f=\frac{d_1^3}{3EI_1}=\frac{4d_1^3}{Eh_1^3} \tag{5-74}$$

式中 d_1——翼板的悬出长度；

h_1——翼板厚度，对于变厚度的翼板，可近似的取距梁肋 $d_1/3$ 处的板厚度来计算[图5-61(c)]；

I_1——单位宽度翼板的抗弯惯矩，$I_1=\frac{h_1^3}{12}$。

因此，对于铰接T形梁桥，式(5-64)中的 δ_{ii} 应改为

$$\delta_{11}=\delta_{22}=\delta_{33}=\cdots=2\left(w+\frac{b}{2}\varphi+f\right) \tag{5-75}$$

如令 $\beta=\frac{f}{w}$，则有

$$\beta=\frac{\dfrac{4d_1^3}{Eh_1^3}}{\dfrac{l^4}{\pi^4 EI}}\approx 390\frac{I}{l^4}\left(\frac{d_1}{h_1}\right)^3 \tag{5-76}$$

将改变后的 δ_{ii} 代入式(5-63)，并经与铰接板的类似处理后，就得到铰接T形梁的正则方程：

$$\left.\begin{aligned}2(1+\gamma+\beta)g_1-(1-\gamma)g_2&=1\\-(1-\gamma)g_1+2(1+\gamma+\beta)g_2-(1-\gamma)g_3&=0\\-(1-\gamma)g_2+2(1+\gamma+\beta)g_3-(1-\gamma)g_4&=0\\-(1-\gamma)g_3+2(1+\gamma+\beta)g_4&=0\end{aligned}\right\} \tag{5-77}$$

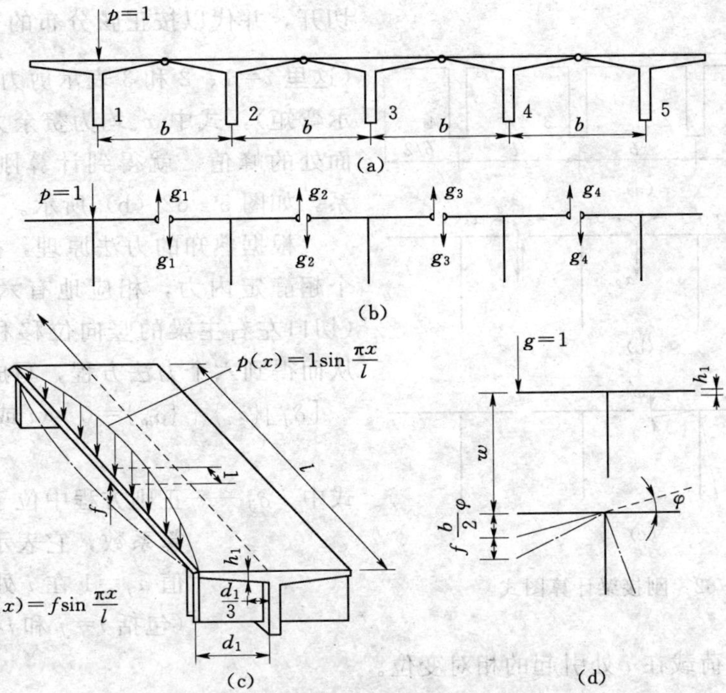

图 5-61　铰接 T 形梁桥计算图式

由此可见，只要确定了刚度参数 γ 和 β，就可像在铰接板桥中一样，解出所有未知铰接力的峰值，并利用 $\eta_{ki}=p_{ik}$ 的关系见式（5-66）绘制荷载横向影响线。

值得指出的是，当悬臂不长（约为 0.7～0.8m）和跨度 $l\geqslant 10$m 时，参数 γ 一般比 β 值显著要大$\left(\dfrac{\beta}{1+\gamma}\text{不足 }5\%\right)$，因而在不影响计算精确度的条件下，可忽略 β 的影响而直接利用铰接桥板的计算用表（附录Ⅰ），以简化铰接梁桥的计算。

在有必要计入 β 的影响时，也可利用 $\beta=0$ 时的 η_{ii} 和 η_{ik} 计算用表，按下式近似地计及 β 值影响的荷载横向影响线坐标值 $\eta_{ii(\beta)}$ 和 $\eta_{ik(\beta)}$

$$\left.\begin{aligned}\eta_{ii(\beta)}&=\eta_{ii}+\frac{\beta}{1+\gamma}(1-\eta_{ii})\\ \eta_{ik(\beta)}&=\eta_{ik}+\frac{\beta}{1+\gamma}\eta_{ik}\end{aligned}\right\}\tag{5-78}$$

（六）刚接梁法计算特点

对于无中横隔梁，翼缘板刚性连接（包括整体式和具有可靠湿接缝）的肋梁桥，或桥面板经过构造处理相邻两片主梁的接合处可以承受弯矩的都可以看作刚接梁系。它们的荷载横向分布计算可以采用刚接梁法。刚接梁法可以看作是铰接板理论的一种推广，只要在铰接板（梁）桥计算理论的基础上，在接缝处补充引入赘余弯矩 m_i，就可建立计及横向刚性连接特点的赘余力正则方程。

图 5-62（a）表示翼缘板刚性连接的 T 形简支梁桥的跨中横截面。与图 5-61（a）一样，设有单位正弦荷载 $p(x)=1\sin\dfrac{px}{l}$ 作用在 1 号梁的轴线上。在各板跨中央沿纵缝将板

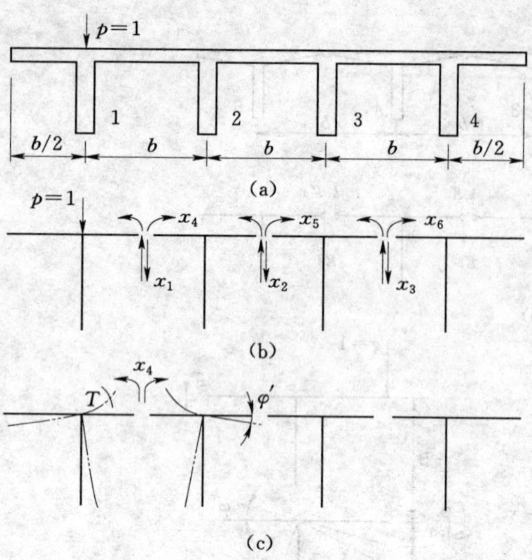

图 5-62　刚接梁计算图式

切开，并代以按正弦分布的赘余力素 $x_i\sin\dfrac{px}{l}$（这里 i=1、2 和 3 表示剪力，i=4、5 和 6 表示弯矩），式中 x_i 均为赘余力素在梁的跨中截面处的峰值。就得到计算刚接梁桥的基本体系，如图 5-62（b）所示。

根据熟知的力法原理，按图 5-62，有六个超静定内力，相应地有六个变形协调条件（切口左右主梁的竖向位移和转角分别相等），从而得到六个力法方程，写成简明形式

$$[\delta_{ij}]\{x_i\}+\{\delta_{ip}\}=0\quad (i\text{或}j=1,2,\cdots,6)\tag{5-79}$$

式中　δ_{ij}——正则方程中位于赘余力素前的计算系数，它表示单位赘余力素峰值 $x_j=1$ 在 i 处引起的相对变位（包括 $i=j$ 和 $i\neq j$ 的情形）；

δ_{ip}——外荷载在 i 处引起的相对变位。

下面按照图 5-62 的计算图式来具体分析一下 δ_{ij} 和 δ_{ip} 的赋值。

不难看出，在系数矩阵［δ_{ij}］中，对于仅涉及赘余剪力 x_1、x_2、x_3 和相应竖向位移的系数，与前面铰接 T 形梁桥的完全一样，即

$$\delta_{11}=\delta_{22}=\delta_{33}=2\left(w+\frac{b}{2}\varphi+f\right)$$

$$\delta_{12}=\delta_{23}=\delta_{32}=\delta_{21}=-\left(w-\frac{b}{2}\varphi\right)$$

$$\delta_{13}=\delta_{31}=0$$

对于仅涉及赘余弯矩 x_4、x_5、x_6 和相应转角的系数，由图 5-62（c）可得

$$\delta_{44}=\delta_{55}=\delta_{66}=2(\varphi'+r)$$

$$\delta_{45}=\delta_{56}=\delta_{54}=\delta_{65}=-\varphi'$$

$$\delta_{46}=\delta_{64}=0$$

由于对称弯矩 $x_i=1$（i=4、5 和 6）作用下接缝两侧不产生相对挠度以及各切缝两侧的剪切位移不引起相对转角，故有

$$\delta_{14}=\delta_{25}=\delta_{36}=\delta_{41}=\delta_{52}=\delta_{63}=0$$

此外，还有

$$\delta_{34}=\delta_{16}=\delta_{43}=\delta_{61}=0$$

$$\delta_{15}=\delta_{26}=\delta_{51}=\delta_{62}=\varphi'\frac{b}{2}$$

$$\delta_{24}=\delta_{35}=\delta_{42}=\delta_{53}=-\varphi'\frac{b}{2}$$

当单位正弦荷载作用于 1 号梁轴线上时（作用于其他梁上时，可类似处理），可得

$$\delta_{1p}=-w$$

$$\delta_{2p}=\delta_{3p}=\delta_{4p}=\delta_{5p}=\delta_{6p}=0$$

系数中涉及的φ'和τ分别为缝端单位弯矩作用所引起的主梁扭角和翼板局部挠曲角。

由图5-63可得

$$\tau=\frac{1d_1}{EI_1}=\frac{12d_1}{Eh_1^3} \qquad (5-80)$$

参考图5-56可得

$$\varphi'=\varphi\frac{x_i}{m_r}=\varphi\frac{1}{b/2}=\varphi\frac{2}{b} \qquad (5-81)$$

式中　φ——缝端单位竖剪力引起主梁扭角，可按式（5-71）计算。

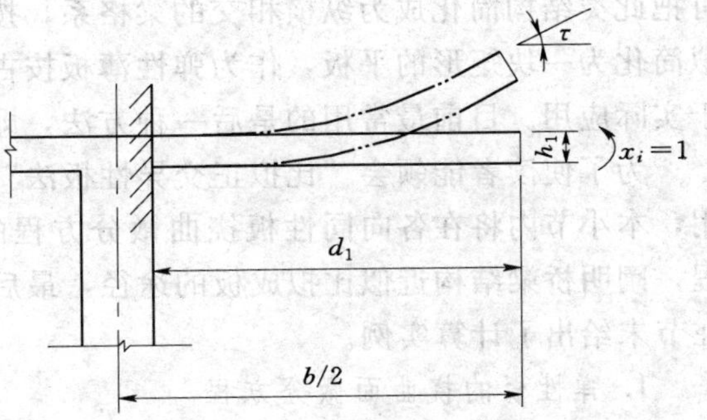

图5-63　局部挠曲计算图式

如将δ_{ij}和δ_{ip}都除以w，并引入参数γ和β，将式（5-79）中下部三个方程各乘以$\frac{b}{2}$，并令$g_1=x_1$、$g_2=x_2$、$g_3=x_3$和$m_1=\frac{2}{b}x_4$、$m_2=\frac{2}{b}x_5$、$m_3=\frac{2}{b}x_6$，最后可得赘余力素g_i和m_i的正则方程为：

$$\begin{bmatrix} \delta_g & \gamma-1 & 0 & 0 & \gamma & 0 \\ \gamma-1 & \delta_g & \gamma-1 & -\gamma & 0 & \gamma \\ 0 & \gamma-1 & \delta_g & 0 & -\gamma & 0 \\ 0 & -\gamma & 0 & \delta_m & -\gamma & 0 \\ \gamma & 0 & -\gamma & -\gamma & \delta_m & -\gamma \\ 0 & \gamma & 0 & 0 & -\gamma & \delta_m \end{bmatrix}\begin{Bmatrix} g_1 \\ g_2 \\ g_3 \\ m_1 \\ m_2 \\ m_3 \end{Bmatrix}+\begin{Bmatrix} -1 \\ 0 \\ 0 \\ 0 \\ 0 \\ 0 \end{Bmatrix}=0 \qquad (5-82)$$

式中

$$\begin{aligned} \delta_g&=2(1+\gamma+\beta) \\ \delta_m&=2(\gamma+3\beta') \\ \beta'&=\beta\left(\frac{b}{2d_1}\right)^2 \end{aligned} \qquad (5-83)$$

式（5-82）中包含γ、β和β'三个参数，其中γ和β与铰接梁桥的相同，对于T形梁、I字形梁和多梁式箱梁也可近似地认为$\beta=\beta'$，这样可减少参数数目，使编制计算表格得以简化。

竖向荷载的横向分布，与前面铰接梁桥一样，仍只考虑剪力g_i的影响。因此，由式（5-82）求得g_i后，就可按式（5-66）编制荷载横向分布影响线坐标η_{ik}的计算表格。

以上介绍了无横隔梁的刚接梁桥计算，当有中间横隔梁时，可以近似地把横隔梁与实有的桥面板一起化成等刚度的虚拟桥面板来计算。具体计算可参考相关文献。

（七）比拟正交异性板法

前面介绍的几种计算荷载横向分布系数的方法，都有一个共同的特点，就是把全桥视作一系列并排放置的主梁所构成的梁系结构来进行力学分析。各种方法的不同之处，就在于根据各种不同桥梁结构的具体特点对横向结构的连接刚性作了不同程度的假设。然而，由于实际的钢筋混凝土梁式桥结构的多样性，这些方法还不足以反映与上述梁系力学图式差别较大的桥梁结构的受力情况。例如，对于由主梁、连续的桥面板和多道横隔梁所组成的钢筋混凝土梁桥，当其宽度与其跨度之比值较大时，为了能比较精确地反映实际结构的受力情况，还可把此类结构简化成为纵横相交的梁格系，按杆件系统的空间结构来求解，也可设法将其比拟简化为一块矩形的平板，作为弹性薄板按古典弹性理论来进行分析，并且作出计算图表便于实际应用。目前最常用的是后一种方法，即所谓“比拟正交异性板法”或称“G－M法”。

为了使读者能领会“比拟正交异性板法”的基本概念，并掌握其实用计算图表的具体应用，本小节内将在各向同性板挠曲微分方程的基础上，引出比拟正交异性板的挠曲微分方程，阐明桥梁结构近似比拟成板的途径，最后再详述应用图表的原理和实用计算方法，并且在节末给出了计算实例。

1. 弹性板的挠曲面微分方程

在均质弹性薄板的古典理论中，对于图5－64所示的正交均质弹性薄板，有下述关系：

应力与应变：

$$\left.\begin{aligned}\sigma_x&=\frac{E}{1-\upsilon^2}(\varepsilon_x+\upsilon\varepsilon_y)\\\sigma_y&=\frac{E}{1-\upsilon^2}(\varepsilon_y+\upsilon\varepsilon_x)\\\tau_{xy}&=G\gamma_{xy}=\frac{E}{2(1+\upsilon)}\gamma_{xy}\end{aligned}\right\}\tag{5-84}$$

应变与位移：

$$\left.\begin{aligned}\varepsilon_x&=-z\frac{\partial^2 w}{\partial x^2}\\\varepsilon_y&=-z\frac{\partial^2 w}{\partial y^2}\\\gamma_{xy}&=-2z\frac{\partial^2 w}{\partial x\partial y}\end{aligned}\right\}\tag{5-85}$$

内力与位移：

$$\left.\begin{aligned}M_x&=-D\left(\frac{\partial^2 w}{\partial x^2}+\upsilon\frac{\partial^2 w}{\partial y^2}\right)\\M_y&=-D\left(\frac{\partial^2 w}{\partial y^2}+\upsilon\frac{\partial^2 w}{\partial x^2}\right)\\M_{xy}&=-(1-\upsilon)D\frac{\partial^2 w}{\partial x\partial y}\end{aligned}\right\}\tag{5-86}$$

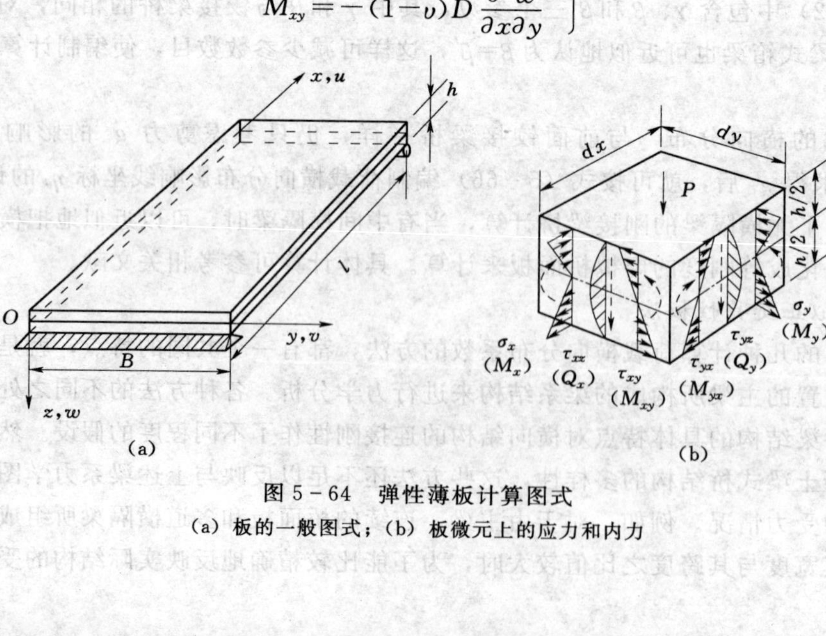

图5－64　弹性薄板计算图式

(a) 板的一般图式；(b) 板微元上的应力和内力

式中 $D=\dfrac{Eh^3}{12(1-\upsilon^2)}$——板的单宽抗弯刚度。

内力与荷载的平衡关系：

$$\frac{\partial^2 M_x}{\partial x^2}+2\frac{\partial^2 M_{xy}}{\partial x\partial y}+\frac{\partial^2 M_y}{\partial y^2}=-p \tag{5-87}$$

将式（5-86）代入式（5-87）后，就得熟知的正交均质弹性板的挠曲微分方程为：

$$\frac{\partial^4 w}{\partial x^4}+2\frac{\partial^4 w}{\partial x^2\partial y^2}+\frac{\partial^4 w}{\partial y^4}=\frac{p}{D} \tag{5-88}$$

有了正交均质弹性板的理论基础，就不难推导出正交异性板的挠曲微分方程。

一般所指的正交异性板，其特点是结构材料在 x 和 y 两个方向的弹性性质不同，如以弹性性质的对称面作为坐标面，于是应力与应变关系为：

$$\left.\begin{aligned}\varepsilon_x&=\frac{1}{E_x}(\sigma_x-\upsilon_x\sigma_y)\\ \varepsilon_y&=\frac{1}{E_y}(\sigma_y-\upsilon_y\sigma_x)\\ \gamma_{xy}&=\frac{\tau_{xy}}{G}\end{aligned}\right\} \tag{5-89a}$$

式中 E_x、E_y——相应为材料沿 x，y 方向的弹性模量；

υ_x、υ_y——相应为引起变形 ε_x、ε_y 的泊松比。

式（5-89a）也可写成：

$$\left.\begin{aligned}\sigma_x&=E'_x\varepsilon_x+E''\varepsilon_y\\ \sigma_y&=E'_y\varepsilon_y+E''\varepsilon_x\\ \tau_{xy}&=G\gamma_{xy}\end{aligned}\right\} \tag{5-89b}$$

上式中的常量为：

$$E'_x=\frac{E_x}{1-\upsilon_x\upsilon_y};\quad E'_y=\frac{E_y}{1-\upsilon_x\upsilon_y};\quad E''=\frac{\upsilon_x E_y}{1-\upsilon_x\upsilon_y}=\frac{\upsilon_y E_x}{1-\upsilon_x\upsilon_y}$$

于是，像均质板理论中一样，将式（5-85）代入式（5-89b），并将所得的应力式代入内力计算式[见图5-64（b）]，即得：

$$\left.\begin{aligned}M_x&=\int_{-\frac{h}{2}}^{+\frac{h}{2}}\sigma_x z\,\mathrm{d}z=-\left(D_x\frac{\partial^2 w}{\partial x^2}+D_1\frac{\partial^2 w}{\partial y^2}\right)\\ M_y&=\int_{-\frac{h}{2}}^{+\frac{h}{2}}\sigma_y z\,\mathrm{d}z=-\left(D_y\frac{\partial^2 w}{\partial y^2}+D_1\frac{\partial^2 w}{\partial x^2}\right)\\ M_{xy}&=\int_{-\frac{h}{2}}^{+\frac{h}{2}}\tau_{xy} z\,\mathrm{d}z=-D_{xy}\frac{\partial^2 w}{\partial x\partial y}\end{aligned}\right\} \tag{5-90}$$

式中 $D_x=\dfrac{E'_xh^3}{12}$、$D_y=\dfrac{E'_yh^3}{12}$——x 和 y 方向的单宽抗弯刚度；

$D_{xy}=\dfrac{Gh^3}{6}$——单宽抗扭刚度；

$D_1=\dfrac{E''h^3}{12}$——单宽相关抗弯刚度。

将式（5-90）作相应微分后代入平衡方程式（5-87），经整理后可得。

$$D_x\frac{\partial^4 w}{\partial x^4}+2H\frac{\partial^4 w}{\partial x^2\partial y^2}+D_y\frac{\partial^4 w}{\partial y^4}=p(x,y) \tag{5-91}$$

其中：$H=D_l+D_{xy}$。

方程（5－91）即为正交各向（材料）异性板的挠曲面微分方程。式中如设 $E_x=E_y=E$ 和 $v_x=v_y=v$，就可得到各向同性板的方程式（5－88）。

下面进一步阐明对于具有多根纵向主梁和横向横隔梁的肋形梁桥，如何比拟成正交各向异性板来分析其挠曲问题。

2. 比拟正交异性板挠曲微分方程

图 5－65（a）表示实际桥跨结构纵横向的构造图式，纵向主梁的中心距离为 b，每根主梁的截面抗弯惯矩和抗扭惯矩分别为 I_x 和 I_{Tx}；横隔梁的中心距离为 a，其截面抗弯惯矩和抗扭惯矩为 I_y 和 I_{Ty}。如果梁肋间距 a 和 b 相应地与桥跨结构的宽度或长度相比是相当小的，并且桥面板与梁肋之间具有完善的结合，可设想将主梁的截面惯矩 I_x 和 I_{Tx} 平均分摊于宽度 b，将横隔梁的截面惯矩 I_y 和 I_{Ty} 平均分摊于宽度 a，这样就把实际的纵横梁格系比拟成了一块假想的平板，如图 5－65（b）所示。图中沿 x 方向的板厚表示成虚线，这说明所比拟的板在 x 和 y 两个方向的换算厚度是不相同的。此时，比拟板在纵向和横向每米宽度的截面抗弯惯矩和抗扭惯矩相应为：

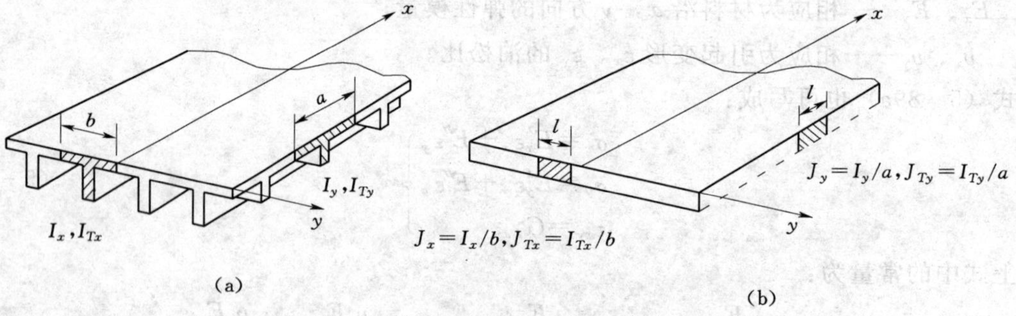

图 5－65　实际结构换算成比拟板的图示

（a）实际结构；（b）换算后的比拟异形板

$$J_x=\frac{I_x}{b}\text{和 }J_{Tx}=\frac{I_{Tx}}{b}$$

以及：

$$J_y=\frac{I_y}{a}\text{和 }J_{Ty}=\frac{I_{Ty}}{a}$$

对于肋梁式钢筋混凝土或预应力混凝土结构，为了简化理论分析，可近似地忽略混凝土的泊松比 v 的影响。这样便得到一块在 x 和 y 两个正交方向的截面单宽刚度为 EJ_x、GJ_{Tx} 和 EJ_y、GJ_{Ty} 的比拟正交异性板。依照式（5－90）并注意到 $E_x=E_y=E$ 和 $v_x=v_y=0$，就得内力与挠曲变形的关系为：

$$\left.\begin{aligned}M_x=-EJ_x\frac{\partial^2 w}{\partial x^2},M_y=-EJ_y\frac{\partial^2 w}{\partial y^2}\\M_{xy}=-GJ_{Tx}\frac{\partial^2 w}{\partial x\partial y},M_{xy}=-GJ_{Ty}\frac{\partial^2 w}{\partial x\partial y}\end{aligned}\right\} \tag{5-92}$$

把上列关系代入板微元的平衡方程式（5－87）中，便得到比拟正交（构造）异性板的挠曲微分方程：

$$EJ_x\frac{\partial^4 w}{\partial x^4}+G(J_{Tx}+J_{Ty})\frac{\partial^4 w}{\partial x^2\partial y^2}+EJ_y\frac{\partial^4 w}{\partial y^4}=p(x,y) \tag{5-93a}$$

上式可改写成如下的形式：

$$EJ_x\frac{\partial^4 w}{\partial x^4}+2\alpha E\sqrt{J_xJ_y}\frac{\partial^4 w}{\partial x^2\partial y^2}+EJ_y\frac{\partial^4 w}{\partial y^4}=p(x,y) \tag{5-93b}$$

式中 $\alpha=\frac{G\ (J_{Tx}+J_{Tx})}{2E\sqrt{J_xJ_y}}$。

如设 $D_x=EJ_x$，$D_y=EJ_y$ 和 $H=\alpha E\sqrt{J_xJ_y}$，上式就可写成：

$$D_x\frac{\partial^4 w}{\partial x^4}+2H\frac{\partial^4 w}{\partial x^2\partial y^2}+D_y\frac{\partial^4 w}{\partial y^4}=p(x,y)$$

这样就得到与正交各向（材料）异性板的式（5－91）在形式上完全一致的挠曲微分方程，它是一个四阶非齐次的偏微分方程，解得荷载作用下任意点的挠度值 w 后，就可得到相应的内力值。

由此可见，任何纵横梁格系结构比拟成的异性板，可以完全仿照真正的材料异性板来求解，只是方程中的刚度常数不同罢了。这就是“比拟正交异性板”的真实意义。同时必须指出，由于梁格系的梁肋并非对称于板的中间布置的，故此法所得的解也是近似的。

式（5－93b）中的常数 α 称为扭弯参数，它表示比拟板两个方向的单宽抗扭刚度代数平均值与单宽抗弯刚度几何平均值之比。对于常用的T形梁或I字形梁，α 在 0～1 之间变化。

1946 年法国的居翁（Guyon）引用正交异性板的理论解决了无扭梁格（$\alpha=0$）的荷载横向分布计算问题。1950 年麦桑纳特（Massonnet）又在保留参数 α 的情况下使居翁的理论得到了推广，因此人们就习惯地把这两个方法合称为“G－M 法”。

不难看出，当 $\alpha=1$，且两个方向的单宽抗弯刚度相同（$J_x=J_y$）时，式（5－93b）又简化成各向同性板的式（5－88）。

关于比拟正交异性板挠曲面控制方程式（5－93b）的详细求解这里不作介绍，读者可参阅有关著述。下面将详细介绍应用“G－M 法”计算荷载横向分布系数的原理和方法。

3. 计算荷载横向分布的基本原理

在生产设计中如直接利用弹性挠曲面方程来求解简支梁的各点内力值，将是繁复而累赘费时的。“G－M 法”的最大优点就在于能利用编就的计算机工具或编就的计算图表得出相对来说比较精确的结果。同时，此法概念明确，计算简捷，对于各种桥面净空宽度和多种荷载组合的情况，可以很快地求出各片主梁的相应内力值。因此，这一方法在实际设计中得到了广泛的应用。

在计算时，也如前面已经介绍的几种方法一样，可以通过求解荷载横向分布系数的熟知方法来计算主梁的内力。

（1）荷载横向影响线的绘制。设图 5－66（a）表示一块纵、横向截面单宽惯矩分别为 J_x、J_{Tx} 和 J_y、J_{Ty} 的简支比拟板。当板上在任意横向位置 k 作用单位正弦荷载 $p(x)=1\sin\frac{\pi x}{l}$ 时，板在跨中就产生弹性挠曲，如图 5－66 中 $o'-e'$ 线所示。

为了分析方便，我们将全板按横向不同位置分作许多纵向板条 1、2、3、4、…、n，并且以单位板宽（简称板条）来考虑。于是，在 k 处有单位正弦荷载作用①下，任一板条沿 x

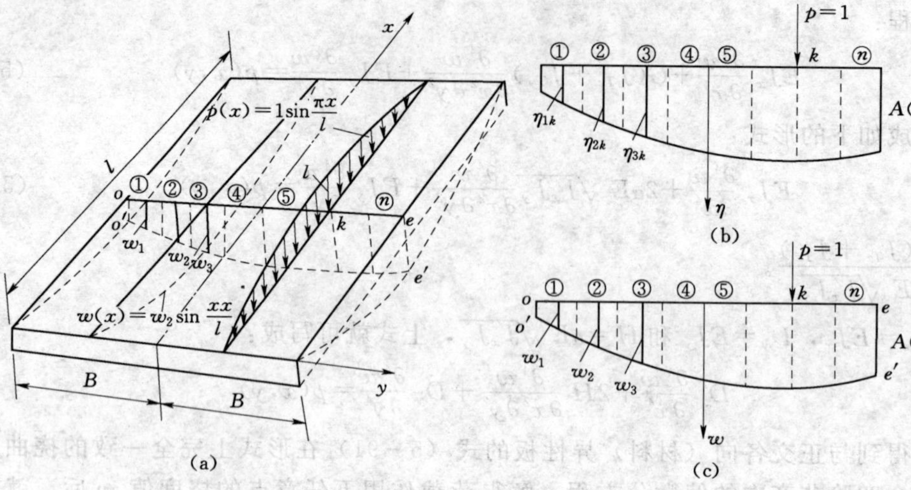

图 5-66 比拟板的横向挠度 w 和横向影响线竖标 η

方向的挠度将为：

$$w_i(x)=w_i\sin\frac{\pi x}{l}$$

式中 w_i——与荷载峰值 1 相对应的第 i 根板条的挠度峰值。

如果我们来研究各板条在跨中（即 $x=\dfrac{l}{2}$）的挠度和受力关系，则可得荷载和挠度分布图形如图 5-66（b）和（c）所示。图中 η_{1k}、η_{2k}、η_{3k}、…、η_{nk} 表示 k 点有单位荷载作用下各板条所分担的荷载。

根据荷载与挠度的正比关系，显然有：

$$\eta_{1k}=Cw_1$$
$$\eta_{2k}=Cw_2$$
$$\eta_{3k}=Cw_3$$
$$\vdots$$
$$\eta_{nk}=Cw_n$$

式中 C——与跨度和截面刚度相关的常数。

将等号左边所有的 η_{ik} 相加并乘以板条宽度，再由平衡条件就得：

$$(\eta_{1k}+\eta_{2k}+\eta_{3k}+\cdots+\eta_{nk})1=\sum_{i=1}^{n}\eta_{ik}1=A(\eta)=1$$

同样，将等号右边所有的 Cw_i 相加并乘以板条宽度，可得：

$$(Cw_1+Cw_2+Cw_3+\cdots+Cw_n)1=C\sum_{i=1}^{n}w_i1=CA(w)$$

式中 $A(\eta)$ 和 $A(w)$——相应为跨中荷载横向分布图形的面积和挠度横向分布图形的面积。

上述两式应相等，由此可得：

$$C=\frac{1}{A(w)}$$

显然，在荷载 $p(x)=1\sin\dfrac{\pi x}{l}$ 作用下的挠度图面积，也可以用每一板条承受等分荷载 $\dfrac{1}{n}\sin\dfrac{px}{l}$ 时的平均挠度 $\overline{w}$ 来表示，则：

$$A(w)=2B\overline{w}$$

式中 B——桥宽的1/2。

因此得到：

$$C=\frac{1}{2B\overline{w}}$$

这样，当 $p=1$ 作用在跨中截面 k 点时，任一板条所分配的荷载峰值可写成：

$$\eta_{ik}=Cw_{ik}=\frac{w_{ik}}{2B\overline{w}}$$

根据变位互等定理和反力互等定理，上式也可写成：

$$\eta_{ki}=\frac{w_{ki}}{2B\overline{w}}$$

将荷载作用在任意位置 i 时，k 点的挠度值 w_{ki} 与同一荷载下设想的平均挠度值 $\overline{w}$ 之比定义为影响系数 K_{ki}，即：

$$K_{ki}=\frac{w_{ki}}{\overline{w}}$$

代入上式就得：

$$\eta_{ki}=\frac{K_{ki}}{2B} \tag{5-94}$$

这里 η_{ki} 为 $p=1$ 作用在任意位置 i 时分配至 k 点的荷载；显然，这就是对于 k 点的荷载横向影响线的坐标值，它就等于影响系数 K_{ki} 除以桥宽 $2B$。

由求解 w_{ki} 不难看出，K_{ki} 是欲计算的板条位置 k，荷载位置 i，扭弯参数 α 以及纵、横向截面抗弯刚度之比 θ 的函数。居翁和麦桑纳特已根据理论分析编制了 $K_0=f(\alpha=0,\theta,k,i)$ 和 $K_1=f(\alpha=1,\theta,k,i)$ 的曲线图表（见附录Ⅱ）。

对于一般从肋式结构所比拟成的正交各向异性板来说，α 的变化范围在0～1之间，而 K_α 可足够精确地由下式内插求得：

$$K_\alpha=K_0+(K_1-K_0)\sqrt{\alpha}$$

参数 θ 和 α 为：$\theta=\dfrac{B}{l}\sqrt[4]{\dfrac{J_x}{J_y}}$，$\alpha=\dfrac{G(J_{Tx}+J_{Tx})}{2E\sqrt{J_x+J_x}}$。

这里需要说明，附录Ⅱ中 K_0 和 K_1 的图表是将桥的全宽分为八等分共九个点的位置来计算的，以桥宽中间点为0，向左（或向右）依次为正的（或负的）$\dfrac{1}{4}B$、$\dfrac{1}{2}B$、$\dfrac{3}{4}B$ 和 B（如图5-67所示）。如果需求的主梁位置不是正好在这九个点上，例如欲求图5-67中①号梁（梁位 $f=\xi B$）处的 K 值时，则要根据相邻两个点的 K_{Bi} 和 $K_{\frac{3}{4}Bi}$ 值（由图表查得）进行内插，最后求得的 K_{xBi} 如图5-67中虚线所示。尚需指出的是，K 值是可以互换的，即 $K_{ki}=K_{ik}$，适当利用这一关系，还可缩减查表计算的工作量。

至此，说明了对于比拟板上某点位置（或某一板条）的横向影响线9个坐标值的计算方

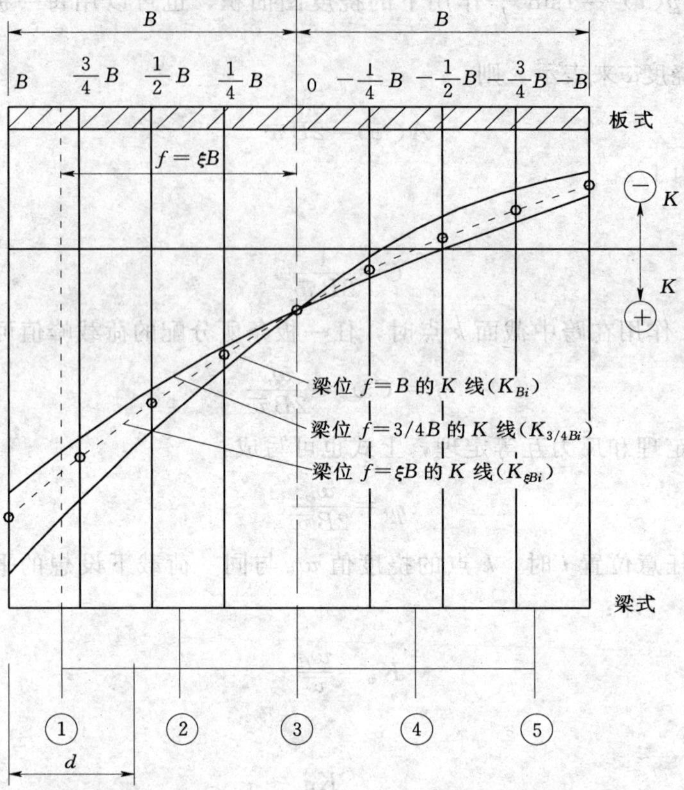

图 5－67　梁位 $f=\xi B$ 的 K 值计算

法。显然，如果针对中距为 b 的某一主梁求算其影响线坐标值，则只要首先求出对于轴线位置处的各点影响线坐标，再将这些坐标值各乘以 b 就可以了，也即：

$$R_{ki}=\eta_{ki}b=\frac{K_{ki}}{2B}b$$

式中　R_{ki}——对于某根主梁的荷载横向影响线坐标。

考虑到全桥宽共有 n 根主梁，即 $b=\frac{2B}{n}$，则可得：

$$R_{ki}=\frac{K_{ki}}{2B}\frac{2B}{n}=\frac{K_{ki}}{n} \tag{5-95}$$

由此可见，对于横截面整齐布置的梁桥，只要将影响系数 K 除以梁数 n 就可绘出对于一根主梁的荷载横向影响线，如图 5－68（c）所示。

有了荷载横向影响线，就可用一般方法来计算某一主梁的荷载横向分布系数。诚然，用比拟板法求得的荷载横向分布系数也是对于位于跨中的荷载而言的，在计算支点剪力时，也要按“杠杆原理法”来计算位于支点荷载的横向分布系数。

尚须指出的是，如果我们细察附录Ⅱ中 K_0 和 K_1 的曲线图就可发现，当弯曲刚度参数 $\theta<0.3$时，曲线沿 K 轴方向的间隔基本上相等，也就是说，当 $\theta<0.3$ 时，横断面的挠曲线接近于直线。这就与“偏心压力法”中假定横向刚度无限大的结果趋于一致。因此为了计算方便可以认为：$\theta\leqslant0.3$ 时属于窄桥，$\theta>0.3$ 时系宽桥，这样规定所发生的误差在 5%左右，最大不超过 10%。可见，用 θ 的值来考虑窄桥与宽桥的界限，要比简单地由宽跨比来考虑更加合理。

(2) 关于 K 值的校核。为了简捷地校验查表、内插等的正确性，尚可对所得的各个 K 值进行快速检查。

图 5-69 表示比拟板跨中横截面在 $P=1$ 作用下［图 5-69 (a)］和将 $P=1$ 均分作用于 1～9 点上［图 5-69 (b)］的挠曲图形，很明显，后者产生平均挠度$\overline{w}$。

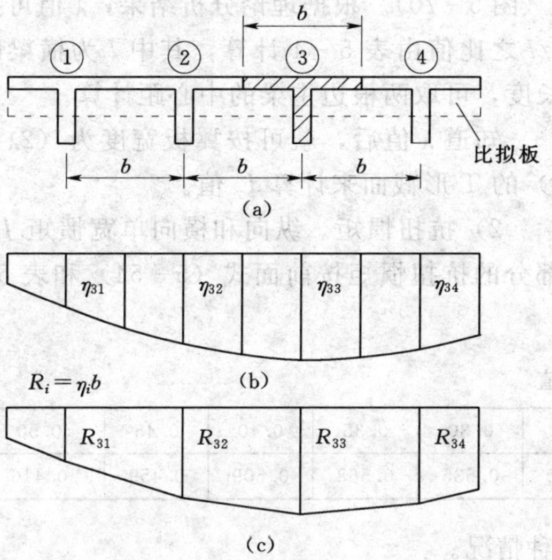

图 5-68 主梁荷载横向影响线的计算

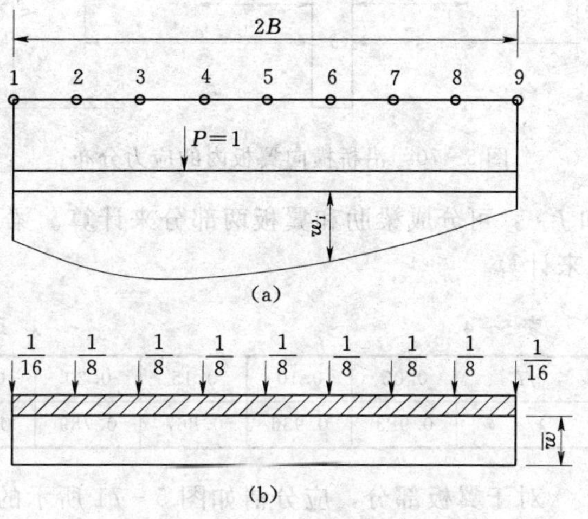

图 5-69 跨中截面的挠曲图式

根据功的互等定理即有：

$$1\ \overline{w}=\frac{1}{8}\sum_{i=2}^{8}w_i+\frac{1}{16}(w_1+w_9)$$

则得：

$$\sum_{i=2}^{8}\frac{w_i}{\overline{w}}+\frac{1}{2}\left(\frac{w_1}{\overline{w}}+\frac{w_9}{\overline{w}}\right)=8$$

或

$$\sum_{i=2}^{8}K_i+\frac{1}{2}(K_1+K_9)=8 \tag{5-96}$$

式 (5-96) 就可用来校核所计算 K 值的准确性。

(3) 关于截面抗弯和抗扭刚度的计算。在利用 G-M 法的图表计算荷载横向影响线坐标时，需要预先算出参数 θ 和 α，因此就要计算纵、横向的单宽惯矩值（图 5-65）：

$$J_x=\frac{I_x}{b} \quad 和 \quad J_{Tx}=\frac{I_{Tx}}{b}$$

以及

$$J_y=\frac{I_y}{a} \quad 和 \quad J_{Ty}=\frac{I_{Ty}}{a}$$

1) 抗弯惯矩。对于纵向主梁的抗弯惯矩 I_x，就按翼板宽为 b 的 T 形截面用一般方法计算，这里不必赘述。

对于横隔梁的抗弯惯矩 I_y，由于肋的间距较大，受弯时翼板宽度为 a 的 T 形梁不再符合平截面假设，也就是说，翼板内的压应力沿宽度 a 的分布是很不均匀的，如图 5-70 所

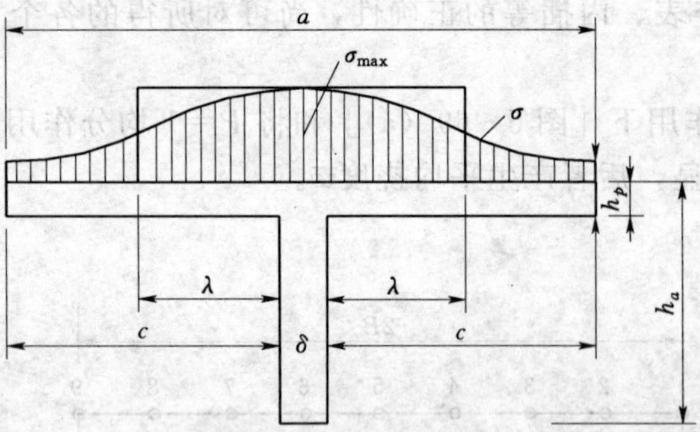

图 5-70　沿桥横向翼板内的应力分布

示。为了较精确地考虑这一因素，通常就引入所谓受压翼板有效宽度的概念。每侧翼板有效宽度的值就相当于把实际应力图形换算成以最大应力 σ_{max} 为基准的矩形图形的长度 λ（图 5-70）。根据理论分析结果，λ 值可按 c/l 之比值由表 5-4 计算，其中 l 为横梁的长度，可取两根边主梁的中心距计算。

知道 λ 值后，就可按翼板宽度为（$2\lambda+\delta$）的 T 形截面来计算 I_y 值。

2）抗扭惯矩。纵向和横向单宽惯矩 J_{Tx} 和 J_{Ty}，可分成梁肋和翼板两部分来计算。梁肋部分的抗扭惯矩按前面式（5-54）和表 5-2 来计算。

表 5-4　　λ 取值

c/l	0.05	0.10	0.15	0.20	0.25	0.30	0.35	0.40	0.45	0.50
λ/c	0.983	0.936	0.867	0.789	0.710	0.635	0.568	0.509	0.459	0.416

对于翼板部分，应分清如图 5-71 所示的两种情况。

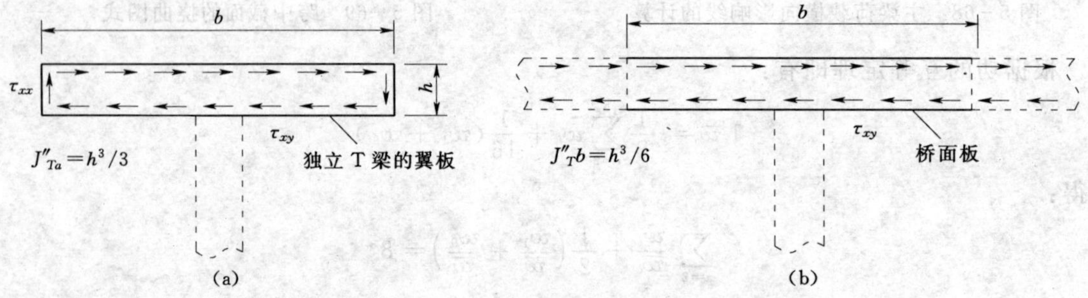

图 5-71　翼板抗扭惯矩计算图式

图 5-71（a）表示独立的宽扁矩形截面（b 比 h 大得多），按一般公式可知其抗扭惯矩为：

$$J''_T=\frac{I''_T}{b}=\frac{1}{b}\frac{1}{3}bh^3=\frac{h^3}{3}$$

如图 5-71（b）所示连续的桥面板来说，情况就不同。根据弹性薄板的分析，从前面的式（5-86）和式（5-92）则有：

$$GJ_T=(1-\upsilon)D$$

将 $G=\frac{E}{2(1+\upsilon)}$ 和 $D=\frac{Eh^3}{12(1-\upsilon^2)}$ 代入上式，可得：

$$J_T=\frac{h^3}{6}$$

由此可见，连续桥面板的单宽抗扭惯矩只有独立宽扁板的 1/2。这一点可以这样来解释：独立板沿短边的剪力 τ_{xx} 也参与抗扭作用，而连续板的单宽部分则不出现此种剪应力

（见图 5－71）。

这样，对于连续桥面板的整体式梁桥以及对于翼缘板刚性连接的装配式梁桥，在应用 G－M 法时，为计算扭弯参数 α 所需的纵横向截面单宽抗扭惯矩之和可由下式求得：

$$J_{Tx}+J_{Ty}=\frac{1}{3}h^3+\frac{1}{b}I'_{Tx}+\frac{1}{a}I'_{Ty} \tag{5-97}$$

式中　h——桥面板的厚度；

I'_{Tx}和I'_{Ty}——主梁肋和内横梁肋的截面抗扭惯矩。

4. 按比拟板法计算荷载横向分布系数举例

【例 5－6】　一座五梁式装配式钢筋混凝土简支梁桥的主梁和横隔梁截面如图 5－72（a）、（b）所示，计算跨径 $L=19.50\text{m}$，主梁翼缘板刚性连接。求各主梁对于车辆荷载和人群荷载的横向分布系数。

解：（1）计算几何特性：

1）主梁抗弯惯矩：

$$I_x=6627\times10^3\text{cm}^4（见[例 5-4]）$$

主梁的比拟单宽抗弯惯矩：

$$J_x=\frac{I_x}{b}=\frac{6627\times10^3}{160}=41410\text{cm}^3$$

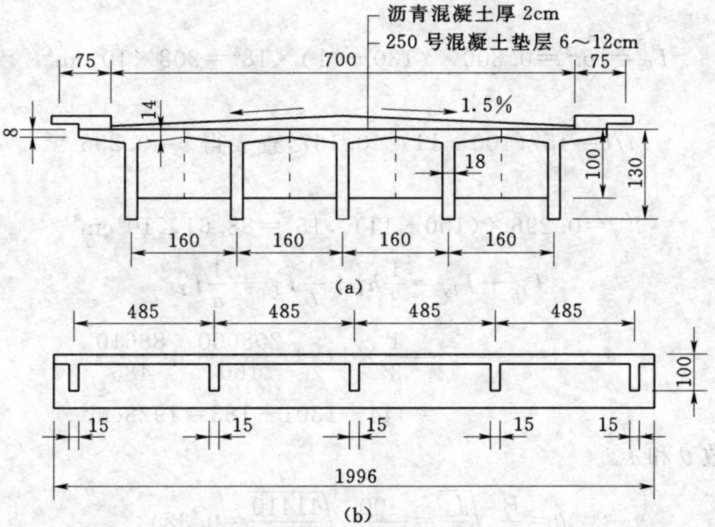

图 5－72　计算举例的主梁和横隔梁简图（单位：cm）

2）横隔梁抗弯惯矩：每根横隔梁的尺寸，如图 5－73 所示。

按前面表 5－4 确定翼板的有效作用宽度 λ。

$$l'=4\times b=4\times160=640\text{cm}$$

$$\frac{c}{l'}=\frac{235}{640}=0.368$$

查表 5－4 得：

$$\frac{c}{l'}=0.368\text{ 时},\frac{\lambda}{c}=0.547$$

所以　$\lambda=0.547\times235=128\text{cm}$

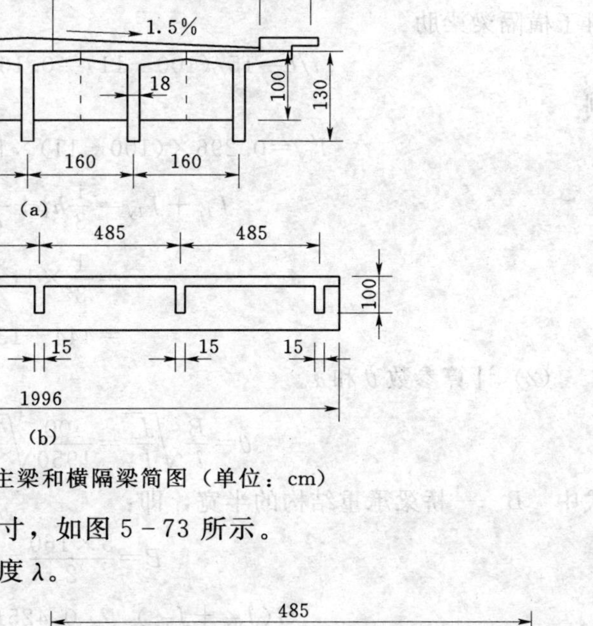

图 5－73　横隔梁截面图（单位：cm）

求横隔梁截面重心位置 a_y：

$$a_y=\frac{2\times128\times11\times\frac{11}{2}+15\times100\times\frac{100}{2}}{2\times128\times11+15\times100}=21.0\text{cm}$$

故横隔梁抗弯惯矩为：

$$I_y=\frac{1}{12}\times2\times128\times11^3+2\times128\times11\times\left(21-\frac{11}{2}\right)^2+\frac{1}{12}\times15\times100^3+15\times100\times\left(\frac{100}{2}-21\right)^2$$

$$=3220\times10^3\text{cm}^4$$

横隔梁比拟单宽抗弯惯矩为：

$$J_y=\frac{I_y}{a}=\frac{3220\times10^3}{485}=6640\text{cm}^3$$

3）主梁和横隔梁的抗扭惯矩。对于 T 梁翼板刚性连接的情况，应由式（5-97）来计算抗扭惯矩。

对于主梁梁肋：

主梁翼板的平均厚度：

$$h_1=\frac{8+14}{2}=11\text{cm}$$

$t/b=18/(130-11)=0.151$，由表 5-2 查得 $c=0.300$。

则

$$I'_{Tx}=cbt^3=0.300\times(130-11)\times18^3=208\times10^3\text{cm}^4$$

对于横隔梁梁肋：

$$t/b=15/(100-11)=0.167\text{，查表得 }c=0.295$$

则

$$I'_{Ty}=0.296\times(100-11)\times15^3=88.61\times10^3\text{cm}^4$$

$$J_{Tx}+J_{Ty}=\frac{1}{3}h_1^3+\frac{1}{b}I'_{Tx}+\frac{1}{a}I'_{Ty}$$

$$=\frac{1}{3}\times11^3+\frac{208000}{160}+\frac{88610}{485}$$

$$=444+1301+183=1928\text{cm}^3$$

（2）计算参数 θ 和 α。

$$\theta=\frac{B}{l}\sqrt[4]{\frac{J_x}{J_y}}=\frac{400}{1950}\sqrt[4]{\frac{41410}{6640}}=0.324$$

式中 B——桥梁承重结构的半宽，即：

$$B=\frac{5\times160}{2}=400\text{cm}$$

$$\alpha=\frac{G(J_{Tx}+J_{Ty})}{2E\sqrt{J_xJ_y}}=\frac{0.425E\times1928}{2E\sqrt{41410\times6640}}=0.02471$$

则

$$\sqrt{\alpha}=\sqrt{0.02471}=0.1572$$

（3）计算各主梁横向影响线坐标。已知 $\theta=0.324$，从附录Ⅱ G-M 法计算图表可查得影响系数 K_1 和 K_0 的值，如表 5-5 所示。

表 5-5　　影响系数 K_1 和 K_0 的值

项目	梁位	荷载位置									校核①
		$3B/4$	$3B/4$	$B/2$	$B/4$	0	$-B/4$	$-B/2$	$-3B/4$	$-3B/4$	
K_1	0	0.94	0.97	1.00	1.03	1.05	1.03	1.00	0.97	0.94	7.99
	$B/4$	1.05	1.06	1.07	1.02	0.97	0.93	0.87	0.94	7.99	7.93
	$B/2$	1.22	1.18	1.14	1.07	1.00	0.93	0.87	0.80	0.75	7.98
	$3B/4$	1.41	1.31	1.20	1.07	0.97	0.87	0.79	0.72	0.67	7.97
	B	1.65	1.42	1.24	1.07	0.93	0.84	0.74	0.68	0.60	8.04
K_0	0	0.83	0.91	0.99	1.08	1.13	1.08	0.99	0.91	0.83	7.92
	$B/4$	1.66	1.51	1.35	1.23	1.06	0.88	0.63	0.39	0.18	7.97
	$B/2$	2.46	2.10	1.73	1.38	0.98	0.64	0.23	−0.17	−0.55	7.85
	$3B/4$	3.32	2.73	2.10	1.51	0.94	0.40	−0.16	−0.62	−1.13	8.00
	B	4.10	3.40	2.44	1.64	0.83	0.198	−0.54	−1.14	−1.77	7.98

① 校核栏按公式（5-96）进行。

用内插法求实际梁位处的 K_1 和 K_0 值，实际梁位与表列梁位的关系如图 5-74 所示。

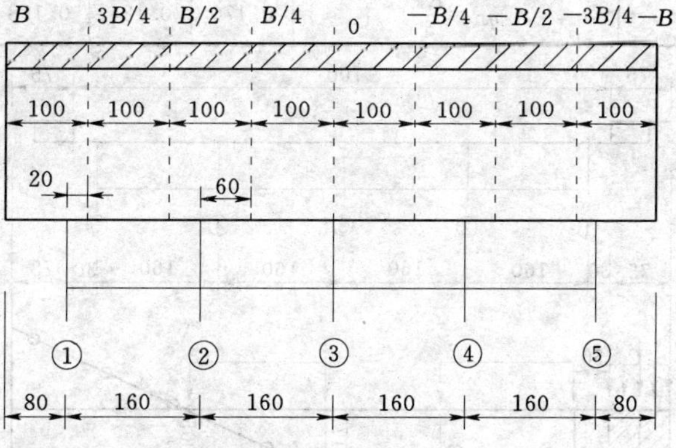

图 5-74　梁位关系图

因此，对于①号梁：

$$K'=K_{\frac{3}{4}B}+(K_B-K_{\frac{3}{4}B})\times\frac{20}{100}$$
$$=0.2K_B+0.8K_{\frac{3}{4}B}$$

对于②号梁：

$$K'=K_{\frac{1}{4}B}+(K_{\frac{1}{2}B}-K_{\frac{1}{4}B})\times\frac{60}{100}$$
$$=0.6K_{\frac{1}{2}B}+0.4K_{\frac{1}{4}B}$$

对于③号梁：

$K'=K_0$（这里 K_0 是指表列梁位在 0 点的 K 值）

现将①、②和③号梁的横向影响线坐标值列表计算（见表 5-6）。

表 5-6　　计算数据

梁号	算式	荷载位置								
		B	$3B/4$	$B/2$	$B/4$	0	$-B/4$	$-B/2$	$-3B/4$	$-B$
1	$K_1'=0.2K_{1B}+0.8K_{1\frac{3}{4}B}$	1.458	1.332	1.208	1.070	0.962	0.864	0.780	0.712	0.656
	$K_0'=0.2K_{0B}+0.8K_{0\frac{3}{4}B}$	3.476	2.864	2.168	1.536	0.918	0.356	−0.236	−0.724	−1.258
	$K_1'-K_0'$	−2.018	−1.532	−0.960	−0.466	0.044	0.508	1.016	1.436	1.914
	$(K_1'-K_0')\sqrt{\alpha}$	−0.318	−0.242	−0.152	−0.074	0.007	0.080	0.161	0.227	0.302
	$K_n=K_0'+(K_1'-K_0')\sqrt{\alpha}$	3.158	2.622	2.016	1.462	0.925	0.436	−0.075	−0.497	−0.956
	$\eta_{11}=\frac{K_n}{5}$	0.632	0.524	0.403	0.292	0.185	0.087	−0.015	−0.099	−0.191

续表

梁号	算式	荷载位置								
		B	$3B/4$	$B/2$	$B/4$	0	$-B/4$	$-B/2$	$-3B/4$	$-B$
2	$K_1'=0.6K_{1\frac{1}{2}B}+0.4K_{1\frac{1}{4}B}$	1.152	1.132	1.112	1.070	1.008	0.946	0.894	0.828	0.782
	$K_0'=0.6K_{0\frac{1}{2}B}+0.4K_{0\frac{1}{4}B}$	2.140	1.864	1.578	1.320	1.012	0.736	0.390	0.054	−0.258
	$K_1'-K_0'$	−0.988	−0.732	−0.466	−0.250	−0.004	0.210	0.504	0.774	1.040
	$(K_1'-K_0')\sqrt{\alpha}$	−0.156	−0.115	−0.074	−0.040	−0.001	0.033	0.080	0.122	0.164
	$K_n=K_0'+(K_1'-K_0')\sqrt{\alpha}$	1.984	1.749	1.504	1.280	1.011	0.769	0.470	0.176	−0.094
	$\eta_{21}=\frac{K_n}{5}$	0.397	0.350	0.301	0.256	0.202	0.154	0.094	0.035	−0.019
3	$K_1'=K_{10}$	0.940	0.970	1.000	1.030	1.050	1.030	1.000	0.970	0.940
	$K_0'=K_{00}$	0.830	0.910	0.990	1.080	1.130	1.080	0.990	0.910	0.830
	$K_1'-K_0'$	0.110	0.060	0.010	−0.050	−0.080	−0.050	0.010	0.060	0.110
	$(K_1'-K_0')\sqrt{\alpha}$	0.017	0.010	0.002	−0.008	−0.013	−0.008	0.002	0.010	0.017
	$K_n=K_0'+(K_1'-K_0')\sqrt{\alpha}$	0.847	0.920	0.992	1.072	1.117	1.072	0.992	0.920	0.847
	$\eta_{31}=\frac{K_n}{5}$	0.170	0.184	0.198	0.214	0.223	0.214	0.198	0.184	0.170

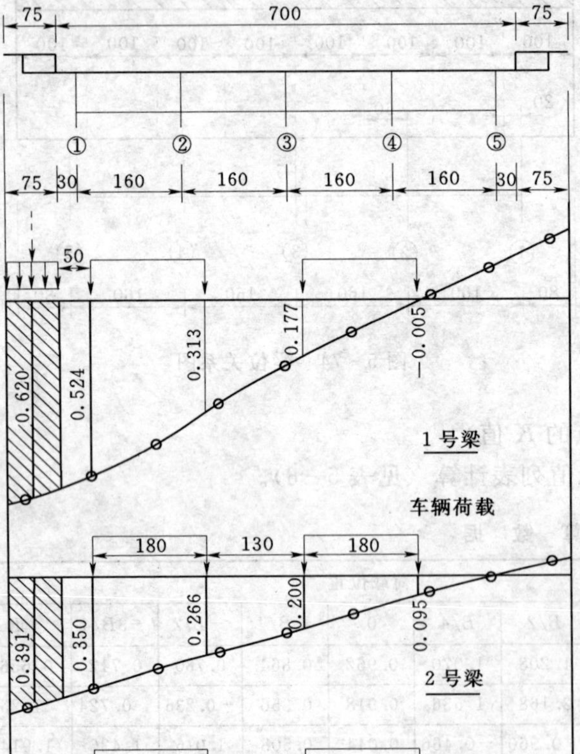

图 5-75　荷载横向分布系数的计算（单位：cm）

（4）计算各梁的荷载横向分布系数。首先用表 5-6 中计算所得的荷载横向影响线坐标值绘制横向影响线图，如图 5-75 所示（图中带小圈点的坐标都是表列各荷载点的数值）。

在影响线上按横向最不利位置布置荷载后，就可按相对应的影响线坐标值求得主梁的荷载横向分布系数：

对于 1 号梁：

车辆荷载

$$m_{cq}=\frac{1}{2}\sum\eta$$

$$=\frac{1}{2}(0.524+0.313+0.177-0.005)$$

$$=0.504(0.524)[0.538]$$

人群荷载

$$m_{cr}=h_r=0.620\ (0.636)\ [0.684]$$

圆括号内给出了考虑抗扭作用的修正偏心压力法的计算数据，方括弧内是偏心压力法的计算结果，以资比较。

对于 2 号梁：

车辆荷载　$m_{cq}=\frac{1}{2}(0.350+0.266+0.200+0.095)=0.455$

人群荷载　$m_{cr}=0.391$

对于3号梁：

车辆荷载　$m_{cq}=\frac{1}{2}(0.184+0.212+0.222-0.200)=0.409$

人群荷载　$m_{cr}=2\times0.171=0.342$

（八）荷载横向分布系数沿桥跨的变化

通过前面的分析与计算，清楚地知道：荷载位于桥跨中间部分时，由于桥梁横向结构（桥面板和横隔梁）的传力作用，使所有主梁都参与受力，因此荷载的横向分布比较均匀。但当荷载在支点处作用在某主梁上时，如果不考虑支座弹性变形的影响，荷载就直接由该主梁传至支座，其他主梁基本上不参与受力。因此，荷载在桥跨纵向的位置不同，对某一主梁产生的横向分布系数也各异。

在以上所介绍计算荷载横向分布的所有方法中，通常用"杠杆原理法"来计算荷载位于支点处的横向分布系数 m_o，其他方法均适用于计算荷载位于跨中的横向分布系数 m_c。那么荷载位于桥跨其他位置时应该怎样确定横向分布系数 m 呢？显然，要精确计算 m 值沿桥跨的连续变化规律是相当冗繁的，而且也会使内力计算增添麻烦。因此目前在设计实践中习惯采用如图5-76所示的实用处理方法。

对于无中间横隔梁或仅有一根中横隔梁的情况，跨中部分采用不变的 m_c，从离支点 $l/4$ 处起至支点的区段内 m_x 呈直线形过渡［图5-76（a）］。

对于有多根内横隔梁的情况，m_c 从第一根内横隔梁起向 m_o 直线形过渡［图5-76（b）］。

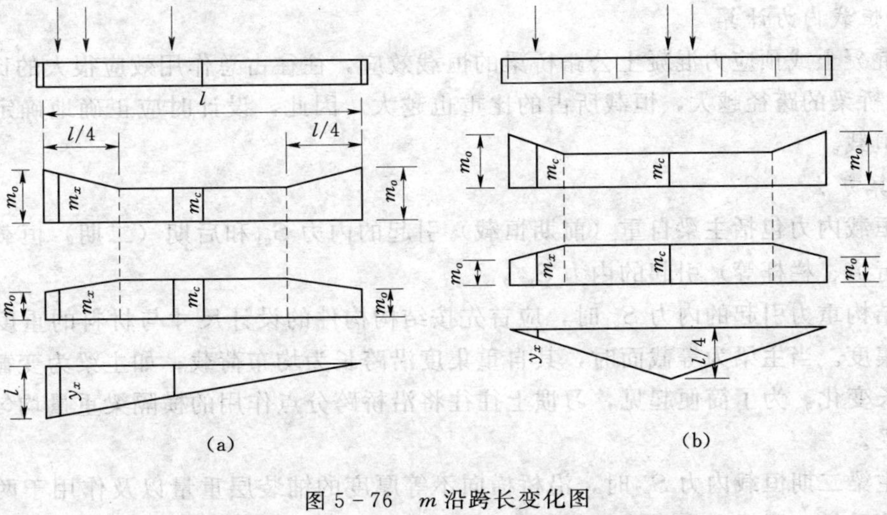

图5-76　m 沿跨长变化图

（a）Q_c 影响线；（b）M_c 影响线

这样，主梁上的活载因其纵向位置不同，就应有不同的横向分布系数。图中 m_o 可能大于也可能小于 m_c，如图5-76所示。

在实际应用中，当求简支梁跨中最大弯矩时，鉴于横向分布系数沿跨内部分的变化不大，为了简化起见，通常均可按不变化的 m_c 来计算。

对于其他截面的弯矩计算，一般也可取用不变的 m_c。但对于中梁来说，m_o 与 m_c 的差值可能较大，且内横隔梁又少于三根时，以计及 m 沿跨径变化的影响为宜。

在计算主梁的最大剪力（梁端截面）时，鉴于主要荷载位于所考虑一端的 m 变化区段内，而且相对应的内力影响线坐标均接近最大值见图 5－76（a），故应考虑该段内横向分布系数变化的影响。对位于靠近远端的荷载，鉴于相应影响线坐标值的显著减小，则可近似取用不变的 m_c 来简化计算（见图 5－79）。

对于跨内其他截面的主梁剪力，也可视具体情况计及 m 沿桥跨变化的影响。

四、主梁内力计算

简支梁桥的内力计算分为恒载内力计算和活载内力计算两部分，将这两部分按规范要求进行组合便获得截面的设计内力，有了截面内力，就可按钢筋混凝土和预应力混凝土结构设计原理进行主梁各截面的配筋设计或验算。

对于跨径 10m 以内的简支梁，通常只需计算跨中截面的最大弯矩及支点和跨中截面的剪力。跨中与支点之间各截面的剪力可以近似地按直线规律变化，弯矩可假设按二次抛物线规律变化，即

$$M_x=\frac{4M_{\max}}{l^2}x(l-x) \tag{5-98}$$

式中 M_x——主梁在离支点 x 处任一截面的弯矩值；

$M_{\max}$——主梁跨中最大弯矩设计值；

l——主梁的计算跨径。

对于较大跨径的简支梁，一般还应计算跨径 $l/4$ 截面的弯矩和剪力。如果主梁沿桥轴方向截面有变化（如梁肋宽度或梁高变化），则还应计算截面变化处的内力。

（一）恒载内力计算

钢筋混凝土或预应力混凝土公路桥梁的恒载效应，往往占总作用效应很大的比重（60％～90％），桥梁的跨径越大，恒载所占的比重也越大。因此，设计时应正确地确定作用于梁上的计算恒载。

1. 计算方法

主梁恒载内力包括主梁自重（前期恒载）引起的内力 S_{g1} 和后期（二期）恒载（如桥面铺装、人行道、栏杆等）引起的内力 S_{g2}。

计算结构重力引起的内力 S_{g1} 时，应首先按结构构件的设计尺寸与材料的重度确定出结构的自重集度。当主梁为等截面时，其自重集度沿跨长为均布荷载；如主梁为变截面，自重集度沿跨长变化。为了简便起见，习惯上往往将沿桥跨分点作用的横隔梁重量均匀分摊给各根主梁承受。

计算主梁二期恒载内力 S_{g2} 时，沿桥横向不等厚度的铺装层重量以及作用于两侧的人行道和栏杆等重量，习惯上也可均匀分摊给各主梁承受，即二期恒载集度取为均布荷载。如果要精确计算，则可将人行道、栏杆、灯柱和管道等重量像活载计算那样，按荷载横向分布规律进行分配。

对于组合式梁桥，应按实际施工组合的情况，分阶段计算其恒载内力。对于预应力混凝土简支梁桥，在主梁施加预应力阶段，往往要利用梁体自重来抵消强大的钢丝束张拉力在梁

体上翼缘产生的拉应力。在此情况下，也要将恒载分成两个阶段（即先期恒载和后期恒载）来进行分析。在特殊情况下，恒载可能要分成更多的阶段来考虑。

确定了计算恒载集度 g 之后，就可按一般《材料力学》公式计算出梁内各截面的弯矩 M 和剪力 Q。当恒载分阶段计算时，应按各阶段的计算恒载 g_i 来计算内力，以便进行内力或应力效应组合。

2. 计算示例

【例 5－7】 计算如图 5－77 所示的五梁式装配式钢筋混凝土简支梁桥主梁的恒载内力。图 5－77（a）和图 5－77（b）分别为主梁横截面和横隔梁布置图。已知计算跨径 $l=19.5$m，每侧栏杆及人行道重量的作用力为 5kN/m，钢筋混凝土、沥青混凝土和混凝土的重度分别为 $25kN/m^3$、$23kN/m^3$ 和 $24kN/m^3$。

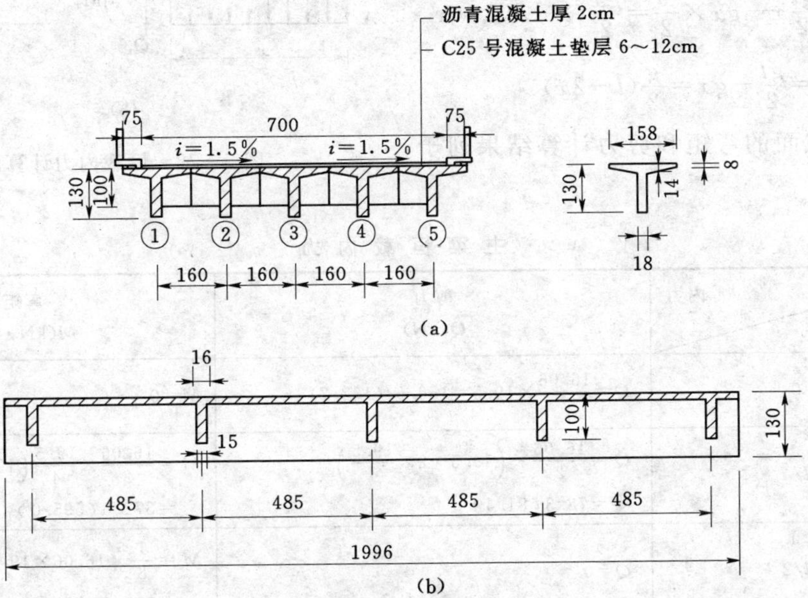

图 5－77　主梁和横隔梁的布置图（单位：cm）

（a）横断面；（b）纵断面

解：（1）恒载集度计算。

1）主梁：

$$g_1=\left[0.18\times1.30+\left(\frac{0.08+0.14}{2}\right)\times(1.60-0.18)\right]\times25=9.76\text{kN/m}$$

2）横隔梁：

对于边主梁

$$g_2=\left\{\left[1.00-\left(\frac{0.08+0.14}{2}\right)\right]\times\left(\frac{1.60-0.18}{2}\right)\times\frac{0.15+0.16}{2}\times5\times25\right\}/19.50$$

$$=0.63\text{kN/m}$$

对于中主梁

$$g_2'=2\times0.63=1.26\text{kN/m}$$

3）桥面铺装层：

$$g_3=\left[0.02\times7.00\times23+\frac{1}{2}\times(0.06+0.12)\times7.00\times24\right]/5=3.67\text{kN/m}$$

4）栏杆及人行道：

$$g_4=5\times2/5=2\text{kN/m}$$

5）作用于边主梁的全部恒载集度为：

$$g=\sum g_i=9.76+0.63+3.67+2.00=16.06\text{kN/m}$$

作用于中主梁的全部恒载集度为：

$$g=9.76+1.26+3.67+2.00=16.69\text{kN/m}$$

（2）计算恒载内力。主梁各截面的弯矩和剪力的力学计算模型如图 5－78 所示，则

$$M_x=\frac{gl}{2}x-gx\times\frac{x}{2}=\frac{gx}{2}(l-x)$$

$$Q_x=\frac{gl}{2}-gx=\frac{g}{2}(l-2x)$$

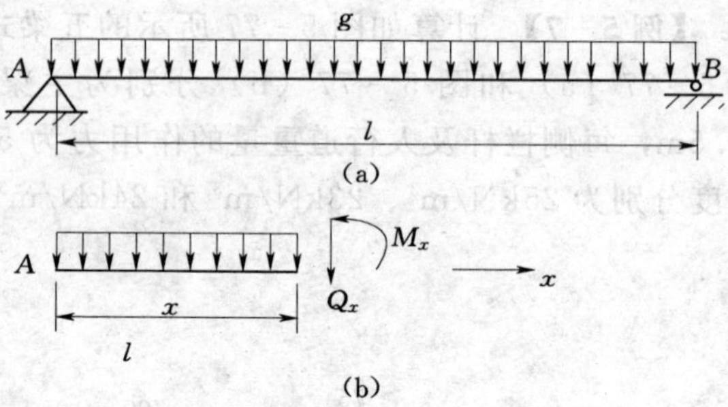

图 5－78 恒载内力计算图

各计算截面的弯矩和剪力计算结果列于表 5－7。

表 5－7 主 梁 恒 载 内 力

内力 / 截面位置 x	剪力 Q(kN)	弯矩 M(kN·m)
$x=0$	$Q=\frac{16.06}{2}\times19.5=156.6$（162.7）	$M=0$
$x=l/4$	$Q=\frac{16.06}{2}\times\left(19.5-2\times\frac{19.5}{4}\right)$ $=78.3$（81.4）	$M=\frac{16.06}{2}\times\frac{19.5}{4}\left(19.5-\frac{19.5}{4}\right)$ $=572.5$（595.0）
$x=l/2$	$Q=0$	$M=\frac{1}{8}\times16.06\times19.5^2$ $=763.4$（793.3）

注 括号（）内值为中主梁内力。

（二）活载内力计算

主梁活载内力是由可变作用中的车道荷载、人群荷载等产生的。主梁活载内力计算分为两步：第一步，求某主梁的最不利荷载横向分布系数；第二步，将荷载乘以横向分布系数后得到作用于某一根主梁上的荷载数值，然后利用主梁内力影响线，采用工程力学方法计算各截面的活载内力。

1. 计算方法

对车道荷载应将其均布和集中荷载引起的内力进行叠加求出总效应。对于人群荷载内力计算方法类似于车道均布荷载，但不计冲击力影响。下面首先以车道荷载的内力计算为例，说明活荷载内力计算的方法。

截面内力计算的一般公式为：

$$S_q=(1+\mu)\xi(m_{cqP}P_ky_k+q_k\sum m_{cqi}\omega_i) \tag{5-99}$$

式中 S_q——汽车荷载作用下的截面内力（弯矩或剪力）；

μ——汽车荷载的冲击系数，按《桥通规》的规定取值；

ξ——多车道横向折减系数，按《桥通规》的规定取值；

ω_i——分段考虑的相应的主梁内力影响线的面积；

m_{cqP}——车道集中荷载对应的荷载横向分布系数；

m_{cqi}——沿桥纵向与车道均布荷载 q_k 分段布置的影响线面积中心位置对应的荷载横向分布系数；

q_k——车道荷载的均布荷载标准值；

P_k——车道荷载的集中荷载标准值；

y_k——对应于车道集中荷载的影响线最大数标值。

当计算简支梁各截面的最大弯矩或跨中截面剪力时，如前所述可以近似取不变的跨中横向分布系数 m_c。此时，式（5－99）可以写成如下形式：

$$S_q=(1+\mu)\xi m_{cq}(P_k y_k+q_k\Omega) \tag{5-100}$$

式中　Ω——相应的主梁内力影响线的面积。

对于支点截面的剪力或靠近支点截面的剪力，则应计入由于荷载横向分布系数在梁端区段内发生变化所产生的影响，如图 5－79 所示。特别地，计算剪力效应时，车道集中荷载标准值 P_k 还应乘以 1.2 的系数。以支点截面为例

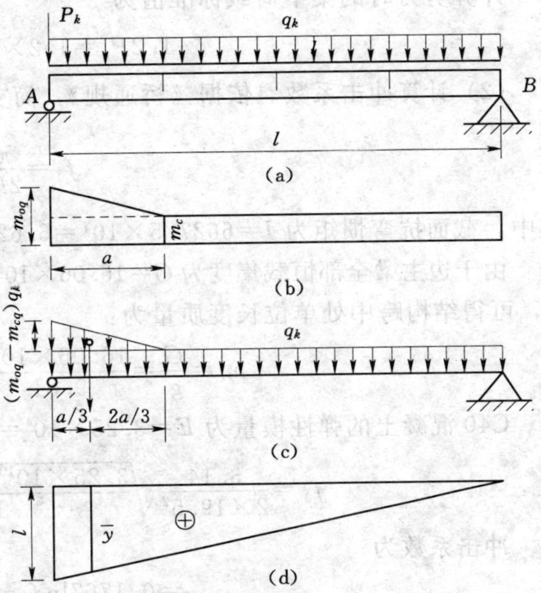

图 5－79　车道荷载支点剪力计算图式

$$Q=Q'_A+\Delta Q_A \tag{5-101}$$

式中　Q'_A——由式（5－99）按不变的 m_c 计算的内力值；

ΔQ_A——计入靠近支点截面由于荷载横向分布系数变化而引起的内力增加（或减少）值。具体计算如下：

$$Q'_A=(1+\mu)\xi m_{cq}(1.2P_k\,y_k+q_k\,\Omega) \tag{5-102}$$

$$\Delta Q_A=(1+\mu)\xi\left[(m_{oq}-m_{cq})\times 1.2P_k y_k+\frac{a}{2}(m_{oq}-m_{cq})q_k\,\overline{y}\right] \tag{5-103}$$

式中　$\overline{y}$——相应于图 5－79（c）中附加三角形荷载重心位置的内力影响线坐标值。

当 $m_o<m_c$ 时，式（5－103）中第二项为负值。

对于人群荷载的内力计算，只按式（5－100）～式（5－103），不计冲击系数和车道折减系数，并将车道均布荷载换成人群荷载标准值，代入人群荷载的横向分布系数即可。

2. 计算示例

【例 5－8】 以［例 5－7］所示的计算跨径 $l=19.50$m 的五梁式装配式钢筋混凝土简支梁为例（梁采用 C40 混凝土）。计算边主梁在公路－Ⅰ级和人群荷载 $q_r=3.0$kN/m 作用下的跨中截面最大弯矩和最大剪应力，以及支点截面的最大剪应力。荷载横向分布系数，按表 5－8选取，具体可按备注栏参考有关例题计算。

表 5-8　　边梁荷载横向分布系数

梁号	荷载位置	汽车荷载	人群荷载	备注
边主梁	跨中 m_c	0.538	0.684	按“偏心压力法”计算
	支点 m_o	0.438	1.422	按“杠杆原理法计算”

解：(1) 公路—Ⅰ级车道荷载标准值：均布荷载标准值为 $q_k=10.5\text{kN/m}$；计算弯矩时的集中荷载标准值

$$P_k=180+\frac{19.5-5}{50-5}\times(360-180)=238\text{kN}$$

计算剪力时的集中荷载标准值为

$$1.2P_k=1.2\times238=285.6\text{kN}$$

(2) 计算冲击系数。依据《桥通规》，简支梁的基频可按下式计算：

$$f_1=\frac{\pi}{2l^2}\sqrt{\frac{EI_c}{m_c}}$$

其中，截面抗弯惯矩为 $I=6627.5\times10^3=6.6275\times10^{-2}\text{m}^4$（见［例 5-4］）。

由于边主梁全部恒载集度为 $G=16.06\times10^3\text{N/m}$（见［例 5-7］），重力加速度 $g=9.81\text{m/s}^2$，可得结构跨中处单位长度质量为：

$$m_c=\frac{G}{g}=\frac{16.06\times10^3}{9.81}=1637.1\text{N}\cdot\text{s}^2/\text{m}^2$$

C40 混凝土的弹性模量为 $E=3.25\times10^4=3.25\times10^{10}\text{N/m}^2$

则

$$f_1=\frac{3.14}{2\times19.5^2}\sqrt{\frac{3.25\times10^{10}\times6.6275\times10^{-2}}{1637.1}}=4.74\text{Hz}$$

冲击系数为

$$\mu=0.1767\ln f_1-0.0157=0.259$$

(3) 计算公路—Ⅰ级车道荷载的跨中弯矩。将车道荷载按图 5-80 布置，则车道荷载的跨中弯矩为

$$M_{q,l/2}=(1+\mu)\xi m_{cq}(P_k y_k+q_k\Omega)$$

其中，双车道不折减 $\xi=1.00$，$y_k=\frac{19.5}{4}=4.875\text{m}$，车道均布荷载作用下

$$\Omega=\frac{l^2}{8}=\frac{1}{8}\times19.5^2\text{m}^2=47.53\text{m}^2$$

故得

$$M_{q,l/2}=1.259\times1\times0.538\times(238\times4.875+10.5\times47.53)=1123.92\text{kN}\cdot\text{m}$$

(4) 计算人群荷载的跨中弯矩。一侧人群荷载沿纵向的线荷载集度为

$$P_r=3.0\times0.75=2.25\text{kN/m}$$

$$M_{r,l/2}=m_{cr}p_r\Omega=0.684\times2.25\times47.53=73.15\text{kN}\cdot\text{m}$$

(5) 计算跨中截面车道荷载的最大剪力。鉴于跨中剪力影响线的较大竖标值位于跨中部分，故全跨采用跨中荷载横向分布系数来计算。按图 5-80 (b) 布置荷载，公路—Ⅰ级车道荷载作用下 $\Omega=\frac{1}{2}\times\frac{1}{2}\times19.5\times0.5=2.4375\text{m}$，则跨中截面剪力为

$$
\begin{aligned}
Q_{q,l/2} &= (1+\mu)\xi m_c(P_k y_k + q_k\Omega) \\
&= 1.259\times1\times0.538\times(285.6\times0.5+10.5\times2.4375) \\
&= 114.06\text{kN}
\end{aligned}
$$

（6）计算跨中截面人群荷载的最大剪力。

$$
\begin{aligned}
Q_{r,l/2} &= m_{cr} p_r \Omega \\
&= 0.684\times2.25\times2.4375 \\
&= 3.75\text{kN}
\end{aligned}
$$

（7）计算支点截面车道荷载的最大剪力。计算支点截面最大剪力时需要考虑近端荷载横向分布系数沿桥跨的变化，绘制荷载荷载横向分布系数沿桥跨方向的变化图和支点剪力影响线如图 5-81 所示。

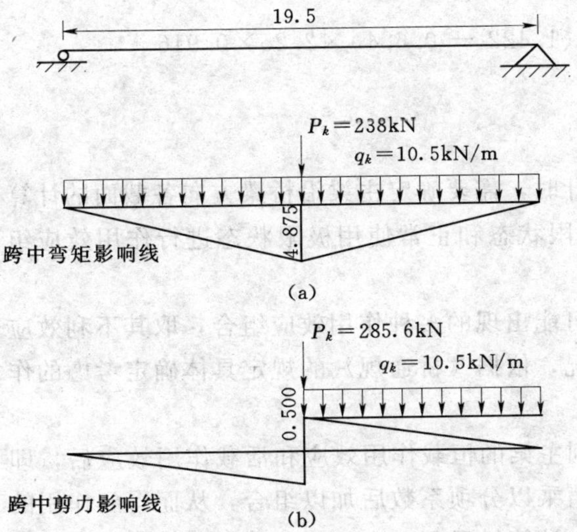

图 5-80　车道荷载的影响线加载图式（单位：m）

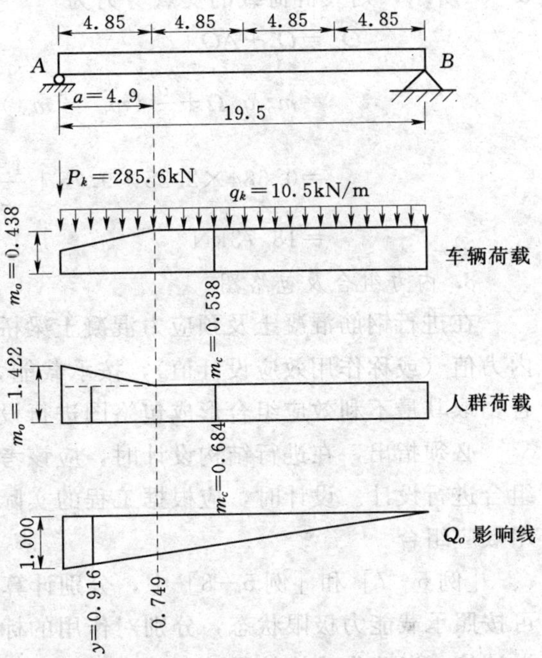

图 5-81　支点剪力计算图式（单位：m）

支点剪力影响线的面积为

$$
\Omega=\frac{1}{2}\times19.5\times1=9.75\text{m}
$$

则

$$
\begin{aligned}
Q'_A &= (1+\mu)\xi m_{cq}(P_k\ y_k + q_k\Omega) \\
&= 1.259\times1.0\times0.538\times(285.6\times1.0+10.5\times9.7) \\
&= 262.79\text{kN}
\end{aligned}
$$

荷载横向分布系数变化区段的长度

$$
a=\frac{1}{2}\times19.5-4.85=4.9\text{m}
$$

对应于支点剪力影响线的最不利布载如图 5-81 所示。m 变化区段内附加三角形荷载重心处的影响线竖标值为

$$\overline{y}=1-\frac{a}{3l}=1-\frac{4.9}{3\times19.5}=0.916$$

则

$$\Delta Q_A=(1+\mu)\xi\left[(m_{oq}-m_{cq})P_k y_k+\frac{a}{2}(m_{oq}-m_{cq})q_k\overline{y}\right]$$
$$=1.259\times1.0\times[(0.438-0.538)\times285.6\times1.0+$$
$$\frac{4.9}{2}(0.438-0.538)\times10.5\times0.916]=-38.92\text{kN}$$
$$Q_q=Q'_A+\Delta Q_A=(262.79-38.92)=223.87\text{kN}$$

(8) 计算支点截面人群荷载的最大剪力。人群荷载的横向分布系数沿桥跨变化，如图5-81所示，则人群荷载的支点剪力为

$$Q_r=Q'_r+\Delta Q_r$$
$$=m_{cr}\,q_r\,\Omega+\frac{a}{2}(m_{or}-m_{cr})q_r\overline{y}$$
$$=0.684\times2.25\times9.75+\frac{4.9}{2}\times(1.422-0.684)\times2.25\times0.916$$
$$=18.73\text{kN}$$

3. 内力组合及包络图

在进行钢筋混凝土及预应力混凝土梁桥设计时，需要确定主梁沿桥梁方向各截面的计算内力值（或称作用效应设计值），按承载能力极限状态和正常使用极限状态进行作用效应组合，取其最不利效应组合形成包络图进行设计。

必须指出，在进行结构设计时，应该考虑可能出现的多种作用效应组合，取其不利效应组合进行设计。设计时，应根据工程的实际情况，依据《桥通规》的规定具体确定考虑的作用效应组合。

[例5-7] 和 [例5-8] 中，分别计算得到主梁的恒载作用效应和活载作用效应后，即可按照承载能力极限状态，分别对作用的标准值乘以分项系数后加以组合，从而得到作用的设计值，以此作为构件设计和截面验算的依据。计算结果列于表5-9。

表5-9　作用效应组合

组合			支点	跨中
基本组合	弯矩	$M_{ud}=1.2M_g+1.4M_q+1.4M_r$	0	2591.98
	剪力	$Q_{ud}=1.2Q_g+1.4Q_q+1.4Q_r$	527.46	164.93
短期组合	弯矩	$M_{sd}=1.0M_g+\frac{0.7M_q}{1+\mu}+1.0M_r$	0	1461.45
	剪力	$Q_{sd}=1.0Q_g+\frac{0.7Q_q}{1+\mu}+1.0Q_r$	299.76	67.17
长期组合	弯矩	$M_{sd}=1.0M_g+\frac{0.4M_q}{1+\mu}+0.4M_r$	0	1149.74
	剪力	$Q_{sd}=1.0Q_g+\frac{0.4Q_q}{1+\mu}+0.4Q_r$	235.20	37.74

将梁轴各个截面处的设计内力值按适当的比例尺绘成纵坐标，其中右半跨的弯矩值（M_{max}）对称于左半跨，右半跨的剪力值（Q_{min}）反对称于左半跨（Q_{max}），连接这些坐标点而绘制成的曲线，就称为内力包络图，如图5-82所示。对于小跨径梁（计算跨径10m以下），如仅计算跨中截面最大设计弯矩及最大设计剪力，则弯矩包络图可绘制成二次抛物线，而剪力包络图绘制成直线形。对于较大跨径的桥梁，则应该根据具体情况，每隔3～5m求出相应截面的作用效应组合设计值，连接各截面点的标准值绘制成包络图。

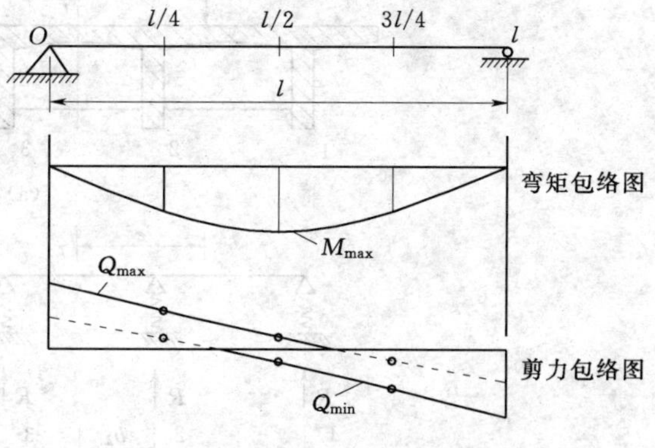

图5-82 简支梁内力包络图

效应组合设计值包络图确定以后，就可按钢筋混凝土或预应力混凝土结构设计原理的方法来设计梁内纵向主、斜筋和箍筋，并进行各项计算。

五、横隔梁内力计算

在设有横隔梁的钢筋混凝土及预应力混凝土梁桥中，为了保证各主梁共同受力和加强结构的整体性，横隔梁本身或其装配接头必须具有足够的可靠性。特别是在车辆装载和桥宽不断增大的情况下，横隔梁的正确受力分析和设计计算在桥梁设计中显得十分重要。

如前所述，纵横向的主梁和横隔梁共同组成了桥梁空间梁格结构，要想精确分析横隔梁的受力，显然也是十分复杂的。在实际工程中，可结合主梁横向分布计算的原理，采用简化的实用近似计算方法，如偏心压力法、比拟正交异性板法等。横隔梁和主梁实际上是不可分割的整体，横隔梁的内力计算方法与相应的主梁计算方法一致。但由于偏心压力法计算简单，得到了更广泛的应用。

下面介绍根据主梁计算中的偏心压力法原理来计算横隔梁内力的实用方法。

（一）偏心压力法计算横隔梁内力

当桥梁的宽跨比小于或接近0.5时，横隔梁的变形相对于纵向主梁的变形就微不足道，这种情况下横隔梁刚度大而主梁刚度弱，因此，桥梁中横隔梁便可近似地用偏心压力法计算内力，其力学模型是将中横隔梁近似地视作竖向支撑在多根弹性主梁上的多跨弹性支撑连续梁，如图5-83（b）所示。鉴于各主梁的荷载横向影响线（也即弹性支撑力影响线）在主梁计算中已经求得，故连续梁可以简单地用静力平衡条件来求解。

对于具有多根内横梁的桥梁，由于位于跨中的横梁受力最大，通常只要计算跨中横隔梁的内力，其他横隔梁可偏安全地依此进行设计。

1. 横隔梁的内力影响线

当桥梁在跨中有单位荷载 $P=1$ 作用时［图5-83（a）］，各主梁所受的荷载将为 R_1，R_2，R_3，…，R_n，这也就是横隔梁的弹性支承反力。因此，由力的平衡条件就可写出横隔梁任意截面 r 的内力计算公式。

（1）荷载 $P=1$ 位于截面 r 的左侧时：

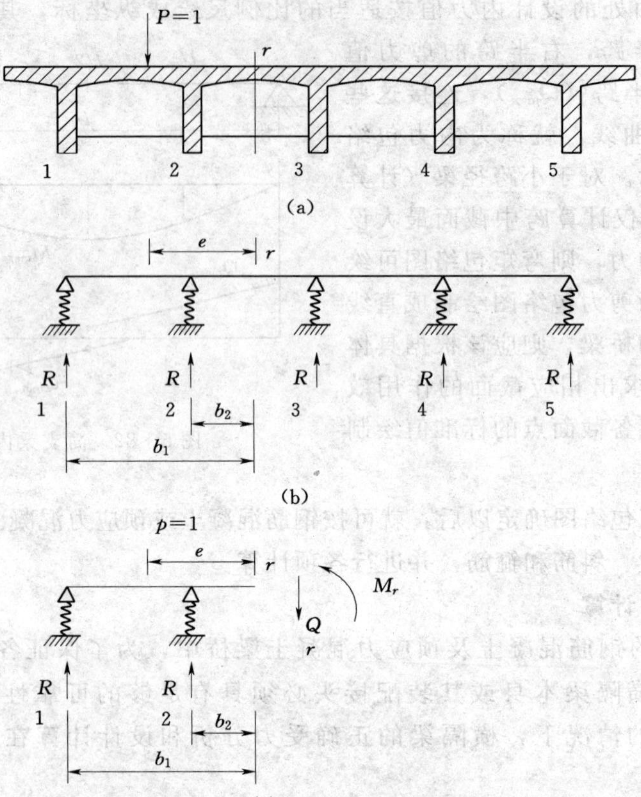

图 5-83 横隔梁计算图式

$$\left.\begin{aligned} M_r &= R_1 b_1 + R_2 b_2 - 1e = \sum_{左} R_i b_i - e \\ Q_r &= R_1 + R_2 - 1 = \sum_{左} R_i - 1 \end{aligned}\right\} \quad (5-104)$$

(2) 荷载 $P=1$ 位于截面 r 的右侧时

$$\left.\begin{aligned} M_r &= R_1 b_1 + R_2 b_2 = \sum_{左} R_i b_i \\ Q_r &= R_1 + R_2 = \sum_{左} R_i \end{aligned}\right\} \quad (5-105)$$

式中 M_r、Q_r——横隔梁任意截面 r 的弯矩和剪力；

e——荷载 $P=1$ 至所求截面 r 的距离；

b_i——支承反力 R_i 至所求截面 r 的距离；

$\sum_{左} R_i$——所求截面以左的全部支承反力的总和。

以上公式中对于确定的计算截面 r 来说，所有的 b_i 是已知的，而 R_i 则随荷载 $P=1$ 的位置 e 而变化。因此就可以直接利用已经求得的 R_i 的横向影响线来绘制横隔梁的内力影响线。

通常横隔梁的弯矩在靠近桥中线的截面较大，剪力则在靠近桥两侧边缘处的截面较大。以图 5-83 为例，一般可以只求 3 号梁处和 2 号与 3 号主梁之间（对于装配式桥即横隔板接头处）截面的弯矩，以及 1 号主梁右侧和 2 号主梁右侧等截面的剪力。

图 5－84 示出了按偏心压力法计算的横隔梁支承反力 R、弯矩 M 和剪力 Q 的影响线。鉴于 R_i 影响线呈直线规律变化，故绘制内力影响线时只需要标出几个控制点的竖坐标值。尚须指出，对于非直接作用于横隔梁上的荷载，在计算内力时实际上应考虑间接传力的影响，例如图 5－84 中 $M_{(3-4)}$ 影响线在 3 号梁和 4 号梁之间区段应取虚线之值。但考虑到计算中主要荷载作用于横隔梁上，为了简化起见，仍可偏安全地忽略间接传力的影响。

另外，也可以按修正的偏心压力法来计算横隔梁的内力影响线，计算方法同上，所不同的仅是反力 R_i 影响线竖向坐标的计算公式不同。

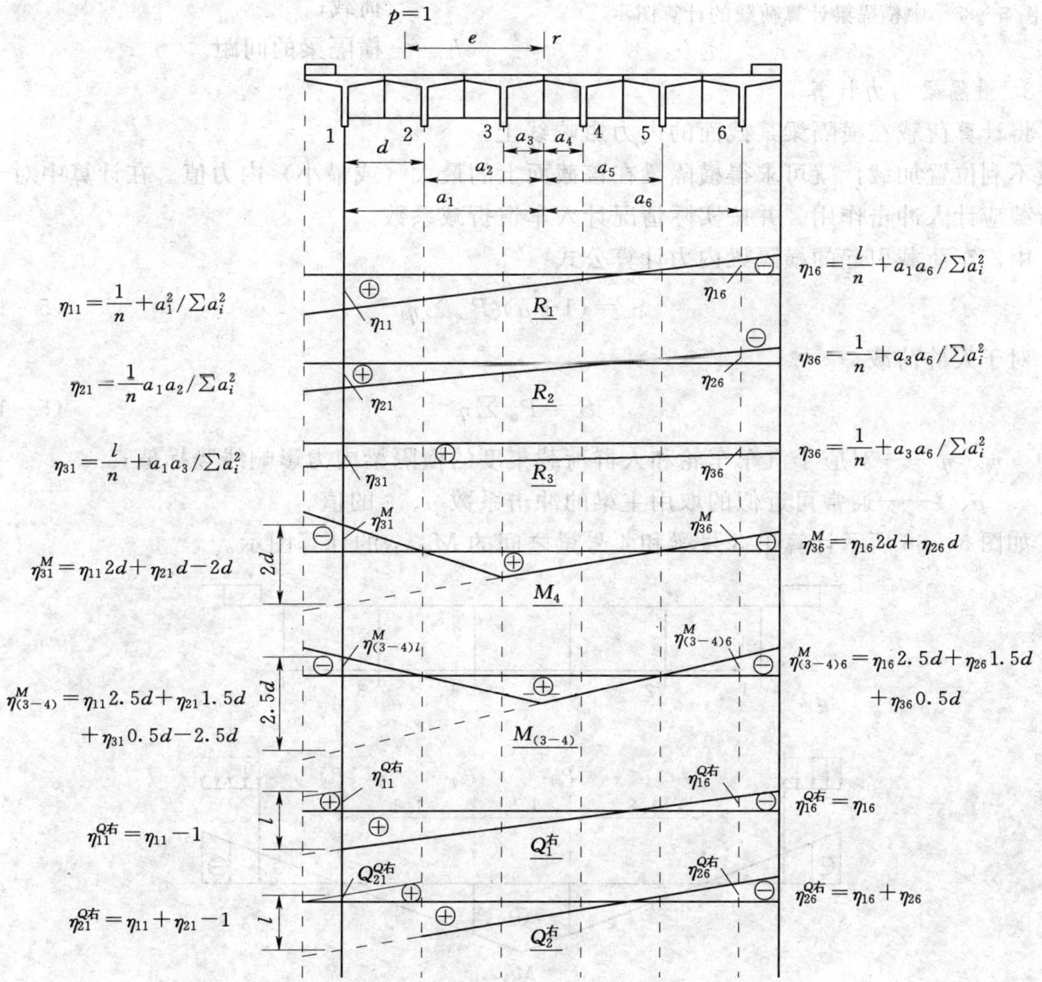

图 5－84　按偏心压力法计算的横隔梁的 R、M、Q 影响线

2. 作用在横梁上的计算荷载

汽车荷载作用下，横隔梁的计算采用车辆荷载加载。对于跨中横隔梁来说，除了直接作用在其上的轮重外，前后的轮重对它也有影响，在计算中可假设荷载在相邻横隔梁之间按杠杆原理法传布，如图 5－85 所示。因此，纵向一行车轮轮重分布给该横隔梁的计算荷载为

$$P_{oq}=\frac{1}{2}\left(\frac{P_1}{2}y_1+\frac{P_2}{2}y_2+\frac{P_3}{2}y_3\right)=\frac{1}{2}\sum P_i y_i \qquad (5-106)$$

同理，对于人群荷载，其计算荷载相应为

$$P_{or}=q_r\Omega_r=q_{or}l_a \quad (5-107)$$

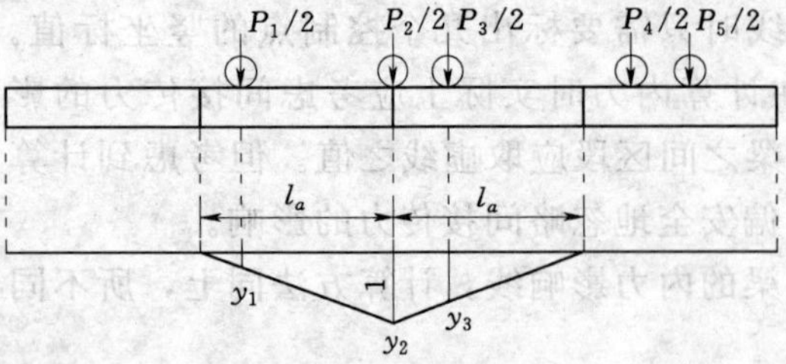

图 5-85　中横隔梁计算荷载的计算图示

式中　P_i——轴重，注意布置在最不利的位置处；

y_1——对于所计算的横隔梁，按杠杆原理法计算的各个轴重所对应的纵向荷载影响线竖坐标值；

Ω_r——相应为人群荷载范围的影响线面积；

q_{or}——相应于一侧人行道每延米的人群荷载；

l_a——横隔梁的间距。

3. 横隔梁内力计算

将计算荷载在横隔梁某截面的内力影响线上按最不利位置加载，就可求得横隔梁在该截面上的最大（或最小）内力值。在计算中对于汽车荷载应计入冲击作用。并按实际情况计入车道折减系数。

由汽车荷载引起的横隔梁内力计算公式

$$S_q=(1+\mu)\xi P_{oq}\sum\eta_q \quad (5-108)$$

对于人群荷载

$$S_q=P_{or}\sum\eta_r \quad (5-109)$$

式中　η_q、η_r——对应于汽车车轮和人群荷载集度的横隔梁内力影响线竖标值；

μ、ξ——通常可近似的取用主梁的冲击系数 μ、ξ 的值。

如图 5-86 所示计算出 3 号梁和 4 号梁之间的 $M_{(3-4)}$ 的计算图示。

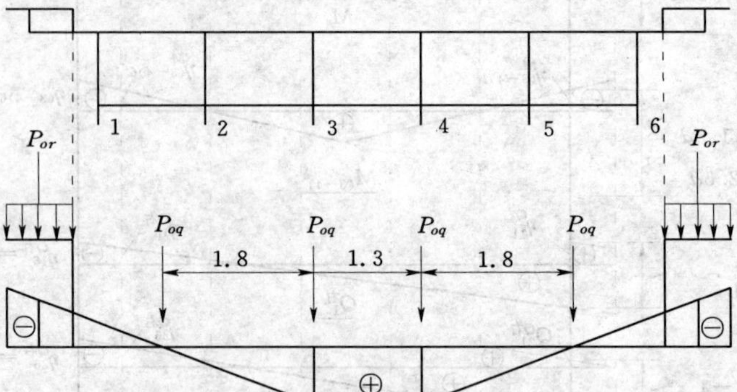

图 5-86　横隔梁内力计算图示

需要说明的是，鉴于横隔梁的恒载内力相对较小，计算中往往略去不计。

求得横隔梁的内力后，就可按钢筋混凝土或预应力混凝土结构的计算原理来配置钢筋并进行承载能力计算和其他验算。对于横隔梁用焊接钢板接头连接的装配式 T 形梁桥，应根据接头处的最大弯矩值来确定所需钢板尺寸和焊缝长度。

（二）横隔梁计算示例

【例 5-9】 计算如［例 5-7］中如图 5-87 所示五梁式装配式钢筋混凝土简支梁桥跨

中横梁在 2 号和 3 号主梁之间 $r-r$ 截面上的弯矩 M_r 和靠近 1 号主梁处截面的剪力 $Q_1^{右}$，计算跨径为 $l=19.50$m，人群荷载为 3.0kN/m，$\mu=0.256$。

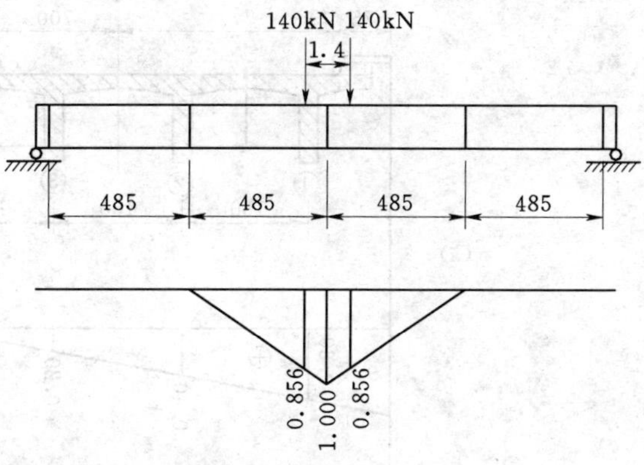

图 5-87　跨中横隔梁的最不利荷载布置（单位：cm）

解：（1）确定作用在中横隔梁上的计算荷载。对于跨中横隔梁的最不利荷载布置如图 5-87 所示。

纵向一列车轮对于中横隔梁的计算荷载为

$$P_{oq}=\frac{1}{2}\sum P_i y_i=\frac{1}{2}\times 2\times 140\times 0.856$$
$$=119.84\text{kN}$$

（2）绘制中横隔梁的 M_r 影响线。本例横截面布置与［例 5-3］相同，在［例 5-3］中已按偏心压力法求得 1 号梁的荷载横向分布影响线竖标值为

$$\eta_{11}=0.60,\quad \eta_{15}=-0.20$$

同理，也可求得 3 号梁的荷载横向分布影响线竖坐标值为

$$\eta_{21}=0.40,\quad \eta_{25}=0$$

按偏心压力法绘制出 1 号、2 号梁 R_1，R_2 横向分布影响线，如图 5-88（a）所示，则 M_r 的影响线竖标计算如下：

$P=1$ 作用在 1 号梁轴上时（$\eta_{11}=0.60$，$\eta_{11}=0.4$）

$$\eta^M_{(2-3)1}=\eta_{11}\times 1.5d+\eta_{21}\times 0.5d-1\times 1.5d$$
$$=0.6\times 1.5\times 1.6+0.4\times 0.5\times 1.6-1.5\times 1.6=-0.64$$

$P=1$ 作用在 2 号梁轴上时（$\eta_{21}=0.4$，$\eta_{22}=0.3$）

$$\eta^M_{(2-3)2}=\eta_{12}\times 1.5d+\eta_{22}\times 0.5d-1\times 0.5d$$
$$=0.40\times 1.5\times 1.6+0.30\times 0.5\times 1.6-1\times 0.5\times 1.6=0.40$$

$P=1$ 作用在 5 号梁轴上时（$\eta_{15}=-0.20$，$\eta_{25}=0$）

$$\eta^M_{(2-3)5}=\eta_{15}\times 1.5d+\eta_{25}\times 0.5d=(-0.20)\times 1.5\times 1.6+0\times 0.5\times 1.6=-0.48$$

有了此三个影响线竖标值和影响线折点位置（即所计算截面的位置），就可绘制出 M_r 影响线，如图 5-88（b）所示。

（3）绘制剪力影响线。对于 1 号主梁处截面的 $Q_1^{右}$ 剪力影响线可计算如下：

$P=1$ 作用在计算截面以左时

$$Q_1^{右}=R_1-1，即\ \eta_{1i}^{右}=\eta_{1i}-1$$

$P=1$ 作用在计算截面以右时

$$Q_1^{右}=R_1，即\ \eta_{1i}^{右}=\eta_{1i}$$

绘成 $Q_1^{右}$ 剪力影响线如图 5-88（c）所示。

（4）截面内力计算。将求得的计算荷载 P_{oq} 和 P_{or} 在相应的影响线上按最不利荷载位置加载，对于汽车荷载并计入冲击影响系数（$1+\mu$），则在汽车荷载作用下：

弯矩　　$$M_{(2-3)}=(1+\mu)\xi P_{oq}\sum\eta_q=1.256\times 1\times 119.4\times(0.92+0.29)$$
$$=182.13\text{kN}\cdot\text{m}$$

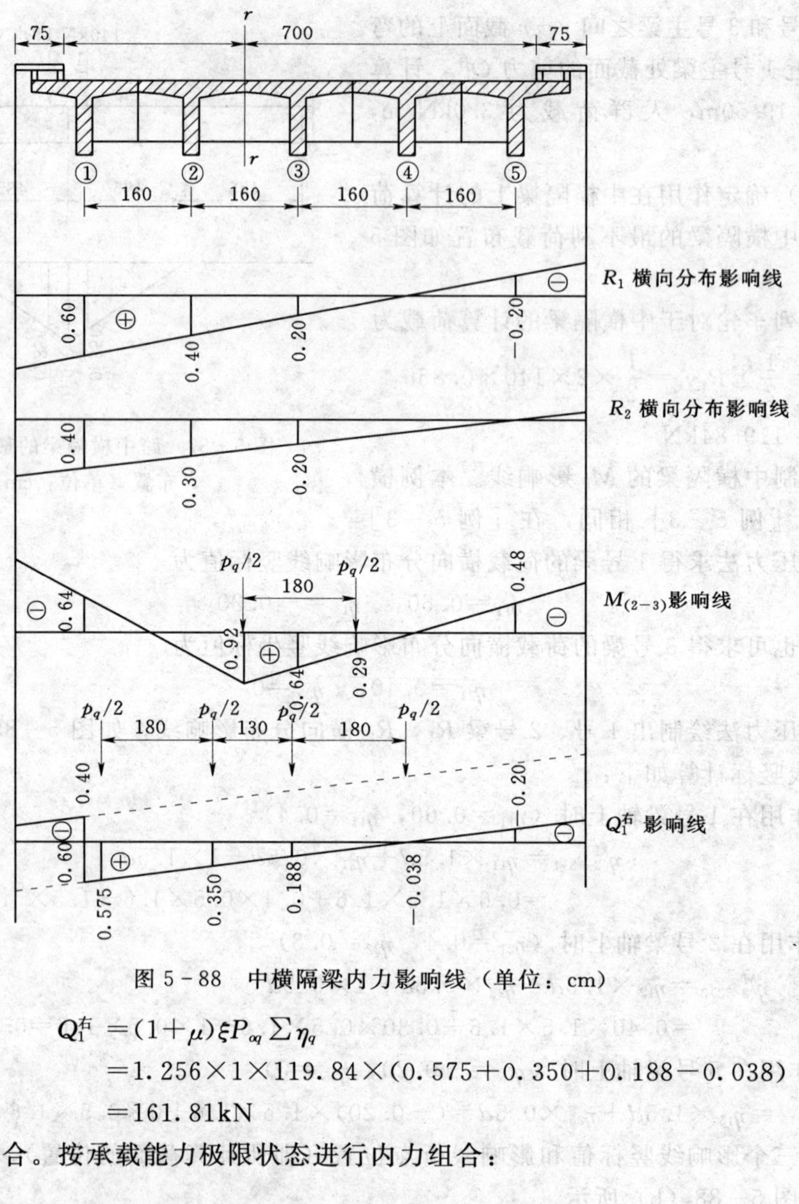

图 5-88　中横隔梁内力影响线（单位：cm）

剪力　　$Q_1^{右}=(1+\mu)\xi P_{oq}\sum\eta_q$

$=1.256\times1\times119.84\times(0.575+0.350+0.188-0.038)$

$=161.81\text{kN}$

(5) 内力组合。按承载能力极限状态进行内力组合：

基本组合

$$M_{ud,r}=1.4\times182.13=254.98\text{kN}\cdot\text{m}$$

$$Q_{ud,1}^{右}=1.4\times161.8=226.521\text{kN}$$

按正常使用极限状态进行内力组合：

短期组合

$$M_{sd,r}=\frac{0.7\times182.13}{1.256}=101.51\text{kN}\cdot\text{m}$$

$$Q_{sd,1}^{右}=\frac{0.7\times161.8}{1.256}=90.18\text{kN}$$

长期组合

$$M_{ld,r}=\frac{0.4\times182.13}{1.256}=58.00\text{kN}\cdot\text{m}$$

$$Q_{ld,1}^{右}=\frac{0.4\times161.8}{1.256}=51.53\text{kN}$$

在对内力组合后，可分别按照承载能力极限状态与正常使用极限状态进行设计和验算。

六、挠度与预拱度计算

一座桥梁如果发生过大的变形，不但会影响高速行车，加大车辆的冲击作用，引起桥梁的剧烈振动和使行人不适，而且可能使桥面铺装层和结构的辅助设施遭到破坏，严重时甚至危及桥梁的安全。所以，进行桥梁设计时，除了要对主梁进行承载能力计算和应力验算，确保结构具有足够的强度储备外，还应该按照正常使用极限状态验算梁的变形（通常指竖向挠度），以保证结构具有足够的刚度。根据产生的原因不同，桥梁的挠度可分为永久作用挠度和可变作用挠度。

永久作用挠度包括结构自重、桥面铺装及其他附属设施的重力、预应力、混凝土徐变和收缩作用等引起的挠度。永久作用挠度是恒久存在的，并且与持续的时间有关，还可分为短期挠度和长期挠度。永久作用挠度并不表征结构的刚度特性，通常可以通过施工时预设的反向挠度（即预拱度）来加以抵消，使竣工后的桥梁达到理想的设计线形。

可变作用挠度包括汽车荷载、人群荷载等产生的挠度。可变作用挠度是临时出现的，可使梁产生反复变形，在最不利的作用位置下，挠度达到最大值，可变作用一旦离开桥梁，挠度随即消失。变形的幅度（挠度）越大，可能发生的冲击和振动作用也越强烈，对行车的影响也越大。因此，在桥梁设计中需要通过验算可变作用产生的挠度以体现结构的刚度特性。

（一）挠度验算

挠度验算属于持久状况正常使用极限状态计算的重要内容。依据《公预规》规定，验算挠度时，应采用作用（或荷载）的短期效应组合并考虑长期效应的影响，汽车荷载可以不计冲击系数。钢筋混凝土和预应力混凝土受弯构件的挠度，可根据给定的构件刚度用结构力学的方法计算。下面介绍受弯构件刚度的计算。

1. 钢筋混凝土受弯构件的刚度

钢筋混凝土受弯构件，考虑开裂截面刚度对构件整体刚度的影响，构件的抗弯刚度按下式计算：

$$B=\frac{B_0}{\left(\frac{M_{cr}}{M_s}\right)^2+\left[\left(1-\frac{M_{cr}}{M_s}\right)^2\right]\frac{B_0}{B_{cr}}} \tag{5-110}$$

$$M_{cr}=\gamma f_{tk}W_0 \tag{5-111}$$

$$B_0=0.95E_cI_0,\quad B_{cr}=E_cI_{cr}$$

上各式中　B——开裂构件等效截面的抗弯刚度；

B_0——全截面的抗弯刚度；

B_{cr}——开裂截面的抗弯刚度；

E_c——混凝土弹性模量；

M_{cr}——开裂弯矩；

M_s——按作用短期效应组合计算的弯矩值；

γ——构件受拉区混凝土塑性影响系数，$\gamma=\frac{2S_0}{W_0}$，S_0 为全截面换算截面重心轴以上（或以下）部分面积对重心轴的面积矩，W_0 为换算截面抗裂边缘的弹性抵抗矩；

I_0、I_{cr}——全截面和开裂截面换算截面惯性矩；

f_{tk}——混凝土轴心抗拉强度标准值。

钢筋混凝土简支梁桥在荷载短期效应组合作用下的跨中挠度可按下式计算

$$f=\frac{5}{48}\frac{M_s l^2}{B} \tag{5-112}$$

2. 预应力混凝土受弯构件的刚度

预应力混凝土受弯构件的刚度计算按是否开裂分为两种情况。

(1) 全预应力混凝土和A类预应力混凝土构件：

$$B_0=0.95E_cI_0 \tag{5-113}$$

(2) 允许开裂的B类预应力混凝土构件：

在开裂弯矩 M_{cr} 作用下

$$B_0=0.95E_cI_0 \tag{5-114}$$

在 (M_s-M_{cr}) 作用下 $$B_{cr}=E_cI_{cr} \tag{5-115}$$

开裂弯矩 M_{cr} 按下式计算 $$M_{cr}=(\sigma_{pc}+\gamma f_{tk})W_0 \tag{5-116}$$

式中 σ_{pc}——扣除全部预应力损失，预应力钢筋和普通钢筋合力 N_{p0} 在构件抗裂边缘产生的混凝土预压应力。

3. 长期挠度

受弯构件在使用阶段的挠度应考虑荷载长期效应的影响，即按短期效应组合计算的挠度，乘以挠度长期增长系数，称为长期挠度 f_c。即

$$f_c=\eta_\theta f \tag{5-117}$$

式中 η_θ——挠度长期增长系数，按下列规定取值：当采用C40以下混凝土时，$\eta_\theta=1.6$；当采用C40～C80混凝土时，$\eta_\theta=1.45\sim1.35$；中间强度等级可按直线内插取用。

《公预规》规定，对于钢筋混凝土及预应力混凝土梁式桥，在使用阶段的长期挠度值，在消除结构自重产生的长期挠度后梁式桥主梁的最大挠度处不应超过计算跨径的1/600，梁式桥主梁的悬臂端不应超过悬臂长度的1/300。

预应力混凝土受弯构件由预加力引起的反拱值，可用结构力学方法按刚度 EI 进行计算，并乘以长期增长系数 η_θ。计算使用阶段预加力反拱值时，预应力钢筋的预加力应扣除全部预应力损失，长期增长系数取用2.0。

（二）预拱度的设置

1. 钢筋混凝土受弯构件预拱度的设置

为了消除永久作用挠度而设置的预拱度（指跨中的反向挠度），其值通常按结构自重和1/2可变荷载频遇值计算的长期挠度值之和采用。这就意味着在使用阶段常遇荷载情况下桥面基本接近设计标高。

《公预规》规定，当由结构短期效应组合并考虑长期效应影响产生的长期挠度不超过 $l/1600$ 时，可不设预拱度；反之应设置预拱度。

2. 预应力混凝土受弯构件预拱度的设置

当预加应力产生的长期反拱值大于按荷载短期效应组合计算的长期挠度时，可不设预拱

度；反之应设预拱度，其值应按该项荷载的挠度值与预加应力长期反拱值之差采用。

对自重相对于活载较小的预应力混凝土受弯构件，应考虑预加应力反拱值过大可能造成的不利影响，必要时采取反预拱或设计和施工上的其他措施，避免桥面隆起直至开裂破坏。

对于位于竖曲线上的桥梁，应视竖曲线的凸起（或凹下）情况，适当增（或减）预拱度值。使竣工后的线形与竖曲线接近一致。

第四节　悬臂和连续体系梁桥

普通钢筋混凝土和预应力混凝土简支梁的经济跨径分别为 20m 和 40m 左右，当跨径超出此范围时，跨中结构自重弯矩会增大，从而导致梁的截面尺寸显著增加，这样不但因材料用量大而不经济，并且很大的安装重量也给装配式施工带来很大的困难。因此，为了降低材料用量，对于较大跨径的梁式桥，宜采用减小跨中弯矩的其他体系桥梁，如悬臂体系和连续体系梁桥等。

一、悬臂和连续体系梁桥的类型和一般特点

（一）悬臂体系梁桥

1. 结构类型

悬臂体系梁桥的布置方式主要有以下两大类：

(1) 不带挂梁的单孔双悬臂梁桥。这类悬臂梁桥［图 5-89 (a)］在桥头两端不设置桥台，而仅设置搭板与路堤相衔接，由于行车时，搭板容易损坏，故多用在人行桥梁上。

(2) 带挂梁的多孔悬臂梁桥。仅在跨中设置挂梁的称为单悬臂梁［图 5-89 (b)］，一般做成三跨，其边孔称为锚孔；如需要设计成多孔悬臂梁桥时，可采用双悬臂梁桥［图 5-89 (c)］，即从简支梁的两端向外对称各伸出一个悬臂，挂梁每间隔一孔设置。

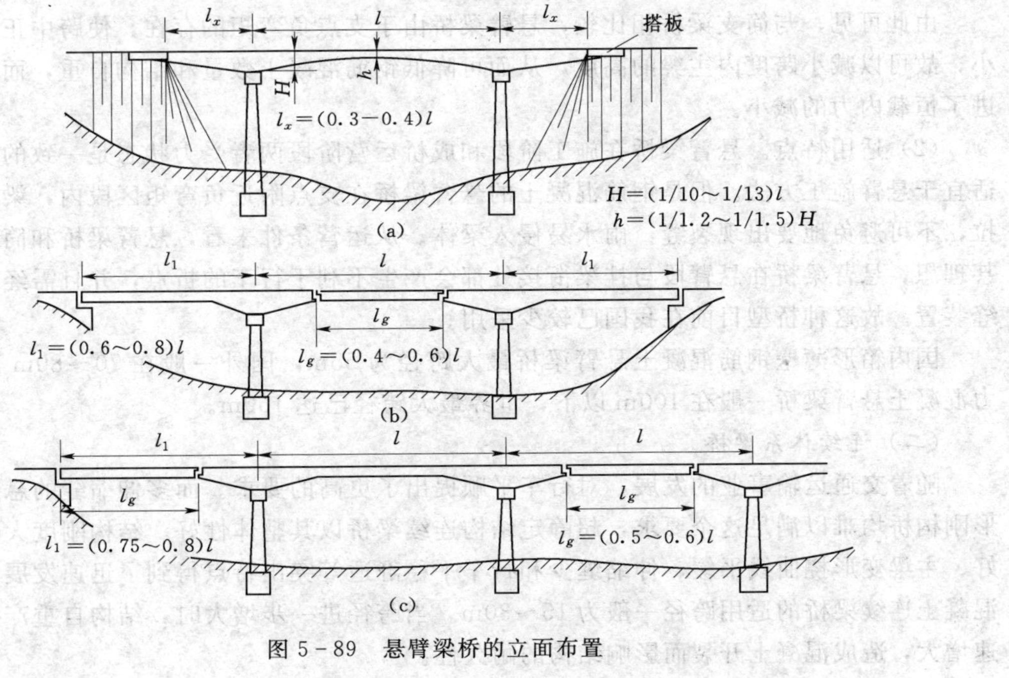

图 5-89　悬臂梁桥的立面布置

2. 一般特点

(1) 力学特点。悬臂梁桥和简支梁桥一样，都属于静定体系，它们的内力不受基础不均

匀沉降等附加变形的影响。

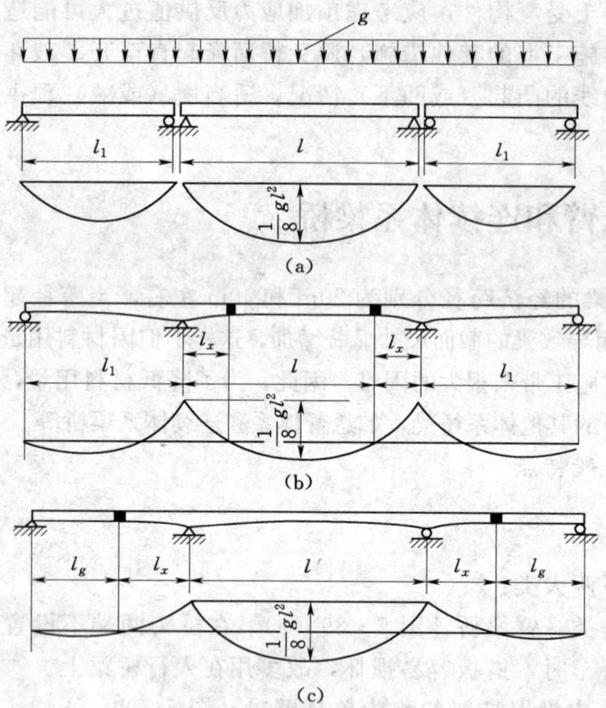

图 5-90　恒载弯矩图

为了更加深入理解悬臂梁桥的力学特征，可将荷载作用下梁体截面产生的内力与简支梁桥作一比较，如图 5-90 所示。在跨径 l 和恒载集度 g 相同的情况下，简支梁的跨中弯矩值最大［图 5-90(a)］，悬臂梁桥则由于支点负弯矩的存在，使跨中正弯矩值显著减小［图 5-90(b) 和 (c)］。从表征材料用量的弯矩图面积大小（绝对值）而言，悬臂梁桥也比简支梁小得多。若以［图 5-90 (b)］中的弯矩图为例，当 $l_x=l/4$ 时，正、负弯矩图面积的总和仅为同跨径简支梁桥的 1/3.2。

再从活载方面来看，如果只在［图 5-90 (c)］的中孔布载，则其跨中最大正弯矩仍然与简支梁一样。但对于带有挂梁的多孔悬臂梁桥［图 5-90 (b)］，活载作用于中间孔上时，只有较小跨径的简支挂梁才产生正弯矩，因此它也比简支梁桥的小得多。

由此可见，与简支梁桥相比较，悬臂梁桥由于支点负弯矩的存在，使跨中正弯矩显著减小，故可以减小跨度内主梁的高度，从而可降低钢筋混凝土数量和结构自重，而这本身又促进了恒载内力的减小。

(2) 适用特点。悬臂梁桥在施工阶段和成桥运营阶段两者受力状态是一致的，因此非常适宜于悬臂施工方法。但是钢筋混凝土的悬臂梁桥在支点附近负弯矩区段内，梁的上翼缘受拉，不可避免地要出现裂缝，雨水易侵入梁体。从运营条件来看，悬臂梁桥和简支梁桥均不甚理想，悬臂梁桥在悬臂段与挂梁衔接处都会产生不利于行车的折点，并且需经常更换伸缩缝装置。故这种桥型目前在我国已较少采用。

国内箱形薄壁钢筋混凝土悬臂梁桥最大跨径为 55m，国外一般在 70～80m 以下；预应力混凝土悬臂梁桥一般在 100m 以下，世界最大跨径已达 150m。

（二）连续体系梁桥

随着交通运输事业的发展，对行车平顺提出了更高的要求。而多伸缩缝的悬臂梁桥和 T 形刚构桥均难以满足这个要求，超静定结构连续梁桥以其整体性好、结构刚度大、抗震性能好、主梁变形挠曲线平缓、伸缩缝少和行车平稳舒适等突出特点得到了迅速发展。普通钢筋混凝土连续梁桥的适用跨径一般为 15～30m。当跨径进一步增大时，结构自重产生的弯矩迅速增大，造成混凝土开裂而影响结构的耐久性。

预应力结构能充分发挥高强材料的特性，促使结构轻型化，所以具有比普通钢筋混凝土更大的跨越能力；另外，它可以有效地避免混凝土开裂，特别是处于负弯矩区的桥面板的开裂；同时又以结构受力性能好、变形小、伸缩缝少、行车平顺舒适、承载能力大、养护工程量小、抗震能力强等而成为最富有竞争力的主要桥型之一。

随着预应力技术的发展和不断完善，尤其是悬臂、顶推等先进施工方法的出现，使预应力混凝土连续梁桥得到更广泛的应用，无论是城市桥梁、高架道路、高等级公路的桥梁，还是跨越江河湖泊的大桥，预应力混凝土梁桥都以其独特的魅力成为优选桥型方案。

1. 结构类型

(1) 等截面连续梁桥。该类型的梁桥（图 5-91）结构构造简单，立面布置以等跨径[图 5-91 (a)] 为宜，也可以采用不等跨布置 [图 5-91 (b)]。当标准跨径不能满足通航或桥下交通要求时，需要加大个别桥跨的跨径，常常不需改变截面高度，而是采用增加钢筋束和调整截面尺寸的方式予以解决，使桥梁外观仍保持等截面布置。这样做既使桥梁的立面协调一致，又能减少构件及模板的规格。

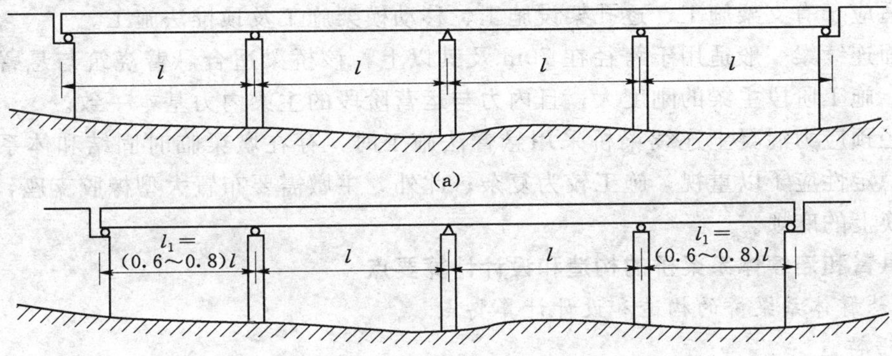

图 5-91 等截面连续梁桥的立面布置

(2) 变截面连续梁桥。当连续梁的主跨跨径接近于或大于 70m 时，若主梁仍采用等截面布置，在恒载和活载作用下，主梁支点截面的负弯矩将比跨中截面的正弯矩大得多，从受力上讲不太合理而且不经济，这时，采用变截面连续梁桥更符合受力要求，高度变化基本上与内力变化相适应。

连续梁桥采用变截面（图 5-92），不仅外形美观，还可节省材料并增大桥下净空高度。

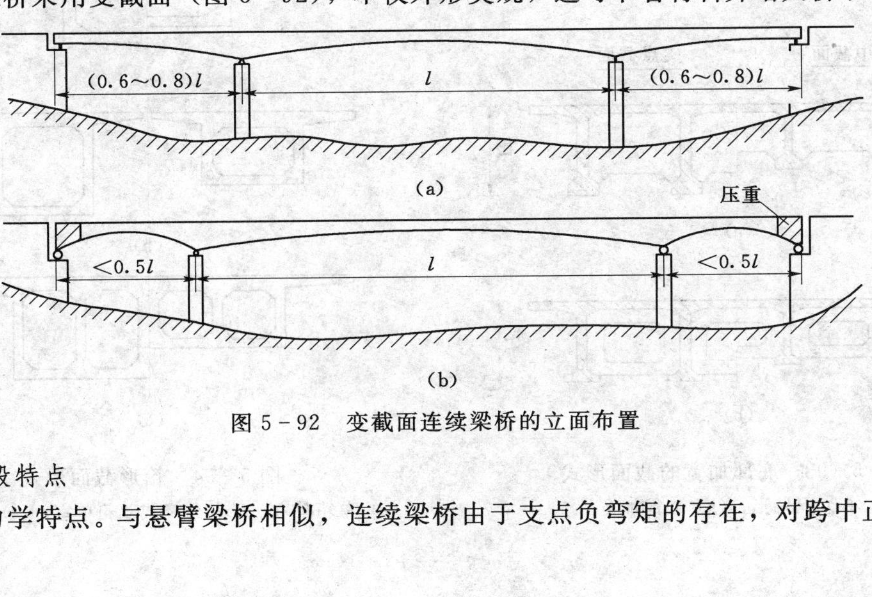

图 5-92 变截面连续梁桥的立面布置

2. 一般特点

(1) 力学特点。与悬臂梁桥相似，连续梁桥由于支点负弯矩的存在，对跨中正弯矩起到卸载作用，显著减小了跨中正弯矩，因而可相应减小跨内主梁的高度，降低钢筋混凝土数量和结构自重，而且这本身又导致恒载内力的减小。

当加大靠近支点截面梁高做成变截面梁时，还能进一步降低跨中设计弯矩。一般地说，加大支点附近梁高是合理的，因为这样不仅对恒载引起的内力影响不大，而且也与桥下的通航净空要求不无妨碍。并且还能够满足抵抗支点处很大剪力的要求。

连续梁桥是超静定结构，墩台基础的不均匀沉降会使梁内产生不利的附加内力；对于预应力混凝土连续梁，在预应力作用下，超静定的连续梁将产生“次内力”，次内力会在截面上产生次应力，与外荷载引起的截面应力共同作用于主梁截面上，影响了梁原来的受力。同样混凝土的收缩、徐变除了导致预应力损失外，也将在连续梁内产生附加的二次内力。这些都必须在设计中予以考虑。

(2) 适用特点。等截面连续梁一般适用于跨径为 40～60m（国外也有达到 80m 跨径者）的桥梁，适应于有支架施工、逐孔架设施工、移动模架施工及顶推法施工。

变截面连续梁一般适用于跨径在 70m 及其以上，该桥梁适合悬臂浇筑与悬臂拼装两种施工方法，施工阶段主梁的刚度大，且内力与运营阶段的主梁内力基本一致。

大跨径预应力混凝土连续梁桥采用悬臂法施工时，存在墩梁临时固结和体系转换的工序，结构稳定性应予以重视，施工较为复杂；此外，主墩需要布置大型橡胶支座，存在养护上甚至更换上的麻烦。

二、悬臂和连续体系梁桥的构造和设计计算要点

(一) 悬臂体系梁桥的构造和设计计算要点

1. 构造特点

(1) 截面形式。由于悬臂体系梁桥的主梁除了跨中部分承受正弯矩外，在支点附近还要承受较大的负弯矩，因此在进行截面设计时，支点截面的底部受压区往往需要加强。常用的截面形式如图 5－93 和图 5－94 所示，图 5－93 (a) 为带马蹄形的 T 形截面，适用于跨径在 30m 以内的钢筋混凝土梁桥；图 5－93 (b) 为底部加宽的 T 形截面，适用于跨径在 30～

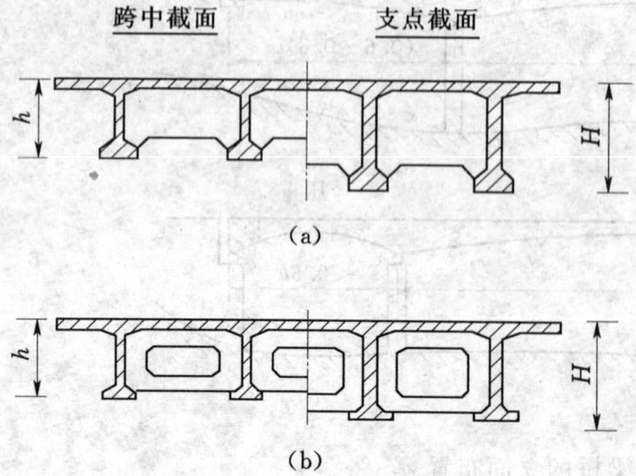

图 5－93 底部加宽的截面形式

(a) 马蹄形；(b) 底部加宽

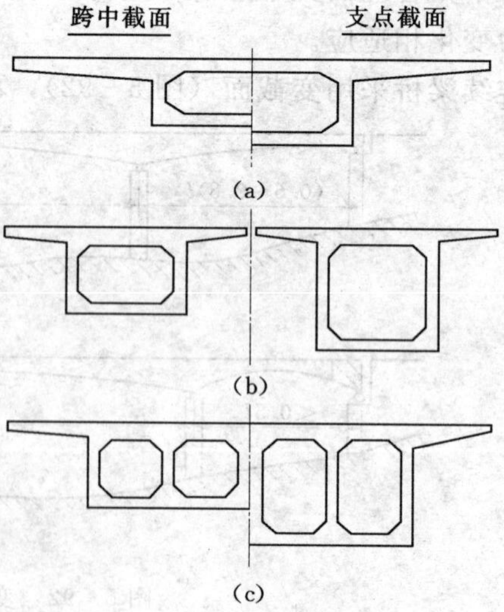

图 5－94 箱形截面形式

(a) 单箱单室；(b) 分离式双箱单室；(c) 单箱多室

50m 以内的预应力混凝土桥梁。当跨径在 50m 以上时，一般使用箱形截面，箱形截面的形式主要取决于桥面宽度，此外，与墩台构造形式、施工要求等也有关，常见的箱形截面形式有单箱单室、分离式双箱单室、和单箱多室，如图 5-94 所示。

在预应力混凝土 T 梁的下缘，为了满足布置预应力束筋及承受张拉阶段压应力的要求，应扩大做成马蹄形，马蹄尺寸大小应满足预施应力各个阶段的强度要求。一般马蹄面积应占截面总面积的 10%～20%，并满足：①马蹄总宽度约为肋宽的 2～4 倍，并注意马蹄部分管道保护层厚度不宜小于 60mm；②下翼缘高度加 1/2 斜坡区高度约为梁高的 0.15～0.20 倍，斜坡宜陡于 45°。

箱形截面由顶板、底板、腹板等组成，它的细部尺寸拟定既要满足箱梁纵横向的受力要求，又要满足结构构造及施工上的需要。悬臂梁桥因接近悬臂端的截面承受负弯矩较小，因此底板厚度主要由构造要求决定。

(2) 跨径布置与梁高尺寸。各种悬臂梁桥的跨径布置和梁高尺寸如图 5-89 所示。

用于跨线桥上的单孔双悬臂梁桥 [图 5-89 (a)]，其中孔跨径由桥下的行车净空要求确定。当主梁为 T 形截面时，由于中支点处 T 形梁下缘的受压面积小，故其悬臂长度不宜过长，一般取等于中跨长度的 0.3～0.4 倍。悬臂过长时，活载作用下悬臂端的挠度太大，悬臂端与路堤连接处的结构易遭破坏，行车也不平稳；同时悬臂也不能太短，太短削弱了它对跨中弯矩的卸载作用，其内力状况接近于简支梁。

当采用箱形截面时，为了中跨跨中最大正弯矩与支点最大负弯矩的绝对值大致相等，以充分发挥材料的受压作用，悬臂长度可适当加大，但最大不能超过中跨长度的 0.5 倍。

表 5-10 列出了单孔双悬臂梁桥梁高拟定的常用尺寸。

表 5-10　　单孔双悬臂梁桥尺寸拟定

桥型	跨径	高跨比（h、H 为跨中和支点梁高）		
普通钢筋混凝土	$L_x=(0.3\sim0.4)l$	T 形截面	$H=(1/10\sim1/13)l$	$h=(1/1.2\sim1/1.5)H$
		箱形截面	$H=(1/12\sim1/15)l$	$h=(1/1.2\sim1/2.5)H$
预应力混凝土	$L_x=(0.3\sim0.5)l$	T 形截面	$H=(1/12\sim1/15)l$	$h=(1/1.2\sim1/1.5)H$
		箱形截面	$H=(1/15\sim1/18)l$	$h=(1/1.2\sim1/2.5)H$

跨河的单孔悬臂梁桥及多孔悬臂梁桥的主孔通常由通航净空确定，或与边孔一起由河床地形和地质等条件综合考虑来选定。当不受上述这些条件限制时，就可以按照梁的弯矩包络图面积为最小的原则来确定边孔与中孔跨径的划分，以达到节省材料的目的。根据已建桥梁的资料分析，边孔跨长 l_1，挂梁长度 l_g 与中孔跨长 l 之间的比例关系，大致在表 5-11 所列的范围内。

表 5-11　　悬臂梁桥各种跨长的比例关系

桥型	结构类型	l_1/l	l_g/l
单孔悬臂梁桥 [图 5-89 (b)]	钢筋混凝土	0.6～0.8	0.4～0.6
	预应力混凝土	0.6～0.8	0.2～0.4
多孔悬臂梁桥 [图 5-89 (c)]	钢筋混凝土	0.75～0.8	0.5～0.6
	预应力混凝土	0.75～0.8	0.5～0.7

多跨悬臂梁桥［图 5－89（c）］的两个悬臂一般做成相同的尺寸，其挂梁高度约为 $h_g=(1/20\sim1/12)\ l_g$。在特殊情况下必须进一步减小锚孔的跨径时，应考虑活载作用在中孔时锚孔边支点可能出现负反力的情况，为此应采取加设平衡重物或设置拉力支座等特殊措施。

悬臂梁桥与多孔简支梁桥相比较的另一个重要特点是：从桥的立面上看，在桥墩上只需设置一排沿墩中心布置的支座，从而可相应地减小桥墩尺寸。

2. 预应力筋的布置

(1) 预应力束筋的布束。预应力混凝土梁桥的布束原则是：

1) 应选择适当的预应力束筋形式和锚具形式。对不同跨径的梁桥结构，要选用预加力大小恰当的预应力束筋，以达到合理的布置形式。避免造成因预应力束筋与锚具形式选择不当，而使结构构造尺寸加大。因为当预应力束筋选择过小，每束的预加力不大，在大跨结构中造成布束过多，因构造尺寸限制布置不下时，则要求增大截面。反之，在跨径不大的结构中，如选择尺寸与预加力很大的单束筋，也可能使结构受力过于集中而产生不利影响。

2) 预应力束筋的布置要考虑施工的方便，尽可能少地切断预应力筋，以避免在结构中布置过多的锚具。因为每根束筋都是一个巨大的集中力，这个巨大的集中力作用于锚具上，锚具与梁接触处的局部受力就会很复杂，这就要求结构在构造上必须予以保证，为此带来了结构构造的复杂，而使施工不太方便。

3) 预应力束筋的布置，要符合结构受力的要求，既要满足施工阶段的受力要求，又要满足成桥后使用阶段各种组合荷载作用下的受力要求；既要满足抗弯的需要，又要满足抗剪的需要，并注意避免在超静定结构体系中引起过大的结构次内力。

4) 预应力束筋的配置，应考虑材料经济指标的先进性，这往往与桥梁体系、构造尺寸、施工方法的选择都有密切关系。

5) 避免使用多次反向曲线的连续束筋，以降低摩阻损失，充分发挥预应力束筋的效益。

6) 预应力束筋的布置，不但要考虑结构在使用阶段的弹性受力状态的需要，而且也要考虑结构在破坏阶段时的需要。

(2) 预应力束筋的布置形式。预应力束筋的布置形式，与桥梁结构体系、受力情况、构造形式、施工方法都有密切关系。

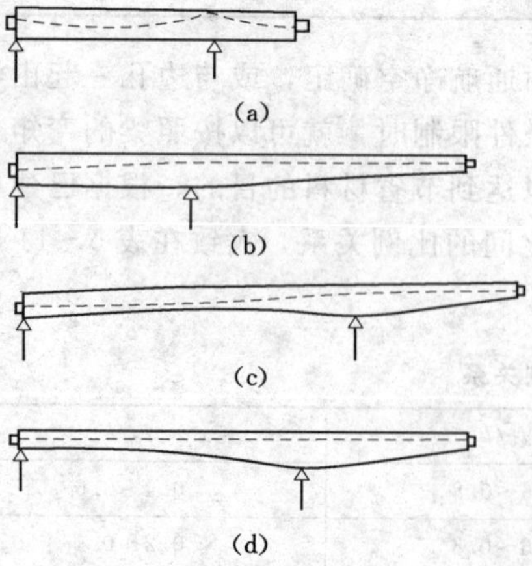

图 5－95　单悬臂梁布束方式

(a) 短跨；(b) 长悬臂；(c) 长锚跨；(d) 直线力筋

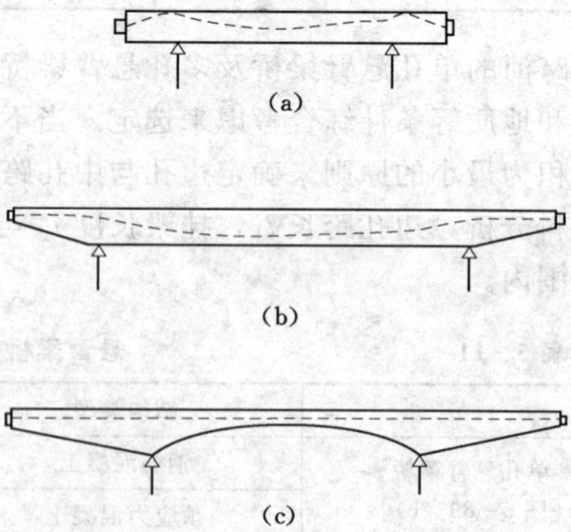

图 5－96　双悬臂梁布束方式

(a) 短跨；(b) 锥形状短悬臂；(c) 直线力筋

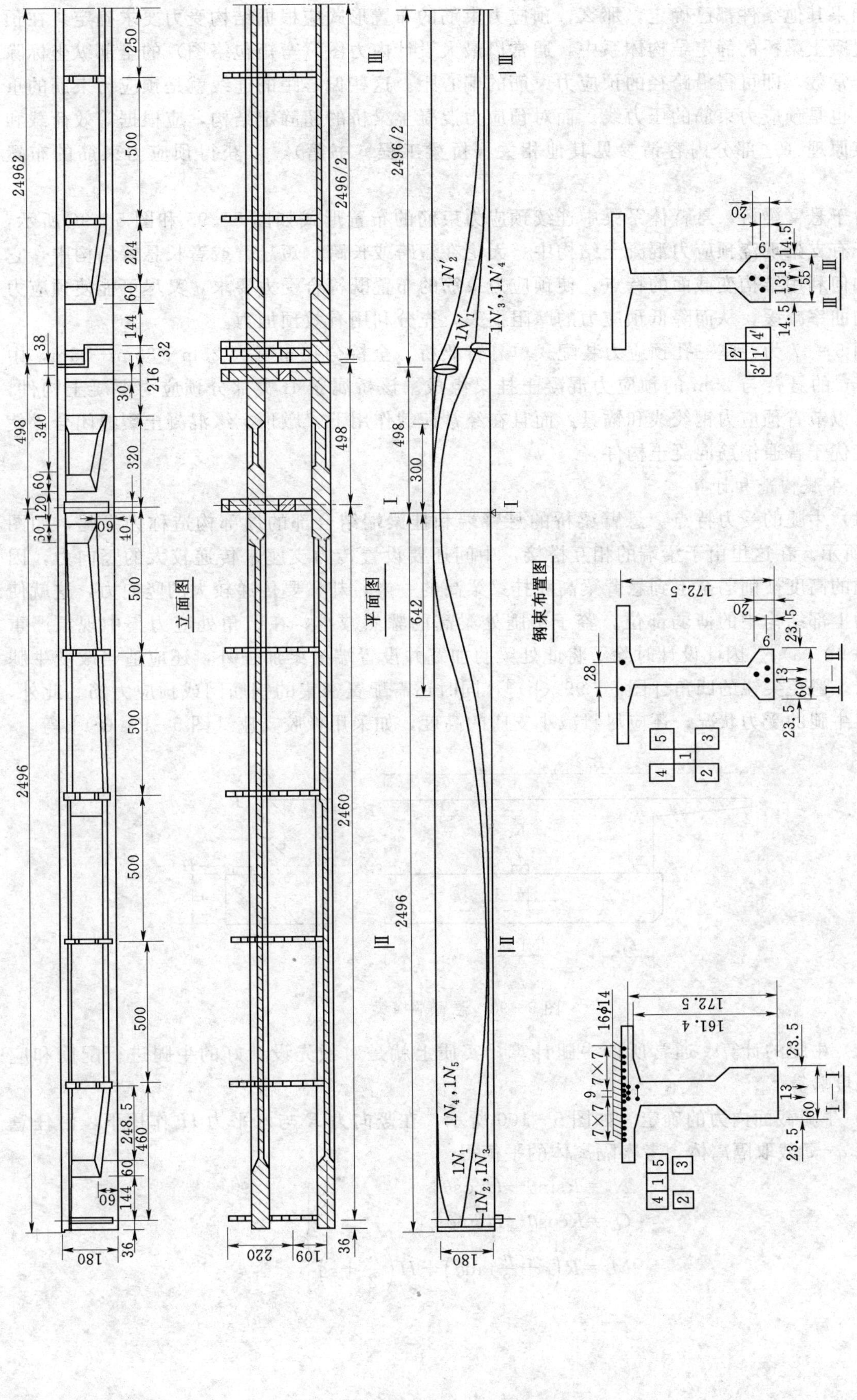

图 5-97　装配式部分预应力混凝土单悬臂梁(单位:cm)

如果其他条件都已确定，那么，预应力束筋的布置形式应根据结构受力要求确定。在预应力混凝土梁桥的静定结构体系中，通常以最大设计内力图（弯矩包络图）的全部纵坐标除以一个常数，即可得沿跨径的预应力束筋的偏心距。这些偏心距的连线就是预应力束筋的重心线，也是预应力束筋的压力线。而对预应力混凝土梁桥的超静定结构，应根据等效荷载和吻合束原理（这部分内容请参见其他相关《桥梁工程》书籍），以获得预应力束筋的布置形式。

对于悬臂梁桥，悬臂体系梁中连续预应力束筋的布置形式如图 5－95 和图 5－96 所示，常用于有支架现浇预应力混凝土结构中。无论在短跨或长跨、短悬臂或者长悬臂结构中，它显示如何利用结构变截面的特点，使预应力束筋的布置既符合受力要求，又尽可能使预应力束筋的曲率减缓，从而降低预应力的摩阻损失，充分利用有效预加力。

图 5－97 为一座三孔预应力装配式单悬臂梁桥，全桥分孔布置为 25m＋35m＋25m，中孔由 5m 的悬臂与 25m 的预应力混凝土挂梁组成。该桥属于 B 类部分预应力混凝土构件，不仅可以节省预应力钢绞线和锚具，而且在经常荷载作用下，墩顶上缘混凝土裂缝闭合，使用性能优于普通钢筋混凝土构件。

3. 牛腿构造和计算

(1) 牛腿的受力特点。悬臂梁桥的悬臂端和挂梁端结合部的局部构造称为牛腿，如图 5－98所示。在这里由于梁端的相互搭接，中间还要设置传力支座来传递较大的竖向力，因此牛腿的高度被削弱至不到悬臂梁高和挂梁梁高的一半，却又要传递较大的竖向力，这就使其成为上部结构中的薄弱部位。鉴于牛腿处梁高的骤然减小，在凹角处应力集中现象严重［图 5－99 (a)］。因此设计时除了将此处梁肋加宽并设置端横梁加强外，还应适当改变牛腿的形状，避免尖锐的凹角［图 5－99 (b)］，同时还需配置密集的钢筋网或预应力筋。此外，为改善牛腿的受力状况，还应尽量减小支座的高度，如采用橡胶支座［图 5－99 (c)］等。

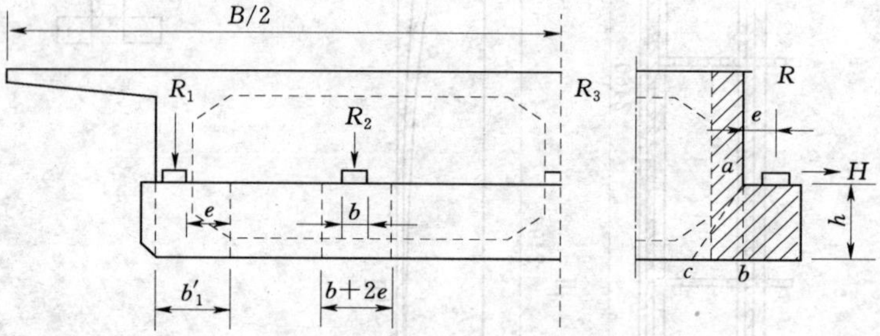

图 5－98 悬臂端横梁

(2) 牛腿的计算。通常所谓牛腿计算，实质上就是对预先设计好的牛腿进行配筋和应力、强度验算。

1) 牛腿截面内力的确定。如图 5－100 所示，在竖向力 R 与水平力 H 作用下，沿任意斜截面 $a-c$ 截取隔离体，考察隔离体的平衡得

$$\left.\begin{aligned} N_\theta &= R\sin\theta + H\cos\theta \\ Q_\theta &= R\cos\theta - H\sin\theta \\ M_\theta &= R\left(e+\frac{h}{2}\tan\theta\right)+H\left(\frac{h}{2}+\varepsilon\right) \end{aligned}\right\} \tag{5-118}$$

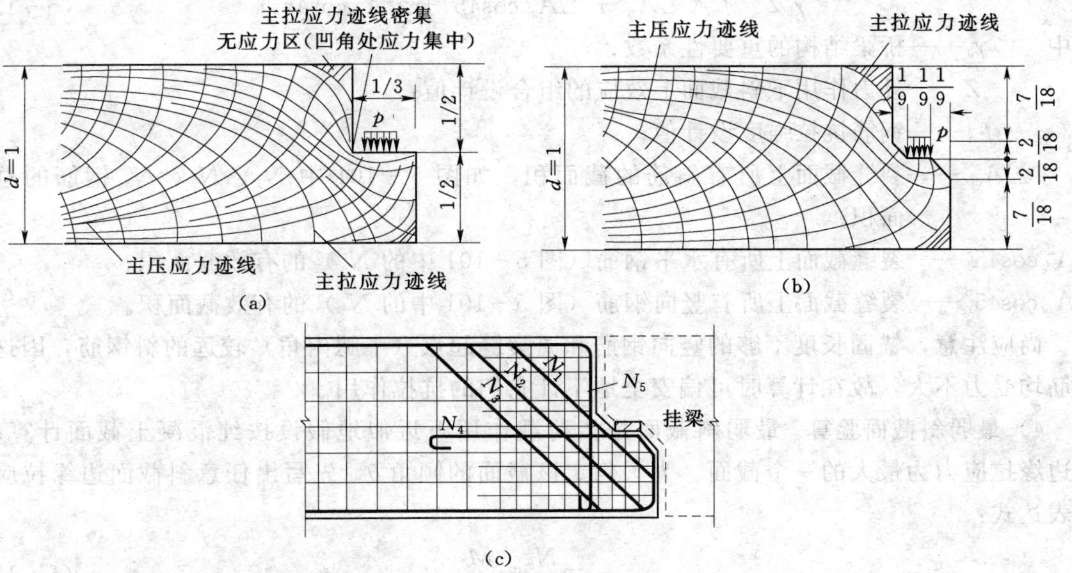

图 5-99　牛腿的构造及受力

式中　R——结构自重及汽车、人群荷载产生的支点反力（对于汽车荷载还应计入冲击力）；

H——汽车荷载制动力或温度变化引起的支座摩阻力，取其大者，当不计附加荷载时，$H=0$；

θ——斜截面对竖直截面的倾角，对于竖直截面 $a-b$ 则 $\theta=0$；

ε——支承垫石高出牛腿底面的高度。

2）竖直截面 $a-b$ 的验算。作用于竖直截面 $a-b$ 的内力为：

$$N_{\theta=0}=H,\quad Q_{\theta=0}=R,\quad M_{\theta=0}=Re+H\left(\frac{h}{2}+\varepsilon\right) \tag{5-119}$$

根据式（5-119）即可按钢筋混凝土偏心受拉构件验算牛腿的抗弯和抗剪强度。当不计附加荷载时，$N_{\theta=0}=0$，就可以按照受弯构件验算强度。

对于有预应力的牛腿，应按预应力混凝土构件验算其强度。

3）45°斜截面验算。在牛腿钢筋设计中，为了确保钢筋具有足够的抗拉强度，尚需验算混凝土沿45°斜截面开裂后的受力状态，此时全部斜拉力由钢筋承受（对于预应力混凝土牛腿包括预应力筋）。此时近似按轴心受拉构件验算，如图 5-101 所示。

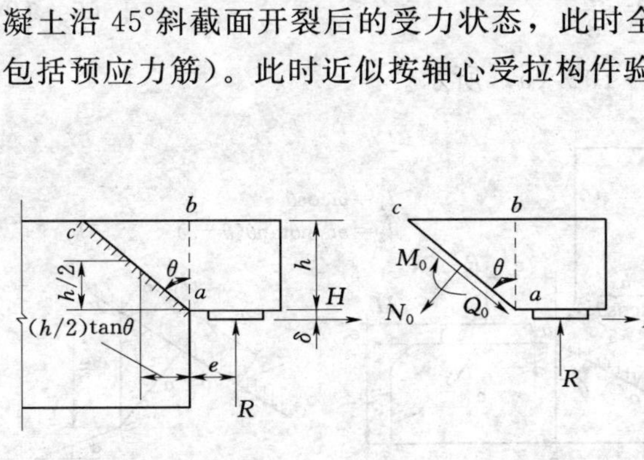

图 5-100　牛腿受力图式

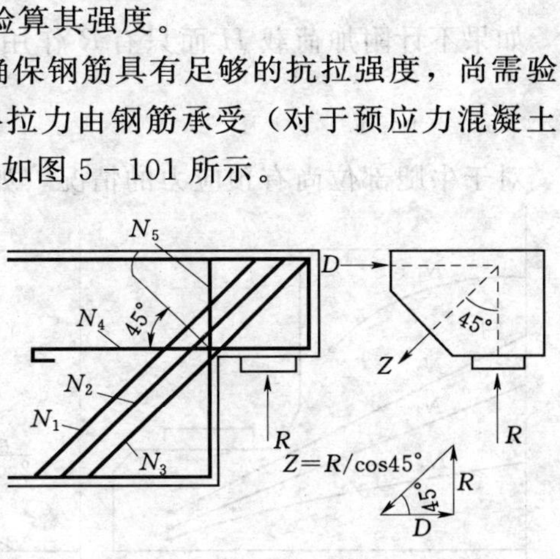

图 5-101　45°斜截面抗拉验算图式

则强度条件应满足：

$$\gamma_0 Z \leqslant f_{sd}(\sum A_{sw} + \sum A_{sh}\cos45° + \sum A_{sv}\cos45°) \tag{5-120}$$

式中 γ_0——桥梁结构的重要性系数；

Z——外力作用下斜截面上效应的组合设计值；

f_{sd}——钢筋抗拉强度设计值；

$\sum A_{sw}$——裂缝截面上所有斜筋的截面积，如图 5－101 中 N_1，N_2，N_3 钢筋的总截面积；

$\sum A_{sh}\cos45°$——裂缝截面上所有水平钢筋（图 5－101 中的 N_4）的有效截面积；

$\sum A_{sv}\cos45°$——裂缝截面上所有竖向钢筋（图 5－101 中的 N_5）的有效截面积。

尚应注意，锚固长度不够的竖向钢筋和离裂缝起点（牛腿内角）较远的斜钢筋，因这些钢筋均受力不大，故在计算时可偏安全地不计它们的抗拉作用。

4）最弱斜截面验算。最弱斜截面是指荷载作用下近似地假设按纯混凝土截面计算时，其边缘拉应力为最大的一个截面。为了确定该截面的倾角 θ，先写出任意斜截面边缘拉应力的表达式：

$$\sigma_\theta = \frac{N_\theta}{A_\theta} + \frac{M_\theta}{W_\theta} \tag{5-121}$$

式中 N_θ，M_θ见式（5－118）；

A_θ，W_θ——斜截面按纯混凝土计算时的面积和截面模量，若牛腿截面的计算宽度为 b_1，则：

$$\left.\begin{aligned} A_\theta &= b_1\frac{h}{\cos\theta} \\ W_\theta &= \frac{1}{6}b_1\left(\frac{h}{\cos\theta}\right)^2 \end{aligned}\right\} \tag{5-122}$$

不难看出，式（5－121）中各项都是 θ 的函数。因此，根据求极值的原理，只要将式（5－118）与式（5－122）的各项代入式（5－121）中，并求导使得 $\frac{d\sigma_\theta}{d\theta}=0$，就可以求得 σ_θ 为最大时斜截面倾斜角 θ 的正切表达式为：

$$\tan2\theta = \frac{2Rh}{3Re + 3H\varepsilon + 2Hh} \tag{5-123}$$

如果不计附加荷载 H 而只有 R 作用时，最弱斜截面倾斜角 θ 可简化为：

$$\tan2\theta = \frac{2h}{3e} \tag{5-124}$$

对于牛腿部位尚有预应力的情况，如图 5－102（a）所示。

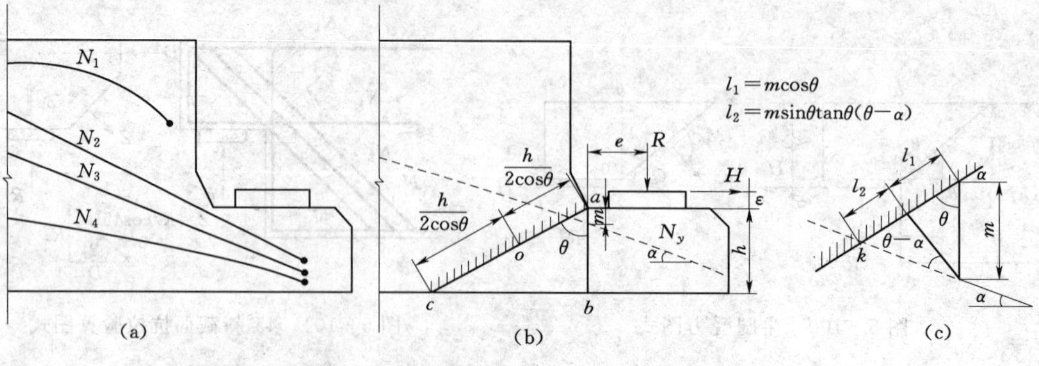

图 5－102 预应力混凝土牛腿的计算图式

在确定任意斜截面 $a—c$ 上的内力时，尚应计入预应力筋 N_2、N_3、N_4 的预压力的合力 N_y 的作用。如图 5-102（b）所示，已知 N_y 的大小（在使用阶段应考虑有效预压力）和方向（N_2、N_3 和 N_4 的重心线方向）后，就可计算 N_y 引起的内力。由图 5-102（c）即可求得预应力的内力为：

$$\left.\begin{aligned}&\text{轴向力：}\quad N_{\theta y}=-N_y\cos(\theta-\alpha)\\&\text{弯矩：}\quad M_{\theta y}=-N_y\cos(\theta-\alpha)\left[\frac{h}{2\cos\theta}-m\cos\theta-m\sin\theta\tan(\theta-\alpha)\right]\end{aligned}\right\}\tag{5-125}$$

依照上述求最大应力的方法，将式（5-125）与式（5-118）合并，并与式（5-122）一起代入式（5-121），经求导使 $\dfrac{d\sigma_\theta}{d\theta}=0$，就得到预应力混凝土牛腿最弱斜截面的倾角 θ 为：

$$\tan2\theta=\frac{2h(R-N_y\sin\alpha)}{3Re+H(2h+3\varepsilon)-N_y\cos\alpha(2h-3m)}\tag{5-126}$$

式中　N_y——牛腿部位预压力的合力；

α——牛腿部位预压力的合力 N_y 对水平线的倾角；

m——牛腿部位预压力合力 N_y 与内角竖直线 $a-b$ 的交点至内角点 a 的距离；

其余符号意义同前。

求得最弱斜截面位置后，就可按偏心受拉构件验算此斜截面的强度。

鉴于牛腿是整根梁的薄弱环节，受力情况复杂，各种验算也带有相当的假设性，故对于斜筋和水平钢筋的设计应适当富余，而且在牛腿部分还应布置较密的箍筋和纵向水平钢筋。

（二）连续体系梁桥的构造和设计计算要点

1. 构造特点

（1）截面形式。预应力混凝土连续体系梁桥的截面形式很多，一般应根据桥梁的总体布置、跨径、宽度、梁高、支承形式和施工方法等方面综合确定。合理地选择主梁的截面形式对减轻桥梁自重、节约材料、简化施工和改善截面受力性能是十分重要的。

预应力连续梁桥横截面形式主要有板式、肋梁式、箱形截面。其中板式、肋梁式截面构造简单、施工方便；箱形截面具有良好的抗弯和抗扭能力，是预应力连续体系梁桥的主要截面形式。

1）板式和T形截面。板式截面分实体截面［图 5-103（a）、(b)］和空心截面［图 5-103（c）、(d)］。矩形实体截面使用较少，曲线形整体截面近年来相对使用较多，实体截面多用于中小跨径，且多配以有支架现浇施工，此时支点板厚为（1/16～1/20）l，变截面板跨中板厚约为支点板厚的 1/1.2～1/1.5 倍。空心截面多用于跨径为 15～30m 的连续梁桥，板厚一般为 0.8～1.5m，常采用有支架现浇施工。

肋梁式截面常用跨径为 25～50m，梁高一般为 1.3～2.6m，多用于预制架设施工，并在梁段安装后经体系转换为连续梁桥。

2）箱形截面。当连续体系桥的跨径为 40～60m 或更大时，主梁一般采用箱形截面，其构造布置灵活，适用于有支架现浇施工、逐孔施工和悬臂施工等多种施工方式。此外，当桥梁承受偏心荷载时，箱形截面梁抗扭刚度大，内力分布比较均匀；在桥梁处于悬臂状态时，具有良好的静力和动力稳定性，对悬臂施工的大跨度梁桥尤为有利。常用的箱形截面形式有单箱单室、单箱双室和分离式双箱单室截面等几种，以第一种使用较多。

（a）顶板。单箱单室的顶板宽度一般不小于 20m［图 5-104（a）］；单箱双室的顶板宽度约为 25m 左右［图 5－104（b）］；双箱单室可达 40m 左右［图 5－104（c）］。

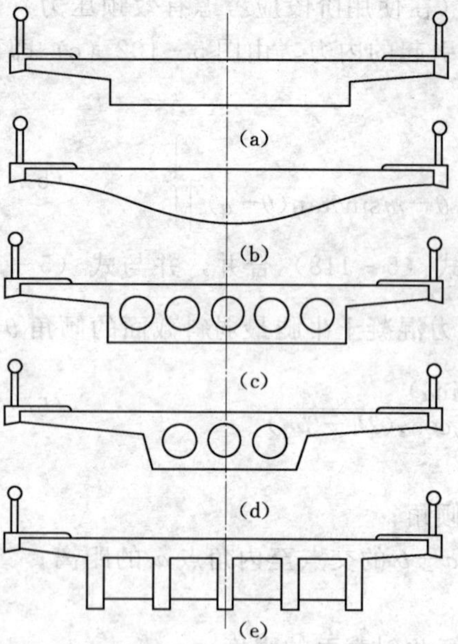

图 5－103　板式、肋梁式截面形式

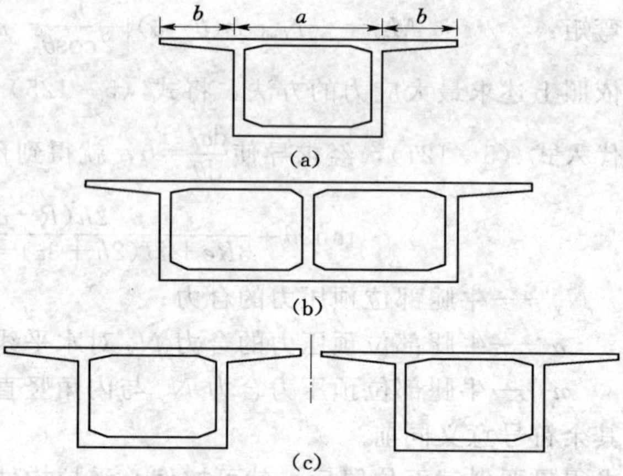

图 5－104　箱形截面形式

确定箱梁顶板的厚度一般需考虑两个因素：即满足桥面板横向弯矩的要求（恒载、活载、日照温差等）；满足布置纵向预应力钢束的要求。参照《日本本州四国联络设计标准》车行道部分的箱梁顶板或其他呈现连续板受力特性的桥面板以及悬臂板厚度拟定，可参考表 5－12。

表 5－12　　车行道部分桥面板厚度　　单位：cm

位置	桥面板跨度方向	
	垂直于行车道方向	平行于行车道方向
顶板或连续板	$3L+11$（纵肋之间）	$5L+13$（横隔之间）
悬臂板	$L<0.25$ 时，$28L+16$	$24L+13$
	$L>0.25$ 时，$8L+21$	

注　两个方向的厚度计算后取小值，L 为桥面板跨度（m）。

顶板两侧的悬臂长度也是调节顶板内弯矩的重要因素。悬臂长度一般采用 2～5m，当长度超过 3m 后，一般需布置横向预应力束筋。翼缘板根部厚度与悬臂长度有关，一般为 20～60cm，翼缘板端部厚度可以减薄到 8～10cm，如果设置防撞墙或需锚固横向预应力束筋，则端部厚度不小于 20cm。

（b）底板。纵向负弯矩区受压底板的厚度对于改善全桥的受力状态，减小徐变下挠十分重要，因而大跨度连续体系梁桥中，应确保承受负弯矩的内支点区域的箱梁底板有足够的厚度。箱梁底板的厚度随箱梁负弯矩的增大逐渐加厚到墩顶，以适应箱梁下缘受压的要求，墩顶区域底板不宜过薄，否则压应力过高，由此产生的徐变将使跨中区域梁体下挠度较大。

底板厚度与主跨之比宜为 1/120～1/170，T 形构悬臂端箱梁底板的厚度为 16～18cm，对于预应力混凝土连续梁，底板中要配置一定的预应力钢筋与普通辅助钢筋，底板厚度一般为 20～25cm。

无预应力束筋的箱梁底板厚度尽可能满足 $l_1/30$（l_1 为箱梁底部内壁净距），但不小于 12cm，如箱梁底板上有预应力束筋管孔；其最小厚度应为 3.3D（D 为管孔直径），并要加强辅助钢筋，如管孔过密，在管孔间设吊筋。

（c）腹板。箱梁腹板的主要功能是抵抗由弯曲剪应力和扭转剪应力产生的主拉应力，墩顶区域剪力较大，因而腹板较厚，跨中区域腹板较薄，但腹板的最小厚度应考虑钢束管道布置、钢筋布置和混凝土浇筑的要求。一般地，等高度箱梁可以采用直腹板或斜腹板，变高度箱梁采用直腹板。

英国水泥和混凝土协会提出如下两个关于预应力混凝土连续梁最佳腹板厚度参数的公式，其指标可供参考（图 5-105）。

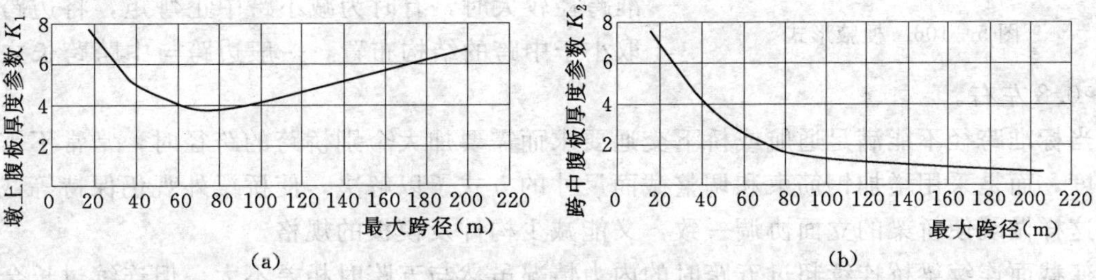

图 5-105　最大跨径连续箱梁最佳横截面几何参数曲线

墩上腹板厚度参数

$$K_1=\frac{t_{wp}h_p}{BL_{\max}}\times10^3$$

跨中腹板厚度参数

$$K_2=\frac{t_{wm}h_m}{BL_{\max}}\times10^3$$

式中　t_{wp}——墩上腹板厚度的总和；

t_{wm}——跨中腹板厚度的总和；

h_p——墩上梁高；

h_m——跨中梁高；

B——桥面总宽；

$L_{\max}$——桥梁最大跨径。

对于腹板的最小厚度，一般的设计经验为：

a）腹板内无预应力束筋管道布置时，腹板最小厚度取 20cm。

b）腹板内有预应力束筋管道布置时，腹板最小厚度取 30cm。

c）腹板内有预应力束筋锚头时，腹板最小厚度取 35cm。

d）墩上或靠近桥墩的箱梁根部腹板需加厚，以满足剪力增加的要求。其厚度可以达到 30～60cm 甚至 100cm。

（d）梗腋。箱梁的顶底板处与腹板的接头处设置梗腋以加强竖肋同水平板的联系，并提高截面的抗扭刚度和抗弯刚度，减小扭转剪应力、畸变应力和次应力。此外在构造上利用梗腋所提供的空间布置纵向和横向预应力筋，也为减小顶底板的厚度提供了构造上的保证。

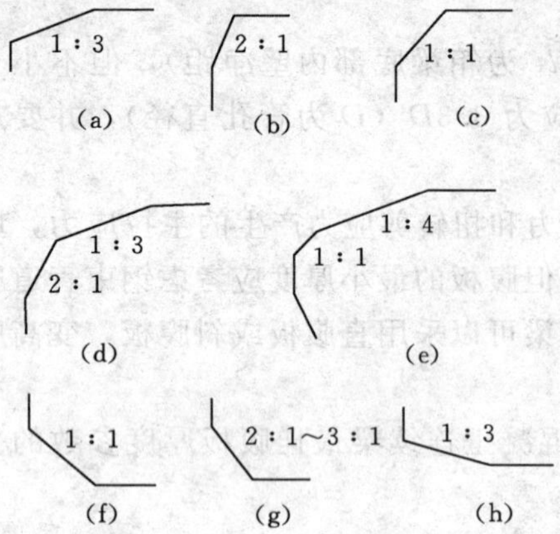

图 5-106 梗腋形式

加腋有竖向加腋和水平加腋两种。如图 5-106 所示，图 5-106（a）为一般箱梁上的常用形式；图 5-106（b）、（c）常用于箱梁截面较小的情形；图 5-106（d）、（e）常用于斜腹板与顶板之间；图 5-106（f）、（g）、（h）常用于底板与腹板之间的下梗腋，以便于底板混凝土的浇筑。

（2）跨径布置与梁高尺寸。等跨布置的跨径大小主要取决于经济分孔和施工的设备条件。高跨比一般为 1/15～1/25；在顶推法施工的等截面连续梁桥中梁高 H 与顶推跨径 l_0 之比一般为 1/12～1/17。当标准跨径较大时，有时为减小跨中正弯矩，将边跨跨径取小于中跨的结构布置，一般边跨与中跨跨长之比为 0.6～0.8 左右。

当标准跨径不能满足通航或桥下交通要求而需要加大个别桥跨的跨径时，常常不需要改变高度，而是采用增加钢筋束和调整截面尺寸的方式予以解决，使桥梁外观仍保持等截面布置。这样做既使桥梁的立面协调一致，又能减少构件及模板的规格。

变截面连续梁桥连续超过五跨时的内力情况虽然与五跨时相差不大，但连续过长会增大温度变化的附加影响，造成梁端伸缩量很大，需设置大位移量的伸缩缝，因此连续孔数一般不超过五跨，但也有为减少伸缩缝而采用多于五跨的情形。当需要在宽阔的河流或旱谷上修建很多孔连续梁时，通常可按 3～7 孔为一联分联布置，联与联的衔接处，通过两排支座支承在一个桥墩上。

变截面形式的大跨径预应力混凝土梁桥，立面一般采用不等跨布置。但多于三跨的连续梁桥，除边跨外，其中间各跨一般采用等跨布置，以方便悬臂施工。对于多于两跨的连续梁桥，其边跨一般为中跨的 0.6～0.8 倍左右。当采用箱形截面三跨连续梁时，边跨跨径甚至减小至中跨的 0.5～0.7 倍。有时为了满足城市桥梁或跨线桥的交通要求而需增大中跨跨径时，可将边跨跨径设计成仅为中跨的 0.5 倍以下，在此情况下，端支点上将出现较大的负反力，故必须在该位置设置能抵抗拉力的支座或压重以消除负反力。

在不受总体设计中建筑高度限制的前提下，连续箱梁的梁高宜采用变高度的，其梁底曲线可采用二次抛物线、折线和介于折线与二次抛物线之间的 1.5～1.8 次抛物线变化形式，抛物线的变化规律应与连续梁的弯矩变化规律基本接近，采用折线截面变化布置可使桥梁的构造简单，施工方便。具体的选用形式应按照各截面上下缘受力均匀、容易布筋的原则确定。

根据已建成桥梁的资料分析，支点截面的梁高 $H_{支}$ 约为（1/16～1/18）l（l 为中间跨跨长），一般不小于 $l/20$，跨中梁高 $H_{中}$ 约为（1/1.5～1/2.5）$H_{支}$。在具体设计中，还要根据边跨与中跨比例、荷载等级等因素通过几个方案的分析比较确定。在大跨径预应力混凝土连续梁桥中，除截面高度变化外，还可将截面的底板、顶板和腹板做成变厚度板，以满足主梁内各截面的不同受力要求。

（3）横隔板。横隔板的作用、构造和设置位置、数量等，均与结构形式有较大的关系。

1）肋板截面梁的横隔板。对于 T 形梁等肋式结构，横隔板的主要作用是将主梁连接成整体，增加结构的整体性和横向刚度，保证各主梁共同受力，其构造、设置位置与简支梁相同。

2）箱形截面梁的横隔板。

（a）支点横隔板。各种箱形梁一般都在支点位置设置横隔板，其作用是约束箱梁的畸变变形和扭转变形，并承担、传递支反力。当支座直接布置在箱梁腹板下时（双支座布置在箱梁双侧腹板的下方），横隔板是以约束畸变变形和扭转变形为主，其厚度一般在0.3～1.0m之间，配筋按照构造要求配置。当支座设置在横隔板中部时（不在腹板下方），横隔板还承担着传递支反力的作用，是重要的受力结构，其厚度和配筋由受力要求确定，厚度比前者大，一般为1.0～2.0m，按深梁或者一般梁进行抗弯、抗剪配筋。在与刚构墩对应的位置上都应设置横隔板，其构造应依据受力分析确定。

（b）中横隔板。对于整体式双箱结构，设置横隔板的目的是将两箱连为整体，应根据整体刚度的要求，由计算确定横隔板的位置和构造。在箱梁内部设横隔板，其主要作用是约束截面的畸变和扭转变形。但这种作用在直线箱梁上并不明显，现在倾向于不设。而对于弯、斜梁，中横隔板的效应明显；为了减轻自重，厚度较小，约为0.3～0.4m。箱梁内的横隔板通常采用板式结构，为满足施工、维修和通风要求，须在横隔板上设置过人洞。

（c）加劲横梁。对于大悬臂单箱单室宽桥，要设置加劲横梁以改善箱梁的横向受力。此时横隔板一般采用肋式结构，由受力要求确定其间距和构造。

2. 预应力筋布置

连续梁主梁的内力主要是纵向受弯、受剪以及横向受弯。通常所说的三向预应力就是为了抵抗上述三个内力。纵向预应力抵抗纵向受弯和部分受剪；竖向预应力抵抗受剪；横向预应力则抵抗横向受弯。预应力数量和布筋位置都需要根据结构在使用阶段的受力状态予以确定，同时，也要满足施工各阶段的受力需要。施工方法不同，施工阶段的受力状态差别很大，因此，结构配筋必须结合施工方法考虑。

（1）纵向预应力筋。沿桥跨方向布置的纵向力筋又称为主筋，是用以保证桥梁在永久、可变作用下纵向跨越能力的主要受力钢筋，可布置在顶板、底板和腹板中。

预应力混凝土梁中纵向力筋的布置方式多种多样，如图5-107所示，其具体的布置方式与所采用的施工方法以及预应力筋的种类等有着密切的关系。

图5-107（a）表示采用顶推法施工的直线形预应力筋布置方式。上、下的钢筋通束使截面接近轴心受压，以抵抗顶推过程中各截面承受的正负弯矩的交替变化。待顶推完成后，再在跨中的底部和支点的顶部增加局部预应力筋，用来满足运营荷载下相应的内力要求。有时按设计还在跨中的顶部和支点附近的底部设置局部的施工临时钢筋束，待顶推完成后即予卸除。

图5-107（b）表示采用先简支后连续施工方法的预应力钢筋的布置方式。待墩上接缝混凝土达到规定强度后，用设置在接缝顶部的局部预应力筋来建立结构的连续性。

图5-107（c）和（d）表示采用悬臂施工方法的预应力筋的布置方式。梁中除了正弯矩区和负弯矩区各需布置顶部和底部预应力筋外，在有正、负弯矩的区段内，顶、底板中均需要设置预应力筋。图5-107（c）所示为直线布束方式，即顶板预应力筋沿水平布置并锚固在梗腋处，这种布束方式可减小预应力筋的摩阻损失，并且穿束方便，也改善了腹板混凝土浇筑条件；水平预应力筋的设计和构造仅由弯曲应力决定，而抗剪强度则由竖向预应力筋

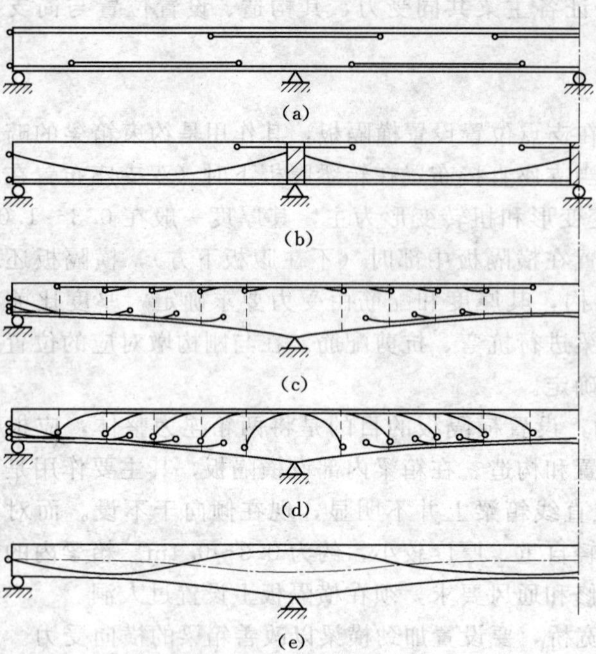

图 5-107 预应力混凝土连续梁配筋方式

(a) 顶推施工法；(b) 先简支后连续施工法；(c) 悬臂施工法；(d) 搭架现浇施工法

来提供。图 5-107 (d) 所示为顶板预应力筋在腹板内弯曲并下弯锚固在腹板上，以减小外荷载所产生的剪力。此时腹板应具有足够的厚度以承受集中的锚固力。

图 5-107 (e) 表示整根曲线形钢筋束锚固于梁端的布置方式，一般用于整联现浇的情形。在此情况下，若预应力筋既长且弯曲次数又多，就显著加大了预应力筋的摩阻损失，因而联长或力筋不宜过长。

预应力筋的布置要考虑到张拉操作的方便。当需要在梁内、梁顶或梁底锚固预应力筋时，应根据预应力筋锚固区的受力特点给予局部加强，以防开裂损坏。

(2) 横向预应力筋。横向预应力筋是保证桥梁横向整体性、桥面板及横隔板横向抗弯能力的主要受力钢筋，一般锚固在横隔板或顶板中。图 5-108 为对箱梁截面的顶板施加横向预应力的力筋构造。

桥面板中的横向预应力束一般采用直线布置，设置在桥面板上、下两层钢筋网之间，可与纵向束叠置。桥面板的最小厚度为纵向预应力管道直径与横向预应力管道直径之和再加 2～5cm。

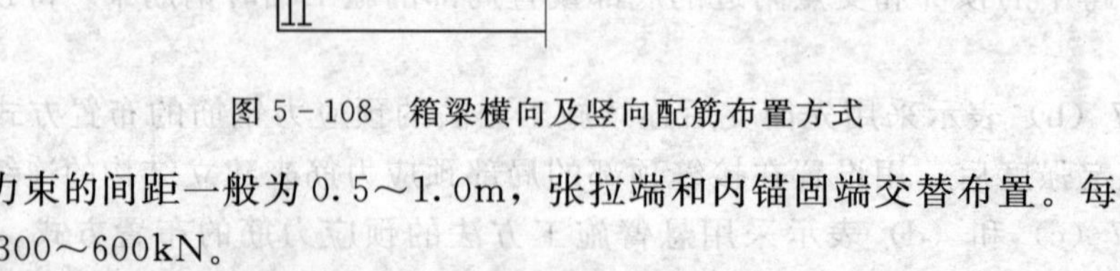

图 5-108 箱梁横向及竖向配筋布置方式

横向预应力束的间距一般为 0.5～1.0m，张拉端和内锚固端交替布置。每根预应力筋的预加力一般为 300～600kN。

(3) 竖向预应力筋。竖向预应力筋布置在腹板中，主要作用是提高截面的抗剪能力。图 5-108 中还示出了对箱梁截面的腹板施加竖向预应力的力筋构造。竖向预应力筋在梁体腹板内沿纵向的布置间距可根据竖向剪力的分布进行调整，靠支点截面布置较密，靠跨中截面布置较疏。竖向预应力筋采用粗钢筋来减少力筋张拉锚固时的回缩损失。但是由于粗钢筋强度较低（小于1000MPa），长度较短，因而张拉延伸量小，在施工过程中容易造成预应力损失过大或者失效。为克服这一问题，对施工提出二次张拉的要求是十分必要的，这样做可消除大部分混凝土弹塑性压缩引起的预应力损失。

另外，现在已开始将一种拉索式锚具用于钢绞线竖向预应力体系中，如图 5－109 所示。具体方法也是进行二次张拉；第一次张拉使锚杯内的夹片夹紧预应力筋，第二次张拉锚杯，直至设计张拉力后，拧紧锚杯外螺母固定。这种预应力筋张拉的回缩损失相当小，可利用二次张拉和钢绞线的大延伸量使其在使用中不易失效。

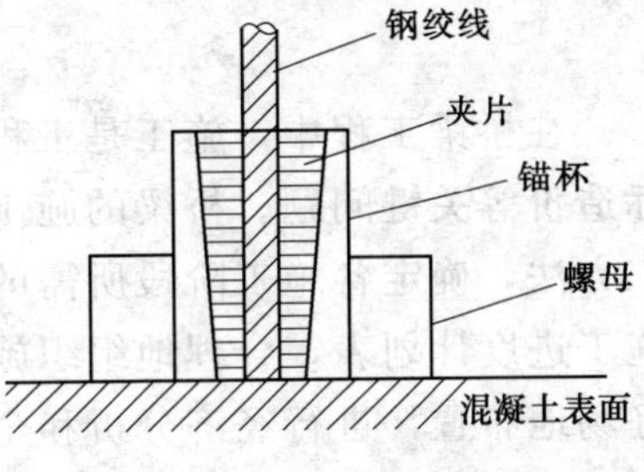

图 5－109　拉索锚

预应力张拉后应及时对管道作压浆处理并封锚，压浆应密实饱满，否则预应力筋锈蚀发生断裂，可能造成灾难性的后果。

第六章 混凝土梁桥的施工

在桥梁工程中，施工是工程建设中非常重要的一个环节，决定着工程的质量、工期和实际造价等关键问题。桥梁的施工应包括施工技术和施工的组织管理。其中施工技术是选择施工方法，确定各施工阶段所需的机具设备、材料和劳动力等事项。施工的组织管理需要制定施工进度计划表，合理地组织施工，保证各阶段施工所需的机具设备、材料和劳动力，安排好场地布置，进行经济分析和全面质量管理，组织好生产与生活等。

钢筋混凝土和预应力混凝土梁桥的施工可分为就地浇筑法和预制安装两大类。近年来，随着吊装运输能力的不断提高，预制安装的施工方法已在国内外得到了普遍推广，对于中小跨径的简支梁桥广泛采用标准设计进行整片预制和架设。

第一节 混凝土简支梁桥施工

一、基本施工工艺

无论采用就地浇筑法和分片预制安装法进行主梁施工，对于混凝土简支梁体本身来说，都必须经过如图 6-1 所示的基本施工工艺流程才能成型。以下就每一项工作的具体过程进行介绍。

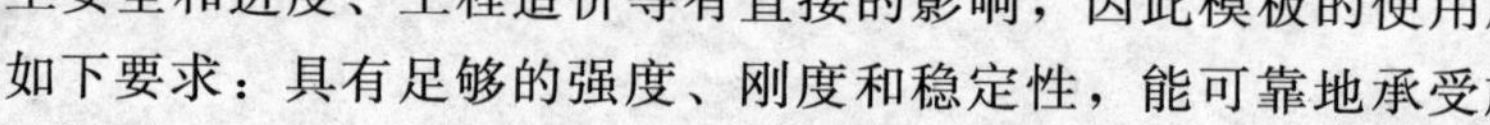

图 6-1 混凝土构件基本施工工艺流程

(一) 模板

模板是施工过程中的临时性结构，它们不仅控制着预制梁体尺寸的精度，而且对混凝土的浇筑质量、施工安全和进度、工程造价等有直接的影响，因此模板的使用应进行认真选择和设计，并符合如下要求：具有足够的强度、刚度和稳定性，能可靠地承受施工过程中的各项荷载；保证结构的设计形状、尺寸及各部分相互位置的准确性；模板接缝要严密、平顺，能保证混凝土在浇筑过程中不漏浆；应便利制作，装拆容易，尽可能采用组合钢模板和大模板，以便提高其使用周转率和适应性。

模板是保证混凝土构件外观尺寸的手段，其工作包括模板的设计、制作、支立、拆除。

1. 模板的类型

按所在位置模板分为侧模、底模、芯模等；按制作材料模板分为木模板、钢模板、钢木结合模板等；按装拆方法模板分为零拼式模板、分片装拆式模板、整体装拆式模板等。

2. 设计荷载

(1) 竖向荷载包括新浇混凝土自重；施工人员、工器具、堆放荷载；倾倒混凝土产生的冲击荷载；振捣混凝土产生的荷载；其他荷载（如冬季保暖设施等）。

（2）水平荷载包括新浇混凝土的侧压力；倾倒混凝土产生的水平荷载；振捣混凝土产生的水平荷载。

3. 模板的构造

常用的构件模板材料木模多用于就地浇筑或者非等跨结构的场合；钢模多用于预先制作的装配式标准构件，以利于成批生产，降低成本。

（1）木模板的结构。木模是由紧贴于混凝土表面的壳板（又称面板）、支承肋木和立柱（或横档）组成。壳板可以垂直拼装或水平拼装，壳板的接缝可做成平缝、搭接缝或企口缝。为了增加木模的周转次数并方便脱模，往往在壳板面上加钉一层薄锌铁皮。壳板的厚度一般为 2～5cm，宽为 15～18cm，不宜超过 20cm。肋木、立柱或横档的尺寸可根据经验或计算确定。肋木的间距一般为 0.7～1.5m。

如图 6-2 所示为常用 T 形梁的分片装拆式木制模板结构。相邻横隔板之间的模板形成一个柜箱，在柜箱内的横档上可安装附着式振捣器。梁体两侧的一对柜箱通过顶部横木用穿通梁肋的螺栓拉杆来固定，并由立柱底的木楔进行装、拆及调整。

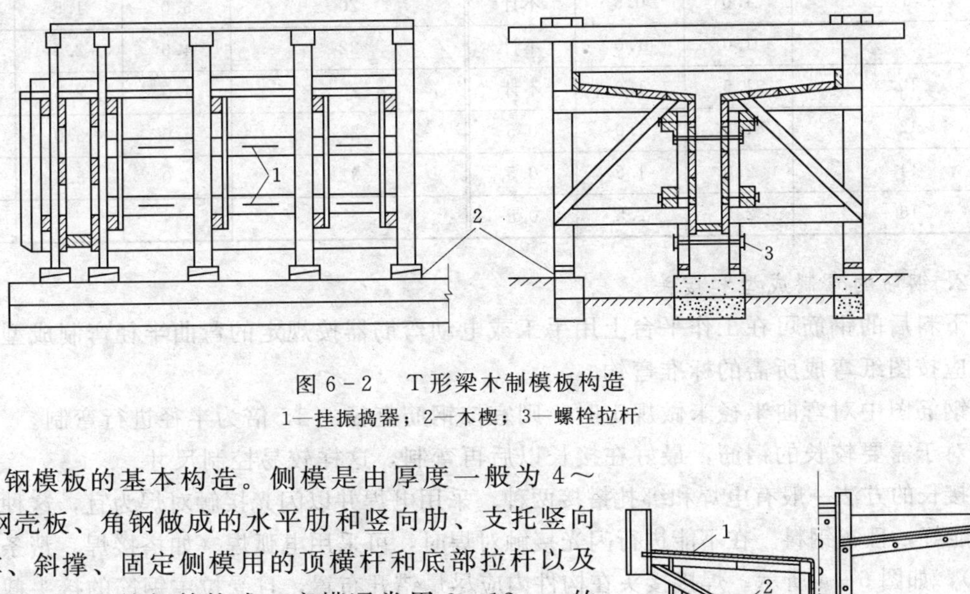

图 6-2　T 形梁木制模板构造

1—挂振捣器；2—木楔；3—螺栓拉杆

（2）钢模板的基本构造。侧模是由厚度一般为 4～8mm 的钢壳板、角钢做成的水平肋和竖向肋、支托竖向肋的直撑、斜撑、固定侧模用的顶横杆和底部拉杆以及安装在壳板上的振捣架等构成；底模通常用 6～12mm 的钢板制成，它通过垫木支承在底部钢横梁上，如图 6-3 所示。

在拼装钢模板时，所有紧贴混凝土的接缝内部用止浆垫使接缝密闭不漏浆，止浆垫一般采用柔软、耐用和弹性大的 5～8mm 橡胶板或厚 10mm 左右的泡沫塑料。

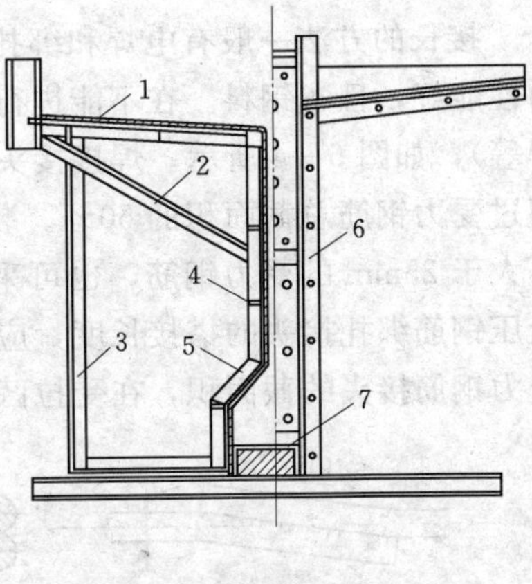

图 6-3　T 形梁钢制模板构造

1—钢壳板；2—斜撑；3—直撑；
4—水平肋；5—竖向肋；
6—端模；7—底模

（二）钢筋制作

钢筋制作工序多，包括钢筋整直、切断、除锈、弯制、焊接或绑扎成型等。鉴于钢筋的加工质量和布置，在浇筑混凝土后无法检查，故必须严格控制钢筋的施工质量。

1. 钢筋加工的准备工作

首先应对进场的钢筋通过抽样试验进行质量鉴定，合格的才能使用。抽样试验主要包括抗拉极限强度、屈服点和冷弯试验。

(1) 整直：根据钢筋直径的大小采用不同的方法。对于直径在10mm以上的钢筋一般用锤打整直；对于直径不大于10mm的，常用手摇或电动绞车通过冷拉整直（伸长率不大于1%），这样还能提高钢筋的强度和清除铁锈。

(2) 除锈：经锤直的钢筋可用钢丝刷或喷砂枪喷砂除锈。

(3) 下料：为了使成型的钢筋比较精确地符合设计要求，在下料前应计算图纸上所标明的折线尺寸与弯折处实际弧线尺寸之差值（通常可查阅现成的计算表格），同时还应计入钢筋在冷作弯折过程中的伸长量，按表6-1估算。

表6-1 钢筋弯折伸长量 单位：cm

钢筋直径（mm）	弯折角度			钢筋直径（mm）	弯折角度		
	180°	90°	45°		180°	90°	45°
6	1.0	0.5	不计	20	3.0	1.5	1.0
8	1.0	1.0	不计	22	4.0	2.0	1.0
10	1.5	1.0	不计	25	4.5	2.5	1.5
12	1.5	1.0	0.5	27	5.0	3.0	2.0
14	2.0	1.5	0.5	32	6.0	3.5	2.5
16	2.5	1.5	0.5				

2. 钢筋的弯制成型和接头

下料后的钢筋可在工作平台上用手工或电动弯筋器按规定的弯曲半径弯制成型，钢筋两端也应按图纸弯成所需的标准弯钩。

钢筋图中对弯曲半径未做规定时，则宜按钢筋直径的15倍为半径进行弯制。

对于需要较长的钢筋，最好在接长以后再弯制，这样较易控制尺寸。

接长的方法一般有电焊和绑扎搭接两种。采用电焊并以闪光接触对焊为宜，这种接头的传力性能好，且省钢料。在不能进行闪光接触对焊时，可采用电弧焊（如搭接焊、帮条焊、坡口焊等），如图6-4所示。焊接接头在构件内应尽量错开布置，且受拉主钢筋的接头截面积不得超过受力钢筋总截面积的50%。装配式构件连接处受力钢筋的焊接接头可不受此限制。直径不大于25mm的受力钢筋，也可采用绑扎搭接，受拉钢筋接头长度不应小于表6-2的规定。受压钢筋绑扎接头的搭接长度，应取受拉钢筋绑扎接头搭接长度的0.7倍。且搭接长度区段内受力钢筋接头的截面积，在受拉区不得超过钢筋总截面积的25%，在受压区不得超过50%。

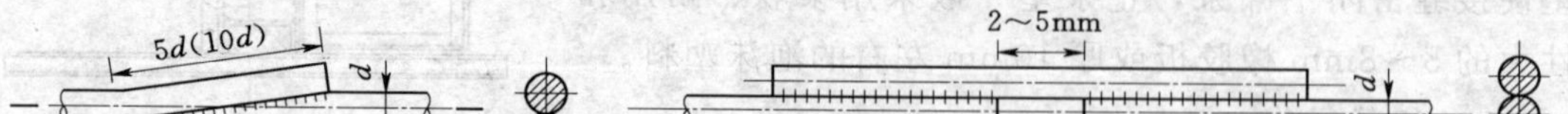

图6-4 钢筋接头的电弧焊形式

(a) 搭接焊；(b) 帮条焊

表 6-2　**钢筋搭接长度**

钢筋类型	混凝土强度等级		
	C20	C25	高于 C25
R235	35d	30d	25d
HRB335	45d	40d	35d
HRB400	55d	50d	45d

3. 钢筋骨架的组成

装配式梁的焊接钢筋骨架应在坚固的焊接工作台上进行。骨架的焊接一般采用电弧焊，先焊成单片平面骨架，再将它组拼成立体骨架。组拼后的骨架须有足够的刚性，焊接须有足够的强度，以便在搬运、安装和灌注混凝土过程中不致变形、松散。

钢筋骨架是由纵向钢筋（主筋）、架立筋、箍筋、弯起钢筋（斜筋）、分布钢筋以及附加钢件构成。如图 6-5 所示为普通矩形截面梁的钢筋骨架构造。

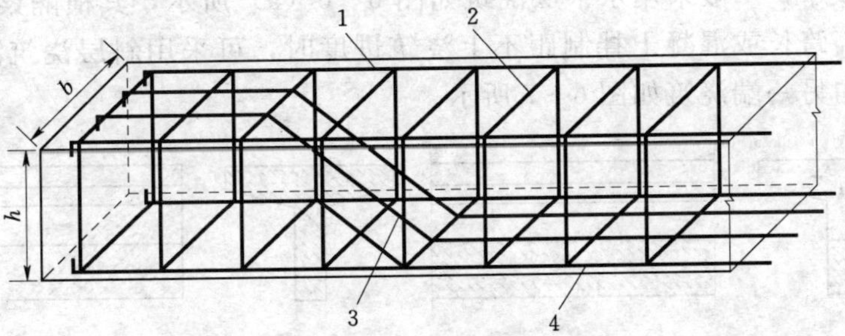

图 6-5　普通矩形截面梁的钢筋骨架构造

1—架立筋；2—箍筋；3—弯起筋；4—纵向主筋

（三）混凝土工作

混凝土工作包括拌制、运输、浇筑、振捣、养护及拆模等工序。混凝土的砂石配合比及水灰比均应通过设计和试验室的试验来确定，拌制一般采用搅拌机。

1. 混凝土的拌制

混凝土一般应采用机械搅拌，上料顺序一般是先石子、次水泥、后砂子。不管采用机械或人工搅拌，都应使石子表面有饱满砂浆，各种组成材料混合均匀，颜色一致。

混凝土中加入的外加剂主要有减水剂、早强剂、促凝剂、缓凝剂、加气剂和膨胀剂等。通过添加不同类型的外加剂，可改善混凝土的各种性能。外加剂的类别、适用范围和掺加量可参考《公路桥涵施工技术规范》（JTJ 041—2000）附录。但注意，在预应力混凝土中不得使用加气剂和各种氯盐。

保证混凝土拌和均匀的重要条件是有足够拌和时间，但注意拌和时间也不能过长，否则会造成混凝土混合物的离析现象。

2. 混凝土的运输

混凝土的运输能力应适应混凝土凝结速度和浇筑速度的需要，保证混凝土在运到浇筑地点时仍保持均匀性和规定的坍落度。无论采用汽车运输还是搅拌车运输，其运输时间不宜超过表 6-3 中的规定。

表 6-3　　混凝土拌和物运输时间限制

气温（℃）	一般汽车运输（min）	搅拌车运输（min）	气温（℃）	一般汽车运输（min）	搅拌车运输（min）
20～30	30	60	5～9	60	90
10～19	45	75			

3. 混凝土的浇筑

混凝土浇筑前一定要仔细检查模板和钢筋的尺寸、清洁程度，预埋件的位置。

混凝土简支梁构件的高度一般较高，故宜分层浇筑。当采用插入式振捣器时，其分层厚度不宜超过 0.3m。分层方法可以有水平的和倾斜式的两种。当采用水平层浇筑时，由于构件较长，故必须在前一层混凝土开始凝结之前，将次一层混凝土浇筑完毕。当气温在 30℃以上时，前后两层浇筑时间相隔不宜超过 1h，当气温在 30℃以下时，不宜相隔 1.5h 或由试验资料来确定相隔时间。

T 梁的浇筑顺序，一般采用水平层浇筑如图 6-6（a）所示，其横隔梁的混凝土与梁肋同时浇筑。当梁高跨长或混凝土拌制跟不上浇筑进度时，可采用斜层浇筑法如图 6-6（b）所示，由梁一端向另一端浇筑如图 6-7 所示。

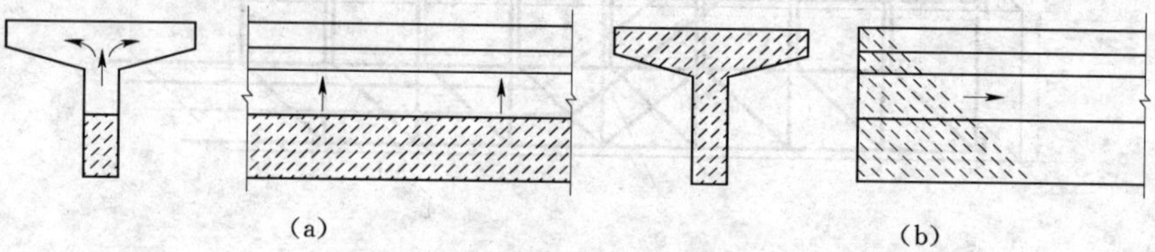

图 6-6　混凝土的浇筑方法
(a) 水平层浇筑；(b) 斜层浇筑

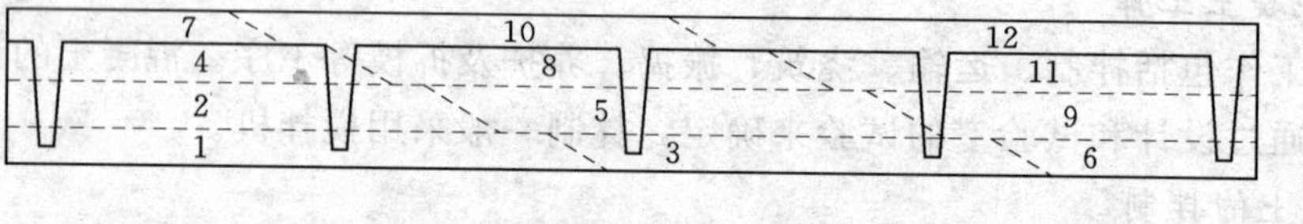

图 6-7　分段、分层浇筑顺序

当无法满足上述规定的间隔时间时，就必须预先确定施工缝预留的位置。一般将它选择在受剪力和弯矩较小且便于施工的部位。如果在浇筑次层时前层混凝土已经凝结，则要待前层混凝土具有不小于 1200kPa 强度时，经结合缝处理后才可浇筑次层混凝土；当要求结合缝具有不渗水性时，应在前层混凝土强度达到 2500kPa 后，再浇筑新混凝土。

新老混凝土结合缝应按下列要求进行处理：

（1）在浇筑接缝混凝土之前，先凿除老混凝土表层的水泥浆和较弱层。

（2）经凿毛的混凝土表面，应用水洗干净，在浇筑次层混凝土之前，对垂直施工缝宜刷一层净水泥浆，对于水平缝宜铺一层厚为 10～20mm 的 1：2 的水泥砂浆。

（3）对于斜面施工缝应凿成台阶状再进行浇筑。

（4）接缝位置处在重要部位或者结构物处在地震区时，则在浇筑之前应增设锚固钢筋，以防开裂。

（5）振捣器工作时应离先浇的混凝土5～10cm。

4. 混凝土的振捣

（1）振捣原理。混凝土拌和料具有受振时产生暂时流动的特性，此时其中的粗骨料靠重力向下沉落并互相滑动挤紧，骨料间的空隙被流动性大的水泥砂浆所充满，而空气则形成小气泡浮到混凝土表面被排出。这样会增加混凝土的密实度，从而大大地提高混凝土的强度和耐久性，并使之达到内实外光的要求。

（2）振捣的方法。混凝土的振捣可分人工（用铁钎）振捣和机械振捣两种。人工振捣适用于坍落度大、混凝土数量少或钢筋过密的部位。大规模的混凝土浇筑，必须使用机械振捣。

（3）振捣设备。混凝土振捣设备有平板式振捣器、附着式振捣器和插入式振捣器等。

平板式振捣器用于大面积混凝土施工，如桥面、基础等；附着式振捣器是挂在模板外部，借振动模板来振捣混凝土，对模板要求较高，而振动的效果不是太好，常用于薄壁混凝土构件，如梁肋部分等；插入式振捣器，常用的是软管式的，只要构件断面有足够的地方插入振捣器，而钢筋又不太密时采用，它的效果比平板式及附着式要好。

（4）振捣注意事项。

1）选择振捣器时，对于石料粒径较大的混凝土选用频率较低、振幅较大的振捣器效率较高；反之则宜选用频率高、振幅小的，因为振幅太大容易使较小骨料作无规则的翻动，反向造成混凝土的离析。

2）混凝土振捣时间过短或过长均有弊病，一般以振捣至混凝土不再下沉、无显著气泡上升、混凝土表面出现薄层水泥浆、表面达到平整为适度。当用附着式振捣器时，因振捣效率较低，一般约需120s左右；当用插入式振捣器时，效果较好，一般只要15～30s；当用平板式振捣器时，在每个位置上的振捣时间约为25～40s。

5. 混凝土的养护

（1）养护原理。混凝土中水泥的水化作用过程，就是混凝土凝固、硬化和强度发育的过程，它与环境的温度、湿度有着密切的关系。

当温度低于15℃时，混凝土的硬化速度减慢，而当温度降至－2℃以下时，硬化基本停止。在干燥的气候下，混凝土中的水分迅速蒸发，一方面使混凝土表面剧烈收缩而产生裂缝，另一方面当游离水分全部蒸发后，水泥水化作用也就停止，混凝土即停止硬化。因此，混凝土浇筑后即需进行适当的养护，以保持混凝土硬化发育所需要的温度和湿度。

（2）养护方法。目前在桥梁施工中采用最多的是在自然气温条件下（5℃以上）的自然养护方法。此法是在混凝土终凝后，在构件上覆盖草袋、麻袋、稻草或砂子，经常洒水，以使构件经常处于湿润状态。

养护时间与水泥品种和是否掺用塑化剂有关。一般情况下，用普通硅酸盐水泥的混凝土为7昼夜以上；用矿渣水泥、火山灰质水泥或掺用塑化剂的为14昼夜以上。每天浇水的次数，以能使混凝土保持充分潮湿为准。在一般气候条件下，当温度高于15℃时，头三天内白天每隔1～2h浇水一次，夜间至少浇水2～4次，在以后的养护期间内可酌情减少。

在干燥的气候条件下，或在大风天气中，应适当增加浇水的次数。在低温下（5℃以下），为了加速模板周转和施工进度，可采用蒸汽法养护混凝土。

混凝土构件经过养护后，达到设计强度的25%～50%时，即可拆除梁的侧模；达到设计吊装强度并不低于设计强度的70%时，就可起吊主梁。

6. 混凝土的冬季施工要点

当昼夜平均气温低于5℃，或最低气温低于−3℃时，就必须采取冬季施工的技术措施，主要有以下几个方面：

(1) 在保证混凝土必要和易性的同时，尽量减少用水量，采用较小的水灰比，这样可以大大加快混凝土的凝固速度，有利于抵抗混凝土的早期冻结。

(2) 增加拌和时间，比正常情况下增加50%～100%，使水泥的水化作用加快，并使水泥的发热量增加以加速凝固。

(3) 适当采用活性较大、发热量较高的快硬水泥或高强度等级水泥拌制混凝土。

(4) 将拌和水甚至将骨料加热，提高混凝土的初始温度，使混凝土在养护措施开始前不致冰冻。

(5) 掺用早强剂（目前常用的有含三乙醇胺的硫酸钠复合剂和亚硝酸钠复合剂两种），加速混凝土强度的发展，并降低混凝土内水溶液的冰点，防止混凝土早期冻结。

(6) 用蒸汽法、暖棚法、蓄热法和电热法等提高养护温度。

二、就地浇筑法施工工艺

就地浇筑法施工工艺就是将混凝土构件基本施工工艺流程搬到工程现场的桥孔处来完成，即在桥孔下面先搭设支架，立模浇筑混凝土构件且达到设计强度后，便可拆除支架。除了完成前面的工作内容外，尚应根据桥孔跨径、桥孔下面覆盖土层地质条件、水的深浅等因素，合理地确定支架及其基础，包括进行支架设计、地基处理、支架安装及拆除。

(一) 常用的支架形式

按支架构造分为立柱式支架、梁式支架和梁—柱式支架等。按材料可分为木支架、钢支架、钢木混合结构和万能杆件拼装的支架等。

(二) 支架的构造

如图6-8所示为按构造分类的几种支架构造图，其中图6-8 (a)、(b) 为立柱式支架，可用于旱桥、不通航河道以及桥墩不高的小桥施工；图6-8 (c)、(d) 为梁式支架，钢板梁适用于跨径小于20m，钢桁梁适用于大于20m的情况；图6-8 (e)、(f) 为梁柱式支架，适用于桥墩较高、跨径较大且需要排洪的情况。

(三) 支架的设计荷载

设计荷载包括新浇混凝土及模板的自重；施工人员、工器具运输及堆放荷载；倾倒混凝土产生的冲击荷载；振捣混凝土产生的荷载；其他荷载（如冬季保暖设施等）。

(四) 支架的基础

为了保证现浇的梁体不产生大的变形，除了要求支架本身具有足够的强度、刚度以及具有足够的纵、横、斜三个方向的连接杆件来保证支架的整体性能外，支架的基础必须坚实可靠，以保证其沉陷值不超过施工规范的规定。对于图6-8 (a)、(b) 所示的支架，可将基脚设置在枕木上，枕木下的垫基层必须夯实；对于图6-8 (e)、(f) 所示的支架，可将其基脚支承在临时桩基础上，也可直接支承在永久结构的墩身或基础的上面，如图6-8 (c)、(d) 所示。

(五) 支架的预拱度

为了使上部结构在拆除支架后能符合设计规定的外形，必须在施工时设置预拱度。在确

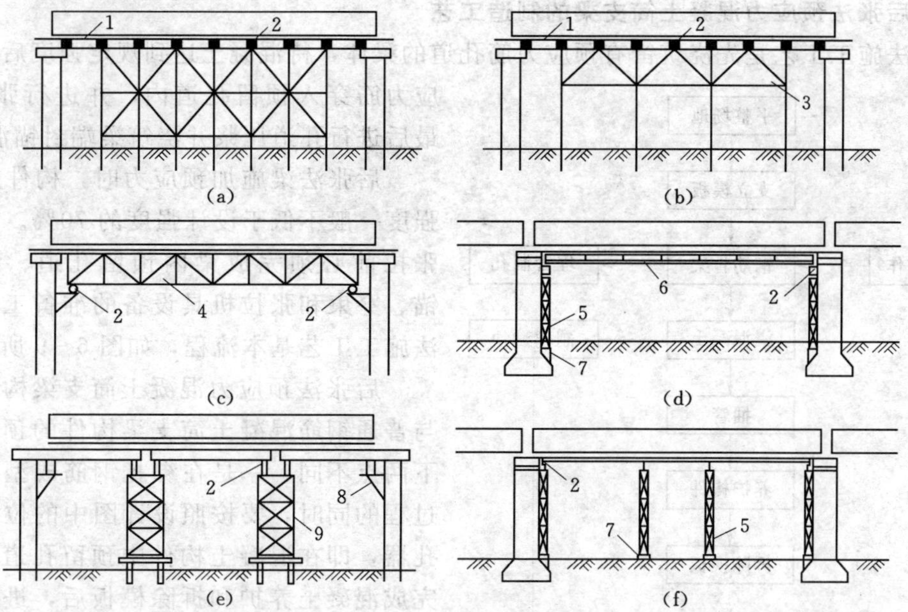

图 6-8　支架构造形式图

(a)、(b) 立柱式支架；(c)、(d) 梁式支架；(e)、(f) 梁柱式支架

1—纵梁；2—卸落设备；3—支架；4—桁架梁；5—立柱；

6—钢板梁；7—混凝土基础；8—托架；9—排架

定预拱度时应考虑以下的因素。

(1) 卸架后由上部结构自重及活载一半所产生的挠度。当产生的挠度不超过跨径的1/1600时，可忽略。

(2) 施工期间支架结构在恒载及施工荷载（如施工人员、机具、设备等）作用下的弹性压缩值和非弹性变形值。一般情况下，支架在每一个接缝处的非弹性变形，横纹木料为3mm、顺纹木料为2mm、木料与金属（圬工）为1～2mm、顺纹与横纹为2.5mm。

卸架设备砂筒，一般20t压力为4mm，40t压力为6mm，砂子未预先压密者为10m。

(3) 支架基底土在荷载作用下的非弹性沉陷值，可通过试验或参考表6-4估算。

表6-4　　**基底地基沉陷值**　　单位：cm

土质	枕梁	柱	
		柱上有极限荷载	柱的支承能力为充分利用
砂土	0.5～1.0	0.5	0.5
黏土	1.5～2.0	1.0	0.5

(4) 由混凝土收缩及温度变化而引起的挠度等。梁的挠度和支架的各项变形值所计算出来的预拱度之和就是简支梁预拱度的最高值，它应设置在跨径的中点，在两端的支点处则为零，其他各点的预拱度则按直线或二次抛物线比例进行分配。

三、后张法预应力混凝土简支梁的制造工艺

后张法施工工艺是先浇筑留有预应力筋孔道的梁体，待混凝土达到规定强度后，再将预应力筋穿入预留孔道内，并进行张拉锚固，最后进行孔道压浆并浇筑梁端封锚混凝土。

后张法梁施加预应力时，构件的混凝土强度一般不低于设计强度的70%。预应力筋张拉前必须完成梁内预留孔道、制束、制锚、穿束和张拉机具设备的准备工作。后张法施工工艺基本流程，如图6-9所示。

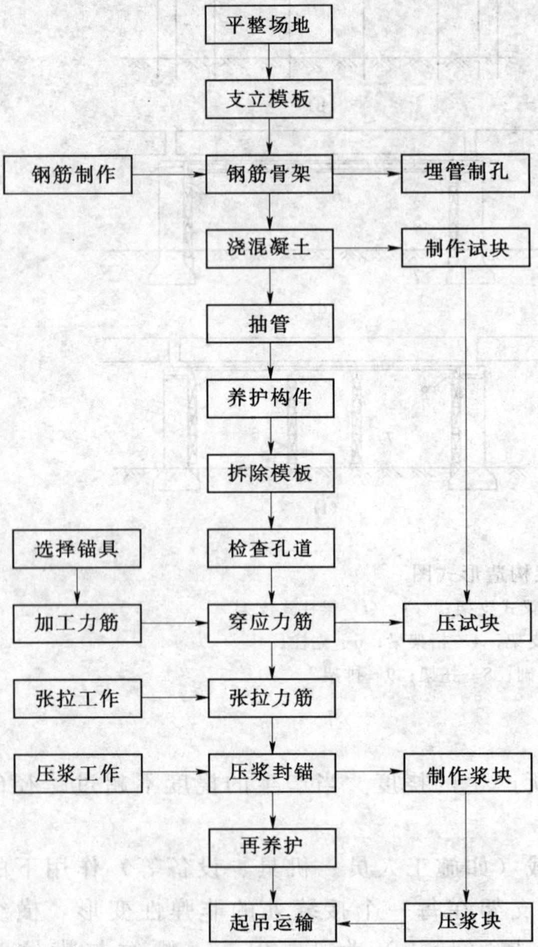

图6-9　后张法施工工艺基本流程

后张法预应力混凝土简支梁构件的预制与普通钢筋混凝土简支梁构件的预制，有以下两点不同：一是在绑扎钢筋成型这个施工过程的同时，要按照设计图中的位置布设制孔器，即在混凝土构件中预留孔道；二是当完成混凝土养护和拆除模板后，进行孔道检查与清洗，按照设计图中所规定的混凝土龄期强度，将制备好的预应力筋穿入孔道中，并进行预应力筋张拉、孔道压浆、封锚固端混凝土等工作，完成张拉工艺过程。

后张法预应力混凝土梁常用高强碳素钢丝束、钢绞线和冷拉粗钢筋作为预应力筋。对于跨径较小的T形梁，也可用冷拔低碳钢丝作为预应力筋。

（一）预应力钢筋制备

1. 预应力粗钢筋的加工

（1）直径为12～32mm的预应力筋的加工要经过下料、对焊、冷拉、端头镦粗或轧丝加工等工序。钢筋下料时，应按钢筋的计算长度、工作长度和原材料的试验数据确定下料长度，做到合理配料，尽量减少接头数目。钢筋的下料长度可按下式计算：

$$L=\frac{l}{1+\delta_1-\delta_2}+nb+L_0 \tag{6-1}$$

式中　L——下料长度；

l——计算长度；

δ_1——冷拉伸长率，一般为2%～4%；

δ_2——弹性回缩率，一般为0.45%；

n——接头数目；

b——焊接损耗预留量，每个接头的预留量与钢筋直径有关，可取25～35mm；

L_0——工作长度，先张法梁的工作长度视台座情况。采用轧丝锚时取0.15m，两端张拉取0.2m。

在常温下，将热轧钢筋进行拉伸，使其拉伸控制应力超过屈服强度，但小于抗拉极限强度，可以提高钢材的屈服强度。冷拉时最好采用同时控制钢筋应力和延伸率，即所谓“双控”，并以应力控制为主，延伸率控制为辅。在没有测力设备的情况下，可仅单一地控制其延伸率，称为“单控”。但双控对冷拉质量控制更有保证。需要焊接的钢筋，必须先进行冷却，冷却至正常温度后即可进行冷拉。钢筋冷拉应按操作规程要求进行。

钢筋进行冷拉后，屈服强度提高但脆性增加，为此钢筋冷拉后应进行时效处理。钢筋时效的时间与温度有关，有条件时可采用人工时效，即将冷拉后的钢筋在1000℃的恒温下保持2h左右，否则可采用自然时效，当自然气温在20～30℃时，至少应放置24h。无论如何，都应保证预应力的实际强度不低于设计取用的相应强度。

钢筋端头的镦粗及轧丝可在冷拉之前进行，也可在冷拉以后加工。

(2) 直径为6～10mm的高强钢筋，以盘条供应，施工中可免去冷拉工序和对焊接长等加工工作，有利于施工。

2. 高强钢丝和钢绞线的成束

高强钢丝和钢绞线经过下料、编束后可作为预应力混凝土板、梁的纵向预应力筋。高强钢丝的来料一般为盘条，无须整直即可下料。如在自由放置的情况下，任意1m长范围内弯曲矢高大于5mm时，需要进行整直后使用。预应力钢丝、钢绞线的下料长度，应通过计算确定，计算时应考虑构件长度、锚夹具长度、千斤顶长度、焊接接头或墩头预留量、冷拉伸长量、弹性回缩量、张拉伸长量和外露长度等。钢丝成束时，先用梳丝板将其理顺，然后每隔1.0～1.5m衬以长3～4cm的螺旋衬圈或短钢管，并在衬圈处用2号铁丝缠绕20～30道，绑扎的铁丝扣应弯入钢丝束内，以免影响穿束。成束时要保持钢丝一端齐平再向另一端进行。绑束完成后，应按设计编号堆放，并挂牌标示，以防错乱。搬运钢束时，支点间跨度不大于3m，两端悬出长度不大于1m。

(二) 预应力筋孔道的成型

在梁体内预留预应力筋孔道所用的制孔器目前主要有三种即铁皮管、金属波纹管和橡胶管。前两种制孔器按预应力筋设计位置和形状固定在钢筋骨架中，本身便是孔道。橡胶管制孔器也按设计位置固定在钢筋骨架中，待混凝土抗压强度达到4～8MPa时，再将制孔器抽拔出以形成孔道。为了增加橡胶管的刚度并准确控制其安装位置，需在橡胶管内设置圆钢筋（又称芯棒），以便在先抽出芯棒之后，橡胶管易于从梁体内拔出。

对于曲线束筋的孔道，则用两段胶管在跨中对接，对接接头处套一段长为0.3～0.5m的铁皮管，如图6-10所示。抽拔时，该段铁皮管留在梁内，橡胶管从梁体两端拔出。

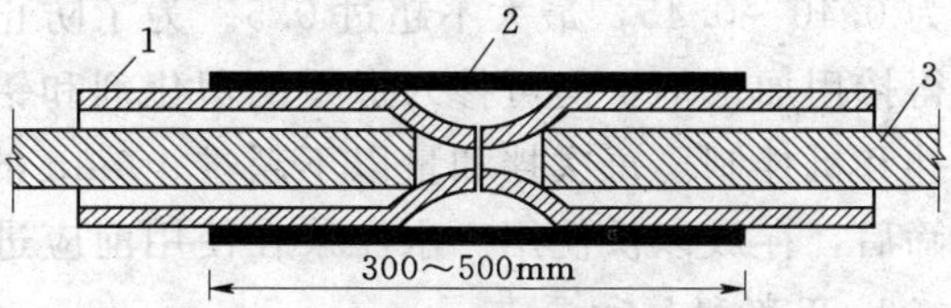

图6-10 橡胶制孔器的接头

1—钢丝橡胶网；2—铁皮套管；3—圆钢芯棒

(三) 预应力筋的张拉

当梁体混凝土的强度达到设计强度的70%以上时，才可以进行穿索张拉。穿索前，可用空气压机吹风的方法清理孔道内的积水和污物。后张法张拉预应力筋用到的液压千斤顶，按其构造特点可分为锥锚式、拉杆式和穿心式。不同的锚具采用不同的张拉设备。

预应力筋的张拉程序和操作方法与所用的预应力筋形式、锚具类型和张拉设备有关，各类预应力筋所采用的张拉程序如表 6-5 所示。

表 6-5　后张法预应力筋张拉程序

预应力筋种类		张拉程序
钢筋、钢筋束		0→初应力→1.05σ_{con}（持荷 2min）→σ_{con}（锚固）
钢绞线束	对于夹片式具有自锚性能的锚具	普通松弛力筋：0→初应力→1.03σ_{con}（锚固） 低松弛力筋：0→初应力→σ_{con}（持荷 2min 锚固）
	其他锚具	0→初应力→1.05σ_{con}（持荷 2min）→0→σ_{con}（锚固）
钢丝束	对于夹片式具有自锚性能的锚具	普通松弛力筋：0→初应力→1.03σ_{con}（锚固） 低松弛力筋：0→初应力→σ_{con}（持荷 2min 锚固）
	其他锚具	0→初应力→1.05σ_{con}（持荷 2min）→0→σ_{con}（锚固）
精轧螺纹钢筋	直线配筋时	0→初应力→σ_{con}（持荷 2min 锚固）
	曲线配筋	0→σ_{con}（持荷 2min）→0（上述程序可反复几次）→初应力→σ_{con}（锚固）（持荷 2min）

注　σ_{con}为张拉控制应力。

（四）孔道压浆

孔道压浆是为了保护预应力筋不致锈蚀，并使力筋与混凝土梁体粘结成整体，从而既能减小锚具的受力，又能提高梁的承载能力、抗裂性能和耐久性。孔道压浆用专门的压浆泵进行，压浆时要求密实、饱满，并应在张拉后尽早完成。

1. 准备工作

压浆前烧割锚外钢丝时，应采取降温措施，以免锚具和预应力筋因过热而产生滑丝。用环氧砂浆或棉花和水泥浆填塞锚塞周围的钢丝间隙。用压力水冲洗孔道，排除孔内粉渣杂物，确保孔道畅通，并吹去孔内积水。

2. 水泥浆的制备

孔道所用的水泥浆需用强度等级不低于 42.5 的普通硅酸盐水泥或普通水泥拌制。火山灰水泥与矿渣水泥由于凝固慢、泌水率高，均不宜使用。水泥浆强度不应低于结构本身混凝土强度的 50%（7d 龄期）和 80%（28d 龄期），后者尚不得低于 30MPa。水泥浆的水灰比应为 0.40～0.45，最大不超过 0.5。为了防止腐蚀钢丝，加掺合剂时须验明其中不含氯盐，不得掺用加气剂，但可掺入适量的塑化剂和铝粉（膨胀剂量由试验确定）。水泥浆用小型灰浆拌和机拌制。每次拌和量以不超过 40min 的使用量为宜。拌好的水泥浆在通过 2.5mm 的细筛后，存放以供使用。水泥浆在使用前应进行低速搅拌，防止流动度的损失。

3. 压浆程序和要点

压浆工艺有“一次压注法”和“二次压注法”两种，前者用于不太长的直线形孔道，对于较长的孔道或曲线形孔道以“二次压注法”为好。压浆压力以 500～600kPa 为宜，直线孔道压浆时，应从构件的一端压到另一端；曲线孔道压浆时，应从孔道最低处开始向两端进行。

二次压浆时，第一次从甲端压入，直至乙端流出浓浆时将乙端的阀门关闭，待灰浆压力达到要求且各部分再无漏水现象时再将甲端的阀门关闭。待第一次压浆后 30min，打开甲、乙端的阀门，自乙端再进行第二次压浆，重复上述步骤，待第二次压浆完成经 30min 后，卸除压浆管。

（五）封端

孔道压浆后应立即将梁端水泥浆冲洗干净，并将端面混凝土凿毛。封端混凝土的强度应不低于梁体的强度。浇完封端混凝土并静置1～2h后，应按一般规定进行洒水养护。

四、先张法预应力混凝土简支梁的制造工艺

先张法预制板梁的制作工艺是在浇筑混凝土之前先进行预应力筋的张拉，并将其临时固定在张拉台座上，然后完成其基本施工工艺流程，待混凝土达到规定强度（但不低于设计强度的70%）时，逐渐将预应力筋松弛，利用预应力筋回缩与混凝土之间的粘结作用，使构件获得预应力。先张法施工工艺流程，如图6-11所示。

先张法生产可采用台座法或机组流水线法。机组流水线法生产速度快，但需要大量钢模和较高的机械化程度，一般只用于工厂内预制定型构件。台座法不需要复杂的机械设备，施工适用性强，应用较广。下面仅介绍它的制造工艺特点。

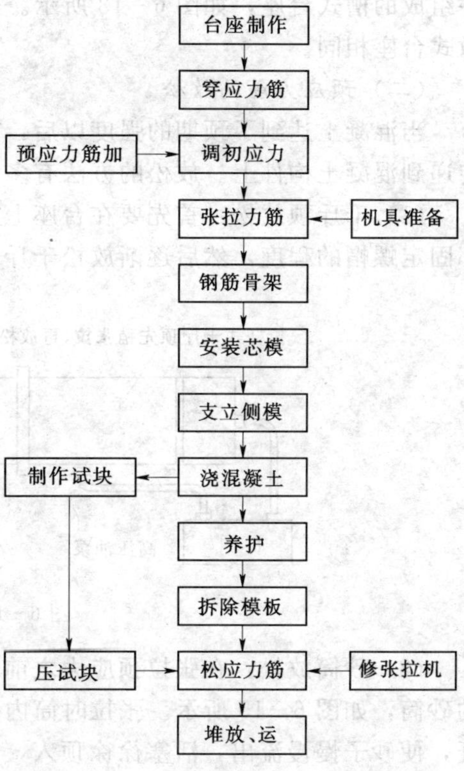

图6-11　先张法施工工艺基本流程

（一）台座

1. 墩式台座

墩式台座是靠自重和土压力来平衡张拉力所产生的倾覆力矩，并靠土的反力和摩擦力来抵抗水平位移。台座由台面、承力架、横梁和定位钢板等组成，如图6-12所示。

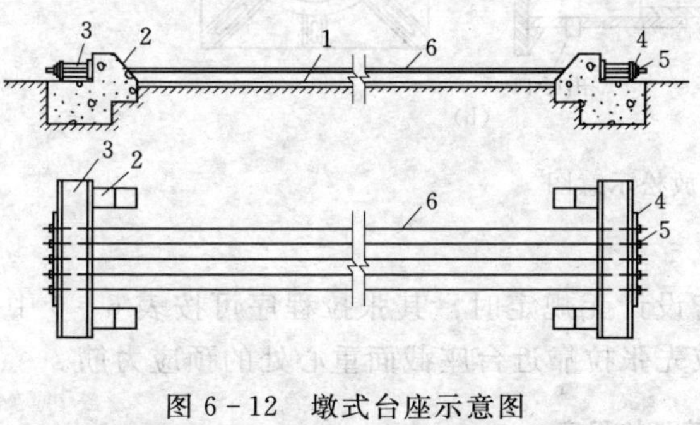

图6-12　墩式台座示意图

1—台面；2—承力架；3—横梁；4—定位钢板；5—夹具；6—预应力筋

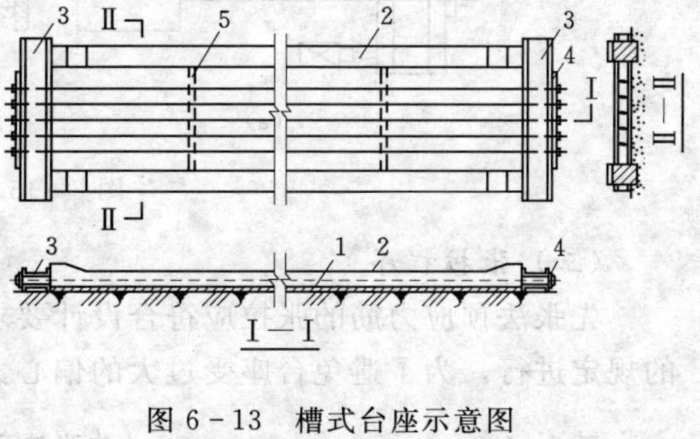

图6-13　槽式台座示意图

1—台面；2—传力柱；3—横梁；4—定位板；5—横系梁

台面有整体式混凝土台面和装配式台面两种，它是制梁的底模。承力架承受全部的张拉力，横梁是将预应力筋张拉力传给承力架的构件，它们都需进行专门的设计计算。定位钢板用来固定预应力筋的位置，其厚度必须保证承受张拉力后具有足够的刚度。定位板上的圆孔位置则按构件中预应力筋的设计位置确定。

2. 槽式台座

当现场地质条件较差，台座又不很长时，可以采用由台面、传力柱、横梁、横系梁等构

件组成的槽式台座，如图 6－13 所示。传力柱和横系梁一般为钢筋混凝土结构，其他部分与墩式台座相同。

（二）预应力筋的放松

当混凝土达到了预期的强度以后，就要从台座上将预应力筋的张拉力放松，逐渐将此力传递到混凝土构件上。放松的方法有多种，下面仅介绍常用的两种方法。

（1）千斤顶放松：首先要在台座上重新安装千斤顶，先将力筋稍张拉至能够逐步扭松端部固定螺帽的程度，然后逐渐放松千斤顶，让钢筋慢慢回缩完毕为止，如图 6－14 所示。

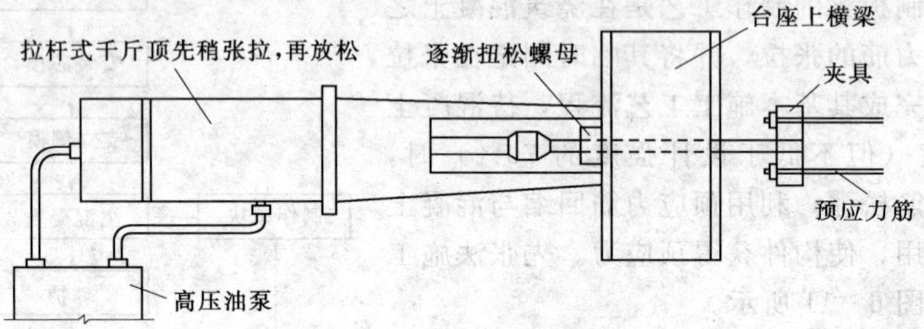

图 6－14　千斤顶放松示意图

（2）砂筒放松：在张拉预应力之前，在承力架和横梁之间各放一个灌满被烘干过的细砂的砂筒，如图 6－15 所示。张拉时筒内砂子被压实。当需要放松预应力筋时，可将出砂口打开，使砂子慢慢流出，活塞徐徐顶入，直至张拉力全部放松为止。

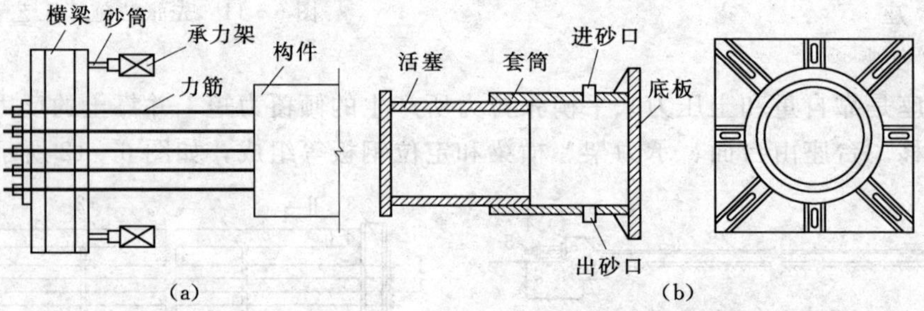

图 6－15　砂筒放松示意图

（三）张拉程序

先张法预应力筋的张拉应符合设计要求，若设计无规定时，其张拉程序可按表 6－6 中的规定进行。为了避免台座受过大的偏心力，应先张拉靠近台座截面重心处的预应力筋。

表 6－6　先张法预应力筋张拉程序

预应力筋种类	张拉程序
钢筋	0→初应力→1.05σ_{con}（持荷 2min）→0.9σ_{con}→σ_{con}（锚固）
钢丝、钢绞线	对于夹片式具有自锚性能的锚具 普通松弛力筋：0→初应力→1.03σ_{con}（锚固） 低松弛力筋：0→初应力→σ_{con}（持荷 2min 锚固）

注　表中 σ_{con} 为张拉时的锚下控制应力。

第二节 悬臂体系和连续体系梁桥的施工

悬臂体系和连续体系梁桥与简支梁体系比较起来有两点不同：一是主梁的长度和重量大，很难一次架设整根梁；二是力学特点方面，桥跨结构上除了有承受正弯矩的截面以外，还有能承受负弯矩的支点截面。因此，它们的施工方式与简支梁大不相同。按制造梁方式的不同，大致可分为两类：一类是就地现浇法，按其支承方式的不同分为落地支架施工、悬臂浇筑法和移动模架施工；另一类是分段预制安装法，按其安装方法的不同可分为悬臂拼装法和顶推施工法。

一、就地现浇法

（一）落地固定支架法

鉴于悬臂梁和连续梁在中墩处是连续的，而桥墩的刚性远比临时支架的刚性大得多，因此在施工中必须设法消除由于支架沉陷不均而导致梁体在支承处产生的裂缝。为此，在浇筑悬臂梁和连续梁的混凝土时，由于不可能在初凝前一次浇完整根梁，一般在墩台处留出工作缝，如图 6－16（a）所示。若施工支架中采用了跨径较大的梁式构件时，鉴于支架的挠度线将在梁的支承处有明显转折，因此在这些部位上也应设置工作缝，如图 6－16（b）所示。工作缝宽度应不小于 0.8～1.0m。由于工作缝处的端板上有钢筋通过，故构件的制作安装都很困难，而且在浇筑混凝土前还要对已浇端面进行凿毛和清洗等工作。

有时为了避免设置工作缝的麻烦，也可以采取不设宽工作缝的分段浇筑方法，如图 6－16（c）所示，此时 4、5 段须待 1、2、3 段强度达到 2500kPa 后才能浇筑。分段浇筑的顺序，应使支架沉降较均匀地发展。对于支承处加高的梁，通常应从支承处向两边浇筑，这样还可避免砂浆由高处流向低处的毛病。

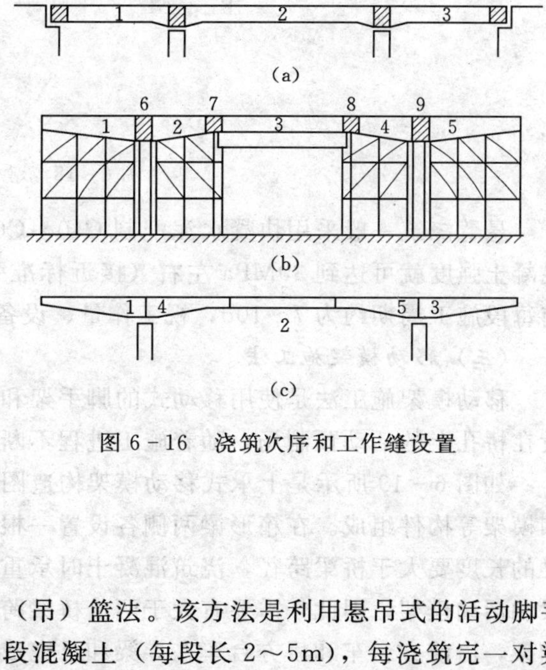

图 6－16 浇筑次序和工作缝设置

（二）悬臂浇筑法

悬臂浇筑法又称为无支架平衡伸臂法或挂（吊）篮法。该方法是利用悬吊式的活动脚手架（或称挂篮）在墩柱两侧对称平衡地浇筑梁段混凝土（每段长 2～5m），每浇筑完一对梁段，待达到规定强度后就张拉预应力筋并锚固，然后向前移动挂篮，进行下一梁段的施工，直到悬臂端为止。

如图 6－17 所示挂篮的结构简图，其承重结构可用万能杆件或贝雷钢架拼成，或采取专门设计的结构，它除了要能承受梁段自重和施工荷载外，还要求自重轻、刚度大、变形小、稳定性好、行走方便等。

用挂篮浇筑墩侧第一对梁段时，由于墩顶位置受限，往往需要将两侧挂篮的承重结构连在一起，如图 6－18（a）所示。待浇筑到一定长度后再将两侧承重结构分开。如果墩顶位

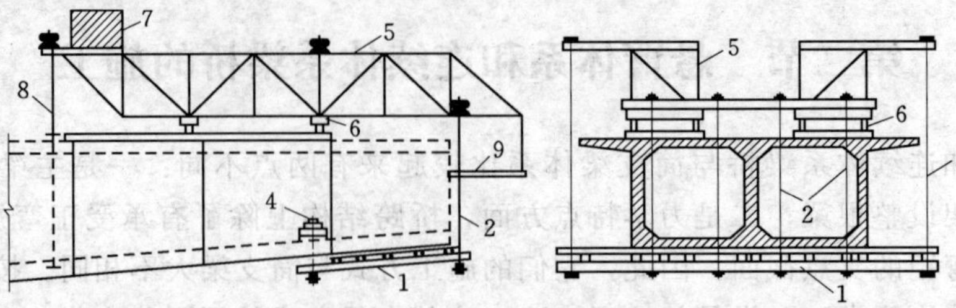

图 6-17 挂篮结构简图

1—底模架；2、3、4—悬吊系统；5—承重结构；6—行走系统；7—平衡重；8—锚固系统；9—工作平台

置过小，开始用挂篮浇筑有困难时，可以设立局部支架来浇筑墩侧的头几对梁段，然后再安装挂篮，如图 6-18（b）所示。

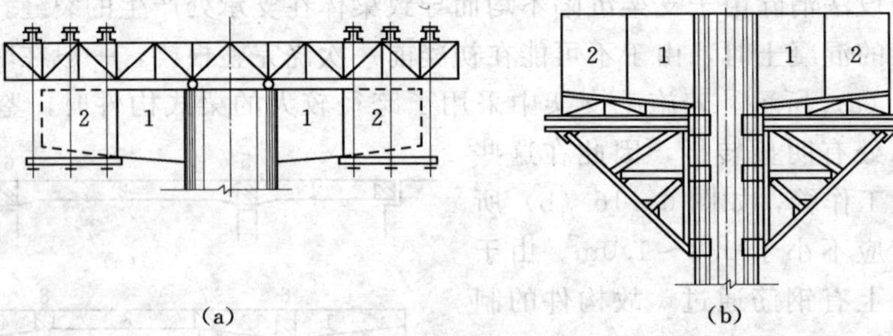

图 6-18 墩侧梁段的浇筑

悬臂浇筑一般采用快凝水泥配制 C40～C60 混凝土。在自然条件下，浇筑 30～36h 后，混凝土强度就可达到 30MPa 左右（接近标准强度的 70%），这样可以加快挂篮的移位。目前每段施工周期约为 7～10d，视工作量、设备、气温等条件而异。

（三）移动模架施工法

移动模架施工法是使用移动式的脚手架和装配式模板，在桥上逐孔浇筑施工。它像一座设在桥孔上的活动预制场，随着施工进程不断移动和连续现浇施工。

如图 6-19 所示是上承式移动模架构造图的一种。它由承重梁、导梁、台车、桥墩托架和模架等构件组成。在箱形梁两侧各设置一根承重梁，用来支承模架和承受施工重力。承重梁的长度要大于桥梁跨径，浇筑混凝土时承重梁支承在桥墩托架上。导梁主要用于运送承重梁和活动模架，因此，需要有大于两倍桥梁跨径的长度。当一孔梁的施工完成后便进行脱模卸架，由前方台车和后方台车在导梁和已完成的桥梁上面，将承重梁和活动模架运送至下一桥孔。承重梁就位后，再将导梁向前移动。

当采用移动模架施工时，连续梁分段时的接头部位应放在弯矩最小的部位，若无详细计算资料时，可以取离桥墩 $l/5$ 处。移动模架施工法适于标准跨径为 20～50m。

二、分段预制安装法

（一）悬臂拼装法

悬臂拼装法是在工厂或桥位附近将梁体沿轴线划分成适当长度的块件进行预制，然后用船或平车从水上或从已建成部分桥上运至架设地点，并用活动吊机等起吊后向墩柱两侧对称

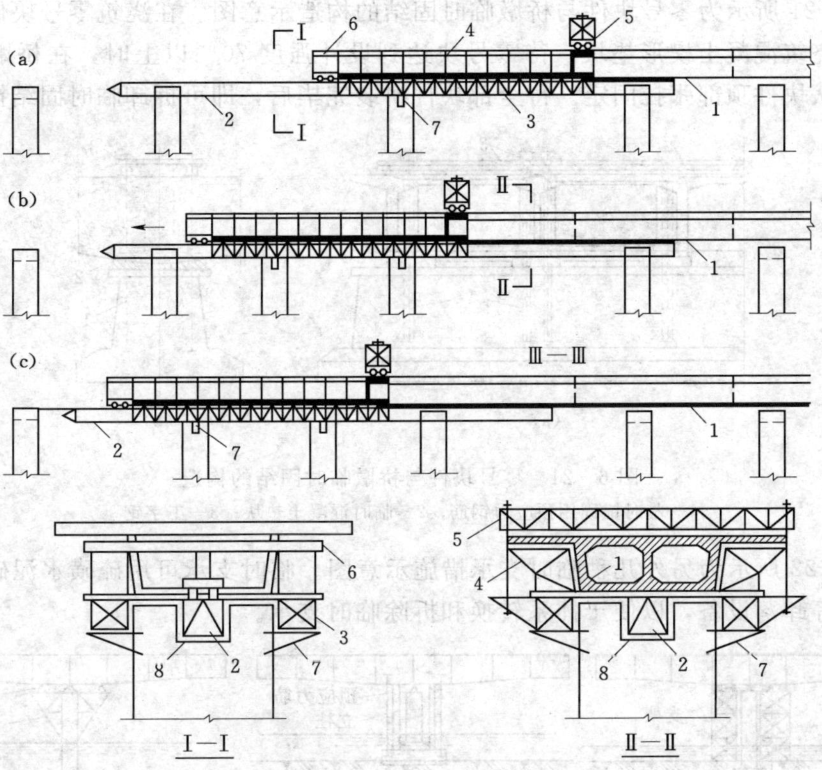

图 6－19　移动模架施工

（a）浇筑混凝土，施加预应力；（b）脱模，移动模架梁；

（c）模架梁就位后，移动导梁，浇筑混凝土前准备工作

1—已完成架设的梁；2—导梁；3—承重梁；4—模架；5—后端横梁和悬吊台车；

6—前端横梁和支承台车；7—桥墩支承托架；8—墩台留槽

均衡地拼装就位，张拉预应力筋。重复这些工序，直至拼装完悬臂梁全部块件为止。

预制块件的长度取决于运输、吊装设备的能力，预制块件要求尺寸准确，特别是拼装接缝要密贴，预留孔道的对接要顺畅。为此，通常采用间隔浇筑法预制块件，使得先完成块件的端面成为浇筑相邻块件的端模，如图 6－20 所示（图中数字表示浇筑次序）。为了使块件拼装时位置准确，还常在块件顶板和侧板上设榫头作导向。

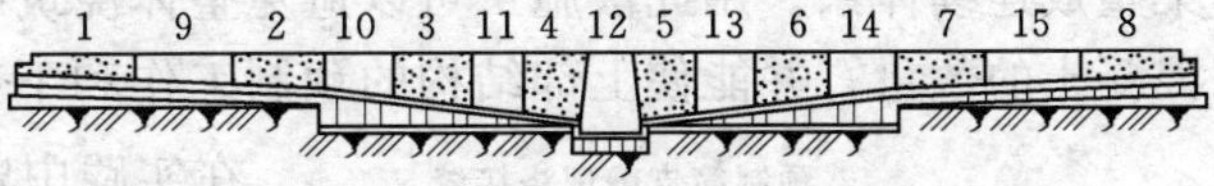

图 6－20　块件预制（间隔法）

悬臂拼装时，预制块件间接缝的处理分湿接缝、干接缝和胶接缝等几种形式。湿接缝通常仅用于拼装与墩柱连接的第一对块件和在支架上拼装的岸边孔桥跨结构。湿接缝施工费时，但它能有利于调整块件的拼装位置和增强接头的整体性。密贴的干接缝可以简化拼装工作，早期曾有采用，但由于接缝渗水会降低装配结构的运营质量和耐久性，故目前已很少应用。在悬臂拼装中采用最为广泛的是应用环氧树脂等胶结材料使相邻块件粘结的胶接缝。胶接缝能消除水分对接头的有害作用，而且比干接缝具有较大的抗剪能力。

用悬臂施工法从桥墩两侧逐段延伸来建造预应力混凝土悬臂和连续体系梁桥时，为了承受施工过程中可能出现的不平衡力矩，必须采取措施使墩顶的零号块件与桥墩临时固结起

来。如图6-21所示为零号块件与桥墩临时固结的构造示意图。在浇筑零号块件之前，在墩顶靠两侧先浇筑混凝土楔形垫块，待零号块达到设计强度70%以上时，在桥墩两侧各用预应力粗钢筋从块件顶部张拉固定。待全部块件拼装完毕后，即可拆卸临时固结措施。

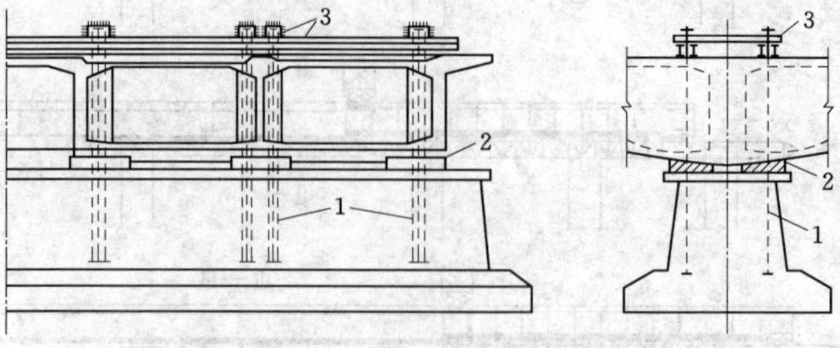

图6-21　零号块件与桥墩临时固结的构造

1—临时锚固用预应力钢筋；2—临时混凝土垫块；3—工字钢

如图6-22所示为另外几种临时支承措施示意图。临时支承可用硫磺水泥砂浆块、砂筒或混凝土块等卸落设备，以便于体系转换和拆除临时支承。

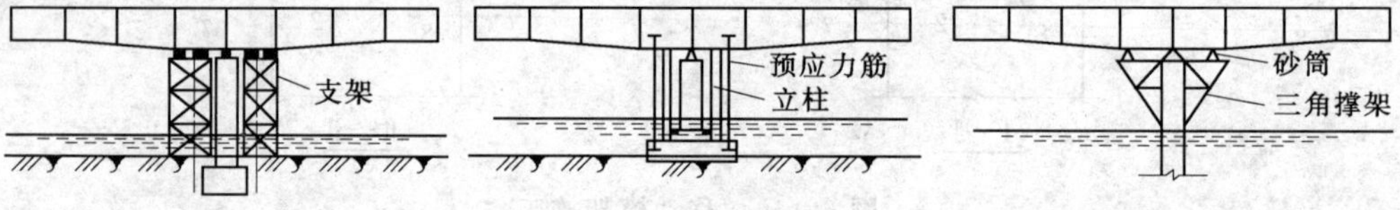

图6-22　临时固结措施

(二) 装配—整体施工法

装配—整体施工法是中等跨径预应力混凝土连续梁桥较常采用的一种逐孔架设施工方法，它是将整根连续梁按起吊安装设备的能力先分段预制，然后用各种安装方法将预制构件安装至墩、台或轻型的临时支架上，再现浇接头混凝土，最后通过张拉部分预应力筋，使梁体集整成连续体系。用此法施工可以避免整体浇筑中的满堂支架，最大限度地减少在桥上现浇混凝土的数量，并能使上部结构的预制工作和下部结构的施工同时进行，显著缩短工期。在实践中曾采用三种分段施工方式：简支—连续、单悬臂—连续和双悬臂—连续。

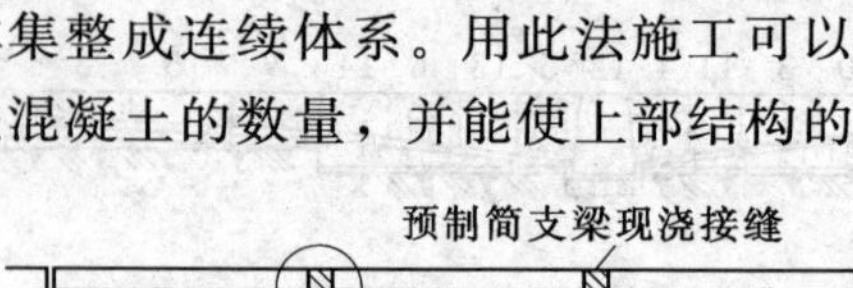

图6-23　简支—连续的施工方法

如图6-23所示简支—连续的施工方法。预制构件按简支梁配筋，安装时支承在墩顶两侧的临时支座上，待浇筑接头混凝土并达到规定强度后，张拉承受墩顶负弯矩的预应力筋并锚固好，最后卸除临时支座，安装永久支座，使结构转换成连续体系。此法适用的最大跨径为40～50m左右。

对于跨径不太大的连续梁，如果起重能力足够，也可直接预制成单悬臂梁的安装构件进行架设，还可使悬臂端做成临时牛腿来支承中央段，这样就不需要设置临时支架。

（三）顶推法施工

该法是在桥的一岸或两岸开辟预制场地，分节段的预制梁身，并用纵向预应力筋将各节连成整体，然后应用水平液压千斤顶施力，将梁段向对岸推边。

依顶推施力的方法，顶推法施工又可分单点顶推和多点顶推。按顶推的施工方向可分为单向顶推和双向顶推。如图 6－24（a）所示为单向单点顶推情况，顶推设备只设在一岸桥台处。在顶推中为了减少悬臂的负弯矩，一般要在梁的前端安装长度约为顶推跨径 0.6～0.7 倍的钢导梁，导梁应自重轻而刚度大。单向顶推适宜建造跨度为 40～60m 的多跨连续梁桥。对于特别长的多联多跨桥梁也可以应用多点顶推的方法，使每联单独顶推就位，如图 6－24（b)所示。在此情况下，在墩顶上均可设置顶推装置。如图 6－24（c）所示为三跨不等跨连续梁采用从两岸双向顶推施工的情况。用此法可以不设临时墩而修建中跨跨径更大的连续梁。

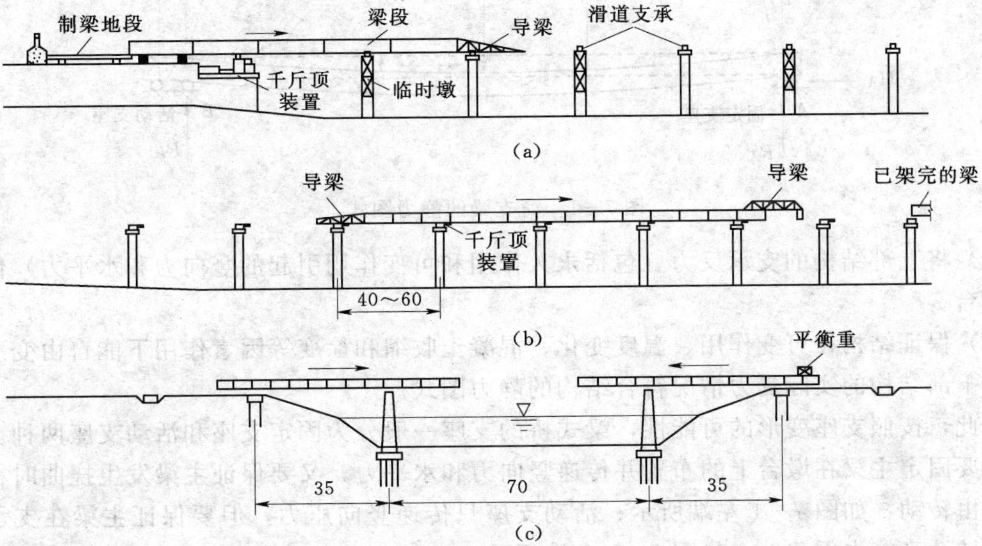

图 6－24　连续梁顶推法施工示意图（单位：m）

(a) 单向单点顶推；(b) 按每联多点顶推；(c) 双向单点顶推

第七章　梁式桥的支座

第一节　概　述

钢筋混凝土和预应力混凝土梁式桥在桥跨结构与墩台之间均须设置支座，其作用如下（图 7－1）：

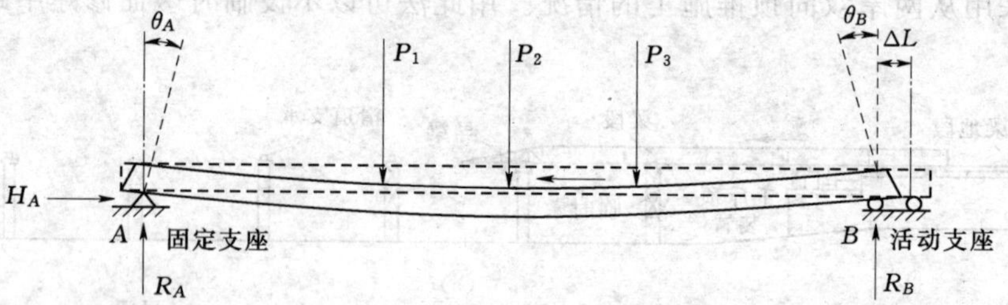

图 7－1　简支梁的静力图式

（1）将上部结构的支承反力（包括永久作用和可变作用引起的竖向力和水平力）传递到桥梁墩台。

（2）保证结构在可变作用、温度变化、混凝土收缩和徐变等因素作用下能自由变形，以使上、下部结构的实际受力情况符合结构的静力图式。

为此，按照支座变形的可能性，梁式桥的支座一般分为固定支座和活动支座两种。固定支座既要固定主梁在墩台上的布置并传递竖向力和水平力，又要保证主梁发生挠曲时在支承处能自由转动，如图 7－1 左端所示；活动支座只传递竖向压力，但要保证主梁在支承处既能自由转动又能水平移动，如图 7－1 右端所示。

按照静力图式，简支梁桥应在每跨的一端设置固定支座，另一端设置活动支座。悬臂梁桥的锚固跨也应在一侧设置固定支座，另一侧设置活动支座。多孔悬臂梁桥挂梁的支座布置与简支梁相同。连续梁桥应在每联的一个桥墩（或桥台）上设置固定支座，其余墩台上均应设置活动支座。此外，悬臂梁桥和连续梁桥在某些特殊情况下支座需要传递竖向拉力时，尚应设置也能承受拉力的支座。

固定支座与活动支座的布置，应以有利于墩台纵向传递水平力、有利于梁体的自由变形为原则。对于多跨简支梁桥，一般把固定支座布置在桥台上，每个桥墩上布置一个（组）活动支座与一个（组）固定支座；若个别墩较高，也可在高墩上布置两个活动支座。对于坡桥，宜将固定支座布置在标高低的墩台上。同时，为了避免整个桥跨下滑，影响车辆的行驶，通常在设置支座的梁底面，增设局部的楔形构造。对于连续梁桥或桥面连续的简支梁桥，为使全梁的纵向变形分散在梁的两端，宜将固定支座布置在桥跨中心；但若中间支点的桥墩较高或因地基受力等原因，对承受水平力十分不利时，可根据具体情况将固定支座布置在靠边的其他墩台上。

此外，对于特别宽的梁桥，尚应设置沿纵向和横向均能移动的活动支座。对于弯桥，则应考虑活动支座沿弧线方向移动的可能性。对于处在地震地区的桥梁，其支座构造还应考虑梁的防震设施，通常应确保多个桥墩分担水平力。

梁式桥的支座应根据桥梁跨径的长短、支点反力的大小、梁体变形的程度以及对支座的结构高度的要求加以选用。对于大跨径应选择摩擦系数小的支座，施工中保证安装质量，不能将支座设置于水中。

第二节　支座的类型与构造

一、简易垫层支座

跨径小于 5m 的涵洞，可不设专门的支座结构，而采用由几层油毛毡或石棉做成的简易支座。为了防止墩、台顶部前缘与上部结构相抵而可能被拉裂，通常将墩、台顶部的前缘削成斜角（图 7-2），并且最好在板或梁底部以及墩、台顶部内增设 1～2 层钢筋网予以加强。实践表明，这种简易垫层支座的变形性能较差。

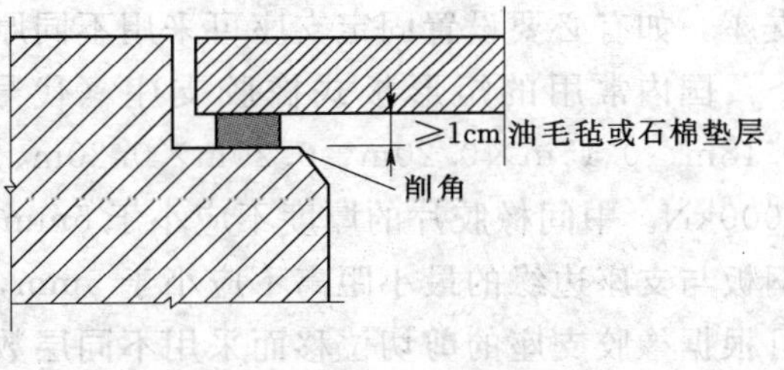

图 7-2　简易垫层支座

二、橡胶支座

橡胶支座具有构造简单、加工方便、造价低、结构高度小、安装方便和使用性能良好的优点。此外，它能方便地适应任意方向的变形，故特别适用于宽桥、曲线桥和斜交桥。橡胶的弹性还能削减上、下部结构所受的动力作用，对于抗震十分有利。目前，橡胶支座已经得到越来越广泛的使用。

橡胶支座一般可分为板式橡胶支座、聚四氟乙烯滑板式橡胶支座、球冠圆板式橡胶支座和盆式橡胶支座四类。

1. 板式橡胶支座

板式橡胶支座由几层橡胶和薄钢板镶嵌、黏合、压制而成，如图 7-3 所示。它的活动机理是：利用橡胶的不均匀弹性压缩实现转角 θ；利用其剪切变形实现微量水平位移 Δ。

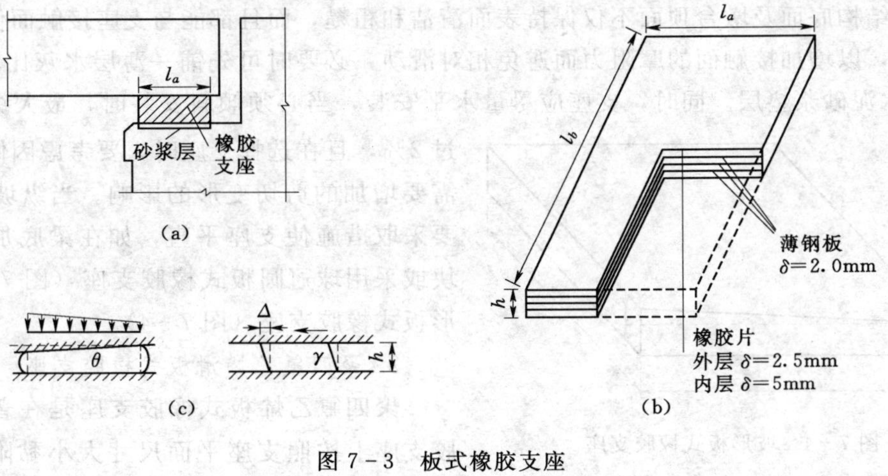

图 7-3　板式橡胶支座

我国桥规规定支座成品的物理力学性能应满足表 7-1 的要求。

表 7-1　　支座成品的物理力学性能

项　目	指标	项　目	指标
极限抗压强度 R_u（MPa）	≥70	橡胶片容许剪切角限值	不计制动力 0.5 计制动力 0.7
抗压弹性模量 E_e（MPa）	$5.4G_eS2$	支座与混凝土表面摩擦系数 μ	0.3
常温下抗剪弹性模量 G_e（MPa）	1.0	支座与钢板摩擦系数 μ	0.2

表 7-1 中形状系数 S：矩形支座 $S=\dfrac{l_{oa}l_{ob}}{2t_{es}(l_{oa}+l_{ob})}$，圆形支座 $S=\dfrac{d_0}{4t_{es}}$，其中 l_{oa} 为矩形支座加劲钢板短边尺寸（顺桥向），l_{ob} 为矩形支座加劲钢板长边尺寸（横桥向），d_0 为圆形支座加劲钢板的直径，t_{es} 为支座中间层单层橡胶厚度。

板式橡胶支座一般不分固定支座和活动支座，这样能将水平力和位移均匀地传递给各个支座，如有必要设置固定支座可采用不同厚度的橡胶板来实现。

国内常用的矩形板式橡胶支座（代号 GJZ）规格尺寸有 0.12m×0.14m、0.12m×0.18m、0.15m×0.20m、0.20m×0.30m、0.30m×0.40m 等，其竖向承载力范围为 150～7000kN。中间橡胶片的厚度不应小于 5mm，加劲薄钢板厚度不应小于 2mm，橡胶支座加劲钢板与支座边缘的最小距离不应小于 5mm，上、下保护层厚度不应小于 2.5mm，支座厚度可根据橡胶支座的剪切位移而采用不同层数组合而成，但要注意不允许在同一支座中使用不同厚度的钢板。板式橡胶支座厚度为 14mm（两层钢板）、21mm（三层钢板）、28mm（四层钢板）、42mm（六层钢板）等，一般以 7mm 为一个台阶递增。常用的圆形支座（代号 GYZ）规格尺寸有 150mm、175mm、200mm、300mm 等，其竖向承载力范围为 153～9818kN。对于斜桥、弯桥以及圆形桥墩的桥梁可考虑采用圆形板式橡胶支座。

板式橡胶支座，按照支座材料和适用温度可分为：①常温型橡胶支座，应采用氯丁橡胶（CR）生产，适用温度－25～60℃，不得使用天然橡胶代替氯丁橡胶，也不允许在氯丁橡胶中掺入天然橡胶；②耐寒型橡胶支座，应采用天然橡胶（NR）生产，适用温度为－40～60℃。

安装橡胶支座时，支座中心尽可能对准上部构造的计算支点。为防止支座受力不均匀，应使上部结构底面及墩台顶面不仅保持表面清洁和粗糙，而且都能与支座接触面保持水平和紧密贴合，以增加接触面的摩阻力而避免相对滑动，必要时可先铺一薄层水灰比不大于 0.5 的 1∶3 水泥砂浆垫层。同时，支座应尽量水平安装，当必须倾斜安装时，最大纵坡不能超过 2%，且在选择支座时，要考虑因倾斜安装而需要增加的剪切变形的影响。当纵坡超过 2%，要采取措施使支座平直，如在梁底加设楔形垫块或采用球冠圆板式橡胶支座（图 7-6）或坡形板式橡胶支座（图 7-4）。

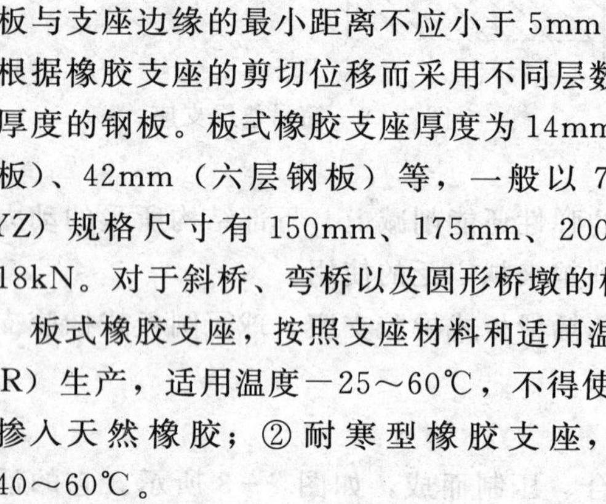

图 7-4　坡形板式橡胶支座

2. 聚四氟乙烯滑板式橡胶支座

聚四氟乙烯板式橡胶支座是在普通板式橡胶支座上按照支座平面尺寸大小黏附一层聚四

氟乙烯板（厚 2～4mm）而成。它除了具有普通板式橡胶支座的竖向刚度与压缩变形，且能承受垂直荷载及适应梁端转动外，还能利用聚四氟乙烯钢板与不锈钢板之间的低摩阻系数（加硅脂时 $\mu_f=0.06$），使桥梁上部构造的水平位移不受限制，如图 7-5 所示。

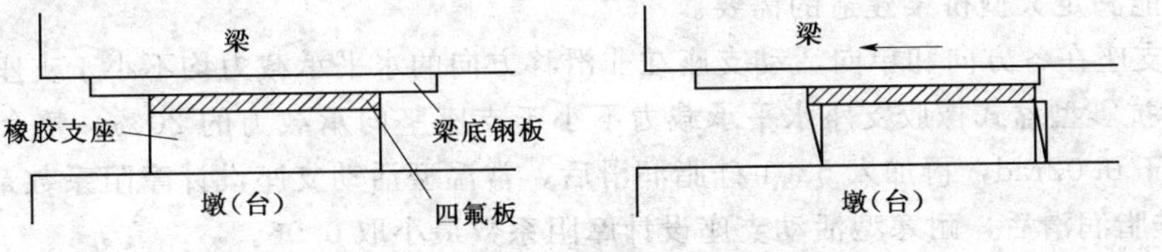

图 7-5　聚四氟乙烯滑板式橡胶支座

聚四氟乙烯滑板式橡胶支座适应于跨度较大或桥面连续的简支梁桥、连续梁桥；此外，这种支座还在顶推、横移施工中作为滑板使用。

3. 球冠圆板式橡胶支座

球冠圆板式橡胶支座（代号为 TCYB）是一种改进后的圆形板式支座，其中间层橡胶和钢板布置与圆形板式橡胶支座完全相同，而在支座顶面用纯橡胶制成球形表面，球面中心橡胶最大厚度为 4～10mm，如图 7-6 所示。

球冠圆板式橡胶支座通过在支座底面加一圈直径 $D=2.5$mm 的半圆形橡胶圆环，支座受力时首先由底部圆环变形压密，调节底面受力状况，可明显改善或避免支座底面产生偏压、脱空等不良现象，使支座底面受力均匀。特别适应于纵横坡度较大（3%～5%）的立交桥或高架桥。但公路桥涵在纵坡较大时，不宜使用带球冠或带坡形的板式橡胶支座。

4. 盆式橡胶支座

当竖向力较大时则使用盆式橡胶支座（图 7-7）。它由不锈钢滑板、聚四氟乙烯板、盆环、氯丁橡胶块、钢密封圈、钢盆塞及橡胶防水圈等组成。它是利用设置在钢盆中的橡胶板达到对上部结构具有承压和转动功能，利用聚四氟乙烯板和不锈钢板之间的平面滑动来适应桥梁水平位移要求。

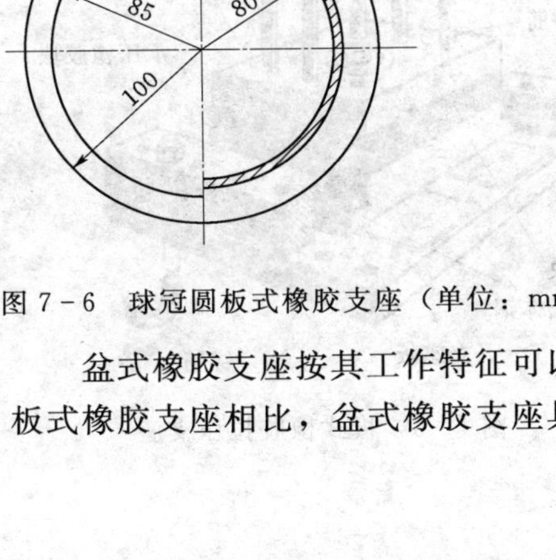

图 7-6　球冠圆板式橡胶支座（单位：mm）

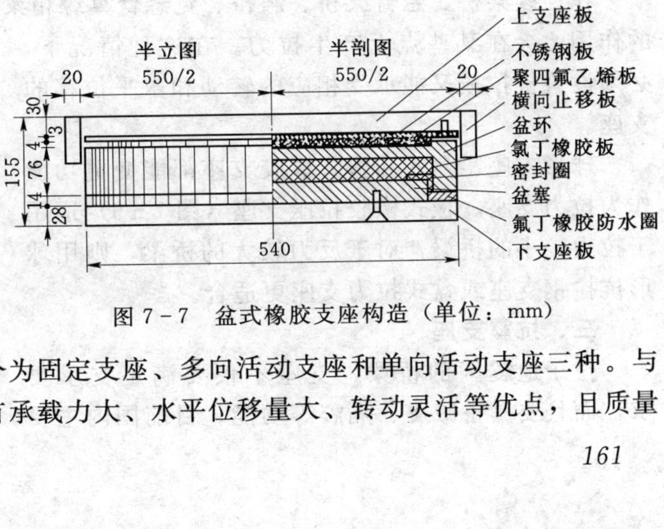

图 7-7　盆式橡胶支座构造（单位：mm）

盆式橡胶支座按其工作特征可以分为固定支座、多向活动支座和单向活动支座三种。与板式橡胶支座相比，盆式橡胶支座具有承载力大、水平位移量大、转动灵活等优点，且质量轻，结构紧凑，构造简单，建筑高度低，加工制造方便，节省钢材，降低造价等优点，是适宜于大跨度桥梁使用的较理想支座。GPZ（II）公路橡胶支座系列目前承载力为31个级别，承载力范围为0.8～60MN，纵桥向位移量为±50～±300mm，横桥向位移量为±40～±50mm,能满足大型桥梁建造的需要。

固定支座在各方向和单向活动支座在非滑移方向的水平承载力均不小于支座竖向承载力的10%，抗震型盆式橡胶支座水平承载力不小于支座竖向承载力的20%。整个支座的转动角度不小于0.02rad，再加入5201硅脂润滑后，常温型活动支座设计摩阻系数最小取0.03，加5201硅脂润滑后，耐寒型活动支座设计摩阻系数最小取0.06。

第三节　特殊功能的支座

一、球形钢支座

为了适应多向转动且转动量较大的情况，还可选择使用球形钢支座，如图7-8所示。它具有受力均匀、转动量大（设计转角可达0.05rad以上）且各向转动性能一致等优点，特别适用于曲线桥和宽桥。由于球形支座不再使用橡胶承压，不存在橡胶变硬或老化等不良影响，因此特别适用于低温地区。

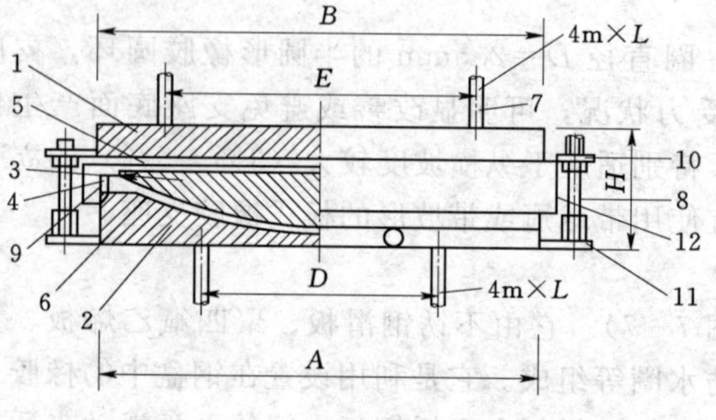

图7-8　球形钢支座构造示意图

1—支座板；2—下支座板；3—钢衬板；4—钢挡圈；5—平面四氟乙烯板；6—球面聚四氟乙烯板；7—锚固螺栓；8—连接螺栓；9—橡胶防尘条；10—上支座连接板；11—下支座连接板；12—防尘板

球形钢支座也有固定支座、单向活动支座和多向活动支座之分。活动支座主要由下支座凹板、中间球形钢衬板、上支座滑板、不锈钢位移板、聚四氟乙烯滑板（平面和球面各一块，简称四氟板）及橡胶密封圈和防尘罩等部件组成。

目前球形支座已在国内独柱支承连续弯板结构、独柱支承的连续弯梁结构、双柱支承的连续T形刚构及大跨度斜拉桥上获得广泛应用。

二、拉力支座

在连续梁桥、悬臂梁桥、斜桥、宽悬臂翼缘箱梁桥以及小半径曲线上的桥梁，由于荷载的作用，会在某些点上产生拉力。在这种情况下，必须设置抗拉拔又能承受相应的转动和水平位移的支座。

球形支座、盆式和板式橡胶支座都能变更功能作为拉力支座。板式橡胶拉压支座（图7-9）适用于拉力较小的桥梁，对于反力较大的桥梁，则用球形抗拉钢支座或盆式拉力支座更适合。

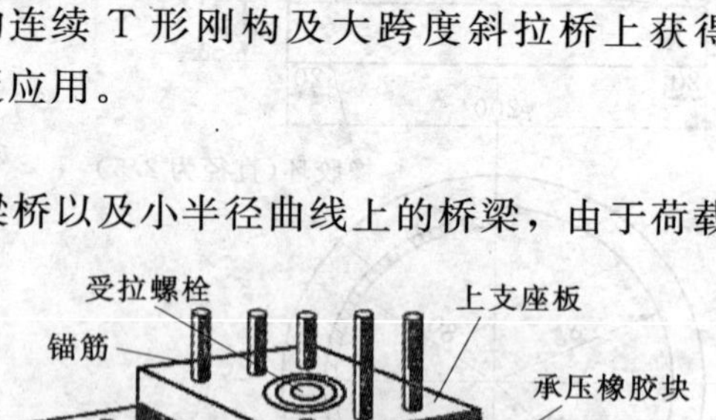

图7-9　板式橡胶拉压支座

三、抗震支座

位于地震区的桥梁，支座不仅要满足支承要求，而且要具备减震、隔震等功能。目前国内主要的减隔震支座有抗震球形钢支座、铅芯橡胶支座和高阻尼橡胶支座等。

抗震球形钢支座（图 7－10）是通过变更上下支座板的构造形式，除满足常规支座要求外，还能承受地震时的反复荷载及满足落梁的要求。

铅芯橡胶支座（图 7－11）是在普通天然橡胶支座的中心插入铅芯，以改善橡胶支座阻尼性能的一种减震支座。铅芯橡胶支座除能承受结构的竖向力和水平力外，铅芯产生的滞后阻尼的塑性变形还能吸收地震能量，并可通过橡胶提供水平恢复力。铅芯橡胶支座作为一种有效的结构减隔震装置，已广泛用于桥梁、建筑物及其他土木结构中。

高阻尼橡胶支座是将特殊配置的具有高耗能能力的橡胶代替普通橡胶中的氯丁橡胶、天然橡胶等常用材料制作而成。该支座的特点是滞回环面积大，具有较大吸收地震能量的能力。

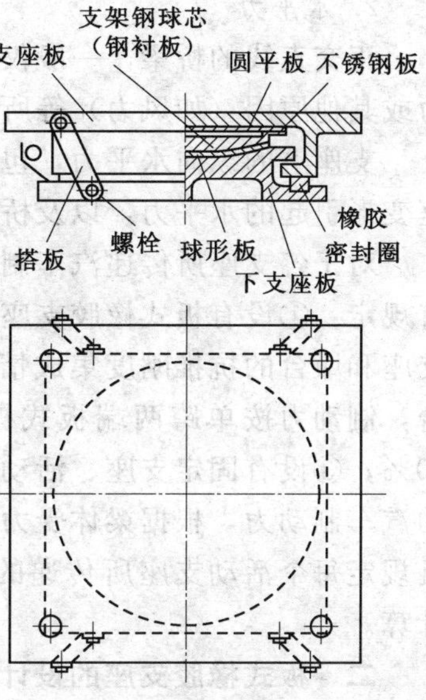

图 7－10　KQGZ 抗震球形钢支座结构

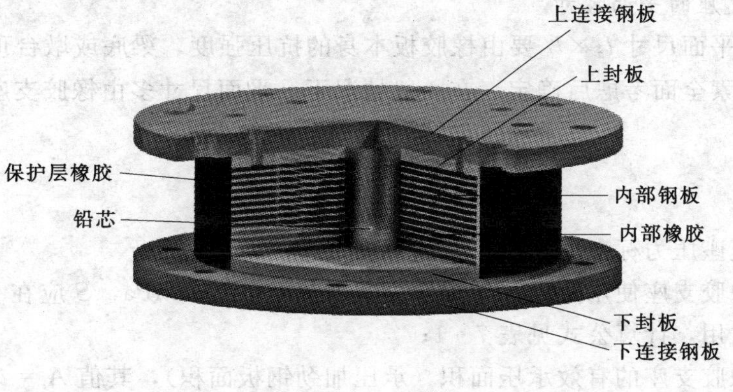

图 7－11　铅芯橡胶支座

第四节　支座的设计与选用

一、支座反力的确定

在进行桥梁支座尺寸的选定和稳定性验算时，必须先求得每个支座上所承受的竖向力和水平力。

1. 竖向力

支座上的竖向力有结构的自重反力，可变作用的支点反力及其影响力。在计算可变作用的支点反力时，应按照最不利状态布置荷载计算，对于汽车荷载的作用，应计入冲击影响力；当支座可能出现拉拔力时，应分别计算支座的最大竖向力和最大上拔力；对于上部结构可能被风力掀离的桥梁，应计算其支座锚栓及有关部件的支承力。

2. 水平力

正交直线的桥梁，一般仅需计算纵向水平力。斜桥和弯桥还需计算由于汽车荷载的离心力或其他原因（如风力）等所产生的横向水平力。

支座上的纵向水平力，包括由于汽车荷载的制动力、风力、支座摩阻力或温度变化、支座变形引起的水平力，以及桥梁纵坡等产生的水平力。

对于各支座所传递汽车制动力的大小，《公路桥涵设计通用规范》（JTG D60—2004）已有规定：①设有板式橡胶支座的简支梁、连续桥面简支梁和连续梁排架式柔性墩台，应根据支座和墩台的抗推刚度集成情况分配和传递制动力；②设有板式橡胶支座的简支梁刚性墩台，制动力按单跨两端板式橡胶支座的抗推刚度进行分配，当两端支座相同时，各分配50%；③设有固定支座、活动支座（滚动或摆动支座、聚四氟乙烯板支座）的刚性墩台传递的汽车制动力，根据梁体受力的不同、墩（台）位置的不同以及支座类型按不同规定采用，且规定每个活动支座所传递的制动力，其值不应大于摩阻力，当大于摩阻力时，按摩阻力计算。

二、板式橡胶支座的设计计算

板式橡胶支座的设计与计算包括确定支座尺寸（平面尺寸与厚度）、验算支座受压偏转、验算支座的抗滑稳定性以及成品板式橡胶支座的选配。

（一）确定支座的平面尺寸

橡胶支座的平面尺寸 $l_a \times l_b$ 要由橡胶板本身的抗压强度、梁底或墩台顶混凝土的局部承压强度三方面因素全面考虑后确定。在一般情况下，平面尺寸多由橡胶支座的强度来控制。

对于橡胶板

$$A_e \geqslant \frac{R_{ck}}{\sigma_c} \tag{7-1}$$

式中　R_{ck}——支座压力标准值，汽车荷载应计入冲击系数；

σ_c——橡胶支座使用阶段的平均压应力限值，$\sigma_c = 10\text{MPa}$，S 应在 $5 \leqslant S \leqslant 12$ 范围内取用，计算公式见表 7-1；

A_e——橡胶支座的有效承压面积（承压加劲钢板面积），其值 $A_e = l_{oa} \times l_{ob}$。

橡胶支座平面毛面积为 $A_g \geqslant (l_{oa} + 2\times 5\text{mm}) \times (l_{ob} + 2\times 5\text{mm})$，其中 10mm 为钢板两侧的侧向保护层厚度。

（二）确定支座的厚度

1. 支座橡胶层总厚度 t_e 的计算

板式橡胶支座的重要特点是：梁的水平位移要通过全部橡胶片的剪切变形来实现，如图 7-12 所示。

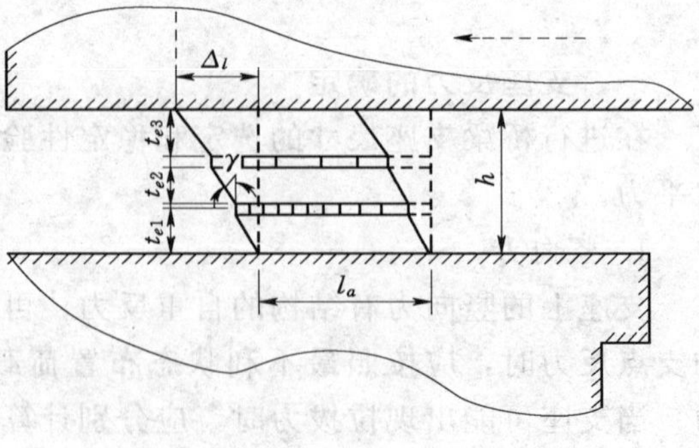

图 7-12　支座厚度计算图式

显然，橡胶片的总厚度 t_e 与梁体的水平位移 Δ_l 之间应满足下列关系：

$$\tan\gamma = \frac{\Delta_l}{t_e} \leqslant [\tan\gamma] \tag{7-2}$$

式中　t_e——橡胶片的总厚度；

[tanγ]——橡胶片的容许剪切角规范规定，

当不计制动力时，采用 0.5，计及制动力时采用 0.7。

所以，式（7-2）可写成：

不计制动力时 $$t_e \geqslant 2\Delta_l \tag{7-3}$$

计及制动力时 $$t_e \geqslant 1.43\Delta_l \tag{7-4}$$

当板式橡胶支座在横桥向平行于墩台帽横坡或盖梁横坡设置时，支座橡胶层总厚度应满足下列条件：

不计制动力时 $$t_e \geqslant 2\sqrt{\Delta_l^2+\Delta_t^2} \tag{7-5}$$

计及制动力时 $$t_e \geqslant 1.43\sqrt{\Delta_l^2+\Delta_t^2} \tag{7-6}$$

式中 Δ_l——由上部结构温度变化、混凝土收缩和徐变等作用标准值引起的剪切变形和纵向力标准值（当计入制动力时包括制动力标准值）产生的支座剪切变形，以及支座直接设置于不大于 1% 纵坡的梁底面下，在支座顶面由支座支承压力标准值顺纵坡方向分力产生的剪切变形；其值为：$\Delta_l=\Delta_S+\Delta_C+\Delta_F+\Delta_Z+\cdots$；

Δ_S——由上部结构混凝土收缩作用标准值引起的剪切变形；

Δ_C——由上部结构混凝土徐变作用标准值引起的剪切变形；

Δ_F——由上部结构温度变化产生的标准值引起的剪切变形；

Δ_Z——由上部结构纵向力标准值产生的支座剪切变形，当计入制动力时，还包括制动力标准值引起的支座剪切变形，其值为：$\Delta_b=\dfrac{F_{bk}t_e}{2G_eA_g}$；

F_{bk}——由汽车荷载引起的制动力标准值；

Δ_t——支座在横桥向平行于不大于 2% 的墩台帽横坡或盖梁横坡上设置，由支座支承压力标准值平行于横坡方向分力产生的剪切变形。

同时，考虑到支座工作的稳定性，t_e 还应符合下列规定

矩形支座： $$\frac{l_a}{10} \leqslant t_e \leqslant \frac{l_a}{5} \tag{7-7}$$

圆形支座： $$\frac{d}{10} \leqslant t_e \leqslant \frac{d}{5} \tag{7-8}$$

式中 l_a——矩形支座短边尺寸；

d——圆形支座直径。

2. 板式橡胶支座加劲板厚度 t_s 的计算

板式橡胶支座加劲板的厚度应按下式计算，且其最小厚度不应小于 2mm。

$$t_s=\frac{K_pR_{ck}(t_{es,u}+t_{es,l})}{A_e\sigma_s} \tag{7-9}$$

式中 t_s——支座加劲板的厚度；

K_p——应力校正系数，取 1.3；

$t_{es,u}$，$t_{es,l}$——一块加劲板上、下橡胶层的厚度；

σ_s——加劲钢板轴向拉力限值，可取钢材屈服强度的 0.65 倍。

确定了橡胶片的总厚度 t_e，再加上金属加劲薄板的总厚度 t_s，就可以得到所需支座的总厚度 h。

（三）验算支座的偏转情况

主梁受荷后发生挠曲变形，梁端将引起转角 θ，如图 7-13 所示。此时支座伴随出现线

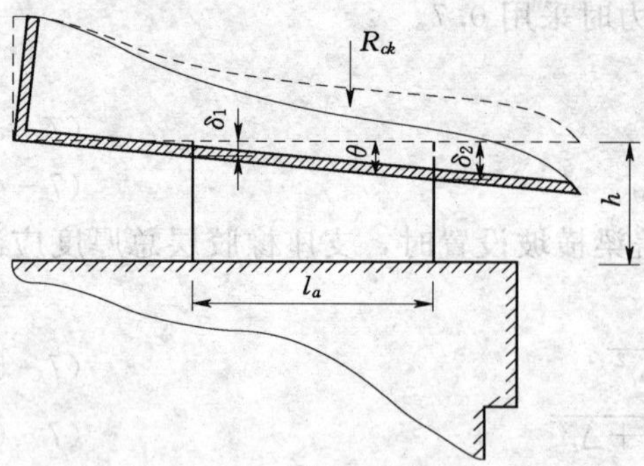

图 7-13　支座偏转图式

性的压缩变形，在外侧为 δ_1，在内侧为 δ_2。支座的平均压缩变形为（忽略薄钢板的变形）：

$$\delta_{c,m}=\frac{\delta_1+\delta_2}{2} \tag{7-10}$$

为了确保支座偏转时橡胶与梁底不发生脱空而出现局部承压的现象，则必须满足：

$$\delta_1\geqslant 0 \tag{7-11}$$

$$\delta_1-\delta_2=-\theta l_a$$

$$\delta_1=\delta_{c,m}-0.5\theta l_a\geqslant 0$$

即

$$\delta_{c,m}=\frac{R_{ck}t_e}{A_eE_e}+\frac{R_{ck}t_e}{A_eE_b}\geqslant\frac{\theta}{2}l_a \tag{7-12}$$

式中　$\delta_{c,m}$——平均压缩变形（忽略薄钢板的变形）；

θ——上部结构挠曲在支座顶面引起的倾角，以及支座直接设置于不大于 1%纵坡的两梁底面下，在支座顶面引起的纵坡坡角，rad；

E_b——橡胶的弹性体积模量，取 $E_b=2000$MPa；

E_e——支座的抗压弹性模量，其与支座的形状系数 S 有关，按表 7-1 的公式进行计算；

其余符号意义同前。

此外，《混凝土桥规》还规定，支座的平均压缩变形 $\delta_{c,m}\leqslant 0.07t_e$。

（四）验算支座的抗滑稳定性

板式橡胶支座通常设置在桥墩台顶面与梁底之间，直接与混凝土相接触。当梁体因温度变化时、混凝土收缩和徐变等作用引起的水平位移以及由可变作用中的制动力作用时支座将承受相应的纵向水平力作用，为了保证橡胶支座与梁底或墩台顶面之间不发生相对滑动，则应满足以下条件

不计汽车制动力时

$$\mu R_{GK}\geqslant 1.4G_eA_g\frac{\Delta_l}{t_e} \tag{7-13}$$

计及汽车制动力时

$$\mu R_{ck}\geqslant 1.4G_eA_g\frac{\Delta_l}{t_e}+F_{bk} \tag{7-14}$$

式中　R_{GK}——由结构自重引起的支座反力标准值；

R_{ck}——由结构自重标准值和 0.5 倍汽车荷载标准值（计入冲击系数）引起的支座反力；

F_{bk}——由汽车荷载引起的制动力标准值；

μ——支座与接触面的摩擦系数，具体取值请参见表 7-1；

G_e——橡胶支座的剪切模量，常温下取 $G_e=1.0$MPa，当累年最冷月平均温度的平均值为 0～−10℃时，G_e 应增大 20%；当低于−10℃时，G_e 应增大 50%；当低于−25℃时，G_e 为 2.0MPa；

Δ_l 见前述，但不包括汽车制动力引起的剪切变形；

其余符号意义同前。

（五）成品板式橡胶支座的选配

板式橡胶支座早已有系列成品可供选择，例如 GJZ300×400×47（CR）表示公路桥梁

矩形普通氯丁橡胶支座，短边尺寸为 300mm，长边尺寸为 400mm，厚度为 47mm；GY-$ZF_4$300×54（NR）表示公路桥梁圆形四氟滑板天然橡胶支座，直径为 300mm，厚度为 54mm。所以只需根据标准成品的目录，选配合适的产品。

当用成品目录进行选型时，先根据支座反力、梁肋宽度和梁体水平位移初选出支座，再通过偏转验算和抗滑稳定性验算，最终确定支座类型。具体原理与步骤请参见算[例 7－1]。

【例 7－1】 某地区所建造的桥梁，其上部结构为 30m 预应力混凝土连续桥面简支梁，马蹄宽度为 360mm。板式橡胶支座的作用（荷载）标准值如下，试设计此板式橡胶支座。

自重反力 $R_{GK}=505.308$kN；

汽车荷载反力 $R_{ak}=427.451$kN（计入冲击系数）；

自重与汽车荷载反力合计 $R_{ck}=932.759$kN；

温度下降、混凝土收缩和徐变引起的支座剪切变形 $\Delta_{F+S+C}=16.5$mm，其相应剪力为 28.817kN；

汽车制动力 $F_{bk}=6.799$kN；

支座直接设于设有 0.5%纵坡底的梁底面下，支座顶面形成 0.5%纵坡，顺纵坡的分力如下：

自重 $F_{GK}=0.005\times505.308=2.527$kN；

汽车荷载 $F_{ak}=0.005\times427.451=2.137$kN；

自重挠度在支点倾角 $\theta_G=0.00448$rad；

汽车荷载挠度在支点倾角 $\theta_a=0.002$rad。

解：（1）确定支座的平面尺寸。选定支座平面尺寸为 300mm×350mm×78mm，单层橡胶层厚度为 11mm，上、下保护层厚度为 2.5mm，橡胶层总厚度为 60mm，且钢板厚为 3mm 的 6 层钢板，7 层橡胶组成的板式橡胶支座，如图 7－14 所示。30m 简支梁马蹄宽度为 360mm 大于长边尺寸 350mm，可以满足支座全截面承压要求。

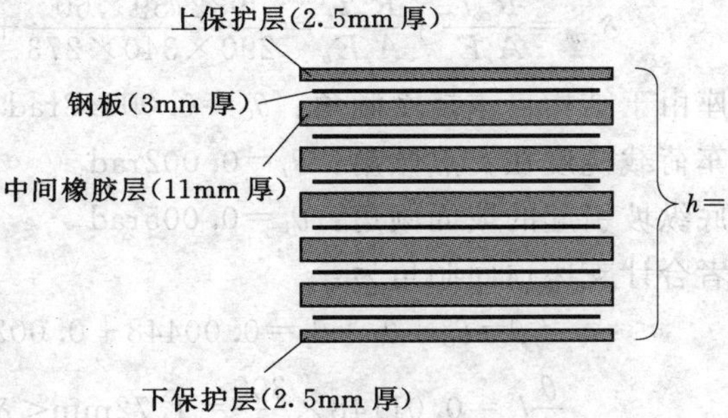

图 7－14　矩形板式橡胶支座

加劲钢板短边长度 $l_{oa}=300-10=290$mm（10mm 为钢板侧向保护层），支座钢板长边长度 $l_{ob}=350-10=340$mm；支座毛平面面积 $A_g=105000\text{mm}^2$，有效平面面积 $A_e=290\times340=98600\text{mm}^2$。

支座抗压弹性模量和支座形状系数 S 为：

$$S=\frac{l_{oa}l_{ob}}{2t_{es}(l_{oa}+l_{ob})}=\frac{290\times340}{2\times11\times(290+340)}=7.11$$

$$E_e=5.4G_eS^2=5.4\times1.0\times7.11^2=273\text{MPa}$$

支座形状系数在 $5\leqslant S\leqslant12$ 范围内，符合规定。

板式橡胶支座有效承压面积 A_e 验算如下：

$$\frac{R_{ck}}{\sigma_c}=\frac{932759}{10.0}=93275.9\text{mm}^2<98600\text{mm}^2=A_e\text{（符合规定）}$$

(2) 板式橡胶支座橡胶层总厚度验算。

1) 从满足剪切变形考虑：

(a) 不计入制动力时：

$$\Delta_{F+S+C}=16.5\text{mm}$$

$$\Delta_{Gk+ak}=\frac{(F_{Gk}+F_{ak})t_e}{G_eA_g}=\frac{(2527+2137)\times 60}{1.0\times 105000}=2.7\text{mm}$$

总剪切变形： $\Delta_l=\Delta_{F+S+C}+\Delta_{Gk+ak}=16.5+2.7=19.2\text{mm}$

$2\Delta_l=2\times 19.2=38.4\text{mm}<t_e=60\text{mm}$（符合规定）

(b) 计入制动力时：$\Delta_{F+S+C}=16.5\text{mm}$，$\Delta_{Gk+ak}=2.7\text{mm}$

制动力引起剪切变形：$\Delta_b=\dfrac{F_{bk}t_e}{2G_eA_g}=\dfrac{6799\times 60}{2.0\times 300\times 350}=1.9\text{mm}$

总剪切变形：$\Delta_l=\Delta_{F+S+C}+\Delta_{Gk+ak}+\Delta_b=16.5+2.7+1.9=21.1\text{mm}$

$1.43\Delta_l=1.43\times 21.1=30.2\text{mm}<t_e=60\text{mm}$（符合规定）

2) 受压稳定：

根据《桥规》规定，尚应满足： $\dfrac{l_a}{10}\leqslant t_e\leqslant\dfrac{l_a}{5}$

$$\frac{l_a}{10}=\frac{300}{10}=30\text{mm}<t_e=60\text{mm}，\frac{l_a}{5}=\frac{300}{5}=60\text{mm}=t_e（符合规定）$$

所以，综合上述分析，板式橡胶支座橡胶层总厚度满足要求。

(3) 板式橡胶支座竖向平均压缩变形 $\delta_{c,m}$ 的验算：

$$\delta_{c,m}=\frac{R_{ck}t_e}{A_eE_e}+\frac{R_{ck}t_e}{A_eE_b}=\frac{932759\times 60}{290\times 340\times 273}+\frac{932759\times 60}{290\times 340\times 2000}=2.36\text{mm}$$

支座由于结构自重挠度倾角：$\theta_G=0.00448\text{rad}$

汽车荷载挠度在支点倾角：$\theta_a=0.002\text{rad}$

梁底纵坡引起的坡面倾角：$\theta_1=0.005\text{rad}$

三者合计支座顶面倾角为：

$$\theta=\theta_G+\theta_a+\theta_1=0.00448+0.002+0.005=0.01148\text{rad}$$

$$\frac{\theta}{2}l_a=0.01148\times\frac{300}{2}=1.72\text{mm}<\delta_{c,m}=2.36\text{mm}（符合规定）$$

根据《桥规》规定，尚应满足 $\delta_{c,m}\leqslant 0.07t_e$ 的要求。

$$\delta_{c,m}=2.36\text{mm}<0.07t_e=0.07\times 60=4.2\text{mm}（符合规定）$$

(4) 验算板式橡胶支座加劲钢板厚度 t_s。一块加劲钢板上、下层橡胶层厚度采用 11mm；加劲钢板采用屈服强度为 235MPa 的钢板，其拉应力限值取 $\sigma_s=0.65\times 235=152.8\text{MPa}$，则

$$t_s=\frac{K_pR_{ck}(t_{es,u}+t_{es,l})}{A_e\sigma_s}=\frac{1.3\times 932759\times(11+11)}{98600\times 152.8}=1.77\text{mm}$$

所以，取 $t_s=3\text{mm}$，满足要求。

(5) 验算支座的抗滑稳定性。

1) 不计汽车制动力时：$\mu R_{Gk}\geqslant 1.4G_eA_g\dfrac{\Delta_l}{t_e}$

$$\mu R_{Gk}=0.3\times 505.308=151.592\text{kN}$$

$$1.4G_eA_g\frac{\Delta_l}{t_e}=1.4\times1.0\times105000\times\frac{19.2}{60}=47.04\text{kN}<151.592\text{kN}(\text{符合要求})$$

2）计入汽车制动力时：

$$\mu R_{ck}\geqslant1.4G_eA_g\frac{\Delta_l}{t_e}+F_{bk}$$

$$\mu R_{ck}=0.3\times(R_{Gk}+0.5\times R_{ak})=0.3\times(505.308+0.5\times427.451)=215.710\text{kN}$$

$$1.4G_eA_g\frac{\Delta_l}{t_e}+F_{bk}=1.4\times1.0\times105000\times\frac{19.2}{60}+6799=47040+6799=53.839\text{kN}$$

215.710kN＞53.839kN（符合要求），结果表明：支座不会发生相对滑动。

结论：选定支座为GJZ300mm×350mm×78mm（CR），单层橡胶层厚度为11mm，上、下保护层厚度为2.5mm，橡胶层总厚度为60mm，钢板厚为3mm的6层钢板，7层橡胶组成的板式橡胶支座，符合要求。

三、盆式橡胶支座的选用

盆式橡胶支座的设计验算内容有：确定聚四氟乙烯板和氯丁橡胶板的尺寸；确定钢盆环的直径；盆塞的计算（包括底面积尺寸、盆塞厚度、盆塞的抗滑验算等）；钢密封环的设计；橡胶密封圈的设计；盆环顶偏转的控制；钢盆环与顶板之间的焊接应力验算等。而在实际工程中，设计人员主要是根据支座反力和变形直接在成品目录上选配适合的支座，同时考虑温度和地震两个因素，以确定适配常温型或耐寒型支座和采用何种抗震型支座或抗震措施。

我国成品盆式橡胶支座系列主要有中交公路规划设计院设计的GPZ系列，以及铁道部科学研究院设计的TPZ－1系列等，支座竖向承载力一般为1000～50000kN，最多可分为近40个等级，并有DX（单向）、SX（双向活动）及GD（固定）之分，有效水平位移量为±40～±250mm，支座的容许转角为40′，GDZ则为抗震型固定支座的代号。

合适的支座不仅应满足结构变形的需要，其最大支承反力一般不超过支座容许承载能力的5%，最小反力不低于容许承载力的80%，以确保支座具有良好的抗滑移性能。例如计算得到一个支座的最大反力为4100kN，最小反力为3700kN，则应选择承载力为4000kN的盆式支座，而不宜选用承载力为5000kN的盆式支座。这是因为4000kN的支座允许反力变化范围是3200～4200kN，而5000kN的支座允许反力变化范围是4000～5200kN。

第八章　混凝土拱桥

第一节　概　　述

一、拱桥的基本特点及适用范围

拱桥是我国公路上使用很广的一种桥型。拱桥和梁桥的区别不仅在于外形，更重要的是在受力性能方面。由力学知识可知，在竖向荷载作用下，梁在支承处将仅受到竖向力作用，而拱在竖向荷载作用下，支承处将同时受到竖向和水平反力的共同作用。这个水平反力的反作用，被称为水平推力（简称推力）。由于水平反力的作用，拱承受的弯矩将比相同跨径的梁小很多，从而处于主要承受轴向压力的状态。这样，拱桥不仅可以利用钢、钢筋混凝土等材料来修建，而且还能依其受力特点，利用适合承压而抗拉性能较差的圬工材料（石料、混凝土、砖等）来修建。根据理论推算，按现有的材料技术水平，混凝土拱桥的极限跨度可达500m，钢拱桥的极限跨度可达1200m。

采用圬工材料建造的拱桥，简称为圬工拱桥。这种拱桥具有取材容易、节省钢材与水泥、构造简单、技术容易掌握、承载能力潜力大、耐久性好、养护费用少等优点。目前世界上跨度最大的石拱桥，是我国于1990年建成的山西晋城丹河大桥，跨度达到146m。

以混凝土和钢筋为主要建筑材料的拱桥，称为钢筋混凝土拱桥。相对于圬工拱桥，钢筋混凝土拱桥自重小、跨越能力大，充分利用了混凝土与钢材的受力优势。钢筋混凝土拱桥也能通过选择合理的体系、突出结构线条、达到良好的建筑艺术效果。目前世界上第一、二跨径的钢筋混凝土拱桥，分别为1997年建成的跨径420m的我国重庆万县长江大桥，1980年建成的390m跨径的南斯拉夫KRK桥。

钢拱桥是以钢材为主要建筑材料的拱桥。钢材的优良性能，使钢拱桥能适应更大跨径的要求，2009年建成的、跨径达到552m的我国重庆朝天门大桥，称为世界第一跨钢拱桥。

施工方法是大跨径拱桥建设的关键问题。从传统的利用支架（拱架）施工发展到无支架施工，拱桥的适用性及在大跨径梁中的竞争力有了很大提高。相比斜拉桥，钢筋混凝土拱桥的造价低、抗风稳定性强、维护费用少。钢管混凝土、劲性骨架混凝土及预应力混凝土材料的使用，为大跨径拱桥施工与设计水平的提高提供了保证。尤其是钢管混凝土材料，因其优异的抗压性能，成为以压为主的大跨径拱桥的最佳材料。同时，钢管混凝土拱桥利用先安装的钢管拱作为支架，然后灌注钢管内的混凝土，使拱桥的施工安装重量大大减轻；而将钢管混凝土作为拱桥施工的劲性骨架，体积庞大的特大跨径拱桥在符合受力要求的条件下逐步建成，不需要强劲的支架与强大的吊装能力。

拱桥的主要优点：

(1) 跨越能力大。

(2) 抗风性能强，结构整体性好。

(3) 能就地取材，可以充分利用当地的圬工和钢筋混凝土等材料，造价较低。

(4) 耐久性能好，维修、养护费用低。

(5) 构造较简单，技术容易掌握，有利于广泛应用。

(6) 建筑艺术造型简洁美观，能与周围环境较好协调。

拱桥的主要缺点：

(1) 自重较大，由于存在水平推力，墩台和地基必须承受强大的推力作用，增加了下部结构的工程量，并要求有良好的地基条件。

(2) 对于连续多孔的大、中桥梁，为防止一孔破坏而影响全桥的安全，需要采用较复杂的结构措施或设置单向推力墩，以承受不平衡的推力，相应增加了造价。

(3) 与梁式桥相比，上承式拱桥的建筑高度较高，在城市或平原地区，为了满足桥下净空要求，必须提高桥面高程，使两岸接线长度增长，或使桥面纵坡增大，使其应用范围受到一定的限制。

(4) 传统的拱桥（尤其是圬工拱桥，一般都采用有支架施工方法建造）施工工序多，难度大，工期长，从而增加拱桥的总造价。

拱桥虽然存在上述缺点，但只要在条件适合的情况下，修建拱桥往往是经济合理的且优点突出。因此，在我国公路桥梁建设中拱桥得到了广泛应用，而拱桥的缺点也正在得到改善和克服。如必须在地质条件不良的地区修建拱桥时，就要从结构体系上、构造形式上采取措施，或利用轻质材料来减轻结构物的自重，或设法提高地基承载能力等。为了节约劳动力、加快施工进度，就设法提供预制构件在圬工数量中所占的比重，以利于机械化和工业化施工。这些措施的采用更加扩大了拱桥的使用范围。

在今后一个较长时期内，拱桥仍是我国公路桥梁的主要形式之一。结合我国具体情况，进一步研究拱桥的设计理论，并使结构构造和施工工艺更完善，更重视装配化、轻型化、机械化的施工方法，以加快桥梁建设的速度，将是我国广大桥梁工作者努力的方向。

二、拱桥的组成和分类

(一) 拱桥的主要组成

拱桥同其他桥梁一样，也是由桥跨结构（上部结构）和下部结构两部分组成。各组成部分的名称如图 8-1 所示。

拱桥的上部结构由主拱圈和拱上建筑组成。主拱圈是拱桥的主要承重结构。桥面与主拱圈之间需要有传力的构件或填充物，以使车辆能在平顺的桥道上行驶。桥面系和这些传力构件或填充物统称为拱上建筑。

拱桥的下部结构由桥墩、桥台及基础等组成，用以支承桥跨结构，将桥跨结构的荷载传至地基。桥台还起到与两岸路堤相连接的作用，使路桥形成一个协调的整体。

拱圈最高处称为拱顶，拱圈和墩台连接处称为拱脚（或起拱面）。拱圈各横向截面（或换算截面）的形心连线称为拱轴线。拱圈的上曲面称为拱背，下曲面称为拱腹。起拱面与拱腹相交的直线称为起拱线。

下面介绍拱桥的几个主要技术名称：

净跨径（l_0）：每孔桥跨两个起拱线之间的水平距离；

计算跨径（l）：相邻两拱脚截面形心点之间的水平距离，也就是拱轴线两端点之间的水平距离；

净矢高（f_0）：拱顶截面下缘至起拱线连线的垂直距离；

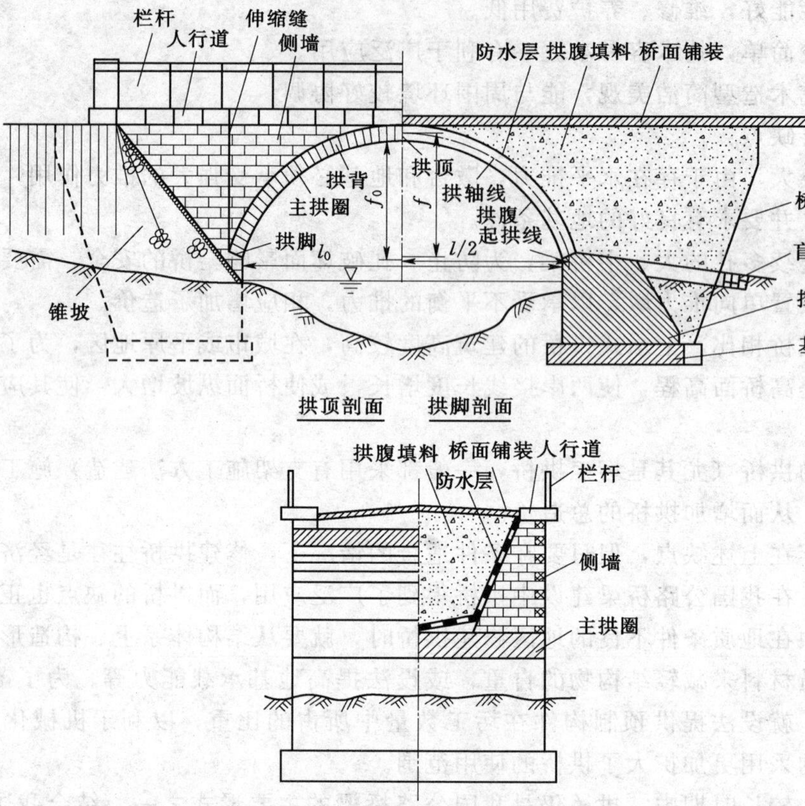

图 8-1　拱桥的主要组成部分

计算矢高（f）：拱顶截面形心至相邻两拱脚截面形心之连线的垂直距离；

矢跨比$\left(\dfrac{f_0}{l_0}或\dfrac{f}{l}\right)$：拱圈或（拱肋）的净矢高与净跨径之比，或计算矢高与计算跨径之比。一般将矢跨比大于或等于$\dfrac{1}{5}$的拱称为陡拱，矢跨比小于$\dfrac{1}{5}$的拱称为坦拱。

（二）拱桥的分类

拱桥发展历史长、使用极为广泛，形式多种多样、构造各有差异。为了便于进行研究，可以按照不同的方式将拱桥分类。

（1）按照主拱圈所使用的建筑材料可以分为：圬工拱桥、钢筋混凝土拱桥、钢拱桥和钢—混凝土组合拱桥等。

（2）按照拱上建筑的形式可以分为：实腹式拱桥和空腹式拱桥。

（3）按照主拱圈轴线采用的线形可以分为：圆弧线拱桥、抛物线拱桥和悬链线拱桥。

（4）按照桥面系在上部结构立面中的位置可以分为：上承式拱桥、下承式拱桥和中承式拱桥，如图 8-2 所示。

（5）按照有无水平推力可以分为：有推力拱桥和无推力拱桥。

（6）按照结构受力图式可以分为：简单体系拱桥、组合体系拱桥和拱片桥。

（7）按照主拱圈横截面形式可以分为：板拱桥、板肋拱桥、肋拱桥、双曲拱桥、箱形拱桥、钢管混凝土拱桥和劲性骨架混凝土拱桥等。

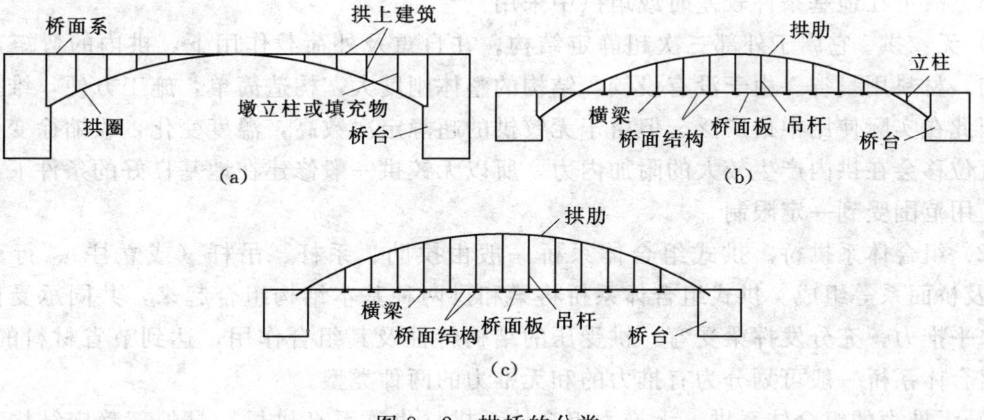

图 8-2 拱桥的分类

(a) 上承式拱桥；(b) 中承式拱桥；(c) 下承式拱桥

上承式拱桥［图 8-2（a）］的桥面系位于主拱圈之上，桥面系与拱圈之间通过拱上建筑以形成平顺的桥道，拱上建筑完全充满的上承式拱桥，称为实腹式拱桥，否则称为空腹式拱桥。

中承式拱桥［图 8 2（b）］的拱圈由分离的拱肋组成，由横梁及支承于其上的桥面板等所构成的桥面结构位于拱肋立面的中部，利用设在横梁处的吊杆将荷载传递到拱肋，桥面结构位于拱肋以上的部分则由立柱支撑在拱肋及墩、台上。

下承式拱桥［图 8-2（c）］的拱圈也由分离的拱肋组成，桥面结构与中承式拱桥相似，其位于拱肋立面的底部且均由吊杆悬吊在拱肋上。

下面仅按其中两种分类方式作介绍。

1. 按照结构受力图式分类

（1）简单体系拱桥。简单体系拱桥，均为有推力拱，可以做成上承式、中承式和下承式。按照主拱的静力体系，简单体系拱桥又可以分成如下三种（图 8-3）。

1）三铰拱。它属于外部静定结构。由温度变化、混凝土收缩徐变、支座沉陷等因素引起的变形不会对它产生附加内力，故计算时无需考虑体系变形对内力的影响。它适合于在地基条件很差的地区修建，但由于铰的存在，使其构造复杂，施工困难，维护费用增高，而且减小了结构的整体刚度，降低了抗震能力，又由于拱的挠度曲线在顶铰处有转折，对行车不利，因此，三铰拱一般较少采用。

2）两铰拱。它属于外部一次超静定结构。由于取消了拱顶铰，使结构的整体刚度较相应的三铰拱大。由基础位移、温度变化、混凝土收缩和徐变等引起的附加内力对无铰拱的影

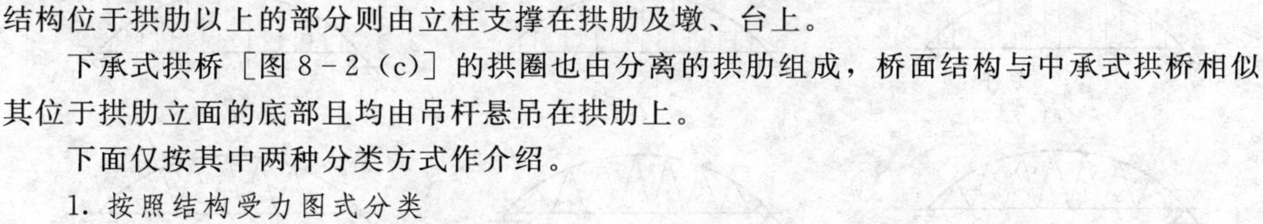

图 8-3 简单体系拱桥

(a) 三铰拱；(b) 两铰拱；(c) 无铰拱

响要小，故可在地基条件较差时或坦拱中采用。

3）无铰拱。它属于外部三次超静定结构。在自重及外荷载作用下，拱内的弯矩比两铰拱均匀，材料用量省。由于没有设铰，结构的整体刚度大，构造简单，施工方便，维护费用少，因此在实际使用中最广泛。但由于无铰拱的超静定次数高，温度变化，收缩徐变，特别是墩台位移会在拱内产生较大的附加内力，所以无铰拱一般修建在地基良好的条件下，这使它的使用范围受到一定限制。

（2）组合体系拱桥。拱式组合体系桥一般由拱肋、系杆、吊杆（或立柱）、行车道梁（板）及桥面系等组成。拱式组合体系桥将梁和拱两种基本结构组合起来，共同承受桥面荷载和水平推力，充分发挥梁受弯，拱受压的结构特性及其组合作用，达到节省材料的目的。拱式组合体系桥一般可划分为有推力的和无推力的两种类型。

1）无推力的组合体系拱。无推力组合体系拱（也称系杆拱桥）是外部静定结构，兼有拱桥的较大跨越能力和简支梁桥对地基适应能力强的两大特点。拱的推力由系杆承受，系杆的含义就是一个将两拱脚相互联系在一起的水平构件，因而墩台不承受水平推力。根据拱肋和系杆（梁）相对刚度的大小及吊杆的布置形式可以分为：具有垂直吊杆的柔性系杆拱称为系杆拱［图 8-4（a）］；具有垂直吊杆的刚性系杆柔性拱称为蓝格尔拱［图 8-4（b）］；具有竖直吊杆的刚性系杆刚性拱称为洛泽拱［图 8-4（c）］。

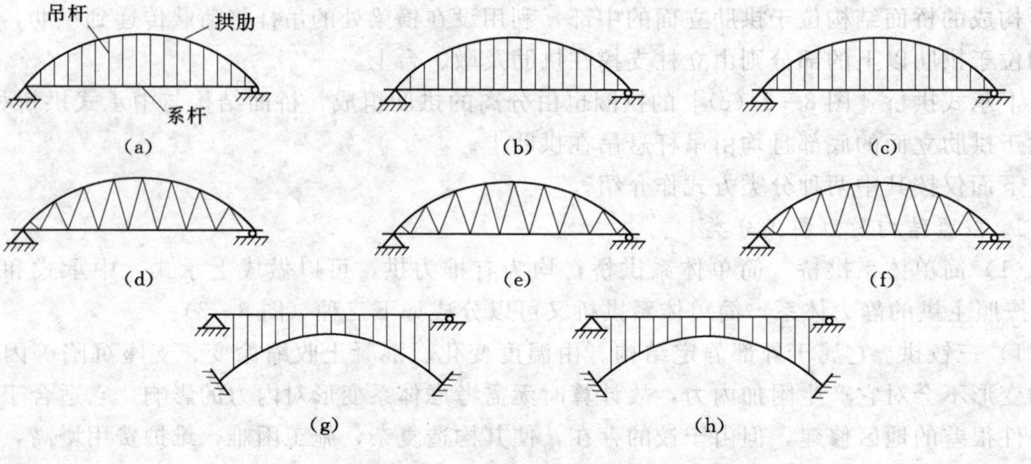

图 8-4 组合体系拱桥

（a）系杆拱；（b）蓝格尔拱；（c）洛泽拱；（d）尼尔森系杆拱；（e）尼尔森蓝格尔拱
（f）尼尔森洛泽拱；（g）倒蓝格尔拱；（h）倒洛泽拱

以上三种拱，当用斜吊杆代替竖直吊杆时，称为尼尔森拱［图 8-4（d）、（e）、（f）］。

2）有推力的组合体系拱。此种组合体系没有系杆，由单独的梁和拱共同受力，拱的推力仍由墩台承受，图 8-4（g）为刚性梁柔性拱（倒蓝格尔拱），图 8-4（h）为刚性梁刚性拱（倒洛泽拱）。

（3）拱片桥。上边缘与桥面纵向平行，下边缘是拱形的有推力结构，称为拱片，如图 8-5 所示。在拱片中，行车道系与拱肋刚性连成一整体，共同承受荷载。拱片的立面一般被挖空成桁架的形式。根据桥梁宽度的不同，拱片桥可由两片以上的拱片组成，并用横向联结系将各拱片连成整体，行车道板支承在拱片上。

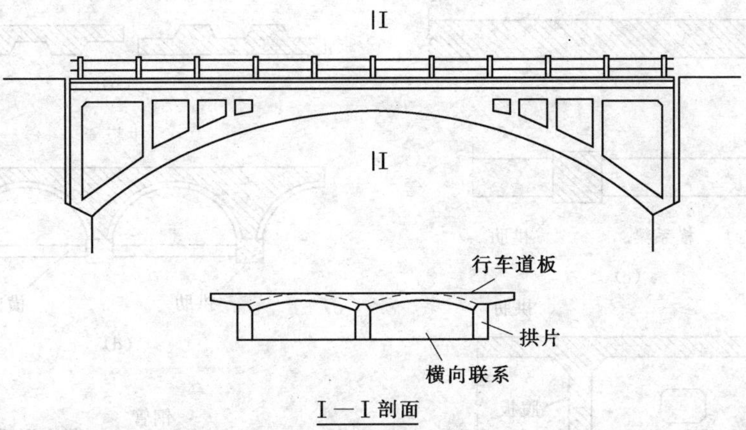

图 8-5　拱片桥

2. 按主拱圈截面形式分类

拱桥的主拱圈，沿拱轴线可以做成等截面或变截面的形式。主拱圈所使用的建筑材料主要有圬工、钢筋混凝土、钢材和钢—混凝土组合结构等。根据材料的特性，圬工拱桥主要用于跨径小，并且能够就地取材的情况，目前使用较少；钢拱桥主要用于大跨径，从已建拱桥看，我国大部分拱桥都采用钢筋混凝土结构，随着设计理论和施工工艺的完善，钢筋混凝土拱桥目前已是最具有竞争力的桥型之一；钢—混凝土组合结构是近几十年来发展起来的，主要有钢管混凝土拱桥和劲性骨架混凝土拱桥两种，下面分别作简要介绍。

(1) 板拱桥。主拱圈采用矩形实体截面的拱桥称为板拱桥［图 8-6 (a)］。它的构造简单、施工方便，但在相同截面面积的条件下，实体矩形截面比其他形式截面的抵抗矩小。通常只在地基条件较好的中、小跨径圬工拱桥中才采用这种形式。

如果在较薄的拱板上增加几条纵向肋，以提高拱圈的抗弯刚度，就构成板拱的另外一种形式，即板肋拱［图 8-6 (b)］，它的拱圈截面由板和肋组成。

(2) 混凝土肋拱桥［图 8-6 (c)］。肋拱桥是在板拱桥的基础上发展形成的，它是将板拱划分成两条或多条分离的、高度较大的拱肋、肋与肋间用横系梁相连。这样就可以用较小的截面面积获得较大的截面抵抗矩，从而节省材料，减轻拱桥的自重，因此多用于大、中跨径的拱桥。

(3) 双曲拱桥［图 8-6 (d)］。其主拱圈横截面由一个或数个横向小拱单元组成，由于主拱圈在纵向和横向均呈曲线形。故称之为双曲拱桥。通常由拱肋、拱波、拱板和横向联系等几部分组成。这种截面的抵抗矩较相同材料用量的板拱大，故可节省材料。施工中可采用预制拼装，较之板拱有很大的优越性，但存在着施工工序多、组合截面整体性较差和易开裂等缺点，一般用于中、小跨径的拱桥。

(4) 箱形拱桥［图 8-6 (e)］。这类拱桥外形和板拱相似，由于截面挖空，使箱形拱的截面抵抗矩较相同材料用量的板拱大很多，所以能节省材料，减轻自重，相应地也减少下部结构材料用量，对于大跨径拱桥则效果更为显著。又因它是闭口箱形截面，截面抗扭刚度大，横向整体性和结构稳定性均较双曲拱好，故特别适用于无支架施工。但箱形截面施工制作较复杂，因此，大跨径拱桥采用箱形截面是比较合理的。

(5) 钢管混凝土拱桥。钢管混凝土简称为 CFST (Concrete Filled Steel Tube)，它属于

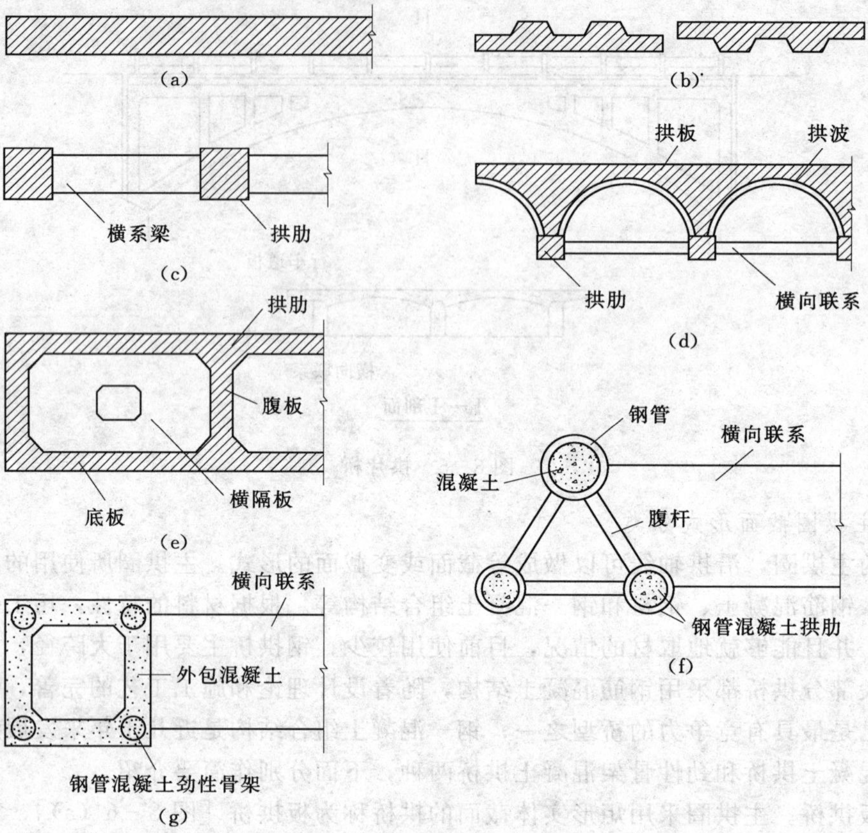

图 8-6　主拱圈横截面形式

(a) 板拱；(b) 板肋拱；(c) 肋拱；(d) 双曲拱；(e) 箱形拱；
(f) 钢管混凝土拱；(g) 劲性骨架混凝土拱

钢—混凝土组合结构中的一种，主要用于以受压为主的结构。它一方面借助内填混凝土增强钢管壁的稳定性，同时又利用钢管对核心混凝土的套箍作用，使核心混凝土处于三向受压状态，从而使其具有更高的抗压强度和抗变形能力，如图 8-6（f）所示。此外，钢管混凝土拱桥尚具有以下方面的优点：

1）总体性能方面。由于钢管混凝土承载能力大，正常使用极限状态是以应力控制设计，外表不存在混凝土裂缝问题，因而可以使主拱圈截面及其宽度相对的减小，这样便可以减小桥面上由承重结构所占的宽度，提高了中、下承式拱桥桥面宽度的使用效率。

2）施工方面。钢管本身相当于混凝土的外模板，它具有强度高，质量轻，易于吊装或转体的特点，可以先将空钢管拱肋合拢，再压注管内混凝土，从而大大降低了大跨径拱桥施工的难度，省去了支模、拆模等工序，并可适应先进的泵送混凝土工艺。

与所有材料一样，钢管混凝土材料也有它自身的缺点。对于管壁外露的钢管混凝土，在阳光照射下，钢管膨胀，容易造成钢管与内填混凝土之间出现脱空现象；另外，在形成钢管混凝土结构前，空钢管不可避免地承受施工阶段的荷载及混凝土与钢管的自重，即存在初应力问题，这些问题都亟待需要予以解决。

（6）劲性骨架混凝土拱桥。劲性骨架拱桥与普通钢筋混凝土拱桥的区别在于前者以钢骨拱桁架作为力筋，它可以是型钢，也可以是钢管，采用钢管作为劲性骨架的混凝土拱又可称为内填外包型钢管混凝土拱，如图 8-6（g）所示。它主要用于大跨度拱桥，同时解决了大跨度拱桥施工的"自架设问题"，即首先架设自重轻、刚度、强度均较大的钢管骨架，然后在空钢管内压注混凝土形成钢管混凝土，使骨架进一步硬化，再在钢管混凝土骨架上外挂模板浇筑外包混凝土，形成钢筋混凝土结构。在这种结构中，钢管和随后形成的钢管混凝土主要是作为施工的劲性骨架来考虑的。成桥后，它也可以参与受力，但其用量通常是由施工设计控制。目前，世界上最大跨径的钢筋混凝土拱桥—万县长江大桥即为用钢管作劲性骨架的拱桥。劲性骨架混凝土拱桥跨越能力大、超载潜力大、施工方便，是一种极具有发展前途的拱桥结构形式。

第二节 拱桥的构造

一、上承式简单体系拱桥主拱圈的构造

（一）板拱

按照主拱所用的建筑材料划分，板拱可以分为石板拱、混凝土板拱和钢筋混凝土板拱等。

1. 石板拱

砌筑石板拱主拱圈的石料主要有料石、块石和砖石等。用粗料石砌筑拱圈时，拱石需要随拱轴线和截面形式不同而分别进行编号，以便加工，等截面圆弧拱［图 8-7（a）］的拱石规格少，编号简单；变截面圆弧拱圈［图 8-7（b）］的拱石类型多，编号较复杂，施工不便。有的石拱桥也采用等截面或变截面的悬链线作为拱轴线，这时，拱石的编号更为复杂（图 8-8）。因此，目前大多采用等截面拱桥。

图 8-7 等截面圆弧拱的拱石编号

注：图中数字为拱石编号

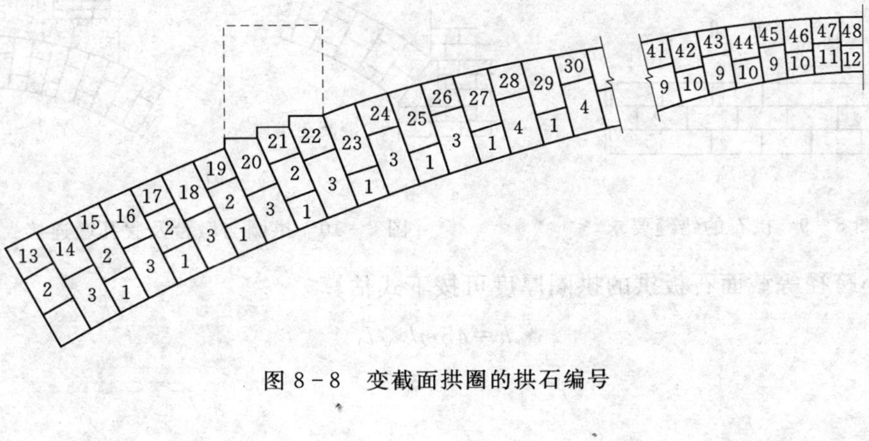

图 8-8 变截面拱圈的拱石编号

用于砌筑拱圈的石料应石质均匀、不易风化、无裂纹，强度等级不低于 MU50。砌筑砂浆的强度等级，对于大、中桥不低于 M10，小桥不低于 M7.5，必要时可以用小石子混凝土代替砂浆砌筑片石或料石拱圈。小石子粒径不宜大于 2cm。采用小石子混凝土砌筑片石，其砌体强度较高，一般可以节约水泥 1/4～1/3。

根据拱圈的受力（主要是承受压力，其次是弯矩）特点和需要，拱圈砌筑应满足下列构造要求。

(1) 错缝。对料石拱，拱石受压面的砌缝应与拱轴线垂直，可以不错缝；当拱圈厚度不大时，可采用单层砌筑［图 8-7 (a)］，但其横向砌缝必须错开且不小于 10cm；当拱圈厚度较大时，采用多层砌筑［图 8-7 (b)］，但其垂直于受压面的顺桥向砌缝［图 8-9 (a)］，拱圈横截面内拱石竖向砌缝［图 8-9 (b)、(c)］以及各层横向砌缝必须错开且不小于 10cm，以免因存在通缝而降低砌体的抗剪强度和削弱其整体性。对于块石拱，应选择较大平面与拱轴线垂直，拱石大头在上，小头在下，砌缝错开且不小于 8cm。对于片石拱，拱石较大面与拱轴线垂直，大头在上，砌缝交错。

(2) 限制砌缝宽度。拱石砌缝宽度不能太大，因砂浆强度比拱石低得多，缝太宽必将影响砌体强度和整体性。通常，对料石拱不大于 2cm，对块石拱不大于 3cm，对片石拱不大于 4cm，采用小石子混凝土砌筑时，块石砌缝宽不大于 5cm，片石砌缝宽不大于 7cm。

(3) 设五角石。拱圈与墩台以及拱圈与空腹式拱上建筑的腹拱墩连接处，应采用特制的五角石［图 8-10 (a)］，以改善连接处的受力状况。为避免施工时损坏或被压碎，五角石不得带有锐角，为了简化施工，目前常用现浇混凝土拱座及腹孔墩底梁［图 8-10 (b)］代替制作复杂的五角石。

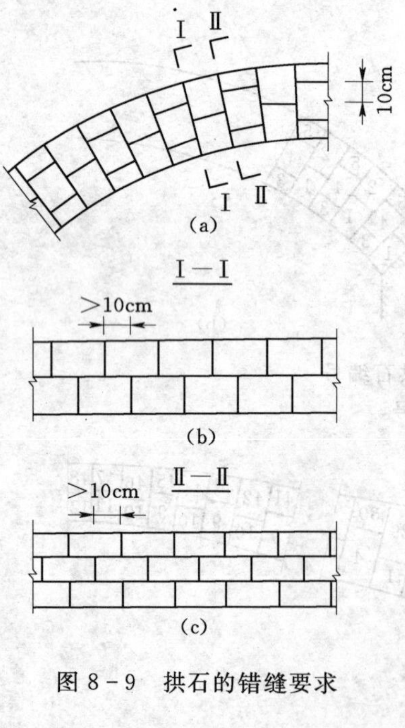

图 8-9 拱石的错缝要求

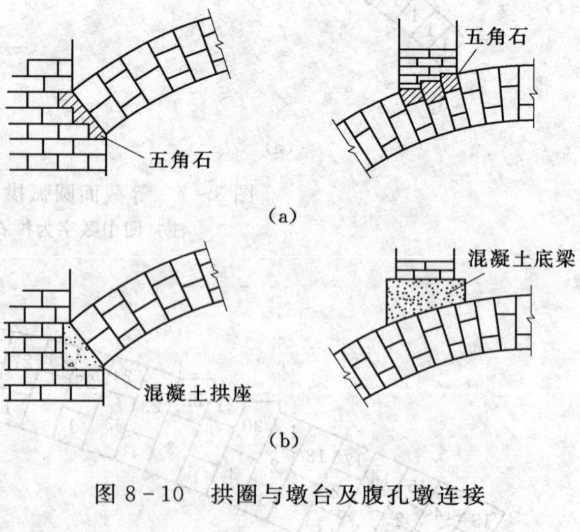

图 8-10 拱圈与墩台及腹孔墩连接

中、小跨径等截面石板拱的拱圈厚度可按下式估算

$$h=45mk\sqrt[3]{l_0}$$

式中　h——拱圈的厚度，mm；

m——系数，一般为4.5～6.0，取值随矢跨比的减小而增大；

k——荷载系数，对于公路—Ⅰ级取1.4，公路—Ⅱ级取1.2；

l_0——拱圈的净跨径，m。

2. 混凝土板拱

(1) 素混凝土板拱。在缺乏石料地区，可用素混凝土建造板拱，既可以整体现浇，也可以预制砌筑。现浇混凝土最低强度等级为C25，混凝土预制块最低强度等级为C30。整体现浇混凝土拱圈，由于拱内缩应力较大，受力不利，且需要大量的支架、模板，工期长，质量不宜控制，故较少采用。预制砌筑就是将混凝土板拱分成若干块件进行预制，然后砌筑成拱。预制砌块应有足够的养护期，以减少混凝土收缩的影响。

由于混凝土材料的弹性模量和线膨胀系数均大于天然石料，故混凝土拱圈的温度附加内力比石拱桥的大。

(2) 钢筋混凝土板拱。较之混凝土板拱，这类拱桥具有构造简单、外表整齐、拱圈厚度小、轻巧美观等特点。钢筋混凝土板拱可以做成全宽整体式[图8-11 (a)]，也可以沿横向做成多条分离式平行板拱[图8-11 (b)]，后者可以重复利用一套较窄的拱架和模板进行施工，同时可节省材料、减轻自重。

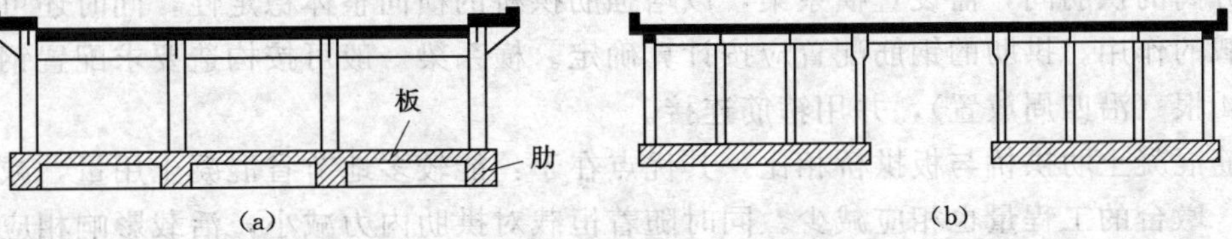

图8-11　钢筋混凝土板拱截面

钢筋混凝土板拱的配筋由计算和构造要求决定。沿拱圈轴向所配置的纵向受力钢筋的最小配筋率一般为0.2%～0.4%，上、下缘对称布置，以满足弯矩变化要求。无铰拱的纵向钢筋应伸入墩台并达到锚固要求。在纵向钢筋的外侧，按受压构件的构造要求设置箍筋，并在纵向钢筋的内侧设分布钢筋。在拱脚及其他结点处横向钢筋按相关桥梁规范要求加密布置。

(二) 肋拱

肋拱桥由两条或两条以上的分离拱肋、肋间的横系梁、设置在拱肋上的立柱或吊杆、桥面系纵横梁等组成，如图8-12所示。

拱肋是肋拱桥的主要承重构件，其肋的数目、间距及截面形式主要根据桥梁宽度、肋形、材料性能、荷载等级、施工条件、拱上结构等各方面综合考虑决定。为了简化构造，一般在吊装能力满足要求的情况下，宜采用少肋形式。通常，桥宽在20m以内时均可考虑采用双肋式，当桥宽在20m以上时，宜采用分离的双辐双肋拱，以避免由于肋中距增大而使肋间横系梁、拱上结构横向跨度与尺寸增大太多。两侧拱肋最外缘的间距一般不宜小于跨径的1/20，以保证肋拱的横向整体稳定性。

拱肋的截面可选用矩形、工字形或箱形。矩形截面构造简单、施工方便，一般仅用于中、小跨径的肋拱。肋高可取跨径的1/60～1/40，肋宽约为肋高的0.5～2.0倍。工字形或

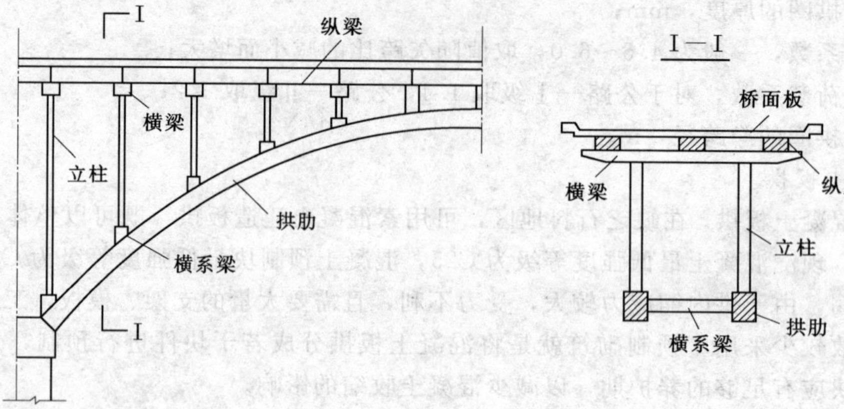

图 8-12　肋拱桥立面布置图

箱形截面的抗弯能力比矩形截面大，常用于大、中跨径的拱桥。对于工字形截面，肋高为跨径的 1/35～1/25，肋宽约为肋高的 0.4～0.5 倍，其腹板厚度约为 30～50cm。对于箱形截面，肋高为跨径的 1/70～1/50，肋宽约为肋高的 1.0～2.0 倍。箱形肋拱通常采用等截面形式，以方便施工。对于特大跨径的箱形肋拱也可以采用受力更加合理的变截面形式。

在分离的拱肋间，需设置横系梁，以增强肋拱桥的横向整体稳定性，同时还可起到横向分布荷载的作用。拱肋的钢筋配置应按计算确定。横系梁一般可按构造要求配置钢筋，但不得少于 4 根（沿四周放置），并用箍筋连接。

钢筋混凝土肋拱桥与板拱桥相比，其优点在于：能较多地节省混凝土用量，减轻上部结构自重，墩台的工程量也相应减少。同时随着恒载对拱肋内力减小，活载影响相应增大，钢筋可以很好地承受拉力。这样就能充分发挥材料的作用，增大其跨越能力。其缺点是比混凝土板拱用的钢筋数量多，施工较复杂。

（三）箱形拱

1. 箱形拱的特点

主拱圈截面由多室箱构成的拱，称为箱形拱，如图 8-13 所示。

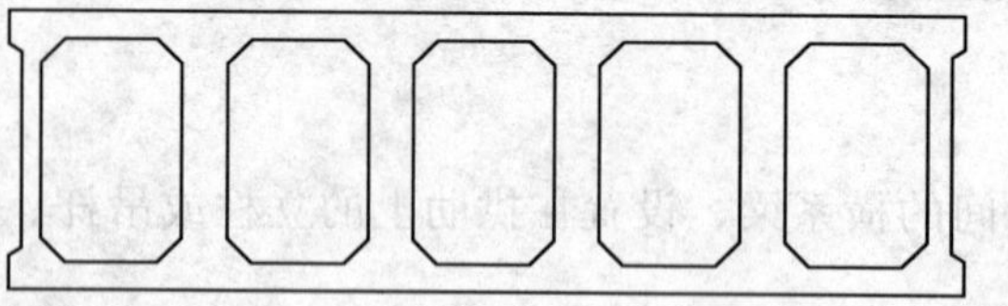

图 8-13　箱形拱拱圈断面示意图

箱形拱的主要特点是：

（1）截面挖空率大，挖空率可达全截面的 50%～60%，与板拱相比，可节省大量圬工体积。

（2）箱形截面的中性轴大致居中，对于抵抗正负弯矩具有几乎相等的能力，能较好地适应主拱圈各截面正负弯矩变化的需要。

（3）由于是闭合空心截面，抗弯和抗扭刚度大，拱圈的整体性好，应力分布较均匀。

（4）单条箱肋刚度较大，稳定性较好，能单箱肋成拱，便于无支架吊装。

（5）支座要求较高，吊装设备较多，主要用于大跨径拱桥。

2. 箱形截面拱圈的组成

箱形拱的拱圈，可以由一个闭合箱（单室箱）或由几个闭合箱（多室箱）组成。每个闭合箱又由箱壁（侧板）、顶板（盖板）、底板及横隔板组成，如图 8-14 所示。

箱形拱截面的组成方式有以下几种：

(1) 由多条U形肋组成的多室箱形截面［图8-15 (a)］。将底板和箱壁预制成U形拱肋（内有横隔板），纵向分段吊装合拢后，安装预制盖板，再现浇顶板及箱壁填缝混凝土，盖板可做成平板或微弯板。U形拱肋的优点是预制时不需要顶面模板，只需在拱胎上立侧模板即可，虽是开口截面，吊装时仍具有足够的纵横向稳定性。缺点是现浇混凝土工作量大，在现浇顶板时边缘部分须立侧模或加预制块代替模板，盖板在参与拱圈受力时作用不大，反而增加了拱圈重量。

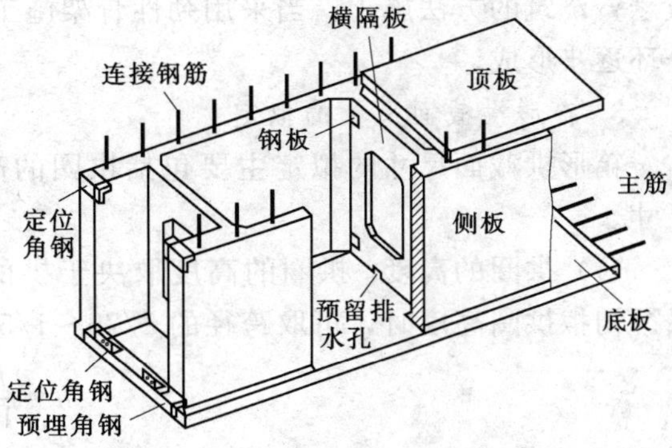

图8-14　箱形拱闭合箱的构造

(2) 由多条工字形肋组成多室箱形截面［图8-15 (b)、(c)］。由工字形拱肋组成的箱形拱，按其翼缘板的长度分为两种：一种是短翼缘工字形肋，拱肋合拢后在其上安装预制的底板，再现浇底板和盖板加厚层混凝土，形成闭合箱［图8-15 (b)］；另一种是宽翼缘工字形肋，翼缘板对接后，即组合成箱形截面［图8-15 (c)］。这种方式的缺点是横向刚度较小，吊装与单肋合拢的稳定性差，目前一般较少采用。

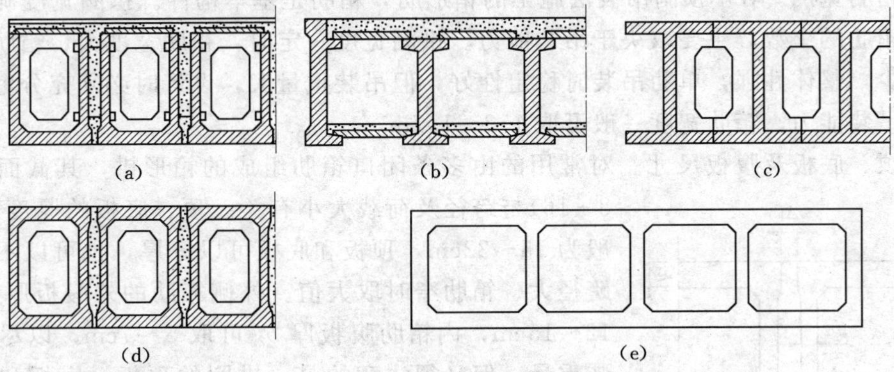

图8-15　箱形截面的组成方式
(a) U形肋闭合箱；(b) 短翼缘工字形肋闭合箱；(c) 宽翼缘工字形肋闭合箱；
(d) 箱形肋闭合箱；(e) 整体式箱形

(3) 采用闭合箱肋组成的多室箱形截面［图8-15 (d)］。其组成方式是先预制箱侧板和横隔板，其后在拱胎上安装底板侧模，组拼箱侧板和横隔板，然后现浇箱底板及箱侧板和横隔板的接头，从而形成开口箱肋段，最后立模板现浇箱顶板形成待吊装的闭合箱肋段。各闭合箱肋段吊装成拱后，浇筑肋间填缝混凝土形成多室箱主拱圈。侧板和横隔板预制时，可以采用卧式浇筑，使用干硬性混凝土在振动台上施工，可节省大量模板，提高工效，保证质量。更重要的是闭合箱肋的抗弯和抗扭刚度大，吊装稳定性好，因此目前箱形拱多采用这种方式成拱。

(4) 整体式单箱多室截面［图8-15 (e)］。这种截面主要用于不能采用预制吊装的特大型拱桥。截面形式和施工方法有关，可以在支架上组装或现浇成型，也可以采用悬臂拼装或悬臂浇筑的方法施工。当采用劲性骨架施工时，拱箱则在钢管混凝土上或型钢骨架上分段分环逐步形成。

3. 箱形拱截面尺寸的拟定

箱形拱截面尺寸的拟定主要包括拱圈的高度、宽度、箱肋的宽度以及顶、底板及腹板尺寸。

(1) 拱圈的高度。拱圈的高度取决于拱的跨度，并与拱圈混凝土的强度等级有很大关系。初拟拱圈高度时，可取跨径的1/75～1/55，或者按以下经验公式估算

$$h=\frac{L_0}{100}+\Delta$$

式中 h——拱圈高度，m；

L_0——拱的净跨径，m；

Δ——修正值，箱形拱取0.6～0.7m，箱肋拱取0.8～1.0m。

提高混凝土的强度等级，可以减小截面尺寸，从而减轻拱圈结构自重，增大跨越能力，目前常用C40～C50混凝土，对特大跨径拱桥应尽量采用强度等级更高的混凝土。

(2) 拱圈宽度。拟定拱圈宽度时，可以考虑悬挑桥面，以减小拱圈宽度、节省材料。拱圈宽度一般可取桥面宽度的0.6～1.0倍。为保证拱圈的横向稳定性，一般要求拱宽不小于跨径的1/20，但特大跨径拱桥通常难以满足上述要求，需采取相应措施保证其横向稳定性。

(3) 箱肋宽度。对于预制吊装法施工的箱形肋，箱肋是基本构件。拱圈宽度确定后，沿横向划分箱肋的个数，主要取决于吊装能力。拱圈宽度一定时，箱肋宽度大，箱肋数少，则横向接缝少，整体性强，单肋吊装时稳定性好，但吊装重量大，设计时必须充分考虑施工设备条件和吊装能力。箱肋宽度一般可取1.2～1.7m。

(4) 顶、底板及腹板尺寸。对常用的由多条闭口箱肋组成的箱形拱，其截面尺寸（图8-16）与跨径及荷载大小有关。顶、底板的厚度 h_1、h_2 一般为15～22cm，顶板和底板可以等厚，也可以不等厚，在跨径大、箱肋窄时取大值。外侧箱肋的外腹板厚 b_1 一般为12～15cm，内箱肋腹板厚 b_2 可取5～7cm，以尽量减小吊装重量，但必须注意的是，拱圈的顶板、底板和腹板太薄可能出现压溃，应对其进行必要的局部应力验算。填缝宽度 t 根据轴力大小确定，一般采用20～35cm。为保证填缝混凝土浇筑质量，Δ_1 不宜小于15cm，Δ_2 为安装缝，通常为4cm。

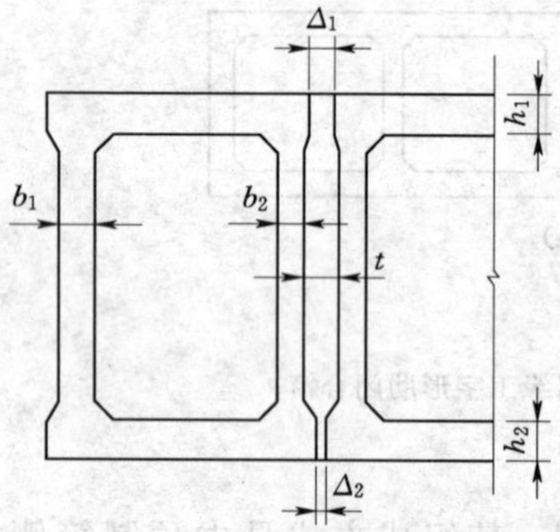

图8-16 常用的箱形拱截面尺寸示意

箱形拱的构造与施工有密切的联系。修建箱形拱，可以采用预制拱箱无支架吊装或有支架现场浇筑等施工方法。若采用无支架吊装时，拱箱可以分段预制，当吊装能力很大时，可以采用封闭式拱箱，这样可以增加拱箱在施工过程中的整体稳定性，减少施工步骤。其具体施工过程为：在横向将拱截面划分为多条箱形肋，在纵向将箱形肋分段，先预制各箱肋段，然后安装箱肋段成拱，最后现浇各箱肋间的填缝混凝土形成箱形拱。

4. 钢筋布置

箱形拱的主拱圈，在运营阶段一般为压应力控制，混凝土的拉应力较小或无拉应力，因

此，主拱圈一般按混凝土拱设计，不按钢筋混凝土拱设计。当按混凝土拱设计时，必须配置构造钢筋，对于闭口箱肋，受力钢筋通常布置在顶、底板内；对于开口箱肋，则布置在箱壁上缘和底板内，钢筋数量由箱肋吊装过程的受力情况确定。拱圈合拢后，这部分钢筋如果达不到最低配筋率的要求，在拱的验算中也可将其计入。此外，沿箱壁高度方向应布置间距不大于 25cm 的分布钢筋，在顶板、底板及腹板沿拱轴方向一定间距分别布置横向与径向钢筋，并保证其有效连接。

如果按照混凝土构件设计验算不能通过时，可按照钢筋混凝土构件设计，纵向主筋数量首先要满足使用阶段受力要求，同时要满足吊装施工阶段的受力要求。

（四）双曲拱

双曲拱桥的主拱圈通常由拱肋、拱波、拱板和横向联系等几部分组成，如图 8-17 所示。双曲拱桥的主要特点是将主拱圈以“化整为零”的方法按先后顺序进行施工，再以“集零为整”的组合式整体结构承重、施工时，先将拱圈划分成拱肋、拱波、拱板及横向联系四部分，并预制拱肋、拱波和横向联系，即“化整为零”；然后吊装钢筋混凝土拱肋成拱并与横向联系构件组成拱形框架，在拱肋间安装拱波，随后浇筑拱板混凝土，形成主拱圈，即“集零为整”。双曲拱桥是我国 20 世纪 70 年代提出的，当时的主要目的是减轻吊装重量。

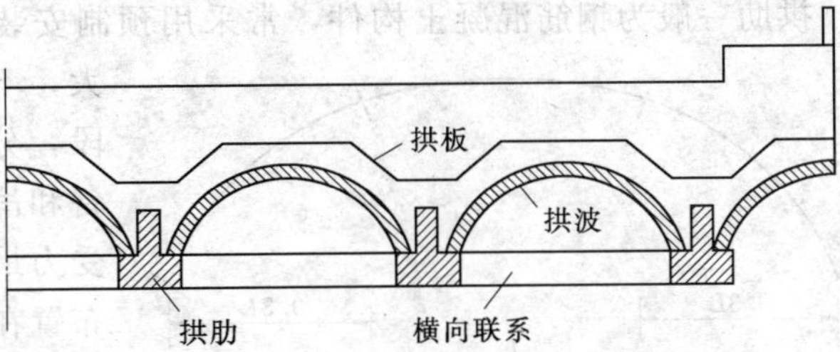

图 8-17 双曲拱桥主拱圈横断面

根据桥梁跨度、宽度、设计荷载的大小、材料类型和施工工艺等各种情况，双曲拱桥主拱圈截面可以采用不同的形式（图 8-18）。采用最多的是多肋多波的截面形式［图 8-18(a)、(b)、(c)］。一般来说，肋间距不宜过小，以免限制了拱波的矢高，减小拱圈的截面刚度，但同时肋间距受吊装机械控制又不宜过大，以免拱肋数量少而过分加大拱肋截面尺寸，增加吊装重量，给施工带来不便。在小跨径的双曲拱桥中，还可以采用单波的形式［图 8-18 (d)］。

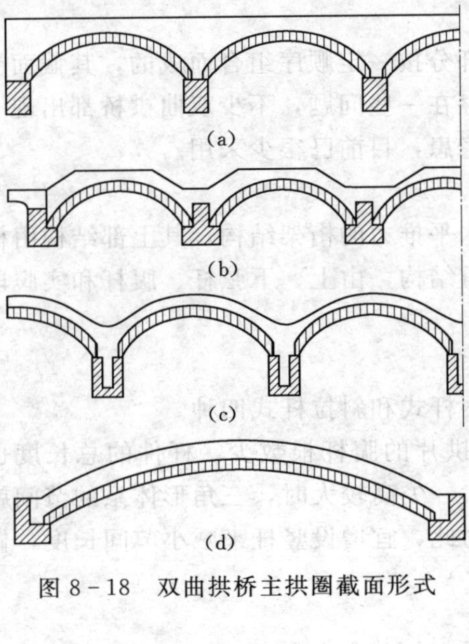

图 8-18 双曲拱桥主拱圈截面形式

拱肋是双曲拱桥主拱圈的骨架，不仅参与拱圈共同承受全部恒载和活载，对主拱圈重量有重要影响，而且在施工过程中，又要起砌筑拱波和浇筑拱板的支架作用，当拱波、拱板完成后，拱肋成为主拱圈的重要组成部分。因此，拱肋的设计必须保证具有足够的强度和刚度。特别是采用无支架施工的双曲拱，除应满足吊装阶段的强度和纵横向稳定性以外，还需要满足截面在组合过程中各阶段荷载作用下的强度要求。

常用的拱肋截面形式有矩形、倒 T 形（凸形）、槽形和工字形等（图 8-19）。一般根据跨径大小、受力性能、施工难易等条件综合选择合理的截面形式，要求所选拱肋截面有利于增强主拱圈的整体性，制作简单且能保证施工安全。

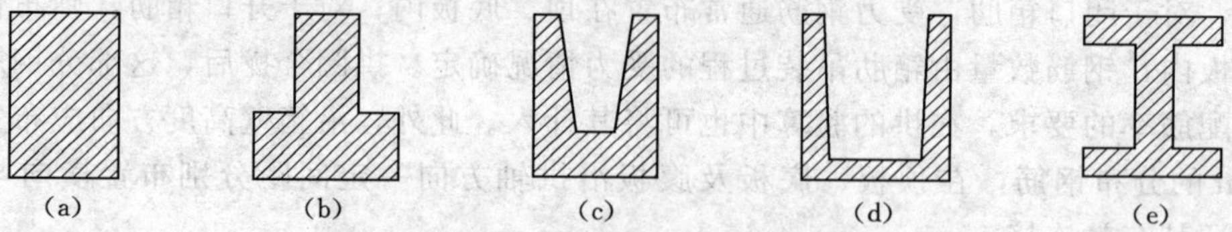

图 8-19 拱肋的截面形式

拱肋一般为钢筋混凝土构件，常采用预制安装的方法施工。预制的拱肋，如果长度太大，不便于预制、运输和吊装，则常常分成几段，分段数目和长度应根据跨径大小、运输设备和吊装能力等条件来考虑。由于拱顶往往是受力最不利的截面，因此拱肋分段时接头不宜布置在拱顶；而接头宜设置在拱肋自重作用下弯矩最小的地方，一般在跨径的 0.3 倍附近。这样，拱肋一般分为 3 段（图 8-20）。当跨径超过 80m 时，则可分为 5 段。

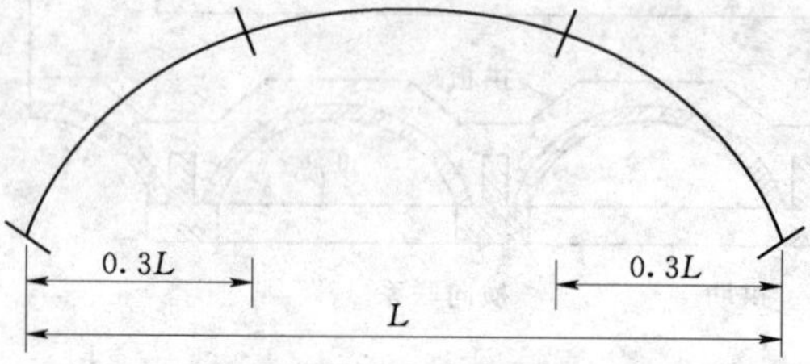

图 8-20 肋分段的接头位置

拱波一般都用混凝土预制，常做成圆弧形，矢跨比一般为 1/5～1/3。拱波跨径由拱肋间距确定，以 1.3～2.0m 为宜，单波截面以 3～5m 为宜；拱波厚一般为 6～8cm，拱波的宽度为 0.3～0.5m。拱波不仅是参与主拱圈共同承受荷载的组成部分，而且在浇筑拱板混凝土时还可起到模板的作用。

拱板在拱圈截面中占有最大比重，而且现浇混凝土拱板又将拱肋、拱波连成整体，使拱圈能实现“集零为整”，因此，拱板在加强拱圈整体性方面起着重要的作用。

双曲拱桥主拱圈的截面高度一般为跨径的 1/40～1/55，跨径大时取小值。

为使拱肋的变形在横桥方向均匀，避免拱顶可能出现纵向裂缝，需在拱肋间设置横向联系。常用的形式有横系梁和横隔板，通常布置在拱顶、腹孔墩下面、分段吊装的拱肋接头处等，间距一般为 3～5m，拱顶部分可适当加密。

双曲拱从断面上看相当于肋板拱。由于它是由几部分按一定顺序组合而成的，其截面受力复杂，整体性差。数十年的经验证明，这种桥型还存在一些问题，不少双曲拱桥都出现了较为严重的开裂，使其承载能力受到影响，存在安全隐患，目前已很少采用。

（五）桁架拱

桁架拱桥又称为拱形桁架桥。桁架拱桥是一种有水平推力的桁架结构，其上部结构由桁架拱片、横向连接系和桥面组成。桁架拱片是主要承重结构，由上、下弦杆、腹杆和实腹段组成，其立面布置如图 8-21 所示。

1. 结构形式

根据其构造不同，可以分为三角式、竖杆式、斜压杆式和斜拉杆式四种。

(1) 三角式［图 8-22 (a)］。三角形腹杆的桁架拱片的腹杆根数少，杆件的总长度也最短，因此腹杆用料省，整体刚度大。但是当拱跨较大、矢高较大时，三角形体系的节间就过大，上弦杆承受局部弯矩所需的钢筋用量将增多。为此，宜增设竖杆来减小节间长度，做成带竖杆的三角形桁架拱［图 8-22 (b)］。

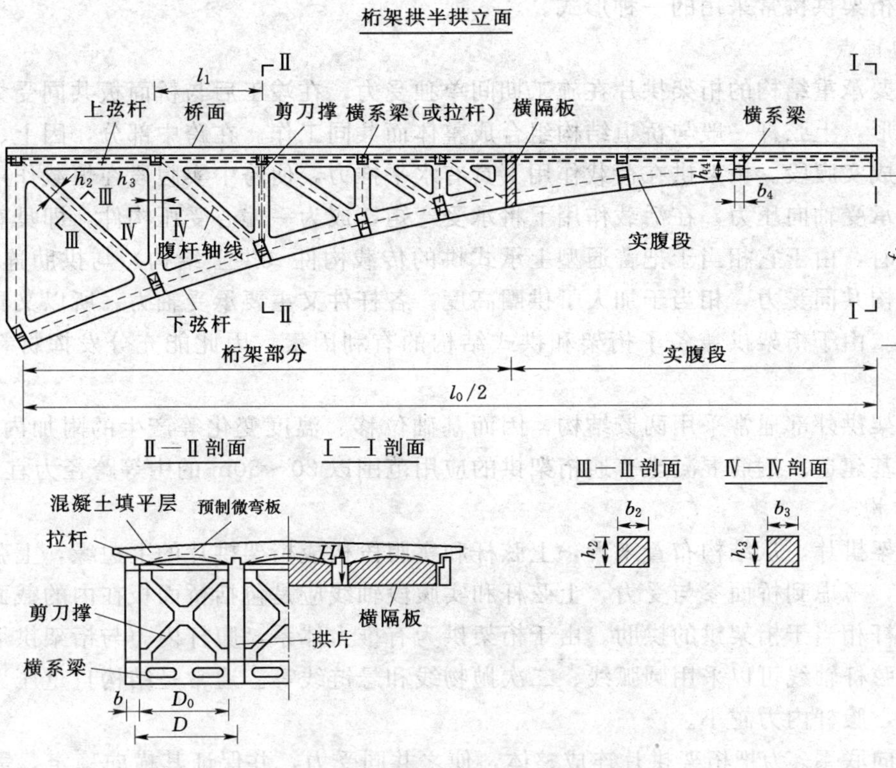

图 8-21　桁架拱桥的主要组成部分

(2) 竖杆式［图 8-22 (b)］。它是由三角形式的桁架拱通过增加竖向腹杆转化而来的，该形式外形美观，节点构造简单，施工较方便，但整体刚度较小，竖杆与上、下弦杆连接的节点处容易开裂，故适用于荷载小，跨径较小的桥梁。

图 8-22　桁架拱的主要形式

(a) 三角式；(b) 竖杆式；(c) 斜压杆式；(d) 斜拉杆式

(3) 斜压杆式［图 8-22 (c)］。在恒载作用下，斜杆受压，竖杆受拉。斜杆的长度随矢高和节间的长度增大而增大，尤其是第一节间内的斜杆长度更大。为了防止斜杆失稳而需增大截面尺寸，或者采用不同截面尺寸的斜杆以节省材料，但增加了施工难度。同时，这种斜压杆式桁架拱的外形不大美观，故目前较少采用。

(4) 斜拉杆式［图 8-22 (d)］。在恒载作用下，斜杆受拉，竖杆受压。为了避免拉杆及节点处开裂，并减小截面尺寸节省材料，可采用预应力混凝土斜拉杆，外形较美观，是中、小跨径桁架拱桥常采用的一种形式。

2. 结构特点

作为主要承重结构的桁架拱片在施工期间单独受力，在竣工后与桥面板共同受力。其中下弦杆为拱形，上弦杆一般与桥道结构组合成整体而共同工作。在跨中部分，因上、下弦杆很靠近而做成实腹段。桁架拱在荷载作用下具有水平推力，使跨中实腹段在恒载作用下弯矩减小，主要承受轴向压力，在活载作用下将承受弯矩，成为一偏心受压构件，即具有拱的受力特点。同时，由于它相当于把普通型上承式拱的传载构件（拱上结构）与拱肋连成整体，拱与拱上结构共同受力，相当于加大了拱圈高度，各杆件又主要承受轴力，所以又具有桁架的受力特点。由于桁架拱兼备了桁架和拱式结构的有利因素，因此能充分发挥材料的受力性能。

由于桁架拱外部通常采用两铰结构，因而基础位移、温度变化等产生的附加内力较小，适合软弱地基建造。钢筋混凝土普通桁架拱的应用范围以 20～50m 的中等跨径为宜。

3. 结构构造

（1）桁架拱片。从结构布置来看，上弦杆和实腹段构成桁架拱片的上边缘，上弦杆轴线平行于桥面，考虑到桥面参与受力，上弦杆和实腹段轴线应是包括桥面板在内的截面重心之连线。下弦杆相当于桁架拱的拱肋。由于桁架拱为有推力体系，腹杆内力与桁架拱下弦杆轴线有关，下弦杆轴线可以采用圆弧线、二次抛物线和悬链线等。通常是结构自重压力线越接近下弦轴线，腹杆内力越小。

（2）横向联系。为把桁架拱片连成整体，使之共同受力，并保证其横向稳定，需在桁架拱片之间设置横向联系。横向联系根据设置部位不同，分为横拉杆、横系梁、横隔板和剪力撑等。

横系梁和横拉杆分别设置在上、下弦杆节点处，拱顶实腹段每隔 3～5m 也应设置横系梁。横拉杆常用矩形截面，高度与上弦杆根部（翼缘）相同，宽度为 12～20cm。横系梁也用矩形截面，高度同下弦杆，并不小于其长度的 1/15，宽度为 12～20cm。横隔板一般设置在实腹段与桁架部分连接处及跨中，它在高度方向直抵桥面板，与横系梁同厚。横桥向的剪力撑一般设在四分之一跨径附近的上、下节点之间及跨径端部，剪力撑杆件常用边长为 10～18cm 的正方形截面。

（3）桥面系。桁架拱桥的桥面板既承受局部荷载，又与桁架拱片形成整体，共同受力。桥面结构形式很多，有横向微弯板、纵向微弯板和预应力混凝土空心板等。

（4）桁架拱片与墩台的连接。桁架拱片与墩台的连接形式包括上、下弦杆与墩（台）的连接和多孔桁架拱桥桥跨之间的连接。连接构造随上、下部结构的形式、施工方法、美观要求等而异。下弦杆与墩（台）的连接一般是在墩（台）帽上预留 10cm 左右（或与肋高相同）的槽孔，将下弦杆插入并封以砂浆。在跨径较大时，又因墩（台）位移等原因，往往造成支承面局部承压，引起反力偏心和结构内力变化，故宜采用较完善的铰接。桁架拱上部在墩台处的连接以及多跨拱间的连接分为悬臂式［图 8－23（a）、（b）］、过梁式［图 8－23（c）、（d）］和伸入式［图 8－23（e）、（f）］等三种，一般以受力明确的过梁式为好。

（六）刚架拱

1. 主要构造

刚架拱是在桁架拱、斜腿刚架等基础上，结合我国拱桥的特点及无支架施工的经验发展

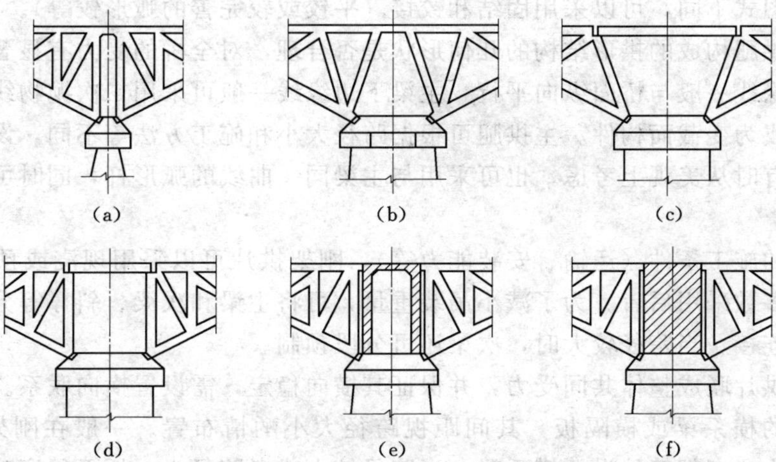

图 8-23 桁架拱与墩（台）的连接形式

起来的桥型结构。属于有推力的高次超静定结构。它具有构件少、自重轻，整体性好，刚度大，施工简便，造价较低，造型优美等优点，在我国应用较广泛，其合理跨径为 25～70m，矢跨比一般为 1/7～1/10。

刚架拱桥的上部结构由刚架拱片、横向连接系和桥面系等部分组成（图 8-24）。刚架拱片是刚架拱桥的主要承重结构，一般由跨中实腹段的主梁、空腹段的次梁、主拱腿（主斜撑）、次拱腿（次斜撑）等构成，总体布置形式主要与桥梁跨径、荷载大小等有关。当跨径小于 30m 时，可采用只设主拱腿、不设次拱腿的最简单形式；当跨径在 30～50m 时，为了减小腹孔段次梁的跨径，可以设置一根次拱腿；随着跨径的增大，为了减小次梁和斜撑的内力，可设置多根斜撑。这些斜撑可以都直接支承在桥墩（台）上，也可以将次拱腿支承在主拱腿上，以减小次拱腿的长度。

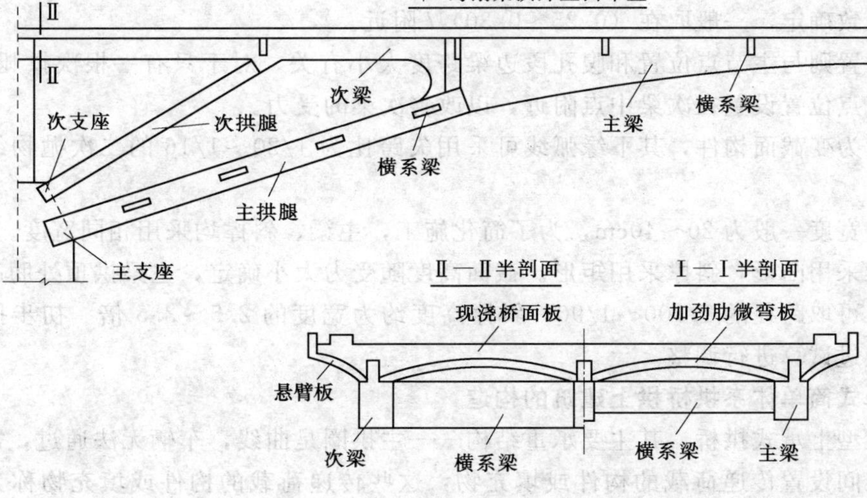

图 8-24 刚架拱桥的主要组成部分

主梁和主拱腿的交接处称为主节点，次梁和次拱腿的交接处称为次节点。节点构造一般均按固结设计，并配置钢筋。主拱腿和次拱腿的支座分别称为主支座和次支座，根据构造形式和所选计算图式不同，可以采用固结和铰接（平铰或较完善的弧形铰等）。

主梁和主拱腿构成的拱形结构的几何形状是否合理，对全桥的受力有显著影响。主梁和次梁的梁肋上缘线一般与桥面纵向平行，主梁下边缘线一般可采用二次抛物线、圆弧线或悬链线，使主梁成为变截面构件。主拱腿可根据跨径大小和施工方法等不同，设计成等截面直杆或微弯杆。有时从美观上考虑，也可采用与主梁同一曲线的弧形杆，同时可改善梁、拱腿的受力性能。

根据不同的施工条件（运输、安装能力等），刚架拱片可以采用现浇或预制安装的方法施工，目前大多数采用后者。为了减小吊装重量，可将主梁和次梁、斜撑等分别预制，用现浇混凝土接头连接。当跨径较大时，次梁还可分段预制。

为使刚架拱片联成整体共同受力，并保证其横向稳定，需设置横向联系。横向联系可采用预制装配式的横系梁或横隔板，其间距视跨径大小酌情布置。一般在刚架拱片的跨中，主、次节点，次梁端部等处设置横系梁。当跨径较大或者跨径小、桥面很宽时，为加强跨中实腹段刚架拱片间的横向整体性，有利于荷载的横向分布，可增设横隔板。

桥面系可由预制微弯板、现浇混凝土填平层、桥面铺装等部分组成，也可采用预制空心板、现浇混凝土层及桥面铺装构成。

2. 结构布置及尺寸拟定

确定了跨径和矢跨比以后，与桁架拱相似，再分别选定其他主要尺寸。

刚架拱片的片数与桥宽、跨径等有关。拱片间距一般约为 2.0～3.5m，当采用预应力混凝土空心桥面板与预应力刚架拱片相配合使用时，拱片间距可适当加大，减少拱片数量，以取得较好的经济效果。

刚架拱片各主要节点位置的合理确定，是刚架拱桥设计的重要内容之一，它不仅关系到结构的受力状况，也关系到全桥的外形美观。

主节点位置根据跨中实腹段主梁长度和主拱腿斜度确定。一般情况下，主梁长度约为桥梁跨径 l 的 0.4～0.5 倍，主拱腿水平夹角 φ 在 30°左右，因此在跨径和矢跨比确定后，主节点位置也就大致确定，一般取在（0.25～0.30）l 附近。

次节点位置则与主节点位置和腹孔段边梁跨度大小有关，对于只有一根次拱腿的拱片，一般可将次节点位置设置在次梁中点附近，以改善次梁的受力。

主梁一般为变截面构件，其下缘弧线可采用矢跨比为 1/20～1/16 的二次抛物线或其他曲线。

刚架拱片宽度一般为 20～40cm，为了简化施工，主梁、斜撑均采用相同宽度。

主、次梁采用凸形，斜撑采用矩形。截面高度随受力大小确定，主梁拱顶处肋高（不包括凸出部分）可取跨径的 1/100～1/90，斜撑高度约为宽度的 2.5～3.5 倍。初步拟定截面尺寸后，再经过试算进行调整。

二、上承式简单体系拱桥拱上建筑的构造

对于普通型上承式拱桥，其主要承重结构——主拱圈是曲线，车辆无法通过，需要在桥面系与主拱之间设置传递荷载的构件或填充物，这些传递荷载的构件或填充物称为拱上建筑。拱上建筑是拱桥的一部分，依其结构形式的不同而参与主拱共同受力的程度也不同；同时，拱上建筑在一定程度上能约束主拱圈由温度变化及混凝土收缩徐变等引起的变形，而主拱圈变形又使拱上建筑产生附加内力。

按照拱上建筑的不同构造方式，可以将拱上建筑分为实腹式拱上建筑和空腹式拱上建筑。实腹式拱上建筑的特点：构造简单、施工方便，但填料数量较多，恒载较重，主要用于小跨径拱桥；空腹式拱上建筑的特点：重量小、结构轻巧，适用于大、中跨径的拱桥，特别是矢高较大的拱桥。

(一) 实腹式拱上建筑

实腹式拱上建筑由侧墙、拱腹填料、护拱、变形缝以及防排水设施和桥面系等部分组成(图 8-25)。

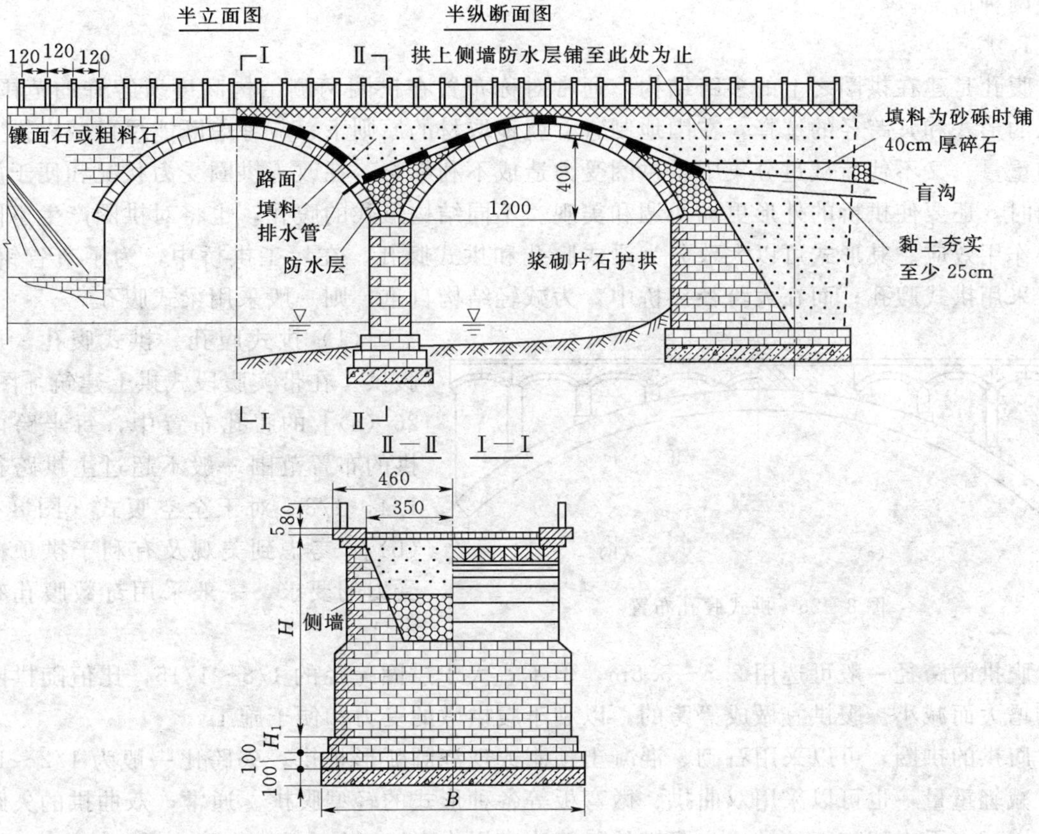

图 8-25 实腹式拱上建筑（单位：cm）

根据所选的拱腹填料及其构造特点，实腹式拱上建筑可以分为填充与砌筑两种方式。

填充方式拱上建筑是指在拱圈两侧筑以侧墙，其内充以填料。侧墙主要承受填料及车辆荷载所产生的侧压力，一般采用块石或者片石砌筑，也可根据拱圈的材料采用混凝土或轻型钢筋混凝土侧墙。为了美观，可用粗料石或者细料石镶面。侧墙厚度一般按构造要求确定，其顶面宽约 50～70cm，向下逐渐增厚，墙角厚度可采用侧墙高度的 0.4 倍。特殊情况下，侧墙厚度应由计算确定。填料主要起填空、传力的作用，故应尽量降低成本，做到就地取材，通常采用砾石、碎石、粗砂或卵石夹黏土并加以夯实。这些材料的透水性较好，对侧墙的压力不大。在地质条件较差的地区，为了减轻拱上建筑的重力，可以采用其他轻质材料（如炉渣、石灰、黏土等混合料）作填料。

当填充填料不易取得时，可改用砌筑式拱上建筑，也就是采用干砌圬工或者浇筑素混凝土作为拱腹填料。当用素混凝土作填料时，往往可以不另设侧墙，而在外露混凝土表面用砂浆装饰面或设置镶面。

在多跨拱桥中，为了便于敷设防水层和排出积水，又设置了护拱。护拱一般用现浇混凝土或砌筑块石修筑。如图 8-25 所示中用浆砌片石做护拱，还起着加强拱圈的作用。

(二) 空腹式拱上建筑

空腹式拱上建筑由多跨腹孔构造、桥面结构及其支撑构造（腹孔墩）组成。除了与实腹式拱上建筑相同的构造外，还具有腹孔与腹孔墩。在腹孔布置中可以采用带实腹段式和全空腹式两种情况。

1. 腹孔

腹孔是建在拱圈之上的多跨结构，通常对称布置在拱圈两侧结构高度所容许的范围内，腹孔的形式和其跨径的选择，在因地制宜、就地取材的原则下，应考虑既能尽量减轻拱上建筑的重量，又不使荷载过分集中给拱圈受力造成不利影响。在改善拱圈受力状况和便于施工的同时，还要使拱桥的外形更加协调和美观。不同结构形式的腹孔，也将对拱圈产生不同的联合作用效应。其形式可以大致分为梁式腹孔和拱式腹孔。在圬工拱桥中，为了节省钢材，大多采用拱式腹孔；而在大跨径拱桥中，为减轻结构自重，则一般采用梁式腹孔。

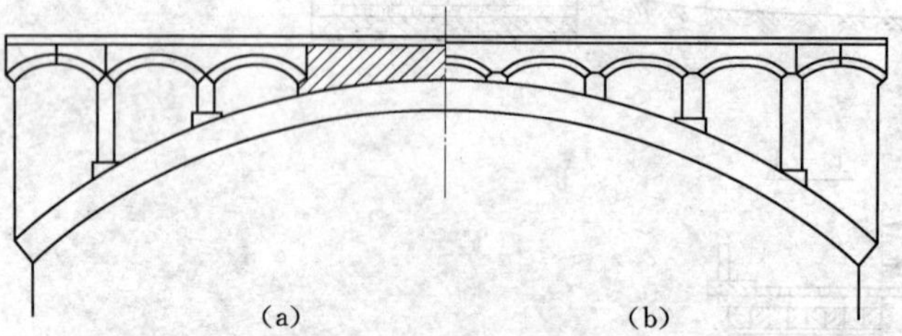

图 8-26 拱式腹孔布置

(1) 拱式腹孔。拱式腹孔，也称腹拱。在带实腹段式拱上建筑［图 8-26 (a)］的腹孔布置中，每半跨内腹拱的布置范围一般不超过主拱跨径的 1/4～1/3。对于全空腹式［图 8-26 (b)］，考虑到美观及有利于拱顶截面受力的要求，一般采用奇数腹孔布置方式。

腹拱的跨径一般可选用 2.5～5.5m，但不宜大于拱圈跨径的 1/8～1/15，比值随拱圈跨径的增大而减小。腹拱宜做成等跨的，以利于腹拱墩的受力和便于施工。

腹拱的拱圈，可以采用石砌、混凝土预制或现浇圆弧形板拱，矢跨比一般为 1/2～1/6。为了减轻重量，也可以采用双曲拱、微弯板等各种形式的轻型腹拱。通常，双曲拱的矢跨比 1/4～1/8（无支架施工的拱桥，腹拱的矢跨比宜用小者），微弯板的矢跨比用 1/10～1/12。

腹拱圈的厚度与它的跨径、构造形式等有关。当腹拱的跨径为 1～4m 时，石板拱的厚度不小于 30cm，混凝土板拱的厚度不小于 15cm，也可以采用厚度为 14cm 的微弯板（其中预制板厚 6cm、现浇板厚 8cm）。当腹拱跨径为 4～6m 时，可采用双曲拱，其拱圈高度一般为 30～40cm。当采用钢筋混凝土腹拱时，拱圈厚度可进一步减薄，如跨径在 5.5m 时，拱圈厚度仅需 20cm。

紧靠桥墩（台）的第一个腹拱，目前较多的有两种做法：一种是将腹拱的拱脚直接支承在墩（台）上［图 8-27 (a)、(b)］；另一种是跨越桥墩，使桥墩两侧的腹拱圈相连［图 8-27 (c)］。

由于拱圈受力后变形较大，而墩台变形较小，容易造成第一个腹拱因拱脚变位而开裂，因而靠近墩台的第一个腹拱应做成三铰拱。

在长期使用中发现，带实腹段式的腹孔布置由于拱顶段上缘被覆盖，在大气温度骤变等

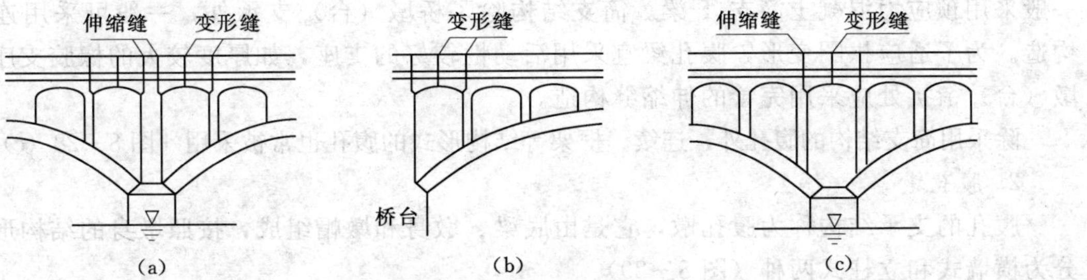

图 8-27 桥墩（台）上腹拱的布置方式

不利因素影响下，拱顶下缘易出现开裂的情况；全空腹式的拱上建筑布置可以避免上述情况发生，同时能减轻结构重量，但也有加大拱顶截面高度、提高桥面高程的不利因素。

(2) 梁式腹孔。在大跨径钢筋混凝土拱桥或无支架施工的拱桥中，为了进一步减轻拱上建筑的重量，改善拱圈在施工期的受力状况，通常采用钢筋混凝土梁式结构的腹孔（图 8-28）。

腹孔的布置要求与上述拱式腹拱基本相同。带实腹段的腹孔布置［图 8-28 (a)］方式一般用于板拱，但因这种布置方式使拱顶段在温度变化等因素影响下处于不利的受力状态，故在大跨度拱桥（尤其是肋拱桥）的梁式拱上建筑中一般都采用全空腹的布置方式［图 8-28 (b)］。考虑到美观及有利于拱顶截面的受力，全空腹式的腹孔一般取为奇数。

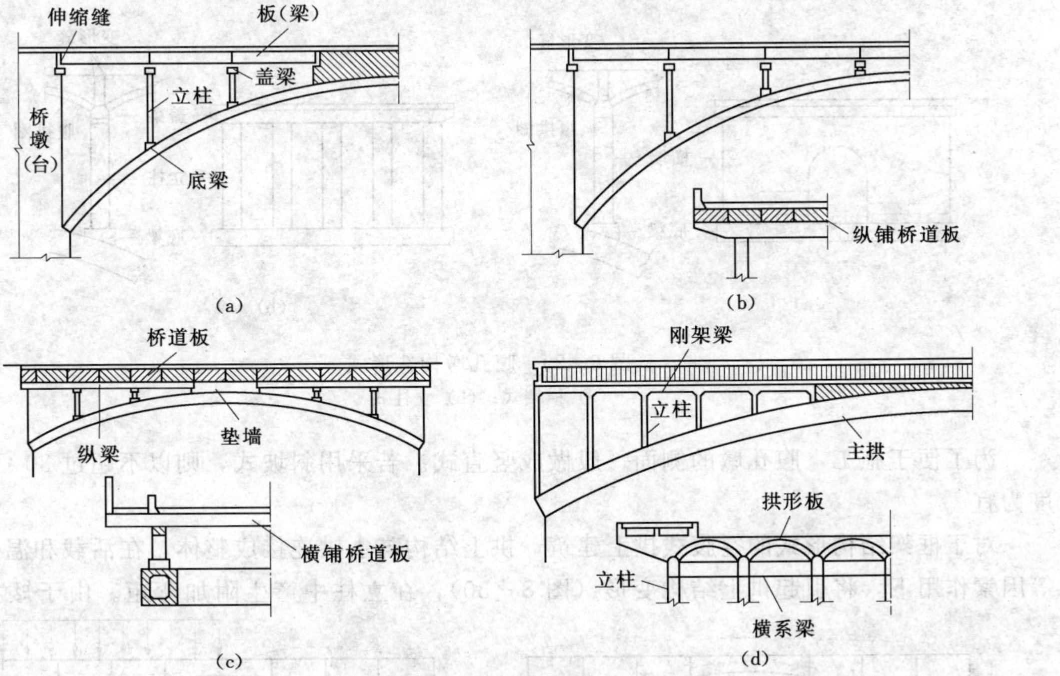

图 8-28 梁式腹孔布置

(a) 带实腹段的简支腹孔；(b) 全空腹式的简支腹孔；(c) 连续腹孔；(d) 框架式腹孔

腹孔梁的结构形式为：当腹孔的跨径小于 10m 时，通常采用钢筋混凝土简支实心或者空心板；当跨径在 10～20m 时，通常采用预应力混凝土简支空心板；当跨径大于 20m 时，一般采用预应力混凝土简支T梁。简支结构除了桥墩（台）支承外，一般可采用连续桥面构造。为了适应拱圈变形，腹孔梁宜采用活动性较好的支座，如厚度较大的橡胶支座等。与墩（台）衔接处应采用完善的伸缩缝构造。

除采用简支结构的腹孔外，连续、框架等结构形式的腹孔也常被采用［图8-28（c）、（d）］。

2. 腹孔墩

腹孔的支承结构称为腹孔墩，它是由底梁、墩身和墩帽组成，按照墩身的结构形式可以分为横墙式和立柱式两种（图8-29）。

对于砖、石拱桥，多采用石料、混凝土预制块砌筑或现浇混凝土做成的横墙式腹孔墩［图8-29（a）］。这种横墙式腹孔墩自重较大。为了节省圬工、减轻重量，也便于检修人员在拱上建筑中通行，可在横墙上挖孔。腹孔墩的厚度，用浆砌片石、块石时，不宜小于60cm；用混凝土浇筑时，一般应大于腹拱圈厚度的一倍。

立柱式腹孔墩［图8-29（b）］，是由立柱和盖梁组成的钢筋混凝土排架结构。在必要时沿立柱高度设置若干根横系梁，间距一般不大于6m。在河流有漂流物或流冰时，如果拱圈会被部分淹没，就不宜采用立柱式腹孔墩。立柱及盖梁常采用矩形截面，截面尺寸按受力要求拟定外，还应考虑和拱桥的外形及构造相协调；钢筋配置方式同梁桥的立柱、盖梁相似，但立柱的纵向钢筋应伸入盖梁轴线以上、拱轴线以下，并具有足够的锚固长度。为了分散立柱集中传递给拱圈的压力，在立柱下面应设置横向通长的底梁，厚度不小于柱距的1/5。底梁可以与拱圈一起施工完成。如采用混凝土浇筑时，可按照要求布置钢筋。

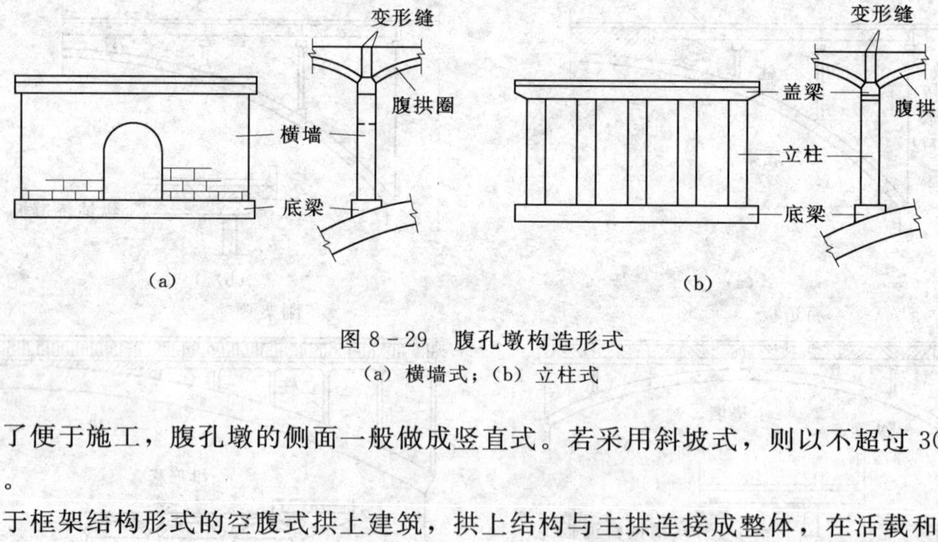

图8-29 腹孔墩构造形式
（a）横墙式；（b）立柱式

为了便于施工，腹孔墩的侧面一般做成竖直式。若采用斜坡式，则以不超过30∶1的坡度为宜。

对于框架结构形式的空腹式拱上建筑，拱上结构与主拱连接成整体，在活载和温度变化等因素作用下，将引起拱上结构变形（图8-30），在立柱中产生附加弯矩。由于矮立柱的

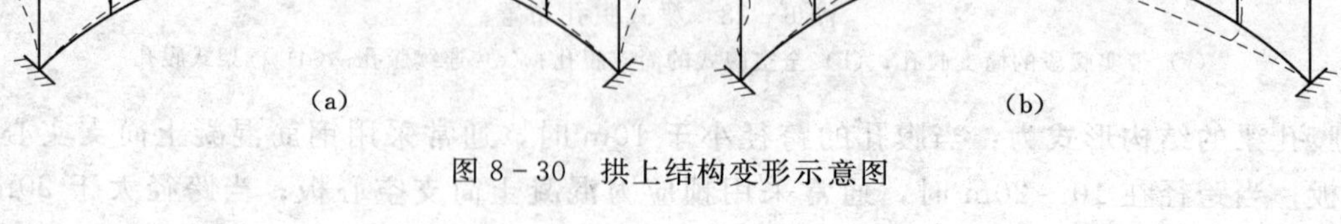

图8-30 拱上结构变形示意图

刚度较大，附加弯矩也大，立柱上、下结点附近的混凝土极易开裂。为了避免拱上结构参与主拱受力后引起的不利因素，可在靠近跨中 1～2 根矮立柱的上、下端设置铰（图 8-31），释放结点弯矩，使其成为主要承受轴向压力的构件。另外，对于较容易发生裂缝的桥面结构与拱顶相接处，可采取设置横向贯通缝的构造形式，以减小其连接刚性。

三、上承式简单体系拱桥的其他细部构造

（一）拱上填料、桥面铺装

拱上建筑的填料，能起扩大车辆荷载分布面积的作用，同时还能减小车辆荷载的冲击作用，但其也增加了拱桥的恒载重量。无论是实腹拱，还是空腹拱（除无拱上填料的轻型拱桥），在拱顶截面上缘以上都做了拱腹填料的处理。填充后，通常还需设置一层填料，即拱顶填料，在该填料以上才是桥面铺装（图 8-32）。主拱圈及腹拱圈的拱顶处，填料厚度（包括路面厚度）均不宜小于 30cm，根据现行相关桥梁规范规定，当填料厚度（包括路面厚度）等于或大于 50cm 时，拱桥结构计算时可不计汽车荷载的冲击力。

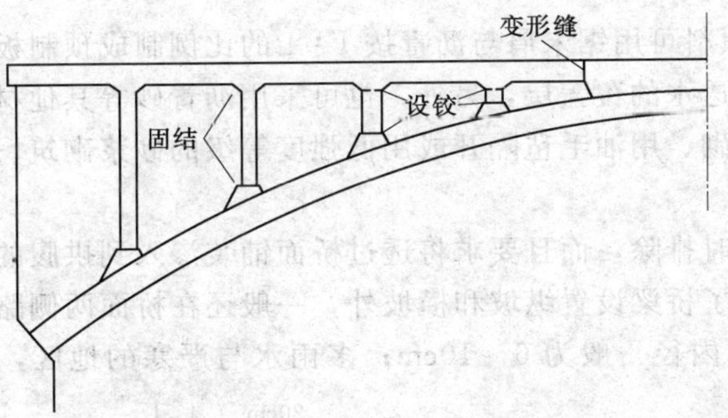

图 8-31　拱上立柱连接方式

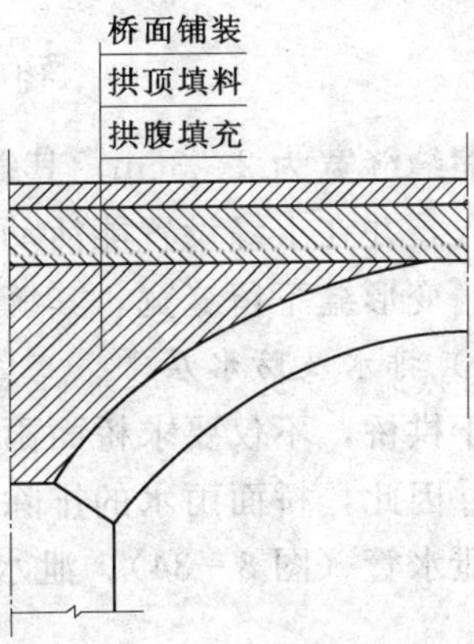

图 8-32　拱上填料图式

大跨径钢筋混凝土拱桥或很差地基上建造的拱桥，为了进一步减轻拱上建筑的重量，可以减薄填料厚度，甚至可以不用填料，直接在拱顶面上修建混凝土路面。这时，混凝土层的最小厚度不应小于 8cm，并在其中设置钢筋网。设计计算时还应计入汽车荷载的冲击力。

拱桥车行道、人行道桥面铺装的要求与梁桥基本相同。

（二）伸缩缝与变形缝

拱上建筑与主拱圈在构造和受力上联系密切、共同作用。一方面拱上建筑能够提高主拱圈的承载能力；但另一方面，它对主拱圈的变形又具有约束作用，在主拱圈和拱上建筑内产生附加内力，而使结构受力复杂。

为了使结构的计算图式尽量与实际受力情况相符，避免拱上建筑不规则的开裂，保证结构的安全使用和耐久性，除在设计计算上应作充分考虑外，还需在构造上采取必要的措施。通常在相对变形较大的位置设置伸缩缝，在相对变形较小的位置设置变形缝。

对于小跨径实腹拱，伸缩缝应设在两拱脚上方，并在横桥向贯通全宽和侧墙的全高至人行道。伸缩缝一般做成直线形［图 8-33（a）］，以使构造简单，施工方便。对于拱式腹孔的空腹式拱桥，通常将紧挨墩（台）的第一个腹拱做成三铰拱，并在紧靠墩（台）的拱脚上方设置伸缩缝，且应贯通全桥宽，而在另外两个拱铰上方设置变形缝［图 8-33（b）］。在

大跨径拱桥中，应将靠近拱顶的腹拱做成两铰或三铰拱，并在拱铰上方设置变形缝，以使拱上建筑更好地适应主拱的变形。对于梁式腹孔，通常是在桥台和墩顶立柱处设置标准伸缩缝，而在其余立柱处采用桥面连续。

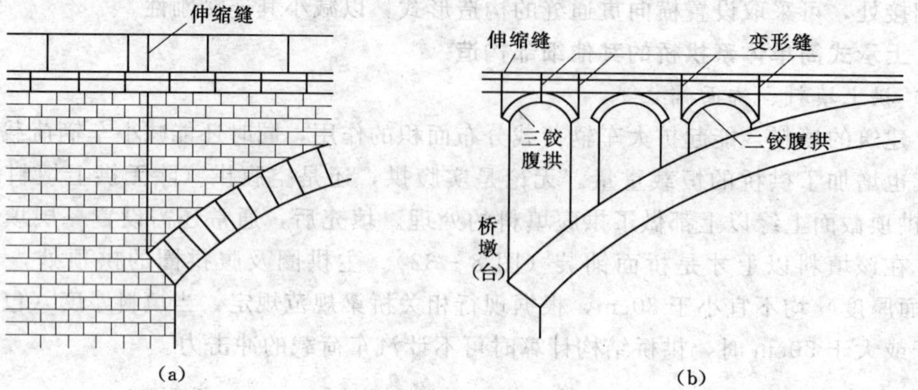

图 8-33 拱桥伸缩缝与变形缝的布置

伸缩缝缝宽为 2～3cm，其缝内填料可用锯末屑与沥青按 1∶1 的比例制成预制板，在施工时嵌入，并在上缘设置能活动而不透水的覆盖层，另外，也可采用沥青砂等其他材料填塞伸缩缝。变形缝不留缝宽，其缝可干砌、用油毛毡隔开或用低强度等级的砂浆砌筑。

（三）排水及防水层

对于拱桥，不仅要求桥面雨水及时排除，而且要求将透过桥面铺装渗入到拱腹的雨水及时排除。因此，桥面雨水的排除，除了桥梁设置纵坡和横坡外，一般还在桥面两侧路缘石边缘设置泄水管（图 8-34）。泄水管的内径一般为 6～10cm；多雨水与严寒的地区，一般为

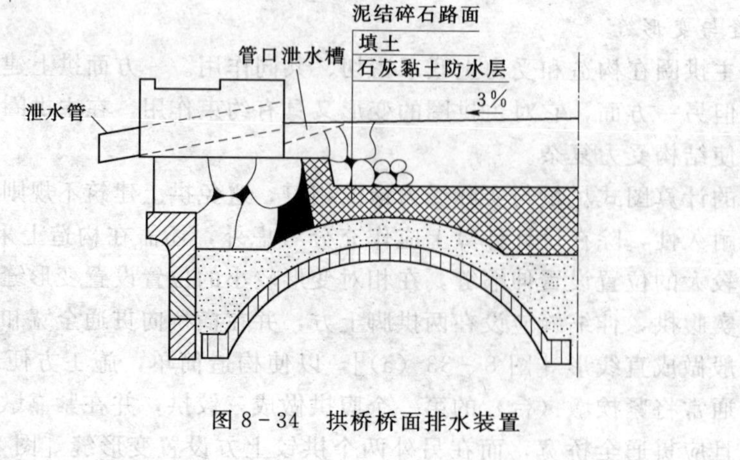

图 8-34 拱桥桥面排水装置

15cm。泄水管应伸出结构外表面 5～10cm，以免雨水顺着结构物外表面流动。为了便于泄水，泄水管尽可能采用直管，并减小管节长度。

对于实腹式拱桥，防水层应沿拱背护拱、侧墙铺设。如果是单孔，可以不设拱腹泄水管，积水沿防水层流至两个桥台后面的盲沟，然后沿盲沟排出路堤。如果是多孔拱桥，可在跨径 1/4 处设泄水管［图 8－35（a）］。对于空腹式拱桥，防水层应沿腹拱上方与主拱圈的跨中实腹段的拱背设置，泄水管也宜布置在 1/4 跨径处［图 8－35（b）］。对跨线桥、城市桥或其他特殊桥梁，需设置全封闭式排水系统。

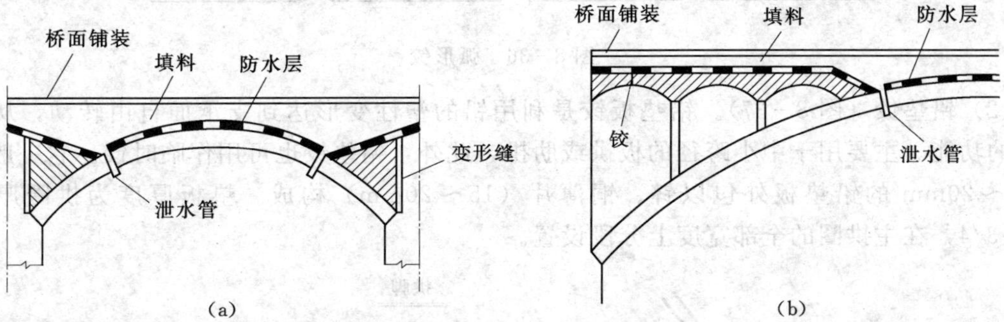

图 8－35　防水层与拱腹泄水管的布置

防水层在全桥范围内不宜断开，在通过伸缩缝或变形缝处应妥善处理，使其既能防水又可以适应变形。

防水层有粘贴式和涂抹式两种。前者是由 2～3 层油毛毡与沥青交替贴铺而成，效果较好，但造价高、施工麻烦。后者采用沥青或柏油涂抹于砌体表面，施工简便、造价低廉，但效果较差，适用于雨水较少的地区。

（四）拱桥中铰的设置

1. 设铰的情形

拱桥中需要设铰的情形有四种：

(1) 按两铰拱或三铰拱设计的主拱圈。

(2) 按构造要求需要采用两铰拱或三铰拱的腹拱圈。

(3) 需设置铰的矮小腹孔墩，即将铰设置在墩的上端（与顶梁连接）和下端（与底梁连接）。

(4) 在施工过程中，为了消除主拱圈的部分附加内力，以及对主拱圈内力做适当调整时，需要在拱脚或拱顶处设置临时铰。

前三种情况属于永久性拱铰，它必须满足设计要求，并能保证长期正常使用，故对其要求较高，构造较复杂，需经常养护，费用较高。最后一种是临时性拱铰，一般待施工结束时，就将其封固，故构造较简单，但必须可靠。

2. 铰的形式

在拱圈中设置的铰（拱铰），按照铰所处的位置、受力大小、使用材料等条件，综合考虑后选择其形式。目前常用的拱铰形式有：弧形铰、铅垫铰、平铰、不完全铰和钢铰。

(1) 弧形铰（图 8－36）。它是由两个具有不同半径弧形表面的块件组成，一个是凹面（半径为 R_2）；另一个是凸面（半径为 R_1）。R_2 与 R_1 的半径之比在 1.2～1.5 之间；铰的宽度等于构件的宽度，沿拱轴向的长度取为拱厚的 1.15～1.20 倍。铰的接触面应精细加工，以保证紧密结合。由于弧形铰构造复杂，加工难度大，不易保证工程质量，故主要用于主拱圈的拱铰。其一般用钢筋混凝土、混凝土或石料等做成。

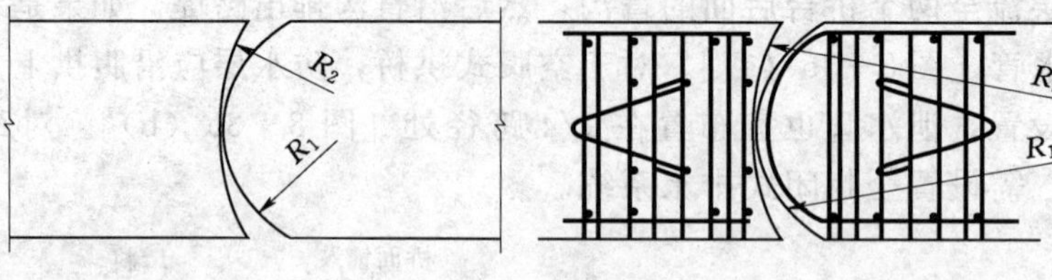

图 8-36　弧形铰

(2) 铅垫铰（图 8-37）。铅垫板铰是利用铅的塑性变形达到支承面自由转动，从而实现铰的功能。主要用于中小跨径的板拱或肋拱，此外，铅垫铰也可用作临时铰。它一般由厚度 15～20mm 的铅垫板外包以锌、铜薄片（15～20mm）构成。垫板厚度为拱圈厚度的 1/4～3/4，在主拱圈的全部宽度上分段设置。

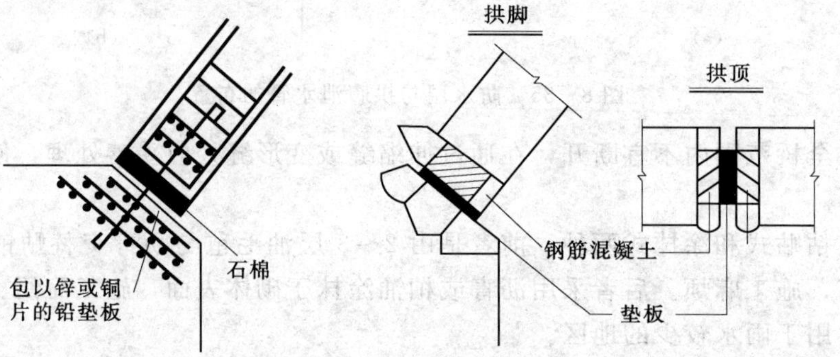

图 8-37　铅垫铰

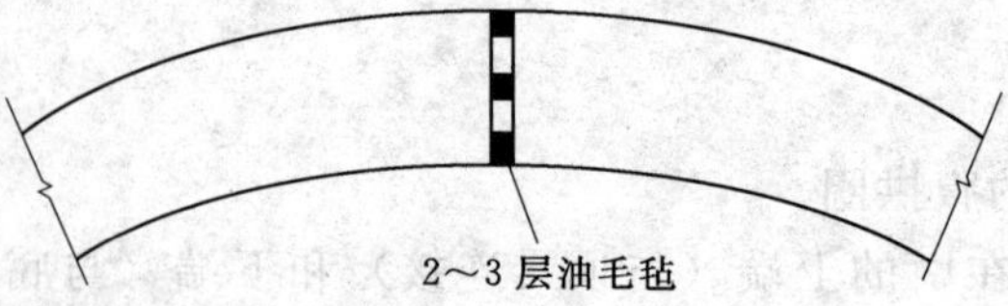

图 8-38　平铰

(3) 平铰（图 8-38）。平铰就是构件两断面直接相抵承，其接缝可以铺一层低强度砂浆，也可垫衬油毛毡或直接干砌，一般用在空腹式的腹拱圈上。

(4) 不完全铰［图 8-39 (a)、(b)、(c)］。它就是拱截面突然减小，其截面变为全截面的 1/3～2/5，在施工时拱圈不断开，使用时又能起铰的作用，从而保证该截面具有转动性能。由于截面突然变小而使其应力很大，容易开裂，故必须配以斜钢筋，并对支承截面按局部承压进行构造设计和计算。该铰多用在小跨径或轻型的拱圈以及空腹式拱桥的腹孔墩柱上。

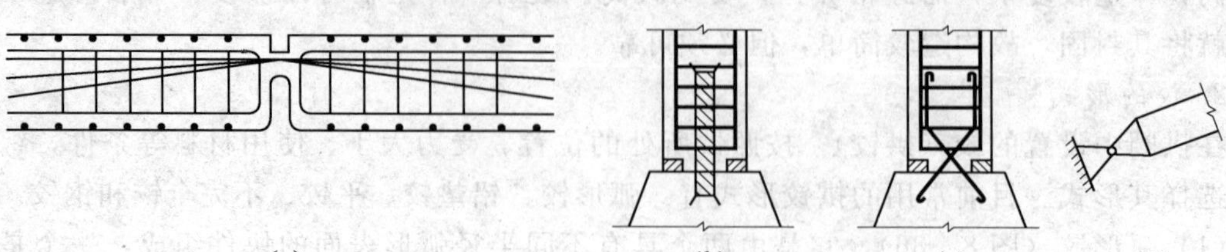

图 8-39　其他类型铰

（5）钢铰［图 8-39（d）］。钢铰通常做成理想铰，除用于少数有铰钢拱桥的永久性铰结构外，更多的用做施工需要的临时铰。

四、中、下承式简单体系拱桥的构造

（一）概述

中承式拱桥的行车道位于拱肋中部，桥面系（行车道、人行道、栏杆等）一部分用吊杆悬挂在拱肋下。一部分用刚架立柱支承在拱肋上，如图 8-40 所示。

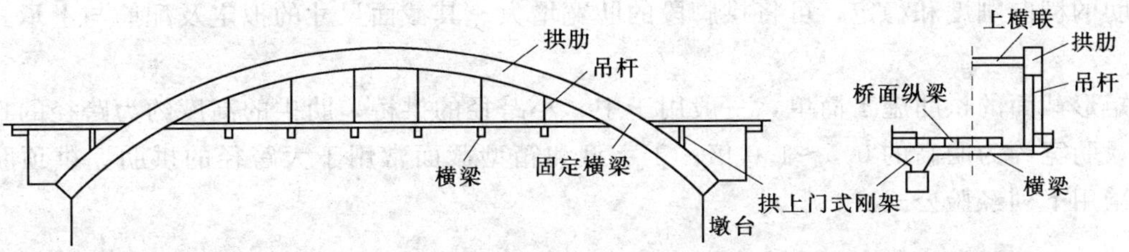

图 8-40　中承式简单体系拱桥的总体布置

下承式拱桥的桥跨结构由拱肋、悬吊结构和横向连接系三部分组成，如图 8-41 所示。由于车辆在两片拱肋之间行驶，所以，需要用吊杆将纵、横梁系统悬挂在拱肋下，在纵、横梁系统上支承车道板，组成桥面系（行车道、人行道、栏杆等）。桥面系和这些传力构件统称为悬吊结构。

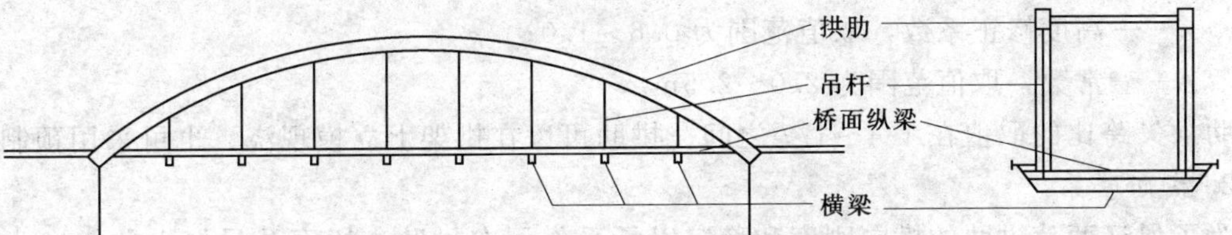

图 8-41　下承式简单体系拱桥的总体布置

从图 8-41 中可以看出，中、下承式拱桥仍保持了上承式拱桥的基本力学特性，可以充分发挥拱圈混凝土材料的抗压性能。更重要的一点是，当桥梁的建筑高度受到严格限制时，若采用上承式拱桥往往有困难或矢跨比过小时，可采用中、下承式拱桥满足桥下净空要求；在不等跨的多孔连续拱桥中，为了平衡左右桥墩的水平推力，将大跨径一孔的矢跨比加大，做成中承式拱桥，可以减小大跨的水平推力；在平坦地形的河流上，采用中、下承式拱桥可以降低桥面高度，有利于改善桥梁两端引道的纵面线形，减少引道的工程数量；有时为了满足当地景观和美学的需要，特别是多孔连续的中、下承式拱桥，以其波浪形起伏、构件轻巧给人以美感。

（二）中、下承式体系拱桥的基本组成和构造

1. 拱肋

中、下承式拱桥的主要承重构件是两个分离式的拱肋，组成拱肋的材料可以是钢筋混凝土、钢管混凝土、劲性骨架混凝土或纯钢材，两片拱肋一般在两个平行的平面内。有时也可使两拱肋平面内倾，使之在水平面上的投影呈 X 形（即提篮式拱，如图 8-

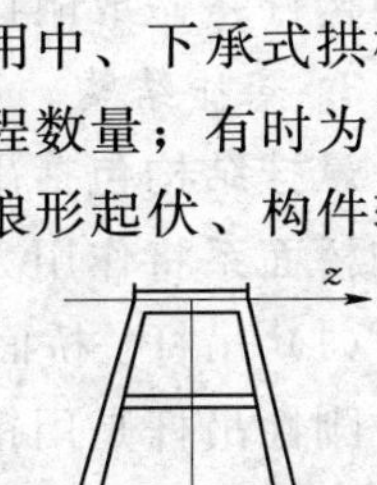

图 8-42　提篮式拱示意图

42 所示）以提高拱肋的横向稳定性和承载力。

中、下承式拱桥由于行车道布置在两拱肋之间，因此，在相同桥面净宽的条件下，拱肋的间距比上承式拱桥的大。中、下承式拱桥的拱肋一般采用无铰拱形式，以保证其刚度。其恒载分布比较均匀，因此拱轴线性可采用二次抛物线，也可采用悬链线。钢筋混凝土拱肋的截面形状根据跨径的大小、荷载等级和结构的总体尺寸，可以选用矩形、工字型、箱型或管型（即构成钢筋混凝土拱肋）。截面沿拱轴的变化规律可以为等截面或变截面。有时为了增强拱肋的横向刚度和稳定，可将拱脚段的肋宽增大。其截面尺寸的拟定及配筋与上承式肋拱一样。

矩形截面的拱肋施工简单，一般用于中、小跨径的拱桥，肋拱的高度约为跨径的1/40～1/70，肋宽约为肋高的 0.5～1.0 倍；工字型和箱型截面常用于大跨径的拱肋。拱顶肋高的拟定采用下列经验公式。

（1）当跨径 $l_0\leqslant100$m 时： $h_d=\frac{1}{100}l_0+\Delta$

式中 l_0——拱的净跨径；

Δ——修正值，取 0.6～1.0m，跨径大时选用上限。

（2）当跨径 $100\text{m}<l_0\leqslant300$m 时：$h_d=\frac{1}{100}l_0+\alpha\Delta$

式中 l_0——拱的净跨径；

α——高度修正系数，取值范围为 0.6～1.0；

Δ——常数，取值范围为 2.0～2.5m。

肋拱矢跨比的取值在 1/4～1/7 之间。拱肋可以在拱架上立模现浇、也可采用预制拼装。

2. 横向联系

为了保证两片拱肋的横向刚度和稳定以承受作用在拱肋、桥面及吊杆上的横向水平力，一般需在两片分离的拱肋间设置横向联系。横向联系可做成横撑、对角撑或空格式构造等形式（图 8-43），横撑的宽度不应小于其长度的 1/15。横向联系的设置往往受桥面净空高度的限制，横向联系构建只容许设置在桥面净空高度范围之外的拱段（对于中承式拱肋，还可以设置在桥面系以下的肋段），有时为了满足规定的桥面净空高度要求，而不得不将拱肋矢高加大来设置横向构件。有时为了满足桥面净空要求和改善桥上的视野而取消行车道以上的横向构件，做成敞口式拱桥。

3. 悬挂结构

悬挂结构包括吊杆和桥面系等，吊杆将纵梁和横梁系统悬挂在拱肋下，桥面荷载通过吊杆和桥面系将作用力传递到拱肋上。

（1）吊杆。桥面系悬挂在吊杆上，受拉吊杆根据其构造分为刚性吊杆和柔性吊杆两类。

刚性吊杆是用钢筋混凝土或预应力混凝土制作，刚性吊杆可以增强拱肋的横向刚度，但用钢量较大，施工工序多，工艺复杂。柔性吊杆一般用冷轧粗钢筋、高强钢丝或钢绞线等高强钢材制作。高强钢丝束做的吊杆通常采用墩头锚，而粗钢筋则采用轧丝锚与拱肋、横梁相连。

为了提高钢索的耐久性，必须防止钢索锈蚀，为此要求保护层有足够的强度、韧性、抗老化和附着性，确保使用周期内防护层不开裂或脱落。钢索的防护方法很多，主要有缠包法

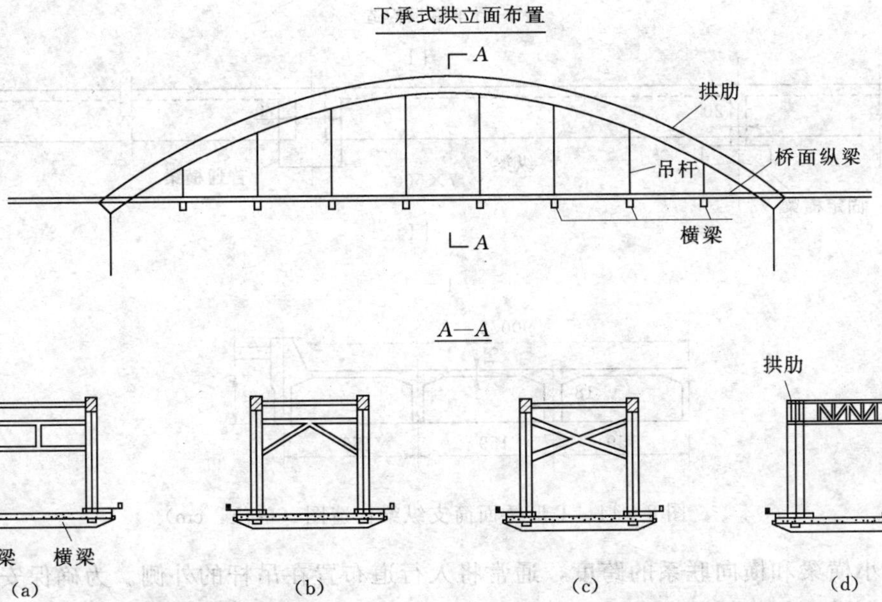

图 8-43　横向联系类型

(a) 一字形和 H 形横撑；(b) K 形对角撑；(c) X 形对角撑；(d) 空格式构造型

和套管法等。目前主要用 PE 热挤索套防护工艺，直接在工厂制成成品索，该法简单可靠，而且比较经济。

吊杆的间距一般根据构造要求和经济美观等因素决定。吊杆的间距即为行车道纵梁的跨长。间距大时，吊杆的数目减少。但纵、横梁的用料增多；反之，吊杆数目增多，纵、横梁的用料减少。一般吊杆的间距为 4～10m，通常吊杆取等间距。

(2) 横梁。中承式拱桥的桥面横梁可以分为固定横梁、普通横梁和刚架横梁三类。根据横梁间距的不同，横梁高度可取拱肋间距（横梁跨径）的 1/10～1/15，为满足搁置和连接桥面板的需要，横梁上缘宽度不宜小于 60cm。

固定横梁为桥面系与拱肋相交处的横梁，其截面尺寸与刚度比其他横梁大。由于其所处位置特殊，它既要传递垂直荷载，又要传递水平横向荷载，有时还要传递纵向制动力以及从拱肋和桥面传来的弯矩、扭矩和剪力，因此受力复杂，要求其必须与拱肋刚性联结。普通横梁通过吊杆悬挂在拱肋下面的横梁。其截面形式常用的有矩形、工字形和土字形，也可采用箱形截面，其截面尺寸取决于横梁的跨度（即拱肋中距）和承担桥面荷载的长度（即吊杆间距），一般为钢筋混凝土构件，跨度较大时，也可采用预应力混凝土构件或钢构件。刚架横梁为中承式拱桥通过立柱支承在拱肋之上的横梁。

(3) 纵梁。由于横梁的间距一般在 4～10m 之间，纵梁多采用 T 形、Π 形小梁，设计成简支梁结构（图 8-44）或连续梁结构，或直接在横梁上满铺空心板、实心板形成桥面板。

(4) 行车道系。行车道系由纵、横梁和行车道板组成。行车道板上铺桥面铺装，安设人行道和栏杆等。桥面板有时可与纵梁连成整体，形成 T 梁或 H 梁，也可在预制的纵梁上现浇桥面板形成组合梁。另一种方案是采用在横梁上密铺预制空心板或实心板来取代桥面板和纵梁两者的作用。桥面板一般为普通钢筋混凝土结构，也可采用预应力或部分预应力结构。

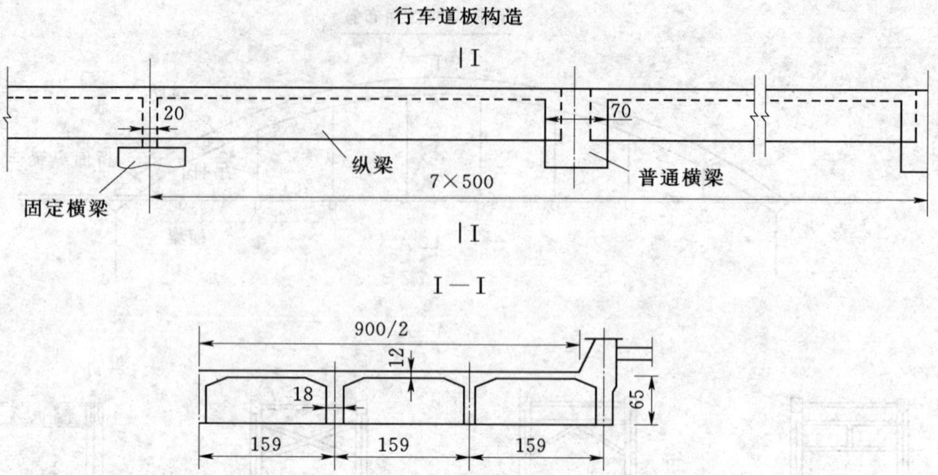

图 8-44　T形桥面简支纵梁构造图（单位：cm）

为减小横梁和横向联系的跨度，通常将人行道布置在吊杆的外侧。为确保安全，须在吊杆位于行车道一侧的桥面上设置防撞栏杆，以避免吊杆遭到车辆碰撞破坏，导致桥面垮塌的严重事故。

为避免桥面结构受拱肋变形的影响而造成开裂，一般在桥面结构与拱肋相交的横梁处设置断缝，或在其他地方利用双吊杆、双横梁设置断缝，或采用简支桥面构造设断缝。

五、组合体系拱桥的构造

（一）概述

拱式组合体系桥是将梁和拱两种基本结构组合起来，共同承受荷载，充分发挥梁受弯、拱受压的结构特性及其组合作用，达到节省材料的目的。根据拱肋和行车道梁的联结方式不同，拱式组合体系桥一般可划分为有推力的和无推力两种类型。

无推力拱式组合体系桥（也称系杆拱桥）是外部静定结构，兼有拱桥的较大跨越能力和梁桥对地基适应能力强的两大特点，故使用较多。当桥面高程受到严格限制而桥下又要求保证较大的净空，或墩台基础地质条件不良易发生沉降，但又要保证较大跨径时，无推力拱式组合体系桥梁是较优越的桥型。

在考虑梁拱组合体系梁桥的总体布置时，除了满足一般的基本原则外，还应注意如下方面：当梁拱组合式桥梁的跨径在 100m 以下时，材料用量的综合指标一般差别不大，但下部结构因跨径增大，桥墩减少，可以减少墩台的圬工量。因此，在不显著增加施工难度时，应尽可能将跨径放大。同时，分孔时主孔可以采取简支体系，采用多跨时，边跨应尽可能短；当按三跨布置时，对于梁拱组合式桥梁，边跨末端支座尽可能不出现拉力，为此，可通过压重予以解决。同时边跨还要求弯矩图以负弯矩为主，即使出现正弯矩，也只限于在活载作用下发生，而且正弯矩区域限制在较小的范围内，这样有利于配置预应力束。

拱式组合体系桥的基本形式有以下几种。

1. 简支梁拱组合体系桥

这类体系桥梁（图 8-45）只用于下承式，均为无推力的组合体系拱。拱肋结构一般为钢管混凝土和钢筋混凝土，桥面上常设置风撑，简支梁拱组合式体系桥的外部为静定结构，内部为高次超静定结构，主要承重构件除拱肋外，还有加劲纵梁，它与横梁组成平面框架，由吊杆上下联系以达到共同受力的目的。

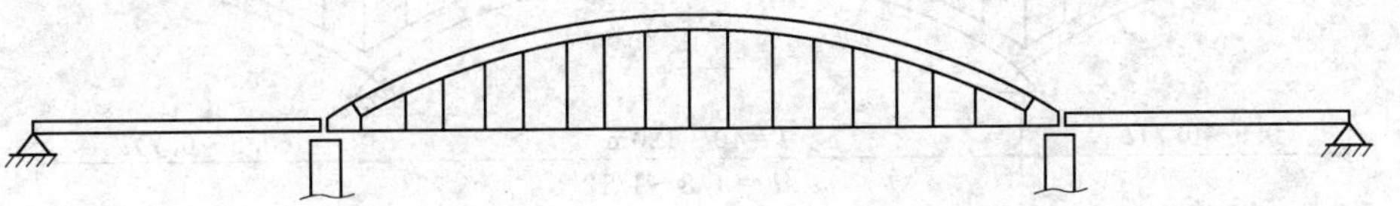

图 8-45 简支梁拱组合体系桥示意图

根据拱肋和系杆（梁）相对刚度的大小，无推力拱式组合体系可划分为：柔性系杆刚性拱、刚性系杆柔性拱和刚性系杆刚性拱三种基本组合体系。

2. 连续梁拱组合体系桥

这种体系可以是上承式、中承式及下承式，也可以是多肋拱、双肋拱或单肋拱与加劲梁组合，如图 8-46 所示。多肋拱及双肋拱的加劲梁的截面形式可类似于简支梁拱组合式桥布置；而单片拱肋必须配置有箱形加劲梁，以加劲梁强大的抗扭刚度抵消偏载影响。这种桥型本身刚度大，跨越能力大，造型优美。

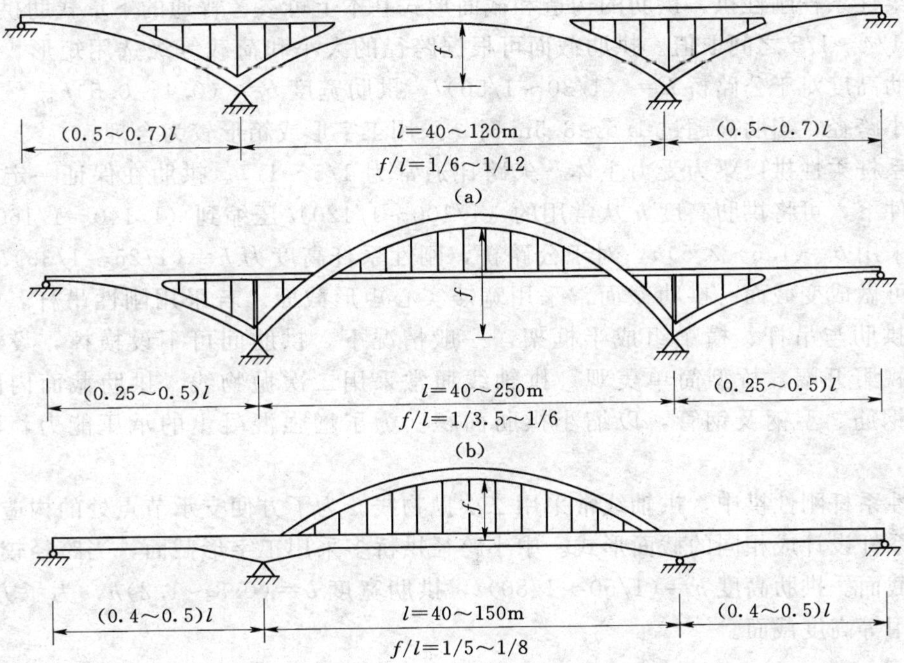

图 8-46 连续梁拱组合体系桥示意图

3. 悬臂梁拱组合体系桥

悬臂梁拱组合体系桥（图 8-47）只适用于上承式，采用转体施工特别方便。悬臂梁拱组合式桥梁实际上是将实腹段挖空，用立柱代替梁腹板，原腹板剪力主要由拱肋竖向分力及加劲梁剪力平衡。这样的结构加劲梁受拉弯作用，加劲梁采用预应力混凝土，拱肋为钢筋混凝土。悬臂拱组合式桥梁是无推力结构，这种桥型的受力特性与系杆拱相同，但外观上又与无铰拱相似，悬臂拱的每个墩有 2 个对称的半拱，它的推力常由预应力桥面承受，如同系杆拱的系杆一样平衡两个半拱的水平推力，跨中（拱顶）可做成连续的或带剪力铰的形式。

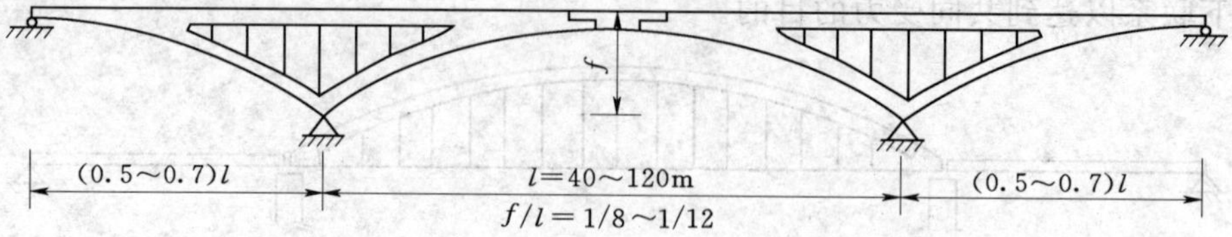

图 8-47　悬臂梁拱组合体系桥示意图

悬臂拱在结构自重作用阶段是系杆拱，因而在大跨径桥梁自重产生的内力占较大比例（一般自重占总应力的80%～90%）的情况下，悬臂拱能达到自重轻，用料省的目的；从一些资料分析，悬臂拱跨径在80～150m时，它与其他桥型相比经济指标是最低的。

（二）组合体系拱的基本组成和构造

拱式组合体系桥一般由拱肋、系杆、吊杆（或立柱）、横向连接系、行车道梁（板）及桥面系等组成。

1. 拱肋

对于柔性系杆刚性拱，拱肋的构造和截面形式基本上可参考普通的下承式肋拱桥，矢跨比一般在1/4～1/5之间取值。拱肋截面可根据跨径的大小和荷载等级选用矩形、工字形或箱形。拱肋高度对于公路桥 $h=(1/30\sim1/50)l$，拱肋宽度 $b=(0.4\sim0.5)h$。一般矩形截面用于较小跨径，当肋高超过1.5～3.5m时，采用工字形或箱形较为合理。

刚性系杆柔性拱以梁为受力主体，矢跨比通常为1/5～1/7。拱肋在保证一定强度和稳定性的条件下，可将拱肋高度 h 从常用的 $(1/100\sim1/120)l$ 压缩到 $(1/140\sim1/160)l$，拱肋宽度一般采用 $b=(1.5\sim2.5)h$，对于公路桥，刚性系杆高度为 $h=(1/25\sim1/35)l$，跨度较大时，还可做成变截面。拱肋截面常采用宽矮实心矩形截面。若采用刚性吊杆，则横向刚度较大的拱肋与吊杆、横梁组成半框架，一般情况下，拱肋间可不设横撑，设计成敞口桥，这样视野开阔，桥型简单美观。拱轴线通常采用二次抛物线。拱肋截面内的钢筋可采用普通钢筋、型钢及钢管，以缩小拱肋面积。为了增强混凝土的承压能力，可采用螺旋箍筋。

在刚性系杆刚性拱中，拱轴线常采用二次抛物线。为了方便支承节点处的构造连接，常将拱肋和系杆设计成相同的截面形式。中小跨径拱桥多采用工字形截面，当跨径较大时，常采用箱形截面。拱肋高度 $h=(1/50\sim1/80)l$，拱肋宽度 $b=(0.8\sim1.2)h$，为了方便施工，拱肋可采用等高度截面。

2. 系杆

系杆的设置在系杆拱的设计中是个关键问题，一方面要考虑系杆与拱肋的连接，保证系杆能很好地与拱肋共同受力；另一方面又要考虑系杆与行车道之间的相互作用，避免桥面行车道因阻碍系杆的受拉而遭到破坏。构造上常见的处理方法有：

(1) 在行车道中设置横向断缝，使行车道不参与系杆受力［图 8-48 (a)］，行车道简支在横梁上。这种形式受力明确，应用较多。

(2) 系杆采用型钢或扁钢制作，与行车道完全不接触［图 8-48 (b)］，为了防止行车道参与系杆受力，一般还要在行车道内设置横向断缝，其缺点是外露系杆易锈蚀，在温度变化时，外露金属系杆和钢筋混凝土拱肋的温度有差别，由此而产生附加应力。

(3) 采用独立的钢筋混凝土系杆［图 8-48 (c)］，每个系杆由两部分组成，安放在吊杆两旁，自由地搁置在横梁上，一般尽量把系杆做得矮宽以增加柔性，故常用于柔性系杆刚性拱中。

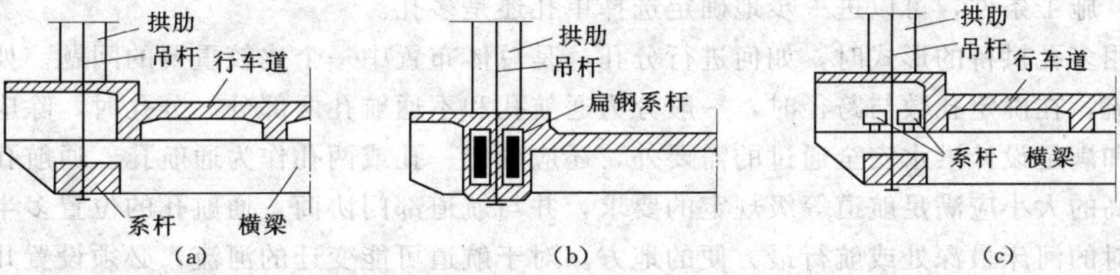

图 8-48　系杆构造

(4) 采用预应力钢筋混凝土系杆，为了方便连接，系杆截面形式与拱肋截面形式一致，行车道可设横向断缝，亦可不设，考虑行车条件，不设为宜。这种系杆较为合理，由于预加压力可克服混凝土承受的拉力，避免了混凝土的裂缝，维修费用比钢系杆低。

刚性系杆是偏心受拉构件，一般设计成箱形或工字形截面。由于截面正负弯矩的绝对值一般相差不大，故钢筋宜靠上、下缘对称或接近对称布置；同时沿截面高度应布置一定数量的分布钢筋，防止裂缝扩展。

值得注意的是，拱肋与系杆的连接构造是重要而又复杂的一部分，其构造形式随拱肋和系杆截面尺寸的不同而不同，具体连接构造方法可参考相关书目。

3. 吊杆

吊杆一般是长细构件，设计时通常将其作为轴向受力构件考虑，故顺桥向尺寸一般设计的较小，使之具有柔性而不承受弯矩，只承受拉力，横桥向尺寸设计得较大，以增强拱肋的稳定性。吊杆大都是采用高强钢丝束或粗钢筋。

4. 横向连接系

横向连接系构件截面可设计成矩形、T 形或箱形，平面上可布置成 X 形、K 形或与纵桥向垂直，顺桥向可布置成单数或双数，通常以单数布置较多，即拱顶布置一根，两侧对称布置，其特点是提高结构稳定性。由于横向连接构件主要是防止横向失稳，从受力上看以承受轴力和结构自重作用为主，配筋以此进行。拱肋与横向连接构件交接处应设置横隔板或浇筑成实心段，以保证横向连接构件的钢筋末端有足够的锚固长度。

第三节　拱桥设计与计算

一、拱桥的设计

（一）拱桥的总体布置

在通过桥址方案比较，确定桥位后，即可根据当地水文、地质、地形等具体情况，选定桥梁结构体系和结构形式，进行拱桥的总体布置。拱桥总体布置的主要内容包括拟定桥梁的长度、跨径、孔数、桥面标高和主拱圈的矢跨比等。

1. 确定桥梁长度及分孔

当通过水文水力计算和技术经济等方面的比较，确定了两岸桥台台口之间的总长度之后，在纵、平、横三个方向综合考虑桥梁与两头路线的衔接，可以确定桥台的位置和长度，桥梁的全长便被确定下来。

在桥梁全长决定后，再根据桥址所处的地形、地质等情况，并结合选用的结构体系和结构形式、施工条件，可以进一步地确定选择单孔还是多孔。

采用多孔拱桥的形式时，如何进行分孔，是总体布置中一个比较重要的问题。如果跨越通航河流，在确定孔数与跨径时，一般分为通航孔和不通航孔两部分。分孔时，除应保证净孔径之和满足设计洪水安全通过的需要外，还应确定一孔或两孔作为通航孔。通航孔跨径和通航标高的大小应满足航道等级规定的要求，并与航道部门协商。通航孔的位置多半布置在常水位时的河床最深处或航行最方便的地方。对于航道可能变迁的河流，必须设置几个通航的桥跨，一旦主流位置变迁，也能满足通航的要求。对于不通航孔或非通航河段，桥孔划分可按经济原则考虑，尽量使上下部结构的总造价最低。

在分孔中，有时为了避开深水区或不良的地质地段（如断层、岩溶、滑坡、泥石流等）可能将跨径加大。在水下基础结构复杂、施工困难的地方，为减少基础工程，也可考虑采用较大跨径。

对跨越高山峡谷、水流湍急的河道或宽阔水库的拱桥，建造多孔小跨不如建造大跨来得经济合理。在条件容许时，通过技术经济比较，甚至可采用单孔大跨拱桥。

分孔中，还应考虑施工的方便和可能。通常，全桥宜采用等跨的或分组等跨的分孔方案，并尽量采用标准跨径，以便于施工和修复，又能改善下部结构的受力和节省材料。此外，分孔中，还须注意整座桥的造型和美观，有时这可能作为一个主要因素加以考虑。

2. 确定桥梁的设计标高和矢跨比

拱桥的标高主要有四个，即桥面标高、拱顶底面标高、起拱线标高、基础底面标高，如图 8-49 所示。这几项标高的合理确定对拱桥的设计有直接的影响。

拱桥桥面的标高，一般由道路路线纵断面设计来控制，同时要保证桥下净空能满足泄洪、通航或通车的要求。桥面标高确定后，减去拱顶填料厚度（一般包括桥面铺装在内厚度为 0.3～0.5m)，就可得到拱顶上缘（拱桥）的标高。根据跨径大小、荷载等级、主拱圈材料规格等条件估算出拱圈的厚度，即可推算出拱顶底面标高。

拟定起拱线标高时，为了尽量减小桥墩（台）基础底面的弯矩、节省墩台的圬工数量，一般宜选择低拱脚的设计方案。但具体设计时，拱脚位置往往又受到通航（通车）净空、泄洪、流冰等条件的限制，并要符合桥梁设计规范的有关规定，如图 8-50 所示。

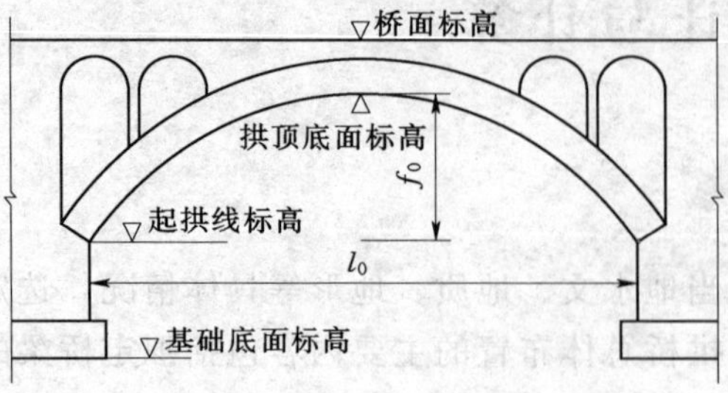

图 8-49　拱桥的主要标高示意图

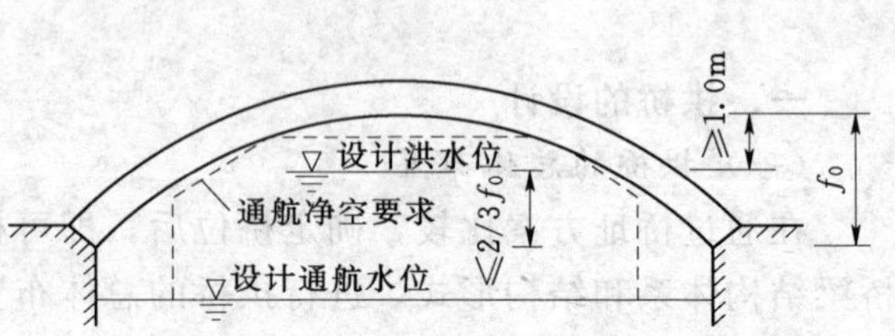

图 8-50　拱桥桥下净空的有关规定

跨径大小在分孔时已初步拟定，根据跨径及拱顶、拱脚标高，就可以确定主拱圈的矢跨比。有时也可先行确定主拱圈的净矢跨比，然后根据净跨径及拱顶底面标高确定起拱线标高。

主拱圈的矢跨比是拱桥的重要设计参数之一。它的大小不仅影响拱圈内力的大小，而且也影响拱桥的构造形式、施工方法的选择及拱桥的外观造型。主要体现在以下几个方面。

(1) 当矢跨比减小时，拱的推力增大，相应地在拱圈内产生的轴向力也大，对拱圈自身的受力状况是有利的，但对墩台基础不利。反之，则推力减小。

(2) 拱圈受力后产生弹性压缩，同时在温度变化、混凝土收缩、墩台位移等因素作用下，也将产生附加内力，矢跨比越小，附加内力越大。

(3) 矢跨比过大时，拱脚区段过陡，给拱圈的砌筑或混凝土浇筑带来困难。

(4) 拱桥的外形是否美观，与周围景物能否协调等也与矢跨比有很大关系。

因此在设计时，矢跨比的大小应经过综合比较后进行选定。一般情况下，主拱的矢跨比可参照表 8-1 的范围选用。

表 8-1　各类拱桥矢跨比选择范围

拱桥结构类型	矢跨比范围	备注
圬工板拱	1/6～1/4	不宜小于 1/8
箱形拱桥	1/8～1/5	不宜小于 1/10
钢筋混凝土桁架拱、刚架拱桥	1/10～1/6	不宜小于 1/12
钢筋混凝土柔性系杆刚性拱	1/5～1/4	
刚性系杆柔性拱	1/7～1/5	

3. 不等跨连续拱桥的处理方法

从受力角度来讲，多孔连续拱桥最好选用等跨或分组等跨的分孔方案。但当受地形、地质、通航等条件的限制，或引桥很长，考虑与桥面纵坡协调一致，或对桥梁的美观有特殊要求时，可以考虑采用不等跨的分孔，如图 8-51 所示。

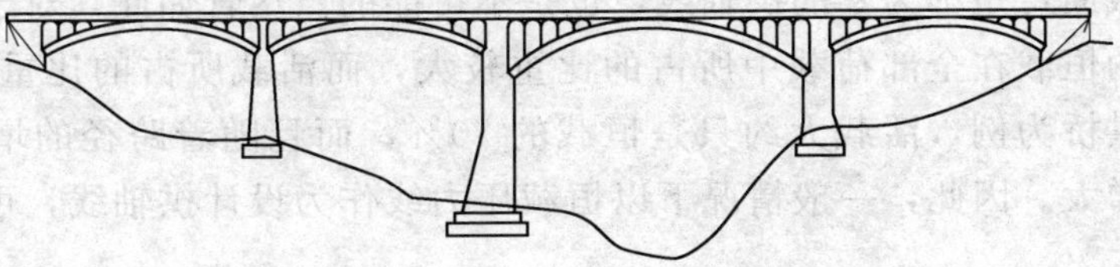

图 8-51　不等跨连续拱桥

对于不等跨拱桥，一个很重要的问题是相邻孔之间的恒载不平衡推力给桥墩和基础带来了不利影响。在采用柔性墩的多孔连续拱桥中，还需考虑恒载不平衡推力产生的连拱作用，使计算和构造变得复杂。为了减小或消除这个不平衡推力，改善桥墩、基础的受力状况，节省材料，降低造价，需采取相应的措施，主要有以下几个方面：

(1) 采用不同的矢跨比。跨径一定时矢跨比与推力大小成反比，因此在相邻两孔中，大跨径用较陡的拱（矢跨比较大），小跨径用较坦的拱（矢跨比较小），可以使两相邻孔在恒载作用下的不平衡推力尽量减小。

(2) 采用不同的拱脚标高。大跨径孔的拱脚标高适当降低，可减小拱脚水平推力对基底的力臂，这样可以使大跨与小跨的恒载水平推力对基底所产生的弯矩得到平衡，如图 8-52

所示。但因拱脚不在同一高度，使桥梁外形欠美观，构造也稍复杂。

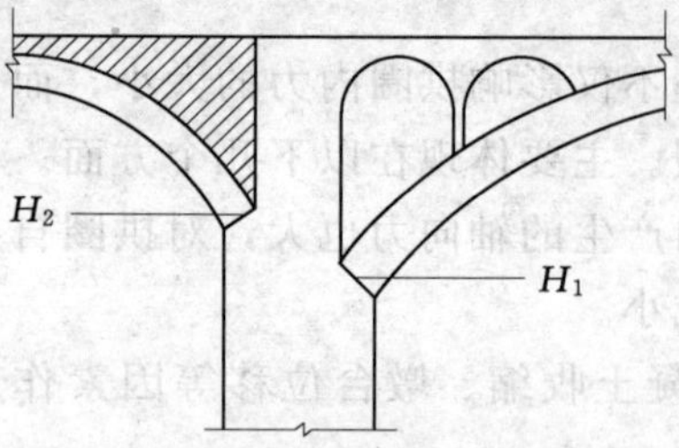

图 8-52 采用不同的拱脚标高

(3) 调整拱上建筑的恒载重量。如果为了满足美观要求等条件，必须使相邻孔的拱脚放置在相同或相近的标高上时，也可采用调整拱上建筑恒载重量的方法来减小相邻孔间的不平衡推力。此时大跨径采用轻质的拱上填料或空腹式拱上建筑，小跨径用重质的拱上填料或实腹式拱上建筑，以改变恒载重量来调整拱桥的恒载水平推力。

(4) 采用不同的拱跨结构。通常对小跨径孔采用板拱或厚壁箱拱结构，大跨径孔采用分离式肋拱或薄壁箱拱结构；为进一步减小大跨径孔的恒载重量，也可以将其做成中承式肋拱，从美观角度来看，这也是一种较好的方案。

在具体设计时，也可以将上述几种措施同时采用。如果仍不能达到平衡推力的目的，则需加大桥墩和基础的尺寸，或将其设计成体形不对称的形式来加以解决。

(二) 拱轴线形的选择

拱轴线的形状不仅直接影响着拱圈的内力分布及截面应力的大小（拱圈的承载能力），而且与结构的耐久性（开裂影响）、经济合理性和施工安全性等都有密切的关系。因此，在拱桥设计中，选择合适的拱轴线形是一个需要解决的重要课题。

选择拱轴线的原则，就是要尽可能减小由于荷载产生的弯矩。理想的拱轴线是与拱上各种荷载作用下的压力线相吻合，这时拱圈截面只受轴向压力，而无弯矩作用，因而能够充分发挥圬工材料的抗压性能。但事实上这样的拱轴线是不可能获得的，因为除恒载外，拱圈还要受到活载、温度变化和材料弹塑性变形等因素的作用。当拱轴线与恒载压力线吻合时，在活载作用下就不再吻合。而且即便在恒载作用下，拱轴线也将因材料的弹性压缩而变形，致使拱圈的实际压力线与设计所采用的拱轴线产生偏离。因此在拱桥设计时，要选择一条能够使恒载作用下的截面弯矩都为零的拱轴线，也是不可能的。尽管如此，对于拱桥还有一个有利条件，即拱桥的恒载在全部荷载中所占的比重较大，而活载所占的比重较小。以 30m 跨径的双车道公路拱桥为例，活载大约只是恒载的 20%，而且随着跨径的增大，恒载所占的比重还将进一步增大。因此，一般情况下以恒载压力线作为设计拱轴线，可以认为基本上是适宜的。

拱桥设计中所选择的拱轴线应满足以下几方面的要求：

(1) 尽量减小拱圈截面的弯矩，使主拱圈在计入弹性压缩、均匀温降、混凝土收缩等影响下各主要截面的应力相差不大，且最大限度减小截面拉应力，尽可能不出现拉应力。

(2) 对于无支架施工的拱桥，应能满足各施工阶段的要求，并尽可能少用或不用临时性施工措施。

(3) 计算方法简便，易为生产人员掌握。

(4) 线形美观，便于施工。

拱桥常用的拱轴线形有以下几种。

1. 圆弧线

在径向均布荷载如水压力作用下，拱的合理拱轴线为圆弧线［图 8-53 (a)］。圆弧线拱，线形简单，施工方便。但与恒载压力线偏离较大，使拱圈各截面受力不够均匀。因此圆弧线常用于20m以下的小跨径拱桥或空腹式拱上建筑的腹拱。对于较大跨径的预制装配式钢筋混凝土拱桥，有时为了简化施工，也可采用圆弧形拱轴线。

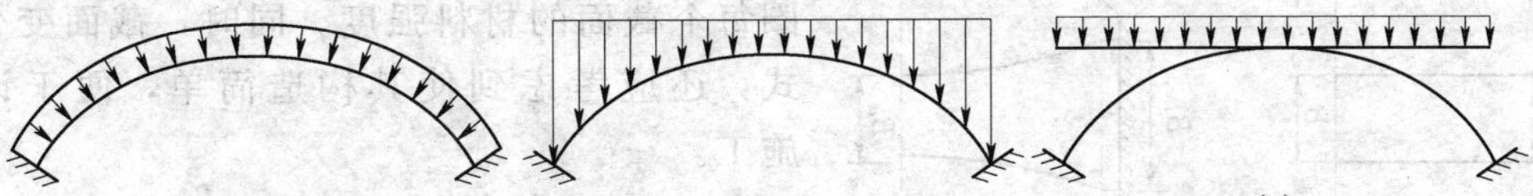

图8-53　拱桥拱轴线形

(a) 圆弧线形；(b) 悬链线形；(c) 抛物线形

2. 悬链线

实腹式拱桥的恒载集度，从拱顶向拱脚是均匀增加的［图8-53 (b)］，这种荷载分布图示的拱圈的压力线是一条悬链线。因此，实腹式拱桥采用悬链线作为拱轴线，在恒载作用下，当不计拱圈由恒载弹性压缩产生的影响时，拱圈截面将只承受中心压力而无弯矩。

对于空腹式拱桥，由于拱上建筑的形式发生了变化，恒载集度从拱顶到拱脚不再是均匀增大的，相应的恒载压力线也不再是悬链线，甚至也不是一条光滑的曲线。如仍用相应的悬链线作为拱轴线，恒载压力线与拱轴线将有偏离。但用悬链线作为拱轴线时，对各种空腹形式的拱上建筑的适应性较强，并且设计计算较为方便，因此，空腹式拱桥也广泛采用悬链线作为拱轴线。目前，悬链线是我国大、中跨径拱桥中较为常用的拱轴线形。

3. 抛物线

在竖向均布荷载作用下，拱的合理拱轴线是二次抛物线［图8-53 (c)］。对于恒载集度比较接近均布的拱桥，例如矢跨比较小的空腹式钢筋混凝土拱桥，可以采用二次抛物线作为拱轴线。

对于钢筋混凝土桁架拱和刚架拱等轻型拱上结构的拱桥，恒载分布较均匀，采用二次抛物线作为拱轴线也是适宜的。

在某些大跨径拱桥中，由于拱上建筑布置的特殊性（如腹拱跨径特别大等），为了使拱轴线尽可能与恒载压力线相吻合，也可采用高次抛物线（如四次或六次抛物线）作为拱轴线，但其计算工作量较大。

可见，拱上建筑的形式及其布置，对于合理选择拱轴线形是非常重要的。一般情况下，小跨径拱桥可采用实腹式圆弧拱或悬链线拱；大、中跨径拱桥可采用空腹式悬链线拱。轻型拱桥或矢跨比较小的大跨径钢筋混凝土拱桥可以采用抛物线拱。

对于无支架施工的拱桥，布置拱上建筑时，应使恒载集度的分布尽可能接近均布荷载，以便改善施工阶段裸拱的受力状态，简化施工临时措施，保证施工的质量和安全。

（三）拱圈截面变化规律和截面尺寸的拟定

1. 拱圈截面的变化规律

拱桥主拱圈截面有等截面和变截面两种形式。所谓等截面拱，就是拱圈任一法向截面的横截面形状和尺寸是相同的。而变截面拱的主拱法向截面，从拱顶到拱脚是逐渐变化的。变截面拱圈的做法通常有两种，一种是拱圈沿拱轴方向不变宽度而只变厚度，一种是厚度不变

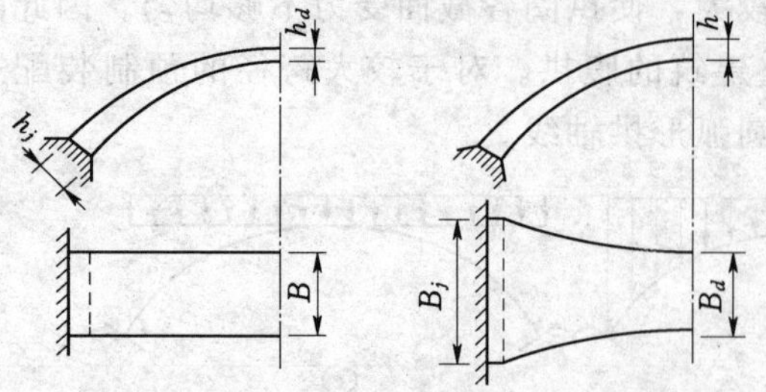

图 8-54　变截面拱圈的两种形式

而改变拱圈的宽度，如图 8-54 所示。

拱圈横截面沿跨径变化的规律，要能适应主拱圈内力变化的情况，有利于充分发挥主拱圈每个截面的材料强度。同时，截面变化的形式，还应考虑到使其构造简单，便于设计和施工。

拱圈的内力有轴向力 N、弯矩 M 及剪力 V。轴向力可表示为

$$N \approx H/\cos\varphi$$

式中　H——水平推力；

φ——任意截面处的拱轴线水平倾角。

由于 $\cos\varphi$ 值由拱顶向拱脚逐渐减小，轴向力 N 就由拱顶向拱脚逐渐增大。弯矩 M 及剪力 V 沿拱轴线的变化比较复杂，但一般情况下拱脚处的弯矩常常比拱顶处要大一些。因此，为了使各截面的应力值趋于相等，拱圈的截面也应自拱顶向拱脚逐渐增大。在相同条件（跨径、矢高、荷载）下，变截面拱圈的圬工数量较等截面拱圈少，拱圈稳定性也较好。但施工较麻烦，特别是料石拱，所需料石规格繁多，给备料和砌筑带来困难，即使是混凝土拱，制模工作也较复杂。

在一般情况下，为了方便施工，拱桥宜采用等截面形式。目前在无铰拱桥设计中，对于跨径小于 50m 的石板拱桥，跨径小于 100m 的双曲拱、箱形拱或钢筋混凝土肋拱桥，均可采用等截面形式。只有在更大跨径或很陡的圬工拱桥中，为了节省圬工，减轻拱圈自重，可考虑采用拱圈截面由拱顶向拱脚增厚的变截面形式。其截面变化规律最常采用的，如图 8-55 所示。

$$\frac{I_d}{I\cos\varphi}=1-(1-n)\xi \tag{8-1}$$

或

$$I=\frac{I_d}{[1-(1-n)\xi]\cos\varphi} \tag{8-2}$$

$$n=\frac{I_d}{I_j\cos\varphi_j} \tag{8-3}$$

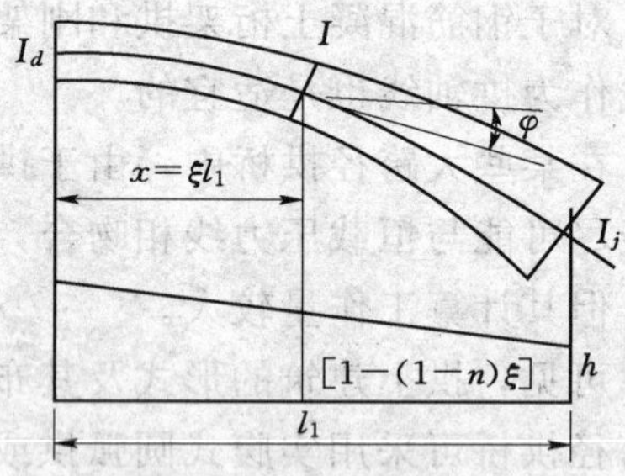

图 8-55　变截面悬链线拱的截面变化

式中　n——拱厚变换系数；

I——拱任意截面惯性矩；

I_d——拱顶截面惯性矩；

I_j——拱脚截面惯性矩；

φ——拱任意截面处的拱轴线水平倾角；

φ_j——拱脚截面处的拱轴线水平倾角。

在设计中，可先拟定拱顶和拱脚两截面的尺寸，求出 n 再求其他截面的 I；也可先拟定拱顶截面尺寸的拱厚系数 n，再求 I。对于公路桥，n 值一般取 0.5～0.8。

2. 拱圈截面尺寸的拟定

(1) 拱圈的宽度。拱圈的宽度，决定于桥面的宽度（行车道宽度和人行道宽度之和）。中、小跨拱桥的栏杆（约宽 15～25cm），一般布置在帽石的悬出部分上如图 8-56 (a) 所

示。这样，拱圈的宽度就接近桥宽。

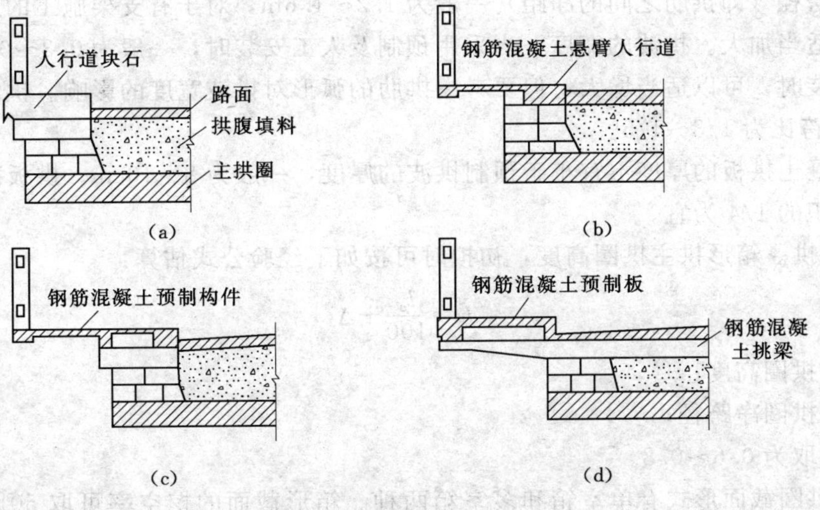

图 8-56　拱圈宽度的确定及人行道的布置

在大跨径拱桥中，为了减小主拱圈的宽度，可将人行道布置在钢筋混凝土悬臂上。钢筋混凝土人行道悬臂的做法大致有两种：一种是设置单独的人行道悬臂构件，如图 8-56 (b)、(c) 所示；另一种是采用横贯全桥的钢筋混凝土横挑梁，在挑梁上再安设钢筋混凝土人行道板，如图 8-56（d）所示。

采用悬臂式人行道结构，虽然用钢量较不设悬臂者多，但减小了主拱圈宽度及墩台尺寸，节省了较多的圬工量，从而能获得更大的经济效益，因此使用广泛。但悬出长度也不宜太大，一般以 1.0～2.0m 为宜，否则，将增加悬臂的钢筋用量。同时，为了确保拱的横向稳定性，拱圈宽度一般不宜小于跨径的 1/20，否则，应验算拱圈的横向稳定性。

(2) 拱圈高度及主要构造的尺寸拟定。

1）实体板拱。对中、小跨径的石板拱桥，初拟其拱圈厚度时可按如下经验公式估算：

$$d=mk\sqrt[3]{l_0} \tag{8-4}$$

式中　d——拱圈厚度，cm；

l_o——拱圈净跨径，cm；

m——系数，一般为 4.5～6.0，取值随矢跨比的减小而增大；

k——荷载系数，汽车荷载为公路—Ⅱ级时取 1.2，公路—Ⅰ级时需试算。

大跨径石拱桥及具有特殊要求的石拱桥，其拱圈厚度可参照已建成拱桥的设计资料或其他经验公式进行估算。

2）双曲拱。双曲拱主拱圈高度，当拱肋中距不大于 2.0m 时，可按下式估算：

$$d=\left(\frac{l_0}{100}+35\right)k \tag{8-5}$$

式中　d——主拱圈高度，即拱板顶至拱肋底的高度，cm；

l_0——主拱圈净跨径，cm；

k——荷载系数，汽车荷载为公路—Ⅱ级时取 1.4，公路—Ⅰ级时需试算。

当拱肋中距大于 2.0m 及主拱圈矢跨比小于 1/10 时，d 值适当加大。

拱波的跨径（即拱肋之间的净距）一般为 1.2～1.6m，对于有支架施工的双曲拱桥，拱波跨径还可适当加大。拱波的宽度，当采用预制及人工安装时，一般为 0.3～0.5m；当采用预制机具吊装时，可以适当增大，但要考虑拱肋的弧形对拱波宽度的影响。拱波厚度一般为 6～8cm，矢跨比为 1/3～1/5。

现浇混凝土拱板的厚度不宜小于预制拱波的厚度，一般为 8～10cm。拱板截面积以占主拱圈全截面积的 1/4 为宜。

3）箱形拱。箱形拱主拱圈高度，初拟时可按如下经验公式估算：

$$h=\frac{l_o}{100}+\Delta \tag{8-6}$$

式中　h——拱圈高度；

l_0——拱圈净跨径；

Δ——取为 0.6～0.8。

箱形拱拱圈截面形式有单室箱和多室箱两种。箱形截面的挖空率可取 50%～70%，单室箱考虑到顶板的横向受力，其顶板的跨径不宜太大，箱的宽度与高度之比在 2.5～3.5 之间，且单室拱箱宽度不宜大于 6.0m，顶板和底板厚度不应小于 10cm，需要时可设置纵、横向加劲肋。拱脚区段的底板由于压应力较大，应适当加厚。腹板厚度一般为 20～40cm。

对于多室箱的截面，拱圈宽度确定之后，在横向划分成几个箱，主要取决于所采用的施工方法，当采用无支架吊装时，每个拱箱宽度一般为 1.3～1.6m，箱壁厚度不小于 10cm，边箱外壁厚度适当加厚，底板厚度视跨径大小而定，中、小跨径箱拱的底板厚度不应小于 10cm，大跨径箱拱一般为 12～15cm。顶板厚度因箱形截面组成方式不同而不同。当采用预制盖板的形式时，预制盖板厚度可用 10cm，其上现浇的整体混凝土层厚度不宜小于预制盖板的厚度，一般为 10～12cm，并布置直径为 6～10mm 的钢筋网；当采用闭合式预制拱箱时，顶板厚度一般为 12～14cm 左右。相邻箱壁间需留现浇混凝土缝隙，一方面可增强拱箱的横向整体性，另一方面也可以防止吊装时拱箱中线的横向偏移。缝宽一般为 10～14cm。

采用在拱架上现场浇筑的大跨径箱形拱桥，多室箱拱的箱宽一般为 2.5～4.0m，顶板和底板厚度不应小于 10cm，腹板厚度一般为 20～35cm。

二、拱桥的计算

（一）拱桥计算概述

拱桥的结构选型、总体布置、各部分尺寸及施工方案拟订后，需要进行进一步的计算分析，包括拱桥在运营阶段和施工阶段的受力分析和强度、刚度、稳定性验算以及必要的动力分析等，以确保拱桥在各阶段的安全和经济。

从整体结构来看，拱桥通常为多次超静定的空间结构，当活载作用于桥跨结构时，拱上建筑参与主拱圈共同承受活载的作用，这种现象称为"拱上建筑与主拱的联合作用"，简称"联合作用"。在横桥方向，与梁桥相似，无论活载是否作用在桥面的中心，在桥梁的横断面上都会出现应力的不均匀分布，这种现象，称为"活载的横向分布"。

研究表明，简单体系拱桥的联合作用程度大小与拱上建筑的形式、构造及施工程序有关。一般认为，拱式拱上建筑的联合作用较大，梁（板）式拱上建筑的联合作用较小。在拱式拱上建筑中，联合作用的大小又与许多因素有关。例如，腹拱圈、腹拱墩对主拱圈的相对刚度越大，联合作用愈显著，腹拱愈坦，其抗推刚度愈大，联合作用亦愈大。同一拱桥中不同的主拱截面，联合作用的大小也是不同的，通常拱脚、$l/8$ 等截面的联合作用较大而拱顶较小。随着拱上建筑的轻型化，拱上建筑对主拱圈的约束减小，联合作用亦随之减小，当采用轻型的梁（板）式拱上建筑时，联合作用的影响可以略去不计。此外，施工程序也影响到联合作用，当采用有支架施工方法时，若在主拱合龙后即落架，然后再建拱上建筑，则拱和拱上建筑的自重及材料收缩等影响大部分由主拱单独承受，只有后期恒载、活载以及温度变化等影响才存在联合作用；如果拱架是在拱上建筑完成后才卸落，则所有荷载和作用都存在联合作用。

对于简单体系拱桥，不考虑联合作用时对于主拱是偏于安全的，因此主拱计算通常都以单拱为计算对象。但拱上建筑则不同，不考虑联合作用即不考虑主拱变形对其影响是不合理、不安全的，必须以共同受力的图示进行拱上建筑的结构分析。对于桁架拱、刚架拱等整体型拱桥，必须考虑其整体受力。

与联合作用一样，活载的横向分布也与许多因素有关，主要与横向构造形式有直接关系。目前，在设计圬工板拱、箱形拱时，一般不考虑活载的横向分布，假定活载由主拱全宽均匀地承受。与此同时，亦不考虑联合作用的影响，偏安全地认为作用在桥上的活载全部由主拱圈承受。实际上，不同主拱的截面上活载横向分布的影响也不相同，对拱脚、$l/8$ 及 $l/4$ 截面而言，联合作用较大，横向分布比较均匀，不考虑这两个因素一般是偏于安全的，对拱顶截面则相反，活载的横向分布系数较大而联合作用较小，不考虑联合作用和横向分布的影响，往往偏于不安全。对横向由多个构件组成的肋拱、桁架拱、刚架拱等，必须考虑活载横向分布的影响。当恒载在横向不均匀分布时，也应考虑其横向分布的影响。

（二）悬链线拱

1. 悬链线拱轴方程

悬链线是实腹式拱桥的合理拱轴线。实腹式悬链线拱是采用不计弹性压缩的恒载压力线作为拱轴线。实腹式拱的恒载包括拱圈、拱上填料和桥面的自重，其分布规律如图 8-57 所示。实腹式悬链线拱的拱轴方程就是在图示的恒载作用下，根据拱轴线与压力线完全吻合的条件推导出来的。

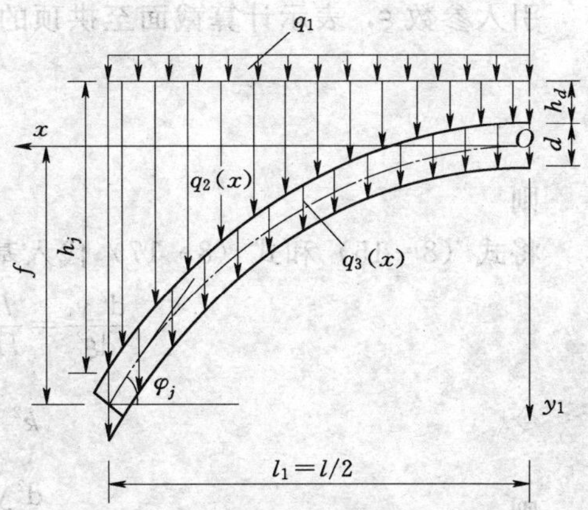

图 8-57 悬链线拱轴线计算图式

d—主拱圈厚度；h_d—拱顶填料厚度；h_j—拱脚处填料厚度（不包括桥面）；f—拱的计算矢高；l—拱的计算跨径；l_1—计算跨径的 1/2；q_1—桥面（桥面铺装、人行道、栏杆）恒载集度；$q_2(x)$ —拱上填料（包括侧墙）恒载集度；$q_3(x)$ —主拱圈恒载集度；φ_j—拱脚处拱轴线的水平倾角

设拱轴线为恒载压力线，故在恒载作用下，拱顶截面的弯矩 $M_d=0$，由于结构和荷载的对称性，剪力 $Q_d=0$，于是，拱顶截面仅有恒载推力 H_g。对拱脚截面取矩，则有：

$$H_g=\frac{\sum M_j}{f} \tag{8-7}$$

式中 $\sum M_j$——半拱恒载对拱脚截面的弯矩；

H_g——拱的恒载水平推力（不考虑弹性压缩）。

对任意截面取矩，可得

$$y_1=\frac{M_x}{H_g} \tag{8-8}$$

式中　M_x——任意截面以右的全部恒载对该截面的弯矩值；

y_1——以拱顶为坐标原点，拱轴上任意点的坐标。

式（8-8）即为求解恒载压力线的基本方程。其两阶导数：

$$\frac{d^2y_1}{dx^2}=\frac{1}{H}\frac{d^2M_x}{dx^2}=\frac{q_x}{H_g} \tag{8-9}$$

式（8-9）即为求解恒载压力线的基本微分方程。为了得到拱轴线（即恒载压力线）的一般方程，必须知道恒载的分布规律。由式（8-11），任意点的恒载集度 q_x 可以下式表示：

$$q_x=q_1+q_2(x)+q_3(x) \tag{8-10}$$

式（8-10）较为复杂，为推导方便，不妨假定桥面、拱上填料与侧墙、主拱圈的平均重度为 γ'，取单位拱宽（1m）为计算单元，拱顶处的恒载集度为 q_d，则：

$$q_x=q_d+\gamma' y_1 \tag{8-11}$$

由此可得：

$$q_j=q_d+\gamma' f=mq_d \tag{8-12}$$

式中　q_j——拱脚处恒载集度；

m——拱轴系数（或称拱轴曲线系数）。

$$m=\frac{q_j}{q_d} \tag{8-13}$$

由式（8-12）得：

$$\gamma'=(m-1)\frac{q_d}{f} \tag{8-14}$$

将上式代入式（8-11）可得：

$$q_x=q_d+(m-1)\frac{q_d}{f}y_1=q_d\left[1+(m-1)\frac{y_1}{f}\right] \tag{8-15}$$

引入参数 ξ，表示计算截面至拱顶的相对距离，即：

$$\xi=\frac{x}{\frac{l}{2}}=\frac{x}{l_1} \tag{8-16}$$

则

$$dx=l_1d\xi \tag{8-17}$$

将式（8-15）和式（8-17）代入基本微分方程（8-9），得：

$$\frac{d^2y_1}{d\xi^2}=\frac{l_1^2}{H_g}q_d\left[1+(m-1)\frac{y_1}{f}\right] \tag{8-18}$$

令

$$k^2=\frac{l_1^2q_d}{H_gf}(m-1) \tag{8-19}$$

则

$$\frac{d^2y_1}{d\xi^2}=\frac{l_1^2q_d}{H_g}+k^2y_1 \tag{8-20}$$

式（8-20）为二阶非齐次常系数线性微分方程，解此方程，得拱轴线方程为：

$$y_1=\frac{f}{m-1}(chk\xi-1) \tag{8-21}$$

式（8-21）一般称为悬链线方程。

对于拱脚截面，$\xi=1$，$y_1=f$，代入上式得：

$$chk=m$$

若 m 已知，则 k 值可由下式求得：

$$k=ch^{-1}m=\ln(m+\sqrt{m^2-1}) \tag{8-22}$$

当 $m=1$ 时，则 $q_x=q_d=q_j$，表示恒载是均布荷载。如前所述，在均布荷下的压力线为二次抛物线，其方程为：

$$y_1=f\xi^2$$

2. 悬链线的几何性质

由式（8-21）可看出，当拱的矢跨比 f/l 确定后，悬链线的形状将取决于拱轴系数 m。不难理解 m 越大，则曲线在拱脚处越陡，而曲线的四分点位置越高，如图 8-58 所示。曲线四分点的纵坐标 $y_{\frac{l}{4}}$ 与 m 值有如下的关系：

当 $\xi=\dfrac{1}{2}$ 时，$y_1=y_{\frac{l}{4}}$。

由式（8-21）得：

$$y_{\frac{l}{4}}=\frac{f}{m-1}\left(ch\frac{k}{2}-1\right) \tag{8-23}$$

因为 $$ch\frac{k}{2}=\sqrt{\frac{chk+1}{2}}=\sqrt{\frac{m+1}{2}}$$

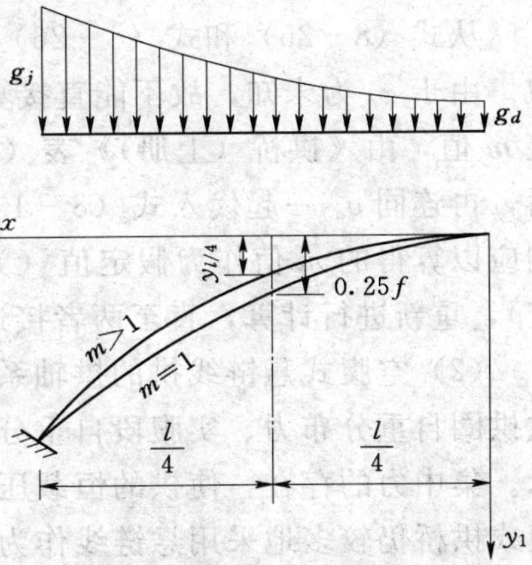

图 8-58　f/l 一定，悬链线型随 m 值变化图示

所以

$$y_{\frac{l}{4}}=\frac{f}{m-1}\left(\sqrt{\frac{m+1}{2}}-1\right)=\frac{1}{\sqrt{2(m+1)}+2} \tag{8-24}$$

由式（8-24）可见，$y_{\frac{l}{4}}$ 随 m 的增大而减小（拱轴线抬高），随 m 的减小而增大（拱轴线降低）。当 $m=1$ 时，由式（8-24）可得 $y_{\frac{l}{4}}=0.25f$，成为悬链线中最低的一条曲线，即二次抛物线，如图 8-58 所示。

在《拱桥（上册）》附录的计算用表中，除了可以根据拱轴系数 m 查得所需的表值外，亦可借助相应的 $y_{\frac{l}{4}}/f$ 查得同样的表值。$y_{\frac{l}{4}}/f$ 与 m 的对应关系见表 8-2。

表 8-2　　拱轴系数 m 与 $y_{\frac{l}{4}}/f$ 的对应关系

m	1.000	1.167	1.347	1.543	1.756	1.988	2.240	2.514	2.814	3.142	—	5.321
$y_{\frac{l}{4}}/f$	0.25	0.245	0.240	0.235	0.230	0.225	0.220	0.215	0.210	0.205	—	0.180

3. 悬链线拱拱轴系数的确定

前面介绍了悬链线方程的推导过程及其几何性质，但 m 如何取值，还需要通过计算确定。拱轴系数 m 的选定是悬链线拱设计的重要内容之一。下面分别介绍实腹式悬链线拱和空腹式悬链线拱拱轴系数的确定方法。

（1）实腹式悬链线拱的拱轴系数。由式（8-13）可知，实腹式悬链线拱的拱轴系数取决于拱顶和拱脚处的恒载集度。参照图 8-57，根据式（8-10），可得如下结论：

拱顶处恒载集度为：

$$q_d=q_1+q_2(0)+q_3(0)=q_1+h_d\gamma_1+d\gamma \tag{8-25}$$

拱脚处恒载集度为：

$$q_j=q_1+q_2(l_1)+q_3(l_1)=q_1+h_j\gamma_1+\frac{d}{\cos\varphi_j}\gamma \tag{8-26}$$

$$h_j = f + d_s + h_d - \frac{d_s}{\cos\varphi_j} \tag{8-27}$$

式中 γ——主拱圈材料的重度；

γ_1——填料与侧墙的平均重度；

d_s——主拱圈截面形心至上缘的距离。

从式（8－25）和式（8－26）可以看出，这两式中除了 φ_j 为未知数外，其余均为已知数。由于 φ_j 为未知，故不能直接算出 m 值，需用逐次逼近法确定：即先根据跨径和矢高假定 m 值，由《拱桥（上册）》表（Ⅲ）－20 查得拱脚处的 $\cos\varphi_j$ 值，代入式（8－26）求得 q_j 后，再连同 q_d 一起代入式（8－13）计算 m 值。然后与假定的 m 值相比较，如两者不符，则应以算得的 m 值作为假定值（为了手工查表计算的方便，m 值应按表 8－2 所列数值假定），重新进行计算，直至两者接近为止。

（2）空腹式悬链线拱的拱轴系数。空腹式拱桥中，桥跨结构的恒载由以下几部分组成：主拱圈自重分布力、实腹段自重分布力、空腹部分通过腹孔墩传下的集中力，如图 8－59 所示。集中力的存在，使拱的恒载压力线不再是悬链线。但由于悬链线拱的受力情况较好，空腹式拱桥仍较多地采用悬链线作为拱轴线。为使悬链线拱轴与其恒载压力线接近，一般采用“五点重合法”确定悬链线拱轴的 m 值，即要求拱轴线在全拱有五点（拱顶、两 $l/4$ 点和两拱脚）与其三铰拱恒载压力线重合。

为此，可根据上述五点弯矩为零的条件确定 m 值。

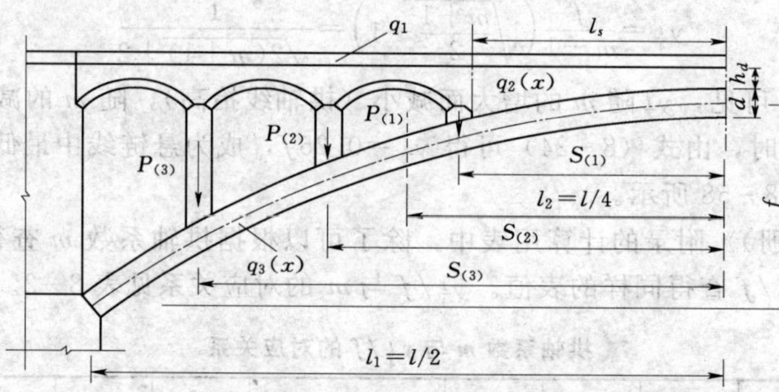

图 8－59 悬链线空腹拱计算图式

由拱顶弯矩为零及恒载的对称条件知，拱顶仅有通过截面重心的恒载推力 H_g，弯矩及剪力为零。

按照图 8－59，取半跨拱结构，分别对拱脚和 $l/4$ 截面取矩，则：

$$\sum M_j = H_g f \tag{8-28}$$

$$\sum M_{l/4} = H_g y_{\frac{l}{4}} \tag{8-29}$$

由上式可得

$$\frac{y_{l/4}}{f} = \frac{\sum M_{l/4}}{\sum M_j} \tag{8-30}$$

式中 $\sum M_j$——半跨恒载对拱脚截面产生的力矩；

$\sum M_{l/4}$——拱顶至 $l/4$ 截面的恒载对 $l/4$ 截面的力矩。

可见，只要计算出 $\sum M_j$、$\sum M_{l/4}$，即可根据式（8－24）计算出拱轴系数 m。

需要说明的是，主拱圈自重对计算截面产生的弯矩可由《拱桥》附录表（Ⅲ）-19查得，实腹段对计算截面产生的弯矩也可采用各种近似方法计算得出。

空腹式拱桥的 m 值，仍需采用逐次逼近法确定。即先假定一个 m 值，定出拱轴线，作图布置拱上建筑，然后计算拱圈和拱上建筑的恒载对 $l/4$ 和拱脚截面的力矩 $\sum M_{l/4}$ 和 $\sum M_j$，利用式（8-24）算出 m 值，如与假定的 m 值不符，则应以求得的 m 值作为假定值，重新计算，直至两者接近为止。

应当注意，用上述方法确定空腹拱的拱轴线，仅与其三铰拱恒载压力线保持五点重合，其他截面，拱轴线与三铰拱恒载压力线都有不同程度的偏离。同时拱轴线与无铰拱的恒载压力线实际上并不存在五点重合的关系。由于拱轴线与恒载压力线有偏离，将在拱内产生弯矩，其大小与拱上建筑的具体布置有关，一般腹孔跨径越大，偏离的影响就越大。

在拟定空腹拱的拱轴系数 m 时，可参考以下经验数值：

钢筋混凝土空腹拱，$m=1.347\sim2.24$；钢管混凝土拱桥，其结构比较轻巧，$m=1.176\sim1.756$。

跨度越小，矢跨比越小或拱上结构的挖空部分越多，m 值就越趋于下限。中、下承式拱桥的恒载变化较小、分布较均匀，m 取下限值。

上述确定悬链线实腹拱和空腹拱的拱轴系数的方法，都需要采用逐次逼近的迭代算法，采用手工查表计算非常繁琐，采用电算则较为方便，读者可尝试利用计算机进行计算。

（三）拱的内力计算

前面的分析表明，悬链线是常用的拱轴线形，无铰拱是简单体系拱中常用的结构形式，因此本节主要介绍等截面悬链线无铰拱的内力计算，计算中不考虑拱上建筑与主拱圈联合作用的影响。

1. 基本结构和弹性中心

计算无铰拱内力时，为简化计算工作，常要利用拱的弹性中心。求解时，采用悬臂曲梁如图8-60（a）或简支曲梁如图8-60（b）所示作为基本结构。将三个超静定赘余力 X_1、X_2、X_3 作用在弹性中心上，根据弹性中心的特性，则副变位均等于零。这样就可以很方便地直接求解超静定赘余力 X_1、X_2、X_3。

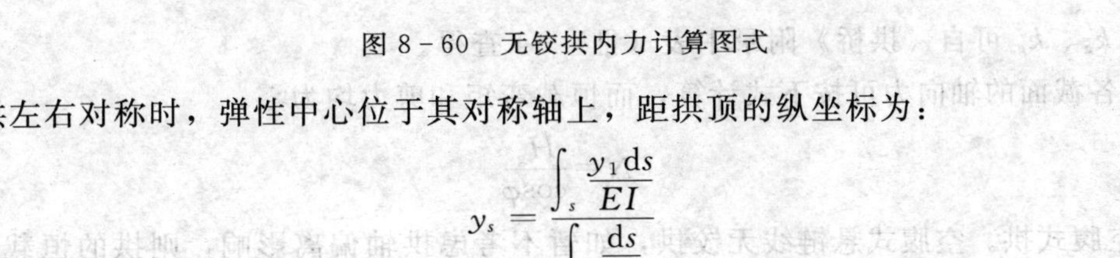

图8-60　无铰拱内力计算图式

当拱左右对称时，弹性中心位于其对称轴上，距拱顶的纵坐标为：

$$y_s=\frac{\int_s \frac{y_1\mathrm{d}s}{EI}}{\int_s \frac{\mathrm{d}s}{EI}} \tag{8-31}$$

其中
$$y_1=\frac{f}{m-1}(chk\xi-1) \tag{8-32}$$

$$ds=\frac{dx}{\cos\varphi}=\frac{l}{2}\frac{d\xi}{\cos\varphi} \tag{8-33}$$

$$\cos\varphi=\frac{1}{\sqrt{1+\tan^2\varphi}}=\frac{1}{\sqrt{1+\eta^2 sh^2 k\xi}} \tag{8-34}$$

对于等截面拱，EI 为常数，则拱的弹性中心位置为：

$$y_s=\frac{\int_s y_1\,ds}{\int_s ds}=\frac{f}{m-1}\frac{\int_0^1(chk\xi-1)\sqrt{1+\eta^2\ sh^2\ k\xi}\,d\xi}{\int_0^1\sqrt{1+\eta^2\ sh^2\ k\xi}\,d\xi}=\alpha_1 f \tag{8-35}$$

式中 α_1——弹性中心坐标系数，与拱轴系数 m 有关，可由《拱桥》附录中表（Ⅲ）-3 查得。

2. 恒载内力计算

当采用恒载压力线作拱轴线时，如果拱是绝对刚性，即拱轴长度是不变的，则在恒载作用下拱内仅产生轴向压力而无弯矩和剪力。但拱圈并非绝对刚性，它在轴向压力作用下，将发生弹性压缩变形，拱轴要缩短，因此会在拱中产生弯矩和剪力，这就是所谓弹性压缩影响。拱圈的轴向力主要是在恒载和活载作用下发生的，因此，拱圈弹性压缩对内力的影响也要在恒载和活载内力计算中分别计入。拱圈弹性压缩影响与恒载、活载作用下产生的内力是同时发生的。但为了计算上的方便，先计算不考虑弹性压缩时的内力，再计算弹性压缩引起的内力，然后两者叠加起来。如果拱轴线对恒载压力线有偏离，则还要计算拱轴线偏离引起的恒载内力。

(1) 不考虑弹性压缩时的恒载内力。

1）实腹拱。实腹式悬链线拱的拱轴线与恒载压力线完全吻合，所以，在恒载作用下，主拱各截面上仅产生轴向压力。根据力的平衡条件，拱脚的竖直反力为：

$$V_g=\int_0^{l_1} g_x\,dx=\int_0^1 l_1 g_d\left[1+(m-1)\frac{y_1}{f}\right]d\xi=k'_g g_d l \tag{8-36}$$

其中
$$k'_g=\frac{\sqrt{m^2-1}}{2[\ln(m+\sqrt{m^2-1})]} \tag{8-37}$$

由式（8-21）可得恒载水平推力为：

$$H_g=\frac{m-1}{4k^2}\frac{g_d l^2}{f}=k_g\frac{g_d l^2}{f} \tag{8-38}$$

其中
$$k_g=\frac{m-1}{4k^2} \tag{8-39}$$

系数 k'_g、k_g 可自《拱桥》附录中表（Ⅲ）-4 查得。

主拱各截面的轴向力可按下式计算，而恒载弯矩和剪力均为零。

$$N=\frac{H_g}{\cos\varphi} \tag{8-40}$$

2）空腹式拱。空腹式悬链线无铰拱，如暂不考虑拱轴偏离影响，则拱的恒载推力 H_g 和拱脚竖直反力 V_g，可直接由力的平衡条件求得：

$$\left.\begin{aligned}H_g&=\frac{\sum M_j}{f}\\V_g&=\sum P\end{aligned}\right\}\tag{8-41}$$

式中　$\sum M_j$——半拱恒载对拱脚的力矩；

$\sum P$——半拱恒载重力。

有了 H_g 之后，即可利用式（8－40），求出主拱各截面的轴向力，并认为恒载弯矩和剪力均为零。

（2）恒载作用下的弹性压缩引起的内力。如前所述，在恒载轴向压力作用下，主拱的弹性压缩引起拱轴沿跨径方向缩短 Δl_g。为了平衡这一弹性压缩，就必有一个作用于弹性中心而方向向外的水平力 ΔH_g，如图 8－61（a）所示。根据变形协调条件可得：

$$\Delta H_g\delta_{22}-\Delta l_g=0$$

即

$$\Delta H_g=\frac{\Delta l_g}{\delta_{22}}\tag{8-42}$$

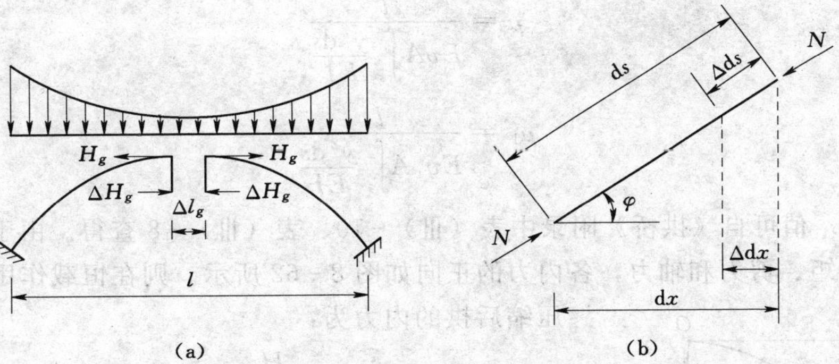

图 8－61　弹性压缩引起拱轴缩短

从拱中取出一微段 ds，如图 8－61（b）所示，其在恒载轴向压力作用下缩短 Δds，则整个拱轴缩短的水平分量为：

$$\Delta l_g=\int_0^l\Delta\mathrm{d}x\tag{8-43}$$

而

$$\Delta\mathrm{d}x=\Delta\mathrm{d}s\cos\varphi=\frac{H_g}{\cos\varphi}\times\frac{\mathrm{d}z}{EA}\tag{8-44}$$

故

$$\Delta l_g=\int_0^l\frac{H_g\mathrm{d}x}{EA\cos\varphi}=H_g\int_0^l\frac{\mathrm{d}x}{EA\cos\varphi}\tag{8-45}$$

由于单位水平力作用在弹性中心，其产生的水平位移（考虑轴向力的影响）为：

$$\delta_{22}=\int_s\frac{\mathrm{d}s\,\overline{M}_2^2}{EI}+\int_s\frac{\mathrm{d}s\,\overline{N}_2^2}{EA}=\int_s\frac{y^2\mathrm{d}s}{EI}+\int_s\frac{\cos^2\varphi\mathrm{d}s}{EA}=(1+\mu)\int_s\frac{y^2\mathrm{d}s}{EI}\tag{8-46}$$

其中

$$y=y_s-y_1\tag{8-47}$$

$$\mu=\frac{\int_s\frac{\cos^2\varphi}{EA}\mathrm{d}s}{\int_s\frac{y^2\mathrm{d}s}{EI}}\tag{8-48}$$

将式（8－45）、式（8－46）代入式（8－42）得：

$$\Delta H_g = \frac{H_g}{1+\mu} \frac{\int_0^l \frac{\mathrm{d}x}{EA\cos\varphi}}{\int_s \frac{y^2\mathrm{d}s}{EI}} = H_g \frac{\mu_1}{1+\mu} \tag{8-49}$$

其中

$$\mu_1 = \frac{\int_0^l \frac{\mathrm{d}x}{EA\cos\varphi}}{\int_s \frac{y^2\mathrm{d}s}{EI}} \tag{8-50}$$

在 μ 和 μ_1 的两个公式中，分母项可查《拱桥》附录中表（Ⅲ）-5，分子项可改写为：

$$\int_s \frac{\cos^2\varphi}{EA}\mathrm{d}s = \frac{l}{EA}\int_0^l \cos\varphi \frac{\mathrm{d}x}{l} = \frac{l}{EA}\int_0^l \frac{\mathrm{d}\xi}{\sqrt{1+\eta^2 sh^2 k\xi}} = \frac{l}{EA}\times\frac{1}{v} \tag{8-51}$$

$$\int_0^l \frac{\mathrm{d}x}{EA\cos\varphi} = \frac{l}{EA}\int_0^l \frac{1}{\cos\varphi}\frac{\mathrm{d}x}{l} = \frac{l}{EA}\int_0^l \sqrt{1+\eta^2 sh^2 k\xi}\,\mathrm{d}x = \frac{l}{EA}\times\frac{1}{v_1} \tag{8-52}$$

于是：

$$\mu = \frac{l}{EvA\int_s \frac{y^2\mathrm{d}s}{EI}} \tag{8-53}$$

$$\mu_1 = \frac{l}{Ev_1A\int_s \frac{y^2\mathrm{d}s}{EI}} \tag{8-54}$$

式中 v、v_1 值可自《拱桥》附录中表（Ⅲ）-10、表（Ⅲ）-8 查得。由于 ΔH_g 的作用，在拱内产生弯矩、剪力和轴力，各内力的正向如图 8-62 所示。则在恒载作用下，考虑弹性压缩后拱的内力为：

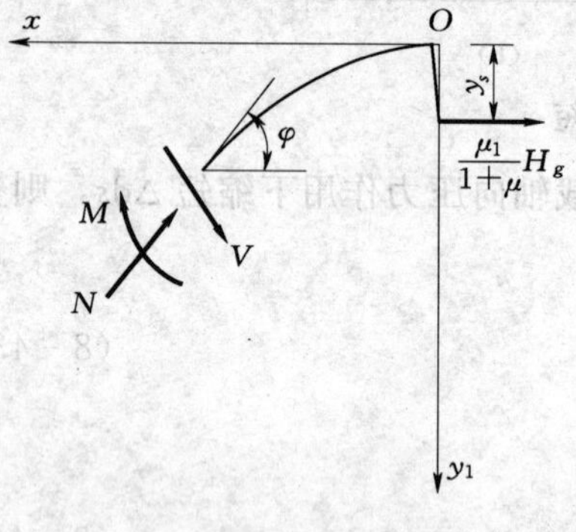

图 8-62 ΔH_g 作用下在拱内产生的内力符号

轴向力 $N = \frac{H_g}{\cos\varphi} - \frac{\mu_1}{1+\mu}H_g\cos\varphi$

弯矩 $M = \frac{\mu_1}{1+\mu}H_g(y_s - y_1)$ (8-55)

剪力 $V = \mp\frac{\mu_1}{1+\mu}H_g\sin\varphi$

上式中上边符号适用于左半拱，下边符号适用于右半拱。

从上式可见，考虑了弹性压缩后，主拱各截面将产生弯矩。例如在拱顶产生正弯矩，该处压力线上移；在拱脚产生负弯矩，压力线下移，即实际的恒载压力线将不可能与拱轴线重合。

(3) 拱轴线偏离恒载压力线的附加内力。如前所述，悬链线空腹拱的拱轴是利用与恒载压力线在拱顶、拱脚及 $l/4$ 处五点重合的方法决定的，除此五点外其他各点均与压力线有偏离，使拱内产生附加内力。

设恒载压力线上任意点 i' 的纵坐标为 y_1'，拱轴线上的相应点 i 的纵坐标为 y_1，如图 8-63 所示。

则

$$y' = \frac{M_i}{M_g} \tag{8-56}$$

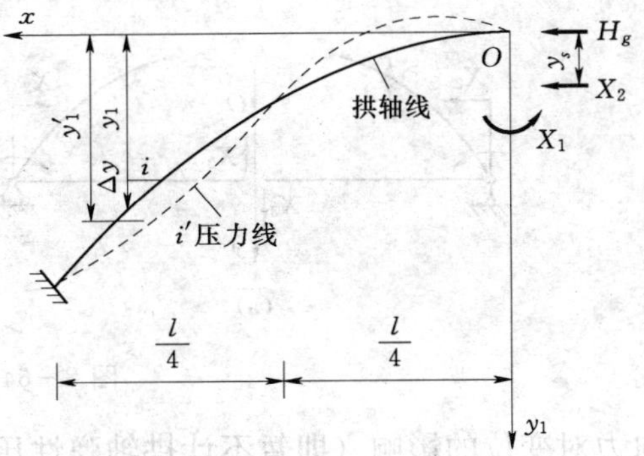

图 8-63　压力线偏离拱轴线情况

偏离值为：$\Delta y = y_1 - y_1'$，故基本体系中由于拱轴偏离压力线产生的弯矩为：

$$M_p = H_g y_1 - M_i = H_g \Delta y \tag{8-57}$$

由于偏离弯矩 M_p 的存在，在无铰拱弹性中心上产生附加赘余力 X_1 和 X_2，其值分别为：

$$X_1 = -\frac{\Delta_{1p}}{\delta_{11}} = -\frac{\int \frac{\overline{M}_1 M_p}{EI} ds}{\int \frac{\overline{M}_1^2}{EI} ds} = \frac{\int \frac{M_p}{EI} ds}{\int \frac{ds}{EI}} \tag{8-58}$$

式中　n——半跨拱分段数；

Δx——分段水平长度。

由于上面两式的分子不易积分，故改为数值积分求解。

于是，考虑拱轴线偏离恒载压力线时的附加内力为：

$$\left.\begin{aligned} \Delta N &= X_2 \cos\varphi \\ \Delta M &= X_1 + X_2(y_1 + y_s) + H_g \Delta y \\ \Delta V &= X_2 \sin\varphi \end{aligned}\right\} \tag{8-59}$$

偏离附加内力的大小与荷载的具体布置有关，一般是拱上腹孔跨度越大，偏离影响也越大。对于大跨度拱桥，应该计算这种偏离影响。中、小跨径拱桥，只要保证拱轴线与恒载压力线五点重合，可以不考虑这种偏离对恒载内力的影响。

将式（8-59）叠加到式（8-55）上去，即得考虑拱轴线偏离恒载压力线的恒载内力。

前已指出，在恒载作用下的弹性压缩会引起拱轴线的偏离。由于弹性压缩导致的拱轴线偏离而产生的附加内力较小，所以，一般可不考虑此项偏离影响。

3. 活载内力计算

求无铰拱活载内力时，一般先求出赘余力影响线，然后用叠加方法求出拱的支点反力和控制截面的内力影响线，最后在内力影响线上按最不利位置布载计算出截面最大内力。为计算方便还是先不考虑弹性压缩影响，即暂不考虑轴向力对变位的影响，然后再计算弹性压缩影响。

（1）不考虑弹性压缩影响的活载内力。

1）赘余力影响线。为了使积分连续，便于制表，在此采用了简支曲梁作为基本结构，如图 8-64（a）所示。图中赘余力 X_1、X_3 作用在刚性悬臂端点，并通过弹性中心。设如图 8-64（b）所示内、外力方向和与内力同向的变位均为正值。作用在弹性中心的赘余力，可按式（8-60）计算。

$$\left.\begin{aligned} X_1 &= -\frac{\Delta_{1p}}{\delta_{11}} \\ X_2 &= -\frac{\Delta_{2p}}{\delta_{22}} \\ X_3 &= -\frac{\Delta_{3p}}{\delta_{33}} \end{aligned}\right\} \tag{8-60}$$

式（8-60）中分母部分为弹性中心的常变位值，分子部分为载变位值。如暂不考虑轴

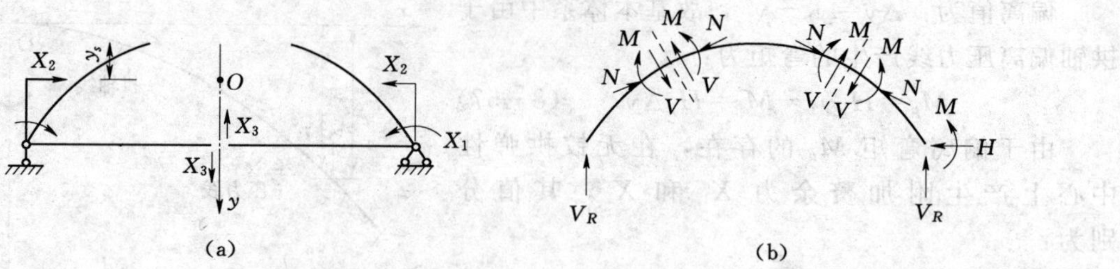

图 8-64 拱的计算基本结构

向力对变位的影响（即暂不计拱轴弹性压缩影响），且不计剪力及曲率对变位的影响，则：

$$\left.\begin{aligned}\delta_{11}&=\int_s\frac{\mathrm{d}s\,\overline{M_1^2}}{EI}\\ \delta_{22}&=\int_s\frac{\mathrm{d}s\,\overline{M_2^2}}{EI}\\ \delta_{33}&=\int_s\frac{\mathrm{d}s\,\overline{M_3^2}}{EI}\end{aligned}\right\}\tag{8-61}$$

$$\left.\begin{aligned}\Delta_{1p}&=\int_s\frac{\mathrm{d}sM_p\overline{M_1}}{EI}\\ \Delta_{2p}&=\int_s\frac{\mathrm{d}sM_p\overline{M_2}}{EI}\\ \Delta_{3p}&=\int_s\frac{\mathrm{d}sM_p\overline{M_3}}{EI}\end{aligned}\right\}\tag{8-62}$$

式中 $\overline{M_1}$——当 $X_1=1$ 时，其在基本结构任意截面上所产生的弯矩，$\overline{M_1}=1$；

$\overline{M_2}$——当 $X_2=1$ 时，其在基本结构任意截面上所产生的弯矩，$\overline{M_2}=y_1-y_s$；

$\overline{M_3}$——当 $X_3=1$ 时，其在基本结构任意截面上所产生的弯矩，$\overline{M_3}=\pm x$；

M_p——单位荷载作用在基本结构任意截面上所产生的弯矩，如图 8-65（a）所示。

为了简化 Δ_{1p}、Δ_{2p}、Δ_{3p}的计算，可将单位荷载分解为正对称和反对称两组荷载，如图 8-66所示，并设荷载作用在右半拱。

由于结构的对称性，Δ_{1p}、Δ_{2p}只需考虑正对称荷载作用下的情况（反对称时为零）；而 Δ_{3p}只需考虑反对称荷载作用下的情况（正对称时为零）。

正对称时：

AB 段 $$M_p=\frac{1}{2}(l_1-x)$$

BC 段 $$M_p=\frac{l_1}{2}(1-a)$$

反对称时：

AB 段 $$M_p=\mp\frac{a}{2}(l_1-x)$$

BC 段 $$M_p=\mp\frac{x}{2}(1-a)$$

上式中上边符号适用于左半拱，下边符号适用于右半拱。将$\overline{M_1}$、$\overline{M_2}$、$\overline{M_3}$及 M_p 代入常变位及载变位式（8-61）及式（8-62），得：

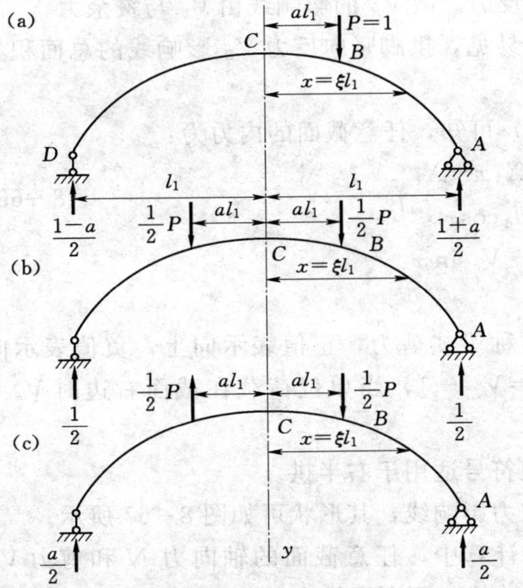

图 8-65　将荷载分解成正、反对称

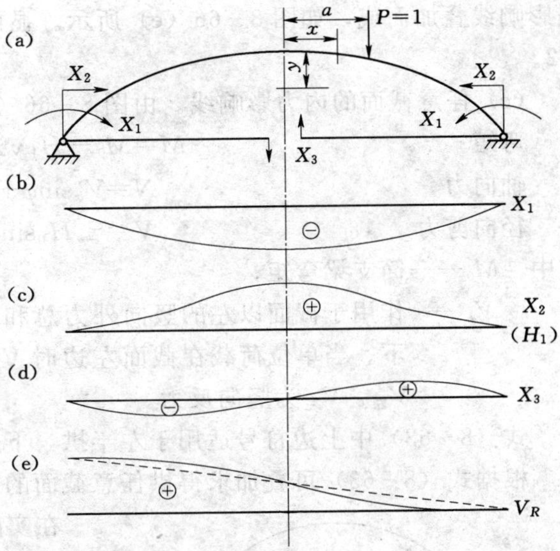

图 8-66　赘余力影响线

$$\delta_{11}=\int_s\frac{\overline{M}_1^2}{EI}ds=\int_s\frac{ds}{EI}=\frac{l}{EI}\int_0^1\sqrt{1+\eta^2 sh^2 k\xi}\,d\xi=\frac{l}{EI}\frac{1}{v_1}$$

$$\delta_{22}=\int_s\frac{\overline{M}_2^2}{EI}ds=\int_s\frac{(y_1-y_s)^2 ds}{EI}=\theta\frac{lf^2}{EI}$$

$$\delta_{33}=\int_s\frac{\overline{M}_3^2}{EI}ds=\int_s\frac{x^2 ds}{EI}=\frac{l^3}{4EI}\int_0^1\xi^2\sqrt{1+\eta^2 sh^2 k\xi}\,d\xi=\gamma\frac{l^3}{EI}$$

以上三式中$\frac{1}{v_1}$、θ、γ值可分别自《拱桥》附录中表（Ⅲ）-8、表（Ⅲ）-5和表（Ⅲ）-6查得，$l\times\frac{1}{v_1}$=拱轴线弧长s。

$$\Delta_{1p}=\int_s\frac{M_p\overline{M}_1}{EI}ds=\frac{(1-a)l^2}{4EI}\int_0^a\sqrt{1+\eta^2 sh^2 k\xi}\,d\xi+\frac{l^2}{4EI}\int_a^1(1-\xi)\sqrt{1+\eta^2 sh^2 k\xi}\,d\xi$$

$$\Delta_{2p}=\int_s\frac{M_p\overline{M}_2}{EI}ds=\frac{l^2}{4EI}\Big\{(1-a)\int_0^a\Big[\frac{f}{m-1}(chk\xi-1)-y_s\Big]\sqrt{1+\eta^2 sh^2 k\xi}\,d\xi+\int_a^1\Big[\frac{f}{m-1}(chk\xi-1)-y_s\Big](1-\xi)\sqrt{1+\eta^2 sh^2 k\xi}\,d\xi\Big\}$$

$$\Delta_{3p}=\int_s\frac{M_p\overline{M}_3}{EI}ds=-\frac{(1-a)l^3}{8EI}\int_0^a\xi^2\sqrt{1+\eta^2 sh^2 k\xi}\,d\xi-\frac{l^3 a}{8EI}\int_a^1\xi(1-\xi)\sqrt{1+\eta^2 sh^2 k\xi}\,d\xi$$

当荷载$P=1$作用于不同位置时，即可利用上式分别求出赘余力X_1、X_2、X_3的各点影响线坐标，其图形如图8-66（b）、（c）、（d）所示。

2）支点反力和内力影响线。求得赘余力影响线后，拱脚支点反力以及任意截面的内力影响线，可利用静力平衡条件和叠加方法求得。

（a）水平推力影响线。由$\sum x=0$，得水平推力$H_1=X_2$，即H_1的影响线与赘余力X_2的影响线是完全一致的，其坐标值可从《拱桥》附录中表（Ⅲ）-12查得。

（b）拱脚竖向反力影响线。由$\sum y=0$，得竖向反力$V_R=V_0\mp X_3$（上边符号适用于左半拱，下边符号适用于右半拱)，式中 V_0 为简支梁反力。故 V_R 的影响线由 V_0 与赘余力 X_3 两条影响线叠加而成，如图 8-66 (e) 所示。显而易见，拱脚竖向反力 V_R 影响线的总面积为 $l/2$。

(c) 任意截面的内力影响线。由图 8-66 (a) 可知，任意截面的内力为：

$$\left.\begin{aligned}&\text{弯矩} && M=M_0-H_1y\pm X_3x+X_1\\&\text{轴向力} && N=V_b\sin\varphi+H_1\cos\varphi\\&\text{径向剪力} && V=\pm H_1\sin\varphi-V_b\sin\varphi\end{aligned}\right\}\tag{8-63}$$

式中 M_0——简支梁弯矩；

V_b——作用于截面以左的竖向外力总和，称梁式剪力，正值表示向上，负值表示向下。当单位荷载在截面左边时 $V_b=V_{左}-1$，当单位荷载在截面右边时 $V_b=V_{左}$。$V_{左}$ 为竖向反力。

式 (8-63) 中上边符号适用于左半拱，下边符号适用于右半拱。

根据式 (8-63) 可叠加求得拱任意截面的内力影响线，其形状可如图 8-67 所示。

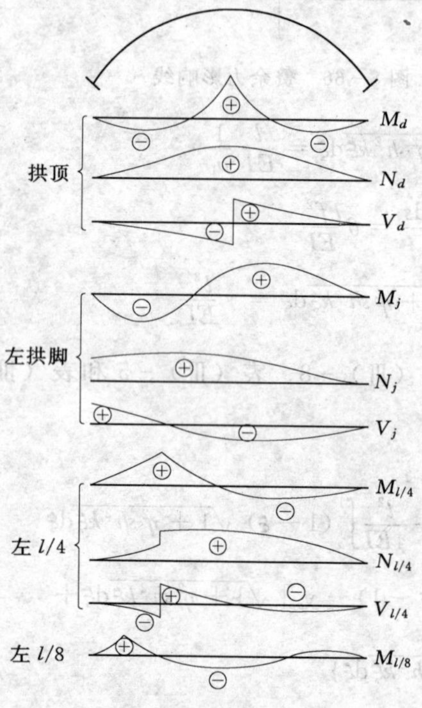

图 8-67 拱任意截面内力影响线

在实际计算中，任意截面的轴向力 N 和剪力 V，一般不作影响线，而利用推力 H_1 和竖向反力 V_R 的影响线求得。

轴向力：拱顶：$N=H_1$

拱脚：$N=H_1\cos\varphi_j+V_R\sin\varphi_j$

其他截面：$N\approx H_1/\cos\varphi_x$

剪力：拱顶：数值很小，一般不计

拱脚：$V=H_1\sin\varphi_j-V_R\cos\varphi_j$

其他截面：数值较小，一般不计

以上公式是根据单位荷载作用于右半拱推导出来的，如单位载荷作用在左半拱，则 Δ_{3p} 的公式要变号。

3) 活载内力计算。拱桥属空间立体结构，当活载作用于桥跨结构时，应考虑活载的横向不均匀分布，但实腹式拱桥和拱上建筑为拱式结构的空腹式拱桥或拱上建筑采用墙式墩且活载横向分布不超过拱圈以外的拱桥，可考虑活载均匀分布于拱圈全宽。

有了内力影响线和明确了活载的横向分布之后，即可按最不利荷载位置布载，以求得最大内力。

拱是偏心受压构件，最大正应力是由弯矩 M 和轴向力 N 共同决定的，但荷载布置往往不可能使 M 和 N 同时达到最大。在实际计算中，考虑到拱桥的抗弯性能远差于抗压性能的特点，一般可以在弯矩影响线上按最不利情况加载，求得最大（或最小）弯矩，然后求出与这种加载情况相应的 H_1 和 V_R 的数值，以求得与最大（或最小）弯矩相应的轴向力。

不考虑弹性压缩的影响，汽车荷载内力可利用下式求得：

$$S_q=(1+\mu)\xi\eta(q_k\omega+P_ky)\tag{8-64}$$

式中 S_q——汽车荷载在结构上产生的效应，一般是弯矩，轴向力或剪力；

η——汽车荷载横向分布系数，当活载均匀分布于拱圈全宽时，$\eta=\dfrac{C}{B}$，其中 C 为车道数，B 为拱圈宽度（此时 η 按单位宽度计）或拱箱个数；

ω——内力影响线的面积；

y——车道荷载的集中荷载对应的内力影响线峰值。

《桥规》规定，当采用公路—Ⅰ级、公路—Ⅱ级车道荷载计算拱的正弯矩时，自拱顶至拱跨 $l/4$ 各截面应乘以 0.7 折减系数，拱脚截面乘以 0.9 折减系数，拱跨 $l/4$ 至拱脚各截面其折减系数按直线插入法确定。

（2）活载作用下弹性压缩引起的内力。与求恒载弹性压缩影响的原理相同，活载轴向力引起拱轴沿跨径方向变位 Δl。为了平衡此弹性压缩，必须在弹性中心上施加一方向向外的水平拉力 ΔH。因而考虑弹性压缩后拱的活载推力为：

$$H=H_1-\Delta H \tag{8-65}$$

式中 H_1——不考虑弹性压缩的活载推力，ΔH 按下式计算：

$$\Delta H=\frac{\Delta l}{\delta_{22}}=\frac{\int_s \frac{N\mathrm{d}s}{EA}\cos\varphi}{\delta_{22}}$$

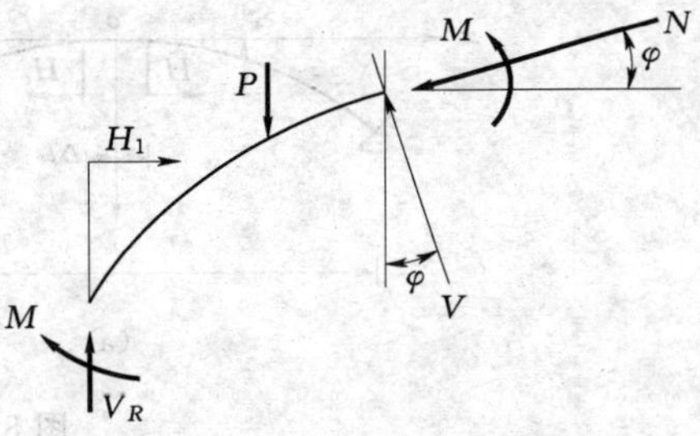

图 8-68 拱任意截面在竖直力作用下产生的内力

在竖直力 P 作用下，拱任意截面上产生轴向力 N、弯矩 M 和剪力 V，如图 8-68 所示。

将所有的力均投影在水平方向，则轴向力为：

$$N=\frac{H_1-V\sin\varphi}{\cos\varphi}=\frac{H_1}{\cos\varphi}\left(1-\frac{V}{H_1}\sin\varphi\right)$$

上式中第二项数值比第一项小很多，略去 $\dfrac{V}{H_1}\sin\varphi$，得：$N=\dfrac{H_1}{\cos\varphi}$。

于是
$$\Delta H=\frac{H\int_0^l \frac{\mathrm{d}x}{EA\cos\varphi}}{\delta_{22}}=\frac{H_1\int_0^l \frac{\mathrm{d}x}{EA\cos\varphi}}{(1+\mu)\int_s \frac{y^2\mathrm{d}s}{EI}}=H_1\frac{\mu_1}{1+\mu} \tag{8-66}$$

式（8-66）中 μ 和 μ_1 同式（8-53）及式（8-54）。

由于弹性压缩引起的内力为：

$$\left.\begin{aligned}
&\text{弯矩} && \Delta M=\Delta Hy=\frac{\mu_1}{1+\mu}H_1 y\\
&\text{轴向力} && \Delta N=-\Delta H\cos\varphi=-\frac{\mu_1}{1+\mu}H_1\cos\varphi\\
&\text{剪力} && \Delta V=\mp\Delta H\sin\varphi=\mp\frac{\mu_1}{1+\mu}H_1\sin\varphi
\end{aligned}\right\} \tag{8-67}$$

式（8-67）中上边符号适用于左半拱，下边符号适用于右半拱。

将不考虑弹性压缩的活载内力与活载弹性压缩产生的内力叠加起来，即得活载作用下的总内力。

4. 温度变化和混凝土收缩引起的内力计算

在超静定拱中，温度变化、混凝土收缩都将产生附加内力。

(1) 温度变化引起内力。与计算弹性压缩时一样，设温度变化引起拱轴线沿跨径方向的变位为 Δl_t，为消除这一变位就须在弹性中心施加一水平推力 H_t，如图 8-69 所示。显然，温度上升时，H_t 为正（内向作用）；温度下降时，H_t 为负（向外作用）。则 H_t 为：

$$H_t=\frac{\Delta l_t}{\delta_{22}}=\frac{\alpha l(t_2-t_1)}{(1+\mu)\int_s\frac{y^2\mathrm{d}s}{EI}} \tag{8-68}$$

式中　α——材料的线膨胀系数，混凝土或钢筋混凝土为 0.00001，石砌体为 0.000008；

t_1——封拱（或合龙）时的温度；

t_2——当地最高或最低月平均气温；

μ 同式 (8-53)。

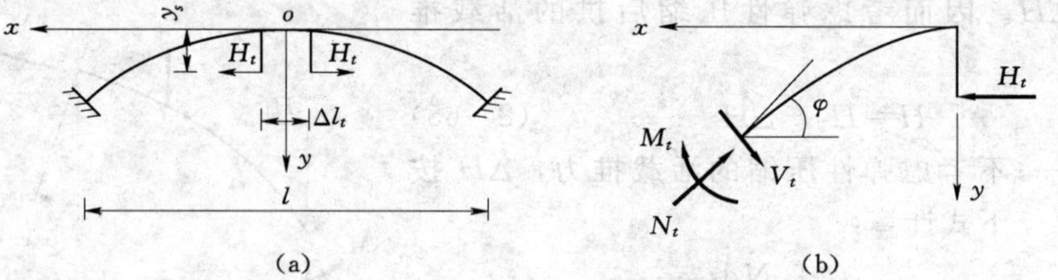

图 8-69　温差内力计算图式

由于 H_t 的作用，拱各截面的内力为，如图 8-69 (b) 所示：

$$\left.\begin{aligned}M_t&=-H_ty=-H_t(y_s-y_1)\\N_t&=H_t\cos\varphi\\V_t&=\pm H_t\sin\varphi\end{aligned}\right\} \tag{8-69}$$

式 (8-69) 中上边符号适用于左半拱，下边符号适用于右半拱。

(2) 混凝土收缩引起的内力。混凝土在结硬过程中的收缩变形，将使拱圈缩短而产生附加内力，其作用与温度下降相似。通常将混凝土收缩应变（可采用《桥规》附录中有关公式计算）折算为温度的额外降低，按温度下降一样进行计算。一般来说：

1) 整体浇筑的混凝土结构的收缩影响，对于一般地区相当于降低温度 20℃，干燥地区为 30℃；整体浇筑的钢筋混凝土结构的收缩影响，相当于降低温度 15～20℃。

2) 分段浇筑的钢筋混凝土或钢筋混凝土结构的收缩影响，相当于降低温度 10～15℃。

3) 装配式钢筋混凝土结构的收缩影响，相当于降低温度 5～10℃。

计算拱圈的温度变化和混凝土收缩影响时，应考虑混凝土徐变的影响，《桥规》规定，作用效应可乘以下列系数：

温度作用效应：0.7；混凝土收缩作用效应：0.45。

温度升降、混凝土收缩和徐变等因素，也可引起拱轴线偏离。由于上述因素也导致拱轴线偏离而引起附加效应，但其值甚小，一般可不考虑此项偏离影响。

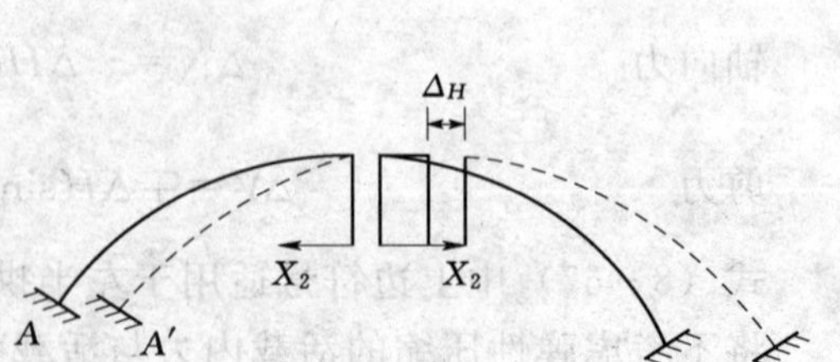

图 8-70　拱脚水平位移引起内力计算图式

5. 拱脚变位引起的内力计算

在软土地基上建造拱桥，墩台常发生水平位

移、不均匀沉降和转动，这些变位，也将在超静定拱内产生附加内力。

(1) 拱脚相对水平位移引起的内力。在图 8-70 中，设左拱脚发生水平位移 Δ_{HA}、右拱脚发生水平位移 Δ_{HB}，两拱脚相对水平位移为：

$$\Delta_H=\Delta_{HB}-\Delta_{HA}$$

式中　Δ_{HA}、Δ_{HB}——左右拱脚水平位移，自原位置右移为正、左移为负。

这时在弹性中心处也将产生 Δ_H 的相对水平位移，但相对转角和垂直位移为零。由变形协调条件可得弹性中心处的赘余力 X_2 为：

$$X_2=-\frac{\Delta_H}{\delta_{22}}$$

δ_{22} 可由《拱桥》附录中表（Ⅲ）-5 查得。

任意截面的内力为：

$$\left.\begin{aligned}M&=-X_2(y_s-y_1)=\frac{\Delta_H}{\delta_{22}}(y_s-y_1)\\N&=X_2\cos\varphi=-\frac{\Delta_H}{\delta_{22}}\cos\varphi\\V&=\pm X_2\sin\varphi=\mp\frac{\Delta_H}{\delta_{22}}\sin\varphi\end{aligned}\right\}\tag{8-70}$$

式（8-70）中上边符号适用于左半拱，下边符号适用于右半拱。

(2) 拱脚相对垂直位移引起的内力。图 8-71 中，拱脚相对垂直位移：

$$\Delta_V=\Delta_{VB}-\Delta_{VA}$$

式中　Δ_{VB}、Δ_{VA}——左、右拱脚垂直位移，自原位置向下移为正、上移为负。

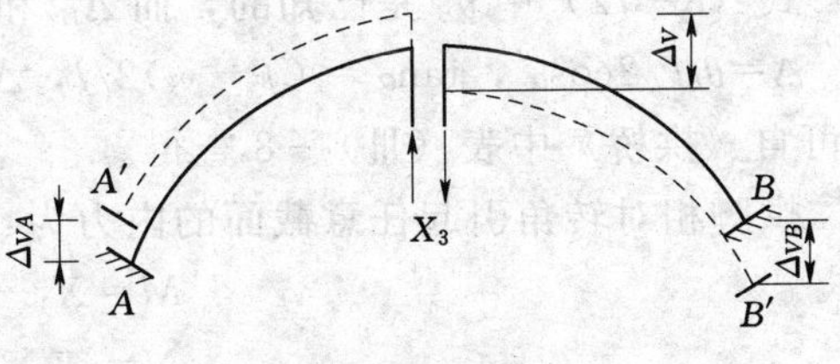

图 8-71　拱脚垂直位移引起内力计算图式

在弹性中心处也将产生相对垂直位移 Δ_V，但相对转角和水平位移均为零。由变形协调条件可得弹性中心处的赘余力 X_3 为：

$$X_3=-\frac{\Delta_V}{\delta_{33}}$$

δ_{33} 可由《拱桥》附录中表（Ⅲ）-6 查得。

任意截面的内力为：

$$\left.\begin{aligned}M&=\pm X_3x=\mp\frac{\Delta_V}{\delta_{33}}x\\N&=\pm X_3\sin\varphi=\mp\frac{\Delta_V}{\delta_{33}}\sin\varphi\\V&=X_3\cos\varphi=-\frac{\Delta_V}{\delta_{33}}\cos\varphi\end{aligned}\right\}\tag{8-71}$$

上式中上边符号适用于左半拱，下边符号适用于右半拱。

(3) 拱脚相对转角引起的内力。在图 8-72 中，表示拱脚 B 发生相对转角 θ_B（θ_B 顺时针为正），这时，在弹性中心处除了产生相同的转角 θ_B 外，还引起相对的水平位移 Δ_H 和垂直位移 Δ_V，由变形协调条件可得弹性中心的三个赘余力 X_1、X_2 和 X_3 为：

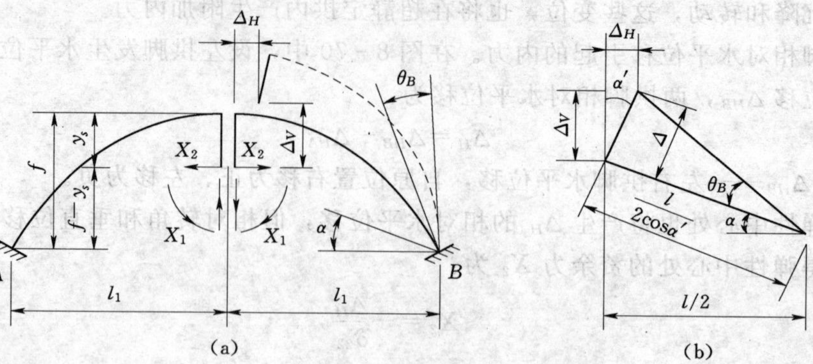

图 8-72 拱脚相对转角引起内力计算图式

$$\left.\begin{aligned}X_1&=-\frac{\theta_B}{\delta_{11}}\\X_2&=-\frac{\Delta_H}{\delta_{22}}\\X_3&=+\frac{\Delta_V}{\delta_{33}}\end{aligned}\right\}\tag{8-72}$$

式（8-72）中 θ_B 是已知的，而 Δ_H 和 Δ_V 可由图 8-72 求得：

$\Delta=\theta_B l/2\cos\alpha'$，$\tan\alpha'=(f-y_s)2/l$，$\Delta_H=\Delta\sin\alpha'=\theta_B$（$f-y_s$），$\Delta_V=\Delta\cos\alpha'=\theta_B l/2$，而 δ_{11} 可自《拱桥》中表（Ⅲ）-8 查得。

拱脚相对转角引起任意截面的内力为：

$$\left.\begin{aligned}M&=X_1-X_2y\pm X_3x\\N&=\mp X_3\sin\varphi+X_2\cos\varphi\\V&=X_3\cos\varphi\pm X_2\sin\varphi\end{aligned}\right\}\tag{8-73}$$

以上式是假设右半拱顺时针转动推导出来的，若反时针转动 θ_B，则式（8-72）中的 θ_B 均应以负值代入。如左拱脚顺时针转动 θ_A，则以 $-\theta_A$ 代替式（8-72）前两项中的 θ_B，以 $+\theta_A$ 代替式（8-72）第三式中的 θ_B。如果左、右两拱脚同时产生转角，则可采用叠加方法进行计算。

用上述各式计算拱脚变位引起的内力时，必须先要知道拱脚变位的数值，一般可根据墩、台的地基情况进行计算，或采用估计与实测相结合的方法，即先参考已成桥估计一个变位值，然后实测，以进行校核和控制。考虑到墩、台长期位移引起拱的塑性变形，以及使墩、台尺寸不致过大，拱脚变位引起的拱的内力可乘以 0.5 的折减系数。

（四）主拱的截面强度及拱的稳定性验算

求出了由各种作用产生的拱圈内力后，即可进行最不利效应组合，进而验算主拱的截面强度及稳定性。拱的截面强度验算应在各受力不利截面进行。一般无铰拱桥，其受力不利截面为拱脚、拱顶、拱跨 1/4 或 3/8 处。对于小跨径的无铰拱桥，只验算拱顶、拱脚截面即可。

1. 拱的截面强度验算

根据《桥规》规定，桥涵构件按承载能力极限状态设计时，应采用下列表达式：

$$\gamma_0 S\leqslant R(f_d,a_d)\tag{8-74}$$

式中　γ_0——结构的重要性系数，按《桥规》选取；

S——作用效应组合设计值，按《桥规》规定计算；

$R(\cdot)$——构件承载力设计值函数；

f_d——材料强度设计值；

a_d——几何参数设计值，可采用几何参数标准值，即设计文件规定值。

圬工拱圈为偏心受压构件，在《桥规》规定的受压偏心距限值范围内，其截面强度按下列公式验算：

(1) 砌体（包括砌体与混凝土组合）截面：

$$\gamma_0 N_d \leqslant \varphi A f_{cd} \tag{8-75}$$

$$\varphi = \frac{1}{\dfrac{1}{\varphi_x} + \dfrac{1}{\varphi_y} - 1} \tag{8-76}$$

$$\varphi_x = \frac{1 - \left(\dfrac{e_x}{x}\right)^m}{1 + \left(\dfrac{e_x}{i_y}\right)^2} \tag{8-77}$$

$$\varphi_y = \frac{1 - \left(\dfrac{e_y}{y}\right)^m}{1 + \left(\dfrac{e_y}{i_x}\right)^2} \tag{8-78}$$

式中　N_d——轴向力设计值；

A——构件的截面面积，对于组合截面为按强度比换算的截面面积；

f_{cd}——砌体轴心抗压强度设计值；

φ——砌体偏心受压构件承载力影响系数；

φ_x、φ_y——x 方向和 y 方向偏心受压构件承载力影响系数；

x、y——x 方向和 y 方向截面重心至偏心方向的截面边缘的距离，如图 8－73 所示；

e_x、e_y——轴向力在 x 方向和 y 方向的偏心距，$e_x = M_{yd}/N_d$，$e_y = M_{xd}/N_d$ 不超过表 8－3 的规定值及如图 8－74 所示在 x 方向、y 方向的规定值，其中 M_{yd}、M_{xd} 分别为绕 x 轴、y 轴的弯矩设计值，N_d 为轴向力设计值，如图 8－73 所示；

m——截面形状系数，对于圆形截面取 2.5；对于 T 形截面或 U 形截面取 3.5；对于

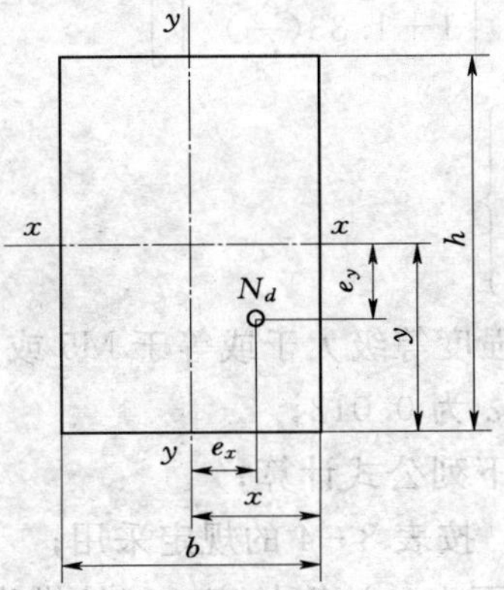

图 8－73　砌体构件偏心受压

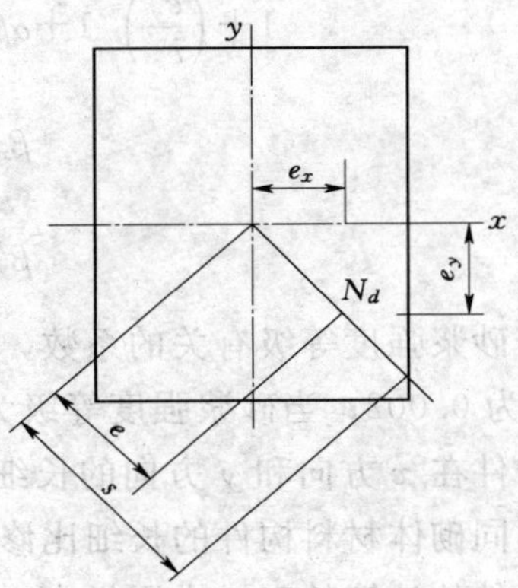

图 8－74　受压构件偏心距

箱形截面或矩形截面（包括两端设有曲线形或圆弧形的矩形墩身截面）取 8.0；

i_x、i_y——弯曲平面内的截面回转半径，构件为等截面时，$i_x=\sqrt{I_x/A}$、$i_y=\sqrt{I_y/A}$；I_x、I_y 分别为截面对 x 轴和 y 轴的惯性矩，A 为截面面积；对于组合截面，按弹性模量比换算为换算截面面积，对于矩形截面，$i_x=\dfrac{h}{\sqrt{12}}$、$i_y=\dfrac{b}{\sqrt{12}}$，b、h 如图 8-73 所示。

表 8-3　受压构件偏心距限值

作用组合	偏心距限值 e	作用组合	偏心距限值 e
基本组合	$\leqslant 0.6s$	偶然组合	$\leqslant 0.7s$

注　1. 混凝土结构单向偏心的受拉一边或双向偏心的各受拉一边，当设有不小于截面面积 0.05% 的纵向钢筋时，表内规定值可增加 $0.1s$；

2. 表中 s 值为截面或换算截面重心轴至偏心方向截面边缘的距离，如图 8-74 所示。

（2）混凝土截面：

$$\gamma_0 N_d \leqslant \varphi f_{cd} A_c \tag{8-79}$$

式中　φ——弯曲平面内轴心受压构件弯曲系数，对于混凝土轴心受压构件取 1.0；

f_{cd}——混凝土轴心抗压强度设计值；

A_c——混凝土受压面积。

2. 拱的整体“强度—稳定”验算

拱的整体“强度—稳定”验算是将拱换算为直杆，按直杆承载力计算公式验算拱的承载力。这是一个近似的模拟直杆方法，验算时要考虑偏心距和长细比的双重影响。圬工拱圈受压偏心距在《桥规》规定的限值范围内，其整体“强度—稳定”按下列公式验算：

（1）砌体拱圈。砌体拱圈的整体“强度—稳定”验算按式（8-75）进行，式中砌体偏心受压构件承载力影响系数 φ 按式（8-76）计算，其中：

$$\left.\begin{aligned}\varphi_x&=\frac{1-\left(\dfrac{e_x}{x}\right)^m}{1+\left(\dfrac{e_x}{i_y}\right)^2}\,\frac{1}{1+\alpha\beta_x(\beta_x-3)\left[1+1.33\left(\dfrac{e_x}{i_y}\right)^2\right]}\\ \varphi_y&=\frac{1-\left(\dfrac{e_y}{y}\right)^m}{1+\left(\dfrac{e_y}{i_x}\right)^2}\,\frac{1}{1+\alpha\beta_y(\beta_y-3)\left[1+1.33\left(\dfrac{e_y}{i_x}\right)^2\right]}\end{aligned}\right\} \tag{8-80}$$

$$\left.\begin{aligned}\beta_x&=\frac{\gamma_\beta l_0}{3.5i_y}\\ \beta_y&=\frac{\gamma_\beta l_0}{3.5i_x}\end{aligned}\right\} \tag{8-81}$$

式中　α——与砂浆强度等级有关的系数，当砂浆强度等级大于或等于 M5 或为组合构件时，α 为 0.002；当砂浆强度等级为 0 时，α 为 0.013；

β_x、β_y——构件在 x 方向和 y 方向的长细比，按下列公式计算；

γ_β——不同砌体材料构件的长细比修正系数，按表 8-4 的规定采用；

l_0——构件的计算长度，拱圈纵向（弯曲平面内）计算长度，三铰拱为 $0.58l_a$、两铰

拱为 $0.54l_a$、无铰拱为 $0.36l_a$，l_a 为拱轴线长度；拱圈横向（弯曲平面外）计算长度 l_0 见表 8－5。

表 8－4　长细比修正系数 γ_β

砌体材料类别	γ_β	砌体材料类别	γ_β
混凝土预制块砌体或组合构件	1	粗料石、块石、片石砌体	1.3
细料石、半细料石砌体	1.1		

表 8－5　无铰板拱横向稳定计算长度 l_0

矢跨比 f/l	1/3	1/4	1/5	1/6	1/7	1/8	1/9	1/10
计算长度 l_0	$1.167r$	$0.962r$	$0.797r$	$0.577r$	$0.495r$	$0.452r$	$0.425r$	$0.406r$

注　r 为圆弧线半径，当为其他曲线时，可近似地取 $r=\frac{1}{2}\left(\frac{1}{4\beta}+\beta\right)$，其中 β 为矢跨比。

式（8－81）中其余符号意义与式（8－77）、式（8－78）相同。当 β_x、β_y 的计算值小于 3 时取 3。当考虑拱上建筑与拱圈的联合作用时，可不考虑纵向长细比对构件承载力的影响，即取 $\beta_y=3$；当板拱拱圈宽度等于或大于 1/20 计算跨径时，可不考虑横向长细比对构件承载力的影响，即 $\beta_x=3$。

（2）混凝土拱圈。混凝土拱圈的“强度—稳定”验算仍按式（8－79）进行，其中弯曲平面内轴心受压构件弯曲系数 φ 按表 8－6 查取，查取时拱圈纵向和横向计算长度 l_0 与砌体拱圈取用相同。计算 l_0/b 或 l_0/i 时，b 或 i 的取值：对于单向偏心受压构件，取弯曲平面内截面高度或回转半径；对于轴心受压构件及双向偏心受压构件，取截面短边尺寸或截面最小回转半径。当考虑拱上建筑与拱圈的联合作用时，纵向稳定可不予考虑，即取纵向轴心受压构件弯曲系数 $\varphi=1.0$，当板拱拱圈宽度等于或大于 1/20 计算跨径时，横向稳定可不予考虑，即取横向轴心受压构件弯曲系数 $\varphi=1.0$。

表 8－6　混凝土轴心受压构件弯曲系数

$\frac{l_0}{b}$	<4	4	6	8	10	12	14	16
$\frac{l_0}{i}$	<14	14	21	28	35	42	49	56
φ	1.00	0.98	0.96	0.91	0.86	0.82	0.77	0.72
$\frac{l_0}{b}$	18	20	22	24	26	28	30	
$\frac{l_0}{i}$	63	70	76	83	90	97	104	
φ	0.68	0.63	0.59	0.55	0.51	0.47	0.44	

“强度—稳定”验算时，由于拱圈模拟为直杆，全拱只能取用同一个轴向力、偏心距和截面。拱的轴向力设计值可按下式计算：

$$N_d=\frac{H_d}{\cos\varphi_m} \tag{8-82}$$

式中 N_d——拱的轴向力设计值；

H_d——拱的水平推力设计值；

φ_m——拱顶与拱脚的连线与跨径的夹角。

该计算近似于计算荷载下各截面平均轴向力。轴向力偏心距可取与水平推力计算同一荷载布置的拱跨 1/4 处弯矩设计值 M_d 除以按式（8－82）计算所得的轴向力设计值 N_d，其值可以认为是各截面平均轴向力的平均偏心距。

当砌体和混凝土构件截面轴向力的偏心距 e 超过表 8－3 偏心距限值时，构件承载力应按下列公式计算。

单向偏心

$$\gamma_0 N_d\leqslant\varphi\frac{Af_{tmd}}{\dfrac{Ae}{W}-1} \tag{8-83}$$

双向偏心

$$\gamma_0 N_d\leqslant\varphi\frac{Af_{tmd}}{\dfrac{Ae_x}{W_y}+\dfrac{Ae_y}{W_x}-1} \tag{8-84}$$

式中 N_d——轴向力设计值；

A——构件的截面面积，对于组合截面为按弹性模量比换算的换算截面面积；

W——单向偏心时，构件受拉边缘的弹性抵抗矩，对于组合截面为按弹性模量比换算的换算截面弹性抵抗矩；

W_x、W_y——双向偏心时，构件 x 方向受拉边缘绕 y 轴的截面弹性抵抗矩和构件 y 方向受拉边缘绕 x 轴的截面弹性抵抗矩，对于组合截面为按弹性模量比换算的换算截面弹性抵抗矩；

f_{tmd}——构件受拉边层的弯曲抗拉强度设计值；

e——单向偏心时，轴向力偏心距；

e_x、e_y——双向偏心时，轴向力在 x 方向和 y 方向的偏心距；

φ——砌体偏心受压构件承载力影响系数或混凝土轴心抗压构件弯曲系数，分别见砌体截面强度验算和混凝土拱圈整体"强度—稳定"验算。

3. 拱圈正截面抗剪承载力计算

砌体构件或混凝土构件直接受剪时，构件受剪承载力按下式验算：

$$\gamma_0 V_d\leqslant Af_{vd}+\frac{1}{1.4}\mu_f N_k \tag{8-85}$$

式中 V_d——剪力设计值；

A——受剪截面面积；

f_{vd}——砌体或混凝土抗剪强度设计值，按《桥规》采用；

μ_f——摩擦系数，采用 $\mu_f=0.7$；

N_k——与受剪截面垂直的压力标准值。

以上验算是针对圬工拱桥，对于钢筋混凝土拱桥，按《桥规》规定，拱桥在施工阶段或成拱过程中，应验算各阶段的截面强度和拱的稳定性。钢筋混凝土拱桥的拱肋为钢筋混凝土偏心受压构件。有关钢筋混凝土偏心受压构件的配筋和承载力计算已在相关课程中介绍，这里不再赘述。

第四节　拱 桥 的 施 工

拱桥的施工，从总体上可分为有支架施工和无支架施工两大类。前者常用于石拱桥、混凝土预制块拱桥及有支架浇筑的混凝土拱桥；后者主要用于肋拱、双曲拱、箱形拱、桁拱桥等。有支架施工是在桥位上搭设拱架，在拱架上砌筑拱圈石或立模浇筑混凝土，待砂浆或混凝土强度达到后，再卸落拱架。无支架施工是指不搭设拱架的各种施工方法的总称，它包括：缆索吊装法、悬臂法和转体施工法等。

拱桥的常用施工方法，如图 8－75 所示。

- 拱桥的施工方法
  - 有支架施工
  - 无支架施工
    - 预制安装施工法
      - 简易机具安装施工法
      - 缆索吊装施工法
      - 多机安装施工法
    - 悬臂施工法
      - 斜压桁架式悬拼法
      - 斜拉桁架式悬浇法
      - 塔架斜拉索法
      - 悬拼法
    - 转体施工法
      - 竖转
      - 平转
      - 竖转和平转的组合

图 8－75　拱桥的常见施工方法

拱桥施工中可供选择的方法并非单一，必须根据桥梁的形式、跨径大小、建桥材料、地址地形以及施工设备类型等情况进行综合考虑，选择可行的或者多方法组合的施工方法。本节我们主要介绍几种常用的拱桥施工方法。

一、有支架施工法

有支架施工的主要施工工序有：材料的准备、拱圈放样、拱架制作与安装、拱圈及拱上建筑的砌筑、拱架卸落等。

拱桥的材料选择，应满足设计和施工有关规范、规定的要求。对于石拱桥，石料的准备（包括开采、加工和运输等）是决定施工进度的一个重要环节，也在很大程度上影响桥梁的造价和质量。特别是料石拱圈，拱石规格繁多，所费劳动力很多。为了加快桥梁建设速度，降低桥梁造价，减少劳动力消耗，可以采用小石子混凝土砌筑片石拱，以及用河卵石砌拱等多种方法修建拱桥。

（一）拱圈及拱架的放样

拱圈或拱架的准确放样是保证拱桥符合设计要求的基本条件之一。拱桥的拱石要按照拱圈的设计尺寸进行加工。为了能合理划分拱石，保证结构尺寸准确，最可靠的方法是按设计图先在样台上将拱圈按 1∶1 的比例放出大样，然后用木板或锌铁皮在样台上按分块大小制成样板，进行编号，以利加工。

1. 放样台制作

放样工作必须在平坦结实的样台上制作才能准确。由于样台应用时间较长，必须保证在施工期间不发生超过容许的变形。样台宜位于桥位附近的平地上，先用碎石或卵石夯实，再铺一层 2～3cm 厚的水泥砂浆，也可采用三合土地坪。对于左右对称的拱圈，为节约用地，一般只需放出半孔。

2. 拱圈放样

(1) 圆弧拱圈放样。常用放样方法有圆心推磨法和直角坐标法，下面仅介绍圆心推磨法，如图 8-76 所示。

1) 在样台上用经纬仪放出 $x-x$、$y-y$ 坐标；

2) 用校正好的钢尺在 y 轴上方量出 f_0，在 y 轴下方量出 $(R-f_0)$ 得 o' 点；

3) 以 o' 点为圆心，R 为半径画弧交 $x-x$ 轴于 a、b 两点，则弧 ab 即为圆拱之拱腹线，并用钢尺校核 ab 长度是否与 L_0（净跨径）相等；

4) 若拱圈厚度为 d 时，以 o' 为圆心，$(R+d)$ 为半径画弧交 $o'a$、$o'b$ 延长线于 c、d 两点，则弧 cd 即为圆弧拱之拱背线，弧的圆心可在样台之外，但必须与样台在同一平面上。即为圆弧拱圈。

(2) 悬链线拱圈放样。悬链线拱圈常用的放样方法有直角坐标法和多圆心法，下面仅介绍直角坐标法，如图 8-77 所示。

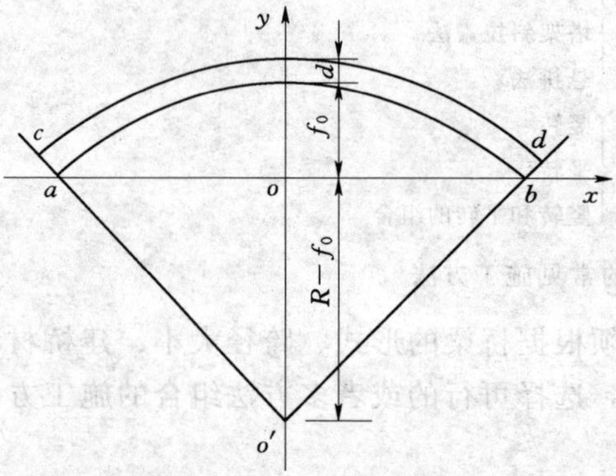

图 8-76　圆心推磨法

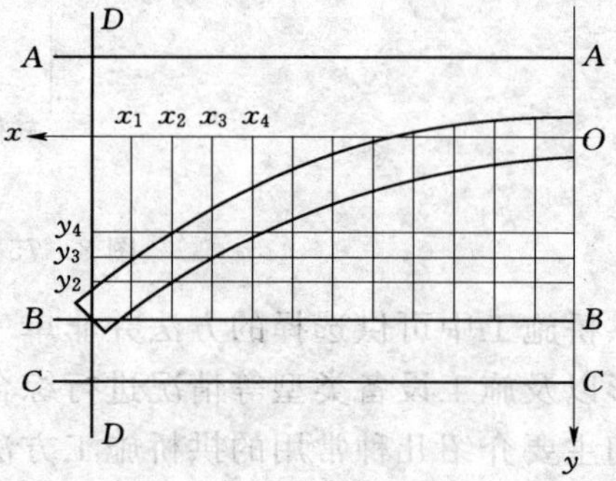

图 8-77　直角坐标法

1) 在样台上，以拱顶为坐标原点，用经纬仪放出 $x-x$ 和 $y-y$ 两轴线和 AA、BB、CC、DD 等辅助线，并校核诸四边对角线是否相等；

2) 沿 x 轴方向将半跨进行 12 等分，画出 12 个大小一致的矩形；

3) 在矩形的 y 轴方向，量出各等分点的拱腹、拱轴、拱背坐标 y_i，用铁钉或油漆标出；y_i 坐标可根据等分点的 x 坐标由拱轴线方程计算而得。

4) 用 $\phi6$～$\phi8$ 钢筋将拱腹、拱轴、拱背各点圆滑地连接成弧线，即为悬链线拱圈。

（二）拱架

拱架是有支架施工建造拱桥必不可少的辅助结构，在整个施工期间，用以支承全部或部分拱圈和拱上建筑的重量，并保证拱圈的形状符合设计要求。因此，要求拱架具有足够的强度、刚度和稳定性。同时，拱架又是一种施工临时结构，要求其构造简单，制作容易，节省材料，装卸方便，并能重复使用，以加快施工进度，减少施工费用。

拱架的架设一般从两拱脚开始，合拢于拱顶，拱架的卸落一般从拱顶开始向拱脚对称卸落。

拱架的种类很多，按材料可分为木拱架、竹拱架、钢拱架、钢木组合拱架等，另外对于小跨径旱桥或季节性河流上的拱桥，还可以采用“土牛拱胎”施工法，即将土或砂、卵石填筑成弧形土胎，利用土胎作为拱架，在其上砌筑拱石或浇筑混凝土，最后再将填土清除。

木拱架的制作简单，架设方便，但耗用木材较多，常用于盛产木材的地区。钢拱架大多数是做成常备式构件（又称万能式构件），可以在现场按要求组拼成所需的构造形式。因它拆装容易，适用范围广，利用率高，尽管一次投资较大，在我国仍得到推广采用。在南方产竹地区，可采用竹拱架或竹木混合拱架。在缺乏木材或钢材以及少雨地区，也可用就地取材、简单经济的“土牛拱胎”代替拱架。

按照拱架的结构形式可分为以下几种。

1. 满布立柱式拱架

满布立柱式拱架一般采用木材制作，图 8-78 是这种拱架的一般构造示意图。由拱架上部（拱盔）、卸架设备、拱架下部（支架）三个部分组成。拱架上部是由斜梁、立柱、斜撑和拉杆等组成的拱形桁架，又称拱盔，下部是由立柱及横向连接（斜夹木和水平夹木）组成支架，上、下部之间放置卸架设备（木楔或砂筒等）。

满布式拱架的优点是构造和制作都很简单，施工可靠，木材和铁件规格要求较低。缺点是木材用量大，木材及铁件的损耗率也较高。同时立柱数目很多，受洪水威胁大，在水深流急、漂流物较多及要求通航的河流上不能采用。

2. 撑架式拱架

这种拱架的上部与满布立柱式拱架相同，其下部是用少数框架式支架加斜撑来代替数目众多的立柱，因此木材用量较立柱式拱架少，如图 8-79 所示。这种拱架构造上并不复杂，而且能在桥孔下留出适当的空间，减小洪水及漂流物的威胁，并在一定程度上满足通航的要求。因此，它是实际中采用较多的一种形式。

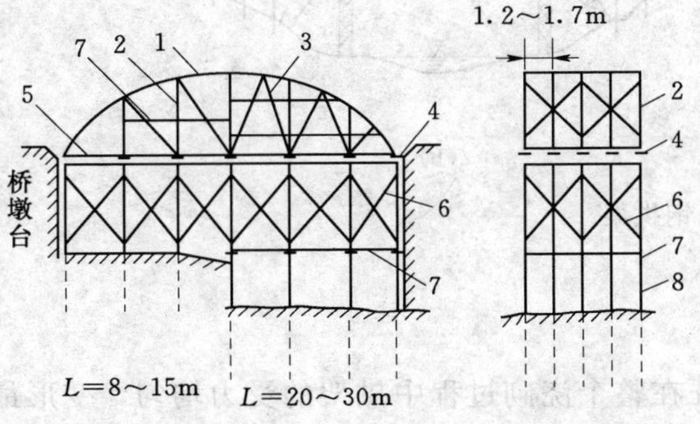

图 8-78 立柱式拱架的形式及其组成

1—弓形木；2—立柱；3—斜撑；4—卸架设备；5—水平拉杆；6—斜夹木；7—水平夹木；8—桩木

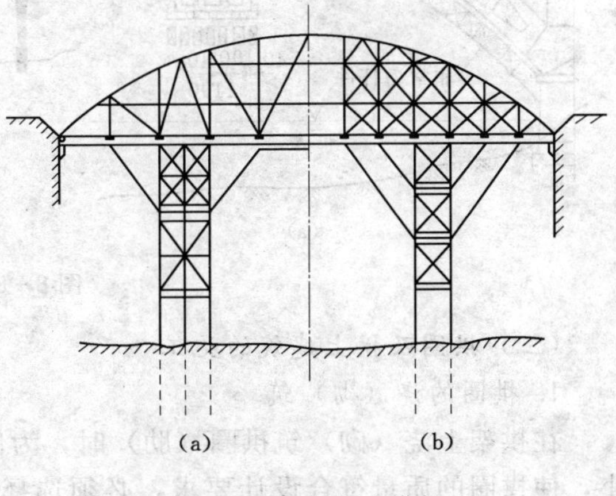

图 8-79 撑架式拱架

(a) N式；(b) X式

3. 三铰桁式木拱架

三铰桁式木拱架是由两片对称弓形桁架在拱顶处拼装而成，其两端直接支承在墩台所挑出的牛腿上或者紧贴墩台的临时排架上，跨中一般不另设支架，如图 8-80 所示。

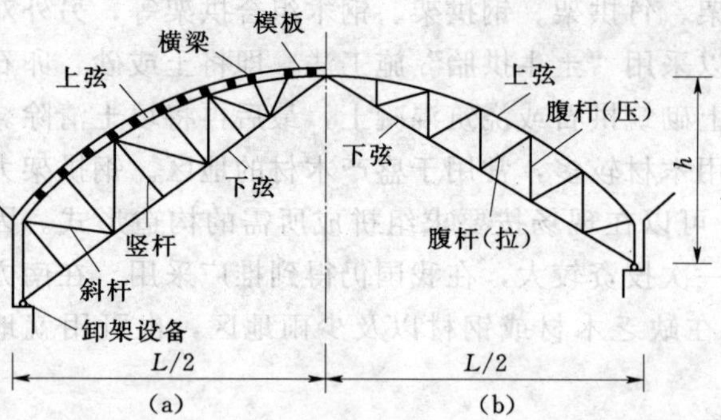

图 8-80 三铰桁式木拱架
(a) N式；(b) V式

这种拱架不受洪水、漂流物的影响，在施工期间能维持通航。适用于墩高、水深、流急或要求通航的河流。与满布立柱式拱架相比，木材用量少，可重复使用，损耗率低。但对木材规格和质量要求较高，同时要求有较高的制作水平和架设能力。由于在拱铰处结合较弱，因此除在结构构造上须加强纵横向联系外，还需设抗风缆索，以加强拱架的整体稳定性。在施工中还应注意对称均匀地砌筑，并加强施工观测。

4. 钢拱架

钢拱架一般采用桁架式，由单片拱形桁架构成。拱片之间的距离可为 0.4m 或 1.9m。它们可以被拼接成三铰、两铰或无铰拱架。当跨径小于 80m 时多用三铰拱架，跨径小于 100m 时多用两铰拱架，跨径大于 100m 时多用无铰拱架。图 8-81 是两铰钢拱架构造示意图。由于钢拱架多用在大跨径拱桥的建造上，它本身具有很大的重量，故在安装时，还需借助临时墩和起吊设备，将它分为若干节段后再拼装而成。施工时再拆除临时墩与钢拱架的联系，施工完毕后，又借助临时墩逐段将它拆除，图 8-81 (b) 是这类拱架的安装示意图。

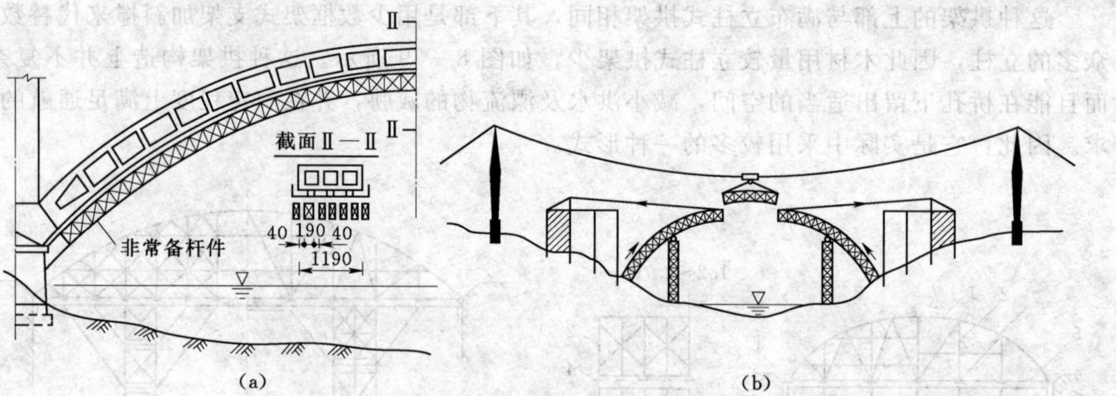

图 8-81 钢拱架

(三) 拱圈及拱上建筑的施工

1. 拱圈的浇 (砌) 筑

在拱架上浇（砌）筑拱圈（肋）时，为保证在整个浇砌过程中拱架的受力均匀，变形最小，使拱圈的质量符合设计要求，必须选择适当的浇砌方法和顺序。一般可根据跨径的大小，分别采用不同繁简程度的浇砌方法。

通常跨径 16m 以下的拱圈，可按拱的全宽和全厚，由两侧拱脚同时对称地向拱顶浇砌，但应争取尽快的速度，使拱顶合拢时，拱脚处的混凝土或砌缝内砂浆尚未凝结。

跨径大于 16m 的拱圈，最好在拱脚预留空缝，由拱脚向拱顶按全宽、全厚进行浇砌。为了防止拱架的拱顶部分上翘，可在拱顶区段预先压重（一般自拱脚向上灌筑到 1/3 矢高左右，就在拱顶 $l/3$ 范围内预压占总数 20％的拱圈重）。待砌缝砂浆达到设计强度 70％后（或混凝土达到设计强度)，再将预留空缝填塞。

大、中跨径的拱桥，一般采用分段浇砌或分环与分段相结合的浇砌方法。分段浇砌可使拱架变形比较均匀，并可避免拱圈的反复变形。分段的位置与拱架的受力和结构形式有关，一般应设置在拱架挠曲线有转折及拱圈弯矩比较大的地方，如拱顶、拱脚及拱架的节点处。分段时对称浇砌的顺序一般如图 8－82 所示。拱顶处封拱必须在所有空缝填塞并达到设计强度后才能进行。还需注意封拱（合龙）时的大气温度是否符合设计要求。如设计无明确规定时，也宜在气温较低时（凌晨）进行。

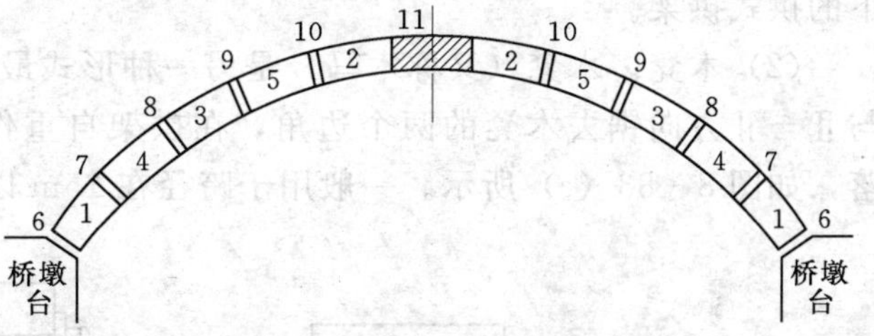

图 8－82　拱圈灌筑顺序

当跨径大、拱圈厚度较大时，可将拱圈全厚分层（即分环）浇砌，按分段浇砌法修建好一环合龙成拱，待达到设计要求后，再浇砌灌注上面的一环。这样，第一环拱圈就能起拱的作用，参与拱架共同承受第二环拱圈的重量，以后各环均照此进行。因此，可大大地减少拱架的设计荷载（一般按拱圈总重的 60%～75%计算）。同时，分环灌注施工方便，合龙快，能保证施工安全。

2. 拱上建筑的施工

拱上建筑的施工，应在拱顶石灌注完、全桥合龙、拱圈达到设计强度的 30%后进行。合龙后等待时间一般不少于三昼夜。

拱上建筑的施工，应对称均衡地进行，避免使主拱圈产生过大的不均匀变形。实腹式拱上建筑，应由拱脚向拱顶对称地砌筑。当侧墙砌筑好以后，再填筑拱腹填料及修建桥面结构等。空腹式拱桥一般是在腹拱墩砌筑完后就卸落主拱圈的拱架，然后再对称均衡地砌筑腹拱圈，以免由于主拱圈不均匀下沉而使腹拱圈开裂。

在多跨连续拱桥中，当桥墩不是按单向受力墩设计时，仍应注意相邻跨间的对称均衡施工，避免桥墩承受过大的单向推力。

（四）拱架的卸落

拱圈砌筑或现浇混凝土完毕，待达到一定强度后即可拆除拱架。

如果施工情况正常，在拱圈合龙后，拱架应保留的最短时间与跨径大小、施工期间的气温、养护的方式等因素有关。对于石拱桥，一般当跨径在 20m 以内时为 20 昼夜，跨径大于 20m 时为 30 昼夜。对于混凝土拱桥，按设计强度要求，根据混凝土试块抗压强度的具体情况确定。因施工要求必须提早拆除拱架时，应适当提高砂浆（或混凝土）强度等级或采取其他措施。

1. 卸架设备

为保证拱架能按设计要求均匀下落，必须设置专门的卸架设备。一般常用的有下列几种形式：

(1) 木楔。木楔可分为简单木楔和组合木楔两种形式。简单木楔由两块 1∶10～1∶6 的斜面硬木楔形块件组成。落架时，用锤轻轻敲击木楔小头，将木楔取出，拱架即下落。它的构造最简单，但缺点是敲出时震动较大，容易造成下落不均匀，如图 8－83 (a) 所示。一般可用于中、小跨径拱桥。

组合木楔由三块楔形木和拉紧螺栓组成，如图 8－83（b）所示。卸架时，只需扭松螺栓，则楔木徐徐下降。组合木楔构造简单而完善，可用于 40m 以下的满布式拱架或 20m 以下的拱式拱架。

（2）木凳。木凳（又称木马）是另一种形式最简单的卸架设备。卸架时，只要沿Ⅰ－Ⅰ与Ⅱ－Ⅱ方向锯去木凳的两个边角，在拱架自重作用下，木凳被压陷，于是拱架也随之下落，如图 8－83（c）所示。一般用于跨径在 15m 以内的拱桥。

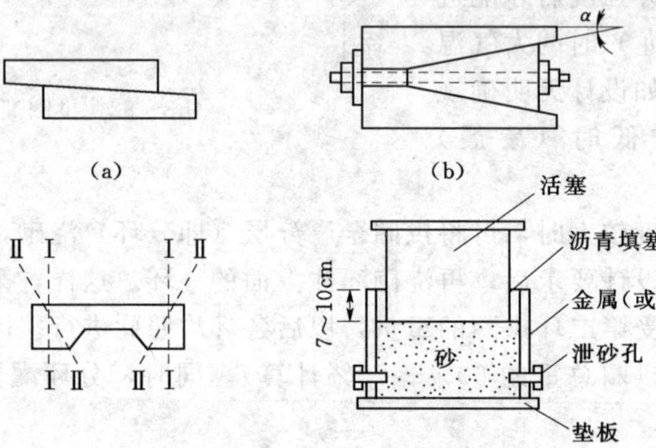

图 8－83　拱架卸架设备

（3）砂筒。砂筒是一种较完善的落架设备，降落均匀，构造简单且承载能力较大。它由内装砂子的金属（或木料）筒及活塞（木制或混凝土制）组成，如图 8－83（d）所示。卸落是靠砂子从筒的下部预留泄砂孔流出。因此，要求砂子干燥、均匀、清洁。砂筒与活塞间用沥青填塞，以免砂子受潮而不易流出。由砂子泄出量可控制拱架卸落高度，这样就能通过泄砂孔的开与关，分数次进行落架。并能使拱架均匀下降而不受震动。一般多用于 50m 以上的满布式拱架和 30m 以上的拱式拱架。

2. 卸架程序设计

为了保证拱圈（或拱上建筑已完成的整个上部结构）逐渐均匀地降落，使拱架所支承的桥跨结构重量逐渐转移给拱圈自身来承担，因此拱架不能突然卸落，而应按卸落程序进行。

卸架的顺序一般是从拱顶开始，逐次向拱脚对称卸落。对于大跨径的悬链线拱圈，为了避免拱圈发生 M 形的变形，也可从两边 $l/4$ 处逐次对称地向拱脚和拱顶均衡地卸落。卸架的时间宜在白天气温较高时进行，这样能够便于卸落拱架。

多孔拱桥施工时，还应考虑相邻孔间的影响。若桥墩设计容许承受单孔施工荷载，就可以单孔卸落。否则应多孔同时卸落拱架，以避免桥墩不能承受单向推力而产生的过大位移，甚至引起严重的施工事故。

二、无支架施工法

（一）缆索吊装施工法

缆索吊装施工是拱桥无支架施工方法之一。在峡谷或水深流急的河段上，或在通航河流上需满足船只的顺利通行，或在洪水季节施工并受漂流物影响等条件下修建拱桥，以及采用有支架的方法施工遇到很大的困难或很不经济时，便可以考虑采用无支架的施工方法。

缆索吊装施工工序为：在预制厂预制拱箱（肋）和拱上结构；将预制件通过运输设备移运至缆索吊装位置；将分段预制的拱肋吊运至安装位置，利用扣锁对分段拱肋进行临时固定；吊运合龙段拱肋，对各段拱肋进行拱轴线调整，主拱圈合龙；拱上结构施工。下面介绍缆索吊装施工的特点。

1. 缆索吊装设备

缆索吊装设备，按其用途和作用可以分为：主索、工作索、塔架和锚固装置等四个基本组成部分。主要设备和机具包括主索、起重索、牵引索、结索、扣索、缆风索、塔架（包括索鞍）、地锚、滑车（轮）、电动卷扬机或手摇绞车等。其布置方式如图 8-84 所示。

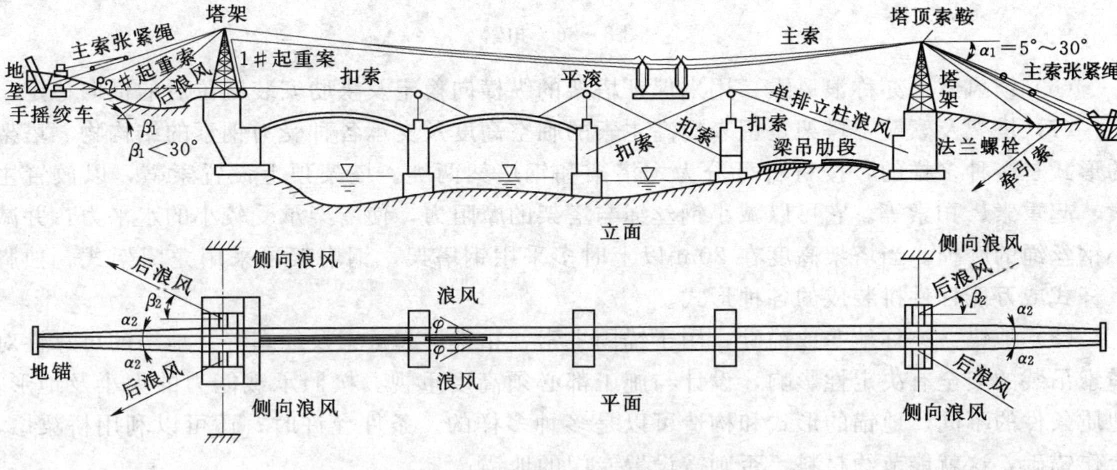

图 8-84 缆索吊装布置示意

(1) 主索：主索亦称为承重或运输天线。它横跨桥墩，支承在两侧塔架的索鞍上，两端锚固于地锚。吊运拱箱（肋）或其他构件的行车支承于主索上。主索的断面根据吊运的构件重量、垂度、计算跨度等因素进行计算。一般根据桥面宽度（两外侧拱箱的距离）及设备供应情况可设 1～2 组主索。每组主索可由 2～4 根平行钢丝绳组成。

(2) 起重索：主要用于控制吊物的升降（即垂直运输），一端与卷扬机滚筒相连，另一端固定于对岸的地锚上，如图 8-85 所示。这样，当行车在主索上沿桥跨往复运行时，可保持行车吊钩间的起重索长度不随行车的移动而改变。

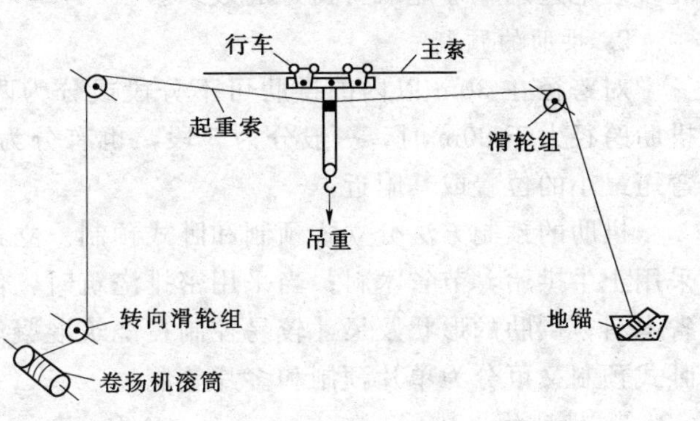

图 8-85 起重索

(3) 牵引索：用于拉动行车沿桥跨方向在主索上移动（即水平运输），故需一对牵引索，既可分别连接在两台卷扬机上，也可合拴在一台双滚筒卷扬机上，便于操作。

(4) 结索：用于悬挂分索器，使主索、起重索、牵引索不致相互干扰。它仅承受分索器重量及自重。

(5) 扣索：当拱箱（肋）分段吊装时，需用扣索悬挂端段箱（肋）及中段箱（肋），并可利用扣索调整端、中段箱（肋）接头处标高。扣索的一端系在拱箱（肋）接头附近的扣环上，另一端通过扣索排架或塔架固定于地锚上。为了便于调整扣索的长度，可设置手摇铰车及张紧索，如图 8-86 所示。

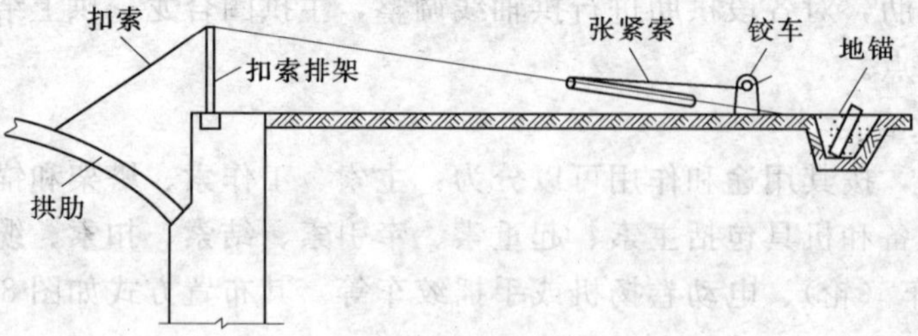

图 8-86 扣索

(6) 缆风索：亦称浪风索，用来保证塔架的纵横向稳定及拱肋安装就位后的横向稳定。

(7) 塔架及索鞍：塔架是用来提高主索的临空高度及支承各种受力钢索的结构物。塔架的形式是多种多样的，按材料可分为木塔架和钢塔架两类。塔架顶上设置索鞍，以放置主索、起重索、扣索等。它可以减小钢丝绳与塔架的摩阻力，使塔架承受较小的水平力，并减小钢丝绳的磨损。当塔架高度在 20m 以上时多采用钢塔架。钢塔架可采用龙门架式、独脚扒杆式或万能杆件拼装成的各种形式。

(8) 地锚：亦称地垄或锚碇，用于锚固主索、扣索、起重索及绞车等。地锚的可靠性对缆索吊装的安全有决定性影响，设计与施工都必须高度重视。按照承载能力的大小及地形、地质条件的不同，地锚的形式和构造可以是多种多样的。条件允许时，还可以利用桥梁墩、台作锚碇，这就能节约材料，否则需设置专门的地锚。

(9) 电动卷扬机或手摇绞车：这些设备主要用作牵引、起吊等的动力装置。电动卷扬机速度快，但不易控制。对于一般要求精细调整钢索长度的部位，多采用手摇绞车，以便操纵。

(10) 其他附属设备：其他附属设备有在主索上行驶的行车（俗称跑马滑车）、起重滑车组、各种倒链葫芦、花篮螺栓、钢丝卡子（钢丝轧头）、千斤绳、横移索等。

缆索吊装设备的形式及规格都非常多。必须按照因地制宜的原则，结合各工程的具体情况合理地选用，才能取得良好的效果。

2. 拱肋的预制

对跨径在 30m 以内的拱肋可不分段或分为两段；在 30～80m 范围的拱肋可分为三段；拱肋跨径大于 80m 时，一般分为 5 段，也有分为 7 段的。拱肋的分段点应选择在拱肋自重弯矩最小的位置或其附近。

拱肋的预制方法分立式预制和卧式预制。立式预制的特点是：起吊安全、方便；底模可采用土牛拱胎，节省木料；当采用密排浇筑时，占用场地也较少。卧式预制的特点是：可节省木料；拱肋的形状及尺寸较易控制；浇筑混凝土时操作也方便；但拱肋起吊时容易损坏；卧式预制又可分为单片预制和多片叠制。

3. 拱肋的安装

在合理安排拱肋的吊装顺序方面，需考虑按下列原则进行。

(1) 单孔桥跨常由拱肋合龙的横向稳定方案决定吊装拱肋顺序。

（2）多孔桥跨，应尽可能在每孔内多合龙几片拱肋后再推进，一般不少于两片拱肋。但合龙的拱肋片数不能超过桥墩强度和稳定性所允许的单向推力。

（3）对于高桥墩，还应以桥墩的墩顶位移值控制单向推力，位移值应小于 $L/600 \sim L/400$。

（4）在设有制动墩的桥跨，可以以制动墩为界分孔吊装，先合龙的拱肋可提前进行拱肋接头、横系梁等的安装工作。

（5）采用缆索吊装时，为便于拱肋的起吊，对拱肋起吊位置的桥孔，一般安排在最后吊装；必要时该孔最后几根拱肋可在两肋之间用“穿孔”的方法起吊。

用缆索吊装时，为减少主索的横向移动次数，可将每个主索位置下的拱肋全部吊装完毕后再移动主索。

（6）为减少扣索往返拖拉次数，可按吊装推进方向，顺序地进行吊装。

拱肋安装的一般顺序为：边段拱肋吊装及悬架；次边段拱肋吊装及悬架；中段拱肋吊装及拱肋合龙。在边段、次边段拱肋吊运就位后，需施加扣索进行临时固定。

4. 施工加载程序设计

（1）目的：在无支架或早脱架（有支架现浇拱肋，当拱肋达到一定强度后即拆除拱架）施工方法建成的拱肋（拱箱）上，进行后续工序如拱上建筑等的施工时，如何合理地安排这些工序，对保证工程质量和施工安全有重大影响。如果采用的施工步骤不合理，拱脚或拱顶的压重不恰当，左、右半拱或相邻各孔（对柔性墩连拱）施工进度不平衡，加载不对称，就会引起拱轴线变形不均匀，而导致拱圈开裂．严重的甚至造成倒塌事故。因此，对施工工序必须做出合理的设计。

施工加载程序设计的目的，就是要在裸肋（或裸拱圈）上加载时．使拱肋的各个截面在整个施工过程中，都能满足强度和稳定性的要求，并在保证施工安全和工程质量的前提下，尽量减少施工工序，便于操作，以加快施工进度。

（2）施工加载程序设计的一般原则：

1）拱圈跨径和拱肋尺寸对施工加载程序的设计影响很大。对于中、小跨径拱桥，当拱肋的截面尺寸满足一定的要求时，可不做施工加载程序设计。但应按有支架施工方法对拱上建筑进行对称、均衡地施工，同时在各施工阶段应注意观测，防止事故突然发生。

2）对于大、中跨径的箱形拱或双曲拱桥，一般多按分环、分段、均衡对称加载的总原则进行设计。

分环，是指沿拱肋（拱圈）厚度方向划分为若干层次；分段，是指沿拱轴纵向划分成若干段落；均衡对称加载，是指在拱的两个半跨上相应部分同时进行相等数量的施工加载。

3）在多孔连续拱桥的两个邻孔之间也需均衡加载，两孔的施工进度不能相差太远，以免桥墩承受过大的单向推力而产生过大的位移，造成施工进度快的一孔的拱顶下沉、邻孔的拱顶上挠，导致拱圈开裂、破坏。

4）在各施工阶段强度、稳定性、挠度计算的基础上，应预先估计施工过程中可能出现的各种问题，并采取相应的预防措施，以确保工程的质量和安全。

（二）悬臂施工法

拱桥悬臂施工方法的要点是：将拱圈（或划分成拱肋）、立柱与临时斜拉（压）杆、上拉杆（利用行车道梁或用临时上拉杆）组成桁架，用拉杆或缆索锚固于台后（一般锚固在岩盘上)，向河中悬臂逐节地施工，最后于拱顶合龙。

悬臂施工方法，又可根据拱圈的制作方式，分为悬臂浇筑和悬臂拼装两大类。

1. 悬臂浇筑法

为充分发挥悬臂架设施工法的优点，日本首先在跨径 170m 的外津桥上采用了这种施工方法，如图 8-87 所示。它是借助于专用挂篮、结合使用斜吊钢筋的斜吊式悬臂浇筑施工方法。施工步骤：拱脚段的拱圈（至第一立柱）在斜拉杆扣吊的钢支架上就地浇筑，然后用带有升降机的特殊工程车从左右两岸施工拱肋。每节段长约 3.5m，重量 60t（约 10d 一个周期)，全桥共 140 节段。立柱间的拱圈采用悬臂施工，在拱圈节段中设预应力粗钢筋，以承受自重悬臂弯矩。施工至立柱部位，则用临时斜拉杆及上拉杆将立柱、拱圈组成桁架。立柱就地浇筑，上下设铰；空心桥面板利用钢支承梁整跨就地浇筑，它比拱圈和立柱的浇筑错后一个立柱节间。

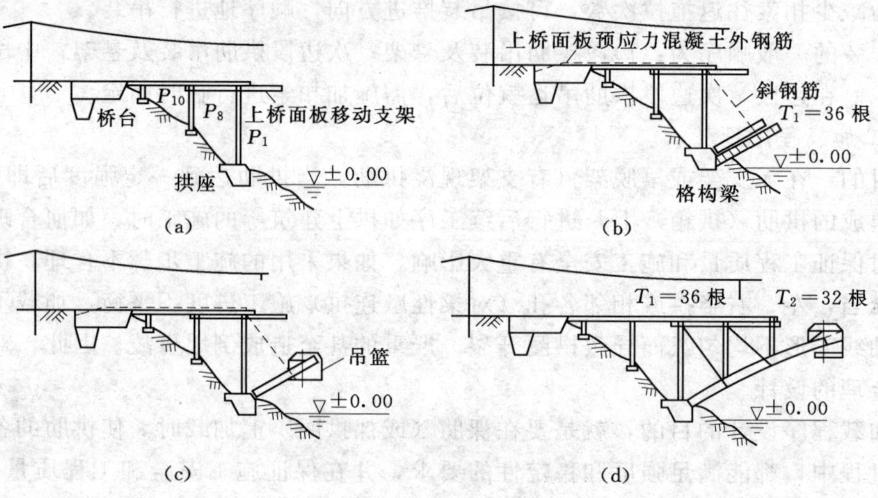

图 8-87　悬臂浇筑程序

2. 悬臂拼装法

这种方法是将拱圈的各个组成部分（侧板、上下底板等）事先预制，然后将整孔桥跨的拱肋（侧板)、立柱通过临时斜压杆（或斜拉杆）和上弦拉杆组成桁架拱片。沿桥跨分作几段（一般 3～7 段)，再用横系梁和临时风构将两个桁架拱片组装成框构。每节框构整体运至桥孔，由两端向中逐段悬臂拼装至合龙。悬伸出去的拱体通过上弦拉杆和锚固装置固定于墩、台上，维持稳定。也可以将拱圈的各个组成部分分别在拱圈上悬臂组拼成拱圈，然后利用立柱与临时斜杆和上拉杆组成桁架体系，逐节拼装，直至合龙。

1979 年我国浙江省采用悬臂拼装方法成功地建成了双孔 92m 单室箱形拱桥（清风桥)，如图 8-88 所示。

悬臂拼装法由于拱肋是组成框构后整体吊装，刚度大，稳定性好，施工安全，所需吊装设备少。其缺点是构件预制、组装工序较多，框构整体运输较为困难。

（三）转体施工法

转体施工法一般适用于各类单孔拱桥的施工，其基本原理是：将拱圈或整个上部结构分为两个半跨，分别在两岸或桥孔下方利用有利地形或简单支架浇筑或装配半拱结构，并预先设置好旋转装置，然后将两半跨拱体转动至桥轴线位置或设计标高，合龙成拱。按照转动方

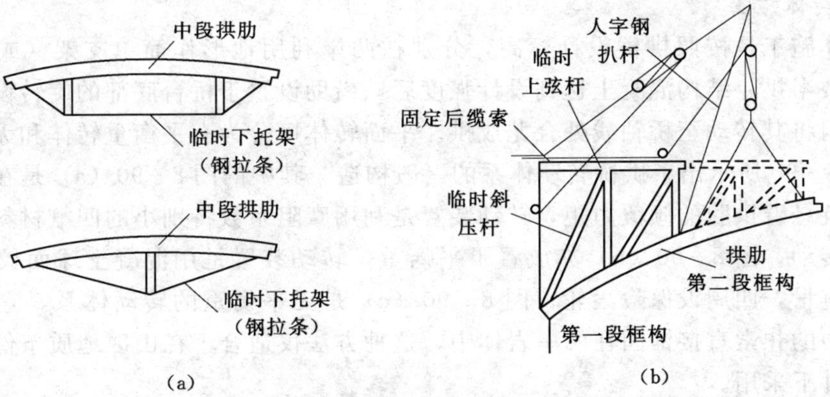

图 8-88　拱片吊装

位的不同可分为竖向转体、平面转体和平竖结合转体三种。

转体施工的特点是：结构合理，受力明确，变高空作业为岸边陆地作业，施工安全、可靠、速度快，可减少施工用料、费用和机具设备，而且不影响通航。因此转体施工是具有良好技术经济效益的拱桥施工方法之一。

1. 竖向转体施工

根据桥位地形、河道情况等条件，竖向转体施工有两种方法。

（1）竖直向上预制半拱，然后向下转动成拱。其特点是施工占地少，预制可采用滑模工艺，工期短，造价低。需注意的是在预制过程中尽量保持位置垂直，以减少新浇混凝土重力对尚未结硬的混凝土的弯矩，并在浇筑一定高度后设置水平拉杆．以避免由于拱形曲率的影响而产生较大的弯矩和变形。如果跨径较大，则竖向转动不易控制，因此这种施工方法适宜在中、小跨径拱桥中使用。

（2）当桥位处无水或水较浅时，可以将拱肋分成两个半跨放在桥孔下面预制。如果桥位处水较深，可以在桥位附近预制，然后浮运至桥轴线处，再用起吊设备和旋转装置绕拱脚进行竖向转体施工。这种方法较适宜于钢管混凝土拱桥的施工，因为钢管混凝土拱肋是先将空心钢管成拱以后再灌筑混凝土，故在旋转起吊时，钢管自重轻而强度高，易于操作。图 8-89 是应用扒杆吊装系统对钢管拱肋进行竖向转体施工的示意图。该施工方法比用拱架施工可节省投资和材料，但如果跨径过大，拱肋过长，则竖向转动不易控制，故一般只宜在中、小跨径拱桥中使用。

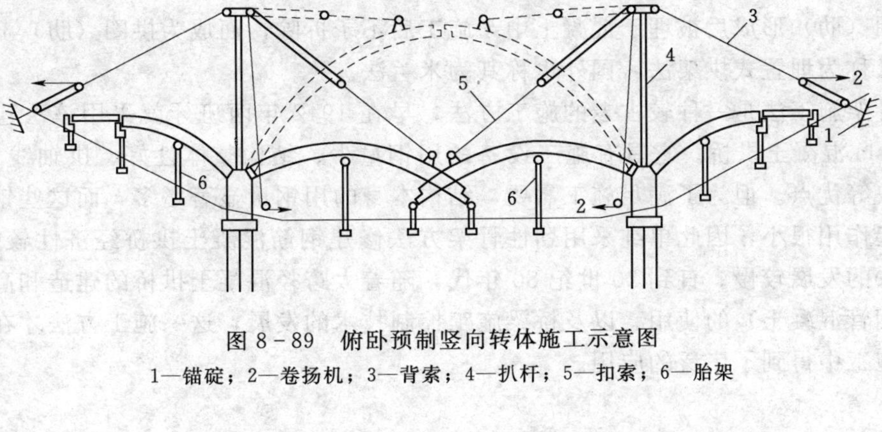

图 8-89　俯卧预制竖向转体施工示意图

1—锚碇；2—卷扬机；3—背索；4—扒杆；5—扣索；6—胎架

2. 平面转体施工

平面转体施工是按照拱桥设计标高，分别在两岸利用地形作简单支架（或土牛拱胎），现浇或者拼装半拱，结构混凝土达到设计强度后，借助设置于桥台底部的旋转设备和动力装置在水平面内将其转动至桥轴线处合龙成拱。平面转体可分为有平衡重转体和无平衡重转体两种。如图 8-90 所示出了拱桥转动体系的一般构造。其中的图 8-90（a）是在转盘上放置平衡重来抵抗悬臂拱肋的倾覆力矩，转动装置是利用摩阻系数特别小的四氟材料和不锈钢板制造，以利转动。图 8-90（b）亦放置了平衡重，转动装置是用混凝土球面铰作为轴心承受转动体系重量，四周设保险滚轮；图 8-90（c）是无平衡重的转动体系，它是把有平衡重转体施工中的扣索直接锚固在两岸岩体中，这种方法仅适合于在山区地质条件好或跨越深谷的地形条件下采用。

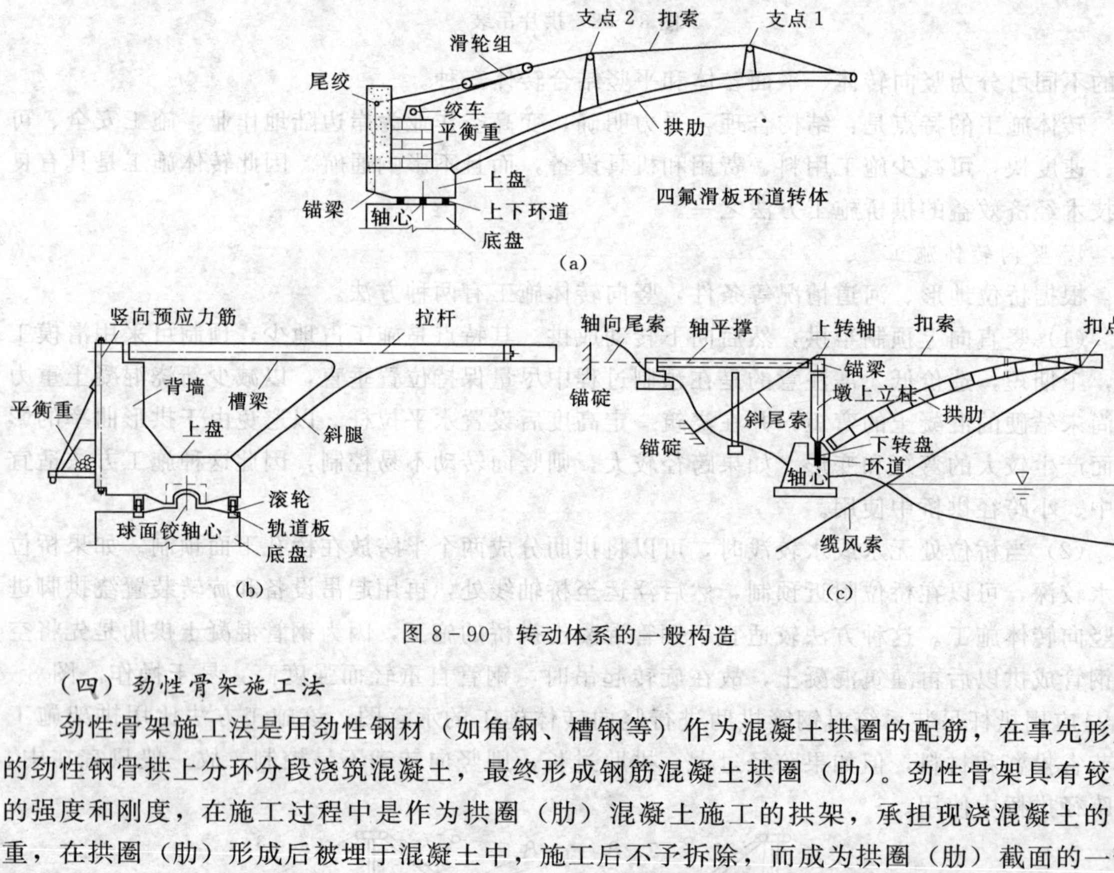

图 8-90 转动体系的一般构造

（四）劲性骨架施工法

劲性骨架施工法是用劲性钢材（如角钢、槽钢等）作为混凝土拱圈的配筋，在事先形成的劲性钢骨拱上分环分段浇筑混凝土，最终形成钢筋混凝土拱圈（肋）。劲性骨架具有较大的强度和刚度，在施工过程中是作为拱圈（肋）混凝土施工的拱架，承担现浇混凝土的自重，在拱圈（肋）形成后被埋于混凝土中，施工后不予拆除，而成为拱圈（肋）截面的一部分。国内又称为埋置式拱架法，国外也称其为米兰法。

劲性骨架施工法是一种较古老的施工方法，早在 1942 年西班牙就采用该法建成了跨径 210m 的 Esla 混凝土拱桥。它具有施工设备的用钢量少、结构整体性好、拱轴线易于控制、施工进度快等优点。但为了满足施工需要，结构本身的用钢量显著增多，而这些钢材在成桥受力中所起作用很小，因此单纯采用劲性骨架方法修建钢筋混凝土拱桥经济性较差。所以，之后该方法的发展较慢。直到 20 世纪 80 年代，随着大跨径混凝土拱桥的建造和高强经济骨架材料（钢管混凝土）的使用，以及桥梁施工控制技术的发展，这一施工方法才在大跨径混凝土拱桥施工中得到了广泛的应用。

第九章 其他体系桥梁

第一节 斜 拉 桥

斜拉桥又称斜张桥，属于组合体系桥梁，由拉索、塔柱和主梁三部分组成，如图 9-1 所示。斜拉桥的主梁一般采用混凝土结构、钢—混凝土组合结构（或称为叠合梁）或钢结构，索塔采用混凝土结构，而斜拉索则采用高强钢丝或钢绞线制成。

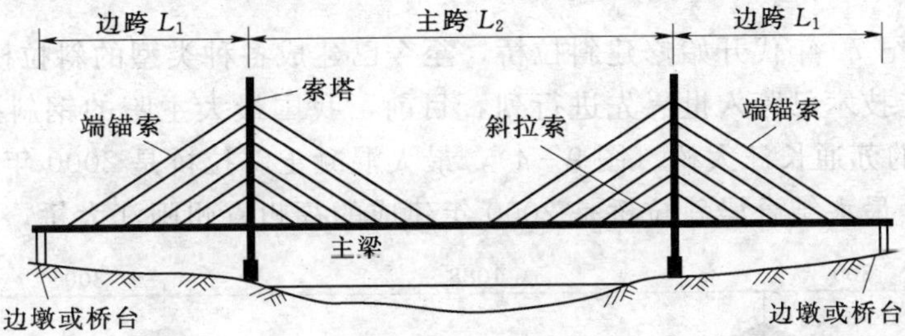

图 9-1 斜拉桥的基本组成

斜拉桥的受力特点是：斜拉索将主梁多点吊起，并将主梁的恒载和车辆荷载传递至塔柱，再通过塔柱基础传至地基。主梁在斜拉索的支承下，如多跨弹性支承的连续梁一样（图 9-2），使得主梁弯矩值大大减小。这样可以使主梁高度大大地减小（梁高一般为跨度的 1/50～1/200，甚至更小），从而使主梁的自重显著减轻，既节省了结构材料，又能大幅度地增大桥梁的跨越能力。另外，斜拉索的水平分力相当于对主梁施加了预压力，提高了主梁的抗裂能力（特别是混凝土），并充分发挥了高强材料的性能。

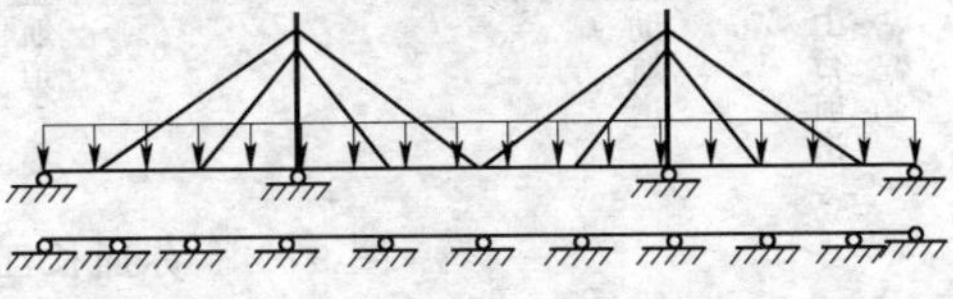

图 9-2 斜拉桥恒载弯矩和轴力示意图

世界上第一座现代斜拉桥是 1955 年在瑞典建成的主跨 182.6m 的新斯特罗姆海峡钢斜拉桥（Stromsund，图 9-3）。接着在德国建成了主跨 260m 的杜塞尔道夫北莱茵河桥（Theoder Heuss），它们都采用稀索和钢主梁结构，这是早期现代斜拉桥的共同特点。随着高强度材料的使用、结构计算理论的完善、软件工程的发展、施工技术的进步，这种造型新颖、形式多样的桥型得到迅速发展，成为 200～800m 跨径范围内最具竞争力的桥梁结构形式之一，至今全球共建成 300 多座斜拉桥。特别是 20 世纪 90 年代以来，世界上建成的著名的斜拉桥有挪威斯卡恩圣特桥（Skarnsundet）（混凝土斜拉桥，主跨 530m）、法国诺曼底（Normandie）桥（钢斜拉桥，主跨 856m）以及日本多多罗（Tatara）大桥（钢斜拉桥，主跨 890m），在斜拉桥发展历史上具有里程碑意义。

图 9-3　Stromsund 桥

我国从 20 世纪 70 年代开始修建斜拉桥，至今已建成各种类型的斜拉桥 100 多座。我国的斜拉桥设计建造技术已跨入世界先进行列，目前，我国最大主跨的钢斜拉桥是 2008 年建成的主跨 1088m 的苏通长江大桥（图 9-4），最大混凝土斜拉桥是 2000 年建成的跨径 500m 的荆沙长江大桥，最大结合梁斜拉桥是 2000 年建成的福州青州闽江大桥，主跨 605m。

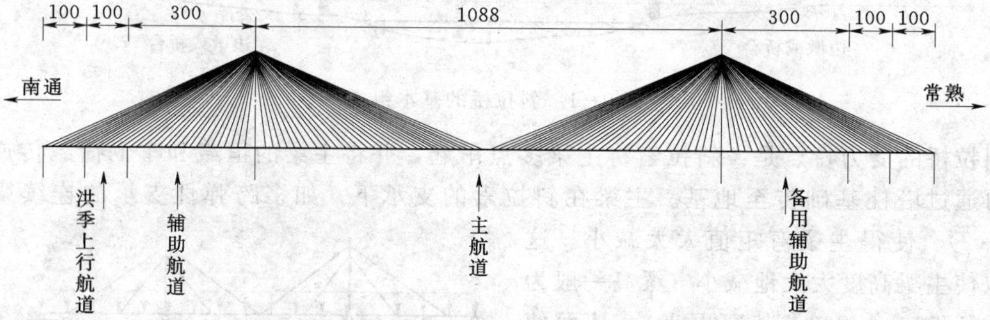

图 9-4　苏通长江大桥（单位：m）

现代斜拉桥的发展大致经历了以下三个阶段：

第一阶段：稀索布置，主梁较高，钢或混凝土梁体基本上为弹性支撑连续梁，以受弯为主，拉索更换不容易。

第二阶段：中密索布置，主梁较矮，钢或混凝土梁体既是弹性支撑连续梁，又承受较大的轴向力，可以更换拉索。

第三阶段：密索布置，梁体结构出现组合式、混合式等新的形式，主梁向轻型化发展，梁高减小，并广泛采用梁板式开口截面。

一、斜拉桥的总体布置与构造

斜拉桥的总体布置方案应与周围环境相协调，并综合考虑经济与安全、设计与施工、材料与施工机具、运营与管理及桥位处的地形、地质、水文、气象、地震等因素确定，宜进行多方案比较，以寻求经济合理的最优方案。

（一）跨径布置

斜拉桥跨径布置根据具体情况应考虑全桥刚度、拉索疲劳强度、锚固墩承载能力等多种因素。与索塔布置相匹配，现代斜拉桥最典型的跨径布置有两种：即双塔三跨式和独塔双跨式。在特殊情况下也可布置成独塔单跨式、双塔单跨式及多塔多跨式等，如图 9-5 所示。

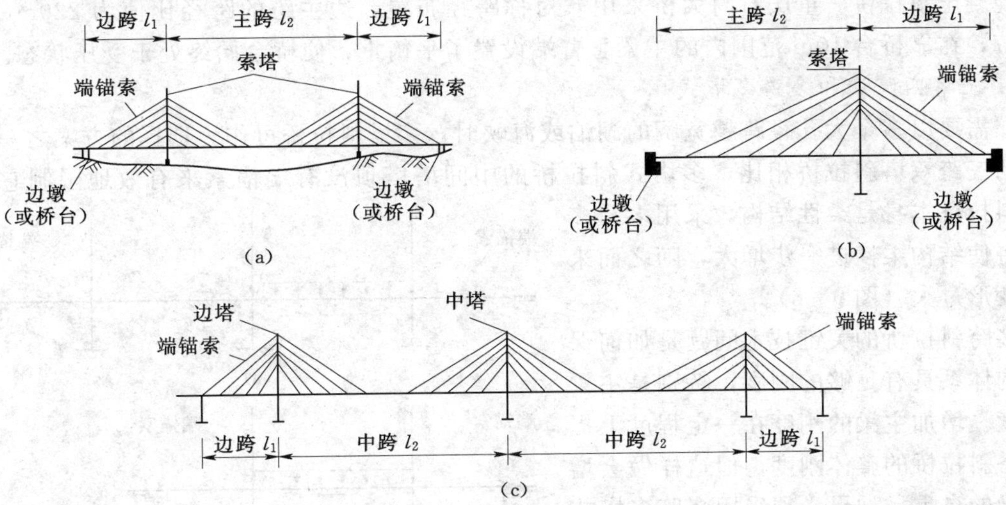

图 9-5 斜拉桥跨径布置

(a) 双塔三跨；(b) 独塔双跨；(c) 多塔多跨式

1. 双塔三跨式

双塔三跨式是斜拉桥最常见的跨径布置方式，可以布置成两个边跨相等的对称布置或两边跨不相等的非对称布置。主孔跨径根据通航要求、水文、地形、地质及施工条件等确定，适用于跨越较大的河流及海面。

双塔三跨式斜拉桥需要考虑边跨与主跨的跨径比。一般来说，主跨有活载会增加端锚索的应力，而边跨上有活载时，端锚索应力会减少。拉索的应力变化幅度则必须保持在钢拉索的疲劳强度安全范围内，所以拉索的疲劳强度是边主跨的跨径比允许值的判断标准。当边跨与中跨的跨径比为 0.5 时，可对称悬臂施工至跨中合拢，施工方便。但考虑到施工时长悬臂的稳定性及提高成桥后的刚度，很多情况下跨径比取小于 0.5，以使中跨有一段悬臂施工是在有后锚的情况下进行的。大跨径斜拉桥为了减小中跨跨中挠度和提高全桥的刚度，常采用较小的跨比。所以，一般情况下，双塔三跨式斜拉桥边跨与主跨的跨径比可取 0.25～0.5，从经济角度考虑宜取 0.4。当边主跨的跨径比小于 0.5 时，边跨应设置端锚索（边索），以平衡两跨间的索力差，控制塔顶变位。

在特殊的地形条件下，可采用更小的跨径比，或边跨采用地锚式。如我国郧阳汉江桥边跨与中跨比值为 0.203，跨径布置为 85m＋41m＋85m，为此，边跨两端设置了重力式平衡桥台，将部分拉索以地锚方式锚固在重力式桥台中。

2. 独塔双跨式

这也是一种常用的斜拉桥跨径布置方式。由于它的主孔跨径一般比双塔三跨式的小，故特别适用于跨越中小河流和城市通道。

独塔双跨式斜拉桥可以布置成两跨跨径相等的对称布置或两跨跨径不等的非对称布置。两跨对称布置，由于失去了边跨及辅助墩对主跨变形的有效约束作用，故在受力与变形方面不能充分发挥斜拉的优势，因而这种形式较少采用。两跨非对称布置，边跨与主跨的跨径比更多的是依据桥位处地基条件和地形情况及跨越能力来选择，各种比例都可能出现。一般可取0.5～1.0。采用非对称布置时，应注意悬臂端部的压重和锚固。我国最大跨径的独塔双跨式混凝土斜拉桥—重庆石门大桥采用非对称跨径布置，边主跨的跨径比值为220m/230m＝0.87，在靠桥台10m范围内的主梁悬臂端设置了平衡重，使桥台始终处于受压状态。

3. 三塔四跨式和多跨多塔式

在需要以多个大孔径跨越宽阔的湖泊或海峡时，多塔斜拉桥可作为选择的方案之一。与传统的三跨双塔斜拉桥相比，多塔式斜拉桥的中间塔塔顶没有端锚索来有效地限制它的变位。斜拉桥本身是柔性结构，采用多跨多塔式将使结构柔性进一步增大，随之而来的是变形过大（图9-6）。

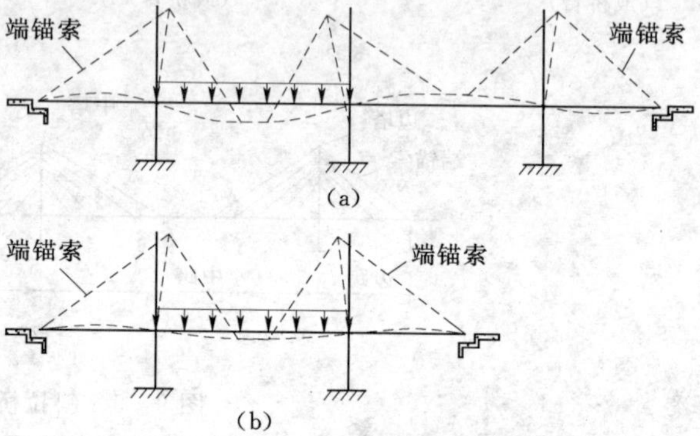

图9-6　斜拉桥的变形
（a）三塔四跨式斜拉桥的变形；
（b）双塔三跨式斜拉桥的变形

多跨斜拉桥的关键技术问题是如何保证结构体系具有足够的刚度，特别是主梁的刚度。增加主梁的刚度在一定程度上提高多塔斜拉桥的整体刚度，但这样做会增加桥梁的自重。如果必须采用多跨多塔式斜拉桥时，则可将中间塔做成刚性索塔（如委内瑞拉的马拉开波桥），但索塔和基础的工程量会增加很多；或用长拉索将中间塔顶分别锚固在两个边塔的塔顶或塔底加劲（如香港汀九桥），这种方式增大长索的下垂量，索的刚度较小，对抗风不利；还有一种方法是加粗尾索并在锚固尾索的梁段上压重，以增加索的刚度（如湖南洞庭湖大桥）。

最近丹麦的COWI公司在连接丹麦和德国的费曼恩海峡大桥概念设计中，提出了A字形桥塔和桁架结合梁的多主跨斜拉桥方案（图9-7）。该方案通过提高桥塔和主梁的刚度，在不需要附加提高拉索刚度的前提下，将3个主跨的跨度提高到了724m，进一步改善了多跨斜拉桥的结构性能和跨越能力。

图9-7　连接丹麦和德国的费曼恩海峡大桥设计方案

4. 辅助墩及外边孔

斜拉桥是否在边孔设置辅助墩，应根据边孔高度、通航要求、施工安全、全桥刚度以及经济和使用条件等具体情况而定。当斜拉桥的边孔设在岸上或浅滩，边孔高度不大或不影响通航时，在边孔设置辅助墩，可以改善结构的受力状态，增加施工期的安全。当辅助墩受压时，减少了边孔主梁弯矩，而受拉时则减少了中跨主梁的弯矩和挠度，从而大大提高了全桥刚度。

通常辅助墩的位置由跨中挠度影响线确定，同时考虑索距及施工要求。在边孔加设辅助墩的个数，应综合考虑结构需要和全桥的整体经济性确定。

对于有引桥部分的大跨径斜拉桥，为改善斜拉桥结构的受力和变形，可在边孔加设辅助墩。但当桥面标高、边孔水深等原因使设辅助墩施工困难或造价较高时，可采用外边孔的构造型式，即将斜拉桥的主梁向前后两侧再连续延伸一孔或数孔，使斜拉桥的主梁与引桥的上部结构形成连续梁形式。这样既可减少端锚索的应力集中，又能缓和端支点的负反力，同时还可以起到减少主梁和索塔的内力和位移、增强全桥刚度的目的，只是效果不如在边孔加设辅助墩明显。外边孔的长度和抗弯刚度必须精心设计和选定。但将斜拉桥的主梁和引桥的上部结构相连，地震时将增加斜拉桥的水平惯性力，故在地震区桥梁上应慎重选用。

辅助墩及外边孔设置构造示例如图 9-8 所示。

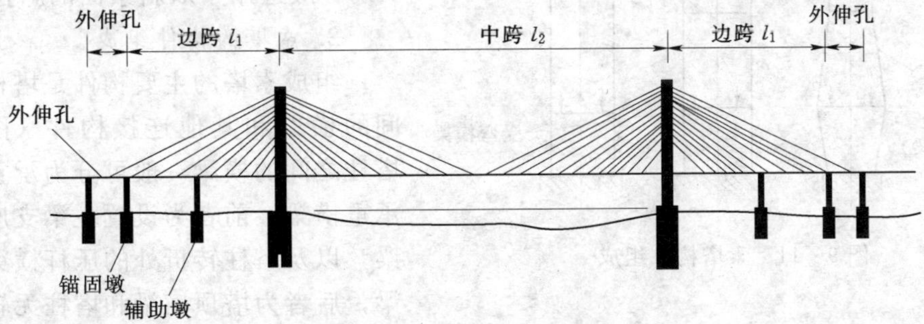

图 9-8 斜拉桥辅助墩的设置

（二）索塔布置与构造

斜拉桥的结构特点决定了它跨越能力大，可减少水中墩及深水基础，故总体布置时一般从经济角度考虑，宜采用独塔布置方案；根据桥位地形及跨径需要等各种因素也可选用双塔布置或多塔布置方案，如图 9-5 所示。

1. 索塔的布置形式

塔柱是整个超静定体系中的偏心受压构件，必须具有足够的强度和刚度来保证体系的稳定，同时塔柱的刚度及与主梁连接形式又影响体系的受力。塔柱是斜拉桥中的高耸结构，造型最引人注目，造型优美且与周围环境配合协调的斜拉桥往往成为该城市的标志建筑。由于上述原因，塔柱呈现了多姿多彩的造型。

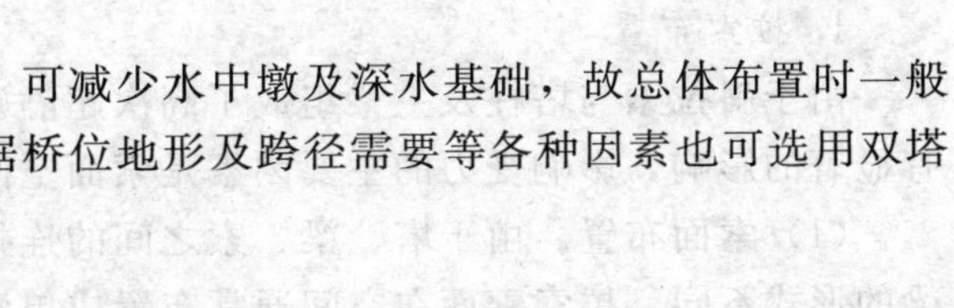

图 9-9 索塔的纵向布置

索塔在纵桥向的形式有单柱形、A 字形及倒 Y 形等几种，如图 9-9 所示。单柱形索塔构造简单，A字形和倒Y形在顺桥向刚度大，有利于承受索塔两侧斜拉索的不平衡拉力；A字形还可以减小搁置在塔柱上主梁的负弯矩。

索塔在横桥向的形式有单柱形、双柱形、门形、H形、A形、倒Y形或宝石形等，如图9-10所示。

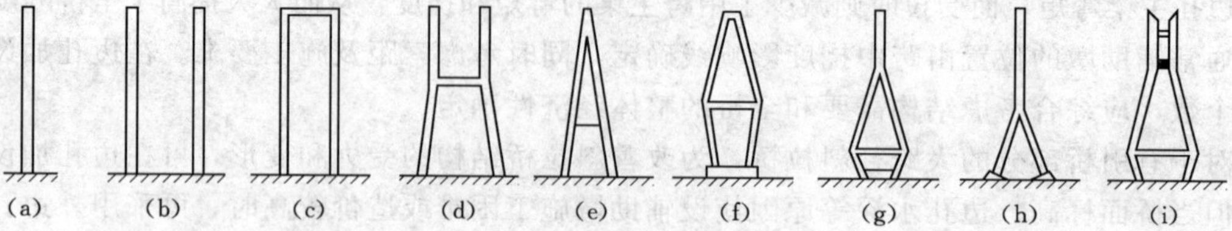

图9-10　索塔的横向布置

柱式塔柱构造简单，如图9-10（a）、（b）所示，其中单柱型用于单索面，双柱型则用于双索面。当需要加强横桥向抗风刚度时，则可以配合采用图9-10（g）或图9-10（h）的形式。图9-10（c）、（d）一般适用于双平面索的情况；图9-10（e）、（f）、（i）一般适用于双斜索面的斜拉桥上。

2. 索塔的构件组成

组成索塔的主要构件是塔柱、塔柱之间的横梁和其他连接构件（图9-11）。塔柱之间的横梁一般可分为承重横梁与非承重横梁。前者为设置主梁支座的受弯横梁，以及塔柱转折处的压杆横梁或拉杆横梁；后者为塔顶横梁和塔柱无转折的中间横梁。

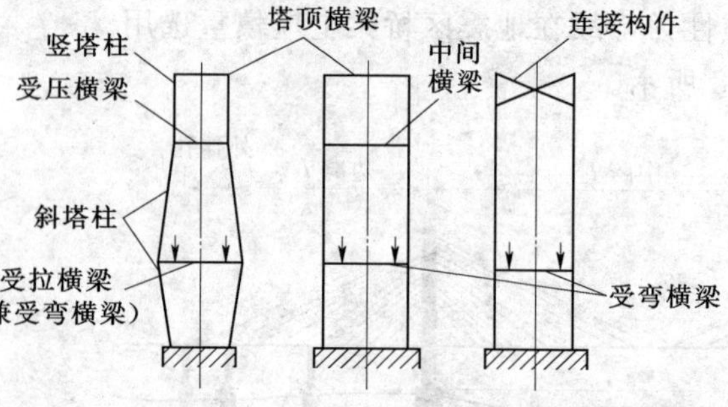

图9-11　索塔构件组成

（三）拉索布置与构造

1. 拉索布置

由于斜拉索与塔柱及主梁组成了高次超静定结构，斜拉索的布置对斜拉桥的总体受力具有显著的影响，影响受力的主要因素是索面空间布置形式和索面形状。

（1）索面布置。由于塔、梁、索之间的连接及支承方式不同，桥面宽度不同，索塔和主梁的形式不同，拉索索面在空间通常布置成单索面和双索面，而双索面又可分为竖直双索面和倾斜双索面，如图9-12所示，当桥面很宽时也可以布置成三索面甚至四索面。

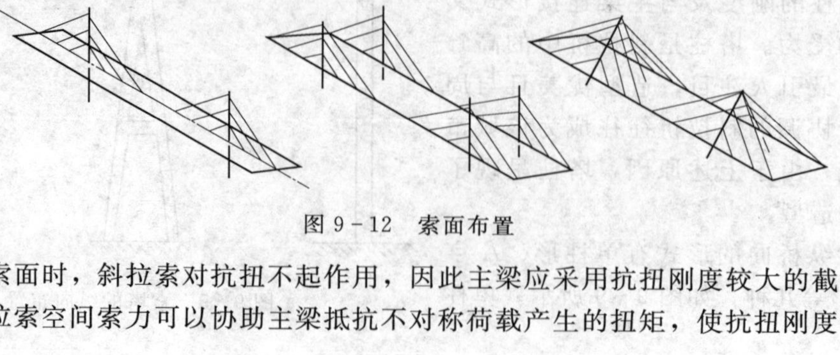

图9-12　索面布置

采用单索面时，斜拉索对抗扭不起作用，因此主梁应采用抗扭刚度较大的截面。采用双索面时，斜拉索空间索力可以协助主梁抵抗不对称荷载产生的扭矩，使抗扭刚度非常小的边主梁甚至板式主梁截面成为可能。至于斜向双索面，它对桥面梁体抵抗风力扭振特别有利（斜向双面索限制了主梁的横向摆动）。倾斜的双面索应采用倒Y形、A形或双子形索塔。

（2）索面形状。索面形状主要有辐射形、竖琴形和扇形三种类型，如图9-13所示。

1）辐射形布置的斜拉索沿主梁为均匀分布，而在索塔上则集中于塔顶一点。由于其斜拉索与水平面的平均交角较大，故斜拉索的垂直分力对主梁的支承效果也大，与竖琴形布置相比，可节省钢材15%～20%，但塔顶上的锚固点构造过于复杂，故应用较少。

2）竖琴形布置中的斜拉索成平行排列，在索数少时显得比较简洁，并可简化斜拉索与索塔的连接构造，塔上锚固点分散，对索塔的受力有利，缺点是斜拉索的倾角较小，索的总拉力大，故钢索用量较多。

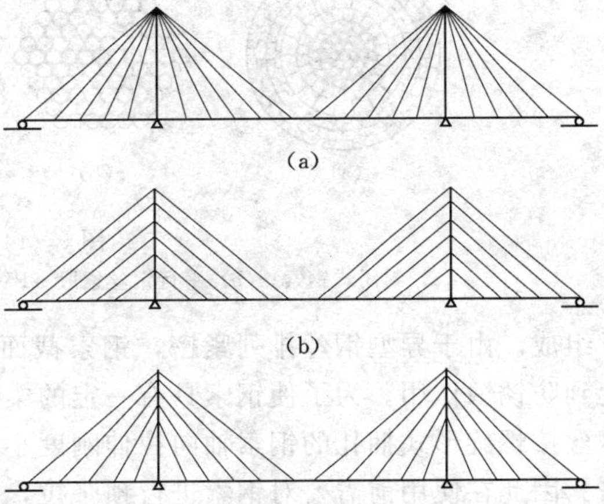
(a)
(b)
(c)

图9-13 索面形状
(a) 辐射形；(b) 竖琴形；(c) 扇形

3）扇形布置的斜拉索不是相互平行的，它兼有上面两种布置方式的优点，故在设计中获得广泛应用。

除此之外还有一些特殊的索面布置形式，有些是为了特殊的受力要求，有些为了建筑景观的特殊要求。

（3）索距布置。索距是指索面内相邻两根拉索的间距。索面内拉索根数多则索距小，拉索根数少则索距大。斜拉索的间距与索力成正比，索距越大每根索的索力越大，而索的数量比较稀少。

索距的选择应根据主梁内力、拉索张拉力、锚固构造、施工吊装能力、材料规格及经济等因素综合考虑。索距的布置，可分为“稀索”与“密索”。早期斜拉桥中都为“稀索”，现代斜拉桥则多为“密索”。稀索布置的主要优点是拉索索力易于调整。但由于索距大，主梁的弯矩和剪力仍相当大而需要有较高的梁高。拉索的内力与截面相对来说也较大，给架设和施工带来较多的困难。斜索锚固点的构造细节也比较复杂。采用密索布置，主梁由受弯为主向受轴向力为主转变，并且梁高可以减小，使斜拉桥的造型更加细柔。但每根拉索的刚度相对较小，可能产生风振问题，边跨主梁可能产生较大负弯矩及端锚索刚度较小等问题。为此，须增大端锚索刚度，将边跨拉索集中为一根端锚索或将部分拉索集中为端锚索等。

一般密索布置时，对于混凝土主梁，索距宜采用4～12m，钢主梁时索距宜取8～24m。

2. 拉索构造与防护

（1）拉索的构造。为了便于运输和施工架设，拉索通常为多根细钢丝按一定方式捆扎而成，使其具有柔软性。根据捆扎形式不同，拉索分为封闭式钢索、平行钢丝索、钢绞线索三种形式，比较常见的是由直径5mm或7mm热镀锌钢丝组成的平行钢丝索，强度一般为1670MPa，钢丝拉索截面形状如图9-14所示。

图9-14(a) 为封闭式钢索（Rocked Coil Rope），最早由德国生产，并用于悬索桥和斜拉桥。这种钢索是在截面中心部分布置圆钢丝而外面由几层楔形和再外层由Z形的异型钢

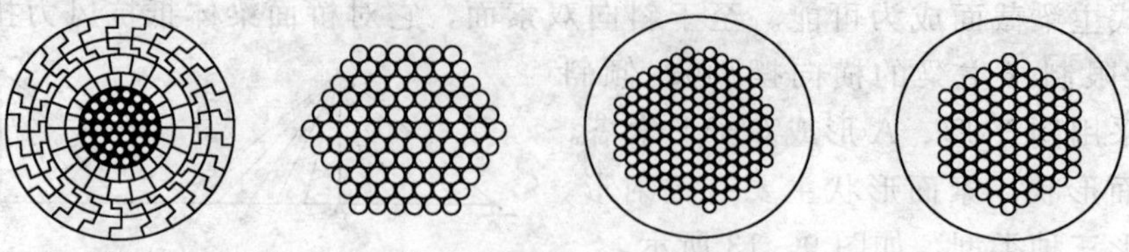

(a)　　(b)　　(c)　　(d)

图 9-14 拉索的类型

(a) 封闭式钢索；(b) 平行钢丝索股 (PWS)；(c) 新型 PWS；(d) 平行钢丝索 (PWC)

丝组成。由于异型钢丝排列紧密，钢索截面的密实度可达到 90%，而且封闭性好的外表面起到防锈蚀作用。为了使钢索具有一定的柔软性，制造时一般将钢丝按螺旋形式捆扎，但是钢丝按螺旋形式捆扎的钢索轴向拉伸刚度小，拉伸时还会因截面紧缩而伸长，引起预应力损失。因此在使用前需要对钢索进行预张拉，以消除由于截面紧缩引起长度伸长的影响，同时在设计时应考虑钢索的蠕变伸长对结构内力的影响。

图 9-14 (b) 为平行钢丝索股 (Parallel Wire Strand，简称 PWS)，是将直径 5mm 的镀锌钢丝按一定根数 (19、37、61、91、127 等) 平行捆扎成正六边形截面的索股，钢丝顺直无扭转。每根拉索由单股或者若干股 PWS 组成。PWS 在悬索桥主缆中比较常用，自 Hi-Am 锚拉索和新型 PWS 拉索研制出来以后，PWS 在斜拉桥中使用已不多见。

图 9-14 (c) 为新型 PWS (New PWS) 拉索，是由直径 7mm 的钢丝以小扭角捆扎而成，由于柔性比 PWS 索好，可满足运输要求 (能够缠绕在卷筒上)。为了维持拉索的物理性能，扭角不能太大 (一般小于 4°)。截面不要求是六边形，钢丝根数可按受力要求选定。

图 9-14 (d) 为平行钢丝索 (Parallel Wire Cable，简称 PWC)，与平行钢丝索股不同的是，前者将平行钢丝扎成整根，并在六边形的最外去掉 1～2 根钢丝，使索的截面近似于圆形。同新型 PWS 一样，钢丝按小扭角捆扎时可以增大柔性，以满足运输要求，这种钢索称之新型 PWC (Spiral Parallel Wire Cable，简称 SPWC)。

除了钢丝索以外，斜拉桥有时也采用钢绞线拉索。用 7 丝，或 19 丝，或 37 丝等钢丝在工厂扭结成钢绞线，由几根钢绞线组成斜拉索。钢绞线的标准强度一般不低于 1860MPa。

钢绞线索和封闭式钢索的弹性模量都较低，非弹性变形较大，不宜用于对拉索变形很敏感的斜拉桥。为了消除构造上的伸长变形，正式使用前需要进行预张拉，预拉力一般不超过断裂强度的 55%。

(2) 拉索的防护。为了提高拉索的耐久性，增长拉索的使用寿命，减少养护工作，必须重视拉索的防护。拉索的防护可分为钢丝防护和拉索防护两个方面。防护主要是防止拉索锈蚀。拉索的锈蚀主要是电化学腐蚀，因此采用的防护材料必须严格检验分析，使它不含有腐蚀钢材的成分，并要求防护层有足够的强度而不致老化或开裂，有良好的耐候性，延长使用时间。

钢丝的防护可以采用镀锌、镀防锈脂、涂防锈底漆等，防止钢丝在拉索施工过程中锈蚀。钢丝防护前应将表面油脂或锈迹去掉。拉索防护常用的方法可归为四类：涂料保护、卷带保护、套管保护及拉索外施加塑料缠绕保护层等。对于封闭式钢缆，由于截面紧密，封闭性较好，空隙率很小，可以只对各组成索的钢丝镀锌，并对钢缆表面施加涂料进行防护。但对于由钢丝索组成的拉索，由于拉索空隙率大，封闭性差，必须进行钢丝和拉索两部分防护。

国内已建成的斜拉桥，其拉索的防护方法有以下几种：

1）在拉索外面用多层玻璃纤维缠绕并加涂沥青或环氧树脂形成玻璃钢外壳防护。

2）拉索外套钢套管，管内压注水泥浆，套管内的拉索表面用多层玻璃纤维缠绕，加涂沥青膏及聚氨酯橡胶，钢套管外涂防锈漆防护。

3）拉索套在高密度聚乙烯套管内（即 PE 套），管内再压注水泥浆填满空隙。

4）拉索套在 PE 管内，除在管内压注水泥浆外，管外再缠包环氧树脂玻璃纤维布形成玻璃钢外壳防护。

5）在拉索外面热挤压高密度聚乙烯套管。

6）在热挤压高密度聚乙烯套管前，对拉索表面用铝粉或锌进行金属喷涂，或先用聚酯带缠包后进行热挤压 PE 管。

目前最常用也较有效的拉索防护方法是热挤高密度聚乙烯套管，它不仅成本低，防腐效果好，而且可以工厂化生产，在制索时同时完成拉索的防护工作。国内许多大跨径混凝土斜拉桥的拉索防护就采用这种方法，如武汉长江公路大桥拉索由直径 7mm 镀锌钢丝组成平行钢丝索，两端配冷铸锚，拉索防护采用 10mm 厚高密度聚乙烯热挤索套，在制索中完成。全部拉索施工完毕后，再用缠包机在黑色聚乙烯套管外表面缠包一层带色的粘胶保护层，以加强拉索的防护体系。

PE 料的性能应符合 GB/T 18365—2001《斜拉桥热挤聚乙烯高强钢丝拉索技术条件》的要求，其老化年限不宜低于 30 年。

（四）主梁构造

混凝土斜拉桥的主梁由于受到斜拉索的支承作用，特别是密索斜拉桥中主梁的受力以压力为主，弯矩较小，因此主梁高度可以大大降低。通过斜拉索力的调整，可以使恒载弯矩减小到很低的程度，引起主梁弯矩的主要因素是活载及温差等附加荷载。影响活载及温度附加荷载弯矩的主要因素是索塔的刚度、主梁与索塔的连接方法、索的面积及索型。所以主梁的设计必须综合考虑主梁、索塔、拉索三者之间的相互关系。

1. 主梁的横截面布置

主梁截面形式从早期的斜拉桥到现在有了很大变化，这主要是随着对密索体系受力特点及抗风性能的不断认识而发展的。图 9-15 显示了几种常用的截面形式。

分离的双箱截面形式［图 9-15（a）］为早期斜拉桥的截面形式，带有一般箱梁桥的痕迹，箱梁的模板比较简单。随着对密索体系受力特性的认识，主梁高度大大降低，箱体逐渐减小，成为［图 9-15（b）］的形式。外侧斜腹板、内侧竖腹板的倒梯形箱形截面形式有利于抗风稳定。对于较宽的桥，最后发展为［图 9-15（c）］的三角形边箱梁形式。这种截面由两个分离的三角形边箱梁通过横梁及桥面板联系在一起，斜拉索锚固在边缘的实心挑臂上，整个截面呈流线型，具有很好的抗风稳定性。美国主跨 299m 的 Pasco-Kennewick 桥首先使用这种截面，以后被很多斜拉桥仿效。

随着密索体系概念的进步，双箱截面主梁进一步发展为梁高更低的实心双主梁［图 9-15（d）］。两个分离的实心主梁之间由桥面板及横梁连接，拉索直接锚固在主梁中心处。随着梁高的进一步降低，主梁底不再高于横梁，而与横梁平齐，形成板式边主梁［图 9-15（e）］。低高度边主梁的截面带有风嘴尖角，以适应大跨径斜拉桥的抗风要求。横梁间距一般

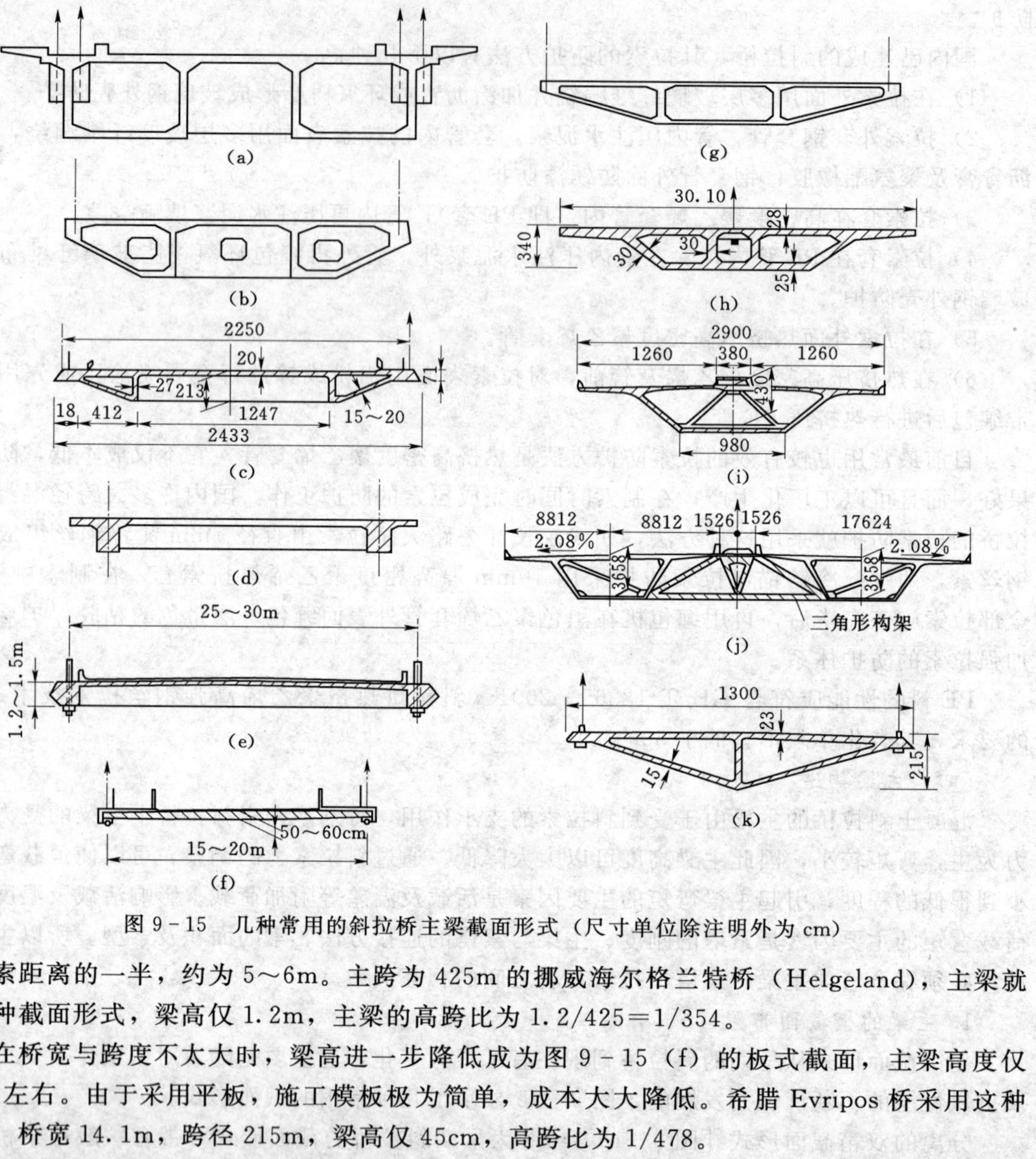

图 9-15 几种常用的斜拉桥主梁截面形式（尺寸单位除注明外为 cm）

取拉索距离的一半，约为 5～6m。主跨为 425m 的挪威海尔格兰特桥（Helgeland），主梁就是这种截面形式，梁高仅 1.2m，主梁的高跨比为 1.2/425＝1/354。

在桥宽与跨度不太大时，梁高进一步降低成为图 9-15（f）的板式截面，主梁高度仅 50cm 左右。由于采用平板，施工模板极为简单，成本大大降低。希腊 Evripos 桥采用这种截面，桥宽 14.1m，跨径 215m，梁高仅 45cm，高跨比为 1/478。

整体箱形具有很大的抗弯及抗扭刚度，适用于单索面斜拉桥，用在双索面时封闭的底板增加了自重，因此较少使用。图 9-15（g）是法国诺曼底桥边跨混凝土主梁的截面，采用封闭截面是为了与中跨的钢箱梁截面相接。图 9-15（h）所示为适用于单索面布置需要抗扭刚度大的单箱多室截面，中间两道腹板形成窄室，斜拉索锚固在窄室顶部的短横肋上。图 9-15（i）所示的单室箱形截面是单索面混凝土斜拉桥较典型的实例，箱室内在锚索处和在索间距一半处均设置一对预应力加劲斜杆，借以将索力有效地传至整个截面，与其他截面相比较，这种结构每平方米桥面的混凝土用量最少。图 9-15（j）为利用三角形构架将总宽达 38.3m 和主跨为 192m 的两个箱梁连接在一起，并在桥中央锚固单面索的大胆设计。

图 9-15（k）为主跨达 530m 而桥宽仅 13m 的挪威 Skarnsundet 桥所采用的新颖的三角形双室箱梁截面，跨度与宽度比达 40.8，研究结果显示，三角形截面特别有利于抗风。

2. 主梁截面尺寸

(1) 主梁高度 h。斜拉桥主梁是弹性支承连续梁，在密索体系时恒载弯矩只与索距有关，而与桥梁跨径无关，只有活载内力与跨径有关，在大跨径桥梁中活载弯矩的绝对值较小，因此，斜拉桥的主梁高度不像其他体系桥梁的梁高随跨径增大而明显增大，而是与索塔刚度、索距、索型、拉索刚度、主梁的结构体系及截面形式等因素相关，特别是与索距大小有直接关系。对于密索体系且索距沿纵向等距布置时，通常主梁可做成等高度形式以简化施工。

根据国内外混凝土斜拉桥的统计资料，梁高 h 与主跨 l_2 的比值约为 1/50～1/200。跨径越大，相对梁高越低，双索面密索体系相对梁高较低，而单索面体系则用较高值。不同的主梁截面形式，梁高的取值会有所不同。如选用实体双主梁截面，且取主梁高度等于横梁高，则主梁高度将取决于横向弯矩的大小，即主梁高度与桥宽和横向索距相关。

(2) 主梁宽度 B。主梁宽度 B 主要取决于使用要求与构造要求，即宽度等于行车道、人行道、分隔带、拉索锚固区宽度的总和。但是，在大跨度斜拉桥中抗风稳定性有时成为决定性因素，从提高主梁横向抗风稳定性考虑，主梁全宽 B 与主梁高度 h 的比值宜大于等于 8，梁宽 B 和主跨 l_2 的比值宜大于等于 1/30。

(3) 横梁、桥面板尺寸。在密索斜拉桥主梁上一般在斜拉索锚固点设置主要横梁，而在两锚点之间设置次要横梁。横梁主要承担横向弯矩，可以按简支梁或悬臂梁进行设计，同时按空间结构进行验算。

一般可以根据桥面局部荷载按常规方法确定横梁和桥面板的尺寸。由主梁所承受的轴向力及构造要求确定主梁截面积大小，进而确定主梁截面各细部尺寸。

3. 不同材料主梁的适宜跨径

斜拉桥的主梁一般采用混凝土结构、钢—混凝土组合结构（或称为叠合梁）或钢结构。三种主梁各自的优缺点如表 9-1 所示。

表 9-1　　三种主梁优缺点比较

项目	钢斜拉桥	组合梁斜拉桥	混凝土斜拉桥		性能要求
			预制拼装	就地浇筑	
恒载	A	B	C	C	减轻桥梁自重
质量	C	B	A	A	空气动力质量阻尼
材料阻尼	C	B	A	A	改善空气动力响应
徐变	A	B	C	D	尺寸线性的稳定
收缩	A	B	C	D	尺寸线性的稳定
耐久性	C	B	A	A	最佳耐久性
改造的难易	A	B	C	C	易于改造
施工的难易	B	A	C	D	连接的难易
路面造价	B	A	A	A	降低路面的造价
斜索的连接	C	B	A	A	简易并方便更换
斜索疲劳	C	B	A	A	降低汽车荷载/恒载比值
基本造价	D	C	B	A	与跨度及地区有关

注　表中的 A、B、C、D 表示优劣等级。

根据国内外桥梁专家的研究分析，混凝土斜拉桥最大跨径可达700m，钢斜拉桥最大跨径可达1300m，结合梁斜拉桥（主梁为钢—混凝土结合梁）最大跨径可达1000m。

不同材料制作的主梁所对应的经济跨径是不同的。1995年，Svensson曾对200～400m跨径斜拉桥选用不同材料主梁的经济性作过研究，认为跨径为200～400m时，采用混凝土主梁是最经济的，跨径400～600m时，采用钢—混凝土组合梁是最经济的，大于600m时，应采用钢主梁。另外，当跨径处于400m和600m两个边界区城时，应综合考虑其他因素分别对两种不同材料主梁作经济比较。

但Svensson的研究未考虑桥面宽度的影响。当桥面为6车道以上时，混凝土横梁的质量将占相当大的比重，此时设计应考虑采用钢横梁方案。

二、斜拉桥的计算要点

（一）概述

斜拉桥结构分析的内容大致包括静力分析、稳定性分析和动力分析三大类，即：

斜拉桥的分析
- 静力分析
  - 整体分析
  - 局部分析
- 稳定性分析
- 动力分析
  - 抗风分析
  - 抗震分析

1. 静力分析

斜拉桥的静力受力特性和一般梁式桥有所不同。对于梁式桥，如果结构体系、结构尺寸、材料、二期恒载确定以后，结构的恒载内力随之基本确定，无法进行较大的调整。而对于斜拉桥，由于高次内部超静定，在外部体系、结构尺寸、材料、二期恒载确定后，结构的受力很大程度上取决于斜拉索的张拉力，单根索力大小及多根索力之间的分配比例可以组成无穷多组索力张拉方案，每种方案对应于一种内力状态。因此斜拉桥的设计计算首要确定一组合理的初始索力，使成桥时的线形和内力状态最优。最优状态时主梁和塔柱的恒载弯矩很小。

斜拉桥静力分析的基本过程大致可以分为以下三步：

（1）确定成桥的理想状态，即确定成桥阶段的索力、主梁的内力、位移和桥塔的内力。

（2）按照施工过程、方法和计算的需要划分施工阶段。

（3）计算确定施工阶段的理想状态，经过多次反复调试，才可以达到成阶段桥的理想状态。

2. 稳定性分析

斜拉桥的主梁及塔柱都是偏心受压构件，必须考虑成桥和施工阶段的稳定性，跨度不大时应进行弹性稳定性分析，当采用超大跨度时还必须进行弹塑性稳定分析。

3. 动力分析

斜拉桥由于高次超静定，其结构行为表现出较强的耦合性，尤其是扭转和横向弯曲振型经常强烈耦合在一起，因此，在动力分析时最好采用空间模型。一般的梁桥、拱桥和刚架桥设计时，首先是考虑对桥梁的恒载和使用荷载进行计算，其次是对桥梁的地震荷载和风荷载进行验算。但对于跨度较大的斜拉桥，环境荷载和使用荷载同样重要。风效应在超大跨度斜拉桥中也是控制设计的主要因素之一。

（二）斜拉桥内力计算的基本要素

现代斜拉桥的计算完全基于有限元法的计算机软件。斜拉桥是一个空间结构，其受力分析相当复杂，通常在计算中需要根据斜拉桥的结构特性来简化计算图式。目前桥梁设计普遍使用的是杆系有限元软件，进行总体静力计算时以平面杆系居多，而进行稳定及动力计算时大多数采用空间杆系。斜拉桥设计计算的计算机软件必须考虑下列要素。

1. 考虑施工中可能出现的各种工况

斜拉桥施工包括塔梁构件的安装、临时构件的拆除、斜拉索的张拉、施加各种集中或均布力、预应力张拉等过程，因此，计算软件必须具备上述功能。这些功能均在求解杆系内力及位移的核心程序上，通过前处理程序把施工过程中的各种作用力变为各种等效荷载来实现。

2. 非线性因素

(1) 几何非线性。当结构受力后随即发生位移，因此，严格讲结构受力的平衡是建立在变形后的几何形状上的。当受力较小或结构刚度很大时，几何形状的改变很小可以忽略不计。但是斜拉桥是高次超静定的柔性结构，在施工和正常使用阶段，结构工作在几何非线性状态。

几何非线性在斜拉桥中主要体现为斜拉索的垂度对索的纵向张拉刚度的折减作用，以及主梁、塔柱受 $P-\Delta$ 效应而产生偏心距增大作用。前者使斜拉索的刚度减小，后者使梁、塔内力增大。在小跨度斜拉桥计算中前者影响较大，而在大跨度斜拉桥计算中两者均不可忽略。理论分析表明，当跨径达到千米级时，几何非线性影响会超过总荷载效应的15%，混凝土斜拉桥跨径一般在500m以下，必须考虑斜拉索垂度的影响。

考虑几何非线性的有限元软件须进行大量的迭代计算，计算效率低。一般在跨度不大的斜拉桥计算中仍然采用线性有限元算法，忽略 $P-\Delta$ 效应，将斜拉索几何刚度的折减通过Ernst公式转换为拉索弹性模量的折减（图9－16），折减系数为：

$$\mu=\frac{1}{1+\dfrac{g^2\cos^5\alpha E_g A_g}{12H^3}} \tag{9-1}$$

式中 g——斜拉索（包括索套）单位长度上的重力；

E_g、A_g——钢丝的弹性模量及一根斜拉索钢丝的总面积。

μ 随索长的增加而减小，即斜拉索越长索的刚度越小，索长超过300m后 μ 开始明显减小。

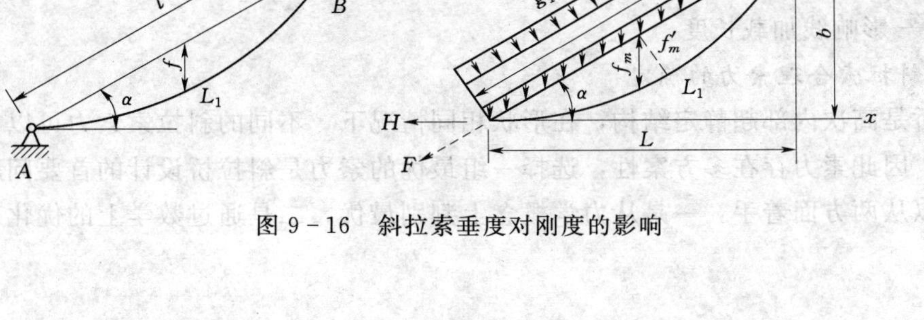

图9－16 斜拉索垂度对刚度的影响

（2）材料非线性。在中小桥计算中均假定材料是线弹性的，即应力与应变呈正比关系。严格地说任何材料都是非线弹性的，即弹性模量随应力的增加而变化，一般情况下弹性模量随应力增加而减小。在大跨度斜拉桥计算中材料的这种特性必须考虑。材料非线性计算均采用试验获得的弹性模量曲线在有限元软件中迭代进行。

3. 混凝土收缩徐变

混凝土并非弹性材料，而是弹塑性材料，而且在应力状态下塑性随时间变化。混凝土从浇筑完成开始到凝结过程一直伴随着体积的缩小，称之为混凝土的收缩。混凝土收缩与受力无关，只与混凝土的组成材料及环境温度、湿度有关。当混凝土受力后立即发生弹性变形，在弹性变形发生后、应力不变的状态下，变形随时间继续发展，称之为徐变。与收缩不同的是，徐变除与材料及环境有关外，主要与初始的弹性变形有关，没有弹性变形就没有徐变。收缩和徐变均随时间的延续而逐渐减小。

对于高次超静定结构，混凝土的收缩徐变除引起结构变形外，将引起次内力。

目前的杆系有限元软件考虑收缩徐变效应的方法是增量法，收缩徐变计算的准确程度取决于收缩徐变系数的取值，从计算效果看与实测结果还有很大差距，是混凝土斜拉桥理论与实际存在误差的主要原因之一。

4. 温度影响

斜拉桥是空间杆系结构，除了主梁承担与梁桥类似的常年温差、日照温差效应外，还必须承担斜拉索与主梁的温差、塔柱单侧受日照等温度荷载效应。温度效应除了对成桥结构有内力的影响外，施工阶段的温差变形给主梁的施工带来很多不确定因素，是目前斜拉桥施工中的难点之一。

温度效应计算的准确性取决于温度场的取值，目前尚不能很准确地估计温差效应的影响，是大跨度斜拉桥施工计算中尚待解决的问题。

5. 活载内力计算

在梁桥中活载内力计算采用影响线加载法计算，对于小跨径斜拉桥同样可以如此计算。但是在大跨度情况下，非线性影响明显增大，叠加原理不再适用，影响线加载法也就不能使用，最不利内力只能通过力学概念判断荷载位置后，通过非线性程序计算。但是，这样计算费时费力，一般仍用影响线加载计算不计非线性因素的内力，然后乘以非线性修正系数。

桥面板及桥面系构件的冲击系数一般仍可按规范规定的计算。但对斜拉桥的主梁、斜拉索和主塔等主要构件来说，如何计算冲击系数还有待研究。在实际设计中考虑的方法也不一致，按规范的公式来计算斜拉桥主要构件的冲击系数时，问题在于怎样考虑算式中的 L 值。我国一些斜拉桥采用如下公式计算：

$$\mu=10/(25+L) \tag{9-2}$$

式中　L——影响线加载长度。

（三）斜拉索合理索力的确定

斜拉桥是高次内部超静定结构，在形状相同情况下，不同的斜拉索索力可以得到不同的内力状态，因此索力存在多方案性，选择一组最优的索力是斜拉桥设计的首要问题。获得最优方案可以从两方面着手，一是从力学概念上判别最优，二是通过数学上的优化理论获得最优状态。

1. 力学概念方法—刚性支承连续梁法

斜拉桥特点是斜拉索力的竖向分力给主梁提供了弹性支承，可以想象，当主梁的弯曲内力和多跨刚性支承连续梁的内力状态一致时，主梁的弯矩分布是最小的。因此，将斜拉索用竖向支承条件代替，形成多跨刚性支承连续梁，合理索力可以非常容易地根据连续梁的支承反力转换方向后得到，如图 9－17 所示。

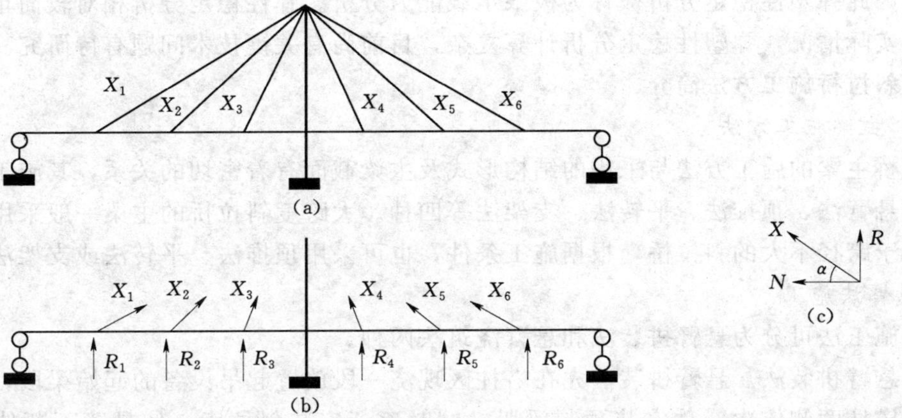

图 9－17　刚性支承连续梁反力与斜拉索合理索力

刚性支承连续梁法只能提供合理索力参考值，实际桥梁中不容易实现，因为连续梁可能出现负反力而索力不能为负值。只有在边跨跨度是中跨的 0.5 倍，且索距相同时上述结果才完全可以使用，实际桥梁只能接近上述状态。

另一种做法是将斜拉索力作为未知数作用在主梁上，利用主梁在索点处位移等于零的条件直接求出索力，它与上述做法的结果相同，这被称之为零位移法。

2. 优化方法

优化方法是通过数学方法建立一个优化方程，通过优化方程的求解得到最优索力。优化的自变量是索力向量，建立索力与主梁的弯矩图、材料用量或其他指标函数之间的关系，优化算法是求索力向量取什么值时，指标函数达到最小值。设定不同的指标可以达到不同的目的，同时得到达到该目标时的索力，例如索力取何值时主梁弯矩图之和最小等。优化方法可以适用于任意形式的斜拉桥，因此得到了广泛的应用。

（四）斜拉桥的稳定分析

斜拉桥的主梁及塔柱都是偏心受压构件，必须考虑成桥和施工阶段的稳定性。

当主梁梁高较低时，斜拉桥可能在桥梁立面内失稳，一般出现在活载满载时。如图 9－18 所示，当塔柱刚度较大时，失稳形态为主梁的屈曲，当塔柱刚度较小时，失稳形态为主梁与塔柱共同屈曲。当考虑横向力作用时，如风力、汽车偏载时，斜拉桥可能出现空间失

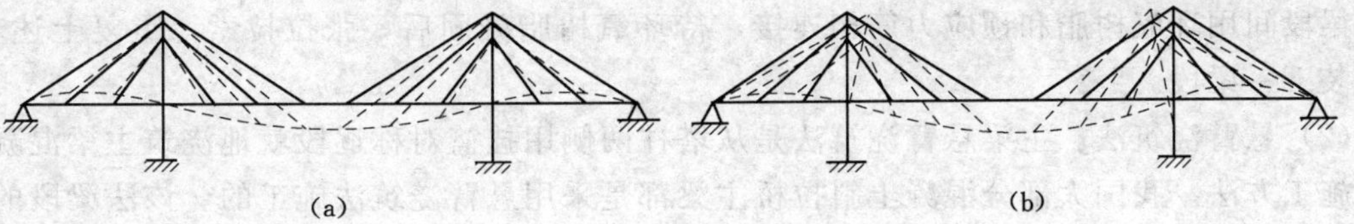

图 9－18　斜拉桥立面内失稳形态

稳，表现为塔柱的侧倾及主梁的侧移。

斜拉桥的稳定分析可以进行近似的手算分析，但是现代大跨度斜拉桥稳定分析必须借助于计算机。稳定分析分为弹性稳定分析和弹塑性稳定分析。弹性稳定分析认为材料在达到临界力时仍然处于弹性阶段。而弹塑性稳定分析认为材料在达到屈服极限时退出工作，产生内力重分配，结构在新的内力平衡基础上继续受荷，直至所有构件均达到屈服而使结构丧失承载能力，因此弹塑性稳定分析被称为极限承载能力分析。弹性稳定分析相对较简单，但有时不能反映实际情况，弹塑性稳定分析计算复杂，目前尚有关键技术问题有待研究。

三、斜拉桥施工方法简介

（一）主梁施工方法

斜拉桥主梁的施工方法与采用的结构形式及主梁截面有着密切的关系，其施工方法大体上可分为悬臂法、顶推法、平转法、支架法等四种。大跨度斜拉桥的主梁一般采用悬臂法施工，但对于跨径不大的斜拉桥，根据施工条件，也可采用顶推法、平转法或支架法施工。

1. 悬臂法施工

悬臂施工法可分为悬臂拼装法和悬臂浇筑法两种。

（1）悬臂拼装法。悬臂拼装法先在塔柱区现浇一段放置起吊设备的起始梁段，然后用起吊设备从塔柱两侧依次对称安装预制梁段，同时逐渐安装斜拉索，使悬臂不断伸长直至合拢。主梁梁段的划分应考虑施工机具的吊装能力、施工工期及施工方案等综合确定。

该施工方法由于主梁是预制的，塔、梁可平行作业，因此，可以缩短施工周期，施工速度快，高空作业较少。主梁预制混凝土龄期较长，收缩、徐变变形小，梁段的断面尺寸和浇注质量易得到保证。该法安装精度要求较高，而且需配备一定的吊装设备和运输设备，要有适当的预制和运输场地，因而和悬浇法相比总造价要高些。

图 9－19 是美国哥伦比亚桥主梁悬臂拼装示意图。先把吊装梁安装好并锚固在已架好的梁上，并由塔顶的辅助钢索保持平衡，再安装与吊杆相连的千斤顶，当驳船将预制梁段运到桥下时，将吊杆与预制梁段铰接，通过千斤顶起吊，使梁段慢慢提升到桥面标高就位。

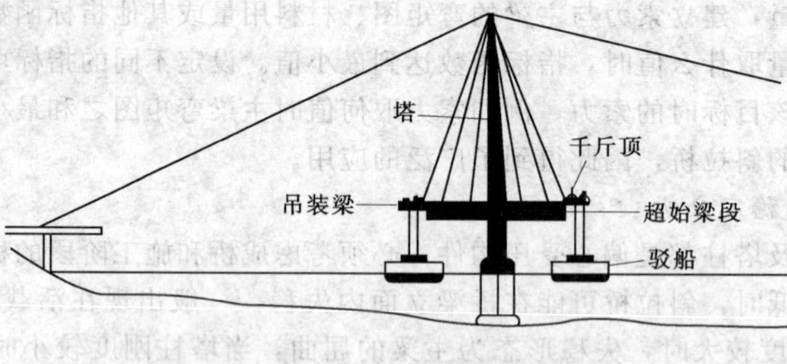

图 9－19 主梁悬臂拼装示意图

梁段间用环氧树脂和预应力筋相连接，待环氧树脂凝固后，张拉拉索，重复上述步骤；再安装下一梁段。

（2）悬臂浇筑法。主梁悬臂浇筑法是从塔柱两侧用挂篮对称逐段就地浇筑主梁混凝土的一种施工方法。我国大部分混凝土斜拉桥主梁都是采用悬臂浇筑法施工的。该法梁段的制作和安装作业均在挂篮上进行，因此，不受河流水文、地质条件的影响，也不影响通航。悬臂浇筑法不需重型的吊运设备，节省施工场地，相对支架法而言模板可多次周转，施工用材较少，主梁接缝比较紧密，整体性好，施工简便。适用于任何跨径的斜拉桥主梁施工。但采用该法施工时，其主梁标高须考虑挂篮变形和混凝土收缩、徐变的影响，相对于悬臂拼装法而言，高空作业较多，施工周期长。

如图 9－20 所示是斜拉桥采用悬臂浇筑法的施工程序图。

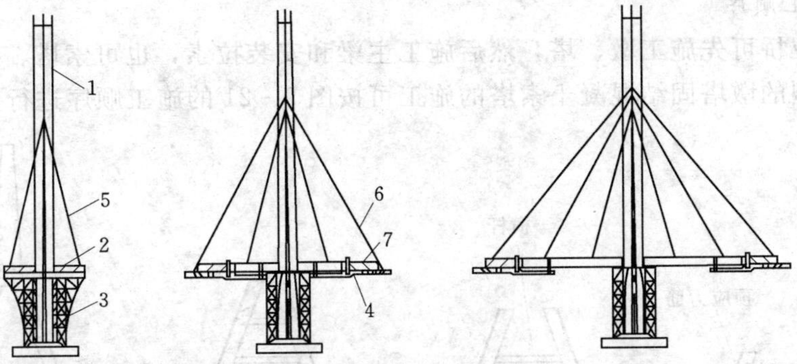

图 9－20 悬臂浇筑程序

(a) 支架现浇 0 号及 1 号块并挂索；(b) 拼装牵索挂篮，对称悬浇梁段；(c) 挂篮前移，依次悬浇梁段
1—索塔；2—现浇梁段；3—现拼支架；4—前支点挂篮；5—斜拉索；6—前支点斜拉索；7—悬浇梁段

2. 其他施工工艺

(1) 支架法。该法主要应用在桥下净空较低，搭设支架不影响交通，且具有足够的支架设备的场合。其主要优点是能够保证结构的设计形状和标高要求，在桥下净空较低时，施工费用也较低。

(2) 顶推法。顶推法进行混凝土斜拉桥主梁的施工，需在跨间设置若干临时支墩，且在顶推过程中，主梁要反复承受正、负弯矩。为了满足施工阶段内力要求，有时主梁需配置临时预应力束筋。该方法较适用于桥下净空较低、修建临时支墩造价不高、支墩不影响桥下交通、抗拉和抗压能力相同、能承受反复弯矩的钢斜拉桥主梁的施工。

(3) 平转法。平转法是将斜拉桥上部结构分别在两岸或河岸支架上现浇，在岸上完成所有的试安装和安装工序，并经落架调整其各点标高与索力后，分别整体旋转就位，再跨中合龙。如系独塔，则在平转到对岸支点后，再调整支点标高与内力。无论是独塔还是双塔，必须在平转就位后，卡紧转盘使其不能转动，以确保稳定。

平转法施工适用于桥址地形平坦、河滩平整的情况下，或人工开挖的运河中，以及桥梁结构具有适合整体转动的结构体系和墩身较矮的桥梁施工中。

综上所述，混凝土斜拉桥主梁的架设方法与斜拉桥的跨径和规模有密切关系，一般跨径及规模较小时常用支架法施工，跨径及规模较大时用悬臂法施工。

(二) 索塔施工要点

斜拉桥的索塔是全桥的主要承重构件，除承受因自重引起的轴力外，还承受水平荷载以及通过拉索传递给塔的竖向荷载。

索塔根据建筑材料的不同，可分为钢筋混凝土索塔、钢索塔、钢—混凝土混合索塔和钢管混凝土索塔。钢筋混凝土索塔整体刚度大、施工简便，成桥后一般无需养护维修，在我国已被大量采用。钢索塔因其造价高，后期养护工作量大，施工精度要求高，在我国大型斜拉桥中应用较少。钢—混凝土混合索塔在国外已有实例，我国已在苏通大桥采用。钢管混凝土索塔在斜拉桥中应用很少，我国广东南海的紫洞大桥及重庆万州万安大桥采用了这种索塔。由于建造索塔所采用的材料不同，从而在施工方法和工艺要求上也有较大的差异。以下主要介绍钢筋混凝土索塔的施工方法。

1. 索塔施工顺序

混凝土斜拉桥可先施工墩、塔，然后施工主梁和安装拉索，也可索塔、拉索、主梁三者同时并进。典型的墩塔固结混凝土索塔的施工可按图 9-21 的施工顺序进行。

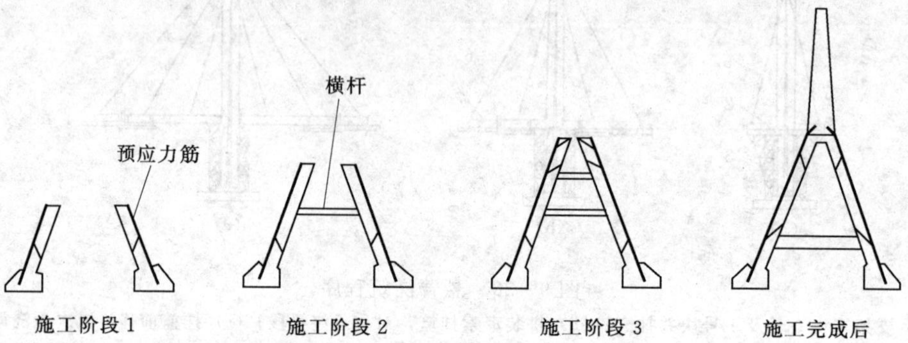

图 9-21　混凝土索塔施工顺序

2. 塔柱的施工

混凝土索塔的塔柱可分为下塔柱、中塔柱和上塔柱，一般采用就地浇筑。模板和脚手平台的做法常用支架法、滑模法、爬模法、翻模法、大型模板构件法等。

(1) 支架法：支架法是从地面或墩顶设置满布支架及模板，然后现浇塔柱混凝土。这种方法适用于索塔高度较小和形状比较复杂的索塔施工，它不需要特殊的施工机械设备，但花费支架模板材料较多。

(2) 滑模法：滑模法是在塔柱四壁设短段模板和附架，在塔柱下段已浇混凝土中埋设劲性钢筋或型钢，顶面搭设起重梁，通过梁上挂设的起重设施如手拉葫芦或千斤顶随着模板内浇筑混凝土过程慢慢起吊模板（或者用穿心式千斤顶直接放在圆钢上爬升，圆钢可埋于已浇筑下段混凝土体内，或固定在模板外侧）。由于该法随浇混凝土随滑，对混凝土质量要求较严，下面陆续露出来的新混凝土表面易出现质量问题，要随时抹面修补，及时养护。

滑模法施工的最大优点是施工进度快，适用于高大的直立塔及倾斜塔的施工。但对斜索的锚固区预留孔道和预埋件的处理要困难些。

(3) 爬模法：爬模法施工是用一段模板带爬架一起固定在下段已浇混凝土的主体上，浇筑上段混凝土，待新浇筑的混凝土达到适当强度后拆模，连爬架一起提升到上段混凝土顶部固定，循环操作，直至柱顶。这种施工方法机械化程度较高，可缩短工期，适用于大型索塔的施工。提升可以用外设起吊设备（如塔吊），也可在柱身的刚性骨架或劲性骨架上设手动葫芦或千斤顶自提。

(4) 翻模法：翻模法施工就是将一段混凝土柱的模板分为 2～3 小节，浇筑完该段混凝土后，将上节模板保留，下面 1 或 2 节模板拆下提到上面来与上节结成一体，以浇筑上一段柱的混凝土。如此循环继续至塔顶，每次必有一节模板保留在下面已浇筑的混凝土上。由于每次都把下面的模板转到上面去，故称翻模。使用该法，模架模板及其上的工具、人员皆需在空中多次翻提，一般需用外设塔吊来操作。

(5) 大型模板构件法：大型模板构件法是将模板及平台做成容易组装和拆卸的大型标准构件，利用安装在塔座上的附着式吊机和电梯来提升施工。由于考虑到高空作业的安全问题，此法所适用的索塔高度有所限制。

3. 上、下横梁施工

一般而言，横梁均应与该段索塔同时施工，这样，索塔整体性好，同时便于支架搭设和横梁的预应力施工。横梁施工支架可用大直径钢管支撑加贝雷架或万能杆件桁架形式，前者目前应用较多。

横梁一般采用两次浇筑一次张拉工艺，这样，不仅可以保证混凝土外表光滑，且下横梁与相应高度的塔柱的联结不会因浇筑混凝土过程的沉降变化而产生裂缝。即在第一次混凝土达到80%设计强度时对称张拉一部分底板预应力索，待第二次混凝土达到强度后，再张拉全部预应力索。南京长江第二大桥和岳阳洞庭湖大桥的横梁即采用了二次张拉工艺。

(三) 拉索施工

斜拉索施工的主要工作包括拉索的引架和张拉两项工作。

1. 拉索的引架

拉索的引架就是将成品拉索架设到索塔锚固点和主梁锚固点之间的位置上。挂索常用的挂设方法有四种：吊点法、硬牵引法、软牵引法和承重导梁法。

(1) 吊点法。吊点法主要利用吊装设备作为拉索挂设时起吊、牵引的动力，完成拉索的挂设施工。起吊设备可利用塔吊、汽车吊或安装在塔顶的其他起吊设备。该法一般用于近塔柱的几根拉索或小跨径桥梁。

吊点法分为单吊点法和多吊点法。如图9-22所示为单吊点法挂索，当拉索上到桥面以后，便可从索塔孔道中放下牵引绳，连接拉索的前端，在离锚具下方一定距离设一个吊点，索塔吊架用型钢组成支架，配置转向滑轮。当锚头提升到索孔位置时，采用牵引绳与吊绳相互调节，使锚头位置准确，牵引至索塔孔道内就位后，将锚头固定。

(2) 硬牵引法。通过卷扬机钢丝绳和转向滑轮就可完成挂索的方法称为硬牵引法。该方法施工较为简单，一般应用于小跨径斜拉桥或特大桥中靠近塔柱的短、中长度索。当选择梁端先锚固，塔端后锚固的顺序施工时，施工方法为（塔端先锚固、梁端后锚固的施工可参考进行）：

1) 从上、下横梁或塔顶鹰架牵引卷扬机中放出钢丝绳，穿入索塔内腔，通过转向滑轮转向后，由塔柱壁中拉索索道钢管穿出到塔外，与拉索上的硬牵引头相连。

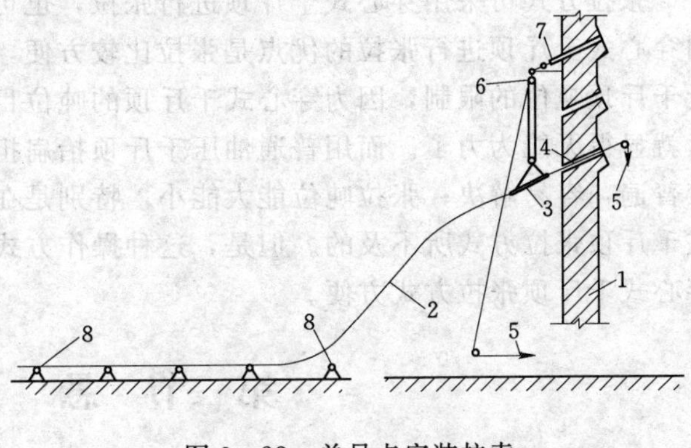

图9-22 单吊点安装拉索

1—索塔；2—待安装拉索；3—吊运索夹；4—锚头；5—卷扬机牵扯引；6—滑轮；7—索引吊架；8—滚轮

2) 从提升卷扬机中放出钢丝绳，通过转向滑轮转向后，下放钢丝绳，扣住索夹提升拉索。

3）利用手拉葫芦或卷扬机，从梁端锚垫板外通过梁端拉索索道钢管绑住拉索梁端锚头，将冷铸锚头拉出梁端锚垫板，并用锚圈固定。

4）收紧卷扬机。

5）当冷铸锚头超出塔端锚垫板时，拧入锚圈，放松卷扬机，拆除牵引索、起吊索，安装张拉千斤顶，完成一根索的挂设。

(3) 软牵引法。利用多股钢绞线通过特殊连接器或组合式多节张拉杆与索头加长拉杆相连，配合千斤顶牵引挂索的方法为软牵引法。软牵引法又称分级牵引法、多级牵引法。施工时首先用大吨位的卷扬机将索张拉端从桥面提升到预留孔外，然后用穿心式千斤顶将其牵引至张拉锚固面。在这个阶段前半部，采用柔性张拉杆一钢绞线束，利用两套钢绞线夹具系统交替完成前半部分牵引工作；牵引阶段的后半部分，根据索力逐渐增大的情况，采用刚性张拉杆分别牵引到位。该方法施工较复杂，需进行牵引系统的转换，一般应用于300m以上大跨径斜拉桥及远离塔柱的长索。

(4) 承重导梁法。在待安装拉索的上方安装一根斜向承重导索，每隔一定距离放置一个吊点，悬吊着拉索沿承重导索运动，直至完成拉索的挂设的施工方法，称为承重导索法。施工时，首先安装承重导索，然后将拉索牵引进钢套管；拉索锚头牵引进入塔柱内腔后，拧入锚圈，安装千斤顶。当锚圈螺牙拧满后，拆除导管，移至上根拉索的安装位置，完成一根拉索的挂设。该方法施工复杂，需挂设承重导梁，一般应用于500m以上特大跨径斜拉桥及远离塔柱的长、重索的挂设。

2. 拉索张拉

拉索的张拉形式可分为：塔端张拉、梁端锚固；梁端张拉；塔端锚固和塔梁两端同时张拉。由于塔的刚度比梁大，塔腔内空间较梁体内空间大，千斤顶移动、安装较方便、安全，因此，我国斜拉桥拉索空腔索塔张拉常用的是塔端张拉，梁端锚固的方法。塔梁两端同时张拉的方法也有应用，如武汉白沙州大桥、安徽铜陵长江公路大桥。

拉索张拉，根据设计和施工的要求，一般可分为安装阶段的初始张拉和其后的二次张拉。初始张拉可以分批次依次先后实施，目的是使梁内建立起必要的应力储备，同时也是为了尽可能地减小索的非线性影响。

张拉方式可采用穿心式千斤顶进行张拉，也可采用普通油压千斤顶抬扁担梁进行张拉。用穿心式千斤顶进行张拉的优点是张拉比较方便，所需的操作空间也较小。但其最大张拉力受千斤顶吨位的限制，因为穿心式千斤顶的吨位目前做得还不够大，对于那些初张力较大的索就显得无能为力了。而用普通油压千斤顶抬扁担梁进行张拉的优点是采用普通千斤顶，比较普遍，容易解决；张拉吨位能大能小，特别是在张拉吨位可以做得较大这一点上，是穿心式千斤顶张拉方式所不及的。但是，这种操作方式所需的空间较大，同时，操作起来也没有穿心式千斤顶张拉方式方便。

第二节　悬　索　桥

一、悬索桥的总体布置与构造

悬索桥又称为吊桥，是由主缆、索塔、锚碇、吊索、加劲梁组成，如图9-23所示。悬索桥的主要承重结构是悬挂在主塔顶的主缆，加劲梁通过竖向或倾斜的吊索悬吊在主缆上，主梁主要承受局部纵桥向弯矩和横桥向弯矩。悬索桥具有跨越能力大、轻型美观等特点，已逐渐成为特大跨径（大于 1000m）桥梁的首选桥型。

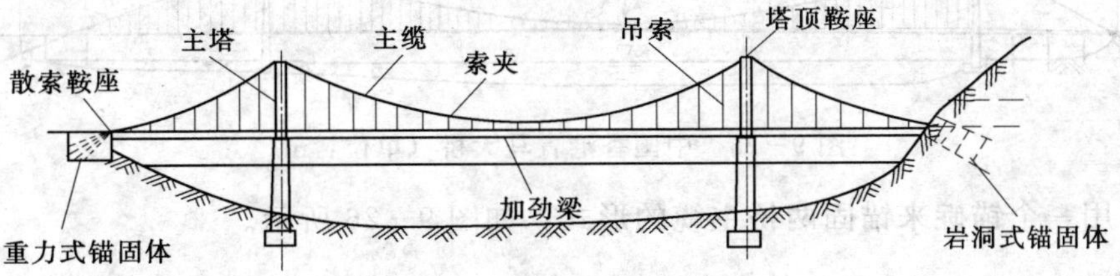

图 9-23 悬索桥的基本组成

（一）悬索桥的类型

悬索桥的类型可根据悬吊跨数、主缆锚固方式及加劲梁的支承体系等分类。

1. 按悬吊跨数分类

悬索桥可分为单跨悬索桥、三跨悬索桥和多跨悬索桥，其结构形式布置如图 9-24 所示。其中单跨悬索桥和三跨悬索桥最为常用。

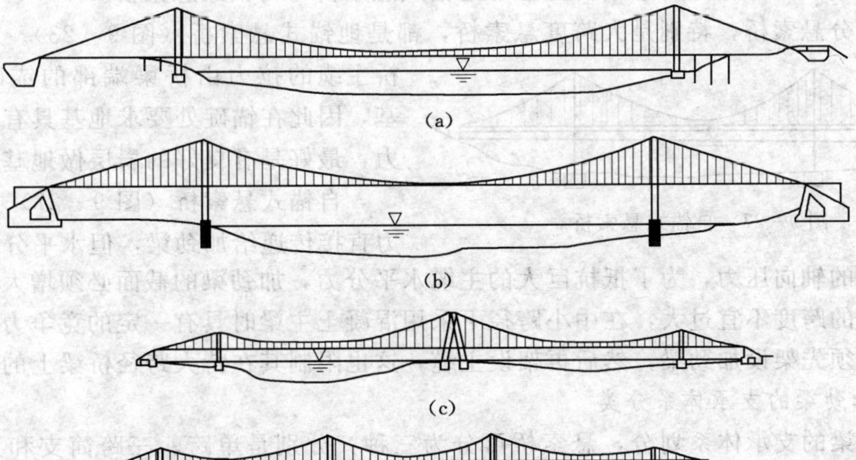

图 9-24 悬吊跨数不同的悬索桥

(a) 单跨悬索桥；(b) 三跨悬索桥；(c) 四跨悬索桥；(d) 五跨悬索桥

单跨悬索桥适合于边跨地面较高，采用桥墩来支承边跨的梁体结构比较经济的情况。我国江阴长江大桥主跨 1385m，是世界上跨度最大的单跨悬索桥。

当只有一岸的边跨地面较高时，可以采用两跨悬索桥的形式。中国香港主跨 1377m 的青马大桥是目前跨度最大的两跨式悬索桥，如图 9-25 所示。

多跨悬索桥由于相邻主跨的主缆不锚固在锚碇中，当其中一跨作用荷载时塔柱将向受荷跨弯曲，使悬索桥整体刚度减小，因此，大跨径多跨悬索桥比较少见。如果要采用，中间塔柱必须加大其刚度，但这样做会增加中间桥塔及其基础的造价。如果需要采用多跨悬索桥时，可将中间塔做成在桥梁纵向呈 A 形的 4 柱立体桥塔，或可以布置成两座三跨悬索桥相

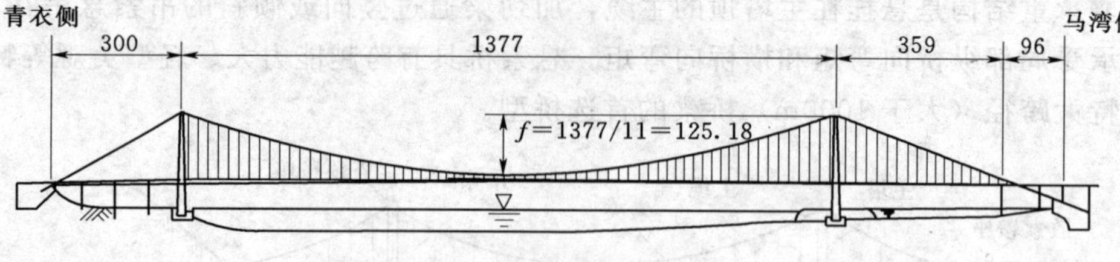

图 9-25　中国香港青马大桥（单位：m）

连、中间共用一个锚碇来锚固两桥主缆的形式，如图 9-26 所示。

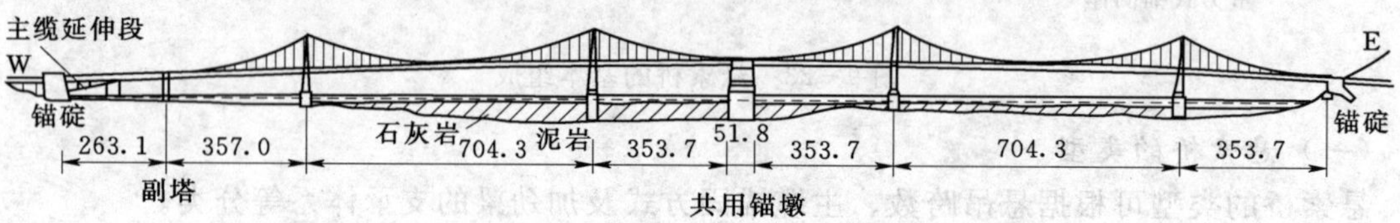

图 9-26　美国旧金山奥克兰湾西桥双联悬索桥（单位：m）

2. 按主缆锚固方式分类

按主揽锚固方式划分，悬索桥可分为地锚式悬索桥与自锚式悬索桥。

绝大部分悬索桥，特别是大跨度悬索桥，都是地锚式悬索桥（图 9-23）。地锚式悬索桥主缆的拉力由桥梁端部的锚碇传递给地基，因此在锚碇处要求地基具有较大的承载力，最好是有良好的岩层做地基持力层。

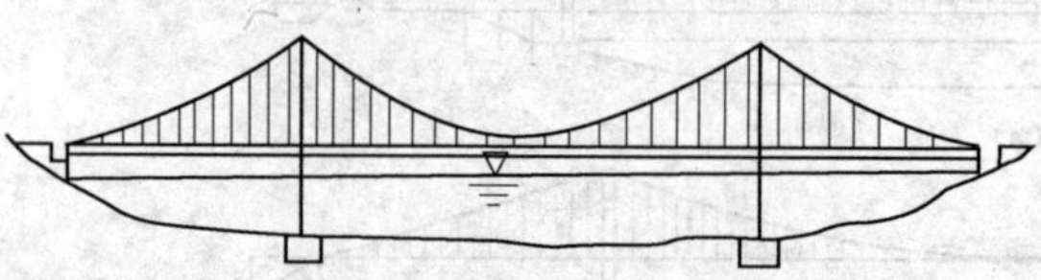

图 9-27　自锚式悬索桥

自锚式悬索桥（图 9-27）主缆水平拉力直接传递给加劲梁，但水平分力则使加劲梁产生巨大的轴向压力，为了抵抗巨大的主缆水平分力，加劲梁的截面必须增大，因此，自锚式悬索桥的跨度不宜过大，在中小跨径下采用混凝土主梁时具有一定的竞争力。自锚式悬索桥一般必须先架设加劲梁，然后再架设主缆，这也限制其在特大跨径桥梁上的应用。

3. 按加劲梁的支承体系分类

按加劲梁的支承体系划分，悬索桥可分为三种，分别是单跨、三跨简支和三跨连续三种，如图 9-28 所示。单跨悬索桥一般均采用简支式，悬臂式较少见。一般三跨悬索桥中加劲梁在塔柱处是非连续的，主跨和边跨分别简支在塔柱横梁上，称为三跨简支加劲梁。三跨

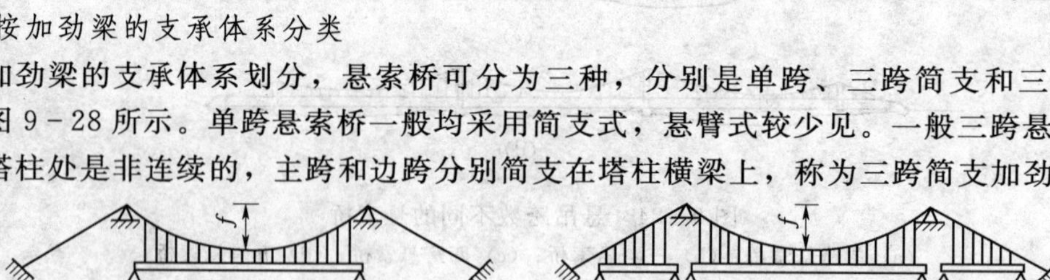

图 9-28　加劲梁的支承体系

(a) 单跨；(b) 三跨简支；(c) 三跨连续

简支加劲梁的布置在受力上较合理，加劲梁的弯矩比较小，对桥塔基础不均匀沉降的适应性也比较好。但采用非连续的加劲梁时，梁端的角变位和伸缩量以及跨中的最大挠度均较大。目前也有相当多的大跨径悬索桥将全桥设计成连续加劲梁。

（二）悬索桥的总体布置

1. 跨径

悬索桥通常布置成三跨式，桥塔把悬索桥划分为中跨和两个边跨。边跨长度根据经济条件和锚固位置来定，中跨和边跨之比，常采用为 2∶1 或 4∶1。

当中跨与边跨之比大于 4∶1 而边跨跨径又较小时，边跨可以不设吊杆，边索变成普通的锚索，即单跨悬索桥。在大跨径的吊桥中，尽管中跨与边跨之比大于 4∶1，边跨跨径还是很大的，因此，边跨设吊杆，成为三跨悬索桥。三跨悬索桥的中跨与边跨跨度之比一般为 2∶1～3∶1。

对于自锚式悬索桥来说，由于主缆巨大的水平力需要主梁来承担，因此边跨均需要布置吊杆。

2. 主索矢高及塔高

悬索桥的受力性能与主缆的矢跨比有关。设中跨主索矢高 f，则矢跨比为 f/l。从悬索桥受力来看，矢高 f 越大，主索中的内力越小，可以节省钢材，但桥塔的高度和悬索的长度都要增加，而悬索加长会增加 1/4 跨径点的挠度。

从理论分析看，认为最有利的矢跨比为 1/6～1/7。对于自锚式悬索桥来讲，由于有主缆水平分力的作用，矢跨比不适合做得太小，常用 1/5～1/8。

桥塔高度由桥面高程加上跨中吊杆最小高度和矢高来确定。

3. 吊杆间距

悬索桥吊杆间距直接涉及到桥面构造和桥面材料用量，应进行经济比较。跨径在 80～200m 范围内的吊桥，吊桥间距一般取 5～8m。跨径增大，吊杆间距也应增大。有时吊杆间距可达 20m 左右。

4. 锚索倾角

确定吊桥锚索（边索）倾角的原则是：为了使主索与锚索的拉力相等或接近，锚索的倾角 φ_1 与主索在桥塔的水平倾角 φ_0 应相等或相接近（图 9－29）。锚索倾角常采用 30°～40°，为了减少主索和边索中的内力差值，两角差值一般控制在 10°以内。

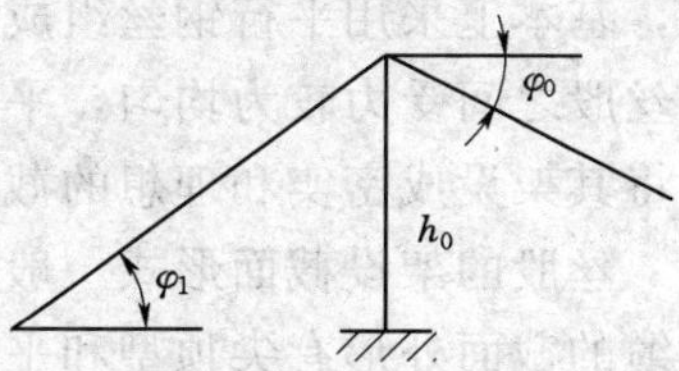

图 9－29 主缆锚索倾角

主索在桥塔处的倾角 φ_0 可由下式求得。以桥塔支承点为坐标原点的主索曲线方程，可近似表示为：

$$y=\frac{4fx(l-x)}{l^2} \tag{9-3}$$

由 $\frac{dy}{dx}\big|_{x=0}=\tan\varphi_0$，得 $\tan\varphi_0=\frac{4f}{l}$。

5. 加劲梁形式与高度

对于加劲梁，总体布置时首先要考虑的是采用桁式加劲梁还是箱形加劲梁。桁式加劲梁的桁高 h 比箱形加劲梁的梁高 h 要大好几倍，它对布置双层桥面的适应性较佳。箱形加劲梁材料省、自重轻，自1980年以后，除日本的明石海峡大桥和因岛大桥外，单桥面大跨度悬索桥多采用箱形加劲梁。

悬索桥的加劲梁梁高，主要根据刚度条件和材料用量最少来确定，桁式加劲梁的梁高一般为8～14m，箱形加劲梁一般为2.5～4.5m。大跨径悬索桥的加劲梁的梁高对于桁架加劲梁常在$l/70$～$l/180$之间，对于箱形加劲梁大体上在$l/300$～$l/400$之间。

6. 横截面布置

悬索桥在横截面内通常布置两根主索，吊杆与主索在同一竖直面内。当主索截面过大时，为了使索夹构造简便，可布置四根主索，此时吊杆在相应的竖直面内。

主索的横向间距或加劲梁的横向间距，是由横向刚度和稳定条件来决定的。一方面，根据刚度条件要求，中小跨径悬索桥的主索间距不应小于$l/30$。在大跨径的悬索桥中，由于悬索截面较大，悬索的刚度影响突出，反而对主索的横向间距的要求降低。另一方面，满足交通功能要求的梁宽不一定超过$l/30$。所以大跨径的悬索桥，经过试验，主索间距可小于$l/35$。这时可以与车道宽度与人行道布置综合考虑，并经过风洞试验确保悬索桥的安全。

（三）悬索桥的构造

1. 主缆

悬索桥的主缆可采用钢丝绳和平行钢丝束两种形式，前者一般用于中小跨度（跨度500m以下）的悬索桥，后者则适用于各种跨度的悬索桥。钢丝绳根据其规模大小可分别采用螺旋钢丝绳及绳股钢丝绳。平行钢丝束则根据其架设方法分为空中纺丝法和预制平行丝股法。前者是在施工现场通过移动的纺轮在空中编制而成，后者是预先在工厂（或工场）按规定的钢丝根数及长度制作成丝股，并做好锚头，绕在丝股盘上，然后运到现场通过牵引系统架设到设计位置。

大跨度悬索桥主缆的索力大，所要求的钢丝数目多，为了减小主缆直径和提高弹性模量，基本上采用平行钢丝组成丝股，再由若干丝股组成密实的主缆。由平行丝股组成的主缆各丝股之间受力较为均匀，平行丝股主缆可制作成正六边形、圆形等形状，通过施工工艺，可将其架设成密实和理想的截面。

丝股的架设截面形式一般是正六边形，以便于丝股保持稳定和相对密实。由丝股排列成主缆的截面外形有尖顶型和平顶型两种，如图9-30所示。平行钢丝主缆的丝股按设计排列架设完成后，将外层丝股的定型带去掉，将丝股打散，然后进行初整形；在初整形后，用紧缆机进行最终整形，将主缆紧固到要求的截面大小时，用软钢带将其捆扎，使其保持要求的形状和尺寸，如图9-31所示，全部紧缆完成后，再进行下道工序。

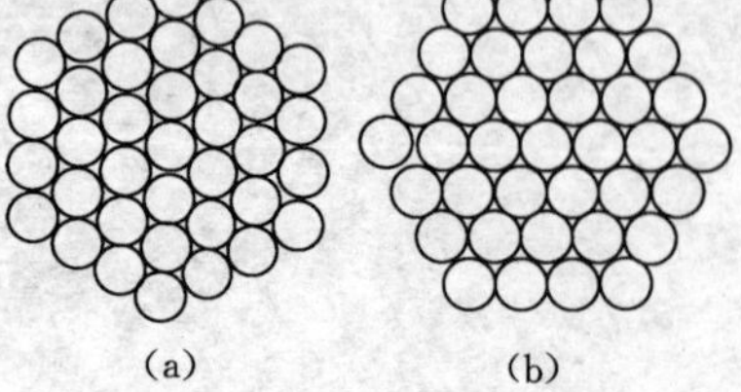

图9-30　主揽内丝股的排列
(a) 尖顶型；(b) 平顶型

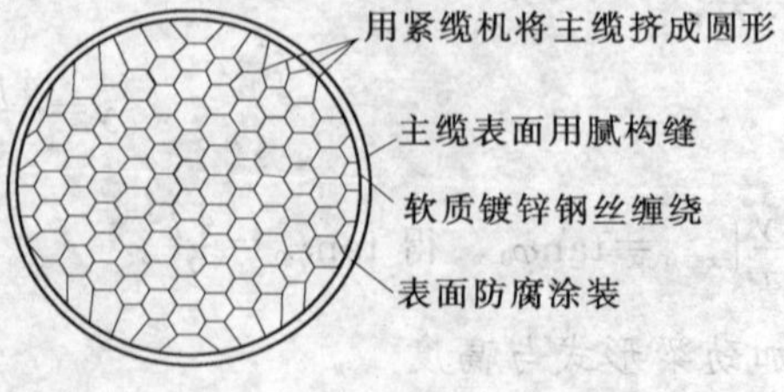

图9-31　紧缆后丝股的截面变形状态

2. 桥塔

桥塔的作用是支承主缆。悬索桥的桥塔按其材料可分为圬工桥塔、钢桥塔和钢筋混凝土桥塔。早期的悬索桥多采用由石料砌筑的门架形圬工桥塔。在20世纪修建的悬索桥（特别是美国和日本）的桥塔大部分采用钢结构。钢桥塔在桥梁横向的结构形式可分为带斜腹杆的桁架式、只带横杆的刚构式和以上两者混合的构架式（图9-32）。近几十年来随着混凝土技术的发展，特别是爬升式活动模板问世以来，大跨度悬索桥塔开始采用混凝土结构。

桥塔按结构受力分为刚性、柔性和摆柱式三种。悬索桥建成后，由于活载作用及温度变化，并且位于塔顶的鞍座与主缆之间不允许出现相对滑移，使得鞍座就会沿桥轴线方向发生线位移。若采用刚性塔，则需要在主鞍座下设辊轴，使鞍座可沿纵向移动［图9-33（a）］。若采用柔性塔，鞍座就固定于塔顶，由塔的弹性变形来适应鞍座的线位移，这种方式构造简单，维修保养容易［图9-33（b）］。大跨度悬索桥的桥塔通常采用柔性塔，塔的受力常为弯、压甚至扭转共同作用，以受压为主。此外，在悬索桥发展的早期，有些小跨度悬索桥中曾采用过摆柱式塔［图9-33（c）］。这种塔在塔底设铰，大大减小了塔所受的弯矩，但施工困难，结构复杂，现已不再采用。

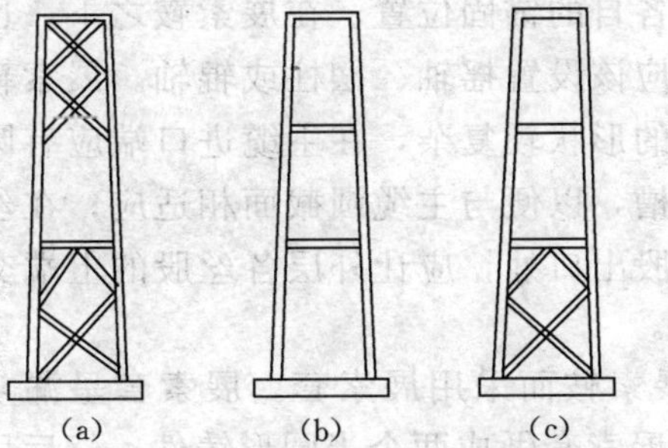

图9-32 悬索桥桥塔的形式
（a）桁架式；（b）刚构式；（c）混合式

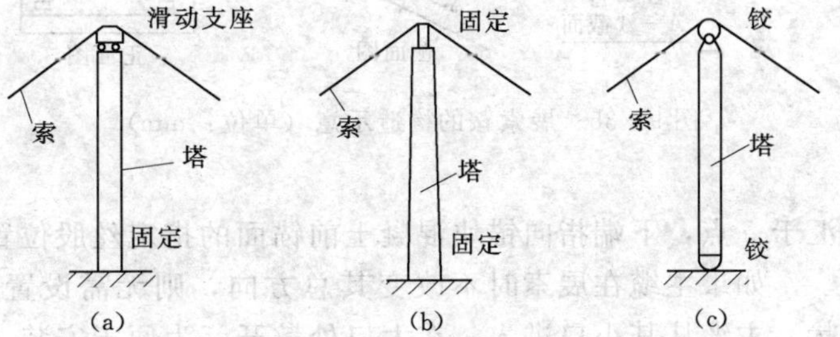

图9-33 塔与索鞍的连接形式

3. 鞍座

鞍座是设在塔顶及桥台上直接支承主缆并将主缆荷载传递给塔及桥台的装置。目前的鞍座大多采用铸焊结合结构，鞍槽采用铸钢件，鞍槽下的支撑结构采用厚钢板的焊接结构，鞍槽与支撑结构之间也用焊接。

鞍座按其作用的不同，大致可分为塔顶的主鞍、支架副鞍和展索鞍三种。

设在塔顶的鞍座又叫主鞍，作用是支承主缆，承受主缆产生的巨大压力并传递给桥塔。为方便吊装，往往将主鞍座在纵向分为两段或三段，吊装到塔顶后用高强度螺栓连接成一体。图9-34是一座悬索桥鞍座的侧面构造图。

鞍座的弯曲半径关系到主缆的弯曲应力和主缆与鞍座的接触压力，一般悬索桥的主鞍半径是主缆直径的8～12倍。过去一些大跨悬索

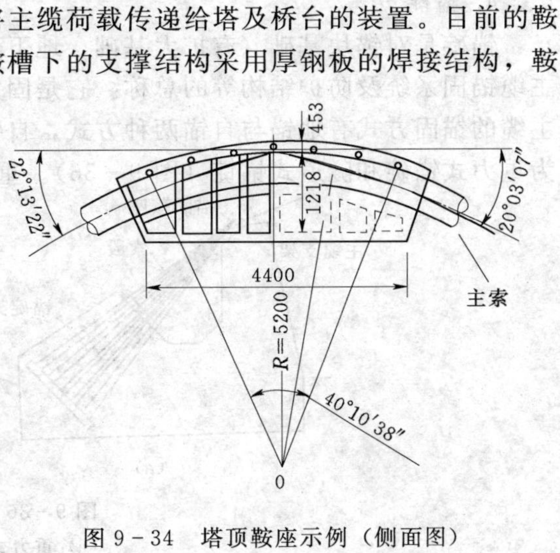

图9-34 塔顶鞍座示例（侧面图）
（单位：mm）

桥，采用刚性桥塔时，主鞍下设置辊轴，在悬索桥架梁过程中用来控制主鞍的纵向移动，在成桥之后，辊轴不再起作用。柔性桥塔，可以在施工中凭拉动塔身来达到同样的目的。

为了使主缆对水平线的倾角变陡，以便进入锚碇，可以在边跨靠岸端的墩或钢排架顶上设置一鞍座，称为副鞍（或转索鞍）。副鞍的主要作用是可改变主缆在竖直面内的方向，因此仅在需要时才设置。从副鞍到锚块混凝土前锚面，主缆还有相当长度。随着缆力的增加，副鞍将发生向河的纵移，为此，需把副鞍设置在摇轴、摆柱或辊轴上，以适应成桥后副鞍的（因活载所产坐的）纵移需要。

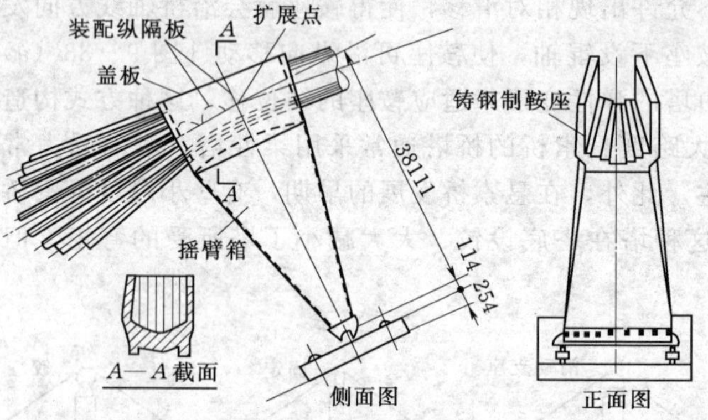

图 9-35　展索鞍的构造示意（单位：mm）

在锚碇前墙处（或在锚碇之内支架处）主缆需要散开成丝股。主缆在散开的同时有一向下的转折角时，就需要在这里设置展索鞍（或散索鞍），如图 9-35 所示。其功能一是改变缆索的方向，二是把主缆的丝股在水平和竖直方向分散开，然后将丝股引入各自的锚固位置。在展索鞍之下，也应该设置摇轴、摆柱或辊轴。展索鞍的形状较复杂，在主缆进口端应有圆槽，以便与主缆圆截面相适应；在丝股出口处，应让外层各丝股的上端交汇于一点，下端指向锚块混凝土前锚面的指定丝股位置。

如果主缆在展索时不改变其总方向，则无需设置展索鞍而采用展索套。展索套呈漏斗状，主缆从其小口进入，在大口处散开。为便于安装，展索套做成两个半圆形铸件，然后用螺栓连接。为防止展索套沿主缆尚未散开的方向滑移，需要在展索套小口之外设置“挡圈”。挡圈的构造与索夹相似，分为两半，套住主缆后，用高强螺栓拧紧，由此产生摩擦力，凭摩擦力阻挡展索套的向上移动。

4. 锚碇

锚碇是对锚块基础（有扩大基础、地下连续墙、沉井基础、桩基础等多种形式）、锚块、主缆锚固系统及防护结构等的总称。它是固定主缆的端头、防止其走动的巨大构件。悬索桥主缆的锚固方式有地锚与自锚两种方式，自锚的情况较少，绝大部分采用地锚形式。地锚分为重力式锚碇和隧道式锚锭（图 9-36）。重力式锚碇依靠其巨大的重力抵抗主缆拉力，隧

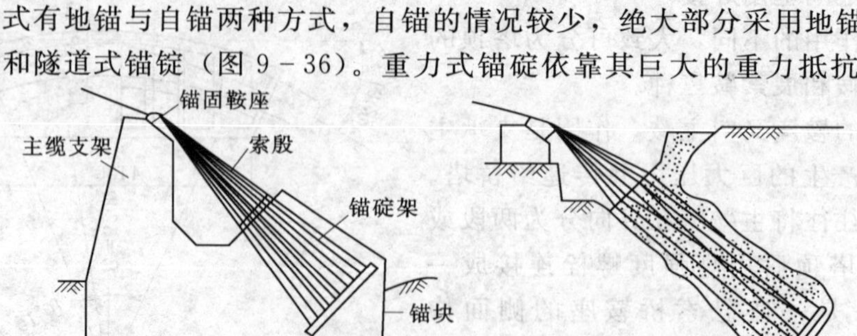

图 9-36　锚碇的形式

(a) 重力式；(b) 隧道式

道式锚碇的锚体嵌入基岩内，借助基岩抵抗主缆拉力。隧道式锚碇只适合在基岩坚实完整的地区，其他情况下大多采用重力式锚碇。

在锚碇范围内，主缆的丝股从缠紧状态变为散开，其拉力通过锚碇的锚固传力系统分散到锚块内。若主缆是采用空中送丝法制作的，其丝股在散开的终端应套在靴根中（它是专为空中送丝法主缆设置的构造）；各丝股所传的拉力经由靴根及销钉（或螺杆等）传给埋在混凝土锚块中的锚杆。靴根可采用铸钢或低碳钢制作，作用是传力和调整丝股长度。过去的锚杆用钢眼杆，现在则常用预应力粗圆钢。若主缆采用预制平行丝股制作，则靴根当用锚头铸钢件（常简称为锚板）代替。这时，丝股的锚头传力于锚板，用螺杆穿过铸钢件与前锚板相连，凭借螺母来调节铸钢件位置，使丝股长度趋于一致，这种方式叫“前锚”；也可以让丝股穿过预埋在混凝土锚块中的套管，到达混凝土锚块的后锚面，让丝股力通过后锚面传给锚块，这种方式叫“后锚”。

当主缆在锚碇前墙处需要展开成丝股并改变方向时，则需设置主缆支架。主缆支架可以设置在锚碇之外，也可以设置在锚碇之内。主缆支架主要有三种形式：钢筋混凝土刚性支架、钢制柔性支架及钢制摇杆支架，如图 9－37 所示。当采用刚性支架时，鞍的底部必须设置辊筒，以适应主缆的伸缩。

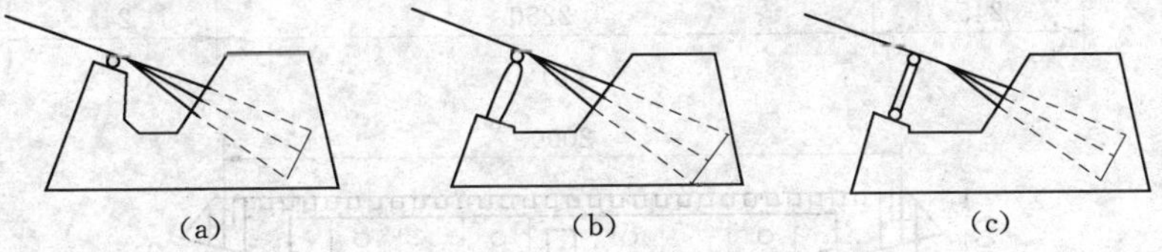

图 9－37 主缆支架
(a) 刚性支架；(b) 柔性支架；(c) 摇杆支架

5. 加劲梁

现已建成的悬索桥大都采用沿桥纵向等高度钢结构加劲梁，一般采用桁架梁或扁平钢箱梁。

钢桁架式加劲梁在双层桥面的适应性方面远远较钢箱梁优越，因此适合于交通量较大的或公路铁路两用的悬索桥。桁架加劲梁的立面布置多采用有竖杆的简单三角形形式，其横向布置应根据是否设双层桥面而定，桥面常采用钢筋混凝土板或正交异性钢桥面板。图 9－38

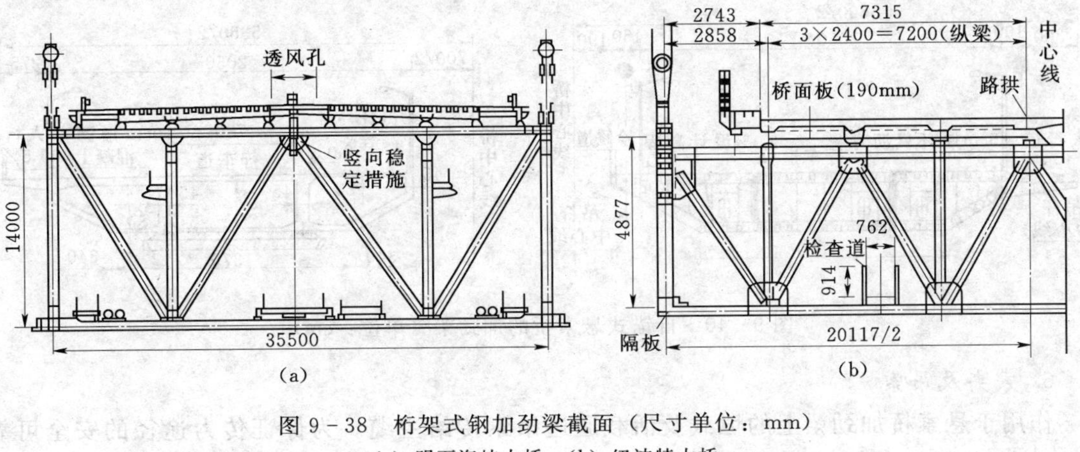

图 9－38 桁架式钢加劲梁截面（尺寸单位：mm）
(a) 明石海峡大桥；(b) 纽波特大桥

(a) 为明石海峡大桥加劲梁横截面（双层桥面，公路钢桥面板），图 9－38 (b) 为美国纽波特大桥加劲梁横截面（单层桥面，混凝土桥面板）。

钢箱加劲梁外形成梭状扁平形，其优点是建筑高度小，自重较桁架梁轻，用钢量省，风阻力系数较小（仅为桁架梁的 1/2～1/4）。典型的梭状扁平钢箱梁的截面如图 9－39 所示，它由带加劲肋的钢板焊接而成，在箱内还设有横隔板或由杆件组成的横撑，桥面通常采用正交异性钢桥面板。

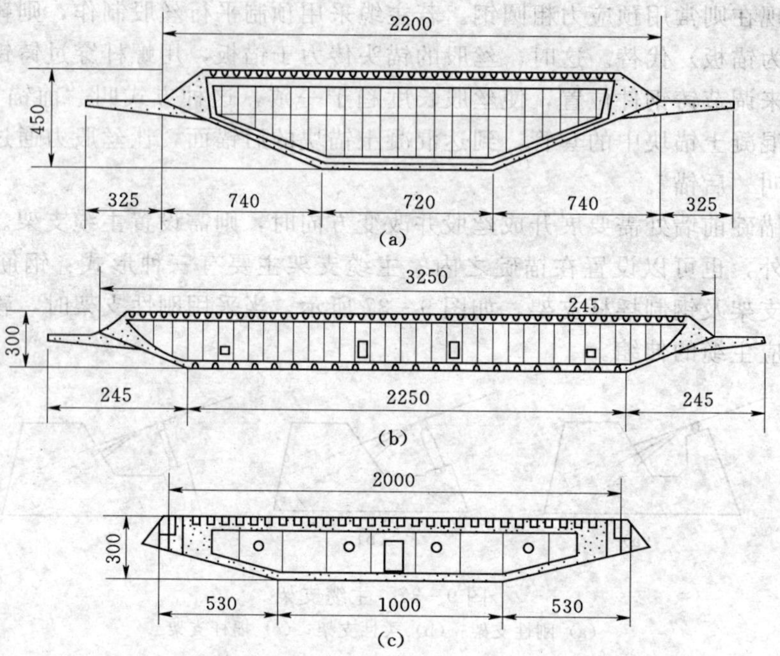

图 9－39　钢箱加劲梁截面（单位：cm）

自锚式悬索桥加劲梁由于受到主缆传过来的巨大轴向力，因此相对地锚式悬索桥来讲，要强大得多。自锚式悬索桥加劲梁材料可以采用钢材、混凝土以及钢混结合材料。如图 9－40 所示为平胜大桥主跨钢箱加劲梁、边跨混凝土加劲梁的断面布置。

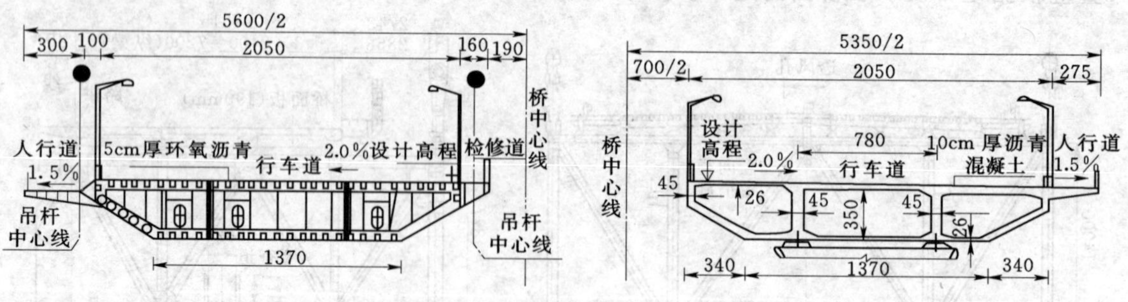

图 9－40　自锚式悬索桥的加劲梁（单位：cm）

6. 索夹及吊索

作用于悬索桥加劲梁上的恒载及活载通过吊索传给主缆。为保证传力途径的安全可靠，需在主缆上安装索夹。索夹由铸钢制作，分成左、右两半（图 9－41）或上、下两半

(图 9－42)，安装之后，用高强螺杆将两半拉紧，使索夹内壁对主缆产生压力，防止索夹沿主缆向低处滑动。

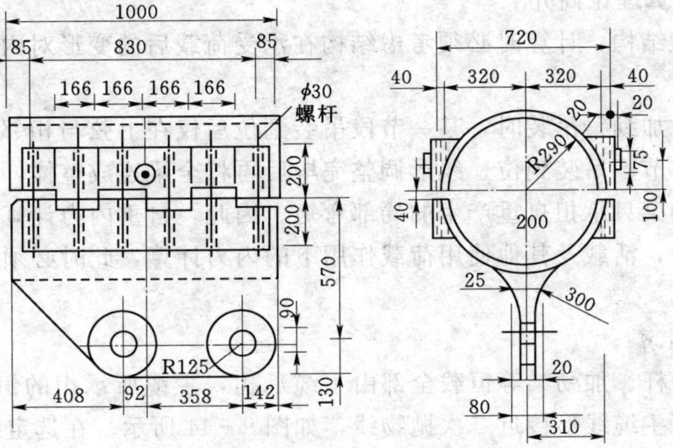

图 9－41　销钉连接示例（单位：mm）

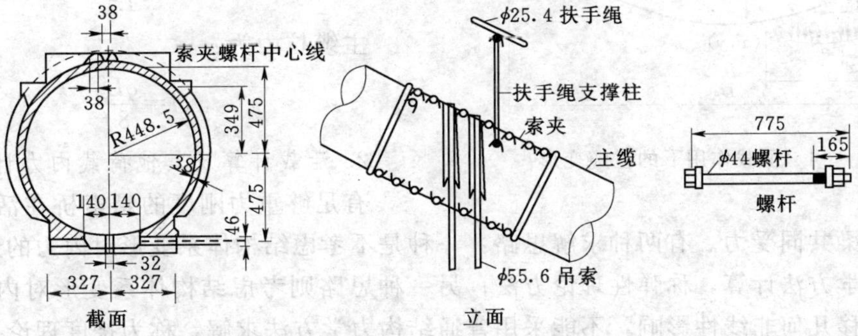

图 9－42　骑挂式连接示例（单位：mm）

吊索可用钢丝绳、平行钢丝束或钢绞线等材料制作。吊索的下端与加劲梁连接，上端连接有两种方式，一种方式是采用销钉连接，在索夹（此时为上、下两半）下半的下垂板（又称吊耳）上设置钉孔眼，吊索上端设开口套筒，两者通过销钉相连，如图 9－41 所示，这类吊索可采用钢丝绳或平行钢丝束；另一种方式是让吊索绕过索夹（此时为左、右两半），让吊索骑挂在索夹上，如图 9－42 所示，这类吊索常用钢丝绳制作，为避免过大直径钢丝绳绕过索夹时钢丝绳破断力降低太多，在每一索夹处常用两对直径较小的吊索。目前销钉连接方式用得较多。

吊索的立面布置一般有垂直布置和斜向布置两种形式，如图 9－43 所示。将吊索设计成斜索的目的是为了提高大跨度悬索桥振动时的结构阻尼值，可以提高振动能量的衰减率。对

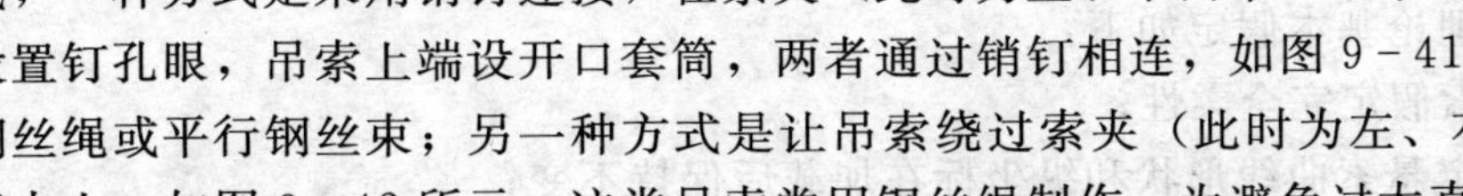

图 9－43　吊索布置形式

于小跨度悬索桥，斜吊索还能较显著地增大悬索桥的竖向刚度。另外，吊索也可采用竖吊索与斜吊索混合使用，即在跨中部分使用斜吊索，在其余部分使用竖吊索。

二、悬索桥计算理论简介

悬索桥是柔性结构，计算时必须考虑结构在承受荷载后的变形对内力分布的影响，即几何非线性的影响。

大跨径悬索桥加劲梁吊装时，某一节段吊装到位后仅在上弦与相邻节段临时连接，节段间是铰接，待所有节段吊装到位、线形调整完毕后再将全梁连成整体，所以加劲梁重力完全由主缆承担，加劲梁只承担自重产生的局部弯矩。因此，自重内力计算只需计算主缆在均布荷载作用下的拉力，活载及其他使用荷载作用下的内力计算，此时必须考虑主缆与加劲梁共同受力。

1. 恒载内力计算

如前所述，吊杆、加劲梁等恒载全部由主缆承担，主缆所承担的恒载 q 接近均布荷载，因此，恒载作用下主缆线形接近二次抛物线，如图 9-44 所示。在选定跨中矢高 f 后，主缆线形为：

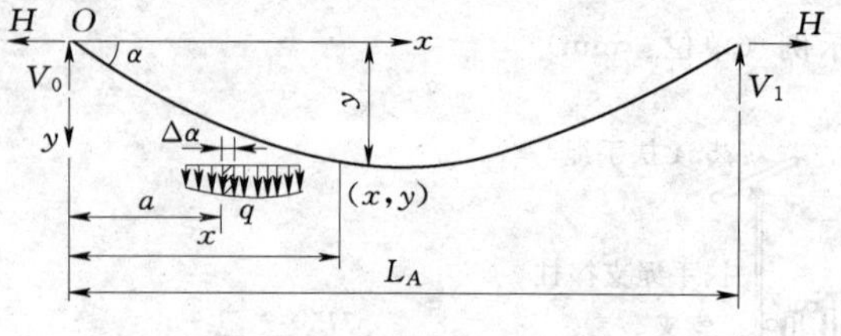

图 9-44　恒载作用下的主缆变形

$$y=\frac{4fx(L_A-x)}{L_A^2} \tag{9-4}$$

主缆拉力为：

$$H=\frac{qL_A^2}{8f} \tag{9-5}$$

2. 活载计算及其他荷载内力计算

有足够重力刚度的悬索桥在活载作用下，主缆与加劲梁共同受力。有两种求解思路：一种是不考虑结构体系变形对内力的影响，可按普通结构力学方法计算，称弹性理论方法；另一种思路则考虑结构体系变形对内力的影响，即考虑大位移几何非线性影响，不能采用普通结构力学方法求解，称为挠度理论。

（1）弹性理论。早期由于悬索桥跨径小，索自重较轻，结构刚度主要由加劲梁提供，结构分析采用弹性理论。弹性理论将悬索桥结构看成是主缆与加劲梁的结合体，它只考虑由活载产生的新的构件内力之间的平衡，并且计算建立在不考虑荷载产生的变形对内力影响的基础上。弹性理论基本假定如下：

(a) 悬索假定完全柔性；

(b) 假定悬索曲线形状和纵坐标在加载后保持不变；

(c) 加劲梁截面的惯性矩沿跨径不变；

(d) 吊杆为竖直，且沿桥跨密布，不考虑在活载作用下的拉伸和倾斜；

(e) 一期恒载完全由主缆承担，恒载作用下主缆线形为二次抛物线，加劲梁中仅有二期恒载、活载、风力和温度变化产生的内力。

在上述假定下，使用荷载内力计算与恒载无关，使用荷载内力计算完成后，将它与恒载内力叠加即可得到总内力。按弹性理论计算的主梁活载弯矩 M 为：

$$M=M_0-Hy \tag{9-6}$$

式中　M_0——将活载作用在跨径为 L_A 的简支梁上的弯矩图；

　　H——活载主缆水平力增量。

采用弹性理论计算存在“内力偏大”的误差，这种误差将随着悬索桥跨度的增加、加劲梁的柔细以及恒载活载比值的加大而有明显的增大，所以现在已很少使用了。

(2) 挠度理论。随着悬索桥跨度的增加，梁的刚度相对降低，结构非线性突出，1862年提出了考虑位移影响的挠度理论。到 20 世纪初得到应用，从 20 世纪初到 80 年代前后，悬索桥的计算均采用挠度理论来进行。

采用挠度理论计算时的基本假定与弹性理论大部分相同，其根本的区别在于上述第二条假定，即假定结构在荷载作用下的变形不可忽略，结构的内力平衡建立在变形后的几何形状上。根据这一假定，使用荷载作用时结构的形状将发生改变，不但使用荷载在新形状上内外力平衡，而且恒载的平衡状态也随结构的变形而发生改变，恒载与使用荷载共同作用下达到新的平衡位置。因此，挠度理论已经计入了恒载内力对悬索桥刚度的提高作用。采用挠度理论计算时叠加原理不再适用，每种工况不同的使用荷载必须分别与恒载组合后计算内力，而不能单独计算使用荷载内力后再与恒载内力叠加。

图 9-45 为悬索桥用挠度理论计算的假设，此时主梁弯矩为：

$$M=M_0-H_q v-H_p(y+v)=M_0-H_p y-(H_p+H_q)v \tag{9-7}$$

式中　H_p——活载主缆水平力增量；

H_q——恒载主缆力；

v——活载引起的主缆线形变化量。

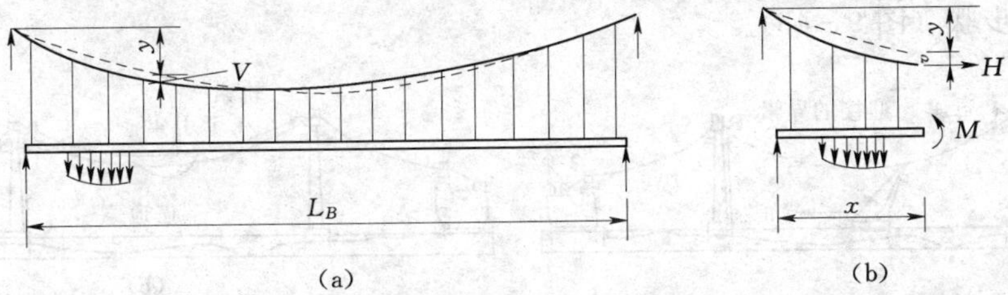

图 9-45　挠度理论计算假定

从上述公式看，用挠度理论计算所得的弯矩比用弹性理论要小 $(H_p+H_q)v$，虽然 v 很小，但是由于主缆恒载拉力很大，弯矩减小量仍然很大。悬索桥的跨度越大、恒载主缆力越大，挠度理论的内力计算值比弹性理论减少得越多，采用挠度理论来设计大跨度悬索桥可以比弹性理论大大节约材料。

(3) 有限位移理论。现代悬索桥跨度不断增大的同时，加劲梁相对刚度不断减小，挠度理论引起的误差已不容忽视。因此，基于矩阵位移理论的有限元方法应运而生。有限元法可综合考虑体系节点位移影响、轴力效应，把悬索桥结构非线性分析方法统一到一般非线性有限元中，是目前普遍采用的方法。

有限元法放弃将悬索桥看作为由承受轴向拉力的主缆与承受竖向弯矩的加劲梁所组合的结构体系，而是将悬索桥看作为由多根直线杆件所组成的空间框架结构体系（主缆为多根直杆组成的折线形），通过杆件交叉点（节点）处的变形协调使结构保持整体。变形协调建立在结构变形后的位置上，因此，各种几何非线性问题均被考虑在其中了。上述结构求解建立在有限位移理论基础上，采用迭代方法进行，一般采用拖动坐标法。

采用有限元法进行计算时，对组成悬索桥的各个构件的位置与组合形状完全没有限制，而是可以任意布置，对主缆与吊索在计算上也不需加以区别。弹性理论、挠度理论一般只适用于进行结构面内的计算，而有限元法可应用于结构的立体计算，这就能解决纵桥向设斜吊杆、横桥向吊杆面倾斜等方案的计算。因此，非线性有限元的应用使悬索桥的设计突破了计算手段的限制，为悬索桥设计的多样性创造了条件。

三、悬索桥施工方法简介

悬索桥的施工主要包括桥塔及锚碇施工、猫道架设、主缆架设、索夹及吊索安装、加劲梁吊装架设等。

（一）桥塔及锚碇施工

钢桥塔一般采用预制吊装的施工方法。先用钢板预制连接成格子形截面的节段，节段在现场吊装拼接成塔柱。钢塔节段在工厂焊接制造，然后运输到工地架设并用高强螺杆连接。钢塔柱一般支承在一块与桥墩混凝土拴接的厚钢板上，通过厚钢板把塔柱压力均匀传递到桥墩中去。也可以在桥墩混凝土中埋设锚固构架，用高强螺栓将塔柱锚固在构架上，通过构架将压力均匀传递到混凝土中，混凝土塔柱的施工与斜拉桥塔柱的施工相同，一般以就地浇筑为主，采用滑模、爬模等技术连续浇筑。

锚碇一般是大体积混凝土结构，可根据施工单位的能力和温度控制的可行方案对锚块进行平面分层和竖向分层。施工时按照一定的施工计划分期分层进行浇筑和养护。

（二）主缆的架设

悬索桥整个主缆自重大，必须逐丝或逐股安装到位，然后在现场编制成缆。缆索的施工大致分为如下步骤（图 9-46）。

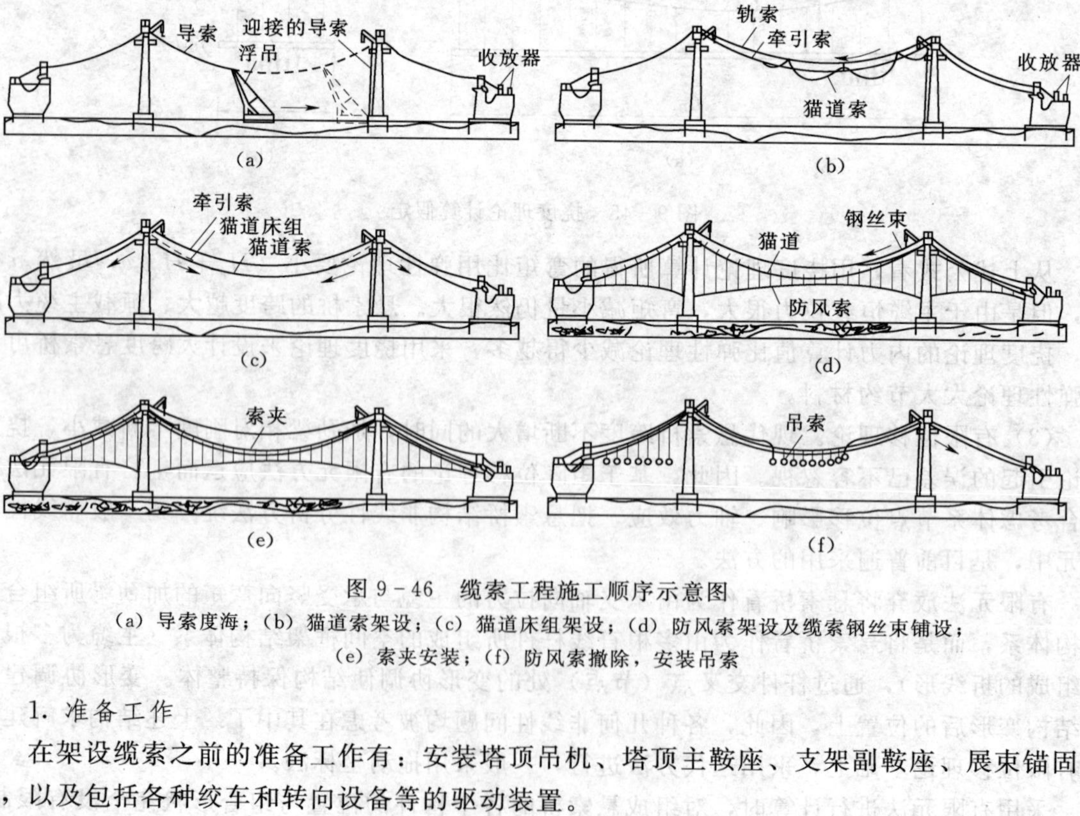

图 9-46　缆索工程施工顺序示意图

（a）导索度海；（b）猫道索架设；（c）猫道床组架设；（d）防风索架设及缆索钢丝束铺设；（e）索夹安装；（f）防风索撤除，安装吊索

1. 准备工作

在架设缆索之前的准备工作有：安装塔顶吊机、塔顶主鞍座、支架副鞍座、展束锚固鞍座，以及包括各种绞车和转向设备等的驱动装置。

2. 架设导索

导索是缆索工程中最先拉过江河（或海湾）的一根钢丝绳索，也是绳索工程中的第一道难关。导索从一端锚碇上引出，越过塔顶后，用拖轮拽到对岸，再越过对岸塔顶锚固在锚碇上。导索的架设一般可选用四种方法：海底拽拉法、浮子法、自由悬挂法、直升机牵引法。通常悬索桥两侧的两根导索可采用同法架设。但当架设作业特别困难时，也可以只架设一根导索，而另一根可通过架设好的导索悬吊过海，再横移就位。

3. 架设牵引索

牵引索是布置在两岸之间的一根环状无端头的钢丝绳索，可通过两岸的驱动装置来使牵引索走动，从而一来一往地引拉其他需要架设的缆索或钢丝。

4. 架设猫道

所谓猫道，就是悬索桥架设施工中，为其空中架设的工作走道，它是主缆编制和架设必不可少的临时设施。每座悬索桥的施工一般设有两个猫道，每个猫道各供一侧主揽施工所需。猫道由猫道索、猫道面板结构（包括栏杆立柱及扶手索等）、横向天桥及抗风索等所组成。牵引索架设完毕，首先由牵引索将猫道索牵引引拉就位。当每个猫道的若干根猫道索架设好好之后，即可铺设透风性好的钢丝网片作为猫道面板，形成空中工作场地。两个猫道之间还要设置数座横向天桥，它除了沟通两个猫道外，还能增加猫道横向稳定性。另外，由于猫道自重轻，在风力作用下极不稳定，故必须在猫道下架设抗风索。抗风索与猫道索反向，与猫道之间用吊索连接。抗风索除了能增加抗风稳定性外，还能通过抗风吊索的张拉力调整猫道的线形，以适应主缆的形状。在风力不大的地区，也可以通过增加横向天桥的个数来提高猫道的抗翻转能力，从而不设置抗风索。

5. 主缆架设

在猫道之下架设抗风索后，猫道工程全部完成，就可在猫道上正式开始架设主缆。主缆架设方法目前有两种：一种为空中编缆法（即 Air Spinning，简称 AS 法）；另一种为预制绳股法（即 Prefabricated Strand，简称 PS 法），也有简称 PWS 法（Parallel Wire Strand）。这里，AS 法是以钢丝为单元，先在空中编成绳股，然后再由若干绳股组成主缆；PS 法则是以工厂预制成的股缆在空中组成主缆。

6. 架吊索

主缆架设完毕，将猫道转载于主缆后，拆除抗风索，并在猫道上开始架设吊索。当吊索安装完毕后，即可拆除猫道。至此，悬索桥的缆索工程遂告全部完成。

（三）加劲梁的架设

悬索桥加劲梁架设特点是，可以将先期架好的主缆作为一施工脚手架，通过可以在主缆上沿纵桥向行走的提升架（或称跨缆起重机）分段提升悬挂在吊索上。梁段用驳船浮运到安装位置下方，提升梁上的卷扬机放下提升钢丝绳，钢丝绳通过平衡梁与加劲梁节段连接，卷扬机将梁段提升到吊索位置后，将吊索下端与梁段上的吊点连接，同时将本梁段与相邻梁段临时铰接，然后松开平衡梁，本梁段吊装完成。

加劲梁的节段架设顺序主要有两种：

（1）从桥塔向跨中对称安装加劲梁节段，加劲梁在跨中合龙，梁段的运输较方便。

（2）从跨中对称向两桥塔拼装，此法可避免跨中合拢问题，但预拼梁段的运输不如前一种方法。

第三节　刚构桥简介

一、刚构桥的分类及力学特点

桥跨结构（主梁）和墩台（支柱）整体相连的桥梁称为刚构桥（或刚架桥），其受力状态介于梁桥和拱桥之间。刚构桥梁柱连接处具有很大的刚性，在竖向荷载作用下，梁部将产生负弯矩，因而减少了跨中的正弯矩，跨中截面尺寸也相应得以减小，故刚构桥的主梁高度可以做的较小。因此，刚构桥通常适用于需要较大的桥下净空或建筑高度受到限制时，如立交桥、高架桥等。

刚构桥可以是单跨结构，也可以是多跨结构。单跨刚构桥的支腿可设计成直柱式称之为门式刚构桥，或做成斜柱式则称之为斜腿刚构桥。多跨刚构桥的主梁可以做成非连续式，即在主梁跨中设置剪力铰或悬挂简支梁，从而形成所谓带铰的T形刚构桥或带挂梁的T形刚构桥；多跨刚构桥也可以将主梁做成连续结构，形成所谓连续刚构桥。因此，刚构桥的主要类型有：门式刚构桥、斜腿刚构桥、T形刚构桥和连续刚构桥。

1. 门式刚构桥

单跨门式刚构桥的支柱做成直柱式，如图9-47所示。其柱脚部分与基础有固结和铰接两种形式。这种结构的主要特点是将桥台台身与主梁固结，既省掉了主梁与桥台之间的伸缩缝，改善了桥头行车的平顺性，又提高了结构的刚性，可以利用固结端的负弯矩来部分地降低梁的跨中弯矩，从而达到减小梁高的目的。这种桥型结构能降低线路标高，改善纵坡以及减少路堤的土方量。另一方面，这种桥型结构由于台梁固结，使其受力状态介于梁和拱桥之间，由此带来一些其他不利因素。

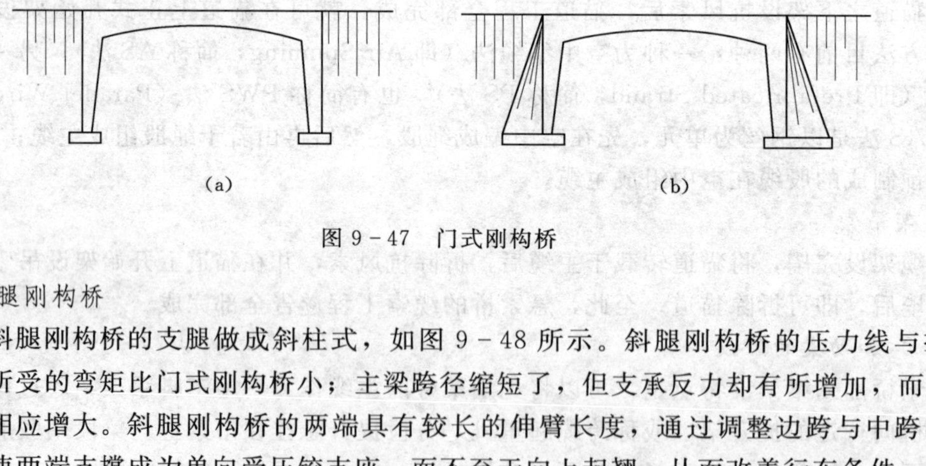

图9-47　门式刚构桥

2. 斜腿刚构桥

单跨斜腿刚构桥的支腿做成斜柱式，如图9-48所示。斜腿刚构桥的压力线与拱桥相近，故其所受的弯矩比门式刚构桥小；主梁跨径缩短了，但支承反力却有所增加，而且斜腿的长度也相应增大。斜腿刚构桥的两端具有较长的伸臂长度，通过调整边跨与中跨的跨长比，可以使两端支撑成为单向受压铰支座，而不至于向上起翘，从而改善行车条件，同时在恒载作用下边跨对主跨的跨中弯矩也能起到卸载作用，有利于将主跨的梁高减薄。但由于斜腿刚构桥属于有推力的超静定结构，其预应力、徐变、收缩、温度变化以及基础变位等因素会使结构产生较大次内力。因此，为了减少超静定次数，同时使斜腿基脚处的地基应力均匀些，一般将斜腿处设计成铰支座。

3. T形刚构桥

将悬臂梁桥的墩柱与梁体固结后便形成了带挂梁或带铰的结构，称为T形刚构桥，它

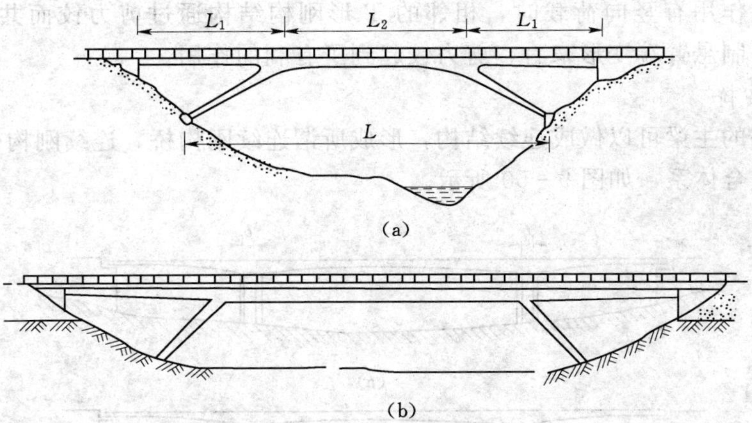

图 9-48　斜腿刚构桥

（a）跨越有坚岩陡坡或谷地上的斜腿刚构桥；（b）高速公路上的斜腿刚构桥

是具有悬臂受力特点的梁式桥。同样，与简支梁相比较，T 形刚构桥具有较大的跨越能力。若采用预应力混凝土结构，则结构的跨越能力可进一步得到提高。

T 形刚构桥又可分为两种类型：带挂梁的 T 形刚构和带铰的 T 形刚构，如图 9-49 所示。

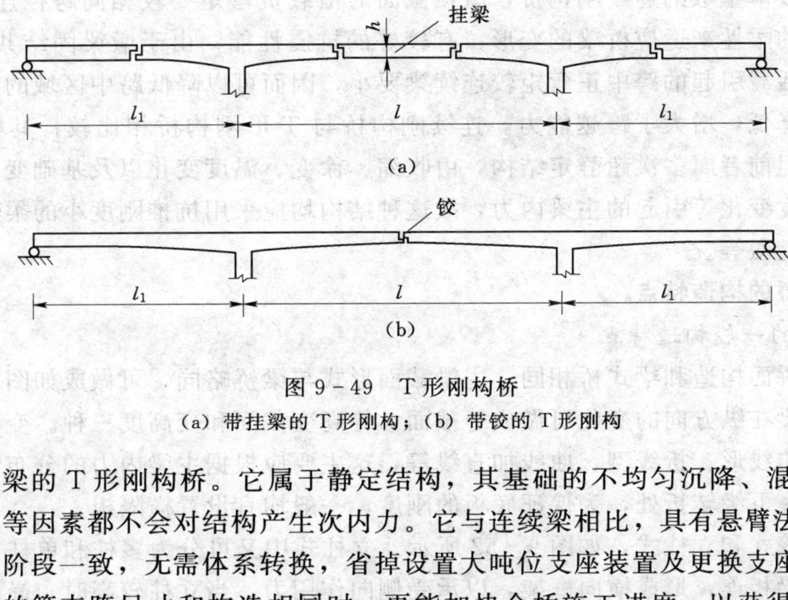

图 9-49　T 形刚构桥

（a）带挂梁的 T 形刚构；（b）带铰的 T 形刚构

（1）带挂梁的 T 形刚构桥。它属于静定结构，其基础的不均匀沉降、混凝土的收缩徐变及温度变化等因素都不会对结构产生次内力。它与连续梁相比，具有悬臂法施工阶段的受力状态与运营阶段一致，无需体系转换，省掉设置大吨位支座装置及更换支座等优点，当挂梁与两岸引桥的简支跨尺寸和构造相同时，更能加快全桥施工进度，以获得良好的经济效益。它与带剪力铰的 T 形刚构相比，其受力和变形性能均略差一些，但其受力明确，对施工阶段的高程控制的精度可以稍放宽些，没有像后者为设置剪力铰需进行强迫合拢的可能以及更换剪力铰处支座的麻烦；它与连续刚构桥相比，不受温度及基础沉降产生次内力的影响。

（2）带铰的 T 形刚构桥。它属于超静定结构，两个大悬臂在端部借所谓的"剪力铰"相连接，剪力铰是一种只能传递竖向剪力而不能传递水平力和弯矩的连接构造。当在一个 T

形刚构桥桥面上作用有竖向荷载时，相邻的 T 形刚构结构通过剪力铰而共同受力。因而，从结构受力和牵制悬臂端变形来看，剪力铰起到了有利的作用。

4. 连续刚构桥

多跨刚构桥的主梁可以做成连续结构，形成所谓连续刚构桥，连续刚构桥是连续梁桥与 T 形刚构桥的组合体系，如图 9－50 所示。

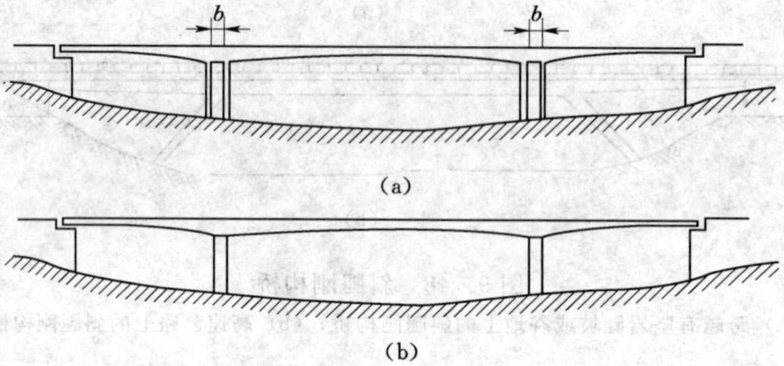

图 9－50 连续刚构桥

大跨度预应力混凝土连续刚构桥的受力特点主要为：梁体连续，墩、梁、基础三者固结为一个整体共同受力。在恒载作用下，连续刚构桥与连续梁桥的跨中弯矩和竖向位移基本一致，但采用双肢薄壁墩的连续刚构桥，墩顶截面的恒载负弯矩要较相同跨径连续梁桥的小，同时利用桥墩的柔性来适应桥梁的变形，有较好的抗震性能；由于墩梁固结共同参与工作，连续刚构桥由活载引起的跨中正弯矩较连续梁要小，因而可以降低跨中区域的梁高，并使恒载内力进一步降低，增大了跨越能力。连续刚构桥与 T 形刚构桥相比较，其整体性好，内力分布均匀，但前者属多次超静定结构，由收缩、徐变、温度变化以及基础变位产生的次内力大为减缓温度变化等引起的主梁内力，故这种结构均应采用抗推刚度小的柔性桥墩，例如高墩、双肢薄壁墩等。

二、刚构桥的构造特点

1. 刚构桥的一般构造特点

刚构桥的桥面构造和梁式桥相同。主梁截面形式与梁桥略同，可做成如图 9－51 所示的各种形式。主梁在纵方向的变化可做成等截面、等高变截面和变高度三种。变高度主梁的底缘形状可以是曲线形、折线型、曲线加直线等，这主要应根据主梁内力的分布情况，按等强度原则选定。在下缘转折处，为保证底板的刚度，一般均宜设置横隔板。

支柱有薄壁式和立柱式，如图 9－52 所示。立柱式中又可分为多柱和单柱。多柱式的柱顶通常都用横梁相连，形成横向框架，以承受侧向作用力。当立柱较高时，尚应在其中部用横撑将各柱连接起来。支柱的横截面可以做成实体矩形、工字形或箱形等。对于单柱式，其截面要与主梁截面相配合，腹板要尽可能与主梁腹板布置一致，以利传力。

(1) 薄壁台身（或台柱）除承受轴向压力外，还承受横向弯矩，并且在基脚处还产生水平推力。因此，必须要求有良好的地基条件，或采用较深的基础和特殊的构造措施来抵抗水平推力的作用。

(2) 基脚无论采用固结或铰接构造，都会因预应力、徐变、收缩、温度变化以及基础变位因素，而产生较大的次内力。

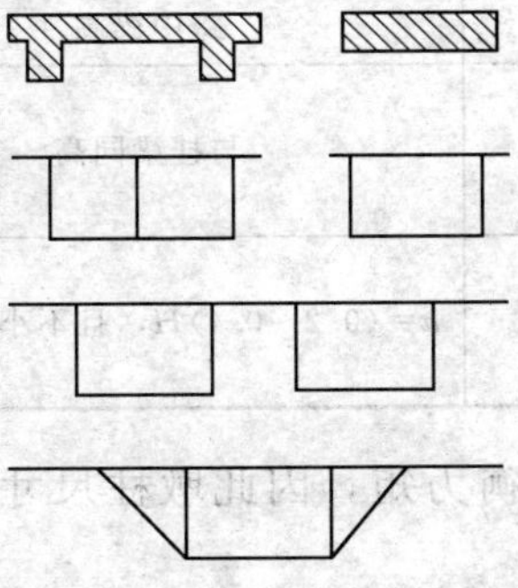

图 9-51 主梁截面形式

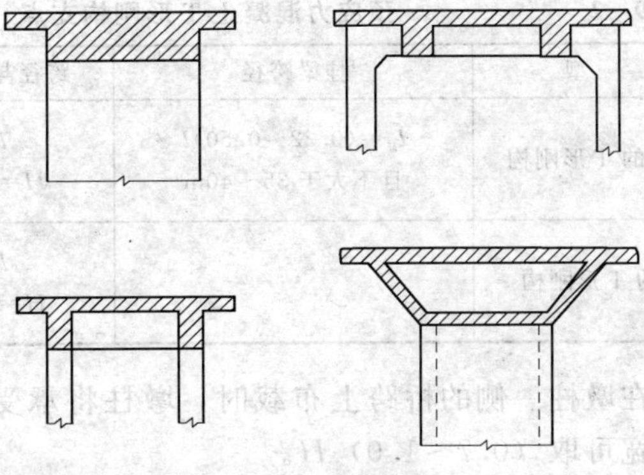

图 9-52 支柱形式

(3) 角隅节点（台身与主梁连接处）的截面承受较大的负弯矩，因此，节点内缘的混凝土会产生很高的压应力，而节点外缘的拉应力虽然由钢筋来承担，但此处的主拉应力常常也会使角隅截面产生劈裂的裂纹。因此，实际工程设计中必须在此处设置防裂钢筋予以加强。

对于单跨门式刚构桥，一般要产生较大的水平推力，为了抵消水平反力，可以用拉杆连接两根立柱的底部，或做成封闭式刚构。封闭式刚构桥一般由桥梁上部结构、下部结构构成闭合箱形框架，有时由多孔箱形框架结构构成。封闭式刚构桥整体性好，有利于抵抗桥头路堤填土的水平推力，但要增大立柱的内力，同时附加内力也较大。

斜腿刚构桥的斜支柱与主梁相交的节点，根据截面形式的不同，可以做成图 9-53 (a)、(b) 所示的两种形式。图 9-53 (c) 示出了后一种形式的预应力筋的布置。此外，与角隅节点相邻截面的预应力筋宜贯穿角隅节点，并在角隅内交叉后锚固在梁顶或端头上。预应力筋锚头下面的局部应力区段尚应设置箍筋或钢筋网，用以承受局部拉应力。

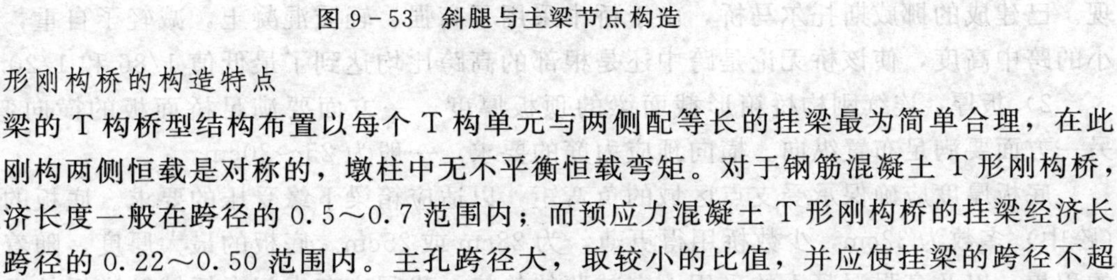

图 9-53 斜腿与主梁节点构造

2. T 形刚构桥的构造特点

带挂梁的 T 构桥型结构布置以每个 T 构单元与两侧配等长的挂梁最为简单合理，在此情况下，刚构两侧恒载是对称的，墩柱中无不平衡恒载弯矩。对于钢筋混凝土 T 形刚构桥，挂梁的经济长度一般在跨径的 0.5～0.7 范围内；而预应力混凝土 T 形刚构桥的挂梁经济长度一般在跨径的 0.22～0.50 范围内。主孔跨径大，取较小的比值，并应使挂梁的跨径不超过 35～40m，以利安装。悬臂受力的 T 构承受的全是负弯矩，上缘受拉，因而配筋比较简单。

T 形刚构桥的悬臂梁，可以是箱形截面，也可以做成桁架结构。其支点、跨中梁高与跨径的关系可参考见表 9-2。

表 9-2 预应力混凝土 T 形刚构支点、跨中梁高与跨径的关系

桥型	挂梁跨径	跨径与支点梁高的关系	跨中梁高
带挂梁的 T 形刚构	$l_g=(0.22\sim0.50)l$ 且不大于 35～40m	$l>100$m 时， $H=(1/17\sim1/21)l$	与挂梁同高
带铰的 T 形刚构		$l<100$m 时， $H=(1/14\sim1/18)l$	$h=(0.2\sim0.4)H$，且不小于 2.0m

当在墩柱一侧的桥跨上布载时，墩柱将承受较大的不平衡力矩，因此墩柱尺寸一般较大，墩宽可取（0.7～1.0）H。

3. 连续刚构桥的构造特点

（1）立面布置。连续刚构桥的主梁在纵桥方向大多采用不等跨变高度的结构布置形式，以适应主梁内力的变化。国内外已建成的连续刚构桥，边跨和主跨的跨径比值在 0.50～692，部分比值在 0.55～0.58 之间。这说明变截面连续刚构桥的边跨与主跨比值要比变截面连续梁的比值范围 0.6～0.8 要小。其原因在于墩梁固结，边跨的长短对中跨恒载弯矩调整的影响很小，而边跨、主跨跨径之比在 0.54～0.56 时，不仅可以使中墩内基本没有恒载偏心弯矩，而且由于边跨合龙段长度小，可以在边跨悬臂端用导梁支撑于边墩上，进行边跨合龙，从而取消落地支架，施工也十分方便和经济。

有时因全桥太长，为了满足温度变形，可以将全桥主梁做成连续的，而将中间若干孔设计成连续刚构桥体系，将其余孔设计成墩梁铰支的连续梁体系，形成所谓的刚构—连续组合梁桥。

（2）横截面尺寸。

1）主梁高度。大跨度连续刚构桥一般采用箱形截面，箱梁的梁高宜采用变高度，其底曲线按一般常用的二次抛物线时，往往在跨径 1/8～1/4 截面的底板处混凝土应力紧张，目前也采用幂次为 1.5～1.8 的抛物线，以缓和该区域的应力分布。连续刚构桥箱梁根部截面的高跨比一般为 1/20～1/15，其中大部分为 1/18 左右，近年来也有的达到或低于 1/20。主跨跨中截面的高跨比为 1/86～1/46，其中大部分为 1/60～1/54，略小于连续梁的跨中梁高，这是由于连续刚构桥是墩梁固结，当活载作用于中跨时，与相同跨径的连续梁相比较，其跨中正弯矩较小的缘故。连续刚构桥的高跨比有下降的趋势，这是上部构造趋于轻型化的表现。已建成的挪威斯托尔马桥，由于桥中采用了高强、轻质混凝土，减轻了自重，并选用较小的跨中高度，使该桥无论是跨中还是根部的高跨比均达到了最低值 1/86 和 1/20.1。

2）板厚。连续刚构桥箱形截面梁的顶板厚度，一方面要满足桥面板的横向弯矩要求；另一方面要满足布置纵向、横向预应力筋的要求，一般为 25～30cm。

底板厚度应确保承受支点区域的负弯矩，以适应箱梁下缘受压的要求。底板的最小厚度（跨中）多数为 32cm，少数桥用得更薄，为 28cm 或 25cm。底板的最大厚度，随着设计经验的积累，以及高强混凝土的采用，有减薄的趋势。我国广东虎门大桥辅航道桥的根部最大底板厚跨比为 1/207.7。值得强调的是挪威斯托尔马桥，由于采用了高强、轻质混凝土，其根部最大底板厚跨比为 1/286.7，这说明采用轻质混凝土具有良好的经济效益。

腹板的主要功能是承受结构的弯曲剪应力所引起的主拉应力，墩顶区域剪力大，因而腹板较厚，跨中区域的腹板较薄，但腹板的最小厚度类似于连续箱梁，应考虑钢束管道布置、

钢筋布置和混凝土浇筑的要求。对于已建的部分连续刚构桥的统计，腹板的最小厚度一般为40cm，个别的更小为35cm，有的采用50cm或更大些，最大厚度一般为55～80cm，我国广东虎门大桥辅航道桥采用40～60cm。

（3）桥墩。连续刚构桥的桥墩不仅应满足施工、运营等各阶段支承上部结构重量和稳定性等方面的要求，而且桥墩的柔性应适应由于温度变化、混凝土收缩、徐变以及制动力等因素引起的位移，以尽量减小这些因素对结构产生的次内力。

连续刚构桥结构构造的最大特点是中间桥墩采用墩梁固结，如果桥墩的刚度较大，则因主梁的预应力张拉，混凝土的收缩、徐变、温度变化以及车辆制动力等因素所引起的变形受到桥墩的约束后，将会在主梁内产生较大的次内力，并对桥墩也产生较大的水平推力，从而会在结构混凝土上产生裂缝，降低结构的使用性能。因此，如果采用柔性桥墩，例如，位于深谷及深河流中的单薄壁高墩，或将桥墩做成双肢薄壁墩，降低桥墩的抗推刚度，使之能适应较大的纵向水平位移和角位移，以克服次内力大的缺点。相反地，连续刚构桥在横桥向的约束很弱，桥梁在横向不平衡荷载或风荷载作用下，易产生扭曲、变位，为了增大其横向稳定性，桥墩在横向的刚度应设计得大一些。

双肢薄壁墩是在连续刚构桥中应用得较多的一种形式，宜适用于桥墩不是很高的情形。为了增大桥墩的柔性，可以将整体式承台在墩中心线处断开成为分离式承台，并尽量降低承台标高，以增大桥墩高度。双肢薄壁墩水平抗推刚度小，不仅可以减小主梁附加内力，而且由于主梁的负弯矩峰值出现在两肢墩的墩顶，可以减小主梁在墩顶截面处的尺寸，增加桥梁美感。但是双肢薄壁墩占据的宽度较大，防撞设施需保护的范围较大，增加的费用可能较多。另外，在偶然的船撞力作用下，双肢薄壁墩的防撞设施比连续梁桥的显得更加重要，这一点需要引起重视。

（4）预应力筋布置。连续刚构桥的预应力筋的布置类似于连续梁桥，即一般布置纵向、横向、竖向预应力筋，即所谓的三向预应力结构。但是目前在连续刚构桥设计中，已有相当多桥梁取消了弯起束和连续束，以竖向预应力和纵向预应力来克服主拉应力。提出了纵向预应力筋布置只采用顶板束、底板束和仅在边跨的端部由于受力的特殊要求设置了部分弯起束的配束方案，并已应用到跨径为70m、80m、106m、120m、140m、190m、260m、270m等不同跨径的连续刚构桥中。这种配束方案的优点是：

（a）腹板长度的90%范围内无纵向预应力管道，从而给腹板混凝土浇筑施工带来了极大的方便。

（b）由于钢绞线设置在结构最大受力部位，充分发挥了钢绞线的作用，从而可以节省预应力钢材的20%～30%，带来了较好的经济效益。

因此，简化预应力束类型，极大地方便了施工，并节约了费用，是连续刚构桥的发展方向。

三、刚构桥的适用范围

门式刚构桥适用于跨越运河及其他小河流的单跨桥梁，并且适用于立体交叉或跨线桥；特别适用于当桥跨较短、采用支撑梁轻型桥台上部配合空心板使用的情形，或者净孔内（主要用作人行通道或车辆通道）排水要求高的情况。当桥面标高已经确定时，采用这种桥型可以增加桥下净空。对于封闭式刚构桥，常用于铁路与公路立交和车站过人通道等场合，尤其当采用顶进法施工时，可以不间断铁路的运营，能做到运营和建设两不误。

斜腿刚构桥由于具有拱桥受力的特征，具有较大的跨越能力，可以用较小的主梁跨径来跨越深谷或与其他线路立交，斜腿刚构桥常常适用于跨线桥和跨越其他障碍物的桥。这种桥型造型轻巧美观，施工也比拱桥方便，因此在中等跨径桥梁中具有较强的竞争能力。

T 形刚构桥结合了刚构桥和多孔悬臂梁桥的特点，是我国 20 世纪 70～80 年代修建较多的一种桥型。同悬臂梁桥一样，T 形刚构桥也非常适宜悬臂施工方法。预应力技术的发展和悬臂施工工艺的相结合以及受力简单明确是发展的一个主要原因。

普通钢筋混凝土 T 形刚构桥常用跨径为 40～50m，预应力混凝土 T 形刚构桥的常用跨径为 60～120m。

然而，几十年来的实践证明：带挂梁的 T 形刚构桥在混凝土的长期收缩、徐变作用和汽车荷载的冲击作用下，使伸缩缝的处理和养护困难，行车时给乘客带来不平稳的感觉，且各 T 形刚构之间不能共同工作，使其跨径受到限制。而在 T 形刚构带铰的桥型中，由于铰的存在，使铰的左右两侧主梁变形不一致，难以调整，引起行车不平顺；施工过程中有时还需要强迫合龙；当 T 形刚构的两边温度变化不同时，易产生不均匀变形，引起较大次内力；加上剪力铰的构造与计算图式中的理想铰的差异，难以准确地计算出各种因素产生的次内力。因此，T 形刚构桥目前已较少采用。

连续刚构桥常用于大跨、高墩的结构中，桥墩纵向刚度较小，在竖向荷载作用下，基本属于一种无推力的结构，而上部结构具有连续施工的一般特点，因此有较好的技术经济性。连续刚构桥的另一个特点是主梁保持连续，这样既保持了连续梁无伸缩缝、行车平顺的优点，又保持了 T 形刚构不需要设大吨位支座的优点，同时避免了连续梁（存在临时固结和体系转换）和 T 形刚构（存在伸缩缝）两者的缺点，养护工作量小。此外，连续刚构施工稳固性好，可以说是大跨径桥梁选型中具有较强竞争力的桥型之一。我国跨径在 150～300m 的梁桥，都有连续刚构桥方案的比选。

但连续刚构桥对地基承载力的要求更高，若地基发生过大的不均匀沉降，连续梁桥可以通过调整墩顶支座的标高，抵消下沉来补救，而连续刚构桥则做不到。对于大跨度连续刚构桥，当其主墩刚度过大时，中跨梁体因会产生过大的温差拉力而对结构受力不利。此外，梁墩连接处应力复杂也是连续刚构桥的一个缺点。

第十章 桥 梁 墩 台

第一节 桥梁墩台的类型与构造

桥墩、桥台为桥梁的下部结构，是桥梁结构的重要组成部分，它主要由墩（台）帽、墩（台）身和基础三部分组成，如图 10－1 所示。其主要作用是承受上部结构传来的荷载，并通过基础又将此荷载及本身自重传递到地基上。桥墩一般系指多跨桥梁的中间支承结构物，它除承受上部结构的荷载外，还要承受流水压力、水面以上的风荷载以及可能出现的冰压力、船舶或漂浮物的撞击作用。而桥台居于全桥的两端，其前端支撑桥跨，后端与路基相接，起着支挡台后路基填土并把桥跨与路基连接起来的作用，它既能挡土护岸，又能承受台背填土及填土上汽车荷载引起的土侧压力。因此，不仅桥梁墩台本身应具有足够的强度、刚度和稳定性，而且对地基的承载能力、沉降量、地基与基础之间的摩阻力等也都提出一定的要求，以避免在这些荷载作用下有过大的水平位移、转动或沉降发生。这对超静定结构桥梁尤为重要。同时桥梁墩台的设计与结构受力、土质构造、地质条件、水文、流速以及河床内的埋置深度密切相关。

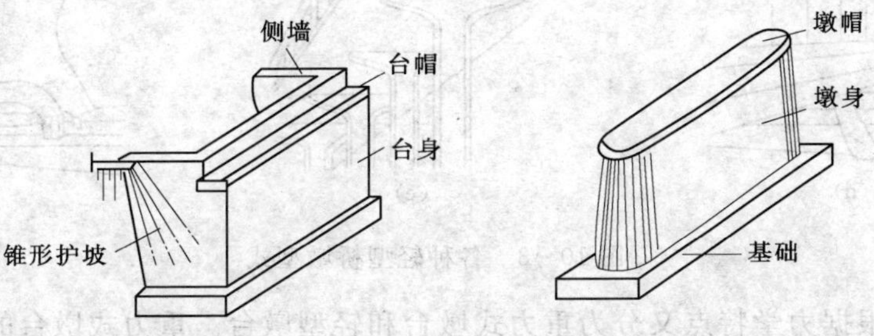

图 10－1　桥梁重力式墩台

确定桥梁下部结构应遵循满足交通要求、安全耐久、造价低、维修养护少、施工方便、工期短、与周围环境协调和造型美观等原则。在桥梁的总体设计中，下部结构的选型对整个设计方案有较大的影响。合理的选型将使上、下部结构的造型协调一致，轻巧美观。目前，世界各国的桥梁建设都在迅速发展，这不仅反映在上部结构的造型新颖上，而且还反映在下部结构向轻型合理的方向发展上，尤其是在桥墩形式上显得更为突出，它把结构上的轻巧合理和艺术造型上的美观统一起来。例如，对于大跨径的桥墩，既考虑墩身的轻巧，又要考虑能有利于上部结构的受力和施工，以达到节约材料和降低整个工程造价的目的，为此采用了 V 形、X 形墩等各种优美的立面形式，如图 10－2 所示。

对于城市立交桥，将比一般的公路桥梁有更高的要求。其为了能从上面承托较宽的桥面，在下面能减小墩身和基础尺寸，在地面以上又给人以艺术的享受和起到美化城市的作用，在选型上，除了遵循前述总原则外，还应注意以下几点：首先要从整体造型着眼，力求形式优美，构造轻盈，线条明快，纹理有质；其次，各部分的形状尺寸要符合桥体结构受力

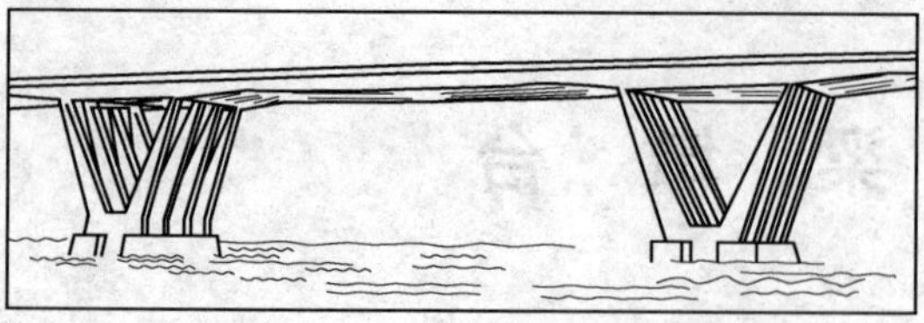

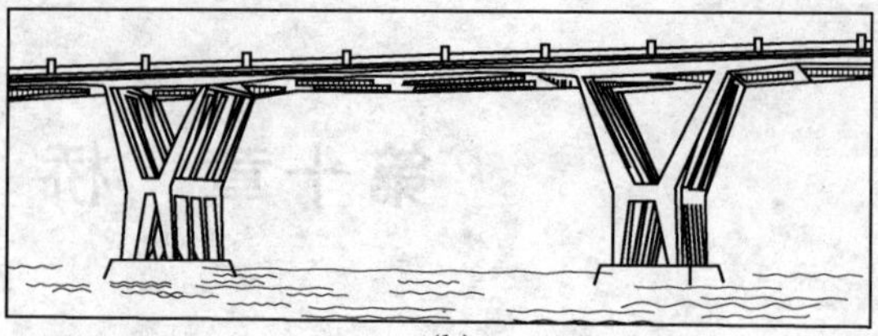

图 10-2　V形和X形桥墩

的规律，结构匀称，比例适度，给人以稳重安全的感觉；最后要与周围环境、文化、习俗相协调。近年来，国内外的城市桥梁中，涌现出丰富多彩的各种构造形式，常常将桥墩在横向上做成独柱式或排柱式，如图 10-3（a）、（b）所示；倾斜式，如图 10-3（c）所示；双叉形，如图 10-3（d）所示；T形、V形，如图 10-3（e）、（f）所示等，这些型式除满足结构受力的要求外，都是为了达到造型美观的目的。

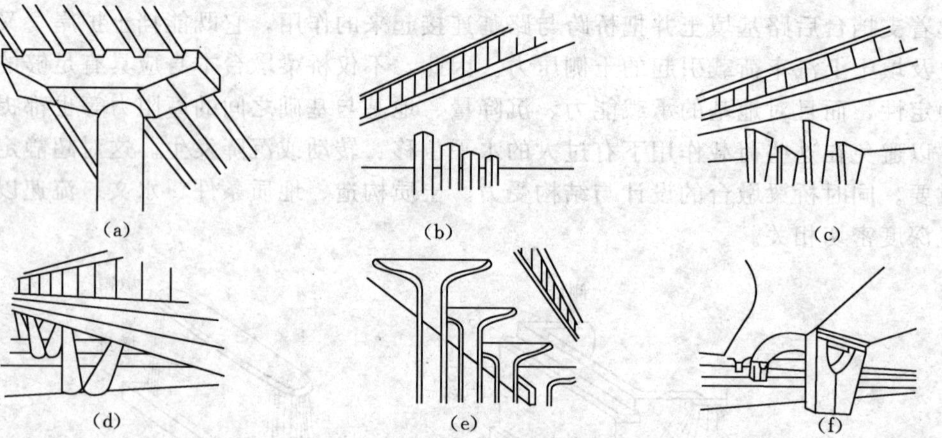

图 10-3　各种轻型桥墩型式

桥梁墩、台根据力学特点又分为重力式墩台和轻型墩台。重力式墩台的主要特点是靠自身重量来平衡外力而保持其稳定。因此，墩身、台身比较厚实，可以不用钢筋，而用天然石材或片石混凝土砌筑。它适用于地基良好的大、中型桥梁或流冰、漂浮物较多的河流中。在砂石料方便的地区，小桥往往采用重力式墩台。其主要缺点是圬工体积较大，因而其自重和阻水面积也较大。轻型墩台的特点是截面积较小，刚度小，受力后允许在一定的范围内发生弹性变形。所用的建筑材料大都以钢筋混凝土和少筋混凝土为主，但也有一些轻型墩台，通过验算后，可以用石料砌筑。

由于公路桥梁常用的墩台大体上归纳为梁桥墩台和拱桥墩台两大类。下面将分别介绍桥墩、桥台在梁桥和拱桥设计中常用的类型和构造。

一、桥墩的类型和构造

桥墩按其构造可分为实体桥墩、空心桥墩、柱式桥排架桩墩、柔性墩等四种类型。

（一）实体桥墩

实体桥墩也称重力式桥墩，是由一个实体结构组成，按其截面尺寸和桥墩重量的不同又可分为实体重力式桥墩和实体薄壁式桥墩（又称墙式桥墩），如图 10-4、图 10-5 所示。

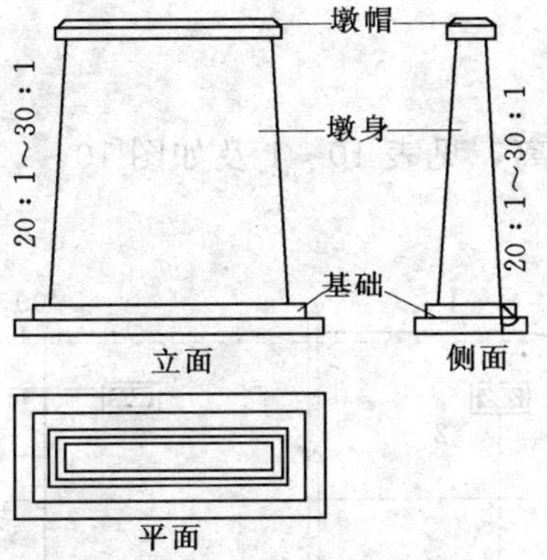

图 10－4　实体重力式桥墩

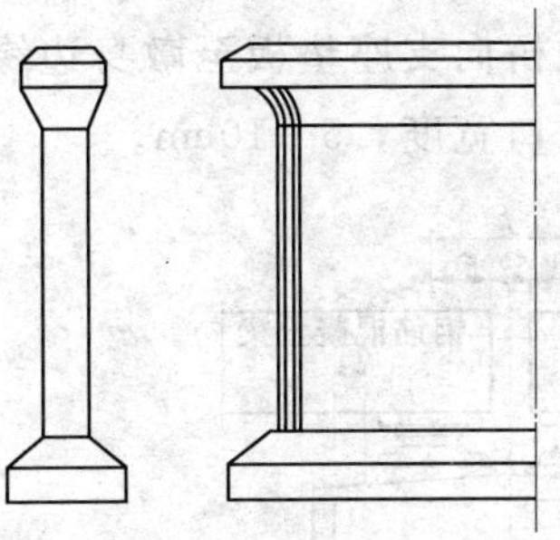
图 10－5　实体薄壁式桥墩

1. 梁桥重力式桥墩

梁桥重力式桥墩由墩帽、墩身和基础三部分组成，如图 10－4 所示。

（1）墩帽。墩帽是桥梁顶部的传力部分，它通过支座承托上部结构，并将相邻两孔桥上的恒载和活载传到墩身上，应力较集中。因此，墩帽本身应具有足够的强度，一般采用强度等级为 C20 及以上的混凝土做成。另外，在一些桥面较宽、墩身较高的桥梁中，为了节省墩身及基础的圬工体积，常常利用挑出的悬臂或托盘来缩短墩身横向的长度，其墩帽一般采用 C20 或 C25 以上钢筋混凝土。

合理拟定墩帽尺寸对整个桥墩设计具有重要意义。JTG D62—2005《公路圬工桥涵设计规范》规定，桥梁的墩帽和台帽厚度，特大、大跨径桥梁不应小于 0.5m；中、小跨径桥梁不应小于 0.4m。在墩、台帽内应该设置构造钢筋。设置支座的墩帽和台帽上应设置支座垫石，在其内应设置水平钢筋网。与支座底板边缘相对的支座垫石边缘应向外展出 0.1～0.2m。支座垫石顶面应高出墩、台帽顶面排水坡的上棱。墩、台顶面与梁底之间应预留更换支座时的空间。墩、台帽出檐宽度宜为 0.05～0.10m。

墩帽的平面形状应与墩身形状相配合。墩帽的平面尺寸首先应满足桥梁支座布置的需要，可按下式确定。

1）顺桥方向的墩帽宽度 b。

（a）双排支座，如图 10－6 所示：

$$b\geqslant f+\frac{a}{2}+\frac{a'}{2}+2c_1+2c_2 \qquad (10-1)$$

$$f=e_0+e_1+e_1'\geqslant\frac{a}{2}+\frac{a'}{2}$$

$$e_0=lt\alpha$$

式中　f——相邻两跨支座间的中心距离；

e_0——伸缩缝，中、小桥为 2～5cm；大跨径桥梁可按温度变化及施工放样、安装构件可能出现的误差等决定；

l——桥跨的计算长度（因桥梁的分孔、联长、固定支座与活动支座布置不同而不同）；

t——温度变化幅度值，可根据当地最高和最低月平均气温及桥跨浇筑完成时的温度计算；

α——材料的线膨胀系数，钢筋混凝土构造物为 1×10^{-5}；

e_1、e_1'——桥跨结构伸过支座中心线的长度；

a、a'——桥跨结构支座垫板顺桥向宽度；

c_1——顺桥向支座垫板至墩身边缘最小距离，见表 10-1 及如图 10-7 所示；

c_2——檐口宽度，5～10cm。

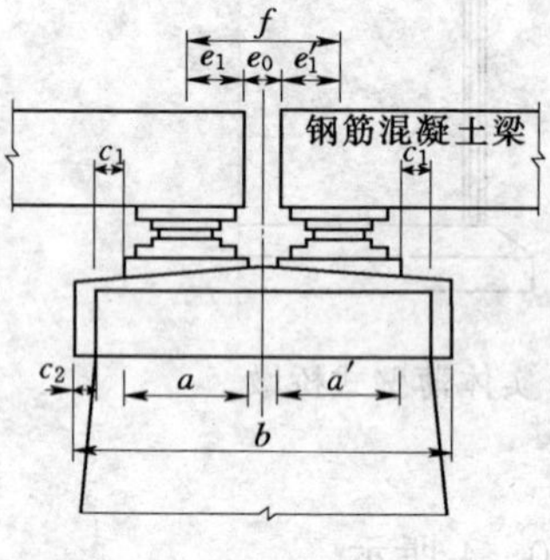

图 10-6 墩帽顺桥方向尺寸

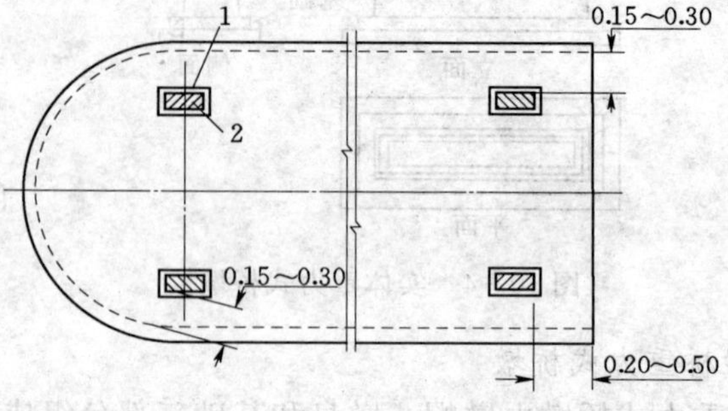

图 10-7 支座边缘至墩、台边缘最小距离（单位：m）

1—支座垫石；2—支座

表 10-1 支座边缘至墩、台身边缘的最小距离 单位：m

跨径 \ 桥向	顺桥向	横桥向	
		圆弧形端头（自支座边角量起）	矩形端头
$l \geqslant 150$	0.30	0.30	0.50
$50 \leqslant l < 150$	0.25	0.25	0.40
$20 \leqslant l < 50$	0.20	0.20	0.30
$5 \leqslant l < 20$	0.15	0.15	0.20

注 当采用钢筋混凝土或预应力混凝土悬臂墩帽时，可不受本表限制，应以便于施工、养护和更换支座而定。

支座边缘至墩、台身顶部边缘的距离应视墩、台构造形式及安装上部构造的施工方法而定，其最小距离按表 10-1 的规定采用，如图 10-7 所示。

(b) 单排支座，如图 10-8 所示：当墩上仅有一排支座时（如连续梁桥），则墩帽高度 b 可由下式计算：

$$b=a+2c_1+2c_2 \tag{10-2}$$

(c) 不等高梁双排支座，如图 10-9 所示：左边（低梁端）宽度应按单排支座墩宽进行设计，而右边（高梁端）应按桥台台帽宽度进行设计。

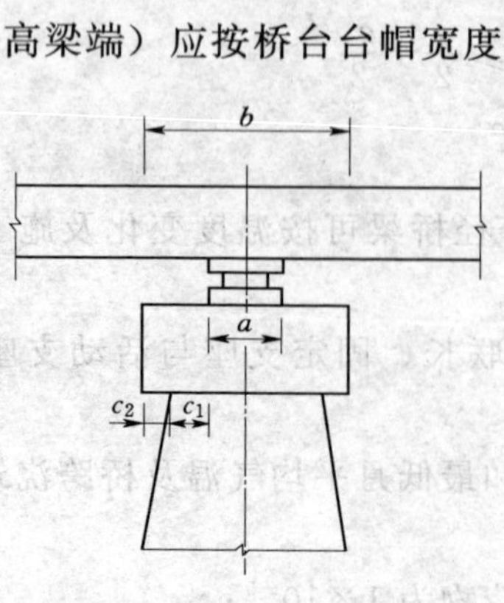

图 10-8 单排支座墩帽尺寸

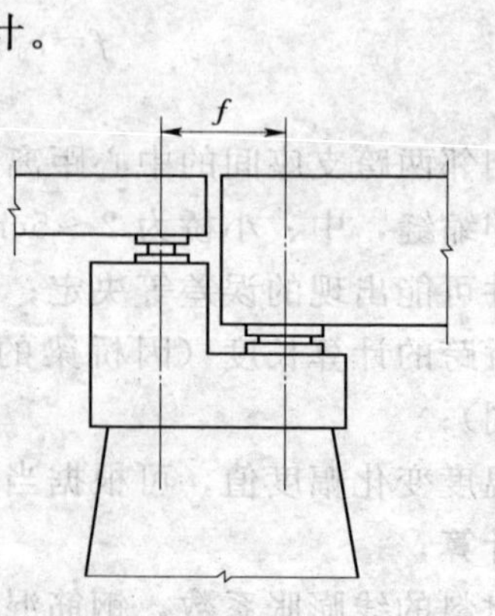

图 10-9 不等高梁桥墩帽尺寸

2）横桥向墩帽最小宽度 B。

（a）多片主梁，如图 10-10 所示：

$$B = \text{桥跨结构两外侧主梁中心距}(B_1) + \text{支座底板横向宽度}(a) + 2c_1 + 2c_2 \quad (10-3)$$

（b）箱形梁，如图 10-11 所示：

$$B = B_1(\text{两边支撑中心距}) + a_1 + 2c_1 + 2c_2 \quad (10-4)$$

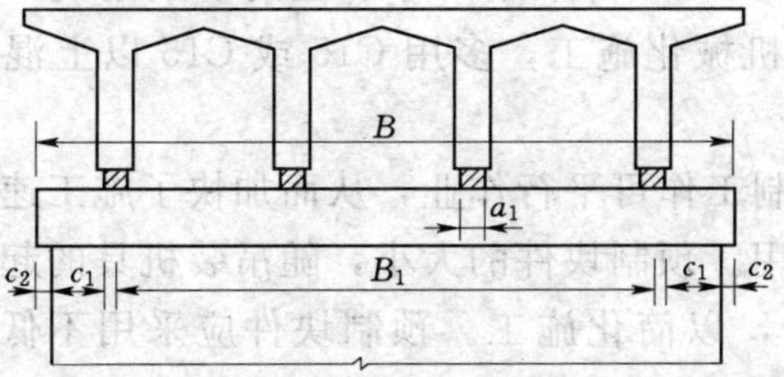

图 10-10 多片主梁墩帽横桥向尺寸

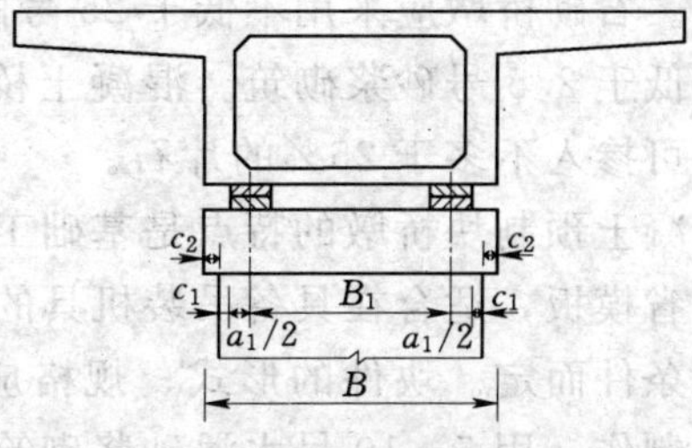

图 10-11 箱形梁墩帽横桥向尺寸

《桥规》中对支座边缘至墩台身边缘的最小距离所作规定，其目的是为了避免支座过分靠近墩身侧面边缘而导致的应力集中；另一个原因是为了提高混凝土的局部抗压强度以及考虑施工误差和预留锚栓孔的要求。墩帽宽度除了满足上式的要求以外，还应符合墩身顶宽的要求，安装上部结构的需要，以及抗震时设防措施所需要的宽度。

在墩帽内应设计构造钢筋，钢筋直径一般为 8～16mm，采用间距为 15～25cm 的网格布置。另外在支座垫板的局部范围内设置 1～2 层钢筋网，其平面分布尺寸约为支座垫板面积的 2 倍，钢筋直径为 8～12mm，网格间距为 5～10cm，这样使支座传递来的集中力能较均匀地分布到墩身上。

在一些宽桥或墩身较高的桥梁中，为了节省墩身及基础的圬工体积，常常利用挑出的悬臂或托盘来缩短墩身横向的长度，做成悬臂式［如图 10-12（a）所示］或托盘式桥墩［如图 10-12（b）所示］。

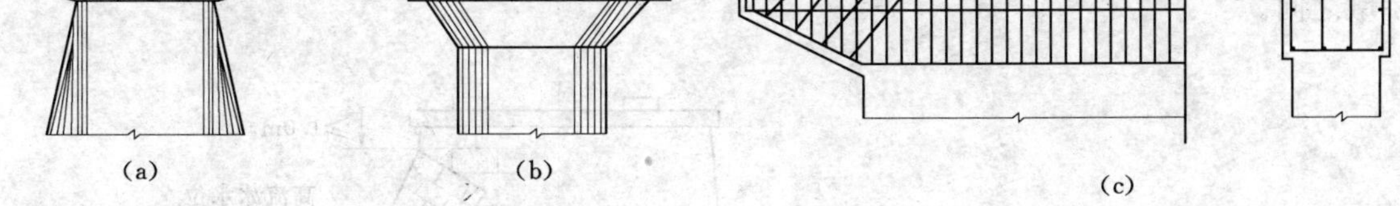

图 10-12 悬臂式和托盘式墩帽

悬臂式墩帽采用 C25 以上的混凝土，墩帽长度和宽度视上部构造的形式和尺寸、支座的尺寸和布置，及上部构造中主梁的施工吊装要求等条件而定；墩帽的高度视受力大小和钢筋排列的需要而定；挑出部分的高度可以向两端逐渐减小，悬臂两端的高度通常采用 30～40cm。这种墩帽需要布置受力钢筋［如图 10-12（c）所示］和增设悬臂部分的施工脚手架。

托盘式墩帽是将墩帽上的力逐渐传递到紧缩了的墩身截面上，墩帽内是否配置受力钢筋要视主梁着力点的位置和托盘扩散角的大小而定。

（2）墩身。墩身是桥墩的主体，重力式桥墩墩身的顶宽，对于小跨径而言，不宜小于

0.8m（采用轻型桥台的桥梁的桥墩不宜小于0.6m）；对于中等跨径桥梁，不宜小于1.0m；对特大、大跨径桥的墩身顶宽，视上部结构类型而定。重力式桥墩的侧坡坡度一般采用20∶1～30∶1（竖∶横），小跨径桥梁的桥墩也可采用直坡的形式。

墩身通常采用混凝土浇筑或者采用浆砌块石和料石，也可采用混凝土预制块砌筑。石砌桥墩适用于盛产石料的地区，符合就地取材、降低造价的原则，但它多靠人力施工，施工速度缓慢。石砌桥墩应采用不低于25号的石料，大、中桥采用5号以上的砂浆砌筑，小桥涵使用不低于2.5号砂浆砌筑。混凝土桥墩便于机械化施工，多用C15或C15以上混凝土浇筑，并可掺入不多于25%的片石。

混凝土预制块桥墩的特点是基础工程与预制工作可平行作业，从而加快了施工速度，并可以节省模板，适合在具备吊装机具的工地采用。预制块件的大小，随吊装机具的起重能力及运输条件而定。块件的形式、规格应尽量少，以简化施工。预制块件应采用不低于C15混凝土制作，用5～10号水泥砂浆砌筑，砌缝厚度不大于1.0cm。

为了便于水流和漂浮物通过，按墩身横截面形式的不同，常见的重力式桥墩可分为矩形墩、圆端形墩、圆形墩、尖端形等，如图10-13所示。

为了便于水流和漂浮物通过，墩身平面形状可以做成圆端形［图10-13（a）］或尖端形［图10-13（b）］，无水的岸墩或高架桥墩可以做成矩形［图10-13（c）］，在水与桥梁斜交或流向不稳定时，宜做成圆形［图10-13（d）］。

具有强烈流冰河流中的桥墩，应在其迎冰面设置破冰棱体，破冰棱应高出最高流冰水位1.0m，并低于最低流冰水位时冰层底面下0.5m，如图10-14所示。破冰棱的倾斜度为3∶1～10∶1（竖∶横），破冰棱迎冰面应做成尖端形或圆端形。混凝土破冰棱在迎冰表面应埋设钢板或角钢。破冰棱与桥墩应构成一体，自基底或承台底至最高流冰水位以上1.0 m处，混凝土墩台应避免设水平施工缝，当不可避免时，其结合面应用型钢或钢筋加强。

另外，在一些高大的桥墩中，为了减少圬工体积，节约材料，或为了减轻自重，降低基底的承压应力，也可将墩身内部做成空腔体，即所谓空心桥墩，如图10-15所示。这种桥墩在外形上与实体重力式桥墩无大的差别，只是自重较实体重力式的轻，介于重力式与轻型桥墩之间。

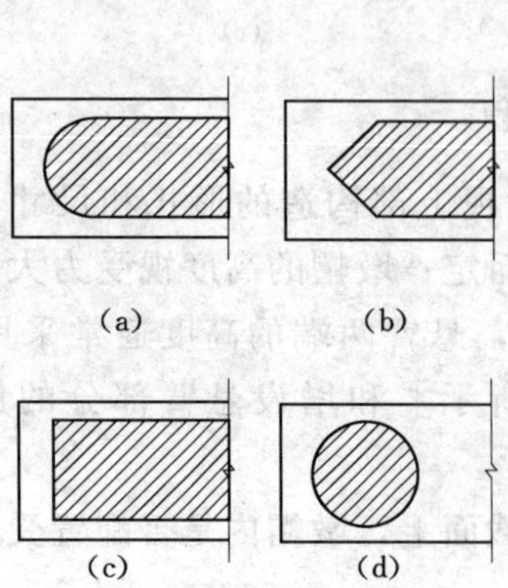

图10-13　墩身平面形状

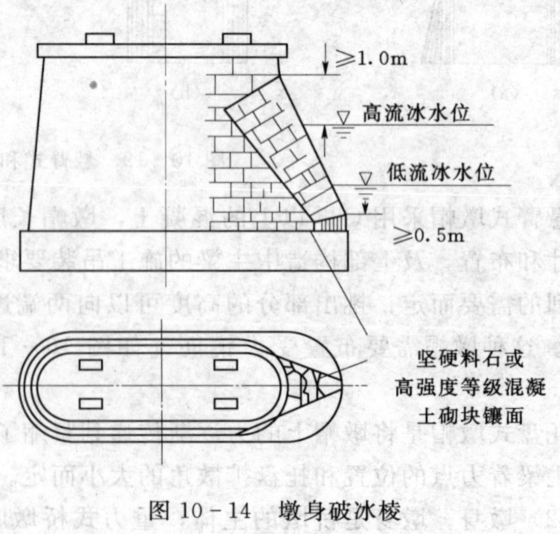

图10-14　墩身破冰棱

空心桥墩在构造尺寸上应符合下列规定：

1）墩身最小壁厚，对于钢筋混凝土不宜小于30cm，对于混凝土不宜小于50cm。

2）墩身内应设横隔板或纵、横隔板，以加强墩壁的局部稳定。

3）墩身周围应设置适当的通风孔或泄水孔，孔的直径宜为20～30cm；墩顶实体段以下应设置带门的进入洞或相应的检查设备。

空心桥墩抵抗碰撞的能力较差。因此，在通航，有流筏、流冰，以及流速大并带有撞击磨损物质的河流上不宜采用。

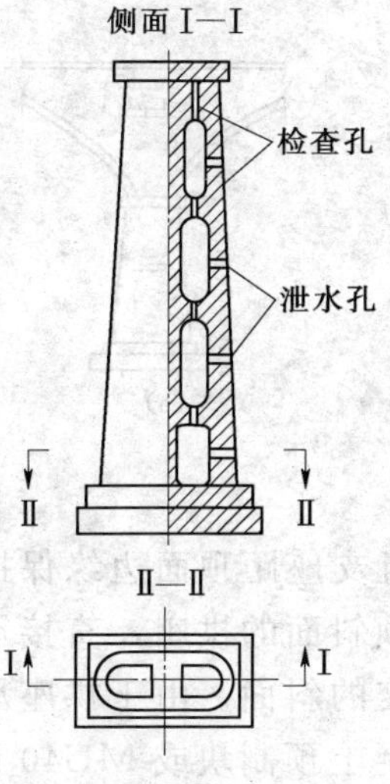

图10－15　空心桥墩

（3）基础。基础是介于墩身与地基之间的传力结构。基础的种类很多，这里仅简要介绍设置在天然地基上的刚性扩大基础。它一般用C15以上的片石混凝土或浆砌块石筑成。基础的平面尺寸较墩身底截面尺寸略大，四周放大的尺寸对每边为0.25～0.75m。基础可做成单层的，也可以做2～3层台阶式。台阶或襟边的宽度与它的高度应有一定的比例，通常其宽度控制在限定的刚性角（30°～40°）以内。《桥规》规定实体墩台基础的刚性角，对于片石、块石和料石砌体，当用强度等级为M5的砂浆砌筑时，不应大于30°；当用M5以上的砂浆砌筑时，不应大于35°；对于混凝土，不应大于40°。

为了保持美观和结构不受碰损，基础顶面一般应设置在最低水位以下不少于0.5m；在季节性流水河流或旱地上，则不宜高出地面。另外，为了保证持力层的稳定性和不受扰动，基础的埋置深度，除岩石地基外，应在地面或河床底以下埋深不少于1m；如有冲刷，基底埋深应在局部冲刷线以下不少于1m；如河床上有铺砌层时，基础底面宜设置在铺砌层顶面以下不小于1m；对于上部结构为超静定结构的桥涵基础，除了非冻胀土外，均应将基底埋于冻结线以下不小于0.25m。

2. 拱桥重力式桥墩

拱桥是一种推力结构，拱圈传给桥墩上的力，除了垂直力以外，还有较大的水平推力，这是与梁桥的最大不同之处。从抵御恒载水平力的能力来看，拱桥桥墩又可分为普通墩，如图10－16（a）、（b）、（c）所示和单向推力墩，如图10－16（d）所示四种。普通墩除了承受相邻两跨结构传来的竖向反力外，一般不承受恒载水平推力，或者当两相邻孔不相同时，只承受经过相互抵消后尚余的不平衡力。单向推力墩又称制动墩，它的主要作用是在它一侧的桥孔因某种原因遭到毁坏时，能承受住单向的恒载水平推力，以保证其另一侧的拱桥不会坍塌。在施工时为了拱架的多次周转，或者当缆索吊装设备的工作跨径受到限制时，为了能按桥台与某墩之间或者按某两个桥墩之间作为一个施工段进行分段施工，也要设置能承受部分恒载单向推力的制动墩。由此可见，为了满足结构强度和稳定的要求，普通墩的墩身可以做得薄一些，单向推力墩则要做得厚实一些。按《桥规》规定，等跨拱桥的实体桥墩的顶宽（单向推力墩除外），混凝土桥墩可按拱跨的1/15～1/25，石砌桥墩可按拱跨的1/10～1/20拟定，但不宜小于80cm。

其次，拱桥与梁桥重力式桥墩相比，拱桥重力式桥墩也是墩帽、墩身及基础三部分组成。但拱桥桥墩在构造上还有以下的特点。

（1）拱座。拱桥桥墩与梁桥桥墩的一个不同点是：梁桥桥墩的顶面要设置传力支座，

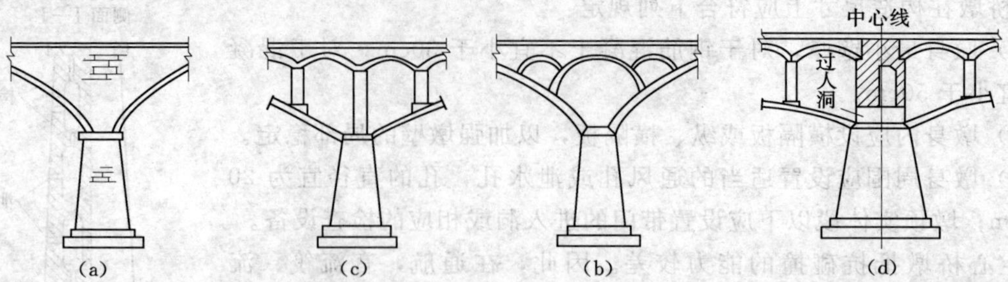

图 10-16 拱桥普通墩与单向推力墩

且支座距顶面边缘保持一定的距离；而无支架吊装的拱桥桥墩则在其顶面的边缘设置呈倾斜面的拱座，直接承受由拱圈传来的压力。故无铰拱的拱座总是设计成与拱轴线呈正交的斜面。由于拱座承受着较大的拱圈压力，故一般采用 C20 以上的整体式混凝土、混凝土预制块或 MU40 以上的块石砌筑。肋拱桥的拱座由于压力比较集中，故应用高强度等级混凝土及数层钢筋网加固；装配式肋拱以及双曲拱桥的拱座，也可预留供插入拱肋的孔槽，如图 10-17 所示。就位以后再浇灌混凝土封固。为了加强肋底与拱座的连接，底部可设 U 形槽浇筑混凝土，混凝土强度等级应不低于 C25。有时孔底或孔壁还应增设一些加固钢筋网。

(2) 拱座的位置。当桥墩两侧孔径相等时，则拱座均设置在桥墩顶部的起拱线标高上，有时考虑桥面的纵坡，两侧的起拱线标高可以略有不同。当桥墩两侧的孔径不等、恒载水平推力不平衡时，将拱座设置在不同的起拱线标高上。此时，桥墩墩身可在推力小的一侧变坡或增大边坡。从外形美观上考虑，变坡点一般设在常水位以下，如图 10-18 所示。墩身两侧边坡坡度和梁桥的一样，一般也为 20：1～30：1（竖：横）。

(3) 墩顶以上构造。由于上承式拱桥的桥面与墩顶顶面相距一段高度，故墩顶以上结构常采用几种不同形式。对于实腹式石拱桥，其墩顶以上部分通常做成与侧墙平齐的形式，如图 10-16 (a) 所示。对于空腹式石拱桥或双曲拱桥的普通墩，常采用立墙式、立柱加盖梁式或采用跨越式，如图 10-16 (b)、(c) 所示。对于单向推力墩常采用立墙式和框架式，如图 10-16 (d) 所示。

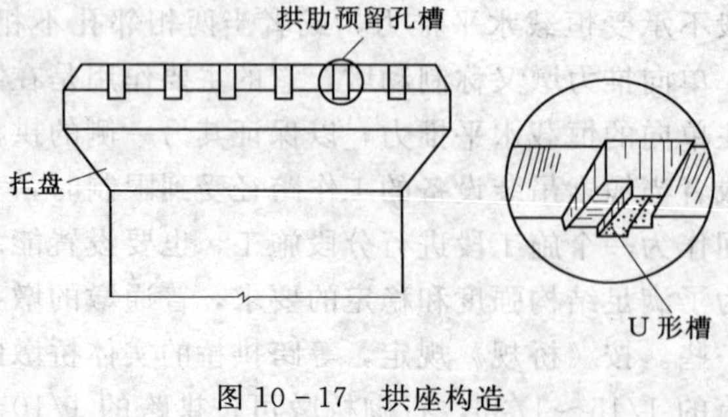

图 10-17 拱座构造

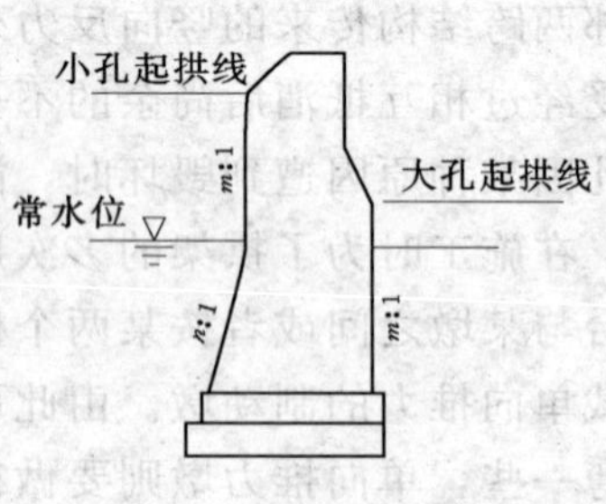

图 10-18 拱桥墩身边坡的变化

为了缩减墩身长度，桥墩墩顶部分也可做成托盘形式，如图 10-17 所示。托盘可采用 C20 以上的混凝土或仅布置构造钢筋。墩身材料可以采用块石、片石或混凝土预制块砌筑，也可用片石混凝土浇筑。

总之，拱桥重力式桥墩的优点是承载能力大，能就地取材，节约钢材；缺点是圬工体积大，自重大。它一般用于地基较好、冲刷不大、覆盖层不厚的情况下。

(二) 轻型桥墩

1. 梁桥轻型桥墩

当地基土质条件较差时，为了减轻地基的负担或者为了减轻墩身重量、节约圬工材料，常采用各种形式的轻型桥墩。轻型桥墩的墩帽尺寸及构造也由上部结构及其支座的尺寸等要求来确定，这与重力式桥墩并无多大差异。在梁桥中，通常采用空心式桥墩、柱式桥墩、柔性桥墩、薄壁式桥墩等几种类型的轻型桥墩。

(1) 空心式桥墩。空心式桥墩是实体墩向轻型化发展的产物，它能充分利用材料的强度，因此可节省材料，减轻桥墩自重，进而减少基础工程量。这种桥墩在外形上与实体重力式桥墩并无大的差别，只是自重较实体重力式的轻。一般高度的空心墩比实体墩节省圬工20%～30%，钢筋混凝土空心墩可节省圬工50%左右。空心式墩可以采用钢滑动模板施工，其施工速度快、质量好、节省模板支架，特别对于高桥墩，更显出其优越性。

在设计桥墩时，采取空心墩的形式通常基于两个目的：一种目的是为了减少圬工数量，在截面和自重已经足够承担及平衡外力的条件下露空中心部分；另一种目的是为了削减墩身的自重，或地震时有较小的惯性力，或减轻软弱基底的负荷。如果墩身为减小圬工量而采用空心墩时需要注意以下几点：

1) 在陆地上或不受船筏撞击、磨损及不受冰冻侵害的高水位以上部分，才宜于采用露空的截面，并需要避免空心部分因渗水、积水、冻胀而损坏墩壁。

2) 墩帽下应有足够高度的实体部分，以使支座反力能够均匀地分布到内墙结合外壁，砌实体厚度不少于1～2m。

3) 空心部分墩壁与实体部分衔接处应设置必要的构造（倒角）、钢筋或做成斜肋，避免在施工时因受温度影响产生局部应力而在转角处发生裂纹。

4) 由于以上原因及内侧设置模板的额外工作，露空墩身只有在多个大型高墩能以同样构造普遍采用时，才有实际的经济效果。

空心式桥墩的截面形式有圆形、圆端形、长方形等几种，如图10-19所示。其中，圆形及圆端形的截面形式便于滑模施工。桥墩的立面布置可采用直坡式、侧坡式和阶梯式，直坡式和侧坡式便于滑模施工。

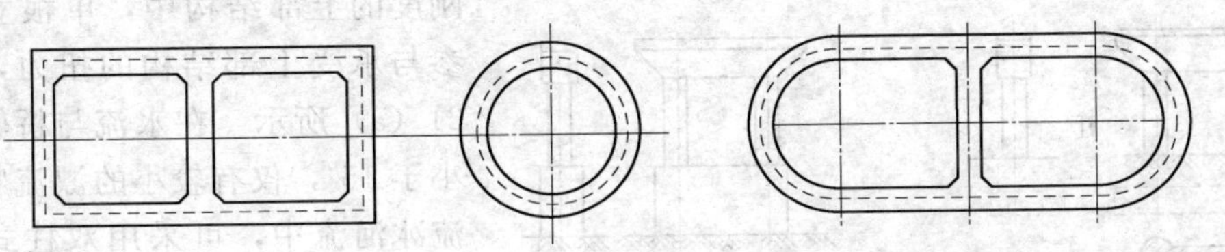

图10-19　空心式桥墩的立面形式

按建筑材料的不同，空心式桥墩可分为混凝土空心墩和钢筋混凝土空心墩两类。混凝土空心墩可在高度小于50m的桥墩中使用。钢筋混凝土空心墩受力性能比混凝土空心墩要好，高桥墩一般采用这种类型。空心墩的壁厚应根据设计和施工的要求来选定，对于钢筋混凝土不宜小于30cm，对于素混凝土不小于50cm。墩身立面的侧坡通常为30：1～20：1。考虑到温度应力等的影响，墩身一般均应加设护面钢筋，从而减少墩的内外温差。陆上墩身在离地面5m以上部分应设置交错的通风孔与泄水孔，直径不小于20cm，以减少内外温差和排水。

空心墩每隔一定高度设置一段横隔板，对空心结构的抗扭有明显作用，对薄壁的稳定也有帮助。但内力分析和模型试验证明，一般空心墩所受扭矩很小。另外，设置横隔板对滑模施工比较困难，因此目前的趋势是尽量不设或者少设。对于 40m 以上的高桥墩，或壁厚与半径之比小于 1∶10 时应按 6～10m 的间距设置横隔板。图 10－20 是我国铁路部门采用的某圆形钢筋混凝土空心式桥墩的设计方案。

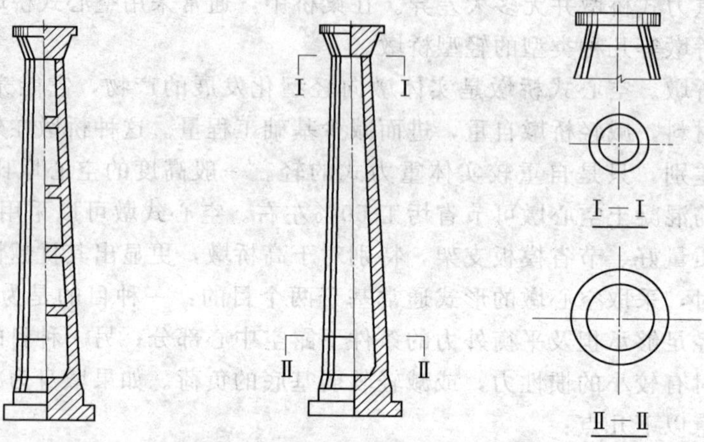

图 10－20　铁路桥梁圆形空心式桥墩的构造（单位：m）

（2）柱式桥墩。柱式桥墩由单根、两根或多根立柱与盖梁及承台组成，一般用 C20～C30 的钢筋混凝土制成，是目前公路桥梁中广泛采用的桥墩形式，特别适用于桥宽较大的城市桥梁和立交桥。它外形美观、圬工体积小、重量轻，柱身的截面形式有圆形、方形、六角形等。但适用跨径一般不大于 30m，且桥墩不宜过高。实际工程中比较常见的有单柱式、双柱式、多柱式、哑铃式以及混合双柱式，如图 10－21 所示。

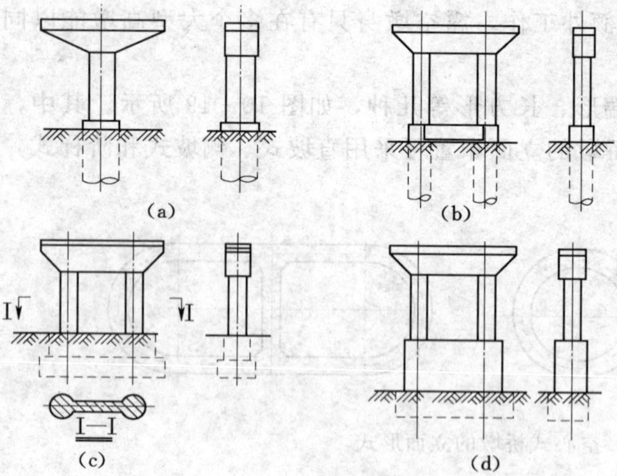

图 10－21　柱式桥墩的类型

（a）单柱式；（b）双柱式；（c）哑铃式；（d）混合双柱式

单柱式桥墩适用于水流与桥轴线斜交角大于 15°的桥梁，或者河流急弯、流向不固定的桥梁，在具有抗扭刚度的上部结构中，单根立柱能一起参与承受上部结构的扭力，如图 10－21（a）所示。在水流与桥轴线斜交角小于 15°，仅有较小的漂流物或轻微的流冰河流中，可采用双柱式或多柱式桥墩，配以钻孔灌注桩基础，这种柱式桥墩具有施工便利、速度快、圬工体积小、工程造价低和比较美观等优点，是桥梁建筑中较多采用的形式，如图 10－21（b）所示。在有较多的漂流物或较严重的流冰河流上，当漂流物卡在两柱之间可能发生危险或有特殊要求时，在双柱间加做 40～60cm 厚的横隔墙，成为哑铃式桥墩，如图 10－21（c）所示。在有较严重的漂流物或流冰的河流上，当墩身较高时，可把高水位以上的墩身做成双柱式，高水位以下部分做成实体式的混合双柱式墩，如图 10－21（d）所示，这样既减少了水下部分的圬工体积，也增加了抵抗漂流物的能力。

柱式桥墩采用能承受弯矩的盖梁来代替实体式桥墩上的墩帽。盖梁横截面的形状一般为矩形或 T 形（或倒 T 形），底面形状有直线形和曲线形两种。盖梁宽度依据上部构造形式、支座间距和尺寸，同时加上支座边缘到盖梁边缘的最小距离来拟定，也要满足抗震规范中的有关规定。盖梁高度一般为梁宽的 0.8～1.2，悬臂端高度不小于 30cm。盖梁长度应大于上部构造两边梁（或边肋）之间的距离，并应满足上部构造安装时的要求。设置橡胶支座的桥墩，支座下应设置钢筋网以分布应力。各截面尺寸与配筋需通过计算确定。

盖梁一般就地浇筑，施工及设计条件允许时，也有采用预制安装的盖梁及预应力混凝土盖梁。墩柱主钢筋伸入盖梁或承台进行连接时，为了使墩柱和盖梁或承台有较好的整体性，墩柱顶一般应嵌入盖梁或承台 15～20cm。露出桩柱顶的主筋可弯成与铅垂线约成 15°倾斜角的喇叭形，并深入盖梁和承台中。若受盖梁或承台尺寸的限制，也可以不弯成喇叭形，但钢筋的伸入长度（算至弯钩切点处）应符合设计规范中的有关规定。单排桩基的主筋应与盖梁主筋连接，此外，在喇叭形主筋外围，还应设置直径不小于 8mm 的箍筋，间距一般为10～20cm。

墩柱配筋的一般要求为：纵向受力钢筋的直径应不小于 12mm；纵向受力钢筋的截面面积应不小于混凝土计算截面的 0.4%；纵向受力钢筋净距应不小于 5cm，且不大于 35cm，净保护层应满足 JTG D62—2004《公路钢筋混凝土及预应力混凝土桥涵设计规范》中第 9.1.1 条的有关规定，普通钢筋和预应力直线形钢筋的最小混凝土保护层厚度不应小于钢筋公称直径等；箍筋直径应不小于纵向钢筋直径的 1/4，且不小于 8 mm；在受力钢筋的接头处，箍筋间距应不大于纵向钢筋直径的 15 倍或构件横截面的较小尺寸，也不大于 40cm。纵向受力钢筋搭接范围内的箍筋间距，应符合 JTG D62—2004《公路钢筋混凝土及预应力混凝土桥涵设计规范》中第 9.3.13 条的规定。

当用横系梁来加强桩柱整体性时，横系梁的高度可取为桩（柱）直径的 0.8～1.0，宽度可取为桩（柱）直径的 0.6～1.0。横系梁一般不直接承受外力，可不做内力计算，按横截面积的 0.1%配置构造钢筋，横系梁的四角应设置直径不小于 16mm 的纵向钢筋，并同时设置直径不小于 8mm 的箍筋，箍筋间距不应大于横系梁的短边尺寸或 400mm。构造钢筋伸入桩内并与桩内主筋连接。

（3）柔性桥墩。传统的简支梁一端设置固定支座，另一端为活动支座。在顺桥方向，桥梁墩台之间的水平联系被完全隔断，各桥墩单独承担梁上传来的制动力或牵引力。为抵抗强大的水平力作用，桥墩截面不得不做得较大。

为充分发挥桥墩的承载（受压）能力，可让各墩（台）具有不同的抗剪强度，并用梁将各墩连接在一起。对多跨桥，可在其两端设置刚性较大的桥台，中间各墩均采用柔性墩（其顺桥方向的墩身尺寸很小）；同时全桥除在一个中墩设置活动支座外，其余墩台均采用固定支座。理论分析和实验表明：作用在桥梁上的水平力将按各墩台的抗剪刚度进行分配，故作用在每个柔性墩上的水平力极小，绝大部分水平力由桥台承担。这样，桥墩就可以采用柔性的单排桩墩、柱式墩或其他薄壁式桥墩，达到节省材料、使桥墩轻型化的目的。

由于柔性墩在布置上只设一个活动支座，当桥梁孔数较多且桥跨较长时，柔性墩固定支座的墩顶位移量过大而处于不利状态，活动支座的活动量要求大，刚性桥台的支座所受的水平力也大。因此，多跨长桥采用柔性墩时宜分成若干联。两个活动支座之间或刚性桥台与第一个活动支座之间称为一联，如图 10-22 所示。每联设置一个刚性墩（台），刚性墩宜布置在地基较好和地形较高的地方。一联长度的划分视地形、构造和受力情况而定。

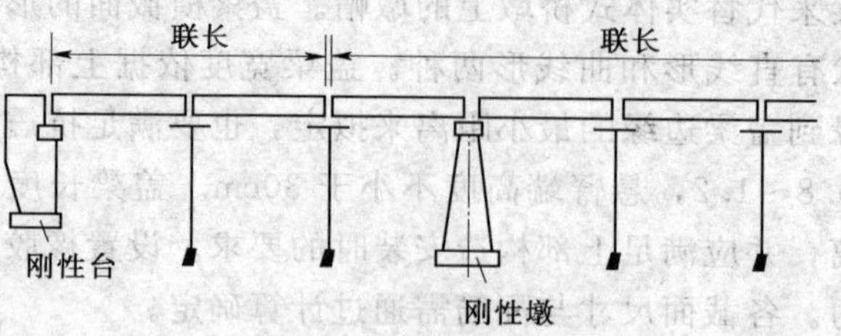

图 10-22 多跨柔性桥墩的布置

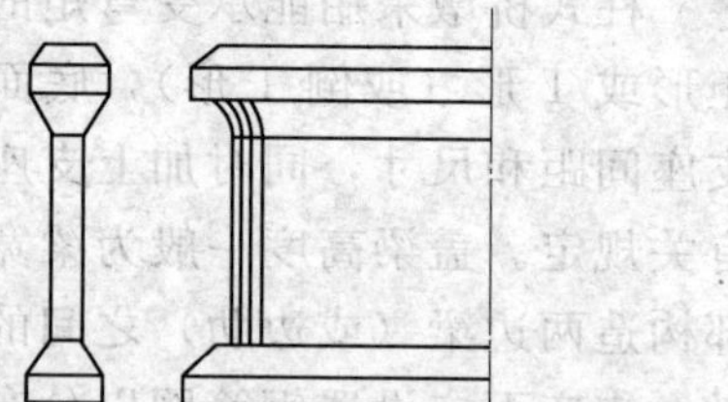

图 10-23 一字形薄壁墩构造

(4) 薄壁桥墩。薄壁桥墩是一种新型桥墩，一般以钢筋混凝土为材料，其截面形式有一字形、工字形、箱形以及适用于高墩较大跨径的双薄壁墩等。其薄壁墩构造简单、轻巧、圬工量小、自重轻，可用于软土土层等地基承载力较弱的地区。如图 10-23 所示为一字形薄壁墩的构造。该薄壁墩在墩位横向也可做成 V 形、Y 形或其他形式。

一字形薄壁墩墩帽应采用不低于 C25 的混凝土，加 ϕ8mm 构造钢筋。墩帽在平面上的尺寸，随墩身顶部尺寸而定。墩帽高度不小于 25～30cm。墩帽四周挑檐宽度 5cm，周边做成 5cm 倒角。墩身可根据外力作用的情况，沿墩身高度配置适量钢筋，通常其钢筋含量约为 60kg/m^3。薄壁桥墩墩高一般小于 7m，墩身截面厚度约为高度的 1/50，即 30～50cm。一般采用托盘式墩帽，其两端为半圆形。

双薄壁墩是现阶段我国大、中跨径公路桥梁中比较常用的桥墩形式。其构造特点是墩位上有两个相互平行的墩壁与主梁铰接或刚接的桥墩。钢筋混凝土双薄壁墩可增加桥墩刚度，减少主梁反力峰值，增加桥梁美观。预应力混凝土连续钢构桥采用墩、梁固结体系，这里双薄壁墩是一种理想的柔性墩，它既能支撑上部结构、保持桥墩稳定，又有一定柔性，适应上部结构位移的需要。

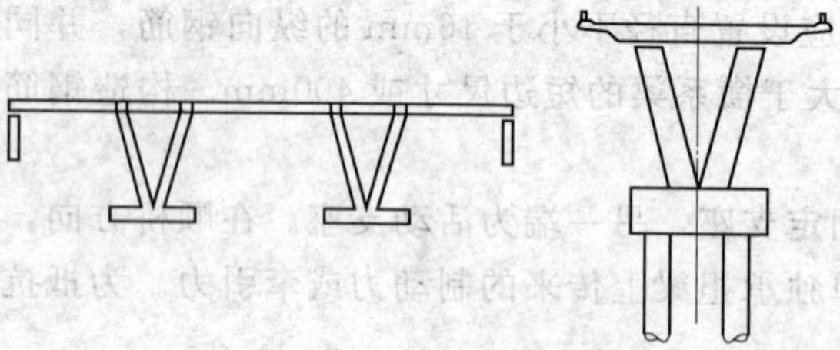

图 10-24 V 形桥墩

(5) 框架式桥墩。对于城市桥梁或风景区的桥梁，既要考虑墩身的轻巧，又要考虑能有利于上部结构的受力，以达到造价与性能的最优比；另一方面还要将结构上的轻巧合理与艺术造型上的美观统一起来，给人以艺术和美的享受。综合以上因素创造出 X 形、V 形等各种优美立面形式的框架式桥墩，如图 10-24 所示 V 形桥墩。

框架式桥墩采用钢筋混凝土或预应力混凝土压挠和挠曲构件组成平面框架代替墩身支撑上部结构，必要时可做成双层或更多层的框架，这类桥墩比空心墩更进一步轻型化。

V 形框架式桥墩的斜撑与水平面的夹角，依桥下净空要求或总体布置确定，通常采用大于 45°的角。斜撑的截面形式可采用矩形、工字形和箱形等。

V 形框架式桥墩的支座可布置在 V 形斜撑的顶部或底部。支座布置在斜撑的顶部，斜撑是桥墩的一个组成部分；支座布置在斜撑的底部，或采取斜撑与承台刚接而不设支座时，斜撑与主梁固结，斜撑成为上部结构的一个组成部分，其受力大小依结构的图式和主梁与斜撑的刚度比确定。

X形、Y形框架式桥墩的结构特点与V形框架式桥墩类似。

2. 拱桥轻型桥墩

拱桥上所用的轻型桥墩，一般采用为配合钻孔灌注桩基础的桩柱式桥墩。从外形上看，它与梁桥上的桩柱式桥墩非常相似，如图10-25（a）所示。其主要差别是：在梁桥墩帽上设置支座，而在拱桥桥墩顶部分设置拱座。当拱桥跨径在10m左右时，常采用两根直径为1m的钻孔灌注桩；跨径在20m左右时，可采用两根直径为1.2m或三根直径为1m的钻孔灌注桩；跨径在30m左右时，可采用三根直径为1.2～1.3m的钻孔灌注桩。

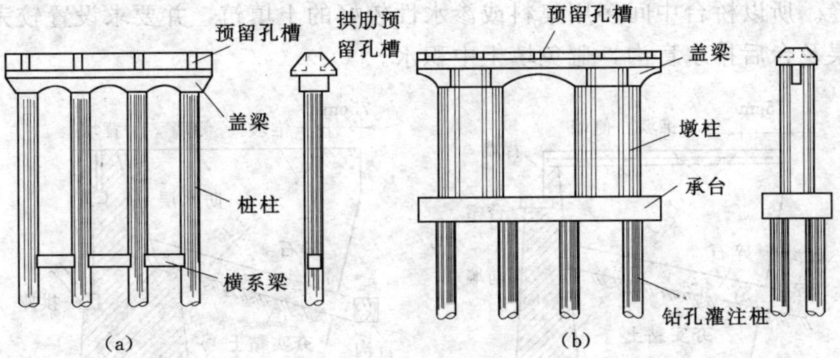

图10-25　拱桥桩柱式桥墩

桩柱式桥墩较高时，应在墩之间设置横系梁以增强桩柱的刚性。其一般采用单排桩，跨径在40～50m以上的高墩，可以采用双排桩，如图10-25（b）所示。在桩顶部可设置承台，与墩柱连成整体。如果柱与桩直接连接，则应在连接处设置横系梁。若柱高大于6～8m，还应在柱的中部设置横系梁。

在采用轻型桥墩的多孔拱桥中，每隔3～5孔应设单向推力墩。当桥墩较矮或单向推力不大时，可以考虑一些轻型的单向推力墩，其特点是阻水面积小，可节约圬工体积。轻型的单向推力墩有：

（1）带三角杆件的单向推力墩。这种桥墩的特点是在普通墩的墩柱上，两侧对称地增设钢筋混凝土斜撑和水平拉杆，以提高抵抗水平推力的能力，如图10-26（a）所示。为了提高构件的抗裂性，可以采用预应力混凝土结构。这种桥墩只在桥不太高的旱地上采用。

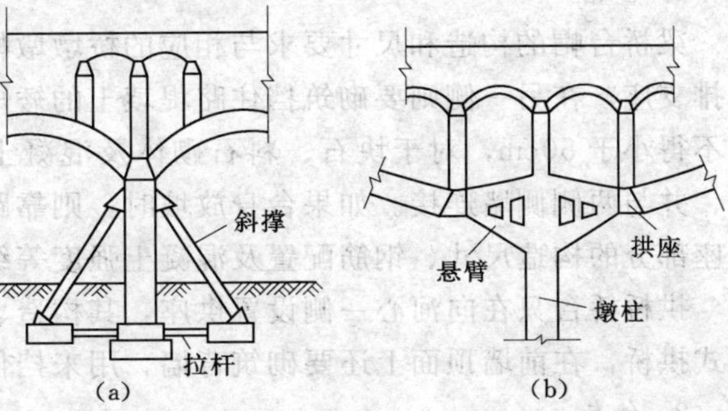

图10-26　拱桥轻型单向推力墩

(a) 带三角杆件的单向推力墩；(b) 悬臂式单向推力墩

（2）悬臂式单向推力墩。悬臂式单向推力墩的工作原理是：当该墩的一侧桥孔遭到破坏以后，可以通过另一侧拱座上的竖向分力与悬臂所构成的稳定力矩来平衡由拱的水平推力所导致的倾覆力矩，如图10-26（b）所示。这种形式适用于两铰双曲拱桥。但由于墩身较薄，在受力后悬臂端将会有一定位移，因而对于无铰拱将会有附加内力产生。

二、桥台的类型与构造

桥台是在岸边或桥孔尽端介于桥梁与路堤连接处的支撑结构物。它起着支撑上部结构和连接两岸道路同时还要挡住桥台背后填土的作用。桥台具有多种形式，主要分为重力式桥台、轻型桥台及组合式桥台等。桥台一般是石砌或素混凝土结构，轻型桥台则采用钢筋混凝土结构。

（一）重力式桥台

梁桥和拱桥上常用的重力式桥台为U形桥台，由台帽、台身和基础三部分组成，如图10-27所示。由于台身是由前墙和两个侧墙构成的U字形结构，故而得名。U形桥台墙身多数为石砌圬工，适用于填土高度为4～10m的单孔及多孔桥。它的结构简单，基础底承压面大，应力较小。但圬工体积较大，两侧墙间的填土容易积水，除增大土压力外还易受冻胀而使侧墙裂缝。所以桥台中间多用集料或渗水性较好的土填筑，并要求设置较完善的排水设备，如隔水层及台后排水盲沟，避免填土中积水。

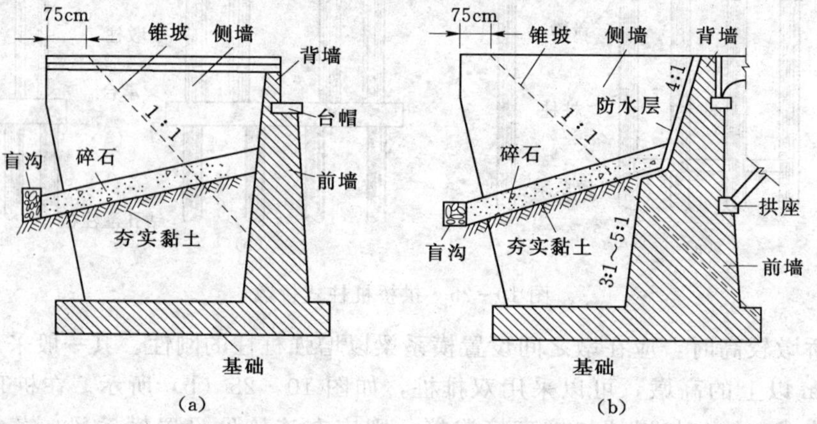

图10-27 U形桥台

(a) 梁桥U形桥台；(b) 拱桥U形桥台

下面叙述U形桥台的各部分构造。

1. 台帽

梁桥台帽的构造和尺寸要求与相应的桥墩墩帽有许多共同之处，不同的是台帽顶面只设单排支座，在另一侧则要砌筑挡住路堤填土的矮矬墙，或称背墙。背墙的顶宽，对于片石砌体不得小于50cm，对于块石、料石砌体及混凝土砌体不宜小于40cm。背墙一般做成垂直的、并与两侧侧墙连接。如果台身放坡时，则靠路堤一侧的坡度应与台身一致。在台帽放置支座部分的构造尺寸、钢筋配置及混凝土强度等级可按相应的墩帽构造进行设计。

拱桥桥台只在向河心一侧设置拱座，其构造、尺寸可参照相应桥墩的拱座拟定。对于空腹式拱桥，在前墙顶面上还要砌筑背墙，用来挡住路堤填土和支承腹拱。

2. 台身

台身由前墙和侧墙构成。JTG D61—2005《公路圬工桥涵设计规范》第6.2.4规定：U形桥台前墙顶面宽度不宜小于50cm，其任一水平截面的宽度不宜小于该截面至墙顶高度的0.4倍。U形桥台前墙设置沉降缝或伸缩缝。背坡坡度一般采用5：1～8：1，前坡坡度为10：1或直立。侧墙与前墙结合成一体，兼有挡土墙和支撑墙的作用。

U形桥台的侧墙顶面宽度不宜小于50cm，任一水平截面的宽度，对于片石砌体不小于该截面至墙顶高度的 0.4 倍；对于块石、粗料石砌体或混凝土不宜小于 0.35 倍；如桥台内填料为透水性良好的中、粗砂或砂砾时，则上述两项可分别相应减为 0.35 倍和 0.3 倍。侧墙正面一般是直立的，其长度视桥台高度和锥坡坡度而定。前墙的下缘一般与锥坡下缘相齐。因此，桥台越高、锥坡越坦，侧墙则越长。侧墙尾端，应有不小于 0.75m 的长度伸入路堤内，以保证与路堤有良好的衔接。台身宽度通常与路基同宽，如图 10－28 所示。

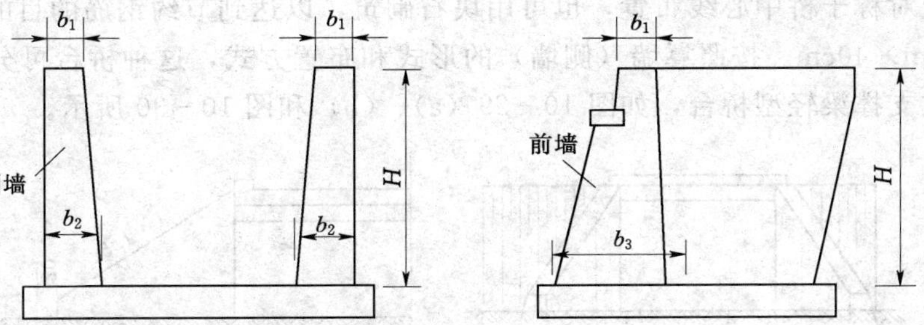

图 10－28　U 形桥台尺寸

$b_1 \geqslant 50$ cm；$b_2 \geqslant (0.3 \sim 0.4)H$；$b_3 \geqslant 0.4H$

两个侧墙之间应填以渗透性较好的土壤。为了排除桥台前墙后面的积水，应于侧墙间在略高于高水位的平面上铺一层向路堤方向设有斜坡的夯实黏土作为不透水层，并在黏土层上再铺一层碎石，将积水引向设于台后横穿路堤的盲沟内，参见图 10－27。桥台两侧的锥坡坡度，一般由纵向为 1∶1 逐渐变至横向 1∶1.5，以便和路堤的边坡一致。锥坡的平面形状为 1/4 椭圆。锥坡用土夯实而成，其表面用片石砌筑。高速公路、一级公路和二级公路上桥梁的桥头宜设搭板，搭板厚度不宜小于 25cm，长度不宜小于 6m。

梁桥与拱桥 U 形桥台的构造示意图如图 10－27（a）、（b）所示，由图比较可以看出，梁桥和拱桥的 U 形桥台除在台帽部分有所差别外，其余部分基本相同；从尺寸上看，拱桥桥台由于承受很大的水平推力，故一般比梁桥要大。对于空腹式拱桥，在前墙顶面上还要砌筑背墙，用来挡住路堤填土和支撑腹拱；拱桥台前墙背坡的坡度改为 4∶1～2∶1，前坡改为 30∶1～20∶1 或直立。

（二）轻型桥台

与重力式桥台不同，轻型桥台力求体积轻、自重小，它借助结构物的整体刚度和材料强度承受外力，从而可节省材料，降低对地基强度的要求和扩大应用范围。轻型桥台适用于小跨径桥梁，桥跨孔数与轻型桥墩配合使用时不宜超过三个，单孔跨径不大于 13m，多孔全长不宜大于 20m。

1. 梁桥轻型桥台

在地基较差的地区，如果按重力式桥台设计，地基承载力往往无法满足要求，基础沉降也会大大超限。与重力式桥台不同，轻型桥台力求体积轻巧、自重要小，它借助结构物的整体刚度和材料强度承受外力，从而可以节省材料，降低对地基强度的要求和扩大应用范围，为在软土地基上修建桥台开辟了经济可行的途径。轻型桥台的种类繁多，常见的有支撑梁轻型桥台、框架埋置式桥台、薄壁轻型桥台和加筋土桥台。

（1）支撑梁轻型桥台。单跨或孔跨不多的小跨径桥，在条件许可的情况下，可在轻型桥台之间或台与墩之间设置 3～5 根支撑梁。这种桥台的特点是，台身为直立的薄壁墙，台身两侧有翼墙用于挡土。

在两桥台下部冲刷线或河床铺砌线以下设置支撑梁，上部结构与桥台通过锚栓连接，使上部结构与支撑梁共同支撑桥台并承受台后土压力。此时，桥台与支撑梁及上部结构形成四铰框架结构系统，借助两端台后的土压力来保持稳定。它的基础将视为作用于弹性地基上的梁计算，基础材料一般用 C15 混凝土，当基础长度大于 12m 时必须配置钢筋。

支撑梁应对称于桥中心线布置，也可用块石砌筑，以达到节约钢筋的目的，但截面尺寸不应小于 40cm×40cm。按照翼墙（侧墙）的形式和布置方式，这种桥台可分为一字形、八字形和耳墙式支撑梁轻型桥台，如图 10－29（a）、（b）和图 10－30 所示。

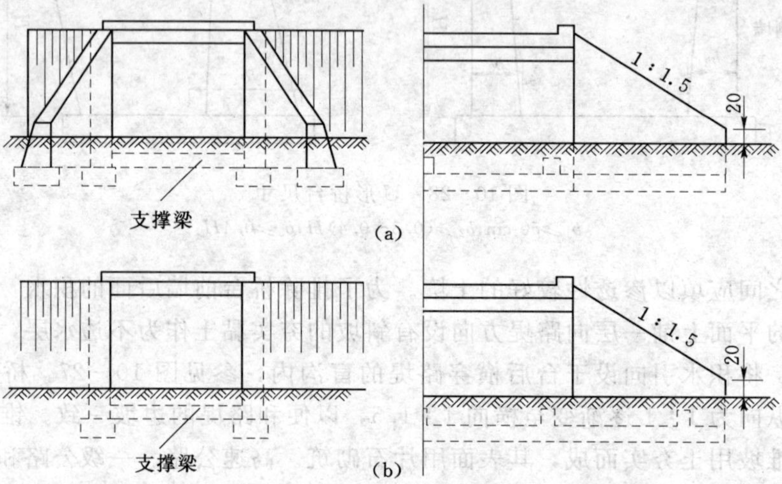

图 10－29　轻型桥台
（a）八字形；（b）一字形

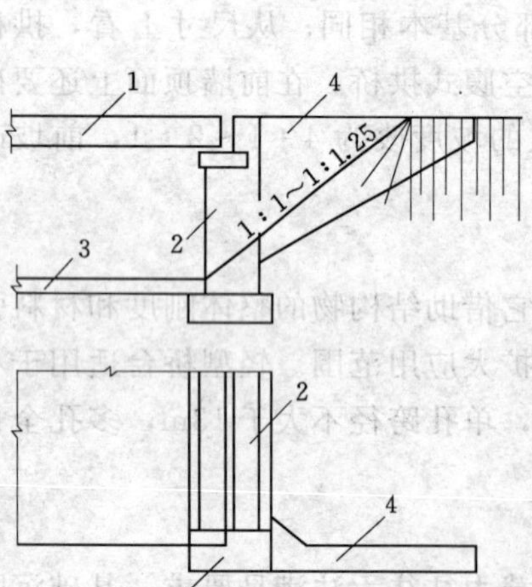

图 10－30　轻型桥台的支撑和耳墙
1—上部结构；2—轻型桥台；3—支撑梁；4—耳墙；5—边柱

支撑梁轻型桥台的台帽为 C20 混凝土，台帽内预埋栓钉与上部结构互相锚固。为保证支撑梁牢固地埋入土中，一般埋置深度为 1.5 m，在有冲刷的河流上，还应有片石铺砌河床。如果基础能嵌入风化岩层 15～20cm 时，也可不设下部支撑梁。台身前墙与翼墙之间一般设置沉降缝分离。

（2）薄壁轻型桥台。薄壁轻型桥台常用的形式有悬臂式、扶壁式、撑墙式及箱式等，如图 10－31（a）所示。

在一般情况下，悬臂式桥台的混凝土数量和钢材用量较高，撑墙式与箱式桥台的模板用量较高。薄壁轻型桥台的优点与薄壁墩类同，可依据桥台高度、地基强度和土质等因素选定。

薄壁轻型桥台由扶壁式挡土墙和两侧的薄壁侧墙构成，如图 10－31（b）所示。

挡土墙由前墙和间距为 2.5～3.5m 的扶壁所组成。台顶由竖直小墙和支于扶壁上的水

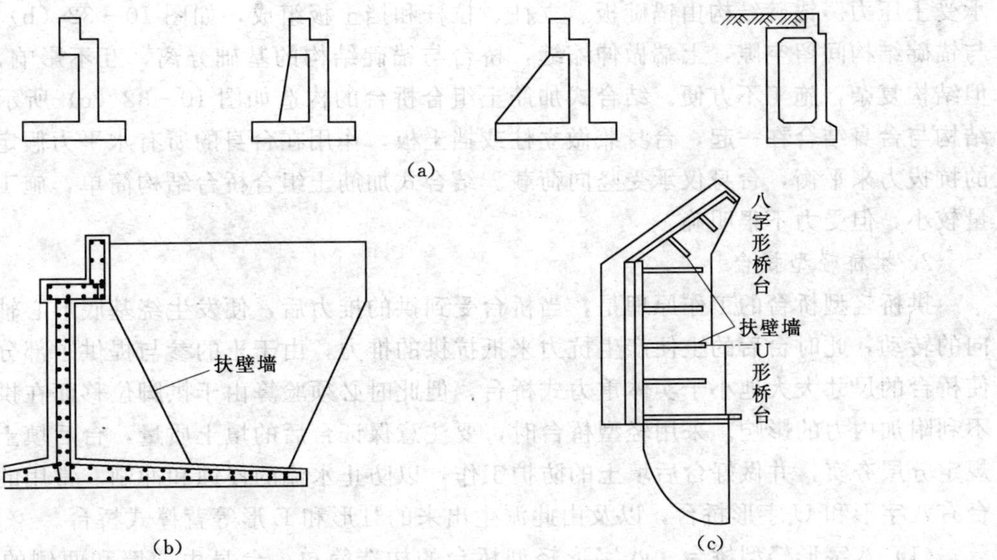

图 10-31　薄壁轻型桥台

平板构成，用以支撑桥跨结构。两侧薄壁可以与前墙垂直，有时也做成与前墙斜交。前者称U字形薄壁桥台，后者称八字形薄壁桥台，如图 10-31（c）所示。

这种桥台不仅可以减少圬工体积 40%～50%，同时因自重减轻而减少了对地基的压力。故适用于软土地基的条件，但其构造和施工比较复杂，并且钢筋用量也较多。

（3）加筋土桥台。对于台后路基填土不被冲刷的中、小跨径桥梁，台高在 3～5m 时，可采用加筋土桥台，如图 10-32（a）所示。这类桥台一般由台帽和竖向面板、拉杆、锚碇板及其填料共同组合的台身组成。拉杆两端分别与竖向面板和锚碇板连接，组成加筋土的挡土结构。它的工作原理是，竖向面板后填料的主动土压力作用到面板上，再通过拉杆将该力传递给锚碇板，而锚碇板则依靠位于板前且具有一定抗剪能力的土体所产生的拉拔力来平衡拉杆拉力，使整个结构处于稳定状态。

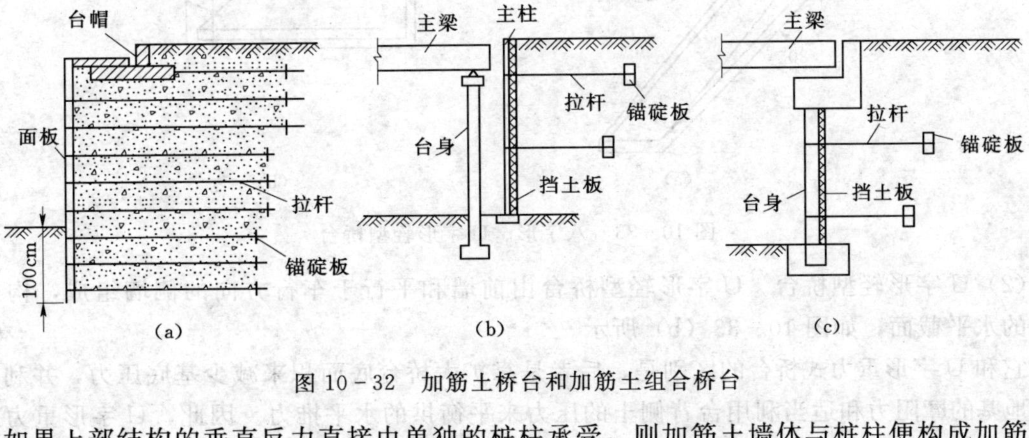

图 10-32　加筋土桥台和加筋土组合桥台

如果上部结构的垂直反力直接由单独的桩柱承受，则加筋土墙体与桩柱便构成加筋土组合桥台。按照埋置情况，加筋土组合桥台又可分为分离式和结合式两种形式。分离式加筋土组合桥台是台身与锚碇结构分开，台身主要承受上部结构传来的竖向力和水平力，锚碇结构承受土压力。锚碇结构由锚碇板、立柱、拉杆和挡土板组成，如图 10－32（b）所示。桥台与锚碇结构间留空隙，上端做伸缩缝，桥台与锚碇结构的基础分离，互不影响，受力明确，但结构复杂，施工不方便。结合式加筋土组合桥台的构造如图 10－32（c）所示，它的锚碇结构与台身结合在一起，台身兼做立柱或挡土板，作用在台身的所有水平力假定均有锚碇板的抗拔力来平衡，台身仅承受竖向荷载。结合式加筋土组合桥台结构简单，施工方便，工程量较小，但受力不很明确。

2. 拱桥轻型桥台

拱桥轻型桥台的工作原理是，当桥台受到拱的推力后，便发生绕基底形心轴而向路堤方向的转动，此时台后的土便产生抗力来抵抗拱的推力，由于土的参与提供了部分抗力，从而使桥台的尺寸大大地小于实体重力式桥台，但此时必须验算由于拱脚位移而在拱圈中产生的不利附加内力的影响。采用轻型桥台时，要注意保证台后的填土质量，台后填土应严格按照规定分层夯实，并做好台后填土的防护工作，以防止水流的侵蚀和冲刷。常用的拱桥轻型桥台有八字形和 U 字形桥台，以及由此派生出来的Ⅱ形和 E 形等背撑式桥台。

（1）八字形轻型桥台。八字形轻型桥台的构造简单，台身由前墙和两侧的八字翼墙构成，如图 10－33（a）所示。两者之间通常留有沉降缝铺砌，前墙可以是等厚度的，也可以是变厚度的。变厚度台身的背坡为 4∶1～2∶1。翼墙的顶宽一般为 40 cm，前坡为 10∶1，后坡为 5∶1。为了防止基底向河心滑动，基础应有一定的埋置深度。台后的填土必须分层夯实，做好防护措施，防止受水流侵蚀冲刷。

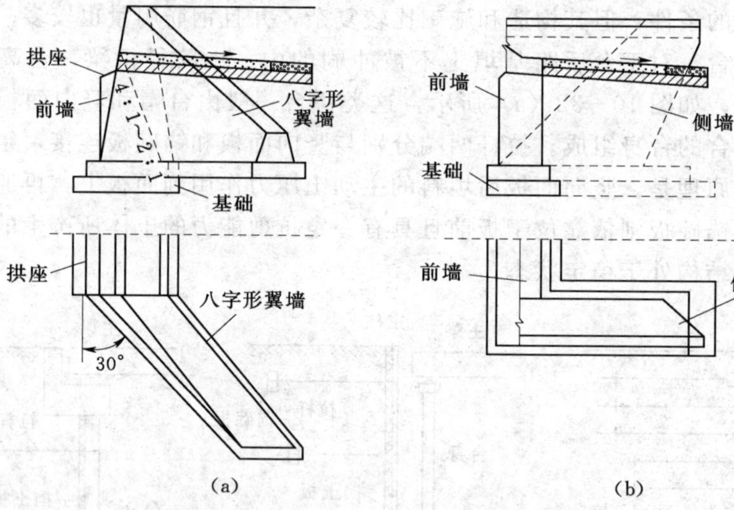

图 10－33　八字形、U 字形轻型桥台

（2）U 字形轻型桥台。U 字形轻型桥台由前墙和平行于车行方向的侧墙组成，构成 U 字形的水平截面，如图 10－33（b）所示。

它和 U 字形重力式桥台的区别是，后者是靠扩大桥台底面积来减少基底压力，并利用基底与地基的摩阻力和适当利用台背侧土的压力来平衡拱的水平推力。因此，U 字形重力式桥台的基础底面积比 U 字形轻型桥台要大，通常从前墙一直延伸到侧墙尾端，侧墙与前墙连成整体，而与拱上侧墙断开。U 字形轻型桥台前墙的构造和八字形桥台相同，但侧墙却是拱上侧墙的延伸，它们之间应设置变形缝，以适应桥的可能变位。U 字形轻型桥台侧墙的顶宽一般为 50cm，内侧坡度为 5∶1，若有人行道，则上端做成等厚直墙，直到与按 5∶1 的内坡相交为止，以下仍用 5∶1 的坡度。

(3) 背撑式轻型桥台。当桥台较宽时，为了保证结构的强度和稳定性，可以在八字形或 U 字形桥台的前墙背后加一道或几道背撑，构成Ⅱ形、E 字形等水平截面形状的前墙，如图 10-34 所示。背撑的顶宽为 30～60cm，厚度也为 30～60cm，背坡为 3∶1～5∶1 的梯形。这种桥台比八字形桥台的稳定性要好，但土方开挖量及圬工体积都有增多。然而，有背撑的 U 字形桥台却能适用于较大跨径的高桥和宽桥。

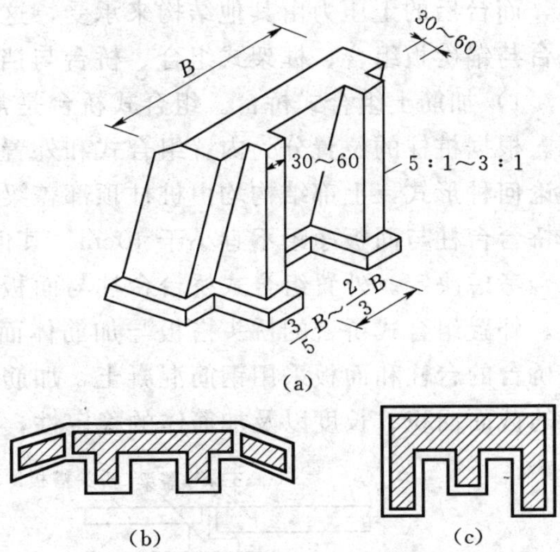

图 10-34　背撑式桥台（单位：cm）

（三）其他形式桥台

1. 梁式其他形式桥台

(1) 框架式桥台。框架式桥台是一种呈框架式结构的柱基础轻型桥台，其材料以钢筋混凝土和预应力混凝土为主。其可充分发挥材料的力学性能，以框架结构本身的抗弯能力来达到减少自重的目的。故它适用于地基承载力较低，台身高大于 4m，跨径大于 10m 的桥梁。其构造形式常用的有双柱式、四柱式、墙式、构架式及半重力式等。

双柱式（或四柱式）桥台一般在填土高度小于 5m 时采用，如图 10-35 所示。当桥梁较宽时，可采用多柱式。为了减少桥台水平位移，也可先填土后钻孔。填土高度大于 5m 时采用墙式或构架式，墙厚一般为 0.4～0.8m，设少量钢筋，如图 10-36 所示。台帽可做成悬臂式或简支式，需要配置受力钢筋。半重力式构造与墙式相同，墙较厚，不设钢筋。

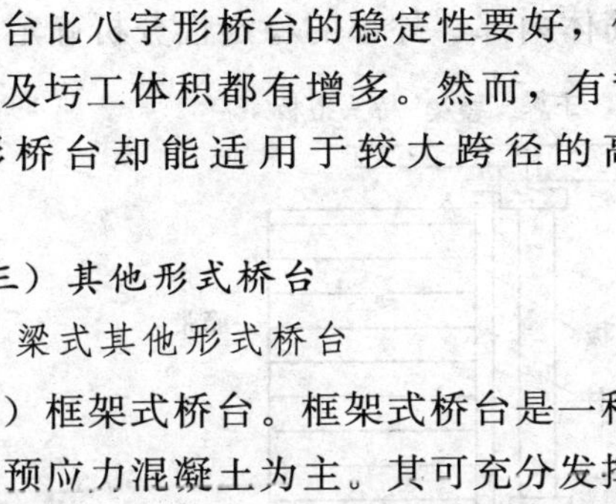

图 10-35　双柱框架式桥台（单位：m）

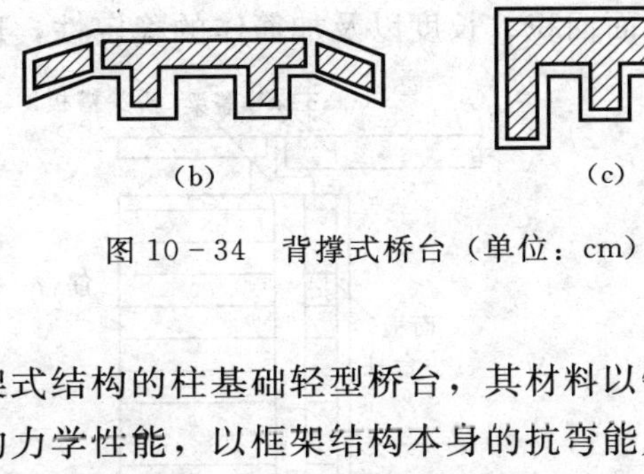

图 10-36　墙式桥台

墙式及半重力式桥台常用钻孔灌注桩作基础，桩径一般为 0.6～1.0m，桩数根据受力情况结合地基承载力决定。桩的间距及承台尺寸要求符合有关规定。墙式台身一般只在台身与台帽、台身与承台连接处配置少量钢筋，桥台较高时，设置横系梁加强。

框架式桥台均采用埋置式，台前设置溜坡。为满足桥台与路堤的连接，在台帽上部设置耳墙，必要时在台帽上方两侧设置挡板。

(2) 组合桥台。为了使桥台轻型化，桥台本身主要承受桥跨结构传来的竖向力和水平力，而台后的土压力由其他结构来承受，这种形式的桥台称为组合式桥台。组合的方式包括桥台与锚碇板组合、框架式组合、桥台与挡土墙组合等。

1）加筋土组合式桥台。组合式桥台是常规的桩柱式和加筋体共同组成的一种复合式桥台。根据桩柱的位置分为内置组合式和外置组合式两种形式，如图 10－37（a）、（b）所示。不论何种形式，上部结构均由桩柱顶部盖梁支承，加筋体不承受支座传递的荷载。内置组合式桥台台柱与面板净距不宜小于 40cm，其值应以台柱尺寸、筋带种类以及压实方法等条件综合考虑决定。外置组合式桥台台柱与面板净距不应小于 30cm。加筋土桥台应设置桥头搭板。外置组合式桥台的桥头搭板与加筋体面板顶部之间留有 5cm 的间距，并应填塞。加筋土桥台的台柱和面板采用钢筋混凝土，加筋体的筋带选用抗老化、耐腐蚀材料的，加筋体筋带的截面面积、长度以及加筋体的稳定性，通过加筋体内部、外部的稳定性分析确定。

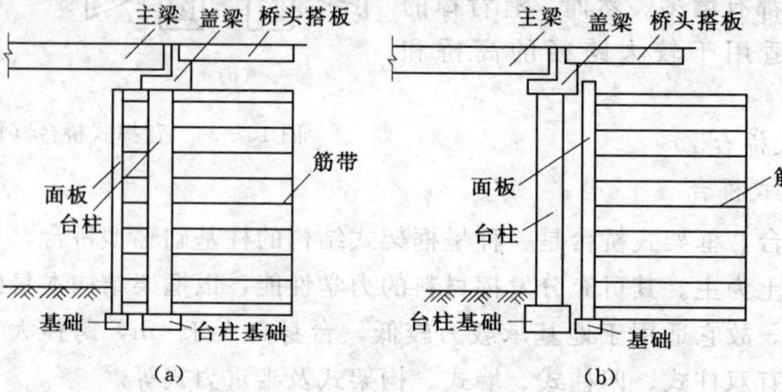

图 10－37　加筋土组合式桥台类型图

（a）内置组合式；（b）外置组合式

2）过梁式和框架式组合桥台。桥台与挡土墙用梁组合在一起的桥台称过梁式组合桥台。当梁与桥台、挡土墙刚接时，则形成框架式组合桥台，如图 10－38 所示。

该组合桥台可以减少土的压力，并保持一定刚度，在地震区常采用这种桥台。其特点是框架结构将承受弯矩、轴向力及附带产生的剪力。框架的长度及过梁的跨径，由地形及土方工程比较确定。组合式桥台越长，梁的材料用量越多，而桥台及挡土墙的材料数量相应的就有所减少。

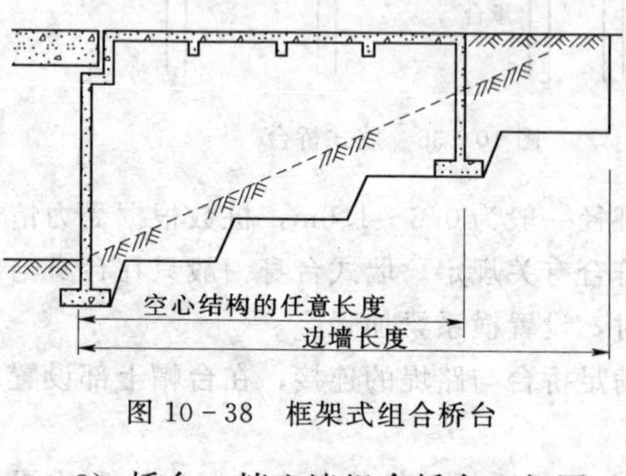

图 10－38　框架式组合桥台

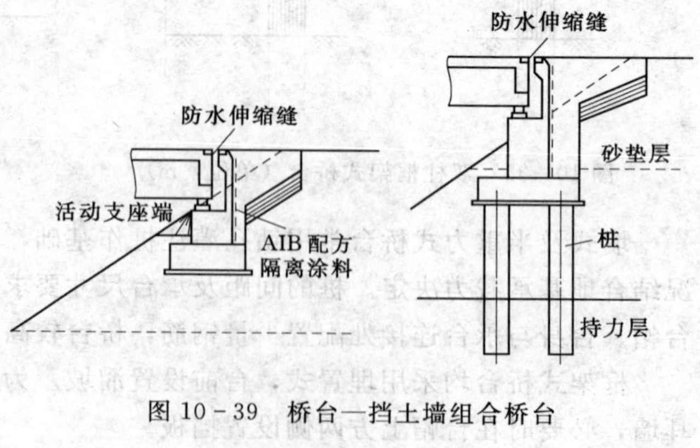

图 10－39　桥台—挡土墙组合桥台

3）桥台—挡土墙组合桥台。如图 10－39 所示，这种组合式桥台由轻型桥台支承上部结构，台后设挡土墙承受土压力，台身与挡土墙分离，上端作伸缩缝，使其受力明确。当地基比较好时，也可将桥台与挡土墙放在同一个基础之上。这种组合式桥台可以不压缩河床，但构造较复杂，是否经济，需通过比较确定。

2. 拱桥其他形式桥台

拱桥常用的其他形式桥台有：组合式桥台、空腹式桥台和齿槛式桥台。

(1) 组合式桥台。组合桥台系由台身和后座两部分组成，如图 10－40 (a) 所示。台身主要承受竖向力和部分水平力，一般采用桩基础或沉井基础；拱的水平推力主要由后座基底的摩阻力及台后的土侧压力来平衡。后座多采用重力式 U 字形桥台。后座基底标高应低于拱脚下缘的标高，台身与后座之间设沉降缝，沉降缝必须严格按要求施工，既不能约束后座桥台的垂直位移，又不能使前面部分受力后产生较大的塑性变形。在地基土质较差时，后座基础应适当处理，以免后座向后倾斜，导致台身和拱圈的位移和变形。

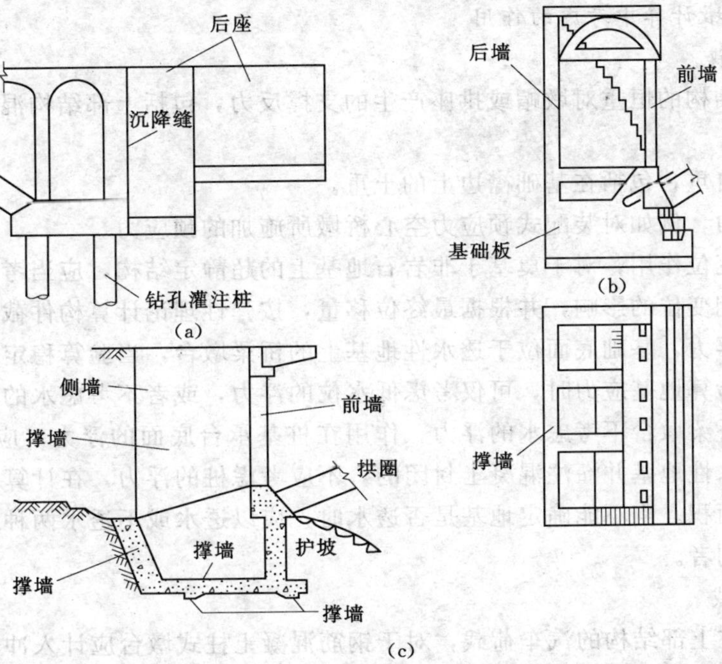

图 10－40　其他形式的组合桥台
(a) 组合式桥台；(b) 空腹式桥台；(c) 齿槛式桥台

这种结构形式的桥台适用于以桩基础或沉井作为基础的中、小跨径拱桥，或单向推力较大的拱桥。它能大大减少主体台身的基础工程量，稳定可靠，不会产生很大的水平、竖直位移。

(2) 空腹式桥台。空腹式桥台由前墙、后墙、基础板和撑墙等部分组成，如图 10－40 (b) 所示。前墙承受拱圈传来的荷载，后墙支撑台后的土压力。在前后墙之间设置撑墙 3～4 道，作为传力构件，并对后墙起到保护同时对地基板起到加劲作用。最外边的撑墙可以做成梯踏步，供人们上下河岸。空腹可以是敞口的，也可以是封闭的。如地基承载力许可时，也可以在腹内填土。这种桥台一般是在软土地基、河床无冲刷或冲刷轻微、水位变化小的河道上采用。

（3）齿槛式桥台。齿槛式桥台是由前墙、侧墙、底板和撑墙四个部分组成，如图10-40（c）所示。其结构特点是：基底面积较大，可以支撑一定的垂直压力；底板下的齿槛可以增加摩阻力和抗滑稳定性；台背做成斜挡板，利用它背面的原状土和前墙背面的新填土，共同平衡拱的水平推力；前墙与后墙之间的撑墙可以提高结构的刚度。齿槛的宽度和深度一般不小于50cm。这种桥台适用于软土地基和路堤较低的中小跨径拱桥。

第二节　桥梁墩台的计算

一、作用（荷载）及其组合

公路桥涵设计采用的作用分为永久作用、可变作用和偶然作用三类。在桥墩计算中应考虑的作用具体规定如下。

（一）在桥墩计算中考虑的作用

1. 永久荷载

（1）上部结构的恒重对墩帽或拱座产生的支撑反力，包括上部结构混凝土收缩及徐变的影响。

（2）桥墩自重，包括在基础襟边上的土重。

（3）预应力，例如对装配式预应力空心桥墩所施加的预应力。

（4）基础变位作用，对于奠基于非岩石地基上的超静定结构，应当考虑由于地基压密等引起的支座长期变位的影响，并根据最终位移量，按弹性理论计算构件截面的附加内力。

（5）水的浮力，基础底面位于透水性地基上的桥梁墩台，当验算稳定时，应考虑设计水位的浮力；当验算地基应力时，可仅考虑低水位的浮力，或者不考虑水的浮力；基础嵌入不透水性地基的桥梁墩台不考虑水的浮力，作用在桩基承台底面的浮力，应考虑全部底面积。对桩嵌入不透水性地基并灌注混凝土封闭的，不应考虑桩的浮力，在计算承台底面浮力时应扣除桩的截面面积。当不能确定地基是否透水时，应以透水或不透水两种情况与其他作用组合，取其最不利者。

2. 可变荷载

（1）作用在上部结构的汽车荷载，对于钢筋混凝土柱式墩台应计入冲击力，对于重力式墩台则不计冲击力。

（2）人群荷载。

（3）作用在上部结构和墩身上的纵、横向风力。

（4）车道荷载制动力。

（5）作用在墩身上的流水压力。

（6）作用在墩身上的冰压力。

（7）上部结构因温度变化对桥墩产生的水平力。

（8）支座摩阻力。

3. 偶然荷载

（1）地震力。

（2）作用在墩身上的船只或漂浮物的撞击作用。

上述各种作用的计算方法，可参见JTG D60—2004《公路桥涵设计通用规范》中的有关规定条文。

（二）荷载组合

墩台计算时，预先很难确定哪一种作用效应组合为最不利。通常需对各种可能出现的作用进行组合来计算，以满足各种不同的要求。墩台的计算需要按顺桥向（与行车方向平行）及横桥向分别计算，故在作用效应组合时也需要按纵向和横向分别进行。

在所有的作用中，汽车荷载的变动对作用效应组合起着主导作用。桥墩计算中，一般需要验算墩身截面的强度、合力偏心距及其稳定性验算等。为此需根据不同的验算内容选择各种可能的最不利荷载组合。

下面将分别叙述梁桥和拱桥桥墩可能出现的作用效应组合。

1. 梁桥重力式桥墩

（1）第一种组合。按照在桥墩各截面上可能产生的最大竖向力的情况进行组合。它是用来验算墩身强度和基底最大应力的。因此，除了有关的永久作用外，应在相邻的两跨满布可变作用的一种或几种，如图 10－41（a）所示。

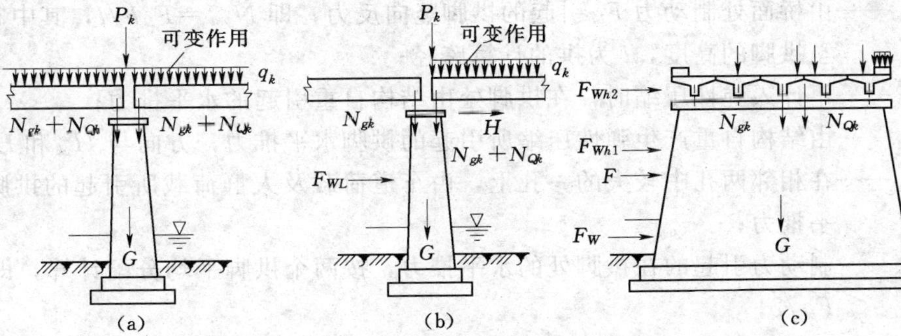

图 10－41 梁桥桥墩的作用组合图示

（2）第二种组合。按桥墩各截面在顺桥方向上可能产生的最大偏心距和最大弯矩的情况进行组合。它是用来验算墩身强度、基底应力、偏心以及桥墩的稳定性。属于这一组合的除了有关的永久作用外，应在相邻两孔的一孔上（当桥为不等跨桥梁时，在跨径较大的一孔上）布置可变作用的一种或几种，如图 10－41（b）所示。

（3）第三种组合。按桥墩的各截面在横桥的方向上可能产生最大偏心距和最大弯矩的情况进行组合。它是用来验算在横桥方向上的墩身强度、基底应力、偏心距以及桥墩的稳定性。属于这一组合的除了有关的永久作用外，要注意将可变作用的一种或几种置于桥面的一侧布置，此外还应考虑偶然作用中的船只或漂浮物的撞击力等，如图 10－41（c）所示。

2. 拱桥重力式桥墩

（1）顺桥方向的作用及其组合。对于普通桥墩应为相邻两孔的永久作用，在一孔或跨径较大的一孔满布可变作用的一种或几种，如汽车制动力、纵向风力、温度作用等，并应考虑由此对桥墩产生的不平衡水平推力、竖向力和弯矩，如图 10－42 所示。

对于单向推力墩，则只考虑相邻两孔中跨径较大的一孔的永久荷载作用力。

图 10－42 中所示符号意义如下：

G——桥墩自重；

Q——水的浮力（仅在验算稳定性时考虑）；

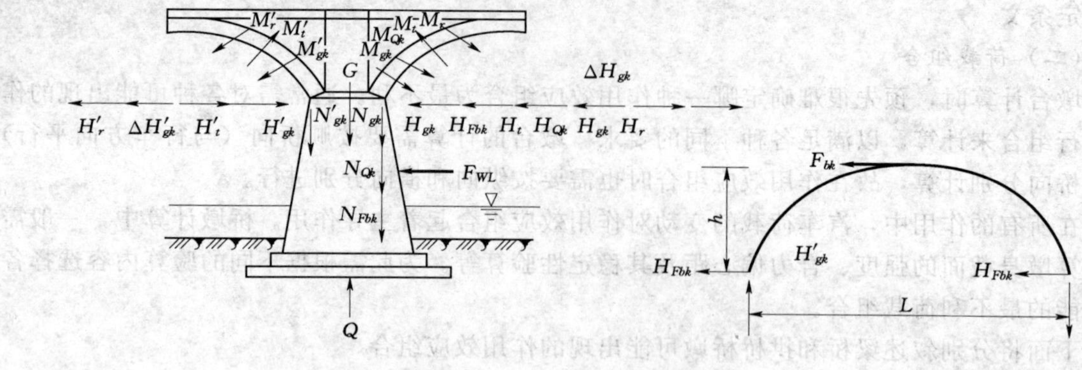

图 10-42 不等跨拱桥桥墩受力

N_{gk}，N'_{gk}——相邻两孔拱脚处因结构自重而产生的竖向反力；

N_{Qk}——与车道荷载和人群荷载产生的 H_{Qk} 最大值相对应的拱脚竖向反力，可按支点反力影响线求得；

N_{Fbk}——由桥面处制动力 F_{bk} 引起的拱脚竖向反力，即 $N_{Fbk}=F_{bk}h/l$，其中 h 为桥面至拱脚的高度，l 为拱的计算跨径；

H_{gk}，H'_{gk}——不计入弹性压缩时，在拱脚处由结构自重引起的水平推力；

ΔH_{gk}，$\Delta H'_{gk}$——由结构自重产生弹性压缩所引起的拱脚水平推力，方向与 H_{gk} 和 H'_{gk} 相反；

H_{Qk}——在相邻两孔中较大的一孔上，由车道荷载及人群荷载所引起的拱脚最大水平推力；

H_{Fbk}——制动力引起的在拱脚处的水平推力，按两个拱脚平均分配计算，即 $H_{Fbk}=F_{bk}/2$；

H_t，H'_t——温度变化引起的在拱脚处的水平推力（如图 10-42 所示方向为温度上升时的方向，降温时则方向相反）；

M_{gk}，M'_{gk}——结构自重引起的拱脚弯矩；

M_{Qk}——由车道荷载及人群荷载引起的拱脚弯矩，由于它是按 H_{Qk} 达到最大值时的活载布置计算的，故产生的拱脚弯矩很小，可以忽略不计；

M_t，M'_t——温度变化引起的拱脚弯矩；

M_r，M'_r——拱圈材料收缩引起的拱脚弯矩；

F_{WL}——墩身纵向风力。

(2) 横桥方向的作用及其组合。在横桥方向作用于桥墩上的外力有风力、流水压力、冰压力、船只或漂浮物的撞击力或地震力等。但是对于公路桥梁，横桥方向的受力验算一般对设计不起控制作用。

以上所述的各种作用效应组合是对重力式桥墩而言的，对于其他形式的桥墩，则要根据它们的构造和受力特点进行具体分析，然后参照上述一般原则，进行个别作用效应组合。

这里要提出注意的是：

(a) 不论对于哪一种形式的桥墩，在计算中对于各种荷载组合都要满足 JTJ D60—2004《公路桥涵设计通用规范》中所规定的强度安全系数和结构稳定系数；

(b) JTJ D60—2004《公路桥涵设计通用规范》中还规定，在可变作用中，有些荷载不应同时考虑，例如，在计入汽车制动力时，就不应同时计入流水压力、冰压力和支座摩阻力等。

（三）在桥台计算中考虑的作用

计算重力式桥台所考虑的作用与重力式桥墩的计算基本相同，不同的是，对于桥台还要考虑车辆荷载引起的土侧压力，而不需计入纵、横向风力、流水压力、冰压力、船只或漂浮物的撞击力等。

1．梁桥重力式桥台

（1）作用布置（只考虑顺桥向）。桥台计算时与桥墩一样，也应根据各种可能出现的情况进行作用的最不利组合，而汽车的荷载可以按以下三种情况布置：

1）车辆荷载仅布置在台后填土的破坏棱体上，如图 10－43（a）所示。

2）仅在桥跨结构上布置车道荷载，如图 10－43（b）所示。

3）桥跨结构上布置车道荷载，同时在台后填土破坏棱体上布置车辆荷载，如图 10－43（c）所示。

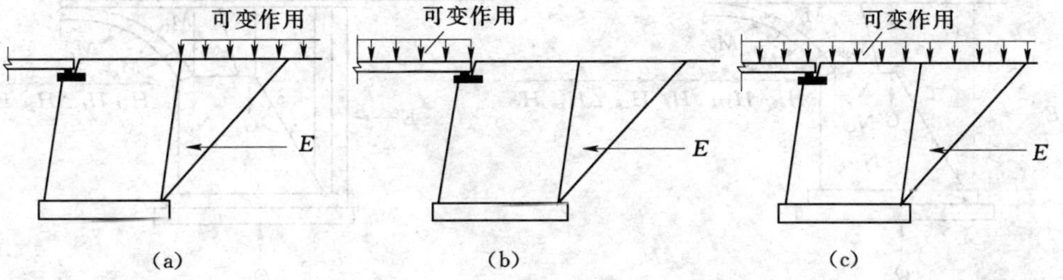

图 10－43　梁桥桥台荷载组合图式

此外，在个别情况下，还要考虑在架梁之前，台后已填土完毕时，在其上布置有施工荷载的情形。

这里要指出的是，在计算台后的土侧压力时，一般按主动土压力计算，其压力的大小与土的压实程度有关。因此，在计算桥台前端的最大应力以及向桥孔一侧的偏心、倾覆和滑动时，按台后填土尚未压实考虑；当计算桥台后端的最大应力以及向路堤一侧的偏心、倾覆与滑动时，则按台后填土已经压实来考虑。

（2）作用组合。根据作用布置情况，重力式桥台通常进行如下几种组合：

1）上部结构重力＋计算截面以上的桥台重力＋浮力＋土侧压力（此组合是验算地基永久荷载作用时的合力偏心距）。

2）上部结构重力＋计算截面以上的桥台重力＋浮力＋作用在桥跨结构上的车道荷载和人群荷载＋土侧压力。

3）上部结构重力＋计算截面以上的桥台重力＋浮力＋作用在桥跨结构上的车道荷载和人群荷载＋土侧压力＋制动力。

4）上部结构重力＋计算截面以上的桥台重力＋浮力＋作用在桥跨结构上的车道荷载和人群荷载＋土侧压力＋支座摩阻力。

5）上部结构重力＋计算截面以上的桥台重力＋浮力＋土侧压力（包括作用在破坏棱体上的车辆荷载所引起的土侧压力）。

6）上部结构重力＋计算截面以上的桥台重力＋浮力＋土侧压力（包括作用在破坏棱体上的车辆荷载所引起的土侧压力）＋支座摩阻力。

2. 拱桥重力式桥台

(1) 作用布置（只考虑顺桥方向）。拱桥的桥台一般按以下两种情况来布置汽车荷载，并进行组合。

1) 桥上布置车道荷载及人群荷载，使拱脚水平推力达到最大值，温度上升，制动力向路堤方向，台后按已填土压实来考虑土侧压力，使桥台有向路堤方向偏移的趋势，如图 10-44 (a) 所示。

2) 台后破坏棱体上有车辆荷载，桥跨上无车道荷载及人群荷载，温度下降，台后按未压实土考虑土侧的压力，拱圈材料收缩作用使桥台有向桥跨方向偏移的趋势，如图 10-44 (b) 所示。

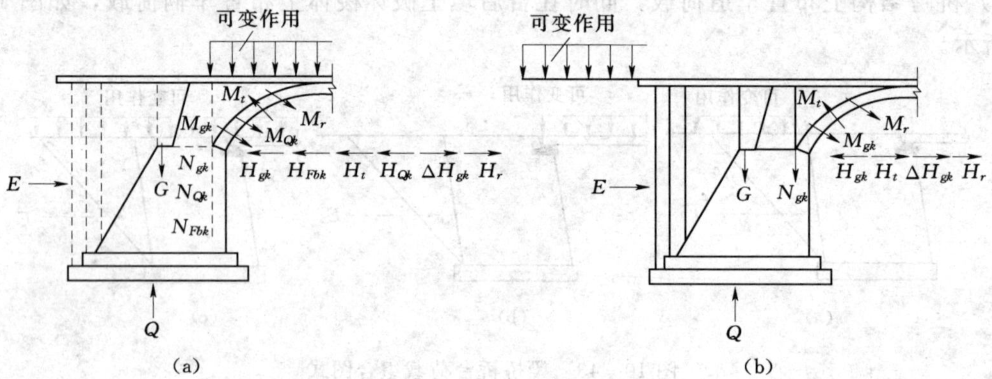

图 10-44 拱桥桥台作用组合图式

(2) 作用组合。根据上述的作用布置情况，可进行如下几种作用组合：

1) 上部结构重力＋计算截面以上的桥台重力＋浮力＋土侧压力＋混凝土收缩作用（此组合是验算地基承受永久荷载作用时的偏心距）。

2) 上部结构重力＋计算截面以上的桥台重力＋浮力＋土侧压力（包括作用在破坏棱体上的车辆荷载所引起的土侧压力）＋混凝土收缩作用。

3) 上部结构重力＋计算截面以上的桥台重力＋浮力＋土侧压力（包括作用在破坏棱体上的车辆荷载所引起的土侧压力）＋混凝土收缩作用＋温度下降作用。

4) 上部结构重力＋计算截面以上的桥台重力＋浮力＋作用在桥跨结构上的车道荷载和人群荷载＋土侧压力＋混凝土收缩作用。

5) 上部结构重力＋计算截面以上的桥台重力＋浮力＋作用在桥跨结构上的车道荷载和人群荷载＋土侧压力＋混凝土收缩作用＋向路堤方向的制动力＋温度上升作用。

二、重力式墩台计算

重力式墩台的计算包括截面强度验算、墩台基础稳定性验算、基底应力和偏心距验算等。

(一) 截面强度验算

1. 选取验算截面

桥梁墩台的强度验算截面通常选取墩台身的基础顶面与墩台身截面突变处。采用悬臂式墩台帽的墩身还应对与墩台帽交界处的墩身截面进行验算。当墩台较高时，由于危险截面不一定在墩身底部，需沿墩身每隔 2～3m 选取一个验算截面。

2. 验算截面的内力计算

按照各种作用效应组合分别计算作用于验算截面上的竖向力、水平力和弯矩，并按下式计算各种作用组合的效应组合设计值：

$$s_{ud}=\sum_{i=1}^{m}\gamma_{Gi}s_{Gik}+\gamma_{Q1}s_{Q1k}+\psi_c\sum_{j=2}^{n}\gamma_{Qj}s_{Qjk} \tag{10-5}$$

式中 s_{ud}——各种作用组合中最不利效应组合设计值（竖向力、弯矩）；

其余符号参见 JTG D60—2004《公路桥涵设计通用规范》中公式（4.1.6-1）中的符号意义进行计算。

3. 截面强度验算

受压承载力按下式计算偏心受压构件：

$$\gamma_0 N_d\leqslant\varphi A f_{cd} \tag{10-6}$$

式中 N_d——竖向力组合设计值；

γ_0——结构重要性系数；

A——验算截面的面积；

f_{cd}——材料的抗压强度；

φ——竖向力偏心影响系数，按 JTG D61—2005《公路圬工桥涵设计规范》第 4.0.6 中的公式进行计算。

4. 截面偏心距验算

墩台偏心受压时，验算截面对各种作用效应组合的竖向力偏心距 $e=\dfrac{\sum M}{\sum N}$ 均不应超过 JTG D61—2005《公路圬工桥涵设计规范》表 4.0.9 中规定的限值见表 8-3。抗震验算时，截面偏心距应小于或等于 2.4 倍的截面核心半径。

当偏心距 e 超过受压构件偏心距限值时，可按式（10-7）、式（10-8）确定截面尺寸（式中 N_d 这里为竖向力组合设计值）。

单向偏心

$$\gamma_0 N_d\leqslant\varphi\frac{A f_{tmd}}{\dfrac{Ae}{W}-1} \tag{10-7}$$

双向偏心

$$\gamma_0 N_d\leqslant\varphi\frac{A f_{tmd}}{\dfrac{Ae_x}{W_y}+\dfrac{Ae_y}{W_x}-1} \tag{10-8}$$

式中 N_d——轴向力设计值；

A——构件的截面面积，对于组合截面为按弹性模量比换算的换算截面面积；

W——单向偏心时，构件受拉边缘的弹性抵抗矩，对于组合截面为按弹性模量比换算的换算截面弹性抵抗矩；

W_x、W_y——双向偏心时，构件 x 方向受拉边缘绕 y 轴的截面弹性抵抗矩和构件 y 方向受

拉边缘绕 x 轴的截面弹性抵抗矩，对于组合截面为按弹性模量比换算的换算截面弹性抵抗矩；

f_{tmd}——构件受拉边层的弯曲抗拉强度设计值；

e——单向偏心时，轴向力偏心距；

e_x、e_y——双向偏心时，轴向力在 x 方向和 y 方向的偏心距；

φ——砌体偏心受压构件承载力影响系数或混凝土轴心抗压构件弯曲系数，分别见砌体截面强度验算和混凝土拱圈整体“强度—稳定”验算。

（二）墩台基础稳定性验算

1. 抗倾覆稳定验算

墩台基础的抗倾覆稳定验算可按下式进行，如图 10-45 所示：

$$k_0=\frac{s}{e_0}=\frac{s\sum P_i}{\sum P_ie_i+\sum H_ih_i} \tag{10-9}$$

式中　k_0——墩台基础抗倾覆稳定性系数，其值不应小于 1.2～1.5，可按《桥规》采用；

s——在截面重心至合力作用点的延长线上，自截面重心至验算倾覆轴的距离；

e_0——所有外力的合力 R 在验算截面的作用点对基底重心轴的偏心距；

P_i——不考虑分项系数和组合系数的作用标准值组合或偶然作用（地震除外）标准值组合引起的竖向力；

e_i——竖向力 P_i 对验算截面重心的力臂；

H_i——不考虑分项系数和组合系数的作用标准值组合或偶然作用（地震除外）标准值组合引起的水平力；

h_i——水平力对验算截面重心的力臂。

注：1. 弯矩应视其绕验算截面重心轴的不同方向取正负号。

2. 对于矩形凹缺的多边形基础，其倾覆轴应取其基底截面的外包线。

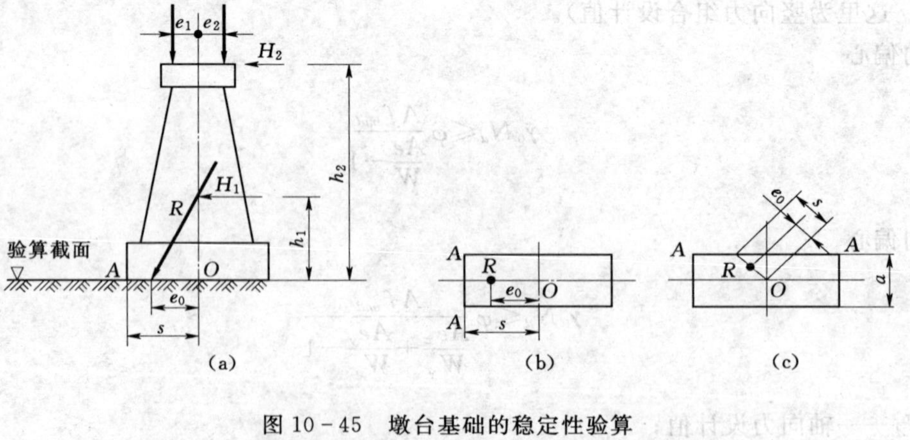

图 10-45　墩台基础的稳定性验算

(a) 立面；(b) 平面（单向偏心）；(c) 平面（双向偏心）

O—截面重心；R—合力作用点；A—验算倾覆轴

2. 抗滑动稳定验算

墩台基础的抗滑动稳定验算按下式进行：

$$k_c=\frac{\mu\sum P_i+\sum H_{ip}}{\sum H_{ia}} \tag{10-10}$$

式中　k_c——墩台基础抗滑动稳定性系数，其值不应小于1.2～1.3，可按《桥规》采用；

$\sum P_i$——竖向力总和；

$\sum H_{ip}$——抗滑稳定水平力总和；

$\sum H_{ia}$——滑动水平力总和；

μ——基础地面与地基之间的摩擦系数，通过试验确定。

注：$\sum H_{ip}$和$\sum H_{ia}$分别为两个相对方向的各自水平力总和，绝对值较大者为滑动水平力$\sum H_{ia}$，另一为抗滑稳定力$\sum H_{ip}$；$\mu\sum P_i$为抗滑动稳定力。

（三）基底应力和偏心距验算

1. 基底应力验算

基础底面岩土的承载力，当不考虑嵌固作用时，可按下式验算：

（1）当基底只承受轴心荷载时：

$$p=\frac{N}{A}\leqslant[f_a] \tag{10-11}$$

式中　p——基底平均压应力；

N——《桥规》中规定的作用效应短期组合在基底产生的竖向力；

A——基底底面面积；

$[f_a]$——修正后的地基承载力容许值。

（2）当基底单向偏心受压时，除满足式（10-11）外，尚应符合下列条件：

$$p_{\max}=\frac{N}{A}+\frac{M}{W}\leqslant\gamma_R[f_a] \tag{10-12}$$

式中　$p_{\max}$——基底最大压应力；

M——《桥规》中规定的作用效应短期组合产生于墩台的水平力和竖向力对基底重心轴的弯矩；

W——基底底面偏心方向面积抵抗矩；

γ_R——地基承载力容许值抗力系数，其值为1.0～1.5，按《桥规》采用。

（3）当基底双向偏心方向受压时，除满足式（10-11）外，尚应符合下列条件：

$$p_{\max}=\frac{N}{A}+\frac{M_x}{W_x}+\frac{M_y}{W_y}\leqslant\gamma_R[f_a] \tag{10-13}$$

式中　M_x、M_y——作用于基底的水平力和竖向力绕x轴、y轴的对基底的弯矩；

W_x、W_y——基底底面偏心方向边缘绕x轴、y轴的面积抵抗矩。

当设置在基岩上的基底承受单向偏心荷载，其偏心距e_0超过核心半径ρ时，可仅按受压区计算基底最大压应力（不考虑基底承受拉力，如图10-46所示）。基底为矩形截面的最大压应力$p_{\max}$按下式计算：

$$p_{\max}=\frac{2N}{3da}=\frac{2N}{3\left(\frac{b}{2}-e_0\right)a} \tag{10-14}$$

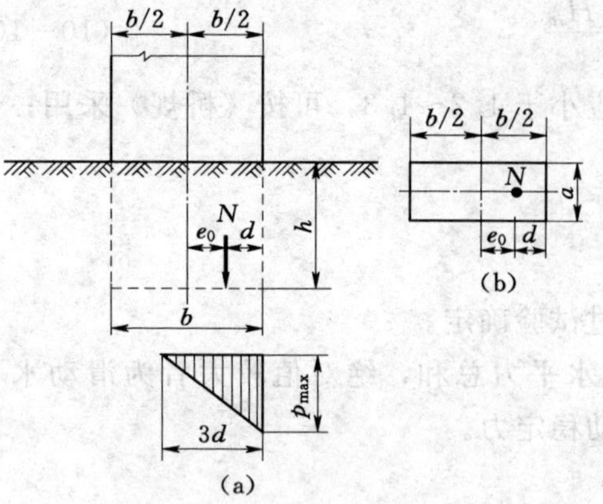

图 10-46 基底单向偏心受压应力重分布
(a) 基础立面；(b) 基础平面

式中 b——偏心方向基底底面的边长；

a——垂直于 b 边基础底面的边长；

d——N 作用点至基底受拉边缘的距离；

e_0——N 作用点距截面重心的距离。

当设置在基岩上的基底承受双向偏心压应力，且 $e_0/\rho>1.0$ 时，可仅按受压区计算基底压应力(不考虑基底承受拉应力)，墩台基底最大压应力可按《桥规》附录确定。

2. 基底偏心距验算

为了使基底应力分布比较均匀，防止基底两侧应力相差过大，导致基底产生不均匀沉陷和影响桥墩的正常使用，在设计时，应对基底合力偏心距加以限制，墩台基底的合力偏心距容许值 $[e_0]$ 应满足表 10-2 的要求。

表 10-2　墩台基底的合力偏心距容许值 $[e_0]$

作用情况	地基条件	合力偏心距	备　注
墩台仅承受永久作用标准值效应组合	非岩石地基	桥墩 $[e_0]\leqslant 0.1\rho$	拱桥、刚构桥墩台，其合力作用点应尽量保持在基底重心附近
		桥台 $[e_0]\leqslant 0.75\rho$	
墩台承受永久作用标准值效应组合或偶然作用（地震作用除外）标准值效应组合	非岩石地基	$[e_0]\leqslant\rho$	拱桥单向推力墩不受限制，但应符合《桥规》规定的对抗倾覆稳定性系数的要求
	较破碎～极破碎岩石地基	$[e_0]\leqslant 1.2\rho$	
	完整、较完整岩石地基	$[e_0]\leqslant 1.5\rho$	

表中：

$$\rho=\frac{e_0}{1-\dfrac{p_{\min}A}{N}};\quad e_0=\frac{M}{N}\leqslant[e_0] \tag{10-15}$$

$$p_{\min}=\frac{N}{A}-\frac{M_x}{W_x}-\frac{M_y}{W_y} \tag{10-16}$$

式中 ρ——墩台基础底面的核心半径；

$p_{\min}$——基底最小压应力，当为负值时表示拉应力；

e_0——N 作用点距截面重心的距离；

N——作用于基底的竖向力；

M——作用于墩台的竖向力和水平力对基底截面重心的弯矩。

（四）墩顶水平位移验算

墩顶过大的水平位移会影响桥跨结构的正常使用，对于高度超过 20m 的重力式桥墩，应验算墩顶水平方向的弹性位移。TB 1002.1—2005《铁路桥规设计基本规范》中规定墩台顶端顺桥方向的弹性水平位移的应符合下列规定：

$$\Delta\leqslant 0.5\sqrt{L} \tag{10-17}$$

式中 L——相邻墩台间最小跨径的长度，以 m 计，跨径小于 24m 时仍以 24m 计；

Δ——墩顶计算水平位移值，包括由于墩台身和基础的弹性变形，以及基底土弹性变形的影响，cm。

重力式桥台的台身强度、偏心距、基底承载力以及桥台稳定性验算和桥墩相同，但只做顺桥方向的验算。如果 U 形桥台两侧墙的宽度不小于同一水平截面前墙全长的 0.4 倍，桥台台身截面强度验算时，应把前墙和侧墙作为一个整体来考虑其受力；否则，台身前墙应按独立的挡土墙进行验算。

三、桩柱式墩台的计算

桩柱式墩台的计算包括盖梁和桩身两部分。

（一）盖梁（帽梁）设计

桩柱式墩台通常采用钢筋混凝土构件。在构造上，桩柱的钢筋伸入到盖梁内，与盖梁的钢筋绑扎或焊接成整体，盖梁与桩柱刚接呈刚架结构。对于双柱式墩，当盖梁与柱的线刚度（EI/l）之比大于 5 时，为简化计算，可以忽略节点不均衡弯矩的分配及传递，双柱式墩台盖梁可按简支梁计算，多柱式墩台盖梁可按连续梁计算；当线刚度比不大于 5 或桥墩承受较大横向力时，盖梁应作为横向刚架的一部分进行计算。以上 E、I、l 分别为梁或柱混凝土的弹性模量、毛截面惯性矩、梁计算跨径或柱计算长度。计算连续梁盖梁支点负弯矩时，应考虑支撑宽度的影响，圆形截面柱可换算为边长等于 0.8 直径的方形截面柱。

钢筋混凝土盖梁，其跨高比 l/h 为：简支梁为 $2.0<l/h\leqslant5.0$；连续梁为 $2.5<l/h\leqslant5.0$。当跨高比 $l/h>5.0$ 时，应按 JTG D62—2004《公路钢筋混凝土及预应力混凝土桥涵设计规范》的第 5 章～第 7 章中钢筋混凝土一般构件的有关规定来计算，l 为盖梁的计算跨径按本规范第 8.2.3 条规定取用；h 为盖梁的高度。对于简支梁，当 $l/h\leqslant2.0$、对于连续梁，当 $l/h\leqslant2.5$ 时，应按深梁计算。

按简支梁计算盖梁，其计算跨径应取 l_c 和 $1.15l_n$ 两者的较小者，其中 l_c 为盖梁和支撑中心之间的距离，l_n 为盖梁的净跨径。在确定盖梁净跨径时，圆形截面柱可换算为边长等于 0.8 直径的方形截面柱。当盖梁作为连续梁或刚构分析时，计算跨径可取支撑中心的距离。

计算内容包括以下几项。

1. 作用计算

（1）永久作用：包括上部构造恒载如行车道、桥面铺装、人行道、栏杆和盖梁重力及预应力。

（2）可变作用：分别按其在盖梁上可能产生的最不利情况，求出支点的最大反力（车道荷载要乘以冲击系数）作为盖梁的可变作用。车道荷载及人群荷载横向分布的计算，当对称布置时，按杠杆法计算；当非对称布置时，可按刚性横梁法（或偏心压力法、刚接梁法或 G－M 法）计算。

（3）施工吊装荷载：盖梁在施工过程中，荷载的不对称性很大，各截面将产生很大的弯矩，因而要根据当时的架桥施工方案对可能出现的施工荷载进行组合，对各截面的受弯、受剪情况进行验算。构件吊装时，构件重力应乘以动力系数 1.2 或 0.85，并视构件的具体情况作适当增减。施工阶段的应力计算，按 JTG D62—2004《公路钢筋混凝土及预应力混凝土桥涵设计规范》中的 7.2 进行。

2. 内力计算

公路桥梁桩柱式墩的盖梁通常采用双悬臂式，计算时的控制截面通常选在支点和跨中截面。在计算支点负弯矩时，采用非对称布置车道荷载、人群荷载与恒载的反力；在计算跨中正弯矩时，采用对称布置车道及人群荷载与恒载的反力。桥墩沿纵向的水平力以及上部结构可变作用的偏心对盖梁将产生扭矩，计算中应加以考虑。

桥台的盖梁计算，一般可不考虑背墙与盖梁共同受力，此时背墙仅起挡土墙作用。必要时也可考虑背墙与盖梁的共同受力，盖梁按 L 形截面计算。桥台耳墙视为单悬臂固端梁，水平方向承受土压力及活载水平压力。

3. 截面验算及配筋

对于钢筋混凝土盖梁，应根据弯矩包络图配置受弯钢筋，根据剪力包络图配置弯起钢筋和箍筋。在配筋时，还应计算各控制截面扭矩所需的箍筋及纵向钢筋。

(1) 当跨高比大于 5.0 时，按钢筋混凝土的一般构件计算。

(2) 对于简支梁，跨高比为 $2.0<l/h\leqslant 5.0$ 时；连续梁其值为 $2.5<l/h\leqslant 5.0$ 时，按下列方法进行计算。

钢筋混凝土盖梁的正截面抗弯承载力按下列公式验算：

$$\gamma_0 M_d \leqslant f_{sd} A_s z \tag{10-18}$$

$$z=\left(0.75+0.05\frac{l}{h}\right)(h_0-0.5x) \tag{10-19}$$

式中 M_d——盖梁最大弯矩组合设计值；

f_{sd}——纵向普通钢筋抗拉强度设计值；

A_s——受拉区普通钢筋截面面积；

z——内力臂；

x——截面受压区的高度，按如下公式计算 $f_{sd}A_s+f_{pd}A_p=f_{cd}bx+f'_{sd}A'_s+(f'_{pd}-\sigma'_{p0})A'_p$；

h_0——截面有效高度。

钢筋混凝土盖梁的抗剪截面应符合下式要求：

$$\gamma_0 V_d \leqslant \frac{\frac{l}{h}+10.3}{30}10^{-3}\sqrt{f_{cu,k}}bh_0 \tag{10-20}$$

式中 V_d——验算截面处的剪力组合设计值，kN；

b——盖梁截面宽度，mm；

h_0——盖梁截面的有效高度，mm；

$f_{cu,k}$——边长 150mm 的混凝土立方体抗压强度标准值，MPa，取设计的混凝土强度等级。

钢筋混凝土盖梁斜截面抗剪承载力按下式计算：

$$\gamma_0 V_d \leqslant a_1\left(\frac{14-\frac{l}{h}}{20}\right)10^{-3}bh_0\sqrt{(2+0.6P)\sqrt{f_{cu,k}}\rho_{sv}f_{sv}} \tag{10-21}$$

式中　V_d——验算截面处的剪力组合设计值，kN；

a_1——连续梁异号弯矩的影响系数，计算近边支点梁段的抗剪承载力时，$a_1=1.0$；计算中间支点梁段及钢构各节点附近时，$a_1=0.9$；

P——受拉区纵向受拉钢筋的配筋百分率，$P=100\rho$，$\rho=A_s/bh_0$，当 $P>2.5$ 时，取 $P=2.5$；

ρ_{sv}——箍筋配筋率，$\rho_{sv}=A_{sv}/s_v b$，此处，A_{sv} 为同一截面内箍筋各肢的总截面面积，s_v 为箍筋间距；箍筋配筋率应符合《公路钢筋混凝土及预应力混凝土桥涵设计规范》（JTG D62—2004）中第 9.3.13 条规定；

f_{sv}——箍筋的抗拉强度设计值，MPa；

b——盖梁的截面宽度，mm；

h_0——盖梁的截面有效宽度，mm。

钢筋混凝土盖梁两端位于柱外的悬臂部分设有外边梁时，当外边梁作用点至柱边缘的距离（圆形截面柱可换算为边长等于 0.8 倍直径的方形截面柱）大于盖梁截面高度时，其正截面和斜截面的承载力按 JTG D62—2004《公路钢筋混凝土及预应力混凝土桥涵设计规范》中第 5 章的有关规定计算。当边梁作用点至柱边缘的距离等于或小于盖梁截面高度时，则可按本规范第 8.5.3 条"撑杆—系杆体系"方法来计算悬臂部分正截面抗弯承载力；斜截面抗剪承载力可按钢筋混凝土的一般受弯构件计算。

钢筋混凝土盖梁的最大裂缝宽度可按本规范第 6.4.3 条的公式计算，但其中系数 c_3 取为 $\frac{1}{3}\left(\frac{0.4l}{h}+1\right)$。最大裂缝宽度不应超过本规范第 6.4.2 条规定的限值。跨高比 $l/h\leqslant 5.0$ 的钢筋混凝土盖梁，可不做挠度验算。

当采用预应力混凝土盖梁时，其配筋和验算方法与预应力混凝土梁相同。

（二）墩柱设计

墩柱一般分为刚性和柔性两种。刚性墩的计算方法和重力式桥墩相仿，其主要计算内容如下：

（1）计算永久作用内力：永久作用内力包括上部结构恒载、盖梁、系梁及墩身重力产生的内力效应。

（2）计算可变作用内力。

1）按设计荷载布置车道及人群荷载，以得到最不利加载位置。

2）计算墩柱反力的横向分布系数。

3）求得车道及人群荷载最大墩柱反力。

4）计算墩柱沿纵向的水平力。

5）计算横向水平力。

桥墩沿纵向水平力有制动力、温度作用、支座摩阻力及地震力等。横向水平力有风力、撞击力等。设有板式橡胶支座的简支梁、连续桥面简支梁或连续梁排架式柔性墩台，应根据支座和墩台的抗推刚度的集成情况，分配和传递制动力；设有板式橡胶支座的简支梁刚性墩台，按单跨两端的板式橡胶支座的抗推刚度分配制动力；设有固定支座、活动支座的刚性墩传递的制动力，如表 10-3 所示。每个活动支座传递的制动力不应大于其摩阻力，大于其摩阻力时，按摩阻力计算。

表 10-3　　刚性墩各种支座传递的制动力

桥梁墩台及支座类型		应计的制动力	符号说明
简支梁桥台	固定支座；	T_1	
	聚四氟乙烯板支座；	$0.30T_1$	
	滚动（或摆动）支座	$0.25T_1$	
简支梁桥墩	两个固定支座；	T_2	T_1—加载长度为计算跨径时的制动力；T_2—加载长度为相邻两跨计算跨径之和时的制动力；T_3—加载长度为一联长度的制动力
	一个固定支座，一个活动支座；	见注	
	两个聚四氟乙烯板支座；	$0.30T_2$	
	两个滚动（或摆动）支座	$0.25T_2$	
连续梁桥墩	固定支座；	T_3	
	聚四氟乙烯板支座；	$0.30T_3$	
	滚动（或摆动）支座	$0.25T_3$	

注　固定支座按 T_4 计算，活动支座按 $0.30T_5$（聚四氟乙烯板支座）计算或 $0.25T_5$（滚动或摆动支座）计算，T_4 和 T_5 分别为固定支座或活动支座相应的单跨径的制动力，桥墩承受的制动力为上述固定支座与活动支座所传递的制动力之和。

（3）作用效应组合，见前述。

（4）按钢筋混凝土偏心受压构件进行配筋和验算。

在最不利的效应组合后，先配筋、再验算，验算方法按钢筋混凝土偏心受压构件计算。

附录Ⅰ　铰接板荷载横向分布影响线竖坐标表

说明：

（1）本表适用于横向铰接的梁或板，各片梁或板的截面是相同的。

（2）表头的两个数字表示所要查的梁或板号，其中第一个数目表示该梁或板是属于几片梁或板铰接而成的体系，第二个数目表示该片梁或板在这个体系中自左而右的序号。

（3）横向分布影响线竖坐标以 η_{ij} 表示，第一个下标 i 表示所要求的梁或板号，第二个下标 j 表示受单位荷载作用的那片梁或板号，表中 η_{ij} 下的数字，前者表示 i，后者表示 j，η_{ij} 的竖坐标应绘在梁或板的中轴线处。

（4）表中的 η_{ij} 值为小数点后的三位数字，如 278 即为 0.278，006 即为 0.006。

（5）表值按弯扭参数 γ 给出

$$\gamma=5.8\,\frac{I}{I_{\mathrm{T}}}\left(\frac{b}{l}\right)^{2}$$

式中　l——计算跨径；

b——一片梁或板的宽度；

I——梁或板的抗弯惯矩；

I_T——梁或板的抗扭惯矩。

铰接板　3－1

γ	η_{ij}			γ	η_{ij}			γ	η_{ij}		
	11	12	13		11	12	13		11	12	13
0.00	333	333	333	0.08	434	325	241	0.40	626	294	080
0.01	348	332	319	0.10	454	323	223	0.60	683	278	040
0.02	363	331	306	0.15	496	317	186	1.00	750	250	000
0.04	389	329	282	0.20	531	313	156	2.00	829	200	−029
0.06	413	327	260	0.30	585	303	112				

铰接板　3－2

γ	η_{ij}			γ	η_{ij}			γ	η_{ij}		
	21	22	23		21	22	23		21	22	23
0.00	333	333	333	0.08	325	351	325	0.40	294	412	294
0.01	332	336	332	0.10	323	355	323	0.60	278	444	278
0.02	331	338	331	0.15	317	365	317	1.00	250	500	250
0.04	329	342	329	0.20	313	375	313	2.00	200	600	200
0.06	327	346	327	0.30	303	394	303				

铰接板　4－1

γ	η_{ij}				γ	η_{ij}			
	11	12	13	14		11	12	13	14
0.00	250	250	250	250	0.15	484	295	139	082
0.01	276	257	238	229	0.20	524	298	119	060
0.02	300	263	227	210	0.30	583	296	089	033
0.04	341	273	208	178	0.40	625	291	066	018
0.06	375	280	192	153	0.60	682	277	035	005
0.08	405	285	178	132	1.00	750	250	000	000
0.10	431	289	165	114	2.00	828	201	—034	005

铰接板　4－2

γ	η_{ij}				γ	η_{ij}			
	21	22	23	24		21	22	23	24
0.00	250	250	250	250	0.15	295	327	238	139
0.01	257	257	248	238	0.20	298	345	238	119
0.02	263	264	246	227	0.30	296	375	240	089
0.04	273	276	243	208	0.40	291	400	243	066
0.06	280	287	241	192	0.60	277	441	247	035
0.08	285	298	239	178	1.00	250	500	250	000
0.10	289	307	239	165	2.00	201	593	240	—034

铰接板　5－1

γ	η_{ij}					γ	η_{ij}				
	11	12	13	14	15		11	12	13	14	15
0.00	200	200	200	200	200	0.15	481	291	130	061	036
0.01	237	216	194	180	173	0.20	523	295	114	045	023
0.02	269	229	188	163	151	0.30	583	296	087	026	010
0.04	321	249	178	136	116	0.40	625	291	066	015	004
0.06	362	263	168	115	092	0.60	682	277	035	004	001
0.08	396	273	158	099	073	1.00	750	250	000	000	000
0.10	425	281	150	085	059	2.00	828	201	—034	006	—001

铰接板　5－2

γ	η_{ij}					γ	η_{ij}				
	21	22	23	24	25		21	22	23	24	25
0.00	200	200	200	200	200	0.15	291	320	222	105	061
0.01	216	215	202	187	180	0.20	295	341	227	091	045
0.02	229	228	204	176	163	0.30	296	374	235	070	026
0.04	249	249	207	158	136	0.40	291	399	240	055	015
0.06	263	267	211	144	115	0.60	277	440	246	031	004
0.08	273	281	214	133	099	1.00	250	500	250	000	000
0.10	281	294	216	123	085	2.00	201	593	241	—041	006

铰接板 5-3

γ	η_{ij}					γ	η_{ij}				
	31	32	33	34	35		31	32	33	34	35
0.00	200	200	200	200	200	0.15	130	222	295	222	130
0.01	194	202	208	202	194	0.20	114	227	318	227	114
0.02	188	204	215	204	188	0.30	087	235	357	235	087
0.04	178	207	230	207	178	0.40	066	240	389	240	066
0.06	168	211	243	211	168	0.60	035	246	437	246	035
0.08	158	214	256	214	158	1.00	000	250	500	250	000
0.10	150	216	268	216	150	2.00	−034	241	586	241	−034

铰接板 6-1

γ	η_{ij}						γ	η_{ij}					
	11	12	13	14	15	16		11	12	13	14	15	16
0.00	167	167	167	167	167	167	0.15	481	290	129	058	027	016
0.01	214	192	168	151	140	135	0.20	523	295	113	043	010	009
0.02	252	212	168	138	119	110	0.30	583	295	086	025	008	003
0.04	312	239	165	117	090	077	0.40	625	291	065	015	003	001
0.06	358	257	159	101	069	055	0.60	682	277	035	004	001	000
0.08	394	270	152	088	055	041	1.00	750	250	000	000	000	000
0.10	423	278	146	078	044	031	2.00	828	201	−034	006	−001	009

铰接板 6-2

γ	η_{ij}						γ	η_{ij}					
	21	22	23	24	25	26		21	22	23	24	25	26
0.00	167	167	167	167	167	167	0.15	290	319	219	098	046	027
0.01	192	190	175	157	146	140	0.20	295	340	226	087	035	017
0.02	212	209	182	149	129	119	0.30	295	373	234	069	021	008
0.04	239	238	192	137	105	090	0.40	291	399	240	054	012	003
0.06	257	259	200	127	087	069	0.60	277	440	246	031	004	001
0.08	270	276	206	119	074	055	1.00	250	500	250	000	000	000
0.10	278	291	210	112	064	044	2.00	201	593	241	−041	007	−001

铰接板 6-3

γ	η_{ij}						γ	η_{ij}					
	31	32	33	34	35	36		31	32	33	34	35	36
0.00	167	167	167	167	167	167	0.15	129	219	288	208	098	058
0.01	168	175	179	170	157	151	0.20	113	226	314	217	087	043
0.02	168	182	190	173	149	138	0.30	086	234	356	230	069	025
0.04	165	192	210	179	137	117	0.40	065	240	388	238	054	015
0.06	159	200	227	186	127	101	0.60	035	246	437	246	031	004
0.08	152	206	243	191	119	088	1.00	000	250	500	250	000	000
0.10	146	210	257	197	112	078	2.00	−034	241	586	243	−041	006

铰接板 7-1

γ	η_{ij}							γ	η_{ij}						
	11	12	13	14	15	16	17		11	12	13	14	15	16	17
0.00	143	143	143	143	143	143	143	0.15	480	290	128	057	025	012	007
0.01	200	177	152	133	120	111	107	0.20	523	295	113	043	017	007	003
0.02	244	202	157	125	102	088	082	0.30	583	295	086	025	007	002	001
0.04	309	235	159	109	078	059	051	0.40	625	291	065	015	003	001	000
0.06	356	255	156	096	061	042	034	0.60	682	277	035	004	001	000	000
0.08	293	268	151	085	049	031	023	1.00	750	250	000	000	000	000	000
0.10	423	278	144	076	040	023	016	2.00	828	201	−034	006	−001	000	000

铰接板 7-2

γ	η_{ij}							γ	η_{ij}						
	21	22	23	24	25	26	27		21	22	23	24	25	26	27
0.00	143	143	143	143	143	143	143	0.15	290	318	219	097	043	020	012
0.01	177	175	158	139	125	115	111	0.20	295	340	225	086	033	013	007
0.02	202	198	170	135	111	096	088	0.30	295	373	234	068	020	006	002
0.04	235	232	185	127	091	069	059	0.40	291	399	240	054	012	003	001
0.06	255	256	196	121	077	053	042	0.60	277	440	246	031	004	001	000
0.08	268	275	203	115	067	041	031	1.00	250	500	250	000	000	000	000
0.10	278	290	209	109	058	033	023	2.00	201	593	241	−041	007	−001	000

铰接板 7-3

γ	η_{ij}							γ	η_{ij}						
	31	32	33	34	35	36	37		31	32	33	34	35	36	37
0.00	143	143	143	143	143	143	143	0.15	128	219	287	205	092	043	025
0.01	152	158	161	150	134	125	120	0.20	113	225	314	216	083	033	017
0.02	157	170	176	156	128	111	102	0.30	086	234	356	229	067	020	007
0.04	159	185	201	167	119	091	078	0.40	065	240	388	237	053	012	003
0.06	156	196	222	176	112	077	061	0.60	035	246	437	246	031	004	001
0.08	151	203	239	184	107	067	049	1.00	000	250	500	250	000	000	000
0.10	144	209	255	191	102	058	040	2.00	−034	241	586	243	−042	007	−001

铰接板 7-4

γ	η_{ij}							γ	η_{ij}						
	41	42	43	44	45	46	47		41	42	43	44	45	46	47
0.00	143	143	143	143	143	143	143	0.15	057	097	205	282	205	097	057
0.01	133	139	150	157	150	139	133	0.20	043	086	216	310	216	086	043
0.02	125	135	156	169	156	135	125	0.30	025	068	229	354	229	068	025
0.04	109	127	167	193	167	127	109	0.40	015	054	237	387	237	054	015
0.06	096	121	176	213	176	121	096	0.60	004	031	246	436	246	031	004
0.08	085	115	184	231	184	115	085	1.00	000	000	250	500	250	000	000
0.10	076	109	191	248	191	109	076	2.00	006	−041	243	586	243	−041	006

铰接板 8-1

γ	η_{ij}							
	11	12	13	14	15	16	17	18
0.00	125	125	125	125	125	125	125	125
0.01	191	168	142	122	107	096	089	085
0.02	239	197	151	117	093	076	066	061
0.04	307	233	156	106	073	052	040	034
0.06	355	254	155	094	058	037	025	020
0.08	392	268	150	084	048	028	017	013
0.10	423	277	144	075	039	021	012	008
0.15	480	290	128	057	025	011	005	003
0.20	523	295	113	043	016	006	003	001
0.30	583	295	086	025	007	002	001	000
0.40	625	291	065	015	003	001	000	000
0.60	682	277	035	004	001	000	000	000
1.00	750	250	000	000	000	000	000	000
2.00	828	201	−034	006	−001	000	000	000

铰接板 8-2

γ	η_{ij}							
	21	22	23	24	25	26	27	28
0.00	125	125	125	125	125	125	125	125
0.01	168	165	148	127	111	100	092	089
0.02	197	193	163	127	101	083	071	066
0.04	233	230	182	123	085	060	046	040
0.06	254	255	194	119	073	047	032	025
0.08	268	274	202	113	064	037	023	017
0.10	277	290	208	108	057	030	017	012
0.15	290	318	219	097	043	019	009	005
0.20	295	340	225	086	033	013	006	003
0.30	295	373	234	068	020	006	002	001
0.40	291	399	240	054	012	003	001	000
0.60	277	440	246	031	004	001	000	000
1.00	250	500	250	000	000	000	000	000
2.00	201	593	241	−041	007	−001	000	000

铰接板 8-3

γ	η_{ij}							
	31	32	33	34	35	36	37	38
0.00	125	125	125	125	125	125	125	125
0.01	142	148	150	137	120	108	100	096
0.02	151	163	168	147	116	096	083	076
0.04	156	182	197	162	111	079	060	052
0.06	155	194	219	173	107	068	047	037
0.08	150	202	238	182	103	060	037	028
0.10	144	208	254	190	099	053	030	021
0.15	128	219	287	205	091	041	019	011
0.20	113	225	314	215	082	032	013	006
0.30	086	234	356	229	067	020	006	002
0.40	065	240	388	237	053	012	003	001
0.60	035	246	437	246	031	004	001	000
1.00	000	250	500	250	000	000	000	000
2.00	—034	241	586	243	—042	007	—001	000

铰接板 8-4

γ	η_{ij}							
	41	42	43	44	45	46	47	48
0.00	125	125	125	125	125	125	125	125
0.01	122	127	137	143	134	120	111	107
0.02	117	127	147	158	142	116	101	093
0.04	106	123	162	185	156	111	085	073
0.06	094	119	173	208	168	107	073	058
0.08	084	113	182	227	178	103	064	048
0.10	075	108	190	245	186	099	057	039
0.15	057	097	205	281	203	091	043	025
0.20	043	086	215	310	214	082	033	016
0.30	025	068	229	354	229	067	020	007
0.40	015	054	237	387	237	053	012	003
0.60	004	031	246	436	246	031	004	001
1.00	000	000	250	500	250	000	000	000
2.00	006	—041	243	586	243	—042	007	—001

铰接板 9-1

γ	η_{ij}								
	11	12	13	14	15	16	17	18	19
0.00	111	111	111	111	111	111	111	111	111
0.01	185	162	136	115	098	086	077	072	069
0.02	236	194	147	113	088	070	057	049	046
0.04	306	232	155	104	070	048	035	026	023
0.06	355	254	154	094	057	035	023	015	012
0.08	392	268	150	084	047	027	015	010	007
0.10	423	277	144	075	039	020	011	006	004
0.15	480	290	128	057	025	011	005	002	001
0.20	523	295	113	043	016	006	002	001	000
0.30	583	295	086	025	007	002	001	000	000
0.40	625	291	065	015	003	001	000	000	000
0.60	682	277	035	004	001	000	000	000	000
1.00	750	250	000	000	000	000	000	000	000
2.00	828	201	−034	006	−001	000	000	000	000

铰接板 9-2

γ	η_{ij}								
	21	22	23	24	25	26	27	28	29
0.00	111	111	111	111	111	111	111	111	111
0.01	162	158	141	119	102	090	081	075	072
0.02	194	189	160	122	095	075	062	053	049
0.04	232	229	181	121	082	057	040	031	026
0.06	254	255	194	118	072	044	028	019	015
0.08	268	274	202	113	063	036	021	013	010
0.10	277	290	208	108	056	029	016	009	006
0.15	290	318	219	097	043	019	008	004	002
0.20	295	340	225	086	033	013	005	002	001
0.30	295	373	234	068	020	006	002	001	000
0.40	291	399	240	054	012	003	001	000	000
0.60	277	440	246	031	004	001	000	000	000
1.00	250	500	250	000	000	000	000	000	000
2.00	201	593	241	−041	007	−001	000	000	000

铰接板 9－3

γ	η_{ij}								
	31	32	33	34	35	36	37	38	39
0.00	111	111	111	111	111	111	111	111	111
0.01	136	141	142	129	111	097	087	081	077
0.02	147	160	164	141	110	087	072	062	057
0.04	155	181	195	159	108	074	053	040	035
0.06	154	194	219	172	105	065	041	028	023
0.08	150	202	237	182	102	058	033	021	015
0.10	144	208	254	190	099	052	028	016	011
0.15	128	219	287	205	090	040	018	008	005
0.20	113	225	314	215	082	031	012	005	002
0.30	086	234	356	229	067	020	006	002	001
0.40	065	240	388	237	053	012	003	001	000
0.60	035	246	431	246	031	004	001	000	000
1.00	000	250	500	250	000	000	000	000	000
2.00	－034	240	586	243	－042	007	－001	000	000

铰接板 9－4

γ	η_{ij}								
	41	42	43	44	45	46	47	48	49
0.00	111	111	111	111	111	111	111	111	111
0.01	115	119	129	133	123	108	097	090	086
0.02	113	122	141	152	134	106	087	075	070
0.04	104	121	159	182	151	104	074	057	048
0.06	094	118	172	206	165	102	065	044	035
0.08	084	113	182	226	176	099	058	036	027
0.10	075	108	190	244	185	097	052	029	020
0.15	057	097	205	281	202	089	040	019	011
0.20	043	086	215	310	214	082	031	013	006
0.30	025	068	229	354	229	067	020	006	002
0.40	015	054	237	387	237	053	012	003	001
0.60	004	031	246	436	246	031	004	001	000
1.00	000	000	250	500	250	000	000	000	000
2.00	006	－041	243	586	243	－042	007	－001	000

铰接板 9－5

γ	η_{ij}								
	51	52	53	54	55	56	57	58	59
0.00	111	111	111	111	111	111	111	111	111
0.01	098	102	111	123	131	123	111	102	098
0.02	088	095	110	134	148	134	110	095	088
0.04	070	082	108	151	178	151	108	082	070
0.06	057	072	105	165	203	165	105	072	057
0.08	047	063	102	176	224	176	102	063	047
0.10	039	056	099	185	242	185	099	056	039
0.15	025	043	090	202	280	202	090	043	025
0.20	016	033	082	214	309	214	082	033	016
0.30	007	020	067	229	354	229	067	020	007
0.40	003	012	053	237	387	237	053	012	003
0.60	001	004	031	246	436	246	031	004	001
1.00	000	000	000	250	500	250	000	000	000
2.00	－001	007	－042	243	586	243	－042	007	－001

铰接板 10－1

γ	η_{ij}									
	11	12	13	14	15	16	17	18	19	1，10
0.00	100	100	100	100	100	100	100	100	100	100
0.01	181	158	131	110	093	080	070	063	058	056
0.02	234	192	146	111	085	066	052	043	037	034
0.04	306	232	155	103	069	047	032	023	018	015
0.06	355	254	154	094	057	035	021	014	009	007
0.08	392	268	150	084	047	026	015	009	005	004
0.10	423	277	144	075	039	020	011	006	003	002
0.15	480	290	128	057	025	011	005	002	001	001
0.20	523	295	113	043	016	006	002	001	000	000
0.30	583	295	086	025	007	002	001	000	000	000
0.40	625	291	065	015	003	001	000	000	000	000
0.60	682	277	035	004	001	000	000	000	000	000
1.00	750	250	000	000	000	000	000	000	000	000
2.00	828	201	－034	006	－001	000	000	000	000	000

铰接板 10-2

γ	η_{ij}									
	21	22	23	24	25	26	27	28	29	2，10
0.00	100	100	100	100	100	100	100	100	100	100
0.01	158	154	137	114	097	083	073	065	060	058
0.02	192	188	157	120	092	071	056	046	040	037
0.04	232	229	181	121	081	055	038	027	020	018
0.06	254	255	193	117	071	044	027	017	012	009
0.08	268	274	202	113	063	035	020	012	007	005
0.10	277	290	208	108	056	029	015	008	005	003
0.15	290	318	219	097	043	019	008	004	002	001
0.20	295	340	225	086	033	013	005	002	001	000
0.30	295	373	234	068	020	006	002	001	000	000
0.40	291	399	240	054	012	003	001	000	000	000
0.60	277	440	246	031	004	001	000	000	000	000
1.00	250	500	250	000	000	000	000	000	000	000
2.00	201	593	241	−041	007	−001	000	000	000	000

铰接板 10-3

γ	η_{ij}									
	31	32	33	34	35	36	37	38	39	3，10
0.00	100	100	100	100	100	100	100	100	100	100
0.01	131	137	137	123	104	090	078	070	065	063
0.02	146	157	162	138	106	082	065	054	046	043
0.04	155	181	195	158	106	072	049	035	027	023
0.06	154	193	218	171	104	064	039	025	017	014
0.08	150	202	237	181	101	057	032	019	012	009
0.10	144	208	254	189	098	051	027	014	008	006
0.15	128	219	287	205	090	040	018	008	004	002
0.20	113	225	314	215	082	031	012	005	002	001
0.30	086	234	356	229	067	020	006	002	001	000
0.40	065	240	388	237	053	012	003	001	000	000
0.60	035	246	437	246	031	004	001	000	000	000
1.00	000	250	500	250	000	000	000	000	000	000
2.00	−034	241	586	243	−042	007	−001	000	000	000

铰接板 10－4

γ	η_{ij}									
	41	42	43	44	45	46	47	48	49	4，10
0.00	100	100	100	100	100	100	100	100	100	100
0.01	110	114	123	127	116	100	087	078	073	070
0.02	111	120	138	148	129	100	080	065	056	052
0.04	103	121	158	180	149	101	069	049	038	032
0.06	094	117	171	205	163	100	062	039	027	021
0.08	084	113	181	226	175	098	056	032	020	015
0.10	075	108	189	244	185	096	050	027	015	011
0.15	057	097	205	281	202	089	040	018	008	005
0.20	043	086	215	310	214	082	031	012	005	002
0.30	025	068	229	354	229	067	020	006	002	001
0.40	015	054	237	387	237	053	012	003	001	000
0.60	004	031	246	436	246	031	004	001	000	000
1.00	000	000	250	500	250	000	000	000	000	000
2.00	006	－041	243	586	243	－042	007	－001	000	000

铰接板 10－5

γ	η_{ij}									
	51	52	53	54	55	56	57	58	59	5，10
0.00	100	100	100	100	100	100	100	100	100	100
0.01	093	097	104	116	123	114	100	090	083	080
0.02	085	092	106	129	142	126	100	082	071	066
0.04	069	081	106	149	175	146	101	072	055	047
0.06	057	071	104	163	201	162	100	064	044	035
0.08	047	063	101	175	223	174	098	057	035	026
0.10	039	056	098	185	241	184	096	051	029	020
0.15	025	043	090	202	280	201	089	040	019	011
0.20	016	033	082	214	309	214	082	031	013	006
0.30	007	020	067	229	354	229	067	020	006	002
0.40	003	012	053	237	387	237	053	012	003	001
0.60	001	004	031	246	436	246	031	004	001	000
1.00	000	000	000	250	500	250	000	000	000	000
2.00	－001	007	－042	243	586	243	－042	007	－001	000

附录Ⅱ　G－M 法 K_0、K_1、μ_0、μ_1 值的计算用表

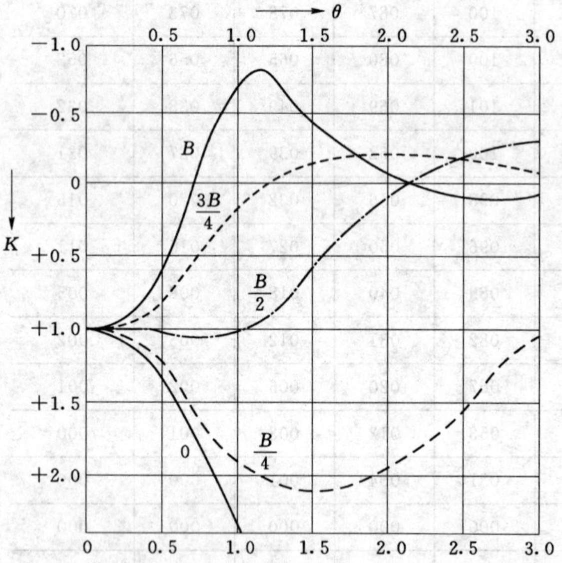

附图Ⅱ-1　梁位 $f=0$ 处的荷载横向影响系数 K_0

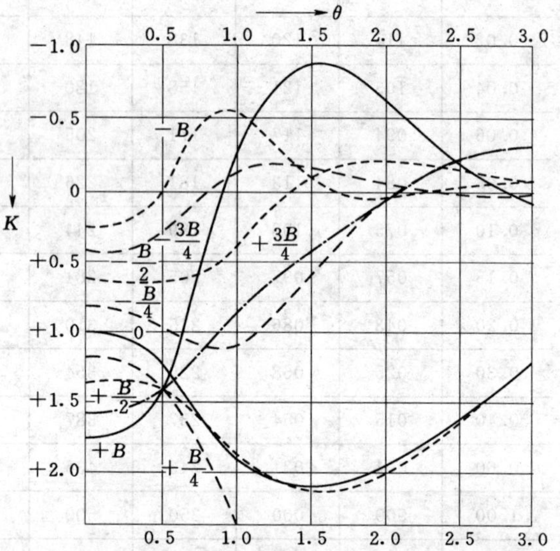

附图Ⅱ-2　梁位 $f=B/4$ 处的荷载横向影响系数 K_0

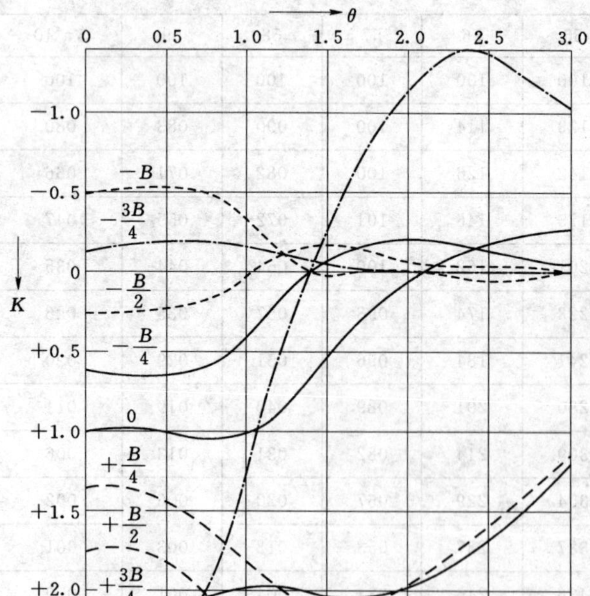

附图Ⅱ-3　梁位 $f=B/2$ 处的荷载横向影响系数 K_0

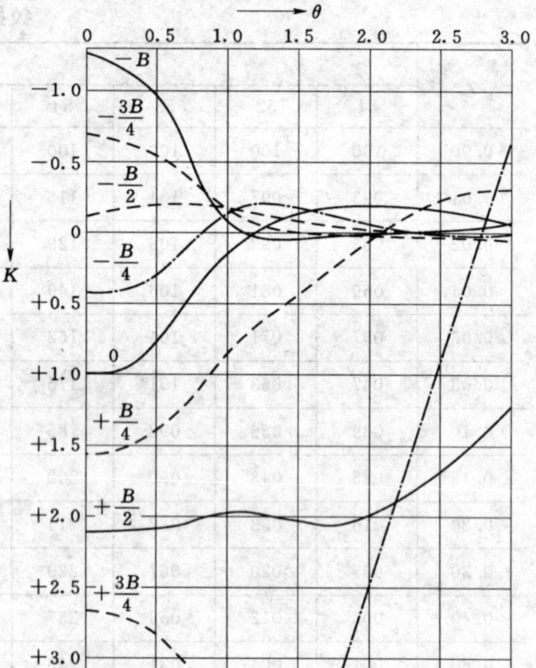

附图Ⅱ-4　梁位 $f=3B/4$ 处的荷载横向影响系数 K_0

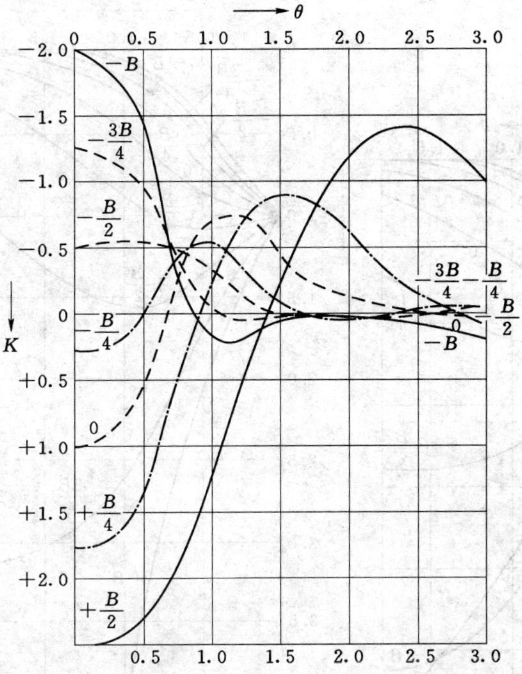

附图Ⅱ-5 梁位$f=B$处的荷载横向影响系数K_0

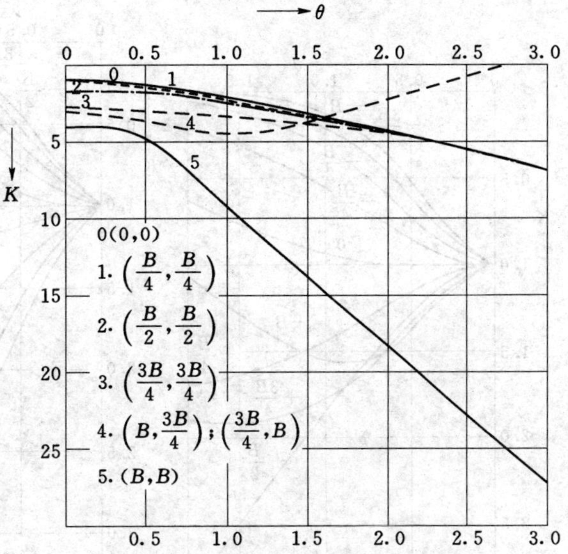

附图Ⅱ-6 不同梁位处的荷载横向影响系数K_0（数值较大时）

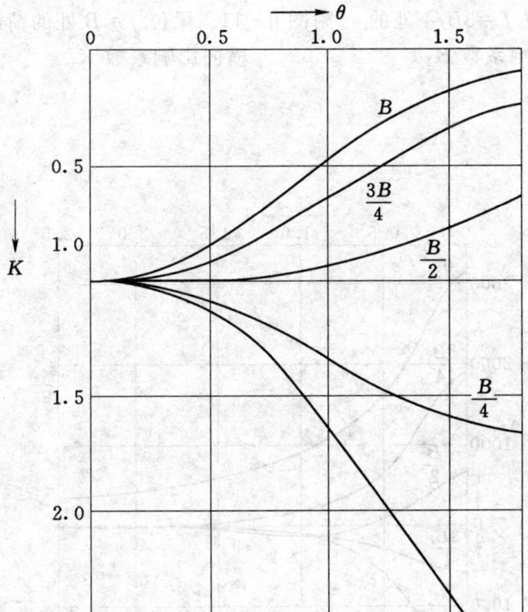

附图Ⅱ-7 梁位$f=0$处的荷载横向影响系数K_1

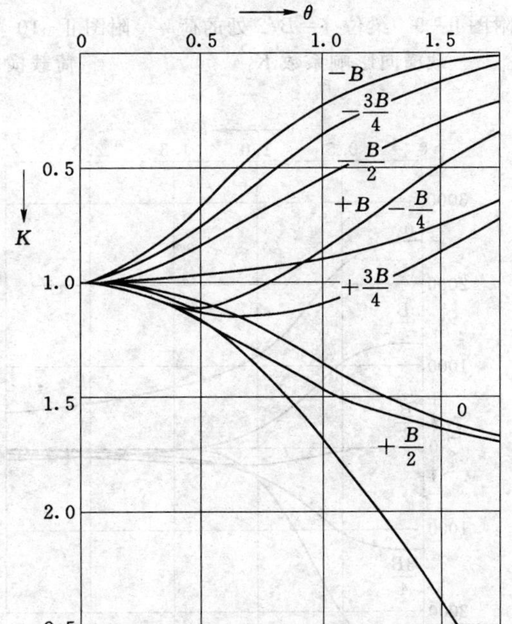

附图Ⅱ-8 梁位$f=B/4$处的荷载横向影响系数K_1

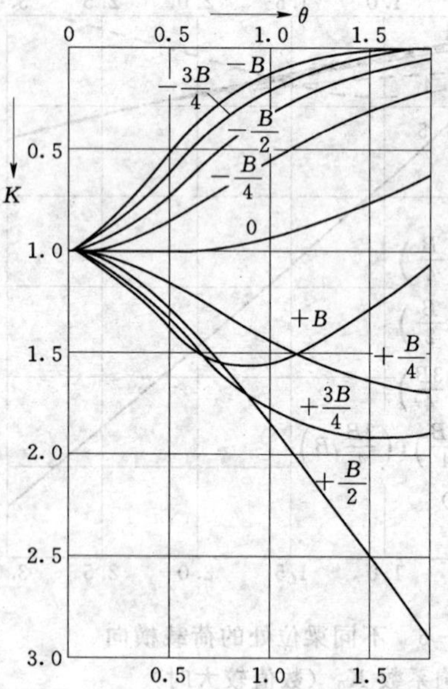

附图Ⅱ-9　梁位 $f=B/2$ 处的荷载横向影响系数 K_1

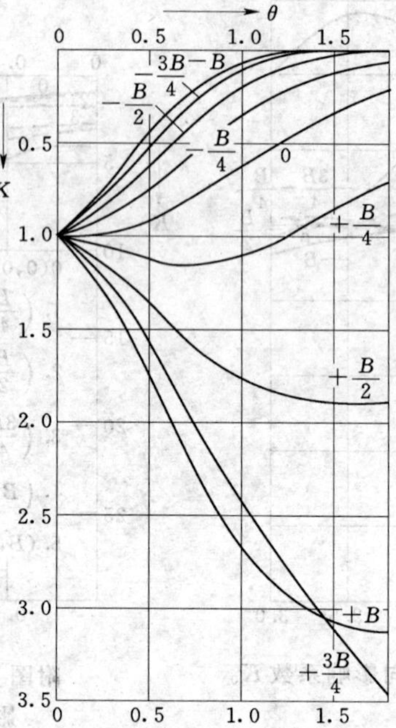

附图Ⅱ-10　梁位 $f=3B/4$ 处的荷载横向影响系数 K_1

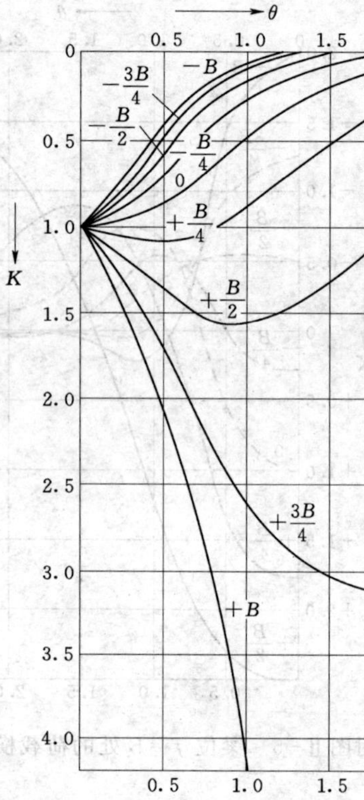

附图Ⅱ-11　梁位 $f=B$ 处的荷载横向影响系数 K_1

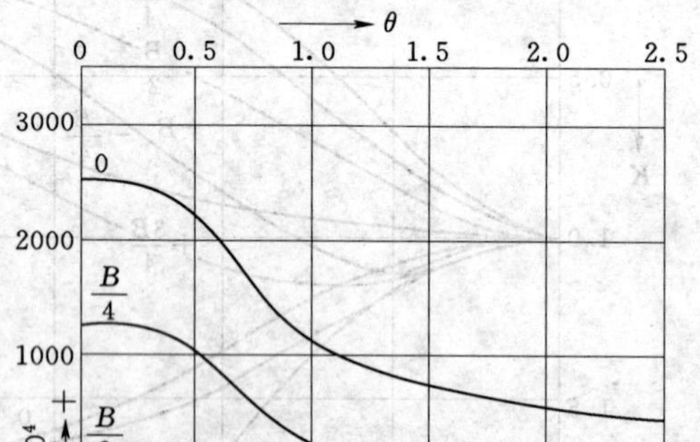

附图Ⅱ-12　截面位置 $f=0$ 处的横向弯矩系数 μ_0（$\upsilon=0.15$）

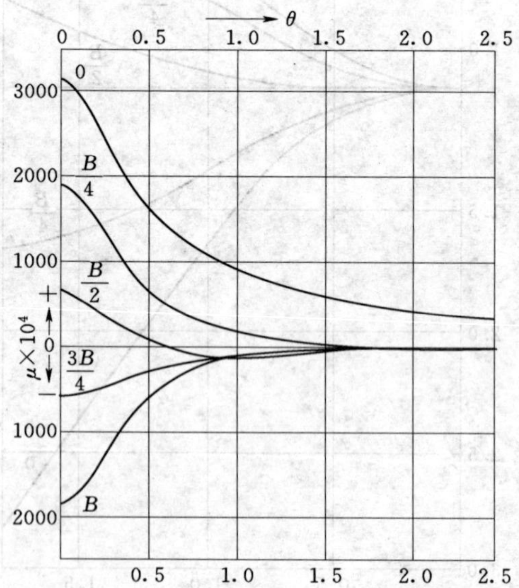

附图Ⅱ-13　截面位置 $f=0$ 处的横向弯矩系数 μ_1（$\upsilon=0.15$）

参 考 文 献

[1] 罗韧．桥梁工程导论［M］．北京：中国建筑工业出版社，2000.
[2] 姚玲森．桥梁工程［M］．2版．北京：人民交通出版社，2008.
[3] 刘龄嘉．桥梁工程［M］．北京：人民交通出版社，2007.
[4] 李自林．桥梁工程［M］．武汉：华中科技大学出版社，2007.
[5] 白宝玉．桥梁工程［M］．北京：高等教育出版社，2005.
[6] 范立础．桥梁工程（上册）［M］．北京：人民交通出版社，2001.
[7] 魏红一．桥梁施工及组织管理［M］．北京：人民交通出版社，2008.
[8] 王建瑶，陈祥宝，胡明义，等．公路桥涵设计手册［M］．北京：人民交通出版社，2000.
[9] 顾安邦．桥梁工程（下册）．北京：人民交通出版社，2000.
[10] 彭大文，等．桥梁工程（上、下册）［M］．北京：人民交通出版社，2007.
[11] 邵旭东．桥梁工程［M］．2版．北京：人民交通出版社，2007.
[12] 葛耀君，项海帆．桥梁工程可持续发展理念与使命［M］．中国土木工程学会桥梁及结构分会第十九届全国桥梁学术会议论文集［M］．北京：人民交通出版社，2010.
[13] 邵旭东，程翔云．桥梁设计与计算［M］．北京：人民交通出版社，2007.
[14] 周先雁．桥梁工程［M］．北京：北京大学出版社，2008.
[15] 陈宝春．桥梁工程［M］．北京：人民交通出版社，2009.
[16] 严国敏．现代悬索桥［M］．北京：人民交通出版社，2002.
[17] 项海帆．高等桥梁结构理论［M］．北京：北京大学出版社，2001.
[18] 邵旭东，胡建华．桥梁设计百问［M］．2版．北京：人民交通出版社，2005.
[19] 桥梁设计常用数据手册编写委员会．桥梁设计常用数据手册．北京：人民交通出版社，2005.
[20] 袁伦一，鲍卫刚．公路钢筋混凝土及预应力混凝土桥涵设计规范（JTG D62—2004）条文应用算例．北京：人民交通出版社，2005.
[21] 吴鸣．桥梁工程［M］．武汉：武汉大学出版社，2009.
[22] 中华人民共和国行业推荐性标准．公路斜拉桥设计细则（JTG/T D65－01—2007）．北京：人民交通出版社，2007.
[23] JTG D60—2004 公路桥涵通用设计规范．北京：人民交通出版社，2004.
[24] JTG D62—2004 公路钢筋混凝土及预应力混凝土桥涵设计规范．北京：人民交通出版社，2004.
[25] JTG D61—2005 公路圬工桥涵设计规范．北京：人民交通出版社，2005.
[26] JTJ 041—2000 公路桥涵施工技术规范．北京：人民交通出版社，2000.
[27] JTG D63—2007 公路桥涵地基与基础设计规范．北京：人民交通出版社，2007.
[28] JTJ 027—1996 公路斜拉桥设计规范．北京：人民交通出版社，1996.
[29] JT/T 4—2004 公路桥梁板式橡胶支座．北京：人民交通出版社，2004.
[30] GB/T 17955—2009 桥梁球形支座．北京：人民交通出版社，2009.